스포츠와 AI

스포츠와 AI

저자 | 김도균

초판 1쇄 발행 | 2025년 12월 24일

발행인 | 양원석
발행처 | DH미디어
디자인 | 강희진, 최연정
신고번호 | 제2017-000022호
전화 | 02-2272-9731
팩스 | 02-2271-1469

ISBN 979-11-90021-66-1 93690
정가 30,000원

SPORTS AND AI

스포츠 DNA+ 시리즈 ② 인공지능

김 도 균

스포츠를 변화시키는 힘

스포츠와 AI

ARTIFICIAL INTELLIGENCE

DH미디어

머리말

스포츠는 언제나 인간의 능력과 한계, 그리고 기술이 만나는 지점에서 진화해 왔다. 그리고 지금, 그 변화의 중심에 인공지능(AI)이 서 있다.

스포츠 산업은 이미 단순한 데이터 수집과 분석의 단계를 넘어섰다. 경기 분석, 전술 최적화, 중계 자동화, 선수 맞춤형 트레이닝, 팬 개인화 서비스, 조직 운영 혁신에 이르기까지—스포츠의 거의 모든 영역이 AI와 함께 재설계되고 있다. 경기 영상의 모든 장면을 실시간으로 해석하는 컴퓨터 비전, 방대한 비정형 데이터로부터 예측 모델을 구축하는 기계학습, 개인화된 콘텐츠를 즉시 생성하는 생성형 AI는 과거에 '불가능'으로 여겨졌던 것들을 새로운 표준으로 바꾸어 놓고 있다.

그러나 AI가 열어 주는 더 빠르고, 더 효율적이며, 더 정밀한 스포츠의 세계는 동시에 새로운 질문을 던진다. 데이터 프라이버시, 의사결정의 투명성, 윤리적 경계, 기술 의존에 대한 우려는 스포츠에서 AI가 어떻게 공존해야 하는지를 묻는다. 기술의 속도만큼이나 공정성, 신뢰, 인간성을 어떻게 지켜낼 것인가—이것이 미래 스포츠가 마주할 핵심 과제다.

이 책은 그러한 변화의 흐름 속에서 스포츠와 AI를 처음 접하는 독자도 체계적으로 이해할 수 있도록 구성되었다. AI의 기본 원리에서 출발하여 실제 현장에서 구현되는 기술, 산업적 확장, 직무 변화, 윤리와 거버넌스, 그리고 미래 시나리오까지 스포츠와 AI의 전 영역을 다룬다. 각 장은 '원리 → 기술 구조 → 실제 사례 → 산업 변화 → 미래 전망'의 흐름을 일관되게 유지하며, 현장에서 실제로 활용되는 기술과 그 의미를 구체적으로 조명하는 데 중점을 두었다.

AI는 스포츠의 본질을 대체하는 기술이 아니다. 오히려 경험과 직관, 인간의 창의성을 확장하는 조력자다. 이 책이 스포츠 산업 종사자, 연구자, 학생, 그리고 미래의 스포츠 전문가들에게 AI와 함께 스포츠의 내일을 설계하는 기초가 되기를 바란다.

우리는 지금, 스포츠가 새로운 언어로 다시 쓰여지는 시대의 문 앞에 서 있다.

2025년 12월

저자드림

Artificial Intelligence

저자소개

저자 **김도균** 교수

경희대학교 체육대학원 교수
경희대학교 대외협력 처장
한국 스포츠 AI 빅데이터 학회 회장
데상트 스포츠 재단 이사장
사) 27대 한국 체육학회 회장
사) 스포츠 산업 협회 명예 회장
대한 체육회 어드바이저(마케팅)
2027 충청 유니버시아드 대회 자원봉사 위원장
전) 대한 체육회 이사
전) 장애인 체육회 이사 / 마케팅 위원회 위원장
전) 스포츠 이벤트 컨벤션 학회 회장
전) 문화 체육 관광부 스포츠 산업 정책 자문위원
전) 국민 체육 진흥 공단 스포츠 산업 전문 위원
전) 나이키 스포츠 코리아 이벤트 마케팅 팀장

대한민국 최초의 스포츠 마케터로서
스포츠 현장과 스포츠 미래를 연결하는 커넥터로 역할을 하고 있다.
나이키 시절 3대3 길거리 농구 대회를 국내 최초로 만들었고,
1999년 월드사이버 게임 대회(WCG)를 창설하여 진행하였으며,
2002 FIFA 한·일월드컵 대회, 2002 부산 아시안 게임,
2011 대구 세계 육상 선수권 대회, 2018 평창 동계 올림픽,
2019 광주 세계 수영 선수권 대회 등
메가 스포츠 이벤트 개최 및 운영에 적극 참여하여 왔다.

2002년부터 경희대학교 체육대학원 교수로 활동하며
국내외 100여건 이상의 프로젝트를 수행하고,
문화 체육 관광부 스포츠 산업 융복합 인재 양성의 일환으로
스포츠 DNA+ 학과를 처음으로 만들었다.
스포츠와 AI·빅데이터 분야의 선두 연구 주자이다.

목차

Artificial Intelligence

PART 1

인공지능의 원리와 스포츠 적용의 기초 이해

01 Chapter 인공지능의 본질과 스포츠 산업의 접점

>> 학습 목표

1. 인공지능의 개념과 발전 과정을 이해한다.
2. 스포츠 산업에서 AI가 필요한 이유와 적용 영역을 설명할 수 있다.
3. 스포츠 분야의 AI 도입 시 기술적·사회적 고려사항을 인식한다.

1 스포츠의 정의와 개념

1) 인공지능이란 무엇인가? – 정의와 개념

인공지능(AI)은 기계나 컴퓨터가 인간의 지능적 행동을 모방하거나 수행할 수 있도록 하는 기술을 말한다. 예를 들어 AI를 활용한 시스템은 학습, 이해, 문제 해결, 의사결정 등을 인간처럼 수행할 수 있다. 전통적으로는 "컴퓨터가 인간처럼 사고할 수 있는가?"라는 앨런 튜링의 물음에서 출발하여, 인간의 사고 과정을 기계로 구현하는 것이 AI의 목표로 여겨졌다. 현대에 와서는 정의가 다소 확장되어, 인간의 지능이 필요한 작업을 컴퓨터가 수행할 수 있게 하는 모든 기술을 포괄하는 개념으로 쓰이고 있다. 즉, 사람의 시각적 인지, 언어 이해, 학습 능력 등을 컴퓨터 프로그램으로 실현하는 광범위한 기술 영역을 AI라고 한다.

(1) 전통적 정의의 관점

AI는 인간 같은 지능을 기계에 불어넣는 것으로, 사고하고 추론하는 인간 두뇌의 모방에 중점을 두었다. 초기 AI 연구자들은 인간처럼 대화하거나 문제 해결을 하는 강한 지능을 갖춘 기계를 궁극적인 목표로 삼았다. 예를 들어, 튜링 테스트는 컴퓨터가 인간과 구분되지 않을 정도로 대화를 잘 할 수 있는지를 평가하여, 기계가 얼마나 인간처럼 생각하는

가를 시험했다.

(2) 현대적 정의의 관점

오늘날 AI는 실용적인 문제 해결 능력에 초점을 맞춘다. 꼭 인간처럼 생각할 필요는 없지만, 인간이 normally 수행하는 지능적 작업을 자동화하면 AI로 간주한다. 데이터를 분석하고 패턴을 인식하며, 대량의 정보를 바탕으로 예측과 의사결정을 내리는 시스템도 모두 AI의 범주에 들어간다. 예컨대 스마트폰 음성비서가 음성을 인식하고 답하는 기능이나, 이미지 분류 알고리즘이 사진을 보고 개와 고양이를 구별하는 능력도 현대적 의미의 AI이다. 요컨대, 현대 AI는 특정 작업에서의 지능적 성능을 강조하며, 이는 주로 머신러닝(기계학습) 등의 데이터 기반 기술 발전에 힘입은 개념이다.

2 인공지능의 주요 유형

AI는 그 지향하는 목표와 구현 방식에 따라 여러 유형으로 구분된다. 여기서는 약한 AI vs. 강한 AI로 대표되는 목표 수준의 구분과, 지도학습/비지도학습/강화학습으로 대표되는 기계학습의 학습 방법별 구분을 살펴본다.

1) 약한 인공지능 vs 강한 인공지능

AI 연구에서는 종종 약한 AI와 강한 AI를 구분한다. 이것은 AI 시스템의 지능 범위와 수준에 따른 분류이다.

약한 인공지능	강한 인공지능
음성인식, 이미지 분류, 경기 결과 예측 등 현재 대부분의 AI 기술이 여기에 속함	인간처럼 범용적 지능을 가진 AI 의식과 자각을 갖춘 이론적 개념

그림 1-1 약한 AI vs 강한 AI

(1) 약한 인공지능(Narrow AI)

특정 한 가지 작업이나 분야에 특화된 AI를 가리킨다. 약한 AI는 인간처럼 범용적으로 사고하지는 못하지만, 특정 업무에서는 매우 뛰어난 성능을 보이다. 우리 일상에서 접하는 대부분의 AI 기술은 약한 AI에 속하는데, 예를 들면 스마트폰 음성인식(시리, 구글 어시스턴트 등), 이미지 인식(사진에서 얼굴 찾기), 추천 시스템(영화나 상품 추천) 등이 모두 특정 기능에 맞춰진 AI이다. 스포츠 분야에서도 경기 결과 예측 AI나 선수 퍼포먼스 분석 AI처럼 하나의 목적에 집중하는 시스템들은 모두 약한 AI의 사례이다.

(2) 강한 인공지능(General AI)

인간처럼 범용적인 지능을 지닌 인공지능을 말한다. 강한 AI는 어떠한 과제이든 인간과 동일한 수준으로 수행하고, 심지어 의식과 자각까지 갖춘 인간 수준 또는 그 이상의 지능을 의미한다. 예컨대 공상과학 영화 속 AI 로봇처럼, 대화부터 창작, 추론까지 모든 영역을 망라하는 지능을 떠올릴 수 있다. 그러나 현재까지는 강한 AI는 구현된 사례가 없으며 연구 단계에 있다. 오늘날 AI라고 부르는 기술은 모두 약한 AI이며, 강한 AI(=인공 일반 지능, AGI)에 도달하기 위해 과학자들은 이론적인 탐구를 지속하고 있다.

표 1-1

구분	약한 인공지능(Narrow AI)	강한 인공지능(General AI)
지능 범위	특정 분야나 작업에 특화된 제한된 지능	인간과 유사한 범용 지능 (모든 분야에 적용 가능한 지능)
현재 사례	음성비서, 이미지/음성 인식, 게임AI 등 대부분 현존 AI 기술	이론적 개념으로 연구 중
목표	정해진 과제에서 인간 수준 또는 그 이상의 성능 달성	인간처럼 자율적 사고, 추론, 학습을 수행(의식 지능 포함)
예시	체스 AI, 선수 경기력 분석AI, 추천 알고리즘	SF영화의 AI로봇 (예:아이직 아시모프 소설 속 로봇, 영화 HER 등)

2) 머신러닝의 세 가지 학습 유형: 지도학습, 비지도학습, 강화학습

현대의 많은 AI 시스템은 머신러닝(Machine Learning) 기법으로 구현된다. 머신러닝은 컴퓨터가 규칙을 일일이 프로그래밍하지 않아도, 데이터로부터 스스로 학습하여 성능을 향상시키는 기술이다. 머신러닝의 학습 방법은 학습에 사용하는 데이터의 형태와 피드백 유형에 따라 몇 가지로 분류되는데, 그 중 대표적인 것이 지도학습, 비지도학습, 강화학습이다. 각각의 개념과 스포츠 응용 예시는 다음과 같다:

01

지도학습

정답 레이블이 있는 데이터로 학습
경기 승패 예측, 이미지 분류 등에 활용

02

비지도학습

정답 없이 데이터의 패턴 발견
선수 유형 군집화, 팬 커뮤니티 분류 등에 사용

03

강화학습

보상을 통한 시행착오 학습
알파고처럼 게임 전략이나 로봇 제어에 사용

그림 1-2 머신러닝의 세가지 학습 유형

(1) 지도학습(Supervised Learning)

말 그대로 정답이 있는 데이터로부터 학습하는 방식이다. 입력 데이터에 대한 정답 레이블(Label)이 주어져 있을 때, 알고리즘은 입력과 출력 간의 관계를 학습하게 된다. 분류(classification)나 회귀(regression) 문제 등이 지도학습에 속한다.

> **예시** 많은 농구 경기 데이터를 모아 각 경기의 승패 결과(레이블)를 달아 학습시키면, 새로운 경기의 데이터를 보고 승패를 예측하는 모델을 만들 수 있다. 이미지 인식에서 고양이/개 사진들을 레이블과 함께 학습시켜서 새 사진에 고양이인지 개인지 맞추는 것도 지도학습의 예이다.

(2) 비지도학습(Unsupervised Learning)

정답 레이블 없이 데이터의 숨겨진 패턴이나 구조를 발견하는 학습 방식이다. 군집화(Clustering)나 차원 축소 등의 기법이 해당된다. 모델은 정답이 주어지지 않으므로, 스스로 데이터의 특성을 분류하거나 요약해야 하기에 난이도가 높지만, 새로운 인사이트를 얻는 데 유용하다.

> **예시** 축구 선수들의 방대한 경기 기록 데이터를 레이블 없이 넣고 학습시켜 유사한 플레이 스타일의 선수 군집을 발견하는 것이다. 이렇게 군집화된 정보는 팀의 스카우팅이나 맞춤형 훈련 프로그램 개발에 활용될 수 있다. 또 다른 예로, 관중 소셜미디어 반응 데이터를 비지도학습으로 분석해 숨은 팬 커뮤니티의 분류나 감성 유형을 파악하는 것도 가능하다.

(3) 강화학습(Reinforcement Learning)

행동과 보상 개념에 기반한 학습으로, 에이전트(Agent)가 환경과 상호작용하며 시행착오를 통해 최적의 전략을 스스로 찾아나가는 방식이다. 정답 데이터를 주는 것이 아니라, 행동에 대한 보상(reward) 피드백만 주어지며, 장기적으로 누적 보상이 최대가 되도록 학습한다. 이 방법은 마치 동물이 상벌을 통해 학습하는 것과 유사하여 "머신러닝의 꽃"으로 불리며, 특히 게임, 로봇 제어, 자율주행 등에서 뛰어난 성과를 보이다.

예시 알파고(AlphaGo)는 대표적인 강화학습 사례로, 스스로 대국을 수없이 시도하고 승패(보상)를 통해 최적의 수를 학습하여 인간 프로 바둑기사를 능가했다. 스포츠에 응용하자면, 가상 환경에서 축구 로봇에게 강화학습을 시켜 패스나 슈팅 전략을 배우게 하거나, 팀 전략 시뮬레이션에 강화학습을 이용해 최고의 전술 조합을 찾는 연구도 이루어지고 있다.

이 외에도 지도학습과 비지도학습을 혼합한 준지도학습(Semi-supervised), 자기 자신의 출력으로 학습하는 자기지도학습(Self-supervised) 등 다양한 변형 기법들이 존재하지만, 기본 개념은 위의 세 가지 유형으로 이해할 수 있다. 아래 표는 지도/비지도/강화학습의 차이를 정리한 것이다.

표 1-2

학습 유형	데이터 특징	학습 방식	예시 적용 분야
지도학습	입력과 정답(레이블)이 함께 주어짐	정답과 비교한 오차를 줄이도록 학습	이미지 분류, 경기 결과 예측, 스팸 메일 필터링
비지도학습	정답 없이 입력 데이터만 제공, 그룹이나 패턴은 미리 모름	유사성이나 구조를 스스로 찾아내는 방식	군집 분석(선수 유형 군집화), 데이터 분포 파악
강화학습	결과 값이 주어지지 않으며 대신 행동에 대한 보상(점수)만 주어짐	시행착오를 통해 보상이 높은 행동 전략을 학습	알파고(바둑), 로봇 제어, 스포츠 전략 시뮬레이션

3 인공지능의 역사와 발전 과정

인공지능의 역사는 약 70여 년에 걸친 도전과 발전의 연속이었다. 1950년대 처음 "인공지능" 개념이 제시된 이후, 여러 번의 기술적 혁신과 좌절을 겪으며 현재의 딥러닝 시대에 이르렀다. 아래에서는 시대별 AI 발전 과정을 중요한 사건들과 함께 살펴본다.

인공지능 기술 발전 연대표 : 1950년대부터 2020년대까지 주요 사건 표시

1950년: 튜링 테스트 제안 – 기계 지능에 대한 최초의 기준 제시.
1956년: "Artificial Intelligence" 용어 사용 – 다트머스 회의에서 AI 연구 분야 탄생.
1970년대: AI 겨울 – 연구 자금 감소로 발전 침체.
1986년: 역전파 알고리즘 재발견 – 딥러닝의 초석 확립.
1997년: IBM 딥블루, 체스 세계 챔피언 격파 – 특정 분야에서 인간 능력 초월.
2012년: 딥러닝으로 이미지넷 대회 우승 – 딥러닝 혁명 시작.
2016년: 알파고, 이세돌 9단에게 승리 – 딥러닝+강화학습으로 바둑 정복.
2023년: ChatGPT 공개 – 초거대 언어모델 기반 대화형 AI의 대중화.

1) 태동기: 개념의 탄생(1940–1950년대)

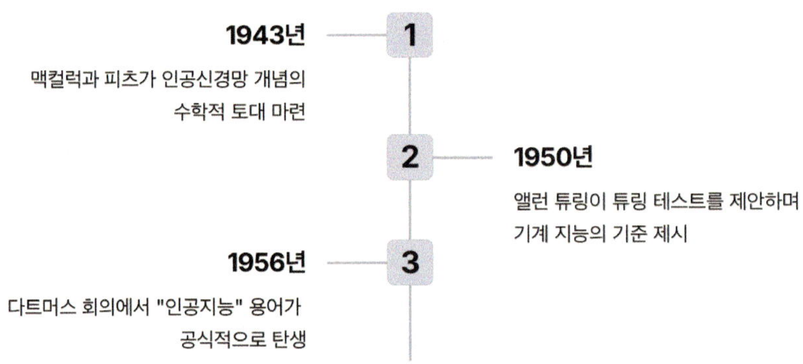

그림 1-3 인공지능의 태동기

(1) 지적 토대 형성

AI의 아이디어는 1940년대부터 학계에 등장했다. 1943년 워렌 맥컬럭 & 월터 피츠는 뇌 신경세포의 동작을 수학적으로 모델링한 논문을 발표하여 인공신경망 개념의 토대를 마련했다. 이는 기계도 뉴런처럼 학습할 수 있다는 가능성을 시사한 것이었다.

(2) 튜링 테스트

1950년 앨런 튜링(Alan Turing)은 "기계가 인간처럼 사고할 수 있는가?"라는 물음과 함께, 기계의 지능을 판단하는 튜링 테스트를 고안했다. 사람이 컴퓨터와 대화하여 그것이 인간인지 기계인지를 구별하지 못하면, 그 기계를 지능적이라고 볼 수 있다는 내용이다.

튜링 테스트는 인공지능 연구의 초기 목표와 철학적 논의를 제공하며, AI 역사에 한 획을 그은 사건으로 평가된다.

2) 도약과 좌절: 황금기와 AI 겨울(1956–1970년대)

(1) "AI" 용어의 탄생

1956년 미국 다트머스 대학에서 열린 학회에서 "Artificial Intelligence(인공지능)"라는 용어가 처음 공식적으로 사용되었다. 이때를 기점으로 AI 연구가 하나의 분야로 확립되어, 컴퓨터 과학자들이 본격적으로 기계 번역, 게임 플레이, 문제 해결 등 다양한 주제의 초기 AI 프로그램들을 개발하기 시작했다.

(2) 초기 성과와 과대 기대

1960년대에 이르러 퍼셉트론(Perceptron) 등 간단한 학습 알고리즘이 등장하고, ELIZA 같은 초기 대화형 프로그램이 만들어지는 등 일정 성과가 나왔다. 이러한 성공으로 AI에 대한 기대가 높아졌지만, 곧 기술적 한계에 부딪히게 된다. 당시 컴퓨터는 연산 능력과 메모리가 매우 제한적이었고, 데이터도 충분하지 않아 복잡한 문제에서 AI는 실망스러운 성능을 보였다. 예컨대, 자연어 이해나 광범위한 상식이 필요한 작업은 구현이 어려웠다.

(3) "AI 겨울"의 도래

성과 대비 지나치게 높았던 기대는 연구 자금 감소로 이어졌고, 1970년대에는 AI 연구가 침체되는 AI 겨울(AI Winter) 시기가 찾아왔다. 이 시기에는 많은 프로젝트가 취소되고 연구자들이 떠나면서 한동안 AI 진전에 큰 진척이 없었다.

3) 부활: 전문가 시스템과 머신러닝 재조명(1980–1990년대)

(1) 전문가 시스템 붐

1980년대를 전후해 전문가 시스템(Expert System)이 AI 분야의 새로운 돌파구로 주목받는다. 이는 특정 도메인의 전문가 지식을 규칙(rule) 형태로 컴퓨터에 저장하여, 마치 인간 전문가처럼 문제를 해결하는 소프트웨어이다. 의료 진단, 금융 분석 등 분야에서 전문가 시스템이 활용되며 상업적 성공 사례도 일부 나타났다.

(2) 신경망 연구의 재흥기

한편 1980년대 중반부터 인공신경망(Neural Network) 연구가 다시 활발해졌다. 특히 1986년 역전파 알고리즘(Backpropagation)이 재발견/재정립되면서, 다층 신경망을 효과적으로 학습시킬 수 있는 길이 열렸다. 이를 기반으로 XOR 문제 해결 등 이전에 풀지 못했던 과제를 신경망이 수행하게 되며 딥러닝의 기초가 마련되었다. 1990년대에는 컴퓨팅 파워 향상과 함께 기계학습 개념이 통계학과 결합하여 확률 모델, SVM 등의 알고리즘이 등장하는 등 AI 연구가 통계적 접근으로 전환되었다.

(3) 유명한 성과

1997년, IBM의 체스 AI인 딥블루(Deep Blue)가 세계 체스 챔피언 가리 카스파로프를 이긴 사건은 AI가 인간 최고수를 이긴 첫 사례로 큰 화제가 되었다. 이 시기는 좁은 범위지만 AI가 실용적인 성과를 내기 시작한 시점이다.

4) 확산: 인터넷 시대와 딥러닝 부흥(2000-2010년대)

(1) 빅데이터의 축적

2000년대 들어 인터넷의 보급과 데이터 폭증으로 AI는 다시 한번 도약의 발판을 얻었다. 웹 검색 로그, 소셜미디어, 디지털화된 각종 자료 등 방대한 데이터(Big Data)가 축적되었고, 이는 기계학습 알고리즘을 학습시키는 연료가 되었다.

(2) 계산 능력의 비약

동시에 CPU, GPU 등 하드웨어 성능의 향상과 클라우드 컴퓨팅의 발전으로 과거엔 불가능했던 대규모 연산이 가능해졌다. 복잡한 신경망을 현실에 적용할 수 있는 환경이 갖춰진 것이다.

(3) 딥러닝의 성공

2012년은 현대 딥러닝 역사에서 기념비적인 해로 꼽힌다. 토론토 대학의 힌턴 교수팀이 딥러닝(Deep Learning) 신경망을 이용해 이미지 인식 대회(ImageNet)에서 기존 최고 수준을 큰 격차로 앞서는 성능을 달성했다. 이 결과를 계기로 딥러닝이 주류 AI 접근법으로 떠올랐다. 이후 영상 인식, 음성 인식, 자연어 처리 등 여러 분야에서 딥러닝 기반 모델들이 사람의 정확도를 뛰어넘는 사례가 보고되었다. 2010년대 중반엔 알파고(AlphaGo)가 바둑에서 인간 챔피언을 이기는 등, 딥러닝과 강화학습의 결합으로 혁신적인 성취를 이루기도 했다.

(4) 산업계의 참여

구글, 페이스북, 아마존 같은 글로벌 IT기업들이 딥러닝 인재를 채용하고 AI 연구에 막대한 투자를 하기 시작한 것도 이 시기이다. 이에 따라 자율주행차, 음성 비서(Siri, Alexa 등), 실시간 번역 같은 상용 서비스들에 AI가 적극 도입되면서, AI는 실생활 기술로 점점 자리잡았다.

5) 최신 동향: 초거대 AI와 생성형 AI의 등장 (2020년대)

(1) 초거대 모델의 시대

2020년대에 들어 인공지능은 초거대 AI 모델의 시대로 접어들었다. 수십억~수천억 개 이상의 파라미터를 가진 대규모 언어 모델(LLM)과 멀티모달 모델들이 등장하여, 자연어 이해와 생성에서 혁신적인 성능을 보여주고 있다. 예를 들어 OpenAI의 GPT 시리즈(예: GPT-3, GPT-4)는 막대한 텍스트 데이터를 학습하여 사람과 거의 구분이 어려운 글을 쓰고 대화할 수 있게 되었고, 이는 ChatGPT와 같은 대화형 AI로 구현되어 전세계적인 관심을 받았다. 이러한 모델들은 단순히 주어진 정답을 찾는 것을 넘어 문맥을 이해하고 새로운 창작 콘텐츠를 생성해내는 능력을 보여주고 있다.

(2) 생성형 AI의 부상

생성형 AI(Generative AI)란 새로운 콘텐츠를 생성할 수 있는 AI로서, 이미지 생성 모델(예: DALL-E, Stable Diffusion), 동영상 및 음악 생성, 코드 생성 등 다양한 분야로 확장되고 있다. 과거 AI는 주로 주어진 데이터를 분석하고 예측하는 역할이었다면, 이제는 창의적 산출물까지 만들어내며 AI 활용의 폭이 크게 넓어졌다.

(3) 사회 전반의 영향

현대 AI는 의료 진단, 교육, 환경, 예술, 스포츠 등 거의 모든 산업에 파급 효과를 미치고 있다. 동시에 AI의 확산이 가져올 윤리적 문제(프라이버시, 일자리 변화 등)에 대한 논의도 활발하며, 각국 정부와 학계에서도 AI 윤리와 규제에 대한 가이드라인을 모색하고 있다.

4 스포츠 산업에서 AI가 필요한 이유와 배경

이제 스포츠 분야로 눈을 돌려보겠다. 왜 스포츠 산업은 AI 기술을 필요로 할까요? 그 배경에는 현대 스포츠가 직면한 복잡한 도전과 요구들이 있다. 데이터를 다루는 방식, 경기 전략의 수립, 팬들의 기대 등 여러 측면에서 AI는 더 이상 선택이 아니라 필수 요소가 되어 가고 있다. 주요 이유들을 하나씩 살펴보겠다.

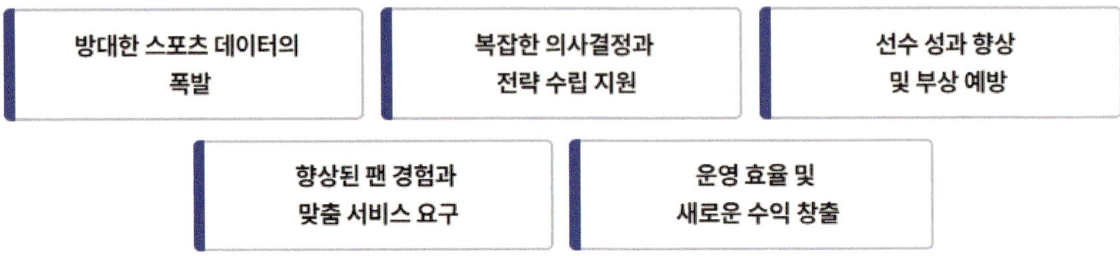

그림 1-4 스포츠에 AI가 필요한 이유

1) 방대한 스포츠 데이터의 폭발

오늘날 프로 스포츠에서는 방대한 양의 데이터가 생성되고 있다. 선수들의 경기 기록, 신체 움직임 데이터, 생체 센서 데이터, 전략 관련 지표, 심지어 팬들의 소셜미디어 반응까지 모두 데이터로 축적된다. 과거에는 이러한 정보를 코치의 경험과 감에 주로 의존해 해석했지만, 이제는 데이터의 양과 복잡성이 인간의 직관만으로는 감당하기 어려울 정도이다. 예를 들어, 축구 경기에서 22명의 선수 위치와 공의 움직임을 초단위로 추적하면 수백만 개의 데이터 포인트가 발생한다. AI는 이런 빅데이터를 실시간으로 분석하여 인간이 놓칠 수 있는 패턴을 찾아내고 의미 있는 정보를 도출할 수 있다. 따라서 데이터 기반 의사결정이 중요해진 현대 스포츠에서 AI는 필연적인 도구가 되었다.

2) 복잡한 의사결정과 전략 수립 지원

스포츠 경기의 승패는 미묘한 전술적 선택과 순간 판단에 크게 좌우된다. 어떤 선수 조합을 기용할지, 상대 팀의 약점을 어떻게 공략할지 등 의사결정의 난이도가 높다. AI는 방대한 과거 경기를 학습해 상대 팀의 전략적 패턴을 분석하거나, 실시간 경기 흐름을 파악해 최적의 전술을 추천할 수 있다. 이는 코치와 분석관들이 증거 기반 결정을 내리는 데 큰 도움을 준다. 예를 들어, AI 분석은 “상대 팀이 후반 30분 이후 특정 포메이션으로 바뀔 가능성이 높다"는 식의 통찰을 제공하고, 이에 대비한 전략을 미리 준비하게 한다. 이러한 의사결정 지원 시스템은 경기의 승패를 좌우할 수 있는 사소한 요소까지 고려하게 해주므로, 경쟁 우위를 얻고자 하는 팀이라면 AI 도입을 적극 검토하게 된다.

3) 선수 성과 향상 및 부상 예방

스포츠에서는 선수 개개인의 컨디션과 부상 관리가 성과에 직결된다. AI는 선수의 피로 누적도, 부상 위험 지표 등을 지속적으로 모니터링하여, 부상이 발생하기 전에 예측하고 예방 조치를 권고할 수 있다. 예컨대, 웨어러블 기기와 연결된 AI 시스템은 선수의 심박수, 가속도, 움직임 패턴을 분석해 피로도가 임계치에 이르렀는지 알려주고, 필요하면 훈련량을 줄이거나 휴식을 취하도록 제안한다. 이는 선수 생명 연장과 팀 전력 유지에 필수적이다. 또한 부상 발생 시에도 AI는 방대한 재활 데이터를 참고하여 개인별 최적 재활 프로그램을 추천함으로써 복귀 시간을 단축시키고 재발을 방지한다. 현대 스포츠에서 장기적인 선수 관리(strategy)는 곧 팀 경쟁력과 연결되기 때문에, AI의 이러한 역할은 점점 더 중요해지고 있다.

4) 향상된 팬 경험과 맞춤 서비스 요구

스포츠 산업의 궁극적인 주체는 팬(Fan)이며, 오늘날 팬들은 더 풍부하고 개인화된 경험을 기대한다. 디지털 시대의 팬들은 경기장에 직접 오지 않아도 다양한 방식으로 경기를 소비하고 참여한다. AI는 이러한 팬 경험을 혁신적으로 향상시킬 수 있는 도구이다. 예를 들어, AI로 구동되는 챗봇은 실시간 경기 정보나 팀에 대한 질의에 답변해 줄 수 있고, 개인화된 콘텐츠 추천 엔진은 팬의 응원 팀과 선호 선수 데이터를 분석해 맞춤 하이라이트나 뉴스만 골라 제공한다. 나아가 가상현실(VR)·증강현실(AR)과 AI를 결합하면, 팬들은 집에서 경기장의 현장감 넘치는 체험을 할 수도 있다. 이러한 초개인화된 서비스는 이미 일부 구단과 리그에서 도입하기 시작했으며, 미래 수익 모델의 핵심으로 떠오르고 있다. 결국 AI를 도입하지 않은 스포츠 콘텐츠는 팬들에게 시대에 뒤떨어진 것으로 비칠 수 있기 때문에, 팬층 유지를 위해서라도 AI 활용은 필수가 되어가고 있다.

5) 운영 효율 및 새로운 수익 창출

스포츠 구단과 리그의 경영·운영 측면에서도 AI는 가치가 있다. 예매 시스템의 수요 예측, 동적 티켓 가격 책정, 경기장 시설 관리(에너지 절약 최적화 등)에 AI를 적용하면 비용 절감과 효율 향상을 달성할 수 있다. 또한 스포츠 베팅 분야에서도 AI 예측 모델은 정확도를 높여 산업을 키우고 있으며, 선수 이적 및 스카우트에서도 AI가 숨은 인재를 발굴하거나 적정 가치를 산정하는 데 활용되고 있다. Deloitte 분석에 따르면, 스포츠 조직이 AI를 도입할 때 체계적인 데이터 인프라 구축과 기술 파트너십을 전략적으로 고려해야 하며, AI 활용 분야는 팬 경험 개선, 경기장 운영 효율화, 신규 수익 모델 창출 등 매우 다양해지고 있다고 한다. 이는 AI가 경쟁력이자 혁신의 원천으로 간주되고 있음을 보여준다.

요컨대, 빅데이터 시대의 스포츠는 AI 없이는 방대한 정보를 제대로 활용하기 어려우며, 승리 확률을 높이고 팬을 만족시키기 위해 AI 기술이 필수적인 배경이 된 것이다. 다음 절에서는 실제로 현재 스포츠 산업에서 AI가 활용되고 있는 구체적인 사례들을 살펴보겠다.

5 스포츠 분야에서 활용되는 AI사례

스포츠 현장에서는 이미 다양한 분야에 AI 기술이 도입되어 성과를 내고 있다. 이 절에서는 경기력 향상, 부상 예방, 팬 경험, 심판 판정 등 주요 영역별로 AI 활용 사례를 소개한다. 실생활 예시를 통해, 앞서 논의된 개념들이 어떻게 적용되는지 알아보겠다.

1) 경기력 분석 및 전략 수립에서의 AI 활용

경기의 승리를 위해서는 자신의 팀을 잘 파악하고 상대팀을 효과적으로 공략하는 것이 중요한다. AI는 방대한 경기 데이터를 바탕으로 선수들의 퍼포먼스를 정밀 분석하고, 전술적 인사이트를 도출함으로써 코칭스태프를 돕고 있다.

선수 퍼포먼스 분석
AI가 경기 영상과 트래킹 데이터를 분석
개별 선수의 강점과 약점을 평가

상대 팀 패턴 분석
상대 팀의 과거 경기를 학습하여
전술 경향을 파악한 머신러닝

실시간 전략 추천
코트 위 선수 위치를 실시간 분석해
경기 전략 조언

그림 1-5 경기력 분석 사례

(1) 선수 퍼포먼스 분석

AI는 경기 영상과 트래킹 데이터를 분석하여 개별 선수의 강점과 약점을 평가한다. 예를 들어, 농구에서 특정 선수가 어떤 위치에서 슛 성공률이 떨어지는지, 축구에서 한 수비수가 어떤 유형의 드리블러에게 약한지를 AI가 통계적으로 찾아낸다. 이러한 분석은 선수별 맞춤형 훈련으로 이어져 경기력을 최적화한다.

(2) 상대 팀 패턴 분석

머신러닝 기법으로 상대 팀의 과거 경기 데이터를 학습하면, 패턴 인식을 통해 상대의 전술 경향을 파악할 수 있다. "상대 팀 A는 이기고 있을 때 수비 전술을 이렇게 바꾼다"라든가 "팀 B는 측면 공격 비중이 리그 평균보다 20% 높다"와 같은 통찰을 AI가 제공할 수 있다. 이를 통해 우리 팀은 상대의 전략에 대비한 맞춤 전략을 세울 수 있다.

(3) 실시간 전략 추천

최근에는 경기 중에도 AI가 실시간 데이터 분석을 수행하여 전술을 조언하기 시작했다. 예컨대 미국 프로농구(NBA)에서는 Second Spectrum이라는 AI 시스템이 코트 위 선수 위치와 플레이를 실시간 분석해 "어떤 수비 셋업이 현재 효율적이다" 등의 전략적 인사이트를 코치에게 전달한다. 이처럼 AI가 즉각적인 피드백을 주면, 코치는 작전 타임 등에서 데이터를 근거로 전술을 조정할 수 있다.

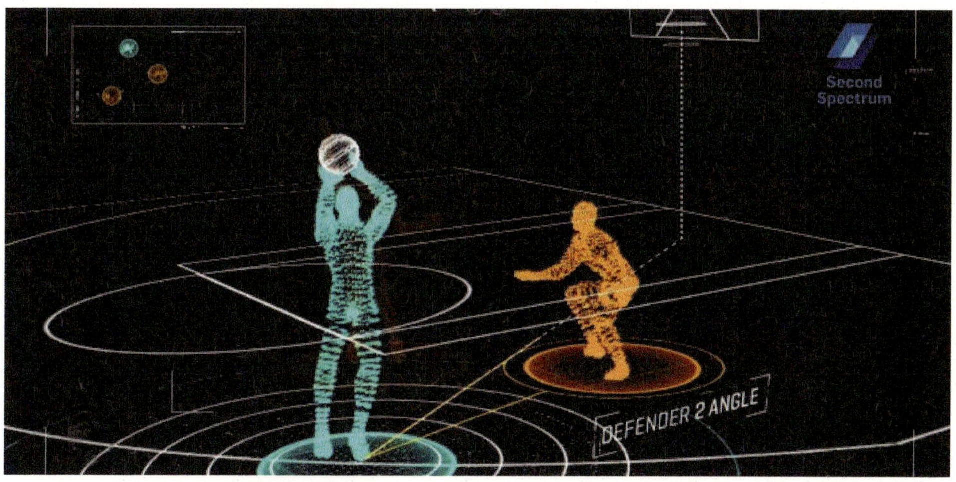

그림 1-6 Second Spectrum 예시 이미지

(4) 사례

미국 MLB 프로야구에서는 경기 중 상대 투수의 패턴을 AI로 분석해 타자에게 다음 공략법을 전달하는 시도가 이뤄지고 있다. 또 축구에서는 영국 프리미어리그 구단들이 AI로 상대 팀의 세트피스 수비 배열을 분석, 코너킥 전술을 데이터에 기반해 준비하는 등 활용이 확산되고 있다. 이러한 경기력 분석 AI는 이제 스포츠 팀의 필수 분석 도구로 자리잡아가고 있다.

2) 선수 부상 예방 및 트레이닝 관리에서의 AI 활용

부상은 선수와 팀 모두에게 큰 손실이므로, 이를 예방하고 관리하는 것은 매우 중요한다. AI는 스포츠의학 데이터와 실시간 선수 상태 정보를 바탕으로 부상 위험을 예측하고, 최적의 트레이닝 계획을 제안함으로써 선수의 건강 유지와 퍼포먼스 극대화에 기여하고 있다.

그림 1-7 부상 예방 시스템

(1) 피로도 모니터링과 예측

AI는 선수들의 운동량, 심박수, 경기에 임한 시간 등을 종합하여 피로 누적도와 부상 위험도를 수치화할 수 있다. 예를 들어 축구에서 연속 경기 출전으로 특정 선수의 스프린트 횟수나 주행 거리 패턴에 이상징후가 나타나면 AI가 부상 확률 상승을 경고한다. 실제로 몇몇 유럽 축구 구단은 AI 시스템을 통해 "A 선수의 근육 부상 위험 70%"와 같은 알림을 받아 선수를 선발에서 빼거나 교체 투입 시기를 앞당기는 결정을 내린 사례가 있다.

(2) 스마트 웨어러블 연계 트레이닝

선수들이 착용하는 웨어러블 센서(예: GPS 조끼, 심박 센서 등)에서 실시간으로 수집되는 데이터를 AI가 분석하여, 개인별 맞춤 훈련 프로그램을 설계한다. 예를 들어, AI는 한 선수의 민첩성 운동 수행 데이터를 보고 특정 방향으로 회전할 때 약점을 발견하면, 해당 근육을 강화하는 훈련을 권고할 수 있다. 또, AI는 팀 일정과 선수 컨디션을 고려해 "오늘은 고강도 훈련보다는 회복 위주의 훈련이 필요하다"는 식으로 일일 훈련 강도를 조정해줄 수도 있다. 이렇게 데이터에 근거한 훈련 최적화는 오버트레이닝 방지와 기량 향상에 효과적이다.

(3) 재활 및 복귀 지원

선수가 불가피하게 부상을 당했을 때, AI는 방대한 스포츠 재활 사례 데이터베이스를 참고하여 가장 효과적인 재활 경로를 제시한다. 수술 후 몇 주차에 어떤 운동을 어느 정도 강도로 해야 회복이 빠른지, 동일한 부상을 입은 다른 선수들의 복귀 시간을 비교 분석하여 현실적인 복귀 시점을 예측하는 등 AI는 세밀한 가이드가 될 수 있다. 또한 복귀 후에도 AI는 경기 데이터를 면밀히 살펴 재부상 위험을 모니터링하고 조언하여, 선수의 커리어 지속성을 높여준다.

(4) 사례

독일의 분데스리가 구단들은 KINEXON 등의 시스템을 활용하여 선수들의 훈련 데이터를 실시간 수집·분석하고, 부상 예방 프로그램에 반영하고 있다. 미국 NFL에서는 AI로 뇌진탕 위험을 예측해 헬멧 디자인과 훈련 방식을 개선하는 연구도 진행되고 있다. 이러한 노력 덕분에, 데이터 도입 이후 일부 팀에서는 부상 발생률이 두자릿수 퍼센트 감소하는 성과도 보고되었다.

그림 1-8 독일 분데스리가의 KINEXON 시스템 도입

3) 팬 경험 향상과 마케팅에서의 AI 활용

스포츠는 경기력만큼이나 팬들의 즐거운 경험이 중요한다. AI는 팬에게 더 풍부하고 개인화된 콘텐츠를 제공하고, 경기 관람의 몰입감을 높이는 데 다양하게 활용되고 있다. 이는 팬 만족도를 높여 결과적으로 스포츠 산업의 가치와 수익 증대로 이어진다.

(1) 맞춤형 콘텐츠 추천

AI는 팬들의 관심사와 소비 패턴을 학습하여, 각 팬이 좋아할 만한 콘텐츠를 골라 제공한다. 예를 들어, 어떤 팬이 특정 선수 하이라이트 영상만 주로 시청한다면 AI는 해당 선수의 최신 소식이나 독점 인터뷰 영상을 추천한다. 또, 평소에 축구 관련 기사를 자주 읽는 팬에게는 다음 경기 프리뷰나 전술 분석 기사를 푸시 알림으로 보내 줄 수 있다. 이러한 개인화 서비스는 팬들의 참여도를 높이고, 구단/리그가 팬별로 세밀한 마케팅 전략을 펼칠 수 있게 해준다.

(2) 가상 해설 및 챗봇

경기 중계에서 AI 해설 시스템이 등장하여, 실시간으로 경기에 대한 통계를 분석해 화면에 보여주거나 자동 해설 자막을 생성하기도 한다. 예를 들어, 테니스 그랜드슬램 대회에서는 IBM Watson AI가 선수들의 퍼포먼스를 평가해 “승리 가능성 예측” 그래프나 주요 경기 포인트 분석 등을 실시간 제공한 사례가 있다. 또한 팬들은 AI 챗봇에게 경기 규칙을 물어보거나, 현재 경기 상황을 문의하면 바로 답변을 받을 수 있어 초보 팬들도 경기에 쉽게 몰입할 수 있다.

(3) AR/VR을 통한 몰입형 경험

AI와 증강현실(AR), 가상현실(VR) 기술의 결합은 팬들에게 새로운 차원의 체험을 선사한다. 예를 들어, AR 앱을 통해 경기장을 비추면 실시간 선수 정보나 전략도가 화면에 겹쳐 표시되어 “라이브 스포츠 게임”을 즐기는 듯한 느낌을 준다. VR 기기를 쓰면 마치 경기장 1열 좌석에 앉은 것처럼 경기를 관람할 수도 있다. AI는 이러한 컨텐츠를 생성하고 사용자 상호작용을 조절하는 데 핵심적인 역할을 한다. 미래에는 팬들이 집에서 VR로 경기장에 모여 가상 응원전을 펼치거나, 과거 전설적인 경기를 AI가 재현해주는 체험도 가능할 것으로 전망된다.

(4) 자동 하이라이트 및 영상 편집

빅매치가 끝난 직후 수많은 팬들은 하이라이트 영상을 찾아본다. AI는 경기 주요 장면을 자동으로 식별하고 편집하여, 경기 종료 후 몇 분 내에 하이라이트 클립을 제작할 수 있다. 예를 들어, 테니스 US오픈에서는 AI가 수백 시간 분량의 경기를 분석해, 각 경기의 핵심 랠리와 매치 포인트를 모아 매치 리포트 영상을 거의 실시간으로 만들어 제공했다. 또한 미국 NBC 방송은 2024 올림픽에서 AI로 5000시간의 생방송 영상을 요약, 지역·관심사별로 다른 700만 개 이상의 맞춤 하이라이트 영상을 제작하여 팬들에게 제공하였는데, 이런 규모의 개인화 영상 서비스는 AI 없이는 불가능한 일이다.

그림 1-9 2024 파리올림픽 경기

(5) 사례

영국 윔블던 테니스 대회는 IBM의 AI 기술을 도입하여, 매 경기 후 "AI 하이라이트"를 자동 생성하고 선수별 퍼포먼스 패턴 분석 리포트를 제공했다. 또한 스페인의 세비야 FC 축구 구단은 AI로 팬 행태를 분석해 경기일 맞춤형 이벤트(예: 생일인 팬에게 경기 중 이벤트 노출)를 진행하고 있다. 이러한 AI 기반 팬 서비스는 팬들을 스포츠에 더욱 열광하게 만들고, 충성도를 높이는 역할을 하고 있다.

그림 1-10 IBM 왓슨x(watsonx)의 생성형 AI를 활용한 '캐치 미 업(Catch Me Up)' 기능.

4) 심판 판정과 경기 공정성에서의 AI 활용

공정한 경쟁은 스포츠의 핵심 가치이며, AI는 심판의 눈과 귀를 보조하여 오심을 줄이고 판정의 신속성과 정확성을 높이고 있다. 나아가 인간의 한계를 보완함으로써 논란을 최소화하고 팬들의 신뢰를 높이는 데 기여한다.

(1) 비디오 판독 보조(VAR)와 이미지 인식

월드컵을 비롯한 주요 축구 대회에서 도입된 비디오 판독(VAR) 시스템은 여러 카메라 영상 분석에 AI 기술을 활용한다. 예를 들어, AI는 프레임별로 선수들의 위치를 추적하고, 옵사이드 라인을 자동으로 그려 심판에게 즉각적인 참조를 제공한다. 과거 육안으로 판정하기 어려웠던 1~2cm 차이의 옵사이드도 AI 영상분석으로 정확하게 잡아낼 수 있게 되었다. 이는 중요한 경기 흐름을 좌우하는 판정의 신뢰성을 크게 높였다.

(2) 테니스의 호크아이(Hawk-Eye)

테니스와 크리켓 등에서는 공의 궤적을 추적하는 호크아이 시스템이 자리잡았다. 호크아이는 AI와 카메라를 통해 공이 라인을 벗어났는지 여부를 실시간으로 계산하여 정확한 판정을 돕는다. 이제 그랜드슬램 테니스 경기에서는 호크아이 판정이 사실상 최종 결정으로 받아들여질 정도로 공정성이 확보되었다. 심지어 최근 몇몇 테니스 토너먼트에서는 라인심판을 완전히 없애고 호크아이 AI 판정에만 의존하기도 한다.

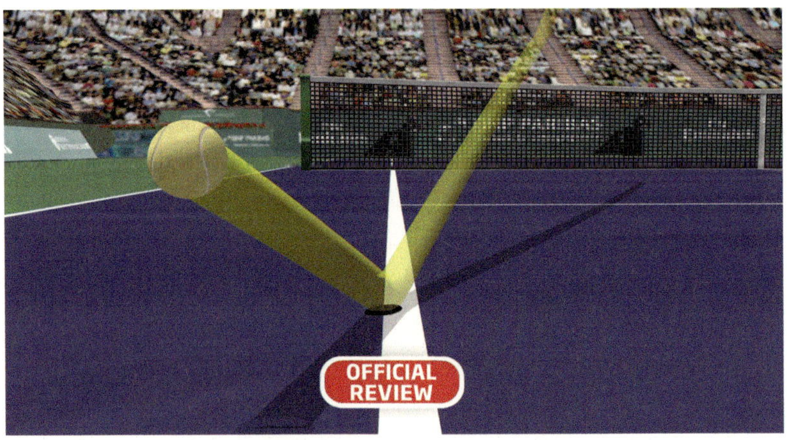

그림 1-11 테니스의 호크아이

(3) 자동 판정과 로봇 심판

야구에서는 스트라이크/볼 판정에 AI 카메라를 도입하는 시도가 있다. 고속 카메라와 머신러닝 모델이 공의 3D 궤적을 추적해 자동으로 스트라이크존 통과 여부를 판정하고, 인간 주심에게 그 정보를 전달한다. 이런 로봇 심판(Robo Umpire) 기술은 이미 미국 마이너리그 등에서 테스트되었고, 오심 논란을 줄이는 효과가 확인되고 있다. 다만 완전한 도입을 위해서는 기술의 정확도 향상과 더불어, 프로 스포츠 규정 정비 등의 사회적 합의가 필요한다.

그림 1-12 AI 심판

(4) 편향 최소화

AI 판정의 한 가지 장점은 감정이나 편견 개입 없이 일관된 기준을 적용한다는 점이다. 인간 심판의 경우 홈팀 관중 분위기, 스타 플레이어에 대한 무의식적 편향 등이 판정에 영향 줄 수 있다는 연구도 있는데, AI는 오로지 데이터에 기반한 판단을 내리므로 이런 부분을 개선할 수 있다. 물론 AI 역시 훈련 데이터의 편향성 문제에서 자유롭진 않지만(예: 어떤 영상 데이터로 학습했느냐에 따라 미세한 차이가 날 수 있음), 지속적인 보정과 검증을 통해 점차 객관성을 향상시켜 나가고 있다.

(5) 한계와 보완

현재 AI 판정 시스템도 완벽하지 않아서, 기술 오작동이나 경계 상황에서의 해석 문제 등 한계가 있다. 예를 들어, 농구 중계 AI 그래픽이 슛 거리를 잘못 표시한 사례나, 축구 골라인 판독 센서 오작동 등도 보고되었다. 따라서 AI + 인간 심판의 협업이 중요한다. AI가 일차 판정을 제시하되, 최종 결정은 여전히 인간 심판이 검증하는 형태가 바람직한다. 이러한 접근으로 "휴먼 인 더 루프(Human in the loop)"를 유지하면, 기술 오류 시에도 바로잡을 수 있고 윤리적 책임 소재도 명확하게 할 수 있다.

5) 그 밖의 AI 활용 사례들

위에서 다룬 것 외에도 스포츠 산업에서 AI는 다양한 방식으로 쓰이고 있다. 몇 가지 추가 사례를 간략히 소개하면 다음과 같다.

(1) 선수 스카우팅 및 이적 분석

AI는 전세계 수많은 선수들의 경기 데이터를 학습하여 잠재능력이 뛰어난 선수를 발굴하는 데 활용된다. 작은 리그나 아마추어 선수라도 데이터만 있다면 AI가 퍼포먼스 지표를 비교 분석해 숨은 진주를 찾아낼 수 있다. 스페인의 세비야 FC는 IBM AI를 활용해 신규 영입 후보 선수들을 평가하고 이적 결정을 지원하는 시스템을 구축했다. 또 이적 시장에서 제시되는 선수의 가격, 팀 전술 적합성 등을 AI가 시뮬레이션해 합리적인 영입 판단을 돕는 사례도 늘고 있다.

(2) 경기 일정 및 컨디션 관리

AI는 과거 경기 결과와 선수 상태 데이터를 분석하여 최적의 경기 일정이나 로테이션 전략을 제안할 수 있다. 예를 들어, 어느 시점에 강팀과 약팀을 만나야 승점 확보에 유리한지, 연속 원정 경기 후 얼마나 휴식 기간이 필요할지 등을 일정 편성에 반영할 수 있다.

미국 NBA에서는 AI로 팀 이동거리와 경기 퍼포먼스의 상관관계를 분석해 일정 조정에 활용했다는 보고도 있다.

(3) 시설 운영과 팬 서비스 최적화

경기장 내 혼잡도 관리(스마트 통제), 주차 최적화, 매점 물품 재고 관리 등 운영 영역에서도 AI의 도움을 받을 수 있다. 예컨대, 카메라 영상과 AI를 통해 관중들의 이동 경로를 분석하여, 특정 게이트의 혼잡이 예상되면 안내를 조정하거나 추가 스태프를 배치하는 식이다. 또한 얼굴 인식과 컴퓨터 비전 기술로 팬들이 줄을 서지 않고 빠르게 입장하거나 구매할 수 있는 스마트 경기장도 실현되고 있다.

6 스포츠 산업에서 AI 도입 시의 기술적·사회적 고려사항

스포츠에 AI를 도입하는 것은 많은 기회를 제공하지만, 동시에 극복해야 할 도전과 책임을 수반한다. 기술적인 준비와 사회윤리적 고민 없이 AI를 도입하면 오히려 혼란이나 부작용이 발생할 수 있다. 이 절에서는 AI 활용을 극대화하기 위한 기술적 요건과 지켜져야 할 사회적·윤리적 가치를 함께 살펴본다.

1) 기술적 고려사항

(1) 데이터 인프라와 품질 관리

AI의 성능은 결국 데이터의 양과 질에 좌우된다. 스포츠 조직이 AI를 도입하려면 우선 데이터 수집 인프라(경기 트래킹 시스템, 센서, 데이터베이스 등)를 구축하고, 신뢰할 수 있는 고품질 데이터 세트를 확보해야 한다. 또한 전처리 과정에서 오류나 노이즈 제거를 철저히 하여 깨끗한 데이터를 사용해야 하며, 지속적으로 데이터 갱신을 해나가야 한다. 예를 들어, 부정확하게 기록된 경기 통계를 학습한 AI는 잘못된 인사이트를 줄 수 있으므로, 휴먼 검수와 교차확인 절차도 중요하다.

(2) 전문 인력 및 파트너십

최첨단 AI 기술을 스포츠 현장에 적용하려면 이를 다룰 전문 인력(데이터 과학자, AI 엔지니어 등)이 필요하다. 구단 내부에 해당 인력을 충원하거나, 외부 기술 기업과의 파트너십을 맺어 솔루션을 도입하는 전략을 취해야 한다. 예를 들어, 미국의 일부 야구팀은 데이터 분석팀(Data Analytics Team)을 따로 두어, 경기 중 실시간으로 AI 통찰을 코치에게 전달한다. 기술 파트너와 협업할 경우, 자사 스포츠 도메인 지식과 기술 업체의 AI 역량을 결합하는 시너지를 낼 수 있다.

(3) 모델 선택과 정확도 검증

다양한 AI 알고리즘 중 목적에 적합한 모델을 선택하는 것도 고려사항이다. 이미지 인식에는 딥러닝 CNN, 시계열 경기 데이터 예측에는 LSTM이나 시계열 모델, 의사결정 지원에는 트리 계열 알고리즘 등 상황별 최적 모델이 있다. 그리고 일단 모델을 도입하면, 과거 데이터에서 충분히 검증(Validation)하여 정확도와 안정성을 확인해야 한다. 교차 검증이나 시험 운영을 통해 AI가 실제 상황에서 신뢰도 높은 결과를 내는지 테스트한 후 현업에 적용해야 한다.

(4) 시스템 통합과 속도

실시간 스포츠 환경에서는 AI 시스템이 높은 속도와 안정성으로 작동해야 한다. 경기 중 몇 초 만에 분석 결과를 내놓지 못한다면 활용도가 떨어질 수밖에 없다. 따라서 AI를 기존 경기 운영 시스템과 잘 통합하고, 지연 없이 결과를 전달할 수 있는 엔지니어링 환경(예: 클라우드 컴퓨팅, 엣지 컴퓨팅)을 구축하는 것이 중요한다. 또한 시스템 장애나 오류 발생 시 대비한 백업 플랜도 필요한다. 가령, 실시간 판정 AI가 갑자기 작동하지 않을 경우 즉시 예비시스템이나 인간 판정으로 대체하는 프로토콜이 마련돼야 경기 운영에 차질이 없다.

(5) 보안과 프라이버시 기술

AI 도입으로 선수와 팬의 민감 데이터가 더 많이 활용되는 만큼, 이를 지키기 위한 사이버보안과 프라이버시 보호 기술이 필수적이다. 데이터 암호화, 접근 권한 통제, 익명화 기술 등을 도입해 데이터 유출을 막아야 한다. 또한 모델 보안(Adv. AI security) 측면에서, 상대 팀이 우리 AI 분석을 역이용하거나 해킹하지 못하도록 주의해야 한다. 최근에는 AI 모델에 잘못된 데이터를 주입하는 "모델 교란" 공격도 논의되므로, 이에 대한 대응 연구도 살펴볼 필요가 있다.

2) 사회적·윤리적 고려사항

(1) 공정성과 편향성

AI 기술 적용에서 가장 두드러지는 윤리적 문제 중 하나는 공정성이다. AI가 내리는 결정이나 추천이 편향된 데이터로 인해 특정 선수나 팀에 불리하게 작용한다면, 이는 스포츠 정신에 반한다. 예를 들어, AI 스카우팅이 과거 데이터에 따라 일부 국가 출신 선수를 과소평가하거나, AI 판정이 특정 플레이스타일에 일관되게 불리하다면 문제가 된다. 연구 결과에 따르면 AI의 스포츠 적용에서 공정성과 편향성 이슈가 핵심으로 꼽힌다. 이를 해소하려면 AI 모델을 만들 때 편향을 인지하고, 가능한 한 다양한 데이터를 사용하며, 결과를 사람 전문가가 해석하여 균형 잡힌 판단을 내려야 한다.

(2) 투명성과 설명가능성

AI의 판단 근거를 투명하게 밝히고 설명할 수 있어야 스포츠 현장에서 신뢰를 얻는다. 예를 들어, AI가 "이 선수의 부상 위험이 높다"고 경고하면, 왜 그런 예측을 했는지(예: "지난 3경기 연속 풀타임 출전으로 피로 누적도가 높음") 설명하는 것이 중요한다. 설명가능한 AI(XAI) 기술을 도입하면, 코치나 선수들이 AI의 조언을 이해하고 수용하기 쉬워진다. 심판 판정 AI의 경우도 마찬가지로, 판정 알고리즘과 기준을 공개하고 판정 근거 데이터를 공유해야 팬들과 관계자들이 믿고 따를 수 있다. 투명성을 높이는 것은 AI 오작동 시 신속한 개선을 위해서도 필수적이다.

(3) 개인정보 보호 및 데이터 윤리

선수의 생체 정보, 부상 기록, 팬의 응원 성향 데이터 등은 민감한 개인정보에 속한다. AI 시대에는 이러한 데이터가 광범위하게 활용되기에, 개인정보 보호 법규와 데이터 윤리를 준수하는 것이 아주 중요한다. 선수의 동의 없이 건강 데이터를 상업적으로 사용한다거나, 팬 데이터를 외부에 판매하는 등은 엄격히 금지되어야 한다. 또한 AI 해설이나 콘텐츠 생성 시에도 사생활 침해가 없도록 주의해야 한다. 예를 들어, 팬이 SNS에 남긴 글을 AI가 분석해 경기장 화면에 띄울 때 익명성을 지켜주는 조치 등이 필요한다. 데이터 최소 수집 및 목적 제한, 보관기간 준수 등 원칙을 지키며 AI를 활용해야 장기적으로 스포츠 AI에 대한 신뢰가 유지될 것이다.

(4) 책임 소재와 통제

AI의 결정으로 인해 발생하는 결과에 대한 책임은 누가 질 것인가도 중요한 이슈이다. 예를 들어, AI 권고대로 선수를 기용했는데 팀 패배로 이어졌다면 그 책임은 코치에게 있겠지만, 판정 AI의 오류로 경기 결과가 바뀌었다면 누구의 책임인지 애매할 수 있다. 현재로서는 "AI는 도구, 최종 판단은 인간"이라는 원칙 하에 책임 소재를 인간이 지는 구조를 유지하는 것이 합리적이다. 아울러, AI의 판단이 항상 옳다는 보장은 없으므로, 인간의 통제와 개입 가능성을 설계 단계에서 확보해야 한다. 스포츠 경기는 사회적 관심이 큰 분야인만큼, AI 판정 논란이나 오남용 문제가 발생하면 AI 자체에 대한 반감으로 번질 수 있음을 유념해야 한다.

(5) 인간 가치와 스포츠 정신

기술이 발전해도 스포츠가 가진 인간적인 감동과 예측 불가능성의 매력은 지켜져야 한다. 지나치게 AI 최적화만 추구하면 경기가 획일화되거나 인간미가 감소할 우려도 있다. 예를 들어, 모든 팀이 AI가 권하는 대로만 플레이하면 창의적 플레이가 줄어들 수 있다는 지적이 있다. 따라서 AI는 어디까지나 선수와 코치의 보조 역할로 활용하고, 최종 판단이나 창의적 묘수는 인간의 몫으로 남겨두는 문화가 필요한다. 또한 선수나 관중이 AI의 개입 정도에 동의하는지도 중요한다. 새로운 AI 기술 도입 시에는 선수 협회, 팬 대표 등과 충분히 소통하고 스포츠 윤리에 반하지 않는지 검토하는 절차가 바람직한다. 국제 스포츠 연맹들도 이러한 사안을 논의하여 AI 활용에 관한 가이드라인을 준비하고 있다.

(6) 성공적인 변화 관리

마지막으로, 조직 차원에서 AI 도입은 변화 관리(Change Management)의 이슈이다. 전통적인 코치, 스카우터, 해설자 등의 역할이 AI로 인해 변화를 겪게 되므로, 이들에게 AI의 가치를 교육하고 협업 방안을 찾아야 한다. 일자리 대체에 대한 막연한 두려움이 아니라, AI를 통해 자신의 전문성을 더욱 발휘할 수 있도록 인식 전환을 도울 필요가 있다. 예컨대, 데이터 분석관과 코치가 파트너가 되어 함께 전략을 수립한다거나, 해설자는 AI가 제공한 통계를 바탕으로 더욱 풍부한 해설을 하는 식의 새로운 업무 프로세스를 정립해야 한다. 기술과 사람이 조화를 이룰 때 비로소 AI 도입의 궁극적인 목적, 즉 스포츠의 발전과 인간 경험의 증진이 실현될 것이다.

학습 요약

인공지능은 더 이상 먼 미래의 기술이 아니라, 지금 이 순간 스포츠 산업의 다양한 현장에서 활발히 작동하고 있는 현실의 도구다. 복잡한 데이터를 분석해 전략을 수립하고, 선수의 건강을 관리하며, 팬에게 몰입도 높은 경험을 제공하는 이 모든 과정에 AI는 깊이 관여하고 있다.

스포츠의 본질은 인간의 도전과 감동에 있지만, 그 여정을 더 정교하고 똑똑하게 설계하는 것은 AI의 몫이다.

이번 장에서는 AI의 기본 개념과 역사, 학습 유형, 그리고 스포츠 산업과의 접점에 대해 살펴보았다. 특히, 스포츠 분야에서 왜 AI가 필요한지, 어떻게 활용되고 있는지를 이해하는 것은 앞으로 다룰 기술적 내용들을 해석하고 응용하는 데 중요한 밑거름이 된다.

앞으로 우리는 AI의 구체적인 작동 방식과 스포츠에 최적화된 모델 설계, 데이터 분석의 실제 사례 등을 차근차근 탐색하게 될 것이다.

스포츠에 인공지능을 더한다는 것은 단순한 기술 도입을 넘어, 미래의 스포츠를 새롭게 디자인하는 일이다. 그리고 그 시작은, 지금 우리가 이해한 이 기본 개념에서부터 출발한다.

02 Chapter 머신러닝·딥러닝의 구조와 작동방식

>> 학습 목표

1. 머신러닝의 세 가지 학습 방식의 원리와 차이를 이해한다.
2. 딥러닝의 구조적 특징과 핵심 신경망 모델의 작동 원리를 설명할 수 있다.
3. 머신러닝과 딥러닝 모델 선택 및 응용 판단 기준을 수립한다.

1 머신러닝의 세 가지 학습 방식

1) 지도학습(Supervised Learning)

(1) 정의 및 핵심 원리

지도학습은 입력 데이터(X)와 그에 대응하는 정답 레이블(y)을 이용해 모델이 입력-출력 관계를 학습하는 가장 기본적인 머신러닝 방식이다. 이는 학생이 정답을 보며 문제를 푸는 과정과 유사하다. 모델은 입력으로부터 예측값을 생성하고, 실제 정답과의 차이를 손실 함수(loss function)를 통해 계산한다. 이 손실을 최소화하도록 가중치(weight)와 편향(bias)을 경사하강법(Gradient Descent)이나 Adam 등의 최적화 알고리즘으로 반복 조정한다.

지도학습의 목표는 연속값을 예측하는 회귀(Regression) 문제나 범주를 구분하는 분류(Classification) 문제를 해결하는 것이다. 예컨대 주택 가격 예측(회귀)이나 스팸메일 분류(분류)가 대표적이다.

(2) 주요 알고리즘과 응용

대표적인 회귀 알고리즘으로는 선형회귀(Linear Regression), 다항회귀(Polynomial Regression), 정규화 기법이 적용된 릿지·라쏘 회귀가 있다. 분류 알고리즘으로는 로지스틱 회귀(Logistic Regression), 결정트리(Decision Tree), SVM, 나이브 베이즈(Naive Bayes) 등이 널리 활용된다.

또한 여러 모델을 결합해 예측 성능을 높이는 앙상블(Ensemble) 기법—랜덤 포레스트(Random Forest), XGBoost, LightGBM—이 실무에서 가장 널리 쓰인다. 최근에는 딥러닝(Deep Learning) 기반의 신경망(CNN, RNN, Transformer)도 지도학습의 확장형으로 사용되어 이미지·음성·자연어 데이터까지 처리하고 있다.

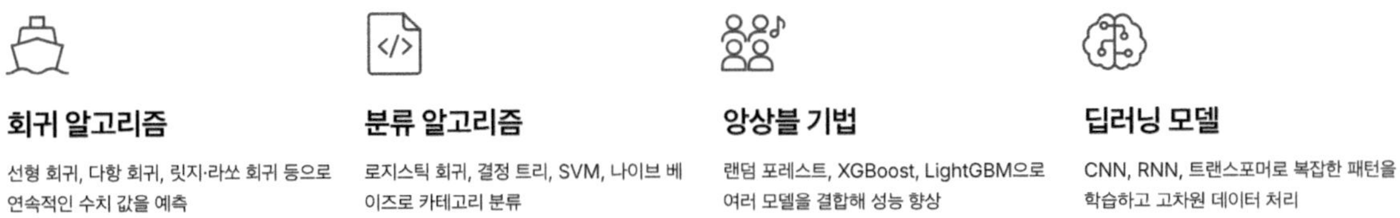

그림 2-1 지도학습의 주요 알고리즘

(3) 장점과 한계

지도학습의 가장 큰 강점은 정답 데이터에 기반한 높은 예측 정확도와 성능 평가의 명확성이다. 정확도(Accuracy), 정밀도(Precision), 재현율(Recall) 등의 지표로 모델 성능을 수치화할 수 있으며, 교차검증·정규화·드롭아웃 등의 기법을 통해 안정적인 모델 개발이 가능하다.

반면, 고품질 라벨 확보의 어려움과 과적합(overfitting)이 주요 한계이다. 전문가 라벨링에는 비용과 시간이 많이 들고, 학습 데이터에 과도하게 맞춘 모델은 새로운 환경에서 성능이 저하될 수 있다.

또한 지도학습은 이미 정의된 정답만을 모방하기 때문에, 데이터에 내재된 새로운 패턴을 스스로 발견하기 어렵다.

(4) 실전 스포츠 예시: 농구 자유투 성공률 예측

지도학습은 명확한 입력–출력 관계를 가진 스포츠 데이터 예측에 적합하다. 예를 들어, 자유투 성공률 예측 모델은 선수의 키·팔 길이·릴리즈 각도·피로도·경기 상황(점수차, 남은 시간 등)을 입력으로 하고, 성공(1)·실패(0)을 출력으로 설정한다.

로지스틱 회귀나 랜덤 포레스트를 학습시키면, "릴리즈 각도가 높을수록 성공률이 증가한다"와 같은 패턴을 도출할 수 있다. 이 결과는 코치의 전략 결정(선수 교체, 파울 작전)과 선수 개인 훈련 개선에 활용될 수 있다.

결국 지도학습은 충분한 데이터 품질, 적절한 알고리즘 선택, 과적합 방지 전략이 결합될 때 스포츠 경기력 향상에 직접 기여하는 실전형 분석 도구가 된다.

01

데이터 수집

선수의 신체 특징, 슛 폼, 게임 상황, 과거 성과 등
다양한 특징을 체계적으로 수집

02

라벨링

각 자유투 시도에 대해 성공(1) 또는 실패(0)의
명확한 이진법 라벨 부여

03

모델 학습

로지스틱 회귀나 랜덤 포레스트로 특징들 간의
복잡한 상관관계 학습

04

실시간 예측

새로운 자유투 상황을 분석하여
성공 확률을 제공하고 전략적 의사결정 지원

그림 2-2 실전 예시: 농구 자유투 성공률 예측

2) 비지도학습(Unsupervised Learning)

(1) 정의 및 원리

비지도학습은 정답 레이블이 없는 데이터로부터 데이터의 구조나 패턴을 스스로 발견하는 학습 방식이다. 주어진 입력만으로 학습하며, 사람에게 알려지지 않은 숨은 규칙이나 군집 구조를 찾아내는 것이 목표다. 즉, 알고리즘이 데이터 간의 유사성이나 분포를 스스로 파악하여 데이터를 그룹화하거나 요약한다.

정답이 없기 때문에 모델이 학습을 잘하고 있는지를 직접적인 오차로 평가하기 어렵고, 대신 군집 내 응집도나 분포 적합도 같은 간접적 평가지표를 활용한다.

비지도학습의 대표적 방법으로는 군집화(Clustering)와 차원 축소(Dimensionality Reduction)가 있다. 군집화는 유사한 데이터들을 그룹으로 묶는 기법으로, K-평균(k-means), 계층적 군집화, DBSCAN 등이 널리 사용된다. 차원 축소는 고차원 데이터를 저차원으로 변환해 구조를 파악하는 방식으로, 주성분 분석(PCA)과 t-SNE 가 대표적이다.

또한 연관규칙 학습(Association Rule Learning)은 함께 등장하는 항목 간의 관계를 찾아내며, 최근에는 입력을 압축·복원하면서 특징을 학습하는 오토인코더(Autoencoder) 등 딥러닝 기반 기법도 활용되고 있다.

군집화

k-평균, 계층적 군집화, DBSCAN으로 유사한 데이터 그룹화

차원 축소

PCA, t-SNE로 고차원 데이터의 중요 패턴을 저차원 공간에 투영

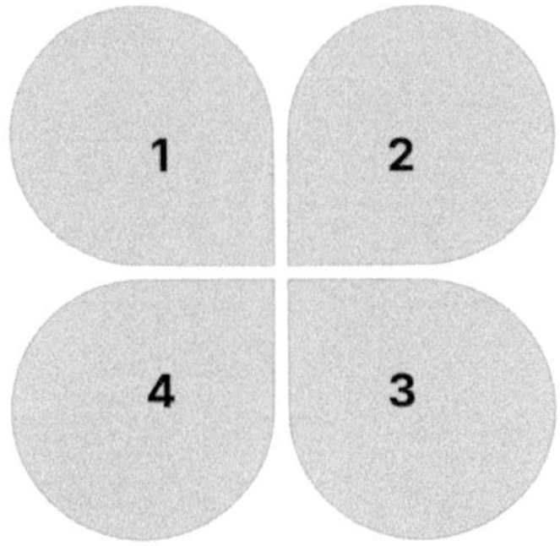

오토인코더

입력을 압축했다 복원하는 과정으로 특징을 학습하는 딥러닝 기법

연관규칙 학습

거래 데이터에서 함께 등장하는 항목들의 규칙 발견

그림 2-3 비지도학습의 주요 기법

(2) 장점과 단점

비지도학습은 라벨링이 어려운 방대한 데이터를 효율적으로 활용할 수 있고, 사람이 인지하지 못한 숨은 구조나 이상치를 발견해 새로운 인사이트를 제공한다.

하지만 정답이 없기 때문에 평가와 해석이 모호하고, 동일한 데이터라도 알고리즘이나 설정에 따라 결과가 달라질 수 있다. 또한 군집화 결과를 실제로 활용하기 위해서는 도메인 지식과 해석 과정이 필수적이다.

(3) 간단한 스포츠 예시

야구에서 타자들의 경기 기록(타율, 장타력, 출루율 등)을 비지도학습으로 분석하면, 라벨 없이도 유사한 특성을 지닌 선수들이 자동으로 군집된다.

공격형 타자, 컨택형 타자 등 그룹별 특성이 자연스럽게 형성되며,이러한 결과는 팀 구성, 스카우팅, 맞춤형 훈련 전략 수립 등에 활용될 수 있다. 즉, 비지도학습은 사전 지식 없이 데이터 자체가 말하는 패턴을 발견하는 데 유용한 방법이다.

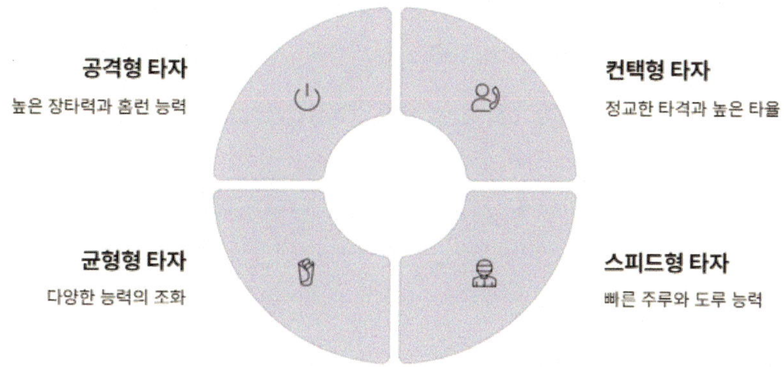

그림 2-4 야구 타자 스타일 분석 예시

3) 강화학습(Reinforcement Learning)

(1) 정의 및 핵심 원리

강화학습은 기계학습의 세 가지 패러다임 중 가장 인간의 학습과 유사한 방식으로, 시행착오를 통해 스스로 최적의 행동을 학습하는 방법이다.

에이전트(agent)가 환경(environment)과 상호작용하며 행동(action)을 선택하고, 그 결과로 보상(reward)을 받는다. 이 과정을 반복하면서 에이전트는 장기 누적 보상을 최대화하는 정책(policy)을 학습한다. 지도학습처럼 정답이 주어지지 않고, 비지도학습과 달리 환경을 직접 변화시킨다는 점에서 능동적 학습으로 분류된다.

이 과정은 마르코프 결정 과정(MDP)으로 수학적으로 정의되며, 에이전트는 현재 상태(State)에서 가능한 행동(Action)을 선택해 보상을 얻고, 그 결과에 따라 다음 상태로 이동한다. 이러한 순환을 반복하며 최적의 정책을 탐색하는 것이 강화학습의 핵심이다.

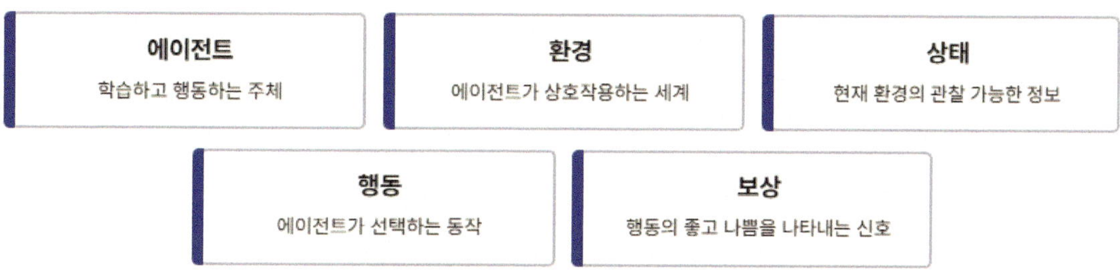

그림 2-5 강화학습의 핵심 구성 요소

(2) 주요 알고리즘 및 기법

대표적인 알고리즘으로는 Q-러닝(Q-Learning), SARSA, 정책경사(Policy Gradient), 그리고 딥러닝이 결합된 심층강화학습(Deep Reinforcement Learning)이 있다. Q-러닝은 상태-행동 쌍의 보상 기대값(Q값)을 학습하며 최적 정책을 찾는다. SARSA는 실제 취한 행동의 결과를 반영해 보다 안정적인 학습을 수행한다.

정책경사 방법은 정책 자체를 신경망으로 표현해 보상을 극대화하는 방향으로 파라미터를 조정한다. 대표적인 심층강화학습 알고리즘으로는 DQN(Deep Q-Network), PPO(Proximal Policy Optimization) 등이 있으며, 이들은 복잡한 환경에서도 안정적이고 효율적인 학습이 가능하다.

실제 사례로 AlphaGo는 강화학습과 몬테카를로 트리 탐색을 결합해 스스로 전략을 고도화하며 인간을 능가하는 성능을 보였다.

1	**Q-러닝** 상태-행동 쌍의 Q값을 학습하는 고전적 알고리즘. 최적 정책 수렴 보장.
2	**정책 경사** 정책 자체를 신경망으로 표현하고 직접 최적화. 연속 행동 공간에 유용.
3	**DQN** Q-러닝에 딥러닝 결합. 아타리 게임을 인간 수준으로 플레이.
4	**PPO** 학습 안정성과 표본 효율의 균형. 현재 가장 널리 사용되는 알고리즘.
5	**AlphaGo** 몬테카를로 트리 탐색과 정책 신경망 결합. 바둑에서 인간 챔피언 격파.

그림 2-6 강화학습의 주요 알고리즘

(3) 강화학습의 장점과 한계

강화학습의 장점은 자율적 학습(Self-learning)과 적응력(Adaptability)이다. 정답이 없어도 시행착오를 통해 학습할 수 있으며, 환경의 변화에도 스스로 대응한다.

또한 현재의 선택이 미래의 결과에 영향을 미치는 순차적 의사결정 문제를 자연스럽게 다룰 수 있다.

그러나 학습 효율이 낮고, 보상 설계(reward shaping)가 어렵다는 한계가 있다. 잘못된 보상 함수는 보상 해킹(reward hacking)을 유발할 수 있으며, 탐험(exploration)과 활용(exploitation)의 균형을 맞추는 것도 여전히 도전적인 과제이다.

(4) 스포츠 예시: 축구 페널티킥 분석

축구 경기의 페널티킥 상황을 강화학습으로 모델링해보자. 에이전트는 골키퍼, 환경은 페널티킥 장면이다. 에이전트는 키커의 자세, 시선, 공의 방향을 관찰하고 왼쪽·오른쪽·중앙 중 하나의 행동을 선택한다.

공을 막으면 +1, 놓치면 -1의 보상을 받으며, 이러한 시행착오를 반복하며 "왼발 디딜 때는 오른쪽으로 찰 확률이 높다"와 같은 패턴을 스스로 학습한다. 이후 에이전트는 특정 선수의 슛 습관이나 경기 상황에 따라 최적의 방어 전략을 제시할 수 있다.

이 접근은 페널티킥뿐 아니라 자율 코칭 시스템, 경기 전략 최적화, 전술 AI 개발 등에도 확장될 수 있다.

초기 단계
골키퍼가 무작위로 방향을 선택
10번 중 3번 정도 운 좋게 방어

패턴 학습
수백 번의 경험을 통해
선수의 발 디딤, 시선 등의 신호 포착

전략 개발
특정 키커를 상대할 때
효과적인 대응 방법을 스스로 발견

고급 전술
심리전 전략까지 개발하여
인간 코치도 생각하지 못한 방법 제시

그림 2-7 축구 페널티킥 골키퍼 학습

표 2-1

구분	지도학습 (Supervised Learning)	비지도학습 (Unsupervised Learning)	강화학습 (Reinforcement Learning)
학습 개념	정답(레이블)이 있는 데이터를 이용해 입력-출력 관계를 학습	라벨 없이 데이터의 숨은 구조나 패턴을 탐색	에이전트가 환경과 상호작용하며 보상을 통해 최적 행동을 학습
데이터 형태	입력(X) + 정답(y) 존재	입력(X)만 존재	상태(State)·행동(Action)·보상(Reward) 구조
학습 목표	예측(분류·회귀) 정확도 향상	데이터 군집화·패턴 탐색·특징 추출	장기 누적 보상 (Maximum Reward) 극대화
대표 알고리즘	선형회귀, 로지스틱회귀, 결정트리, SVM, 랜덤포레스트, XGBoost	K-평균, 계층적 군집화, PCA, t-SNE, 오토인코더	Q-러닝, SARSA, 정책경사, DQN, PPO
피드백 방식	정답과 예측의 오차(손실)를 계산해 수정	정답이 없으며 유사성·분포 기반 탐색	행동 결과의 보상 신호를 이용한 학습
장점	명확한 평가 지표로 고정밀 예측 가능성능 검증이 체계적	라벨 없이 대규모 데이터 활용 가능새로운 패턴 발견 가능	자율적 학습 가능환경 변화에 대한 적응력 우수
단점	라벨링 비용이 높고 과적합 위험 존재	평가 기준이 모호하고 해석에 주관성 존재	학습 효율이 낮고 보상 설계 어려움
적용 예시	이메일 스팸 분류, 주가 예측, 스포츠 경기 승패 예측	고객 세분화, 선수 스타일 군집화, 패턴 탐색	로봇 제어, 자율주행, 페널티킥 전략 학습
스포츠 사례	농구 자유투 성공률 예측	야구 타자 유형 분석	축구 골키퍼 페널티킥 대응 전략
핵심 키워드	예측(Prediction)	탐색(Exploration)	보상(Reward)·정책(Policy)

2 딥러닝과 인공신경망 개요

앞서 살펴본 머신러닝의 지도학습/비지도학습/강화학습 기법 중 인공신경망(Artificial Neural Network)을 기반으로 하는 방법들이 오늘날 딥러닝(Deep Learning)이라 불리는 분야를 형성하고 있다. 딥러닝은 뇌의 신경망을 모방한 다층 구조의 모델을 통해 데이터의 복잡한 패턴을 자동으로 학습하는 기계학습 기법이다. 전통적인 머신러닝이 특징 공학(feature engineering) 등으로 사람이 입력 특성을 가공해야 하는 것과 달리, 딥러닝 모델은 계층적인 표현 학습을 통해 저수준 특징으로부터 고수준 의미를 점진적으로 추출해 낸다. "딥(deep)"이라는 용어는 신경망의 은닉층(hidden layer)이 여러 층으로 깊게 쌓여 있음을 의미하며, 층이 많아질수록 복잡한 함수도 표현할 수 있는 반면 학습에는 더 많은 데이터와 연산이 필요하다. 딥러닝 모델은 학습 방식으로 보면 여전히 지도학습 또는 비지도학습, 강화학습의 틀 안에 있지만, 모델 구조 측면에서 기존 기계학습과 구별된다. 이

제부터는 대표적인 딥러닝 모델 구조인 합성곱 신경망(CNN), 순환 신경망(RNN), 트랜스포머(Transformer)를 각각 살펴보면서, 이들이 내부에서 어떤 층과 구성요소로 이루어져 있고 어떻게 동작하는지 이해해보자. CNN은 주로 이미지와 같이 공간적인 데이터를 다루는 데 탁월하며, RNN은 시계열이나 문장처럼 시간적 순서를 가진 데이터를 처리하도록 설계되었다. 트랜스포머는 최근 등장한 모델로, 어텐션 메커니즘을 통해 시퀀스 데이터를 순환 없이 한꺼번에 처리할 수 있어 NLP를 비롯한 다양한 분야의 성능을 크게 향상시켰다.

1) 합성곱 신경망(CNN, Convolutional Neural Network)

(1) 구조 및 주요 개념

합성곱 신경망(Convolutional Neural Network, CNN)은 이미지 처리 분야에 혁신적인 성능을 보인 딥러닝 모델로, 생물학적 시각 체계에서 영감을 받아 설계된 특별한 신경망 구조를 가지고 있다. CNN의 기본 구조는 합성곱 층(Convolutional Layer)과 풀링 층(Pooling Layer)을 반복적으로 쌓은 후 완전연결 층(Fully-Connected Layer)으로 최종 출력에 이르는 계층적 아키텍처로 구성되어 있다.

일반적인 다층 퍼셉트론(Multi-Layer Perceptron, MLP)이 모든 입력 픽셀을 첫 번째 층의 모든 뉴런과 완전히 연결하는 것과는 근본적으로 다르게, CNN의 합성곱 층에서는 국소적인 수용 영역(Receptive Field)만을 바라보는 국소 연결(Local Connectivity)이 이루어진다. 이는 각 합성곱 뉴런이 입력 이미지의 일부 패치(Patch)에만 연결되어 해당 영역의 특징을 학습한다는 것을 의미한다.

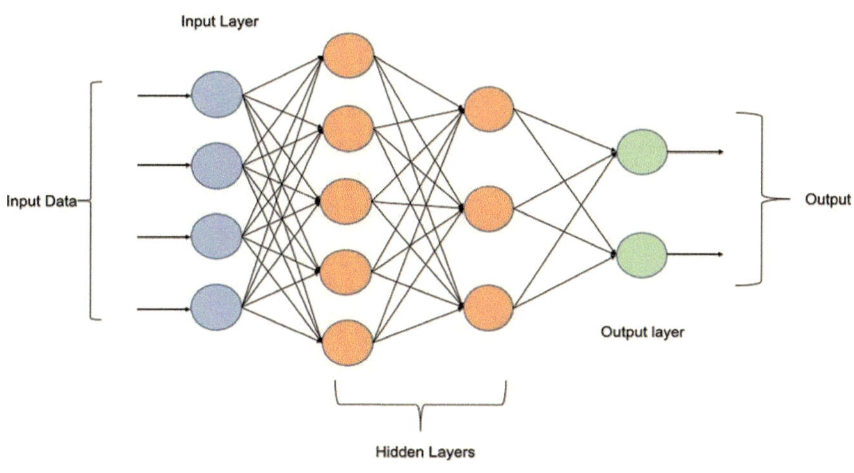

그림 2-8 다층 퍼셉트론의 구조

CNN의 가장 핵심적인 특징 중 하나는 가중치 공유(Weight Sharing) 메커니즘이다. 동일한 필터가 이미지 전체를 슬라이딩하면서 같은 패턴을 찾도록 학습되기 때문에, 이미지의 어느 위치에서든 동일한 특징을 감지할 수 있게 된다. 이러한 특성으로 인해 이미지 처리에 필요한 파라미터 수가 극적으로 감소하게 되는데, 예를 들어 1000×1000 픽셀의 대형 이미지를 완전연결로 처리하면 수백만 개 이상의 가중치가 필요하지만, CNN은 작은 크기의 필터만으로도 효과적인 학습이 가능하다.

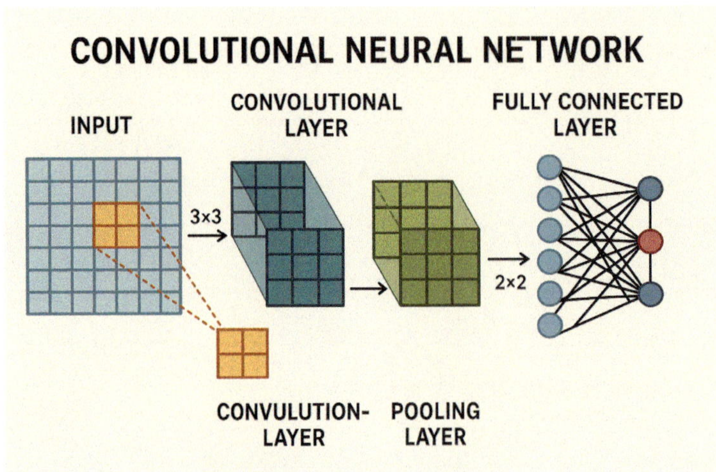

그림 2-9 CNN네트워크 구조

또한 CNN은 픽셀 간의 공간적 인접성 정보를 자연스럽게 활용한다는 중요한 장점이 있다. 멀리 떨어진 픽셀들 간의 관계보다는 인접한 픽셀들의 조합을 우선적으로 학습하며, 이는 시각 데이터의 국소적 특징을 포착하는 데 매우 유리하다. 이러한 특성은 이미지에서 에지, 텍스처, 형태 등의 시각적 패턴을 효과적으로 인식할 수 있게 해준다.

합성곱 층

필터가 이미지를 슬라이딩하며 국소 패턴 감지

가중치 공유로 파라미터 수를 크게 감소

풀링 층

특성맵의 크기를 줄여 계산량을 감소시킴

위치 변화에 대한 불변성 제공

완전연결 층

추출된 특징을 바탕으로 최종 분류 수행

소프트맥스로 클래스 확률 출력

그림 2-10 CNN의 핵심 구성 요소

(2) 합성곱 연산과 필터

CNN의 핵심은 합성곱 연산(Convolution Operation)이며, 이는 전체 네트워크의 특징 추출 능력을 결정하는 가장 중요한 구성 요소이다. 하나의 합성곱 층에는 여러 개의 필터(Filter) 또는 커널(Kernel)이라 불리는 작은 크기의 학습 가능한 행렬들이 존재한다. 이 필터들은 입력 이미지나 이전 층의 특성맵 전체에 걸쳐 슬라이딩하면서 합성곱 연산을 수행하게 된다.

합성곱 연산의 결과로 특성맵(Feature Map)이라 불리는 새로운 출력이 생성되는데, 각 필터마다 하나의 특성맵이 생성된다. 필터는 학습 과정을 통해 국소 영역의 특정 패턴, 예를 들어 수직선, 수평선, 대각선, 모서리, 곡선 등과 같은 다양한 시각적 특징에 반응하도록 최적화된다. 그 필터와 유사한 패턴을 가진 이미지 부위에서는 출력값이 크게 활성화되어, 해당 특징의 존재를 알려주는 신호로 작용한다.

합성곱 연산을 수학적으로 표현하면, 입력 이미지 또는 이전 층의 특성맵을 이차원 배열 X라 하고, k×k 크기의 필터를 가중치 행렬 W로 표현할 때, 출력 특성맵 Y의 특정 위치(i, j)에서의 값은 다음과 같이 계산된다.

$$y_{ij} = \sum_{u=0}^{k-1} \sum_{v=0}^{k-1} W_{u,v} \cdot X_{i+u, j+v}$$

여기서 b는 편향(bias) 항이며, 이 결과에 활성화 함수가 적용된다. 이 과정에서 편향(Bias) 항이 추가되고, 보통 ReLU와 같은 활성화 함수가 적용되어 비선형성이 도입된다.

합성곱 출력이 유효하게 정의되려면 필터가 이미지의 경계를 넘어가지 않아야 하는데, 이를 조절하기 위해 패딩(Padding) 기법을 사용한다. 패딩은 입력의 가장자리에 가상의 픽셀(일반적으로 0 값)을 추가하여 필터가 이미지 바깥으로 벗어나지 않도록 해주는 역할을 한다. 폭과 높이가 N인 입력에 크기 F인 필터, 패딩 P, 스트라이드 S로 합성곱을 적용하면, 출력 크기는 다음 공식으로 계산된다.

$$\text{출력크기} = \lfloor \frac{N-F+2P}{S} \rfloor + 1$$

스트라이드(Stride)는 필터를 이동시키는 간격을 의미하며, 이 값이 1보다 크면 출력 크기가 입력보다 작아져 자연스러운 다운샘플링 효과를 얻을 수 있다. 반대로 적절한 패딩을 적용하여 출력 크기가 입력과 동일하게 유지되도록 할 수도 있는데, 이를 세임 패딩(Same Padding)이라고 한다. 이처럼 합성곱 층에서는 필터 크기, 스트라이드, 패딩 등의 하이퍼파라미터 설정에 따라 출력 특성맵의 크기와 특징 추출의 세밀함이 결정되며, 이는 전체 네트워크의 성능에 중요한 영향을 미친다.

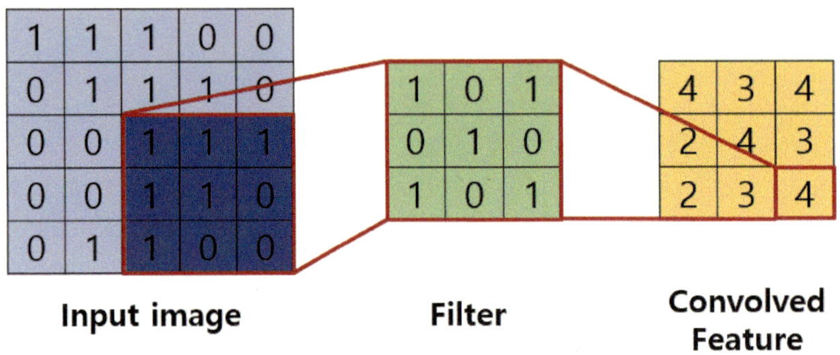

그림 2-11 Convolution 과정

- 연산 예시: (1*1)+(1*0)+(1*1)+(1*0)+(1*1)+(0*0)+(1*1)+(0*0)+(0*1)=4

연산 결과, 5x5 이미지에서 Filter 하나가 3x3 크기의 이미지를 생성하게 된다. 만약 Filter가 3개라면 3x3 이미지 3개가 생성되는 것이다.

Convolved Feature들을 살펴보면 얻어낸 Feature 중에서도 가장 중요한 Feature를 뽑아낼 수 있을 것이고, 이를 위해 학습하는 역할을 CNN 중 Convolution Layer에서 수행한다.

(3) 풀링 층

합성곱 층을 몇 개 거친 후에는 일반적으로 풀링(Pooling) 층을 삽입하여 특성맵의 공간적 크기를 체계적으로 줄인다. 풀링은 특성맵을 일정한 크기의 구역들로 나누어 각 구역별로 하나의 대표값을 선택함으로써 정보를 압축하는 역할을 한다. 가장 널리 사용되는 방법은 맥스 풀링(Max Pooling)으로, 각 구역 내에서 최댓값을 취하여 그 영역에서 가장 강하게 나타나는 특징만을 보존한다.

맥스 풀링 외에도 평균 풀링(Average Pooling)이 있는데, 이는 구역 내 모든 값들의 평균을 계산하여 더 부드러운 특징 표현을 얻는다. 풀링을 적용하면 여러 가지 중요한 효과를 얻을 수 있는데, 첫째로 특성맵의 크기가 줄어들어 계산량과 메모리 사용량이 감소한다. 둘째로 약간의 위치 변화에 대한 불변성(Translation Invariance)이 생겨나는데, 이는 객체가 이미지 내에서 조금 이동하더라도 동일한 특징으로 인식할 수 있게 해준다.

풀링 층이 깊은 네트워크에서 가지는 또 다른 중요한 역할은 수용 영역(Receptive Field)을 확장하는 것이다. 각 층을 거칠 때마다 뉴런이 볼 수 있는 원본 이미지의 영역이 점차 넓어지게 되는데, 풀링은 이 과정을 가속화하여 더 깊은 층에서 더 큰 범위의 특징을 인식할 수 있게 해준다. 다만 풀링은 학습되지 않는 고정된 연산이므로, 너무 많은 정보를 압축하면 중요한 세부 사항이 손실되어 성능 저하를 초래할 수 있다는 단점도 있다.

최근에는 이러한 문제를 해결하기 위해 풀링 대신 스트라이드가 큰 합성곱을 사용하여 학습 가능한 방식으로 다운샘플링을 수행하는 경우가 늘어나고 있다. 이러한 접근법은 정보 손실을 최소화하면서도 효과적인 크기 축소를 달성할 수 있어, 현대적인 CNN 구조에서 점점 더 선호되고 있다.

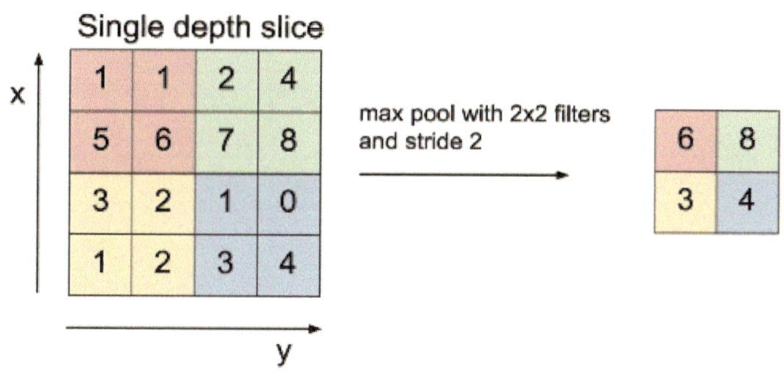

그림 2-12 맥스 풀링(Max Pooling)

(4) 완전연결 층과 출력

CNN 구조의 마지막 부분에는 전통적인 신경망과 동일한 완전연결 층들이 위치하여 분류기(Classifier)의 역할을 수행한다. 앞선 합성곱과 풀링 과정을 거쳐 추출된 고수준의 특징들은 먼저 일렬로 펼쳐져 밀집 벡터(Dense Vector)로 변환된다. 이 과정을 플래튼(Flatten) 또는 벡터화라고 하며, 2차원 또는 3차원의 특성맵을 1차원 벡터로 재구성하는 단계이다.

변환된 특징 벡터는 하나 이상의 은닉층을 거치면서 비선형 변환과 학습을 통해 더욱 추상적이고 판별적인 표현으로 발전한다. 최종 출력층에서는 해결하고자 하는 문제의 특성에 따라 적절한 활성화 함수가 적용된다. 예를 들어, 다중 클래스 이미지 분류 문제의 경우 소프트맥스(Softmax) 함수를 적용하여 각 클래스에 대한 확률 분포를 얻고, 가장 높은 확률을 가진 클래스를 해당 이미지의 예측 레이블로 결정한다.

이진 분류 문제에서는 시그모이드(Sigmoid) 함수를, 회귀 문제에서는 선형 활성화 함수를 사용하는 것이 일반적이다. 완전연결 층의 학습은 기존 신경망과 동일한 방식으로 이루어지며, 역전파(Backpropagation) 알고리즘을 통해 손실 함수의 기울기가 앞선 합성곱 필터들까지 전달되어 전체 네트워크가 end-to-end로 동시에 학습된다.

CNN 전체를 구조적으로 분석해보면 크게 두 부분으로 나눌 수 있다. 첫 번째는 특징 추출부로, 여러 층의 합성곱과 풀링의 조합을 통해 원본 이미지로부터 계층적인 특징을 추출하는 역할을 한다. 두 번째는 분류부로, 완전연결 신경망을 통해 추출된 특징들을 바탕으로 최종 예측을 수행한다. 이러한 모듈화된 구조는 각 부분이 명확한 역할을 가지면서도 전체적으로 통합된 학습이 가능하다는 CNN의 중요한 장점이다.

(5) 작동 원리 요약

CNN이 이미지에서 작동하는 방식을 단계별로 살펴보면, 먼저 초기 합성곱 층들은 에지(Edge), 선분, 질감(Texture) 같은 저수준 시각적 특징을 감지하는 역할을 한다. 이들 필터는 상당히 단순한 패턴에 반응하며, 이미지의 기본적인 구성 요소를 파악하는 기능을 수행한다. 층을 거듭할수록 이러한 저수준 특징들이 조합되어 모서리, 윤곽, 곡선 등의 더 복잡한 기하학적 패턴을 형성하게 된다.

네트워크가 더욱 깊어지면, 중간 층의 필터들은 이전 층에서 감지된 기본 특징들을 결합하여 더 의미 있는 부분 패턴을 인식하기 시작한다. 예를 들어, 사람 얼굴을 인식하는 CNN의 경우 중간 층에서는 눈, 코, 입과 같은 얼굴의 구성 요소들에 반응하는 필터가 학습될 수 있다. 최종 합성곱 층에 이르면 이러한 부분 패턴들이 통합되어 완전한 객체나 복합적인 형태를 인식할 수 있는 고수준 특징 검출기로 발전한다.

이렇게 계층적으로 학습된 특징들은 완전연결 층을 통해 최종 분류를 위한 판별적 정보로 활용된다. 각 층에서 추출된 특징들이 누적되고 조합되면서 점점 더 추상적이고 복잡한 표현이 만들어지며, 이는 결국 이미지 전체의 의미를 파악하는 데 필요한 충분한 정보를 제공하게 된다.

CNN이 이미지 인식 분야에서 혁신적인 성능을 달성할 수 있었던 이유는 바로 이미지의 공간적 구조를 자연스럽게 활용하면서도 파라미터 수를 극적으로 줄였기 때문이다. 가중치 공유와 국소 연결성을 통해 기존 완전연결 신경망의 한계를 극복하고, 시각적 패턴의 계층적 특성을 효과적으로 모델링할 수 있게 되었다. 이러한 특성들이 결합되어 CNN은 이미지 처리 분야에서 압도적인 성능 향상을 가져올 수 있었다.

그림 2-13 합성곱 연산의 작동원리

(6) 발전과 응용

CNN의 이론적 기초는 1980년대 후쿠시마(K. Fukushima)가 개발한 네오코그니트론(Neocognitron)까지 거슬러 올라간다. 네오코그니트론은 생물학적 시각 체계의 계층적 구조에서 영감을 받아 설계된 최초의 합성곱 기반 신경망으로, 현재 CNN의 기본 아이디어를 제시했다는 점에서 역사적 의의가 크다.

1990년대에 들어서 얀 르쿤(Yann LeCun)이 개발한 LeNet-5 모델은 손글씨 숫자 인식에서 실용적인 성능을 보여주며 CNN의 실제 적용 가능성을 입증했다. LeNet-5는 우편번호 인식 시스템에 실제로 배포되어 상업적 성공을 거두었으며, 이는 딥러닝 기술의 초기 성공 사례 중 하나로 기록되고 있다.

하지만 CNN이 전 세계적인 주목을 받게 된 결정적인 계기는 2012년 ImageNet Large Scale Visual Recognition Challenge(ILSVRC)에서 제프리 힌튼(Geoffrey

Hinton) 그룹의 AlexNet이 압도적인 성능으로 1위를 차지한 사건이었다. AlexNet은 GPU를 활용한 대규모 심층 CNN 모델로, 기존 방법들을 큰 폭으로 능가하는 성능을 보여주며 딥러닝 붐의 도화선 역할을 했다.

AlexNet의 성공 이후, 더욱 깊고 정교한 구조의 CNN들이 연이어 제안되었다. VGGNet은 작은 크기의 필터를 사용하여 네트워크를 매우 깊게 만드는 접근법을 제시했고, GoogleNet(Inception)은 인셉션 모듈을 통해 효율적인 다중 스케일 특징 추출을 가능하게 했다. 특히 ResNet의 등장은 잔차 연결(Residual Connection)을 통해 매우 깊은 네트워크의 학습을 가능하게 하여, 이미지 분류의 정확도가 인간의 수준을 넘어서는 역사적인 성과를 달성했다.

현재 CNN은 단순한 이미지 분류를 넘어서 컴퓨터 비전 분야 전반에 걸쳐 광범위하게 활용되고 있다. 객체 검출(Object Detection)에서는 R-CNN, YOLO, SSD 등의 모델이 이미지 내 여러 객체의 위치와 클래스를 동시에 예측한다. 이미지 분할(Semantic Segmentation)에서는 U-Net, FCN, DeepLab 등이 픽셀 단위의 정밀한 분류를 수행한다. 안면 인식, 의료 영상 진단, 자율주행차의 환경 인식 등 실생활의 다양한 분야에서 CNN이 핵심 기술로 자리잡고 있다.

또한 CNN의 응용 범위는 2차원 이미지를 넘어서 확장되고 있다. 1차원 합성곱을 활용한 시계열 데이터 분석, 3차원 합성곱을 사용한 의료 볼륨 데이터 처리, 그래프 합성곱 신경망을 통한 소셜 네트워크 분석 등 다양한 형태의 데이터에 합성곱의 아이디어가 성공적으로 적용되고 있다. 이러한 발전은 CNN이 단순히 이미지 처리를 위한 도구를 넘어서 패턴 인식과 특징 추출의 범용적인 프레임워크로 발전하고 있음을 보여준다.

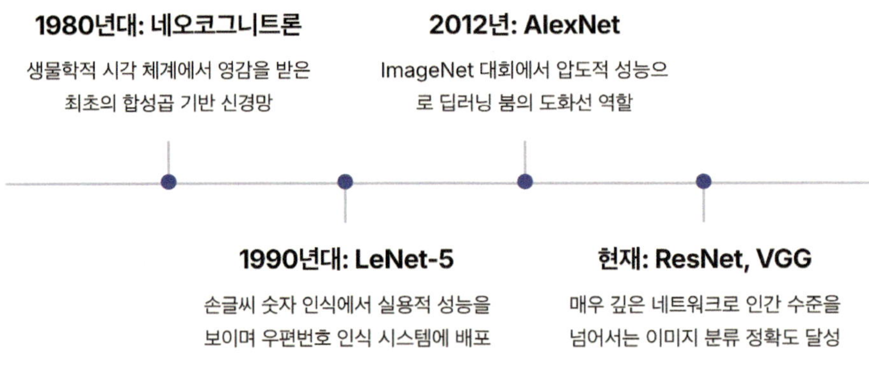

그림 2-14 CNN의 발전과 응용

2) 순환 신경망(RNN, Recurrent Neural Network)

(1) 구조와 순환 특성

순환 신경망(Recurrent Neural Network, RNN)은 시간적으로 순차적인 데이터, 즉 시퀀스(Sequence) 데이터를 효과적으로 처리하도록 특별히 고안된 딥러닝 모델이다. 전통적인 피드포워드(Feed-forward) 신경망이 입력과 출력 간의 일방향적 관계만을 모델링하는 것과는 근본적으로 다르게, RNN에는 순환 구조(Recurrent Structure)가 내장되어 있어 이전 시점의 정보를 다음 시점으로 전달하면서 일종의 기억(Memory) 능력을 갖추고 있다는 것이 가장 큰 특징이다.

RNN의 핵심 아이디어는 각 RNN 셀이 현재 시점의 입력과 더불어 이전 단계에서 계산된 은닉 상태(Hidden State)를 함께 받아들인다는 점에 있다. 이러한 구조적 특성으로 인해 RNN은 과거의 정보를 현재의 처리 과정에 반영할 수 있게 되며, 이는 시퀀스 데이터의 시간적 의존성을 모델링하는 데 필수적인 능력이다.

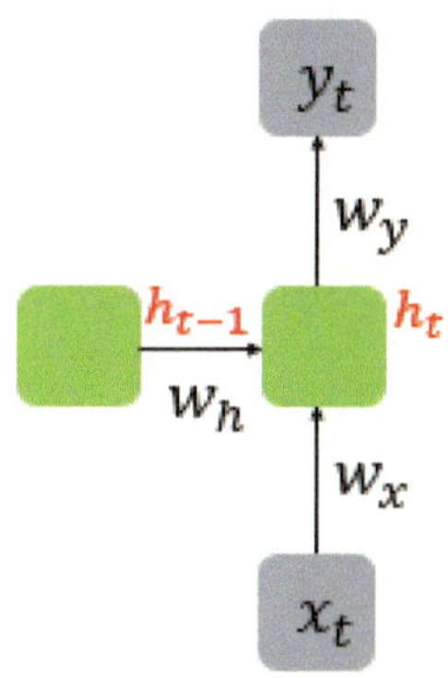

하나의 RNN 셀을 수학적으로 표현하면 다음과 같은 수식으로 나타낼 수 있다.

$$h_t = \int (W_{zh}x_t + W_{hh}h_{t-1} + b_{h}), \hat{y_t} = g(W_{hy}h_t + b_y)$$

여기서 $$x_t$$는 시퀀스의 t번째 입력(예를 들어, t시점의 단어 벡터나 센서 값)을 나타내고, h_t는 해당 시점에서 계산된 은닉 상태 값이며, h_{t-1}은 바로 이전 시점의 은닉 상태를 의미한다. W_{xh}, W_{hh}, W_{hy}는 각각 입력-은닉, 은닉-은닉, 은닉-출력 연결을 위한 학습 가능한 가중치 행렬들이고, b_h, b_y는 편향 벡터들이다. $f(\cdot)$는 은닉 상태의 활성화 함수로 보통 tanh나 ReLU 등의 비선형 함수가 사용되며, $g(\cdot)$는 필요에 따라 출력층에 적용되는 활성화 함수이다.

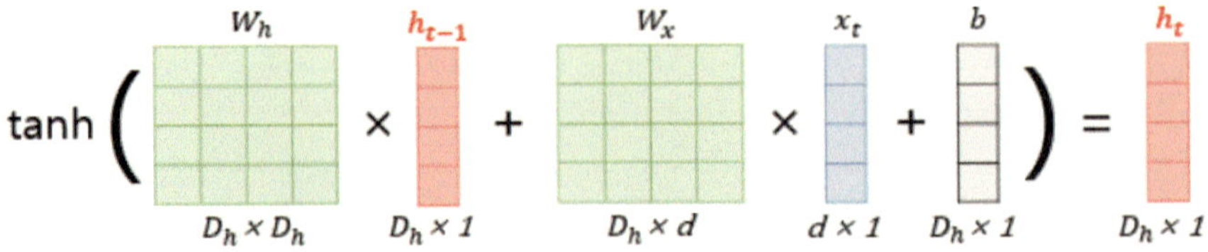

그림 2-15 은닉층 연산을 그림으로 표현할 때 예시

이 수식에서 가장 중요한 부분은 h_t 계산에 h_{t-1}이 포함되어 있다는 점이다. 이로 인해 RNN은 과거의 상태 정보를 현재의 계산에 반영할 수 있게 되며, 시퀀스 데이터 내에서 앞선 항목들이 후속 항목의 처리에 영향을 주는 일종의 기억 효과를 발휘한다. 이러한 순환적 특성은 RNN이 가변 길이의 시퀀스를 처리할 수 있게 해주며, 문맥적 정보가 중요한 언어 모델링이나 시계열 예측 등의 작업에서 핵심적인 역할을 한다.

RNN의 학습은 BPTT(Backpropagation Through Time)라 불리는 특별한 알고리즘을 통해 이루어진다. 이는 RNN을 시간축으로 펼쳐서(Unroll 또는 Unwrap) 마치 매우 깊은 피드포워드 신경망처럼 간주한 후, 표준 역전파 알고리즘을 적용하여 모든 시점의 가중치를 동시에 최적화하는 방식이다. 만약 RNN 셀이 길이 T의 시퀀스에 대해 펼쳐진다면, 그 실질적인 네트워크 깊이는 T층에 해당하게 되므로, 시퀀스 길이가 길어질수록 학습의 복잡성과 난이도가 급격히 증가하게 된다.

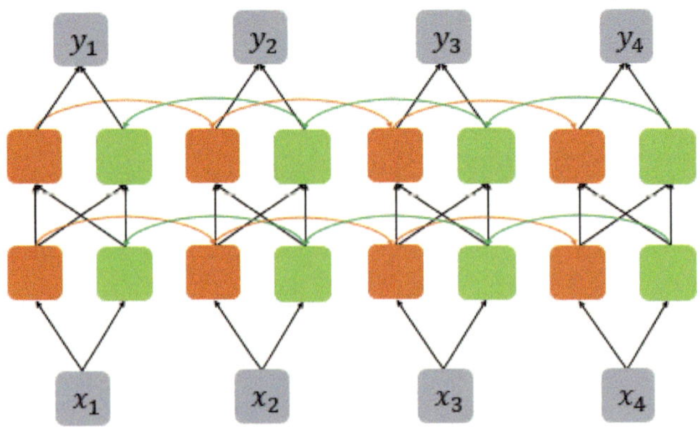

그림 2-16 RNN의 학습

(2) 작동 원리

RNN의 작동 방식을 구체적으로 살펴보면, 네트워크는 입력 시퀀스를 처음부터 끝까지 순차적으로 순회하면서 이전까지 처리된 모든 정보를 은닉 상태에 점진적으로 누적해

나간다. 이 과정을 간단한 예시로 설명해보자면, 문자열 “HELLO”를 RNN에 입력했을 때의 처리 과정을 추적해볼 수 있다.

첫 번째 시점에서 글자 ‘H’가 입력되면, RNN은 초기 은닉 상태(보통 영벡터로 설정)와 함께 이를 처리하여 새로운 은닉 상태 h_1을 생성한다. 두 번째 시점에서 ‘E’가 들어올 때는 이전에 계산된 h_1과 함께 처리되어 h_2가 만들어지는데, 이때 h_2에는 ‘H’와 ‘E’에 대한 정보가 모두 반영되어 있다. 이런 식으로 진행되어 마지막 ‘O’를 처리할 때의 은닉 상태 h_5에는 “HELL”까지의 모든 문맥 정보가 압축되어 저장되어 있게 된다.

따라서 최종 은닉 상태인 h_5만 살펴보더라도 “HELLO”라는 전체 단어의 의미와 구조적 특성을 어느 정도 함축하고 있을 수 있으며, 이는 RNN이 시퀀스의 전체적인 맥락을 파악할 수 있다는 것을 의미한다. 이러한 특성을 활용하여 RNN은 다양한 형태의 시퀀스 처리 작업에 적용될 수 있다.

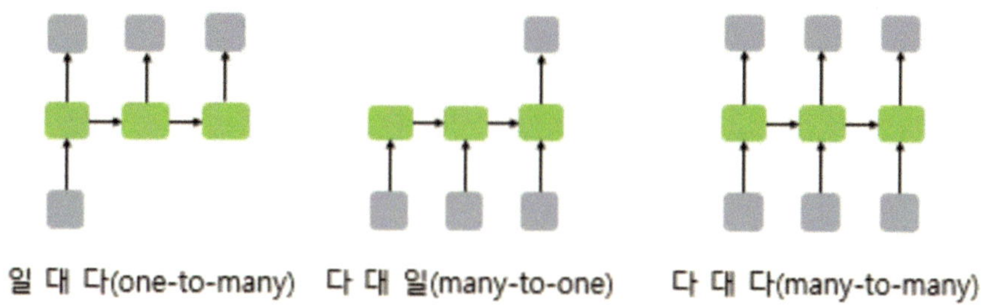

그림 2-17 RNN 구조의 응용패턴

대표적인 RNN 응용 패턴으로는 다대일(Many-to-One) 형태가 있는데, 이는 전체 입력 시퀀스를 처리한 후 마지막에 하나의 출력을 생성하는 방식으로 감정 분석이나 문서 분류 등에 사용된다. 반대로 일대다(One-to-Many) 형태는 하나의 입력으로부터 여러 개의 출력을 순차적으로 생성하는 방식으로, 이미지 캡셔닝이나 음악 생성 등에 활용된다. 가장 복잡한 형태인 다대다(Many-to-Many) 구조는 입력 시퀀스와 동일하거나 다른 길이의 출력 시퀀스를 생성하는데, 이는 기계번역이나 개체명 인식 등에 사용된다.

특히 입력 시퀀스와 출력 시퀀스의 길이가 서로 다를 수 있는 인코더-디코더(Encoder-Decoder) 구조에서 RNN이 핵심적인 역할을 한다. 이 구조에서 인코더 RNN은 입력 시퀀스를 고정 크기의 벡터로 압축하고, 디코더 RNN은 이 압축된 표현을 바탕으로 목표 시퀀스를 단계별로 생성한다. 이는 기계번역에서 한 언어의 문장을 다른 언어로 번역하거나, 텍스트 요약에서 긴 문서를 짧은 요약문으로 변환하는 등의 작업에 특히 유용하다.

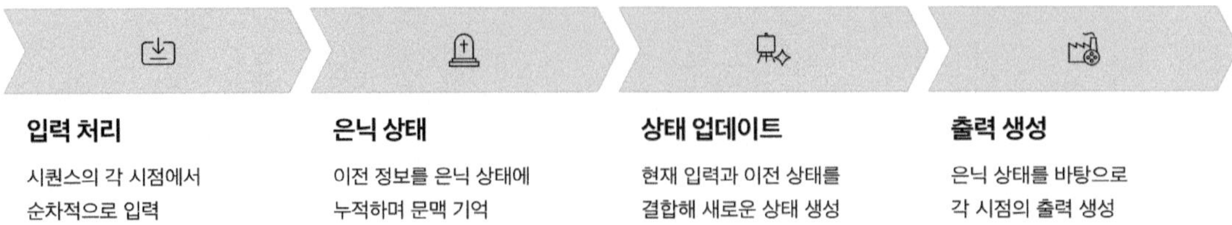

그림 2-18 RNN의 작동방식

(3) 한계와 개선

RNN은 순차 데이터를 처리하는 혁신적인 구조이지만, 실제 응용에서는 몇 가지 중요한 한계점들을 드러냈다. 가장 심각한 문제는 장기 의존성(Long-term Dependency) 학습의 어려움으로, 시퀀스에서 멀리 떨어져 있는 이전 정보가 현재 시점의 처리에 영향을 주어야 하는 경우에 그 의존성을 제대로 학습하지 못하는 현상이다.

이 문제의 근본 원인은 기울기 소실(Vanishing Gradient)과 기울기 폭발(Exploding Gradient) 현상에 있다. BPTT 과정에서 기울기가 여러 시점에 걸쳐 역방향으로 전파될 때, 가중치 행렬의 고유값이 1보다 작으면 기울기가 지수적으로 감소하여 초기 시점의 정보가 후반부 학습에 거의 영향을 주지 못하게 된다. 반대로 고유값이 1보다 크면 기울기가 폭발적으로 증가하여 학습이 불안정해진다. 이러한 문제로 인해 고전적인 RNN(Elman 네트워크 등)은 보통 10-20 시점 이상의 장기 패턴을 학습하기 어려웠다.

이 근본적인 한계를 해결하기 위해 1997년 호크라이터(Hochreiter)와 슈미트후버(Schmidhuber)가 제안한 LSTM(Long Short-Term Memory) 네트워크는 게이트 메커니즘(Gate Mechanism)을 도입하여 획기적인 개선을 이루었다. LSTM은 셀 상태(Cell State)라는 별도의 기억 장치를 도입하고, 세 가지 게이트를 통해 정보의 흐름을 정교하게 제어한다.

forget 게이트는 이전 셀 상태에서 어떤 정보를 버릴지 결정하고, input 게이트는 새로운 정보 중 어떤 것을 셀 상태에 저장할지 선택한다. output 게이트는 셀 상태의 어떤 부분을 은닉 상태로 출력할지 조절한다. 이러한 게이트들은 시그모이드 함수를 사용하여 0과 1 사이의 값을 출력하며, 이는 정보의 통과 정도를 조절하는 밸브 역할을 한다. 셀 상태는 덧셈 연산을 통해 업데이트되므로 기울기가 비교적 잘 보존되어, 수백 시점에 걸친 장기 의존성도 효과적으로 학습할 수 있게 되었다.

LSTM의 성공 이후, 더욱 간소화된 구조인 GRU(Gated Recurrent Unit)가 제안되었다. GRU는 LSTM의 세 개 게이트를 reset 게이트와 update 게이트 두 개로 줄이고 셀 상태와 은닉 상태를 통합하여 계산 효율성을 높였다. GRU는 LSTM보다 파라미터 수가 적으면서도 많은 경우에서 비슷한 성능을 보여주어, 계산 자원이 제한된 환경에서 선호되는 경우가 많다.

이러한 개선을 통해 LSTM과 GRU는 한때 긴 시퀀스 처리의 사실상 표준으로 자리잡았으며, 트랜스포머가 등장하기 전까지는 대부분의 시계열 모델링과 자연어 처리 작업에서 핵심적인 구성 요소로 사용되었다.

(4) 응용 분야

RNN과 그 개선된 변형들은 특히 자연어 처리(Natural Language Processing, NLP) 분야에서 혁명적인 변화를 가져왔다. 가장 주목할 만한 성과 중 하나는 2014년 구글이 발표한 신경망 기계번역(Neural Machine Translation) 시스템으로, LSTM 기반의 인코더-디코더 구조를 사용하여 전통적인 구문 기반 통계적 기계번역 방법들을 크게 능가하는 성능을 보여주었다. 이 시스템은 소스 언어의 문장을 고정 크기 벡터로 인코딩한 후, 디코더 LSTM이 이를 바탕으로 타겟 언어 문장을 한 단어씩 생성하는 방식으로 작동했다.

음성 인식 분야에서도 RNN은 획기적인 개선을 이루었다. 특히 양방향 RNN(Bidirectional RNN)과 CTC(Connectionist Temporal Classification) 손실 함수의 조합은 음성 신호에서 텍스트로의 변환에서 이전에는 불가능했던 end-to-end 학습을 가능하게 했다. 양방향 RNN은 과거뿐만 아니라 미래의 정보도 함께 고려할 수 있어, 음성의 모호한 부분을 주변 맥락을 통해 더 정확히 해석할 수 있게 해주었다.

텍스트 생성 분야에서도 RNN은 중요한 역할을 했다. 언어 모델링을 통해 학습된 RNN은 주어진 맥락에 이어질 자연스러운 텍스트를 생성할 수 있게 되었고, 이는 챗봇 대화 시스템, 창작 지원 도구, 자동 코드 생성 등 다양한 응용으로 이어졌다. 특히 문자 단위 RNN(Character-level RNN)은 셰익스피어의 작품이나 프로그래밍 코드를 학습하여 유사한 스타일의 텍스트를 생성하는 놀라운 능력을 보여주었다.

시계열 데이터 분석에서도 RNN의 활용도가 높았다. 주식 가격 예측, 날씨 예보, 에너지 수요 예측, 센서 데이터 분석 등에서 RNN은 시간적 패턴을 효과적으로 모델링했다. 특히 다변량 시계열에서 변수들 간의 복잡한 상호작용을 학습하는 데 뛰어난 성능을 보였다. 의료 분야에서는 환자의 시계열 생체 신호를 분석하여 질병 진단이나 위험 예측에 활용되기도 했다.

텍스트 요약 작업에서도 RNN 기반 인코더-디코더 모델이 큰 성과를 거두었다. 긴 문서나 뉴스 기사를 입력받아 핵심 내용만을 담은 짧은 요약문을 생성하는 작업에서, RNN은 전체 문서의 맥락을 파악하고 중요한 정보를 선별하여 일관성 있는 요약을 만들어낼 수 있었다.

다만 최근에는 트랜스포머(Transformer) 기반 모델들이 등장하면서 많은 NLP 작업에서 RNN을 대체하는 추세가 뚜렷하다. GPT 시리즈, BERT, T5 등의 트랜스포머 모델들이 기계번역, 텍스트 요약, 질의응답 등의 작업에서 RNN 기반 모델들을 큰 폭으로 능가하는 성능을 보여주면서, 현재는 대부분의 최신 NLP 시스템이 트랜스포머 아키텍처를 기반으로 구축되고 있다.

그럼에도 불구하고 RNN은 순차 데이터 처리에 대한 기본적이고 중요한 아이디어를 제공한 역사적 의의가 크며, 개념적으로는 여전히 시퀀스 모델링의 핵심 원리를 이해하는 데 필수적인 구조이다. 또한 메모리나 연산 능력이 제한된 임베디드 환경이나 실시간 처리가 중요한 응용에서는 경량화된 RNN이나 GRU가 여전히 실용적인 선택지로 활용되고 있으며, 특히 스트리밍 데이터 처리나 온라인 학습이 필요한 상황에서는 RNN의 순차적 특성이 여전히 유용하게 사용되고 있다.

기계번역
인코더-디코더 구조로 한 언어를 다른 언어로 번역

음성 인식
양방향 RNN으로 음성 신호를 텍스트로 변환

텍스트 생성
언어 모델링을 통해 자연스러운 텍스트 생성

시계열 예측
주가, 날씨, 센서 데이터의 시간적 패턴 모델링

그림 2-19 RNN의 응용 분야

3) 트랜스포머(Transformer)

(1) 구조와 어텐션 메커니즘

트랜스포머(Transformer)는 2017년 구글 연구팀이 발표한 혁신적인 딥러닝 모델로, 셀프 어텐션(Self-Attention)이라는 획기적인 메커니즘을 통해 시퀀스 데이터를 완전히 병렬적으로 처리할 수 있게 한 구조이다. 기존의 RNN이나 CNN과는 근본적으로 다르게, 트랜스포머에는 순환 연결이나 합성곱 연산이 전혀 포함되어 있지 않으며, 대신 멀티-헤드 어텐션(Multi-Head Attention)과 피드포워드 신경망을 교대로 쌓은 인코더-디코더 구조로 구성되어 있다.

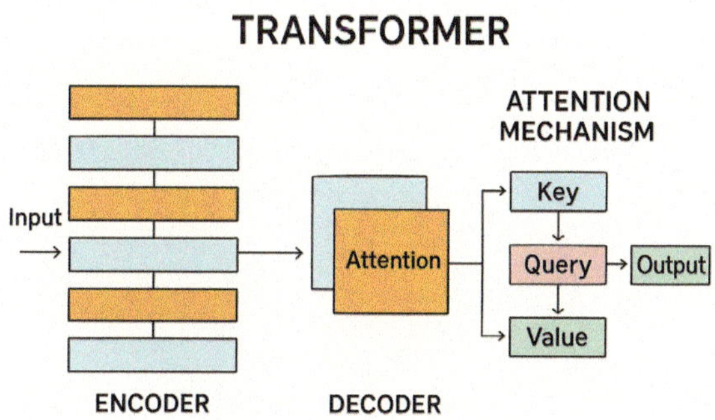

그림 2-20 트랜스포머의 구조

트랜스포머의 전체 아키텍처를 살펴보면, 인코더(Encoder) 부분은 입력 시퀀스의 모든 토큰을 동시에 처리하면서 각 단어 간의 복잡한 관계를 어텐션 메커니즘을 통해 파악하여 풍부한 문맥 임베딩을 생성한다. 디코더(Decoder) 부분은 인코더에서 생성된 표현과 지금까지 생성된 토큰들을 종합적으로 참고하여 다음에 올 단어를 하나씩 예측하는 자기회귀적(Auto-regressive) 생성 과정을 수행한다.

트랜스포머의 핵심 동작 원리를 이해하기 위해서는 먼저 어텐션 메커니즘의 작동 방식을 깊이 있게 살펴봐야 한다. 셀프 어텐션은 하나의 시퀀스 내에서 모든 토큰 쌍을 서로 직접적인 참조 관계로 연결해주는 강력한 장치로, 이를 통해 각 토큰이 시퀀스 내의 다른 모든 토큰들과 어떤 관련성을 가지는지를 동시에 계산할 수 있다.

어텐션 연산에서 각 입력 토큰은 세 가지 서로 다른 역할의 벡터로 변환된다. 쿼리(Query) 벡터는 현재 토큰이 다른 토큰들로부터 어떤 정보를 찾고자 하는지를 나타내고, 키(Key) 벡터는 해당 토큰이 제공할 수 있는 정보의 종류를 표현하며, 값(Value) 벡터는 실제로 전달될 정보의 내용을 담고 있다. 이들은 모두 원본 토큰의 임베딩 벡터에 각각 다른 학습 가능한 가중치 행렬을 곱하여 생성된다.

어텐션 계산 과정에서는 먼저 한 토큰의 쿼리 벡터 q_i와 다른 모든 토큰들의 키 벡터 k_j 간의 유사도를 내적을 통해 계산한다. 이렇게 구해진 점수들은 소프트맥스 함수를 통해 정규화되어 각 토큰에 대한 어텐션 가중치 a_{ij}가 된다. 쿼리와 키 벡터의 차원을 d_k라 할 때, 스케일드 닷 프로덕트 어텐션(Scaled Dot-Product Attention)의 수식은 다음과 같이 표현된다.

$$Attention(Q,K,V) = softmax(\frac{QK^t}{\sqrt{d_k}})V$$

여기서 Q, K, V는 각각 모든 쿼리, 키, 값 벡터들을 행렬 형태로 쌓은 것이며, 분모의 $\sqrt{d_k}$는 내적값이 너무 커지는 것을 방지하기 위한 스케일링 팩터이다. 소프트맥스 함수를 통해 각 쿼리에 대한 모든 키들의 어텐션 가중치 합이 1이 되도록 정규화되며, 최종적으로는 이 가중치들을 사용하여 값 벡터들의 가중합을 계산한다.

이러한 계산의 결과는 각 토큰이 시퀀스 내 다른 토큰들과의 관련성에 비례하는 가중치로 정보를 종합하여 새로운 문맥화된 표현을 만드는 것과 같다. 예를 들어 "나는 버스 정류장에 서 있었다"라는 문장에서 "서 있었다"라는 동사는 그 의미가 앞의 "버스 정류장"이라는 맥락에 따라 결정되는데, 셀프 어텐션을 사용하면 "서 있었다" 토큰이 "버스 정류장" 토큰과 높은 어텐션 가중치를 가지게 되어 적절한 문맥적 의미를 학습할 수 있게 된다.

(2) 멀티-헤드 어텐션과 구조

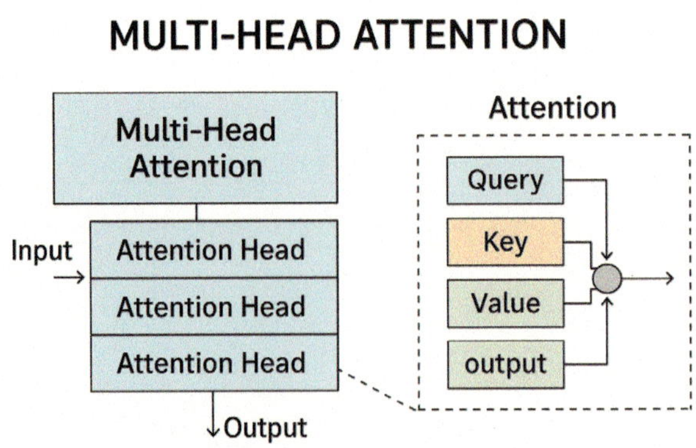

그림 2-21 멀티-헤드 어텐션과 구조

트랜스포머에서는 단일 어텐션 계산에 그치지 않고, 이를 여러 개의 서로 다른 헤드(Head)에서 병렬적으로 수행하는 멀티-헤드 어텐션 메커니즘을 사용한다. 각 어텐션 헤드는 입력의 쿼리, 키, 값 벡터들을 각각 다른 잠재 공간으로 투영하여 서로 다른 관점에서의 관계를 학습하게 된다. 이는 마치 여러 명의 전문가가 동일한 텍스트를 각자의 관점에서 분석하는 것과 유사하다고 볼 수 있다.

예를 들어, 한 헤드는 문법적 관계에 집중할 수 있고, 다른 헤드는 의미적 유사성에 주목할 수 있으며, 또 다른 헤드는 장거리 의존성을 포착하는 데 특화될 수 있다. 이렇게 h개의 헤드에서 나온 출력들은 연결(Concatenation)된 후 다시 선형 변환을 거쳐 다음 층으로 전달된다. 이러한 멀티-헤드 구조는 모델이 다양한 의미 공간에서의 복잡한 관계들을 동시에 고려할 수 있게 하여 전체적인 표현력을 크게 향상시킨다.

트랜스포머의 인코더는 셀프 어텐션 층과 피드포워드 신경망이라는 두 개의 서브층이 하나의 블록을 이루며, 이러한 블록이 여러 번 반복되어 쌓인 구조로 되어 있다. 각 서브층 뒤에는 잔차 연결(Residual Connection)과 레이어 정규화(Layer Normalization)가 적용되는데, 잔차 연결은 입력을 출력에 직접 더해주어 기울기 소실 문제를 완화하고, 레이어 정규화는 각 층의 출력을 안정화하여 학습의 수렴을 빠르게 한다.

디코더의 경우는 인코더보다 조금 더 복잡한 구조를 가진다. 각 디코더 블록은 세 개의 서브층으로 구성되는데, 첫 번째는 마스크드(Masked) 셀프 어텐션, 두 번째는 인코더-디코더 어텐션, 세 번째는 피드포워드 신경망이다. 마스크드 셀프 어텐션은 미래의 토큰들을 참조하지 못하도록 마스킹을 적용하여, 모델이 현재 시점 이후의 정보를 보고 부정행위를 하는 것을 방지한다. 인코더-디코더 어텐션에서는 디코더의 쿼리가 인코더의 키와 값을 참조하여 입력 시퀀스의 정보를 선택적으로 활용할 수 있게 한다.

포지셔널 인코딩(Positional Encoding)도 트랜스포머의 중요한 구성 요소 중 하나이다. RNN과 달리 트랜스포머는 본질적으로 순서 정보를 가지지 않기 때문에, 토큰들의 위치 정보를 별도로 제공해야 한다. 이를 위해 트랜스포머는 정현파 함수를 이용한 고정된 패턴의 벡터를 각 위치에 대해 생성하고, 이를 토큰 임베딩에 더해준다. 이러한 포지셔널 인코딩을 통해 모델은 각 토큰이 시퀀스에서 어느 위치에 있는지를 인식할 수 있게 되며, 이는 언어의 순서적 특성을 이해하는 데 필수적이다.

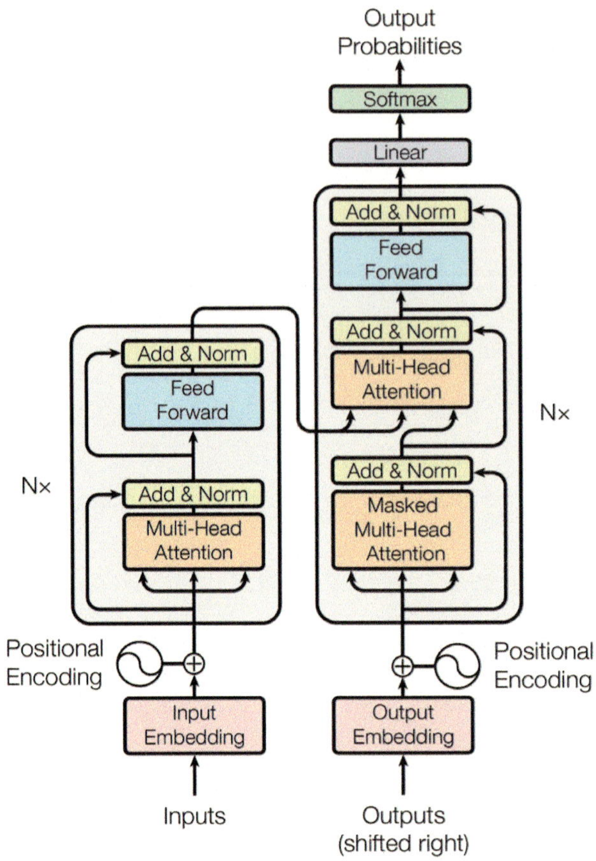

그림 2-22 트랜스포머 – 모델 아키텍쳐

(3) 장점 및 혁신

트랜스포머가 기존 시퀀스 모델들에 비해 가지는 가장 혁명적인 장점은 완전한 병렬 처리 능력이다. RNN 계열 모델들은 본질적으로 순차적인 처리 방식을 따르기 때문에 이전 시점의 계산이 완료되어야만 다음 시점의 계산을 시작할 수 있었다. 이는 특히 긴 시퀀스를 다룰 때 학습 시간을 크게 증가시키고 GPU와 같은 병렬 연산 장치의 활용도를 떨어뜨리는 주요 병목이었다.

반면 트랜스포머는 어텐션 메커니즘을 통해 시퀀스의 모든 위치를 동시에 처리할 수 있어, 현대적인 병렬 연산 하드웨어의 성능을 최대한 활용할 수 있다. 이는 단순히 학습 속도의 향상뿐만 아니라 더 긴 시퀀스와 더 큰 모델을 실용적으로 훈련할 수 있게 해주어, 결과적으로 모델의 성능 향상으로 이어졌다.

장거리 의존성(Long-range Dependency) 학습에서도 트랜스포머는 획기적인 개선을 보여주었다. RNN에서는 멀리 떨어진 두 토큰 간의 정보가 여러 시점을 거쳐 전달되면서 기울기 소실 등의 문제로 인해 관계 학습이 어려웠다. 하지만 트랜스포머에서는 어텐션 메커니즘을 통해 시퀀스 내 어떤 두 위치든 단 한 번의 연산으로 직접 연결될 수 있다. 이는 문장의 시작과 끝에 있는 단어들 간의 관계나, 조건문의 if와 then 같은 구조적 대응 관계도 효과적으로 포착할 수 있게 해준다.

또한 트랜스포머는 해석 가능성(Interpretability) 측면에서도 중요한 이점을 제공한다. 어텐션 가중치를 시각화하면 모델이 각 토큰을 처리할 때 시퀀스의 어떤 부분에 주목하고 있는지를 직관적으로 확인할 수 있다. 이는 모델의 동작을 이해하고 디버깅하는 데 매우 유용한 도구가 되며, 특히 언어학적 분석이나 모델의 편향성 연구 등에서 활발히 활용되고 있다.

이러한 혁신적인 특성들로 인해 트랜스포머는 등장 직후부터 기계번역을 비롯한 다양한 자연어 처리 작업에서 기존 최고 성능을 크게 뛰어넘는 결과를 보여주었고, 현재는 거의 모든 최신 언어 모델의 기반 구조로 자리잡게 되었다.

(4) 발전과 활용

트랜스포머는 2017년 구글 연구팀이 발표한 논문 "Attention Is All You Need"에서 처음 세상에 공개되었다. 이 논문의 제목 자체가 트랜스포머의 핵심 아이디어를 잘 보여주는데, 복잡한 순환 구조나 합성곱 없이도 어텐션 메커니즘만으로 충분히 강력한 시퀀스 모델을 만들 수 있다는 대담한 주장을 담고 있었다. 초기에는 주로 기계번역을 위해 설계되었지만, 그 범용적인 특성이 곧 인정받으면서 자연어 처리의 거의 모든 영역으로 빠르게 확산되었다.

트랜스포머의 진정한 혁명은 2018년 BERT(Bidirectional Encoder Representations from Transformers)와 GPT(Generative Pre-trained Transformer) 시리즈의 등장과 함께 시작되었다. BERT는 트랜스포머의 인코더 부분을 활용하여 양방향 문맥을 이해하는 모델로, 대량의 텍스트에서 사전 학습된 후 다양한 하위 작업에 파인튜닝되는 새로운 패러다임을 제시했다. 이는 문장 분류, 개체명 인식, 질의응답 등 다양한 자연어 이해 작업에서 획기적인 성능 향상을 가져왔다.

GPT 시리즈는 트랜스포머의 디코더 구조를 기반으로 한 생성 모델로, 특히 GPT-3와 같은 대규모 모델은 인간과 거의 구분하기 어려운 수준의 자연스러운 텍스트 생성 능력을 보여주었다. 이후 GPT 모델들은 대화형 AI인 ChatGPT의 기반이 되어 일반 대중에게도 AI의 놀라운 능력을 실감하게 해주었으며, 텍스트 요약, 번역, 코드 생성, 창작 등 광범위한 응용 분야에서 활용되고 있다.

트랜스포머의 영향력은 자연어 처리를 넘어 컴퓨터 비전 분야로도 확장되었다. 2020년 제안된 ViT(Vision Transformer)는 이미지를 작은 패치들로 나누어 시퀀스로 처리하는 방식으로, 전통적인 합성곱 신경망 없이도 이미지 분류에서 CNN 수준의 성능을 달성할 수 있음을 보여주었다. 이후 DETR(Detection Transformer)과 같은 모델들이 객체 검출에도 트랜스포머를 성공적으로 적용하면서, 컴퓨터 비전 분야에서도 트랜스포머 기반 모델들이 새로운 표준으로 자리잡고 있다.

멀티모달(Multimodal) 학습 분야에서도 트랜스포머는 핵심적인 역할을 하고 있다. CLIP(Contrastive Language-Image Pre-training)과 같은 모델들은 텍스트와 이미지를 함께 이해할 수 있는 통합된 표현을 학습하며, DALL-E나 Stable Diffusion 같은 이미지 생성 모델들의 기반이 되고 있다. 이러한 모델들은 텍스트 설명을 바탕으로 이미지를 생성하거나, 이미지의 내용을 자연어로 설명하는 등의 복합적인 작업을 수행할 수 있다.

강화학습 분야에서도 트랜스포머의 활용이 늘어나고 있다. AlphaStar와 같은 게임 AI에서는 게임 상황을 시퀀스로 모델링하고 트랜스포머를 통해 전략적 의사결정을 수행한다. 또한 Decision Transformer와 같은 모델들은 강화학습 문제를 시퀀스 모델링 문제로 재정의하여 트랜스포머의 강점을 활용하고 있다.

과학 연구 분야에서도 트랜스포머는 중요한 도구가 되고 있다. 단백질 구조 예측, 약물 발견, 기후 모델링 등 다양한 과학적 문제들이 시퀀스 데이터로 표현되어 트랜스포머로 해결되고 있다. AlphaFold2와 같은 혁신적인 모델들도 트랜스포머 구조를 핵심 구성 요소로 사용하고 있다.

요약하면, 트랜스포머는 단순히 하나의 새로운 모델 구조를 넘어서 현대 AI의 패러다임을 완전히 바꾼 혁신적인 발명이라고 할 수 있다. 등장한 지 불과 몇 년 만에 자연어 처리, 컴퓨터 비전, 멀티모달 학습, 강화학습 등 AI의 거의 모든 주요 분야를 석권하며, 현재도 계속해서 새로운 응용 분야를 개척하고 있다. 특히 대규모 언어 모델과 생성형 AI의 급속한 발전을 이끌고 있으며, 이는 AI 기술이 인간 사회에 미치는 영향을 근본적으로 변화시키고 있다.

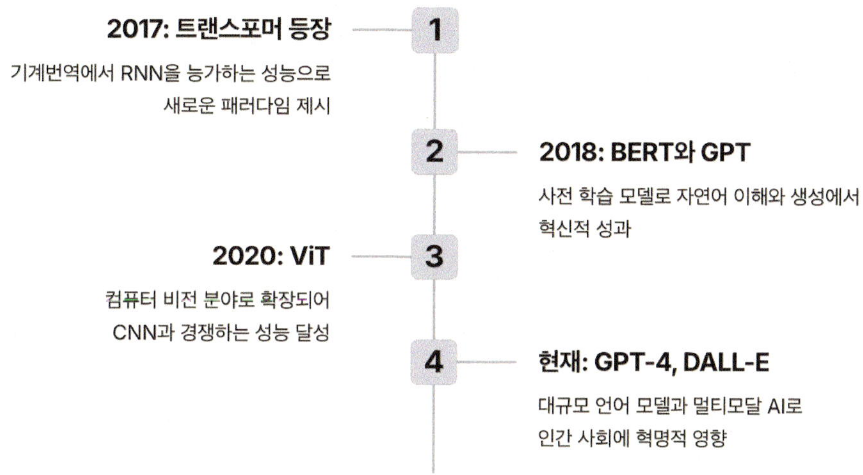

그림 2-23 트랜스포머의 발전과 미래

학습 요약

머신러닝과 딥러닝의 기본 원리를 큰 흐름 속에서 연결해 보았다. 먼저 지도·비지도·강화학습이라는 세 가지 학습 방식이 '정답 유무와 피드백 방식'에 따라 어떻게 서로 다른 문제를 해결하는지 살펴본 뒤, 각 방식이 스포츠 데이터에서도 예측·발견·전략 수립이라는 형태로 응용될 수 있음을 이해했다. 이어서 딥러닝 영역으로 넘어가 합성곱 신경망(CNN)이 공간적 국소 특징을, 순환 신경망(RNN)이 시간적 순차 정보를, 트랜스포머가 어텐션 기반 병렬 처리로 장거리 의존 관계를 학습한다는 점을 구조와 수식 중심으로 풀어냈다. 그 결과, 데이터의 형태와 분석 목적에 따라 어떤 모델과 학습 방식을 선택해야 하는지에 대한 판단 기준을 마련할 수 있었다.

다음 장에서는 여기서 익힌 개념을 실제 스포츠 데이터에 적용하기 위한 실전 단계로 나아간다. 구체적으로는 데이터 확보와 전처리 전략, 모델 학습 파이프라인 설계, 성능 평가 지표 설정 방법을 다루어, 이론이 현장 문제 해결로 자연스럽게 이어지도록 안내할 예정이다.

03 Chapter 스포츠 데이터를 위한 AI 모델 설계

>> 학습 목표

1. 스포츠 데이터의 특성과 정형·비정형 데이터의 차이를 이해한다.
2. AI모델 학습 전 필수 단계인 데이터 전처리와 피처 추출 과정을 설명할 수 있다.
3. 스포츠 데이터에 적합한 AI 모델 설계·학습·평가 방법을 적용할 수 있다.

1 스포츠 데이터의 특성과 정형·비정형 데이터의 개념

1) 스포츠 데이터의 특성

스포츠 데이터는 그 다양성과 방대한 규모가 가장 큰 특징이라고 할 수 있다. 축구 경기를 예로 들어보면, 90분간의 경기 동안 발생하는 모든 이벤트들(골, 패스, 파울, 코너킥 등)이 실시간으로 기록되고, 22명의 선수와 팀 전체의 다양한 통계가 생성된다. 여기에 선수들의 실시간 포지션 좌표, 경기 전체를 담은 고해상도 영상 및 이미지, 해설자와 기자들이 작성하는 텍스트, 그리고 최근에는 소셜 미디어에서의 팬들 반응까지도 모두 분석 대상이 되는 소중한 데이터로 간주되고 있다.

이러한 스포츠 데이터는 크게 정형 데이터(Structured Data)와 비정형 데이터(Unstructured Data)라는 두 가지 범주로 구분할 수 있으며, 각각은 서로 다른 특성과 처리 방법을 요구한다.

2) 정형 데이터의 특성과 활용

정형 데이터는 미리 정의된 구조나 스키마에 따라 체계적으로 정리된 데이터를 의미한다. 이는 행과 열로 구성된 표 형태의 데이터베이스나 스프레드시트에 자연스럽게 들어맞는 형태로, 주로 숫자나 명확히 정의된 범주 값들로 구성되어 있다. 스포츠에서 정형 데

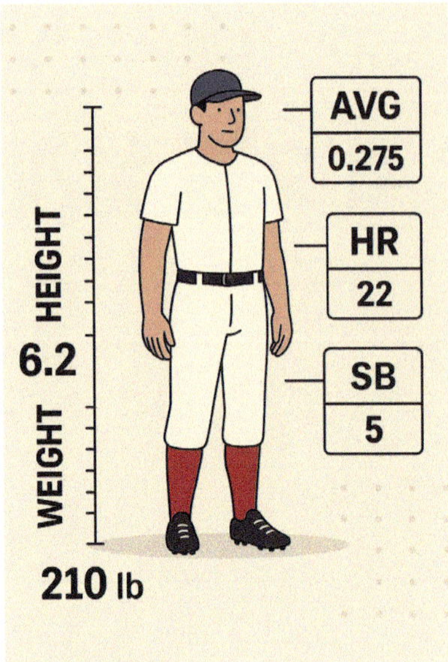

그림 3-1 선수의 정형데이터 예시

이터의 대표적인 예로는 경기별 점수표, 선수별 세부 기록(득점, 어시스트, 출장 시간, 슈팅 성공률 등), 선수의 신체적 특성(키, 몸무게, 연령 등), 그리고 IoT 센서를 통해 수집된 시간별 속도나 심박수 같은 수치화된 생체 정보 등이 있다.

정형 데이터의 가장 큰 장점은 그 구조적 명확성에 있다. 이미 행렬이나 테이블 형태로 잘 정리되어 있기 때문에 별도의 복잡한 전처리 과정 없이도 바로 통계 분석이나 머신러닝 알고리즘에 적용할 수 있다. 또한 각 데이터 요소의 의미가 명확하게 정의되어 있어 분석 결과의 해석이 상대적으로 용이하다는 특징이 있다.

3) 비정형 데이터의 특성과 도전

비정형 데이터는 정형화된 구조가 없는 자유로운 형태의 데이터로, 텍스트, 이미지, 오디오, 영상처럼 그 형태와 구성에 일정한 틀이 없는 데이터를 포괄한다. 이러한 데이터는 전통적인 데이터베이스의 행과 열 구조에 직접적으로 들어맞지 않는 특성을 가지고 있다.

스포츠 분야에서 비정형 데이터의 종류는 매우 다양하고 풍부하다. 경기 전체를 포착한 고화질 영상 데이터, 선수들의 개별 동작이나 표정을 담은 이미지, 선수 몸에 부착된 다양한 센서에서 실시간으로 수집되는 시계열 신호 데이터, 경기 중계 및 해설 과정에서 생성되는 대량의 텍스트 데이터(뉴스 기사, 소셜 미디어 포스트, 실시간 채팅 등), 그리고 중계 음성이나 선수 간 대화 등의 오디오 데이터가 모두 비정형 데이터에 해당한다.

그림 3-2 소셜미디어의 축구선수 관심도(비정형데이터)

흥미롭게도 한 연구 보고서에 따르면 현재 생성되는 전체 데이터의 80% 이상이 이러한 정형화되지 않은 비정형 데이터라고 한다. 이는 비정형 데이터가 단순히 부수적인 정보가 아니라 현대 데이터 환경의 주류를 이루고 있음을 의미한다. 그러나 비정형 데이터는 그 자체로는 컴퓨터가 직접 분석하기 어려운 형태이므로, 이를 기계가 처리할 수 있는 구조화된 형태로 변환하거나 유용한 특징을 추출하는 복잡한 전처리 과정이 반드시 필요하다.

예를 들어, 긴 텍스트 데이터에서는 핵심 키워드를 추출하거나 문장의 감정을 분류하는 텍스트 마이닝 기법이 필요하고, 이미지나 영상 데이터에서는 중요한 객체를 인식하거나 사람의 동작을 분석하는 컴퓨터 비전 기술이 요구된다. 또한 센서에서 수집된 신호 데이터에서는 의미 있는 패턴을 찾아내는 신호 처리 및 시계열 분석 기법이 활용된다. 이러한 과정을 통해 비정형 데이터를 정형 데이터로 변환하거나 핵심 정보를 요약된 형태로 추출할 수 있게 된다.

4) 정형 vs 비정형 데이터의 통합적 활용

전통적으로 스포츠 분석은 경기 기록지에 체계적으로 정리된 정형 데이터를 중심으로 이루어져 왔다. 그러나 현대 스포츠 환경에서는 영상 데이터와 각종 센서 데이터 등 비정형 데이터의 활용도가 급속히 증가하고 있으며, 이는 분석의 깊이와 정확성을 크게 향상시키고 있다.

야구를 예로 들면, 전통적인 경기 기록지 정보에 더해 투구 추적 시스템에서 수집되는 실시간 트래킹 데이터와 타격 순간을 포착한 고속 영상 데이터가 함께 분석되고 있다. 축구에서는 경기 영상을 고도화된 컴퓨터 비전 기술로 분석하여 패스 연결망의 변화나 포메이션의 실시간 변화를 정밀하게 파악하며, 선수들에게 부착된 GPS와 IMU 센서를 통해 움직임 패턴과 체력 소모 정도를 과학적으로 분석하고 있다. 심지어 크리켓 경기에서는 짧은 텍스트 형태의 해설 데이터를 자연어 처리 기술로 분석하여 개별 선수의 강점과 약점을 시각적으로 표현하는 연구도 활발히 진행되고 있다.

이처럼 정형 데이터는 그 구조화된 특성으로 인해 다루기 쉽고 통계적 신뢰성이 높다는 장점을 가지고 있지만, 비정형 데이터는 훨씬 풍부하고 다층적인 정보를 담고 있어 기존에는 발견할 수 없었던 숨겨진 패턴이나 새로운 통찰을 제공할 수 있다. 따라서 이러한 비정형 데이터를 효과적으로 처리하고 정형 데이터와 통합하여 분석하는 것이 현재 스포츠 AI 분야가 직면한 가장 중요한 기술적 과제이자 기회로 여겨지고 있다.

정형 데이터의 장점

구조화된 특성으로 다루기 쉽고 통계적 신뢰성이 높음

즉시 분석에 활용 가능

비정형 데이터의 장점

훨씬 풍부하고 다층적인 정보를 담고 있어

기존에는 발견할 수 없었던 숨겨진 패턴이나 새로운 통찰 제공

통합적 활용

비정형 데이터를 효과적으로 처리하고 정형 데이터와 통합하여 분석하는 것이 현재 스포츠 AI의 핵심 과제

그림 3-3 정형 vs 비정형 데이터

2 스포츠 분야의 비정형 데이터 유형과 처리 방식

스포츠 AI에서 다루는 주요 비정형 데이터는 그 유형에 따라 서로 다른 전문적인 처리 방법을 요구한다. 각 데이터 유형의 고유한 특성을 이해하고 적절한 기술적 접근법을 적용하는 것이 성공적인 스포츠 분석의 핵심이다. 스포츠 분야에서 가장 빈번하게 활용되는 대표적인 비정형 데이터 유형으로는 영상 데이터, 이미지 데이터, 센서 데이터, 텍스트 데이터가 있으며, 각각은 독특한 도전과 기회를 제공한다.

1) 영상 데이터(Video)

경기 영상이나 선수 훈련 영상으로 대표되는 영상 데이터는 시간에 따라 연속적으로 변화하는 이미지 프레임들의 집합체로, 스포츠 분석에서 가장 풍부한 정보를 담고 있으면서도 동시에 가장 복잡한 처리 과정을 요구하는 데이터 유형이다. 영상 데이터의 정보량은 매우 크고 복잡하기 때문에, 여기서 의미 있는 정보를 추출하기 위해서는 고도화된 컴퓨터 비전 및 딥러닝 기법을 체계적으로 활용해야 한다.

영상 분석의 첫 번째 단계는 일반적으로 객체 탐지(Object Detection)와 추적(Tracking) 기술을 통해 영상 속에서 선수나 공 같은 핵심 요소들을 인식하고 그들의 움직임을 실시간으로 추적하는 것이다. 농구 경기 영상을 분석하는 경우를 예로 들면, 먼저 코트 위의 선수들과 공을 실시간으로 인식하고 그 위치를 정확하게 추적해야 한다. 이렇게 얻어진 위치 정보는 선수 좌표와 공의 궤적 등을 포함하며, 이는 팀의 전술적 패턴을 분석하거나 슛, 패스, 리바운드 등의 특정 이벤트를 자동으로 감지하는 데 핵심적으로 활용된다.

현재 이러한 작업에는 YOLO(You Only Look Once)나 Faster R-CNN과 같은 딥러닝 기반 모델들이 널리 사용되고 있으며, 이들은 영상에서 사람이나 공 같은 객체를 높은 정확도로 실시간 검출할 수 있다. 연속된 프레임들 간에서 동일한 객체의 연결 관계를 파악하면 개별 선수나 공의 움직임 경로를 정밀하게 재구성할 수 있게 된다.

영상 분석의 더 고도화된 단계에서는 행동 인식(Action Recognition) 기술을 활용하여 영상에서 특정 동작이나 전술적 패턴을 자동으로 분류하고 인식하는 연구가 활발히 진행되고 있다. 축구에서의 슛 동작, 태클, 슬라이딩과 같은 개별적인 기술 동작부터 팀 단위의 공격 패턴이나 수비 포메이션 변화까지도 자동으로 인식할 수 있다. 이러한 기술들은 주로 3차원 합성곱 신경망(3D-CNN), 순환 신경망(RNN), 그리고 최근에는 트랜스포머 같은 최신 딥러닝 모델들을 기반으로 구현된다.

다만 스포츠 영상은 다양한 카메라 각도, 복잡한 배경, 빠른 움직임, 선수들 간의 겹침 등으로 인해 분석에 상당한 어려움이 따르며, 높은 성능을 달성하기 위해서는 대량의 정확하게 라벨링된 영상 데이터와 최첨단 모델 아키텍처가 필수적이다.

01	02	03
객체 탐지 및 추적	**행동 인식**	**전술 분석**
YOLO, Faster R-CNN 등을 활용해 선수와 공을 실시간으로 인식하고 위치를 추적	3D-CNN, RNN, 트랜스포머 기반 모델로 슛, 태클, 패스 등 특정 동작을 자동으로 분류	팀 단위의 공격 패턴이나 수비 포메이션 변화를 자동으로 인식

그림 3-4 영상 데이터 처리

2) 이미지 데이터(Image)

선수의 사진이나 경기 중 특정 순간을 포착한 캡처 이미지 등으로 구성되는 이미지 데이터는 영상의 개별 프레임으로도 볼 수 있지만, 정적인 한 장의 이미지로부터 의미 있는 특징을 추출하는 작업이 핵심이다. 이미지 분석에서 가장 중요한 기술 중 하나는 포즈 추정(Pose Estimation)으로, 축구 선수들의 경기 사진에서 각 선수의 관절 위치를 파악하여 스켈레톤 모델을 생성하는 작업이 대표적인 예이다.

OpenPose와 같은 고도화된 기술을 활용하면 한 장의 이미지에서 사람의 2차원 관절 키포인트들을 실시간으로 정확하게 찾아내어 skeletal 구조를 만들어낼 수 있다. 이렇게 추출된 스켈레톤 데이터는 선수들의 움직임 패턴 분석, 자세 교정, 부상 위험 평가 등 다양한 용도로 활용된다.

이미지 분석에서는 이 외에도 다양한 작업이 가능하다. 축구장에서 공이나 골대의 위치를 파악하는 물체 인식, 테니스 경기와 축구 경기를 구분하는 장면 분류, 선수의 유니폼 번호를 자동으로 인식하는 기술 등이 모두 실용적으로 활용되고 있다. 일반적으로 이미지 처리에는 합성곱 신경망(CNN)이 가장 효과적인 도구로 인정받고 있으며, ImageNet과 같은 대규모 데이터셋으로 사전 학습된 모델을 스포츠 도메인에 특화시키는 전이 학습(Transfer Learning) 방법이 널리 사용되고 있다.

3) 센서 데이터(Sensor logs)

선수나 스포츠 장비에 부착된 각종 센서에서 실시간으로 수집되는 시간 연속적인 신호 데이터는 현대 스포츠 과학의 핵심 정보원이 되고 있다. 이러한 센서 데이터에는 선수의 가속도계나 자이로스코프 데이터, 심박 센서 정보, GPS를 통해 측정된 위치 및 속도 데이터 등이 포함된다. 이들 데이터는 시간축을 따라 연속적인 수치가 기록되는 시계열 형태의 특성을 가지며, 정형 데이터와 비정형 데이터의 중간적 성격을 띠지만 정형보다는 비정형에 가깝다고 볼 수 있다.

센서 데이터 처리의 핵심은 신호 처리 기법과 특징 추출에 있다. 축구 선수에게 부착된 웨어러블 센서(GPS와 IMU의 결합)에서 수집된 데이터를 통해 선수의 방향 전환 동작을 자동으로 분류하는 연구를 예로 들면, 센서로부터 얻은 가속도와 각속도 등의 시계열 신호에서 특정 시간 구간 내의 속도 변화율, 회전 각도, 움직임의 급격함 정도 등과 같은 유의미한 특징들을 계산하여 머신러닝 분류 모델의 입력으로 활용한다.

일반적으로 센서 데이터에서는 평균, 표준편차, 최댓값, 최솟값과 같은 기본 통계적 특징뿐만 아니라 주파수 영역의 특성을 추출하거나, 스포츠 과학 도메인 지식에 기반한 특화된 지표들(운동 강도, 충격 횟수, 피로도 지수 등)을 정의하여 활용한다. 이렇게 추출된 특징들은 지도학습을 통해 동작 분류, 성능 예측, 이상 상황 탐지 등의 다양한 분석 작업에 사용된다.

실제 적용 사례를 살펴보면, 러닝 형태 분류의 경우 센서 데이터로부터 걸음 수, 가속도의 분산, 발걸음 주파수 등을 특징으로 추출하여 걷기, 조깅, 전력 질주를 자동으로 구분할 수 있다. 부상 위험 탐지를 위해서는 관절 각도의 급격한 변화 패턴이나 비정상적인 착지 충격을 감지하는 시스템을 구축할 수 있다. 센서 데이터 처리에서는 노이즈 제거를 위한 칼만 필터와 같은 고급 필터링 기법과 서로 다른 센서 정보를 통합하는 센서 퓨전(Sensor Fusion) 기법도 중요하게 활용된다.

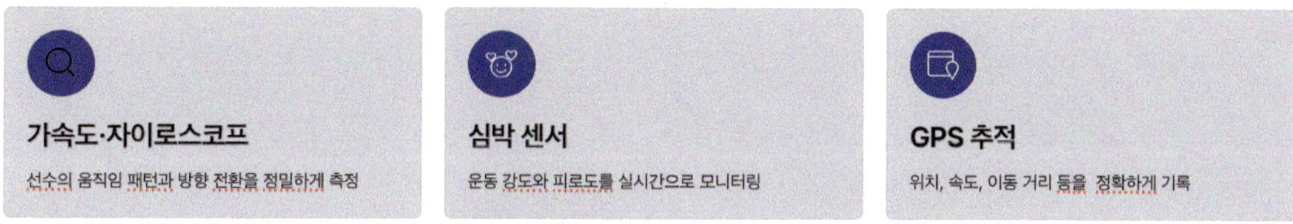

그림 3-5 센서 데이터 처리

4) 텍스트 데이터(Text)

스포츠와 관련된 텍스트 데이터는 그 종류가 매우 다양하며, 경기 중계 문자 해설, 스포츠 뉴스 기사, 선수 인터뷰, 소셜 미디어의 팬 반응, 경기 후 전문가 분석 리포트 등이 모두 포함된다. 이러한 텍스트 데이터는 자연어로 서술되어 있기 때문에, 컴퓨터가 이해할 수 있는 형태로 변환하기 위해서는 자연어 처리(NLP) 기술의 체계적인 적용이 필요하다.

텍스트 데이터 처리의 첫 번째 단계는 텍스트 전처리로, 문장을 개별 단어 단위로 분리하는 토큰화 작업과 불필요한 문장 부호 제거, 불용어 처리 등을 포함한다. 그 다음 핵심 단계는 텍스트를 수치형 벡터로 변환하는 피처 추출 과정이며, 이 중에서도 TF-IDF(Term Frequency-Inverse Document Frequency) 벡터화가 가장 널리 사용되는 방법 중 하나이다.

그림 3-6 TF-IDF 원리

TF-IDF는 문서 집합에서 각 단어의 등장 빈도(TF)와 역문서 빈도(IDF)를 결합하여 단어마다 중요도 가중치를 부여하는 정교한 기법이다. 예를 들어, 특정 축구 경기 리포트에서 "승리", "득점", "역전" 같은 단어들이 자주 등장한다면, 이들은 해당 문서의 핵심 내용을 잘 나타내는 중요한 키워드일 가능성이 높다. TF-IDF 값이 높을수록 그 단어가 특정 문서 내에서는 자주 등장하지만 전체 문서 집합에서는 상대적으로 드문 단어임을 의미하므로, 해당 문서를 다른 문서들과 구별해주는 특징적인 키워드가 된다.

이러한 TF-IDF 기법은 정보 검색과 텍스트 마이닝 분야에서 검증된 특징 추출 방법으로, 자연어라는 비정형 데이터를 컴퓨터가 수학적으로 처리할 수 있는 수치 벡터 형태로 효과적으로 변환한다. 변환된 텍스트 특징 벡터는 문서 분류, 감정 분석, 유사도 계산, 군집화 등의 다양한 머신러닝 모델의 입력으로 활용된다.

텍스트 데이터 분석에 적용되는 다른 고급 기법들로는 감성 분석(팬들의 긍정적/부정적 반응 분석), 토픽 모델링(LDA 등을 통한 숨겨진 주제 발견), 시계열 텍스트 분석(시간에 따른 여론 변화 추적) 등이 있다. 최근에는 Word2Vec, GloVe와 같은 딥러닝 기반 단어 임베딩 기법이나 BERT, GPT 같은 트랜스포머 기반 언어 모델을 활용하여 텍스트의 의미를 더욱 정교하고 맥락적으로 표현하는 방법들이 널리 사용되고 있다.

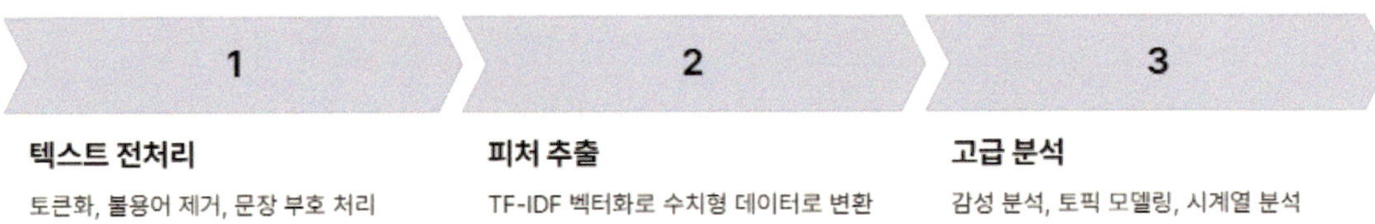

그림 3-7 텍스트 데이터 분석

5) 통합적 관점과 향후 전망

이상에서 살펴본 바와 같이, 비정형 데이터 처리 방식은 데이터 유형마다 고유한 특성과 도전을 가지고 있지만, 모든 경우에 공통적으로 적용되는 핵심 목표는 "비정형 원시 데이터를 유용한 정형 특징으로 변환"하는 것이다. 이 과정에서 컴퓨터 비전, 신호 처리, 자연어 처리 등 인공지능의 여러 전문 분야 기술들이 종합적으로 동원되며, 각 기술의 최신 발전 사항들이 스포츠 AI 분야의 성능 향상에 직접적으로 기여하고 있다.

현대 스포츠 분석에서는 이러한 서로 다른 유형의 비정형 데이터들을 통합적으로 활용하여 보다 포괄적이고 정확한 인사이트를 도출하려는 시도가 늘어나고 있다. 예를 들어, 영상 데이터에서 추출한 선수의 움직임 정보와 센서 데이터에서 얻은 생체 신호, 그리고 텍스트 데이터에서 파악한 전술적 맥락을 종합하여 선수의 경기력을 다각도로 평가하는 시스템이 개발되고 있다. 다음 절에서는 이렇게 처리된 다양한 형태의 데이터들을 본격적인 AI 모델 학습에 활용하기 전에 반드시 거쳐야 하는 데이터 전처리 단계의 중요성과 구체적인 방법론들을 자세히 살펴보겠다.

3 데이터 전처리의 개념, 과정, 실습 예시

1) 데이터 전처리의 개념

데이터 전처리(Data Preprocessing)는 분석이나 모델 학습에 적합하도록 원시 데이터를 체계적으로 가공하는 핵심적인 과정이다. 현실에서 수집된 원본 데이터에는 분석을 어렵게 만드는 다양한 문제들이 내재되어 있는 경우가 대부분이다. 이러한 문제들로는 누락된 값(결측치), 잘못 입력된 값이나 센서 오류로 인한 이상치(outlier), 서로 다른 단위나 극도로 상이한 스케일 범위로 인해 특정 특성이 지나치게 지배적인 영향을 미치는 상황 등이 있다.

전처리는 이러한 데이터 품질 문제들을 사전에 해결하고 데이터를 깨끗하게(clean) 정리함으로써, 후속 단계의 분석 모델이 최대 성능을 발휘할 수 있는 기반을 마련하는 필수적인 작업이다. 데이터 과학 분야에서는 "쓰레기를 넣으면 쓰레기가 나온다(Garbage in, garbage out)"라는 격언을 통해 전처리의 중요성을 강조하곤 한다. 이는 아무리 정교한 알고리즘을 사용하더라도 입력 데이터의 질이 좋지 않으면 의미 있는 결과를 얻기 어렵다는 점을 단적으로 보여준다.

실제로 데이터 사이언스 프로젝트에서는 전체 작업 시간의 60-80%가 데이터 수집과 전처리에 소요된다는 연구 결과가 있을 정도로, 전처리는 분석의 성공을 좌우하는 핵심 요소라고 할 수 있다. 특히 스포츠 데이터의 경우 실시간으로 수집되는 센서 데이터, 다양한 환경 조건에서 촬영된 영상 데이터, 여러 출처에서 취합된 통계 데이터 등이 혼재하므로 전처리의 중요성이 더욱 부각된다.

2) 전처리 과정과 주요 작업

데이터 전처리는 데이터의 특성과 분석 목적에 따라 다양한 형태로 구성되지만, 일반적으로 체계적인 단계와 검증된 기법들을 포함한다. 각 단계는 상호 연관성을 가지며 순차적으로 진행되는 경우가 많지만, 때로는 반복적이고 순환적인 과정을 거치기도 한다.

(1) 데이터 수집 및 통합

전처리의 첫 번째 단계는 다양한 소스로부터 필요한 데이터를 수집하고 분석에 적합한 형태로 통합하는 것이다. 스포츠 분야에서는 여러 경기의 기록을 시간순으로 정렬하여 통합하거나, 서로 다른 센서 시스템에서 생성된 데이터 파일들을 선수별 또는 경기별로 병합하는 작업이 이에 해당한다. 이 과정에서는 데이터 형식의 통일, 시간대 조정, 식별자 매칭 등의 세부 작업이 필요하며, 데이터의 일관성과 완전성을 확보하는 것이 중요하다.

(2) 결측치 처리(Missing Value Imputation)

데이터에서 값이 비어있는 부분, 즉 결측치는 다양한 이유로 발생할 수 있다. 사람의 입력 오류, 센서 장비의 일시적 미작동, 개인정보 보호를 위한 의도적 공백, 데이터 전송 과정에서의 손실 등이 주요 원인이다. 결측치를 처리하는 방법은 크게 삭제 방식과 대체(imputation) 방식으로 나뉜다.

삭제 방식은 결측치가 포함된 레코드(행) 전체를 제거하거나 결측치가 많은 속성(열)을 아예 분석에서 제외하는 방법이다. 이는 간단하고 직관적이지만 소중한 정보의 손실을 초래할 수 있다. 대체 방식은 결측치를 적절한 값으로 채우는 방법으로, 평균값, 중앙값, 최빈값 등의 통계적 대표값을 사용하거나, 보다 정교한 방법으로는 회귀 모델이나 K-최근접 이웃(KNN) 알고리즘을 활용하여 다른 특성들로부터 예측한 값으로 채울 수 있다.

위 코드에서는 np.nanmean으로 결측치를 제외한 평균을 구한 뒤, np.nan_to_num을 이용해 np.nan 값을 그 평균으로 채웠다. 실제 출력 결과를 보면 None이 있던 위치가 평균값 18.00으로 대체된 것을 확인할 수 있다. 이러한 결측치 처리는 데이터의 일관성을 높여주지만, 결측의 패턴이나 도메인 의미를 신중히 고려하여 적절한 방법을 선택해야 한다.

(3) 이상치 처리(Outlier Handling)

데이터 중에서 다른 값들과 현저히 동떨어진 이상치는 분석 결과를 심각하게 왜곡할 수 있으므로 반드시 처리해야 할 대상이다. 예를 들어, 일반적으로 선수의 심박수가 50-200 bpm 범위에 있는데 어느 순간 0이나 500으로 기록되었다면 이는 센서 오작동이나 측정 오류일 가능성이 매우 높다.

이상치를 감지하는 대표적인 방법으로는 통계적 기준을 활용한 방법들이 있다. 평균에서 3표준편차를 벗어나는 값을 이상치로 간주하는 3-시그마 규칙이나, 사분위수(IQR)를 이용한 Tukey의 울타리 방법(1사분위수 - 1.5×IQR보다 낮거나 3사분위수 + 1.5×IQR보다 높은 값을 이상치로 판정)이 널리 사용된다.

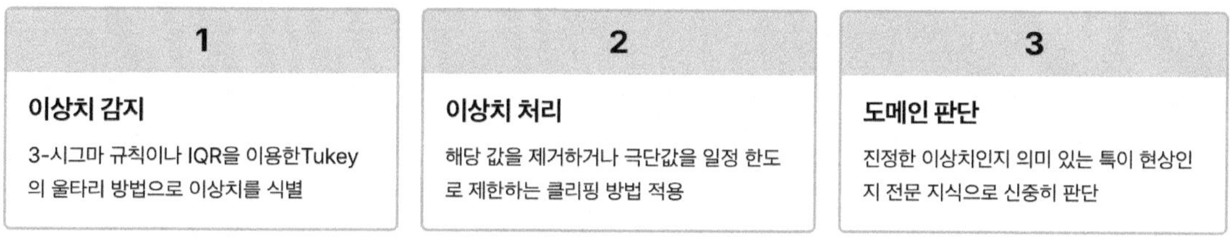

그림 3-8 이상치 처리

이상치를 처리할 때는 결측치와 유사하게 해당 값을 제거하거나, 극단값을 일정 한도로 제한하는 클리핑(예: 99퍼센타일 값으로 대체) 방법을 사용할 수 있다. 다만 어떤 값이 진정한 이상치인지, 아니면 의미 있는 특이 현상인지는 도메인 전문 지식을 바탕으로 신중하게 판단해야 한다. 예를 들어, 마라톤 경기의 GPS 트래킹에서 순간적으로 매우 빠른 속도가 기록되었다면 이는 GPS 오차일 수도 있지만, 혹시 선수가 차량을 이용한 것은 아닌지 등을 면밀히 확인해볼 필요가 있다.

(4) 데이터 정규화(Normalization) 및 스케일링(Scaling)

서로 다른 특성들이 값의 범위나 단위에서 큰 차이를 보일 경우, 이를 그대로 머신러닝 모델에 입력하면 특정 특성이 과도하게 지배적인 영향을 미칠 수 있다. 예를 들어, 하나의 특성은 0-1 범위의 승률이고 다른 특성은 수백 단위의 득점 기록이라면, 거리 기반 알고리즘에서는 득점 특성의 변화가 승률 특성의 변화를 압도하게 된다.

이를 방지하기 위해 모든 특성 값을 일정한 범위로 맞추는 정규화 또는 표준화 작업이 필수적이다. 가장 널리 사용되는 방법으로는 Min-Max 정규화와 Z-점수 표준화가 있다.

Min-Max 정규화는 각 값에서 최솟값을 빼고 전체 범위로 나누어 0-1 사이의 값으로 변환하는 방법이다. 수식으로는 $x' = \frac{x - x_{\min}}{x_{\max} - x_{\min}}$로 표현된다. 예를 들어 선수의 키 데이터 [160, 180, 200] cm가 있을 때 Min-Max 정규화를 적용하면 [0.0, 0.5, 1.0]으로 변환된다.

Z-점수 표준화는 데이터의 평균을 0, 표준편차를 1로 만드는 변환 방법이다. 수식은 $z = \frac{x - \mu}{\sigma}$이며, 정규분포를 가정할 때 이상치 감지나 비교 분석을 용이하게 해준다.

```python
import numpy as np

# 예시 데이터: 선수들의 평균 시속 (km/h) 측정값, 일부 None은 결측치
speed = np.array([15.2, 16.5, np.nan, 14.8, 16.1])
print("원본 데이터:", speed)

# numpy.nanmean을 이용해 평균 계산 (nan 무시)
mean_speed = np.nanmean(speed)
print("평균 속도:", mean_speed)

# numpy.nan_to_num을 이용하여 nan을 평균값으로 대체
speed_clean = np.nan_to_num(speed, nan=mean_speed)
print("결측치 대체 후:", speed_clean)

```

그림 3-9 전처리 과정 – 데이터 정규화과정

이러한 정규화 과정을 통해 특성들 간의 규모 차이를 제거하면, 경사하강법 기반의 모델 학습이 안정적으로 수렴하고 특정 변수의 단위에 결과가 좌우되는 것을 방지할 수 있다. 특히 딥러닝에서는 입력 데이터를 0-1 또는 -1-1 범위로 정규화하는 것이 필수적이며, 이미지의 경우 픽셀값(0-255)을 0-1로 스케일링하거나 배치 정규화(Batch Normalization) 기법을 통해 층별로 정규화하는 등 다양한 기법이 활용된다.

Min-Max 정규화	Z-점수 표준화
모든 값을 0-1 사이로 변환합니다.	평균을 0, 표준편차를 1로 만듭니다.
$x' = (x - x_{min}) / (x_{max} - x_{min})$	$z = (x - \mu) / \sigma$

그림 3-10 데이터 정규화 및 스케일링

(5) 데이터 변환 및 인코딩

범주형 데이터나 텍스트 데이터처럼 숫자가 아닌 형태의 정보는 머신러닝 모델이 처리할 수 있도록 수치형으로 변환해야 한다. 범주형 변수의 경우 레이블 인코딩(각 카테고리를 고유한 숫자로 매핑)이나 원-핫 인코딩(각 카테고리에 대응하는 이진 벡터 생성) 방법을 사용할 수 있다.

예를 들어, 선수 포지션 데이터가 ["GK", "FW", "FW", "MF"]로 주어졌을 때, 원-핫 인코딩을 적용하면 GK→[1,0,0,0], FW→[0,1,0,0], MF→[0,0,1,0], DF→[0,0,0,1]과 같은 형태로 변환된다. 이때 실제 데이터에 나타나지 않은 DF 포지션도 미리 벡터 차원에 할당하여 일관성을 유지한다.

텍스트 데이터는 앞서 언급한 TF-IDF 벡터화나 워드 임베딩 기법을 통해 수치 벡터로 변환해야 하며, 날짜/시간 데이터도 연도, 월, 요일 등의 개별 특성으로 분해하거나 경기 진행 시간을 분 단위로 환산하는 등의 변형이 필요하다. 필요에 따라서는 분포가 한쪽으로 치우친 데이터에 대한 로그 변환이나 특성 간의 상호작용을 포착하기 위한 다항 특성 생성 등도 이 단계에서 고려될 수 있다.

(6) 데이터 분할(Splitting) 및 샘플링

모델의 학습과 공정한 평가를 위해 보유한 데이터를 훈련용(training), 검증용(validation), 테스트용(test) 데이터로 분할하는 작업도 전처리의 중요한 부분이다. 일반적으로는 전체 데이터를 무작위로 섞은 후 7:3 또는 8:1:1 등의 비율로 나누어 사용한다. 이를 통해 모델이 학습 과정에서 보지 않은 새로운 데이터에 대해 얼마나 잘 일반화할 수 있는지를 객관적으로 평가할 수 있다.

또한 데이터 양이 지나치게 많아 처리 효율성이 문제가 되거나, 클래스 간 불균형이 심한 경우에는 적절한 샘플링 기법을 적용해야 한다. 불균형 데이터셋의 대표적인 예로는 부상 발생 데이터처럼 특정 클래스의 빈도가 매우 낮은 경우가 있으며, 이때는 다수 클래스에서 일부 샘플을 제거하는 언더샘플링이나 소수 클래스를 인위적으로 증강하는 오버샘플링(SMOTE 등) 기법을 통해 클래스 간 균형을 맞추는 작업이 필요하다.

1	2	3
훈련 데이터	**검증 데이터**	**테스트 데이터**
모델 학습에 사용	하이퍼파라미터 튜닝	최종 성능 평가
(70-80%)	(10-15%)	(10-15%)

그림 3-11 데이터 분할 및 샘플링

3) 전처리의 통합적 접근

이상에서 살펴본 개별적인 전처리 작업들 외에도, 데이터의 특성에 따라 정렬(시간순 또는 특정 기준에 따른 정리), 다중 소스 데이터 통합(여러 출처에서 수집된 정보의 병합), 피벗팅 및 그룹화(필요한 집계 통계량 추출) 등의 추가적인 작업들이 수행될 수 있다. 이러한 모든 과정의 궁극적인 목표는 원시 데이터를 "머신러닝 모델 학습에 최적화된 형태"로 변환하는 것이다.

전처리는 단순히 기계적으로 적용하는 기법들의 나열이 아니라, 데이터의 특성과 분석 목적, 그리고 도메인 지식을 종합적으로 고려한 창의적이고 전략적인 과정이다. 특히 스포츠 데이터의 경우 경기 상황의 맥락, 선수의 특성, 팀의 전술적 특징 등을 이해하고 이를 전처리 과정에 반영하는 것이 중요하다. 전처리가 체계적이고 적절하게 수행되어야만 후속 단계인 특성 추출과 모델 학습이 원활하고 신뢰성 있게 진행될 수 있으며, 궁극적으로는 의미 있고 실용적인 분석 결과를 얻을 수 있다.

4 피처 추출의 개념과 주요 기법

피처 추출(Feature Extraction)은 원본 데이터로부터 분석이나 모델 입력에 활용할 수 있는 유용한 특징을 추출하거나 생성하는 핵심적인 과정이다. 앞서 다룬 전처리가 데이터의 품질을 향상시키는 과정이었다면, 피처 추출은 데이터를 정보가 풍부하고 의미 있는 표현(representation)으로 변환하는 단계라고 할 수 있다. 특히 비정형 데이터의 경우 원시 형태로는 머신러닝 모델에 직접 적용하기 어렵기 때문에, 도메인 지식과 다양한 알고리즘을 활용하여 의미 있는 정형 데이터를 추출해내는 작업이 필수적이다.

축구 경기 영상을 예로 들어보면, 원본 영상 데이터는 비정형 형태로 바로 머신러닝 알고리즘에 적용하기 어렵다. 하지만 이 영상에서 선수들의 위치 정보, 움직임 경로, 패스 횟수, 슈팅 시도 등과 같은 구체적인 피처들을 추출하면 테이블 형태의 구조화된 데이터셋을 구성할 수 있다. 이렇게 추출된 피처들은 모델이 학습할 수 있는 설명 변수가 되어 최종 분석 목표인 득점 여부 예측이나 팀 성과 평가 등에 핵심적으로 기여하게 된다.

피처 추출 기법은 다루는 데이터의 유형에 따라 매우 다양한 형태를 띠며, 각각은 해당 데이터 형태의 특성을 최대한 활용할 수 있도록 특화되어 있다. 본 장에서는 스포츠 데이터 분석에서 자주 활용되는 몇 가지 대표적인 피처 추출 기법들을 구체적인 예시와 함께 살펴보겠다.

1) 영상 데이터에서의 Skeleton 추출

영상이나 이미지에서 사람의 포즈, 즉 관절 위치를 정확하게 파악하는 것은 스포츠 동작 분석에서 가장 중요한 피처 추출 작업 중 하나이다. Skeleton 추출은 이미지나 영상에서 사람의 신체 주요 관절점(Keypoints)을 탐지하여 마치 뼈대(skeleton)와 같은 구조적 표현으로 나타내는 기술이다.

이 분야에서 가장 널리 알려진 오픈소스 알고리즘인 OpenPose는 딥러닝 기반의 합성곱 신경망(CNN)을 활용하여 단일 이미지에서 여러 사람의 2차원 관절 좌표를 실시간으로 추출할 수 있는 놀라운 능력을 보여준다. OpenPose는 COCO와 같은 대규모 인체 이미지 데이터셋을 이용해 훈련되었으며, 하나의 이미지에서 사람의 주요 관절 18~25개 정도를 정확하게 인식해낼 수 있다.

Skeleton 정보의 가장 큰 장점은 각 선수의 자세, 움직임, 기술적 폼을 객관적인 숫자 데이터로 정량화할 수 있다는 점이다. 이를 통해 동작 분류나 퍼포먼스 분석과 같은 고도화된 분석이 가능해진다. 구체적인 활용 예시를 살펴보면, 농구에서는 선수의 슛 자세를 skeleton으로 추출하여 각 관절의 각도를 정밀하게 측정하고 이상적인 슛 폼과 비교 분석할 수 있다. 축구에서는 킥업(볼을 공중으로 띄워 연속해서 차는 기술적 동작)의 횟수를 skeleton 움직임 패턴을 통해 자동으로 인식하고 카운트할 수 있다.

Skeleton 추출과 더불어 영상에서 선수들의 트래킹 좌표, 즉 시간에 따른(x, y) 위치 정보를 얻는 것도 매우 중요한 피처 추출 작업이다. 이러한 위치 정보를 바탕으로 선수 간의 거리 변화, 팀별 영역 점유율, 포메이션 변화 등과 같은 전략적이고 전술적인 분석에 활용할 수 있는 고차원적인 피처들을 생성해낼 수 있다.

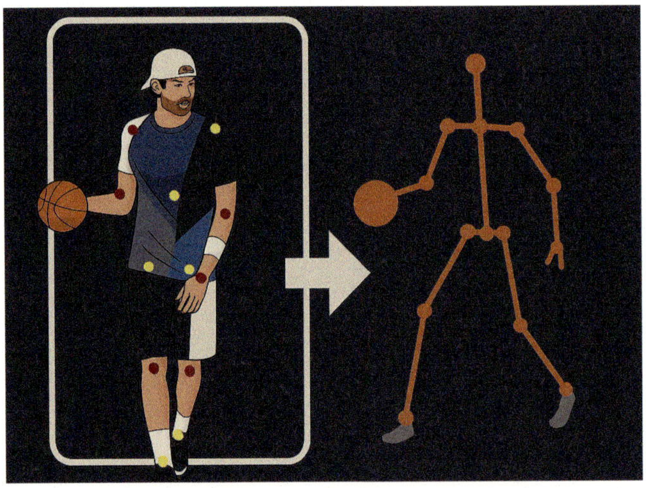

그림 3-12 영상데이터에서 Skeleton추출

2) 텍스트 데이터에서의 TF-IDF

앞서 비정형 데이터 처리 과정에서 다룬 TF-IDF(Term Frequency-Inverse Document Frequency)는 텍스트 마이닝 분야에서 가장 기본적이면서도 효과적인 피처 추출 기법 중 하나이다. 스포츠 뉴스 기사들의 모음을 분석하는 상황을 가정해보면, 각 기사를 개별 문서로 취급하여 이를 bag-of-words 벡터로 표현할 수 있다.

Bag-of-words는 문서에 어떤 단어들이 얼마나 자주 등장하는지를 빈도 벡터로 나타내는 간단한 방식이다. 하지만 TF-IDF는 여기에 각 단어의 중요도를 가중치로 반영하는 더욱 정교한 개선된 방식이다. 수식적으로 표현하면, 특정 문서 d에서 특정 단어 t의 TF-IDF 값은 다음과 같이 계산된다.

$$TF-IDF(t,d) = TF(t,d) \times \log \frac{N}{DF(t)}$$

여기서 $\text{TF}(t,d)$는 문서 d에서 단어 t의 등장 빈도를 나타내고, $\text{DF}(t)$는 단어 t가 등장한 문서의 수, N은 전체 문서의 수를 의미한다. 이 공식의 핵심은 흔하게 등장하는 단어일수록 IDF의 로그값이 작아져 가중치가 낮아지고, 특정 문서에만 드물게 등장하는 특이한 단어일수록 가중치가 높아진다는 점이다.

예를 들어, 대부분의 스포츠 기사에 공통적으로 등장하는 "선수", "경기", "팀" 등의 단어들은 문서 간 구별에 큰 도움이 되지 않으므로 상대적으로 낮은 가중치를 받게 된다. 반면 특정 소수의 문서에만 등장하는 "해트트릭", "트레이드", "은퇴", "퇴장" 같은 단어들은 해당 문서의 특성을 잘 나타내는 키워드로서 상대적으로 높은 TF-IDF 값을 가지게 된다.

```python
from sklearn.feature_extraction.text import TfidfVectorizer

docs = [
    "이날 경기에서 A팀이 B팀을 3-1로 이겼다",
    "A팀 감독은 경기 후 인터뷰에서 선수들을 칭찬했다",
    "B팀은 다음 시즌을 위해 트레이드로 전력을 보강할 예정이다"
]
tfidf = TfidfVectorizer()
tfidf_matrix = tfidf.fit_transform(docs)
feature_names = tfidf.get_feature_names_out()
print("피처 이름들:", feature_names)
print("문서 1의 TF-IDF 벡터:", tfidf_matrix[0].toarray())
```

그림 3-13 TF-IDF 처리 과정

위 코드에서 세 개의 예문을 TF-IDF로 변환하면, 피처 이름들(단어 사전)과 각 문서에 대한 TF-IDF 값을 확인할 수 있다. 첫 번째 문서인 "이날 경기에서 A팀이 B팀을 3-1로 이겼다"에는 "3-1", "이겼다" 등의 단어가 고유하게 등장하여 비교적 높은 TF-IDF 값을 가질 것이다.

이러한 텍스트 피처 추출을 통해 각 문서를 다차원 벡터 공간의 한 점으로 표현할 수 있게 되며, 유사한 내용의 문서들끼리는 벡터 공간에서 가까이 위치하거나 동일한 군집을 형성하는지를 분석할 수 있다. 더 나아가 감성 분석을 위해 TF-IDF 대신 Word2Vec이나 GloVe 같은 임베딩 벡터를 활용하거나, BERT와 같은 트랜스포머 기반 모델의 문장 임베딩을 사용하는 등 더욱 고도화된 특징 추출 방법들도 가능하다. 하지만 모든 방법의 기본 원리는 "텍스트를 숫자 벡터로 변환"한다는 공통점을 가지며, TF-IDF는 이해하기 쉬우면서도 효과적인 방법이어서 교육용 예제나 기본적인 실습에서 자주 활용된다.

3) 센서 데이터에서의 통계적 피처

웨어러블 센서나 기타 측정 장비로부터 수집되는 연속적인 신호 데이터를 분석할 때는, 해당 시계열 데이터에서 의미 있는 요약 통계량을 추출하여 피처로 활용하는 것이 일반적인 접근법이다. 이러한 접근의 필요성을 구체적인 예시로 살펴보면, 축구 선수에게 부착된 GPS 센서가 5Hz 샘플링으로 속도 데이터를 기록한다고 가정해보자. 1초에 5번씩 속도가 측정되므로, 90분간의 경기 전체 데이터는 무려 27,000개의 데이터 포인트가 된다.

이처럼 방대한 원시 시계열 데이터를 그대로 머신러닝 모델에 입력하는 것은 계산적으로 비효율적일 뿐만 아니라 모델의 성능에도 도움이 되지 않는다. 대신 선수별로 최고 속도, 평균 속도, 누적 이동 거리, 스프린트(특정 임계 속도 이상의 질주) 횟수, 급가속 및 급감속 횟수 등과 같은 대표적인 통계적 특징들을 계산하여 몇 개의 의미 있는 피처로 요약할 수 있다.

농구 선수의 심박수 센서 로그를 다른 예시로 들면, 경기 중 평균 심박수, 최대 심박수, 심박 변화의 표준편차, 목표 심박 존(특정 심박수 범위)에 머문 시간 등을 피처로 추출할 수 있다. 이러한 통계적 피처들은 스포츠 과학 분야의 도메인 전문 지식과 결합될 때 비로소 진정한 의미를 갖게 된다. 예를 들어, 최대 속도와 스프린트 횟수는 축구 선수의 운동 강도와 체력을 나타내는 중요한 지표가 되며, 심박수의 변화 패턴은 선수의 피로도나 경기 중 긴장 상태를 추정하는 근거가 될 수 있다.

좀 더 고도화된 피처로는 센서 신호의 주파수 영역 분석 특징들이 있다. 달리기와 걷기를 자동으로 구분하는 문제를 예로 들면, 가속도계 신호를 푸리에 변환(FFT)을 통해 주파수 스펙트럼으로 변환한 후, 주요 진동 주파수 성분의 크기를 피처로 활용할 수 있다. 일반적으로 달릴 때는 분당 보폭이 높아 상대적으로 높은 주파수 성분을 보이고, 걸을 때는 낮은 주파수 성분을 보이는 특성을 활용하는 것이다.

또한 움직임의 상태 변화를 감지하는 피처로는 시간축 신호를 일정한 윈도우로 나누어 각 구간의 엔트로피나 자기상관 함수 등을 계산하여 움직임 패턴의 변화를 감지하는 방법도 있다. 이러한 통계적 및 신호 처리 기반 피처들은 머신러닝 모델의 성능 향상에 매우 중요한 역할을 하며, 이와 같은 작업을 전문적으로 피처 공학(Feature Engineering)이라고 부른다.

흥미롭게도 딥러닝은 이러한 피처 공학 단계를 자동화하여 모델이 스스로 최적의 특징을 학습하도록 하는 것이 주요 강점 중 하나이다. 하지만 데이터 양이 제한적이거나 모델의 해석 가능성을 중시하는 경우에는 여전히 사람이 도메인 지식을 바탕으로 정의한 피처를 사용하는 전통적인 머신러닝 접근법이 선호되는 경우가 많다.

4) 자동 피처 추출과 임베딩

한편, 딥러닝 기술, 특히 합성곱 신경망(CNN)이나 순환 신경망(RNN) 기반의 모델들은 내부 은닉층에서 자동으로 데이터에 적합한 피처를 추출해내는 놀라운 능력을 보여준다. 이미지 분류를 위한 CNN을 예로 들면, 초기 층의 합성곱 필터들은 에지, 색상, 질감 등과 같은 저수준의 시각적 특징을 자동으로 감지하고, 네트워크가 깊어질수록 점점 더 복잡하고 추상적인 형태나 물체의 부분적 특징들을 표현하는 고수준 특징으로 발전해 나간다.

이러한 신경망 내부의 데이터 표현을 임베딩(Embedding) 또는 표현 학습(Representation Learning)이라고 부르며, 이는 사람의 직접적인 개입 없이도 데이터로부터 가장 중요하고 유용한 특징들을 자동으로 학습해내는 역할을 한다. 자연어 처리 분야의 트랜스포머 모델에서도 마찬가지로 최종 은닉층의 벡터가 입력 문장의 의미를 고도로 압축하고 함축한 임베딩 피처로 활용된다.

따라서 딥러닝을 활용할 경우에는 명시적이고 수동적인 피처 추출 단계 없이도 모델이 알아서 데이터에 최적화된 특징을 학습할 수 있다는 큰 장점이 있다. 하지만 여전히 기본적인 데이터 전처리나 간단한 피처 엔지니어링 작업은 필요하며, 특히 학습 데이터의 양이 제한적이거나 모델의 해석 가능성이 중요한 응용 분야에서는 전통적인 수동 피처 추출 방법이 더 적합할 수 있다.

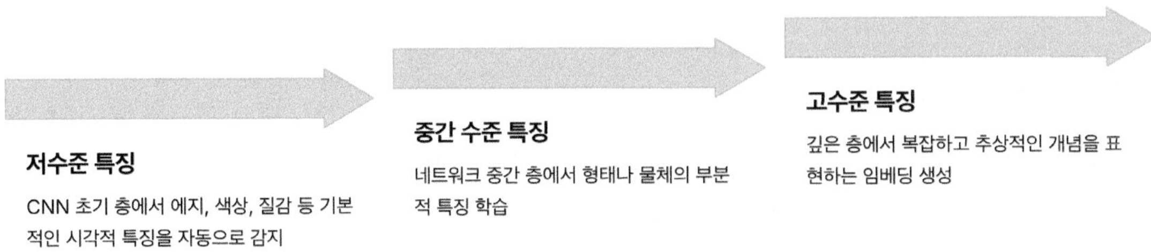

그림 3-14 자동 피처 추출과 임베딩

정리하면, 피처 추출은 원본 데이터를 모델이 효과적으로 학습할 수 있는 의미 있는 표현으로 변환하는 과정이며, 이는 최종 모델의 성능과 직결되는 매우 중요한 단계이다. 좋은 피처는 분류나 예측 문제에서 서로 다른 클래스 간의 구분을 명확하게 해주고, 군집 분석에서는 데이터 간의 실제 유사도를 정확히 반영할 수 있게 해준다.

스포츠 데이터 분석에서는 해당 스포츠 분야의 도메인 지식이 피처 추출 과정에서 특히 중요한 역할을 한다. 축구에서는 패스 성공률, 슈팅 빈도, 수비 차단 횟수, 점유율 등이 팀이나 선수의 성과를 나타내는 핵심적인 피처가 될 수 있고, 야구에서는 OPS(On-base Plus Slugging)나 ERA(Earned Run Average) 같은 복합적인 성과 지표들도 중요한 피처로 활용된다.

현재 딥러닝의 발전으로 자동 피처 추출 기술이 급속히 발전하고 있지만, 스포츠 분석의 특성상 도메인 전문가의 지식과 경험이 반영된 수동 피처 추출은 여전히 중요한 가치를 가지고 있다. 특히 전술적 분석이나 선수 개발과 같은 영역에서는 해석 가능하고 직관적인 피처들이 더욱 유용할 수 있다. 다음 절에서는 이렇게 정교하게 준비된 피처들을 활용하여 실제 AI 모델을 학습시키는 과정과 핵심 개념들을 자세히 살펴보겠다.

5 AI모델 학습 프로세스와 설계 개념(지도학습/비지도학습)

전처리와 피처 추출 과정을 통해 정제된 데이터를 바탕으로 이제 실제 AI 모델을 설계하고 학습시키는 방법을 체계적으로 살펴보겠다. AI 모델은 머신러닝과 딥러닝의 다양한 알고리즘을 포괄하는 개념으로, 주어진 데이터를 활용하여 특정 패턴을 학습하고 새로운 상황에서 예측이나 의사결정을 수행하는 핵심적인 도구이다.

모델 학습 방법론은 크게 지도학습(Supervised Learning)과 비지도학습(Unsupervised Learning)으로 구분되며, 필요에 따라 두 방법을 혼합하거나 강화학습을 적용하는 경우도 있다. 각 학습 방법은 고유한 특성과 적용 영역을 가지고 있으며, 해결하고자 하는 문제의 성격과 보유한 데이터의 특성에 따라 적절한 방법을 선택하는 것이 중요하다.

지도학습
정답이 주어진 데이터로 입력-출력 관계를 학습 분류와 회귀 문제에 활용

비지도학습
정답 없이 데이터의 내재된 구조나 패턴 발견합 군집화와 차원 축소에 활용

반지도학습
일부만 레이블된 데이터를 효과적으로 활용

강화학습
환경과의 상호작용을 통해 보상을 최대화하는 전략 학습

그림 3-15 AI 모델 학습 방법론

1) 지도학습

지도학습은 말 그대로 정답(Label)이 명확하게 주어진 데이터를 이용하여 모델을 훈련시키는 방법이다. 이 방식에서는 입력 데이터 X와 이에 대응하는 목표 출력 Y(레이블)가 쌍을 이루어 제공되며, 모델은 이러한 입력-출력 관계인 $X \to Y$ 매핑을 학습하게 된다.

스포츠 분야에서 지도학습의 대표적인 예시를 살펴보면, 농구 경기의 승패 예측 모델을 구축하는 경우를 들 수 있다. 이때 과거 경기들의 다양한 팀 통계 지표들(평균 득점, 리바운드 수, 3점 성공률, 실책 수 등)을 입력 변수 X로 사용하고, 해당 경기의 실제 승패 결과를 목표 변수 Y로 설정한다. 모델은 이러한 과거 데이터의 패턴을 학습하여 새로운 경기에서의 승패를 예측할 수 있게 된다.

지도학습의 문제 유형은 크게 분류(Classification)와 회귀(Regression)로 나뉜다. 분류 문제는 목표 변수 Y가 범주형인 경우로, 경기 승패 예측, 선수 부상 여부 판단, 골 장면 감지 등이 대표적인 예시이다. 회귀 문제는 목표 변수 Y가 연속적인 수치인 경우로, 경기 득점 수 예측, 선수 이적료 추정, 관중 수 예측 등이 이에 해당한다.

지도학습의 핵심 메커니즘은 손실 함수(Loss Function)를 정의하고 경사하강법과 같은 최적화 기법을 통해 모델의 파라미터를 점진적으로 조정해나가는 것이다. 이 과정에서 모델의 예측값과 실제 정답 간의 차이를 최소화하는 방향으로 학습이 진행된다.

지도학습의 가장 중요한 전제 조건은 충분한 양의 정확하게 라벨링된 데이터가 확보되어야 한다는 점이다. 예를 들어, 축구 경기 영상에서 골 장면을 자동으로 탐지하는 모델을 개발하려면 수백에서 수천 개의 경기 영상에서 골이 들어간 정확한 시점들을 모두 사람이 직접 라벨링해야 한다. 이러한 라벨링 작업은 상당한 시간과 비용이 소요되며, 때로는 프로젝트의 주요 병목이 되기도 한다.

그림 3-16 지도학습의 원리

2) 비지도학습

비지도학습은 정답 레이블이 없는 상태에서 데이터 자체의 내재된 구조나 패턴을 발견하는 학습 방법이다. 즉, 주어진 입력 데이터 X만을 이용하여 그 데이터의 분포나 숨겨진 패턴을 모델링하는 것이 핵심이다.

비지도학습의 가장 대표적인 과제는 군집화(Clustering)이다. 축구 선수들의 다양한 성능 지표들(스피드, 패스 성공률, 슈팅 빈도, 태클 성공률, 경기당 이동 거리 등)만을 기반으로 선수들을 유사한 특성을 가진 그룹으로 자동 분류하는 것이 좋은 예시이다. 사전에 정의된 레이블은 없지만, K-means와 같은 군집화 알고리즘은 데이터 간의 유사성을 기반으로 선수들을 몇 개의 의미 있는 그룹으로 묶어준다. 이렇게 발견된 군집들은 이후 도메인 전문가의 해석을 통해 "수비형 미드필더", "공격형 윙어", "만능형 플레이메이커" 등의 의미 있는 선수 유형으로 명명될 수 있다.

또 다른 중요한 비지도학습 기법으로는 차원 축소(Dimensionality Reduction)가 있다. 이는 고차원의 복잡한 데이터를 소수의 핵심적인 차원으로 압축하여 시각화를 용이하게 하거나 노이즈를 제거하는 데 활용된다. 주성분 분석(PCA)이나 t-SNE 등이 대표적인 차원 축소 기법이며, 이를 통해 다차원 선수 데이터를 2차원 평면에 투영하여 선수들 간의 유사성이나 차별점을 직관적으로 파악할 수 있다.

스포츠 데이터 분석에서 비지도학습은 주로 탐색적 데이터 분석(EDA) 단계나 지도학습 모델 개발 이전에 데이터의 전반적인 특성을 파악하는 보조적 수단으로 활용된다. 또한 이상 탐지(Anomaly Detection)와 같이 정상적인 패턴을 먼저 학습한 후 그 패턴에서 벗어나는 특이한 사례를 찾아내는 작업도 비지도학습의 중요한 응용 분야이다.

비지도학습의 한계점은 명확한 정답이 없어 결과에 대한 객관적 평가가 어렵다는 것이다. 대신 클러스터 내부의 응집도(Cohesion)와 군집 간의 분리도(Separation), 실루엣 계수(Silhouette Coefficient) 등의 내재적 지표를 통해 결과의 품질을 간접적으로 평가한다.

그림 3-17 모델 학습 프로세스

3) 반지도학습 및 강화학습

반지도학습(Semi-supervised Learning)은 전체 데이터 중 일부만 레이블이 있고 나머지는 레이블이 없는 상황에서 두 종류의 데이터를 모두 효과적으로 활용하는 학습 방법이다. 스포츠 분야에서는 대량의 플레이 데이터를 먼저 비지도학습으로 패턴에 따라 분류한 후, 일부 클래스에 대해서만 전문가가 의미 있는 레이블을 부여하여 보다 정교한 분류 모델을 구축하는 방식으로 활용할 수 있다.

강화학습(Reinforcement Learning)은 에이전트가 환경과의 상호작용을 통해 보상(Reward)을 최대화하는 행동 전략을 학습하는 방법으로, 주로 게임 AI나 로봇 제어 분야에서 활용된다. 스포츠 분야에서는 로봇 축구나 전략 시뮬레이션 게임 등에 응용 사례가 있지만, 실제 스포츠 경기 분석에서는 상대적으로 제한적으로 사용되고 있다.

4) 모델 설계와 구조 예시

모델 설계는 해결하고자 하는 문제에 적합한 알고리즘을 선택하고, 입력으로 사용할 피처와 예측할 출력을 정의하며, 모델의 구조와 하이퍼파라미터를 결정하는 종합적인 과정이다.

간단한 예시로 선형 회귀 모델을 통한 운동선수의 100m 달리기 기록 예측을 생각해보자. 선수의 체격과 운동 능력을 나타내는 피처들인 키(x_1), 체중(x_2), 다리 근력(x_3) 등을 입력으로 하고, 100m 달리기 기록(초)을 출력 y로 설정할 수 있다. 이때 모델은 다음과 같은 선형 함수 형태로 표현된다

$$y = w_1x_1 + w_2x_2 + w_3x_3 + b$$

여기서 가중치 w_i와 절편 b가 학습을 통해 결정되는 모델 파라미터이다. 보다 복잡한 문제를 다루기 위해서는 인공신경망 모델을 사용할 수 있다. 예를 들어, 축구 선수의 5가지 주요 특성(스피드, 체력, 슈팅력, 패스 성향, 수비 성향)을 입력으로 받아 해당 선수가 공격수일 확률을 출력하는 이진 분류 신경망을 구성한다고 가정해보자.

이 경우 입력층에 5개의 뉴런(각각이 하나의 피처 값을 받아들임), 은닉층에 3개의 뉴런(설계자가 임의로 설정), 출력층에 1개의 뉴런(시그모이드 활성화 함수를 통해 0~1 사이의 확률값 출력)을 가지는 구조로 설계할 수 있다. 처음에는 모든 연결 가중치가 무작위

로 초기화되지만, 지도학습을 통해 레이블(공격수=1, 그 외=0)과 비교하면서 경사하강법으로 가중치를 점진적으로 조정해나간다.

신경망 외에도 의사결정나무, 랜덤포레스트, 서포트 벡터 머신(SVM), k-최근접 이웃(k-NN) 등 다양한 머신러닝 알고리즘을 문제 특성에 맞게 선택하여 모델로 설계할 수 있다. 핵심은 해결하고자 하는 문제의 특성에 적합한 알고리즘을 선택하고, 과적합과 과소적합 사이의 적절한 균형점을 찾는 모델 복잡도를 결정하는 것이다.

모델 학습 프로세스

일반적인 지도학습의 전체 프로세스는 다음과 같은 체계적인 단계들로 구성된다:

1. 데이터 분할: 보유한 데이터를 훈련용, 검증용, 테스트용으로 분리한다. 일반적으로 7:2:1 또는 8:1:1의 비율을 사용하며, 이는 앞선 전처리 단계에서 이미 수행되는 경우가 많다.
2. 모델 초기화: 선택한 알고리즘에 따라 모델을 생성하고 파라미터를 초기화한다. 신경망의 경우 가중치를 무작위 값으로 설정하고, 다른 알고리즘들도 각각의 초기화 방법을 따른다.
3. 훈련(Training): 훈련 데이터의 입력을 모델에 입력하여 예측값을 구하고, 이를 실제 레이블과 비교하여 손실 함수 값을 계산한다. 이 손실을 최소화하는 방향으로 모델 파라미터를 업데이트하는 과정을 여러 에폭(Epoch)에 걸쳐 반복한다.
4. 검증(Validation): 각 에폭마다 또는 일정 주기마다 검증 데이터셋을 사용하여 현재 모델의 성능을 평가한다. 이를 통해 과적합 여부를 모니터링하고 최적의 모델을 선정한다.
5. 테스트(Test): 훈련이 완료된 후, 학습 과정에서 전혀 사용되지 않은 테스트 데이터셋으로 모델의 최종 성능을 객관적으로 평가한다.
6. 모델 배포 및 활용: 검증된 모델을 실제 환경에 배포하여 새로운 데이터에 대한 예측을 수행하거나 의사결정을 지원한다.

이 과정에서 가장 중요한 고려사항은 과적합(Overfitting)을 방지하면서 모델의 일반화 능력을 극대화하는 것이다. 과적합은 모델이 훈련 데이터에만 과도하게 최적화되어 새로운 데이터에 대한 성능이 떨어지는 현상으로, 다양한 정규화 기법과 교차 검증(k-fold Cross-validation) 등을 통해 완화할 수 있다.

간단한 구현 예시)

파이썬의 scikit-learn 라이브러리를 활용하면 복잡한 이론적 배경 없이도 다양한 머신러닝 모델을 쉽게 구현할 수 있다. 농구 선수의 신체적 특성을 기반으로 포지션을 분류하는 의사결정나무 모델의 예시는 다음과 같다:

```python
from sklearn.tree import DecisionTreeClassifier
from sklearn.model_selection import train_test_split
from sklearn.metrics import accuracy_score

# X: 선수 피처 (예: [신장, 몸무게, 3점슛 성공률, 리바운드 수])
# y: 포지션 레이블 (예: 0=가드, 1=포워드, 2=센터)
X = [[180, 75, 0.4, 3.2], [190, 85, 0.3, 5.1], ...] # 가상의 데이터
y = [0, 1, ...] # 각 선수의 포지션 레이블

# 훈련셋과 테스트셋 분리 (8:2 비율)
X_train, X_test, y_train, y_test = train_test_split(X, y, test_size=0.2, random_state=42)

# 결정트리 모델 생성 및 학습
model = DecisionTreeClassifier(max_depth=3, random_state=0)
model.fit(X_train, y_train)

# 테스트셋 예측 및 성능 평가
y_pred = model.predict(X_test)
print("테스트셋 정확도:", accuracy_score(y_test, y_pred))
```

그림 3-18 파이썬 구현예시

위 코드에서 DecisionTreeClassifier는 최대 깊이가 3으로 제한된 결정트리 분류 모델을 나타낸다. fit 함수를 통해 훈련 데이터로 모델을 학습시키고, predict로 테스트 데이터에 대한 예측을 수행한다. accuracy_score를 이용해 예측 정확도를 계산하여 모델의 성능을 평가한다.

결정트리는 사람이 이해하기 쉬운 규칙 기반 모델이라는 장점이 있지만, 깊이가 깊어질수록 과적합의 위험이 증가한다. 따라서 max_depth와 같은 하이퍼파라미터를 적절히 조정하여 모델의 복잡도를 제어하는 것이 중요하다.

비지도학습의 경우에는 sklearn.cluster.KMeans 등을 사용하여 유사한 방식으로 구현할 수 있으며, 예측 결과 대신 labels_ 속성을 통해 군집 할당 결과를 확인한다.

5) 종합적 관점

AI 모델 학습 프로세스는 적절한 알고리즘 선택, 모델 구조와 하이퍼파라미터 설정, 데이터를 활용한 반복적 학습을 통한 손실 최소화, 그리고 체계적인 평가와 조정의 순환적 과정으로 구성된다. 이 과정에서 모델의 성능을 객관적으로 평가하기 위한 다양한 지표의 활용과 더 나은 모델 구축을 위한 하이퍼파라미터 튜닝, 과적합 방지 등의 고급 전략들이 필수적으로 요구된다. 다음 절에서는 이러한 모델 성능 평가와 최적화 기법들에 대해 자세히 살펴보겠다.

6 모델 성능 평가 지표와 튜닝 전략(과적합 방지 포함)

1) 모델 성능 평가 지표

모델을 성공적으로 학습시킨 후에는 그 성능을 객관적이고 체계적으로 측정하는 것이 무엇보다 중요하다. 모델의 실제 활용 가능성과 신뢰성을 판단하기 위해서는 다양한 관점에서의 성능 지표가 필요하며, 본 장에서는 지도학습 분류 모델의 핵심적인 성능 지표들인 정확도(Accuracy), 정밀도(Precision), 재현율(Recall)을 중점적으로 다루면서, 필요에 따라 F1-score 등의 복합 지표도 함께 설명하겠다.

(1) 정확도(Accuracy)

정확도는 전체 데이터 중에서 모델이 올바르게 예측한 사례의 비율을 나타내는 가장 직관적인 성능 지표이다. 수식으로 표현하면 다음과 같다:

Accuracy = (모델이 올바르게 예측한 건수) /(전체 예측 건수)

구체적인 예시로, 100개의 테스트 샘플 중 90개를 정확하게 예측했다면 정확도는 90%가 된다. 정확도는 직관적이고 이해하기 쉬워서 모델 성능을 설명할 때 가장 널리 사용되는 지표이다.

하지만 정확도만으로는 모델의 성능을 완전히 평가하기 어려운 상황들이 있다. 특히 클래스 불균형이 심한 경우가 대표적인 예시인데, 스포츠 분야에서 부정행위 탐지 모델을 생각해보면 전체 경기의 99%는 정상이고 단 1%만이 부정행위에 해당할 수 있다. 이런 상황에서 모델이 항상 "정상"이라고 예측하더라도 정확도는 99%로 매우 높게 나타난다. 하지만 이 모델은 정작 중요한 부정행위를 하나도 탐지하지 못하는 쓸모없는 모델이 되어버린다. 따라서 이러한 불균형 상황에서는 다음에 설명할 정밀도와 재현율을 함께 고려하여 종합적으로 평가해야 한다.

(2) 정밀도(Precision)

정밀도는 모델이 긍정(Positive)으로 판정한 사례들 중에서 실제로도 긍정인 사례의 비율을 나타낸다. 이 지표는 모델이 긍정으로 예측한 결과들의 정확성을 보여주는 척도라고 할 수 있다. 구체적인 예시로 "이 선수는 부상 위험이 높다"라고 모델이 판정한 10명의 선수 중에서 실제로 부상을 당한 선수가 8명이라면, 정밀도는 80%가 된다. 수식으로는 다음과 같이 정의된다:

$$Precision = TP / (TP + FP)$$

여기서 TP(True Positive)는 모델이 긍정으로 예측하고 실제로도 긍정인 경우의 수이고, FP(False Positive)는 모델은 긍정으로 예측했지만 실제로는 부정인 경우의 수이다.

정밀도가 높다는 것은 모델이 긍정 예측을 매우 신중하게 수행하여 오경보(False Alarm)가 적다는 의미이다. 스포츠 분야의 실제 예시로, 승부조작 탐지 모델의 정밀도가 0.9라면, 모델이 의심스럽다고 지목한 경기 10건 중 9건은 실제로 부정행위가 있었음을 의미한다. 이는 모델의 판정에 대한 신뢰도가 높다는 것을 보여준다.

(3) 재현율(Recall)

재현율은 실제로 긍정인 사례들 중에서 모델이 긍정으로 올바르게 감지해낸 비율을 나타낸다. 이는 민감도(Sensitivity)라고도 불리며, 다음과 같이 정의된다:

$$Recall = TP / (TP + FN)$$

여기서 FN(False Negative)은 실제로는 긍정이지만 모델이 부정으로 잘못 분류한 경우의 수이다. 재현율이 높다는 것은 실제 긍정 사례들을 놓치지 않고 많이 검출해냈다는 의미이다. 앞서 언급한 승부조작 탐지 예시에서 재현율이 0.9라면, 실제 부정 경기 10건 중 9건을 모델이 성공적으로 탐지했음을 의미한다(단 1건만 놓침).

정밀도와 재현율은 상호 보완적인 관계에 있으면서 동시에 트레이드오프 관계를 보인다. 일반적으로 한쪽을 높이려고 하면 다른 쪽이 낮아지는 경향이 있다. 그 이유는 모델이 긍정으로 예측하는 범위를 넓히면(더 민감하게 반응하면) 실제 긍정 사례를 더 많이 찾게 되어 재현율은 향상되지만, 그만큼 잘못된 긍정 예측(False Positive)도 증가하여 정밀도가 낮아질 수 있기 때문이다. 반대로 모델이 매우 엄격한 기준으로 긍정을 판단하면 정밀도는 높아지지만 많은 실제 긍정 사례를 놓쳐 재현율이 떨어진다.

정확도만으로는 판단하기 어려운 상황, 특히 클래스 불균형이 있는 데이터의 경우에는 정밀도와 재현율을 함께 종합적으로 검토하여 모델을 평가해야 한다.

(4) F1-score

F1-score는 정밀도와 재현율의 조화평균으로, 두 값의 균형을 고려한 단일 지표이다. 다음과 같이 계산된다:

$$F1 = 2 \times \frac{\mathrm{P}recision \times Recall}{\mathrm{P}recision + Recall}$$

F1-score는 정밀도와 재현율이 모두 높을 때 큰 값을 가지며, 둘 중 어느 한쪽이라도 낮으면 전체 점수가 낮게 나온다. 따라서 불균형 데이터셋에서 모델의 종합적인 성능을 하나의 숫자로 나타내는 데 매우 유용하다.

(5) 기타 지표

그 외에도 머신러닝 모델 평가에는 문제의 성격에 따라 다양한 지표들이 활용된다. 이진 분류에서는 AUC-ROC(다양한 임계값에 따른 성능 곡선 아래 면적), 로그 손실 등이 사용되고, 회귀 문제에서는 평균 제곱오차(MSE), 평균 절대오차(MAE) 등이 활용된다.

스포츠 분야의 구체적인 예시로는, 선수 능력치 예측과 같은 회귀 문제에서 MSE나 MAE를 사용할 수 있고, 팀 순위 예측 문제에서는 스피어만 상관계수 등을 활용하기도 한다. 하지만 분류 문제 기준으로는 정확도, 정밀도, 재현율이 가장 널리 사용되므로 이들 지표에 익숙해지는 것이 중요하다.

지표 요약:

Accuracy = 전체 중 맞춘 비율(전체 성능)

Precision = 모델이 긍정 판정한 것 중 실제 긍정 비율(정밀도)

Recall = 실제 긍정 중 모델이 맞춘 비율(재현율, 민감도)

이러한 지표들은 혼동행렬(Confusion Matrix)에 기반하여 계산된다. 혼동행렬은 모델의 예측 결과와 실제 값의 교차표로, [[TP, FP], [FN, TN]] 형태로 나타난다. 이 표를 통해 모델이 어떤 종류의 오류를 주로 범하는지 한눈에 파악할 수 있다.

모델 평가 시 혼동행렬을 함께 확인하면 어느 쪽 오류(FP인지 FN인지)가 더 빈번한지도 분석할 수 있다. 스포츠 분야에서 False Negative의 비용이 큰 경우(예: 실제 부상 위험이 있는 선수를 놓치는 것)에는 재현율을 더 중시하고, False Positive의 비용이 큰 경우(예: 결백한 선수를 부정행위자로 지목하는 것)에는 정밀도를 더 중시하는 등, 분석 목표와 비즈니스 요구사항에 맞게 중점 지표를 선정해야 한다.

2) 모델 튜닝 전략

모델을 처음 학습시킨 결과가 항상 최적의 상태인 것은 아니다. 튜닝(Tuning)이란 모델의 성능을 체계적으로 개선하기 위해 다양한 파라미터를 조정하고 과적합을 방지하는 일련의 과정을 의미한다. 이 과정에는 하이퍼파라미터 최적화, 모델 구조 수정, 정규화 기법 적용 등이 포함되며, 때로는 학습 데이터 자체를 보강하거나 개선하는 작업도 수반된다.

그림 3-19 과적합 방지 전략

(1) 과적합(Overfitting) 방지

과적합은 모델이 훈련 데이터에 대해서는 매우 높은 성능을 보이지만 새로운 테스트 데이터에서는 성능이 현저히 떨어지는 현상이다. 이는 모델이 훈련 세트의 노이즈나 특이한 패턴까지 과도하게 암기해버렸기 때문에 발생하며, 실제 응용에서는 치명적인 문제가 될 수 있다.

- 데이터 확대 및 다양화

더 많은 훈련 데이터를 확보하거나 데이터 증강(Data Augmentation) 기법을 통해 인위적으로 데이터의 다양성을 늘리는 방법이다. 이미지 데이터의 경우 원본에 약간의 회전, 반전, 크기 조정, 노이즈 추가 등을 적용하면 모델이 다양한 변형에 대해 학습하게 되어 과적합을 효과적으로 줄일 수 있다. 텍스트 데이터나 시계열 데이터에서도 각각의 특성에 맞는 증강 전략을 적용할 수 있다.

- 조기 종료(Early Stopping)

검증 세트에서의 성능이 정점에 도달했을 때 학습을 중단하는 전략이다. 훈련을 더 계속하면 훈련 오차는 계속 감소하지만 검증 오차가 증가하기 시작하는 시점에서 학습을 멈추면 과적합되기 직전의 최적 모델을 얻을 수 있다. 이는 가장 간단하면서도 효과적인 과적합 방지 기법 중 하나이다.

- 모델 복잡도 제한(Pruning)

결정트리의 가지치기나 신경망의 은닉층 차원 축소 등을 통해 모델의 복잡도와 자유도를 의도적으로 감소시키는 방법이다. 파라미터 수가 과도하게 많으면 과적합이 발생하기 쉽기 때문에, 문제 해결에 적절한 수준으로 모델 크기를 제한하는 것이다. 또한 피처 선택(Feature Selection)을 통해 중요하지 않은 입력 변수를 제거하는 것도 프루닝의 한 형태라고 할 수 있다.

- 정규화(Regularization)

모델의 복잡성에 패널티를 부여하여 과도한 복잡화를 억제하는 기법이다. 가중치가 너무 큰 값을 갖지 못하도록 L1 또는 L2 패널티를 손실함수에 추가하는 가중치 정규화(Ridge, Lasso)가 대표적이다.

딥러닝에서는 드롭아웃(Dropout)이라는 정규화 기법이 널리 사용되는데, 이는 학습 시 무작위로 일부 뉴런을 비활성화하여 뉴런들 간의 과도한 공동 적응(Co-adaptation)을 방지하고 과적합을 줄여준다. 배치 정규화(Batch Normalization)도 학습을 안정화시키면서 약간의 정규화 효과를 제공한다.

정규화 기법의 핵심은 모델이 훈련 데이터를 너무 완벽하게 외우지 않도록 의도적으로 제약을 가하는 것이다.

- 앙상블(Ensemble)

여러 개의 모델을 조합하여 예측하는 방법으로, 개별 모델들의 과적합을 상호 상쇄하는 효과가 있다. 대표적으로 서로 다른 모델의 예측을 평균내는 배깅(Bagging) 방식과 약한 모델들을 순차적으로 보완하며 조합하는 부스팅(Boosting) 방식이 있다.

랜덤포레스트는 배깅의 대표적인 예시이고, XGBoost, LightGBM 등은 부스팅의 실용적인 구현체들이다. 앙상블 방법은 일반적으로 단일 모델보다 더 나은 성능을 보이며 과적합에도 덜 민감한 특성을 가진다.

이 외에도 교차검증을 통한 일반화 성능 체크, 파라미터 수에 비해 충분한 데이터 확보, 적절한 하이퍼파라미터 튜닝 등이 중요하다. 하이퍼파라미터는 학습률, 트리 깊이, 신경망 층 수 등 사람이 사전에 설정해야 하는 값들인데, 이를 그리드 탐색이나 베이지안 최적화 등의 체계적인 방법으로 찾아낼 수 있다. 과적합이 의심되면 하이퍼파라미터를 조정하여 모델 용량을 줄이거나 정규화 강도를 높이는 방식으로 대응한다.

그림 3-20 앙상블 방법

(2) 모델 및 피처 개선

튜닝은 과적합 방지에만 국한되지 않고 모델 자체의 근본적인 개신도 포함한다. 예를 들어, 처음에는 선형 모델을 사용했다가 비선형 관계를 더 잘 포착할 수 있는 SVM으로 변경하거나, 더 복잡한 패턴 학습이 가능한 딥러닝 모델로 업그레이드하는 것을 고려할 수 있다.

또한 피처 엔지니어링을 통해 모델이 학습하기 쉬운 형태로 데이터 표현을 개선하는 것도 중요한 튜닝 전략이다. 새로운 파생 피처를 생성하거나, 데이터에서 이상치나 오류를 찾아내어 제거하는 등 데이터를 정교하게 다듬으면, 동일한 모델이라도 훨씬 향상된 성능을 낼 수 있다.

(3) 평가 지표에 따른 튜닝

어떤 성능 지표를 우선적으로 개선하고 싶은지에 따라 튜닝의 방향과 전략이 달라질 수 있다. 정밀도가 특히 중요한 상황이라면(False Positive를 최소화해야 한다면) 결정 경계의 임계값(Threshold)을 조정하거나 False Positive를 많이 발생시키는 피처들을 재검토하는 방향으로 접근한다.

재현율을 높이고 싶다면 모델을 더 민감하게 만들어(임계값을 낮춤 등) 더 많은 긍정 사례를 포착하도록 하고, 데이터 증강을 통해 놓치기 쉬운 케이스들을 더 많이 학습시키는 전략을 사용한다. F1-score를 최적화하는 방향으로는 정밀도와 재현율의 균형을 세밀하게 조절하는 접근법을 취한다.

튜닝은 상당 부분 실험적이고 반복적인 과정이다. 다양한 설정을 체계적으로 시도해보면서 검증 데이터를 기준으로 가장 우수한 모델을 찾아가는 작업이다. 특히 딥러닝의 경우 학습 시간이 길고 조정해야 할 하이퍼파라미터가 많아 상당한 노하우와 경험이 필요하다.

이때 과학적 접근을 위해 한 번에 하나의 요인만 변경하여 실험하고, 모든 결과를 체계적으로 기록하는 것이 좋다. 또한 과적합 여부나 학습 진행 상황을 나타내는 다이어그램(Epoch vs Loss 그래프)을 지속적으로 모니터링하여, 언제 학습을 중단하고 어떤 전략을 적용할지 적절한 시점에 의사결정해야 한다. 예를 들어, 10번째 에폭부터 검증 오차가 증가하기 시작하면 조기 종료를 발동시키거나, 학습률을 감소시키는 등의 대응을 고려할 수 있다.

마지막으로, 모델 평가와 튜닝 과정을 거쳐 최종적으로 선택된 모델은 테스트 세트 성능으로 최종 보고된다. 이 성능이 실제 업무에서 기대하는 수준에 도달했는지를 판단하여, 부족하다면 다시 데이터 수집이나 피처 강화 등의 이전 단계로 돌아가는 순환적 개선 과정을 거치기도 한다. 실제 스포츠 AI 프로젝트에서는 목표 지표(예: 정확도 95% 이상)를 사전에 설정해두고, 이를 달성할 때까지 모델과 데이터를 지속적으로 개선해나가는 접근법이 일반적이다.

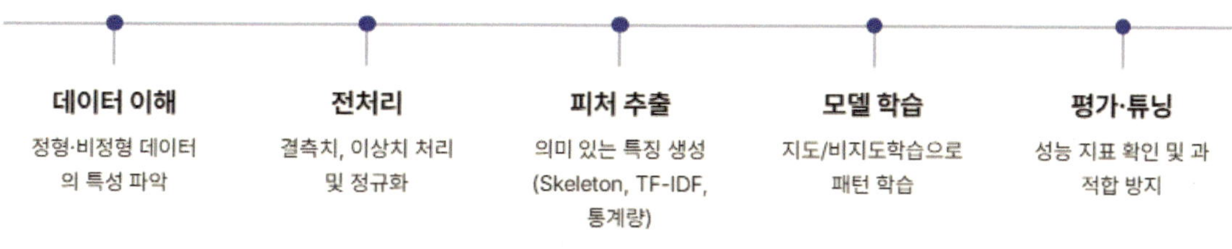

그림 3-21 전체 프로세스 과정

학습 요약

스포츠 현장에서 쏟아지는 데이터는 두 얼굴을 지니고 있다. 하나는 경기 기록처럼 구조화된 정형 데이터, 다른 하나는 영상·이미지·센서·텍스트처럼 자유로운 비정형 데이터이다. 이 장에서는 이러한 데이터를 인공지능이 다룰 수 있는 분석 가능한 정보로 변환하고, 이를 기반으로 예측 모델을 설계·평가하는 과정을 살펴보았다. 먼저, 비정형 데이터는 잠재력이 크지만 그대로는 알고리즘이 이해할 수 없다.

따라서 필수적으로 전처리 단계를 거친다. 누락된 값은 보정하거나 제거하고, 센서 오류나 극단값은 교정하며, 서로 다른 단위의 특성은 정규화·표준화로 일관성을 맞춘다. 이는 흔히 "쓰레기를 넣으면 쓰레기가 나온다"는 말처럼, 품질이 담보된 재료를 확보하는 과정이라 할 수 있다.

다음 단계는 피처 추출이다. 영상에서는 skeleton 좌표로 선수의 자세 변화를 수치화하고, 텍스트에서는 TF-IDF로 핵심 단어의 중요도를 계산하며, 센서 데이터에서는 평균·최댓값 등 통계 피처를 도출한다. 이렇게 얻은 피처가 곧 머신러닝 모델의 언어가 되며, 좋은 피처일수록 모델은 패턴을 더 잘 학습한다.

모델 학습 단계에서는 문제 성격에 따라 지도학습이나 비지도학습을 선택한다. 지도학습은 입력과 정답의 쌍을 통해 회귀나 분류 모델을 훈련시키고, 비지도학습은 레이블 없이 데이터의 구조를 탐색한다. 모델 설계 시에는 알고리즘 유형과 하이퍼파라미터를 정하고, 훈련-검증-테스트 과정을 거쳐 일반화 성능을 확인한다.

마지막으로 성능 평가는 숫자로 모델을 점검하는 단계이다. 분류 문제에서는 정확도·정밀도·재현율, 회귀 문제에서는 MSE·MAE 등을 활용해 모델을 진단한다. 결과가 기대에 못 미칠 경우, 하이퍼파라미터 조정·데이터 증강·앙상블 등의 튜닝 전략으로 성능을 개선한다.

정리하면, 스포츠 데이터를 위한 AI 모델 설계는 (1) 데이터 이해 → (2) 전처리 → (3) 피처 추출 → (4) 모델 학습 → (5) 평가·튜닝의 일관된 흐름으로 이루어진다. 특히 전처리와 피처 추출이 결과를 좌우하는 핵심 열쇠이며, 이 장은 현장의 비정형 데이터를 AI가 학습 가능한 정보로 바꾸는 사고 과정을 익히는 데 목적이 있다.

다음 장에서는 이러한 원리를 실제 스포츠 데이터 실습에 적용하여, 전처리된 피처가 어떻게 AI 성과로 이어지는지를 단계별로 체험하게 될 것이다.

04 Chapter
스포츠에서 신뢰할 수 있는 AI 설계

>> 학습 목표

1. 설명 가능한 AI(XAI)의 개념과 스포츠 산업에서의 필요성을 이해한다.
2. 판단 해석력과 신뢰 기반 알고리즘의 원리를 설명하고, 스포츠 사례로 연결할 수 있다.
3. 신뢰할 수 있는 스포츠 AI의 설계 원칙과 윤리·법적 고려사항을 이해한다.

1 설명 가능한 AI(XAI)의 개념과 스포츠 분야에서의 필요성

1) XAI의 정의와 기술적 배경

(1) 블랙박스 문제의 본질

인공지능 기술이 스포츠에 적용되면서 그 활용 범위는 점점 넓어지고 있다. 선수 퍼포먼스 분석, 부상 예측, 전술 분석, 심판 보조 시스템 등 다양한 영역에서 AI가 활용되고 있지만, 대부분의 AI 시스템은 근본적인 한계를 가지고 있다. 바로 높은 예측 정확도를 제공하더라도, 그 판단이 어떤 과정을 거쳐 도출된 것인지를 알기 어렵다는 점이다.

이러한 현상을 '블랙박스 문제(Black-box problem)'라고 한다. 특히 딥러닝과 같은 복잡한 신경망 모델은 수백만 개의 매개변수를 가지고 있어, 입력 데이터가 어떤 과정을 거쳐 최종 결과로 변환되는지 인간이 이해하기 매우 어렵다. 예를 들어, 축구 선수의 부상 위험도를 예측하는 딥러닝 모델이 "부상 위험도 85%"라는 결과를 제시했을 때, 왜 그런 결론에 도달했는지, 어떤 요소가 가장 큰 영향을 미쳤는지를 알 수 없다.

이는 단순한 기술적 한계가 아니다. 스포츠 현장에서는 AI의 판단을 바탕으로 선수의 출전 여부, 훈련 강도 조절, 전술 변경 등 중요한 의사결정이 이루어진다. 이때 판단 근거가 불분명하다면 코치와 선수들이 AI의 조언을 신뢰하기 어렵고, 실제로 활용하지 않을 가능성이 높다.

(2) XAI의 정의와 목표

설명 가능한 AI, 즉 Explainable AI(XAI)는 이러한 블랙박스 문제를 해결하기 위해 제안된 개념이다. XAI는 사람이 이해할 수 있는 방식으로 AI의 예측 결과를 설명하는 데 초점을 둡니다. 단순히 결과만을 제시하는 것이 아니라, 그 결과에 도달한 과정을 시각화하거나 수치적으로 표현하여, 사용자에게 '왜 이런 결과가 나왔는가'를 해석할 수 있도록 한다.

XAI의 핵심 목표는 다음과 같다:

- **투명성**(Transparency): AI 모델의 내부 작동 원리를 이해할 수 있도록 하는 것이다. 이는 모델이 어떤 데이터를 어떻게 처리하여 결과를 도출하는지를 명확히 보여주는 것을 의미한다.

- **해석가능성**(Interpretability): AI의 결과를 인간이 직관적으로 이해할 수 있는 형태로 제공하는 것이다. 복잡한 수학적 계산 과정을 일반인도 이해할 수 있는 언어나 시각적 표현으로 변환하는 것이 핵심이다.

- **신뢰성**(Trustworthiness): AI의 판단에 대한 근거를 제공함으로써 사용자가 시스템을 신뢰할 수 있도록 하는 것이다. 특히 중요한 의사결정에 AI가 활용될 때 이는 필수적 요소이다.

- **책임성**(Accountability): AI의 판단으로 인한 결과에 대해 책임을 질 수 있도록 하는 것이다. 판단 근거가 명확하면 잘못된 결정의 원인을 파악하고 개선할 수 있다.

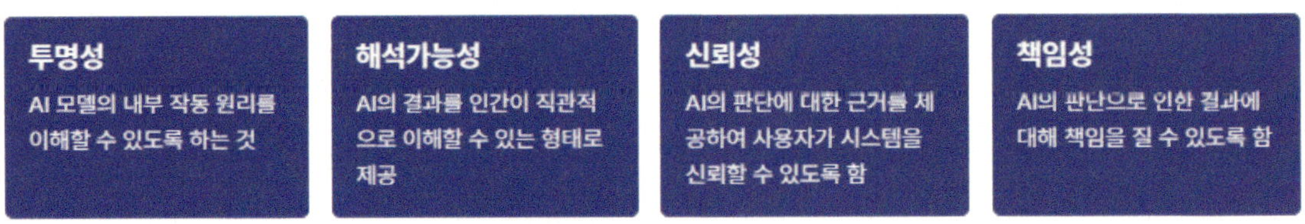

그림 4-1 설명 가능한 AI(XAI)

(3) XAI의 기술적 분류

XAI는 크게 두 가지 유형으로 나뉜다.

그림 4-2 XAI의 기술적 분류

- 사전 해석 가능 모델(Inherently Interpretable Model)

이는 본래 구조가 단순하여 결과를 쉽게 설명할 수 있는 모델들이다. 대표적으로 선형 회귀, 결정 트리, 규칙 기반 모델 등이 있다.

선형 회귀 모델의 경우, 각 변수의 계수가 결과에 미치는 영향을 직접적으로 보여준다. 예를 들어 선수의 부상 위험을 예측하는 선형 모델에서 "훈련 강도 × 0.3 + 수면 시간 × (-0.2) + 이전 부상 횟수 × 0.5"와 같은 공식을 통해 각 요소가 얼마나 영향을 미치는지 명확히 알 수 있다.

결정 트리 모델은 if-then 규칙의 형태로 의사결정 과정을 보여준다. "만약 선수의 나이가 30세 이상이고, 최근 3경기 출전 시간이 평균 85분 이상이며, 근육 피로도가 7점 이상이면 부상 위험이 높다"와 같은 직관적인 규칙으로 표현된다.

- 사후 해석 기법(Post-hoc Explanation)

이는 딥러닝이나 앙상블 모델처럼 복잡한 구조의 결과를 설명하기 위해 외부 도구나 별도의 해석 모델을 활용하는 방식이다. 주요 기법들은 다음과 같다:

SHAP(SHapley Additive exPlanations)는 게임 이론의 샤플리 값을 기반으로 각 특성이 예측에 기여하는 정도를 정량적으로 계산한다. 축구 선수의 부상 예측에서 SHAP을 사용하면 "근육 피로 지수(+0.3), 이전 부상 이력(+0.2), 최근 컨디션(-0.1)" 등으로 각 요소의 기여도를 수치화할 수 있다.

LIME(Local Interpretable Model-agnostic Explanations)은 복잡한 모델의 특정 예측에 대해 국소적으로 단순한 해석 가능한 모델을 학습시켜 설명을 제공한다. 특정 선수의 부상 예측 결과에 대해서만 집중적으로 분석하여 해당 사례에 대한 상세한 설명을 제공한다.

Grad-CAM(Gradient-weighted Class Activation Mapping)은 주로 이미지 분석에서 사용되며, 딥러닝 모델이 이미지의 어느 부분에 주목했는지를 히트맵으로 시각화한다. 스포츠에서는 선수의 동작 분석이나 경기 영상 분석에서 활용될 수 있다.

2) 스포츠 산업에서 XAI의 필요성

(1) 의사결정 신뢰도 향상

스포츠 산업에서 XAI의 필요성은 기술적 요구를 넘어 의사결정 참여자 간의 신뢰와 커뮤니케이션 측면에서 더욱 중요하게 대두된다. 현대 스포츠에서 AI 기술은 단순한 참고자료가 아닌 핵심적인 의사결정 도구로 활용되고 있다.

코칭 스태프의 의사결정 과정을 살펴보면, AI 기술이 선수 선발, 전략 분석, 훈련 계획, 부상 관리 등 거의 모든 영역에 깊숙이 개입하고 있다. 이 과정에서 결과의 '이유'가 없으면 신뢰는 확보되지 않는다.

예를 들어, AI 시스템이 핵심 선수에게 "다음 경기 출전을 금지하라"는 권고를 했다고 가정해봅시다. 만약 이 권고에 대한 구체적인 근거가 제시되지 않는다면, 코치는 AI의 조언을 무시하거나 '참고용' 정도로만 취급할 가능성이 높다. 특히 중요한 경기를 앞두고 있거나 선수의 개인적 사정이 복잡하게 얽혀있는 상황에서는 더욱 그렇다.

반면 XAI 시스템이 "해당 선수의 현재 피로 누적 수치(8.7점)가 지난 시즌 부상으로 이탈했던 다른 선수들의 평균(8.5점)보다 높으며, 특히 종아리 근육의 긴장도가 정상 범위를 15% 초과하고 있다. 또한 최근 3경기에서 스프린트 횟수가 평소 대비 20% 감소하여 무의식적으로 강도를 조절하고 있는 것으로 판단된다"라는 구체적인 근거를 제공한다면, 코치는 이 정보를 바탕으로 보다 신중하고 합리적인 결정을 내릴 수 있다.

(2) 선수 수용성과 동기 부여

선수 본인의 수용성은 AI 시스템의 실질적 효과를 좌우하는 핵심 요소이다. 아무리 정확한 AI 분석이라도 선수가 이를 받아들이지 않으면 행동 변화로 이어지지 않기 때문이다.

프로 운동선수들은 대부분 강한 승부욕과 자신감을 가지고 있다. 따라서 AI가 제시한 훈련량 감소 권고나 컨디션 조절 제안에 대해 본능적으로 저항할 수 있다. "아직 괜찮다", "더 할 수 있다"는 생각이 앞서기 쉽다.

이때 단순히 "AI가 그렇게 말한다"는 설명보다는 선수가 납득할 수 있는 구체적이고 개인화된 설명이 필요한다. 예를 들어, "당신의 현재 심박변이도 패턴이 2018년 무릎 부상을 당하기 1주일 전과 94% 유사한다. 또한 평소 선호하는 오른발 슈팅의 정확도가 최근 5경기 동안 지속적으로 감소하고 있어(78% → 71% → 68% → 65% → 62%), 하체 근육의 미세한 불균형이 시작된 것으로 보이다"와 같은 설명은 선수 개인의 경험과 연결되어 높은 설득력을 가진다.

더 나아가 XAI는 선수들의 자기 관리 능력을 향상시키는 교육 도구로도 활용될 수 있다. 자신의 몸 상태와 퍼포먼스에 영향을 미치는 요소들을 데이터를 통해 객관적으로 이해하게 되면, 선수들은 보다 과학적이고 체계적인 방식으로 컨디션을 관리할 수 있게 된다.

(3) 팬과 미디어를 위한 투명성

스포츠는 본질적으로 공개적이고 투명한 영역이다. 팬과 미디어라는 제3자 이해관계자가 존재하며, 이들의 이해와 지지 없이는 스포츠 산업이 성립할 수 없다. 따라서 AI가 경기 결과나 선수 평가에 영향을 미치는 경우, 그 과정에 대한 공개적 설명이 반드시 필요한다.

최근 들어 VAR(비디오 판독 시스템), 골라인 기술, AI 기반 심판 보조 시스템 등이 실제 경기에 도입되면서 이러한 요구는 더욱 강해지고 있다. 팬들은 자신이 응원하는 팀에게 불리한 판정이 내려졌을 때, 그 판정이 공정하고 합리적인 근거에 기반했는지를 알고 싶어 한다.

예를 들어, 2022 카타르 월드컵에서 도입된 반자동 오프사이드 시스템의 경우, AI가 오프사이드를 판정하는 순간 그 근거가 되는 3D 이미지와 측정 데이터를 실시간으로 생성하여 관중과 시청자에게 공개했다. 이는 단순히 "AI가 오프사이드라고 판단했다"는 것을 넘어서 "정확히 몇 센티미터 차이로 오프사이드였으며, 이는 어느 부위를 기준으로 측정한 것인지"까지 구체적으로 보여준 것이다.

이러한 투명성은 기술에 대한 신뢰도를 높일 뿐만 아니라, 스포츠의 교육적 가치도 증대시킨다. 팬들이 경기 규칙과 판정 기준을 더 정확히 이해하게 되고, 스포츠에 대한 전문적 지식을 습득할 수 있는 기회가 된다.

(4) 규제와 윤리적 책임

AI 기술이 실시간 경기나 대회에 직접 개입되는 시대에서는 설명 책임(Explanatory Accountability)이 법적, 윤리적 차원에서 반드시 요구된다. 특히 AI의 판단이 선수의 안전, 경기 결과, 심지어 선수의 경력에까지 영향을 미칠 수 있는 상황에서는 더욱 그렇다.

2020 도쿄올림픽에서 도입된 심판 보조 AI 시스템의 경우, 실시간으로 선수의 동작을 분석하여 채점에 참고할 수 있는 메트릭스를 제공했다. 이 시스템은 심판의 권위를 약화시키기보다는 오히려 판정의 투명성과 일관성을 높이는 도구로 활용되었다. 하지만 이러한 시스템이 제대로 작동하기 위해서는 AI의 판단 근거가 명확하게 설명될 수 있어야 한다.

만약 AI 시스템이 체조 선수의 연기에서 특정 동작을 "실패"로 판단했다면, 그 근거가 무엇인지(각도, 높이, 착지 자세 등)를 구체적으로 제시할 수 있어야 한다. 또한 이러한 판단 기준이 사전에 공개되고 일관되게 적용되어야 공정성을 담보할 수 있다.

더 나아가 AI의 오판이나 시스템 오류로 인한 피해가 발생했을 때, 그 원인을 정확히 파악하고 책임 소재를 명확히 하기 위해서도 XAI는 필수적이다. 블랙박스 시스템에서는 문제의 원인을 찾기 어려워 근본적인 개선이 불가능하지만, 설명 가능한 시스템에서는 오류의 원인을 정확히 파악하여 시스템을 개선할 수 있다.

2 판단 해석력의 의미와 실제 활용 예시

1) 판단 해석력의 의미와 구성 요소

(1) 판단 해석력의 정의

판단 해석력(Decision Interpretability)이란 AI의 판단 근거를 사람이 직관적으로 이해하고, 다른 사람에게 설명할 수 있는 정도를 의미한다. 이 개념은 단순히 설명 가능성(Explainability)과 유사하지만, 해석 가능성은 '얼마나 쉽게, 얼마나 신뢰할 수 있는 방식으로 설명이 제공되는가'에 더욱 집중한다.

기술적 정확성과 인간의 이해도 사이에는 종종 간극이 존재한다. 예를 들어, AI 시스템이 축구 선수의 다음 경기 퍼포먼스를 예측할 때 "20개의 변수가 각각 다음과 같은 가중치로 영향을 미쳤다"는 수학적으로 완벽한 설명을 제공할 수 있다. 하지만 이러한 설명이 코치나 선수에게 실질적으로 도움이 되는지는 별개의 문제이다.

진정한 판단 해석력은 정보의 정확성뿐만 아니라 정보의 전달력을 함께 고려한다. 즉, 기술적으로 정확한 설명이 인간에게 직관적으로 납득되고, 실제 의사결정에 활용될 수 있는 형태로 제공되어야 한다.

(2) 해석력의 다차원적 평가 기준

판단 해석력을 평가하는 기준은 다음과 같은 여러 차원으로 구성된다:

- **명확성(Clarity)**: 설명이 얼마나 분명하고 이해하기 쉬운가? 전문 용어나 복잡한 수치 대신 일상적인 언어로 표현되는가?
- **완전성(Completeness)**: 판단에 영향을 미친 주요 요소들이 누락 없이 포함되어 있는가? 부분적인 설명이 아닌 전체적인 맥락을 제공하는가?
- **정확성(Accuracy)**: 제공된 설명이 AI의 실제 판단 과정을 정확히 반영하는가? 왜곡되거나 단순화된 설명은 아닌가?
- **일관성(Consistency)**: 유사한 상황에서 일관된 설명이 제공되는가? 같은 유형의 판단에 대해 매번 다른 설명이 제공되지는 않는가?
- **실용성(Practicality)**: 설명이 실제 의사결정에 도움이 되는가? 단순히 이해만 가능한 것이 아니라 행동으로 이어질 수 있는가?
- **적시성(Timeliness)**: 설명이 필요한 시점에 적절히 제공되는가? 너무 늦거나 불필요한 시점에 제공되지는 않는가?

명확성	완전성	정확성
설명이 얼마나 분명하고 이해하기 쉬운가?	판단에 영향을 미친 주요 요소들이 누락 없이 포함되어 있는가?	제공된 설명이 AI의 실제 판단 과정을 정확히 반영하는가?
일관성	**실용성**	**적시성**
유사한 상황에서 일관된 설명이 제공되는가?	설명이 실제 의사결정에 도움이 되는가?	설명이 필요한 시점에 적절히 제공되는가?

그림 4-3 해석력의 평가 기준

(3) 스포츠 특화 해석력 요구사항

스포츠 영역에서의 판단 해석력은 일반적인 AI 활용 분야와는 다른 특수한 요구사항들을 가지고 있다.

- **시간적 압박**: 스포츠는 실시간으로 진행되며, 의사결정이 매우 빠르게 이루어져야 한다. 따라서 설명도 즉시 이해할 수 있는 형태여야 한다. 복잡한 분석 보고서 형태보다는 직관적인 시각화나 간단한 문장 형태가 선호된다.

- **감정적 요소**: 스포츠는 본질적으로 감정적인 영역이다. 선수들은 데이터보다는 자신의 감각과 경험을 신뢰하는 경향이 있으므로, AI의 설명도 이러한 감정적 측면을 고려해야 한다.

- **맥락 의존성**: 같은 데이터라도 경기 상황, 시즌 단계, 선수의 개인적 상황에 따라 해석이 달라질 수 있다. 따라서 설명에는 현재 맥락에 대한 고려가 반드시 포함되어야 한다.

- **계층적 이해도**: 스포츠 현장에는 감독, 코치, 선수, 의료진 등 다양한 배경과 전문성을 가진 사람들이 있다. 같은 AI 판단이라도 각자의 역할과 이해 수준에 맞는 서로 다른 설명이 필요할 수 있다.

2) 해석력 향상을 위한 기술적 전략

(1) 시각화 기반 설명

시각화는 복잡한 데이터와 분석 결과를 직관적으로 이해할 수 있게 해주는 가장 효과적인 방법 중 하나이다. 스포츠 분야에서 활용되는 주요 시각화 기법들은 다음과 같다:

- **히트맵(Heatmap) 활용**: 선수의 경기장 내 활동 영역, 패스 연결 빈도, 득점 위험 지역 등을 색상의 농도로 표현한다. 예를 들어, 축구에서 특정 선수가 가장 활발하게 활동한 지역을 빨간색으로, 상대적으로 적게 활동한 지역을 파란색으로 표시하여 한눈에 선수의 움직임 패턴을 파악할 수 있게 한다.

- **영역 강조(Region Highlighting)**: AI가 중요하다고 판단한 특정 영역이나 순간을 시각적으로 강조한다. 농구에서 슛 성공률 분석 시 코트를 여러 구역으로 나누고, 성

공률이 높은 구역은 녹색, 낮은 구역은 빨간색으로 표시하여 선수의 강점과 약점을 명확히 보여준다.

- **시퀀스 트래킹(Sequence Tracking)**: 시간에 따른 변화를 연속적으로 보여주는 방식이다. 선수의 피로도 변화, 팀의 전술적 변화, 경기 흐름의 전환점 등을 시간축을 따라 표시하여 패턴과 트렌드를 파악할 수 있게 한다.

- **3D 시각화**: 복잡한 움직임이나 공간적 관계를 입체적으로 표현한다. 체조나 피겨스케이팅에서 선수의 동작을 3D로 재현하여 완벽한 동작과의 차이점을 정확히 보여주거나, 축구에서 선수들의 포지셔닝을 3D 공간에서 분석하여 전술적 우위를 시각화한다.

(2) 기록 기반 비교 분석

인간은 절대적 수치보다는 상대적 비교를 통해 정보를 더 쉽게 이해한다. 따라서 AI의 판단을 설명할 때 적절한 비교 대상을 제시하는 것이 효과적이다:

- **역사적 데이터와의 비교**: "현재 선수의 컨디션이 지난 시즌 최고 퍼포먼스를 기록했던 시기와 85% 유사한다"와 같이 과거의 성공 사례와 비교하여 현재 상태를 설명한다.

- **동일 포지션 선수와의 비교**: "같은 포지션의 다른 선수들과 비교했을 때 패스 정확도는 상위 15%에 해당하지만, 수비 기여도는 하위 30%에 위치한다"와 같이 상대적 위치를 명확히 제시한다.

- **리그 평균과의 비교**: 개별 선수나 팀의 지표를 리그 전체 평균과 비교하여 객관적인 평가 기준을 제공한다.

- **이상적 모델과의 비교**: AI가 학습한 최적의 패턴이나 모델과 현재 상황을 비교하여 개선 방향을 제시한다.

(3) 자연어 기반 설명 생성

최근 자연어 처리 기술의 발전으로 AI가 분석 결과를 사람의 언어로 직접 설명하는 것이 가능해졌다.

- **규칙 기반 문장 생성**: 사전에 정의된 조건과 패턴에 따라 자동으로 설명 문장을 생성한다. "선수 A의 스프린트 횟수가 평소 대비 25% 감소했으며, 이는 근육 피로 또는 전술적 역할 변화를 의미할 수 있다"와 같은 형태로 데이터를 해석하여 제시한다.

- **GPT 기반 동적 설명**: 대형 언어 모델을 활용하여 상황에 맞는 자연스러운 설명을 동적으로 생성한다. 같은 데이터라도 사용자의 배경지식이나 관심사에 따라 다른 방식으로 설명할 수 있다.

- **개인화된 설명**: 사용자의 이전 질문이나 관심 영역을 고려하여 맞춤형 설명을 제공한다. 공격 전술에 관심이 많은 코치에게는 수비 데이터도 공격과의 연관성 측면에서 설명하는 방식이다.

- **감정적 톤 조절**: 상황의 긍정적/부정적 측면에 따라 설명의 톤을 조절한다. 좋은 소식은 격려하는 톤으로, 주의가 필요한 상황은 신중한 톤으로 전달하여 수용성을 높이다.

3) 스포츠 현장에서의 XAI 활용 사례

(1) VAR 시스템: 실시간 판정 지원의 혁신

기술적 구조와 작동 원리VAR(Video Assistant Referee) 시스템은 단순한 리플레이 기술이 아니다. 이는 다각도 영상 분석, 이벤트 시간 스탬프 추출, 객체 인식(공, 선수, 라인), 3D 공간 재구성 기술이 종합적으로 작동하는 복합 AI 시스템이다.

시스템의 핵심은 실시간 객체 추적 기술이다. 경기장에 설치된 최대 40여 대의 고속 카메라가 초당 50-100 프레임으로 촬영한 영상을 AI가 실시간으로 분석한다. 각 선수의 신체 부위별 위치를 정확히 추적하고, 공의 궤적과 접촉 순간을 정밀하게 계산한다.

특히 오프사이드 판정에서는 3D 골격 추적 기술이 핵심적인 역할을 한다. AI는 각 선수의 29개 주요 신체 부위를 실시간으로 추적하여 3차원 좌표를 생성하고, 이를 바탕으로 오프사이드 라인을 자동으로 그린다. 이 과정에서 발생하는 모든 데이터와 계산 과정이 투명하게 기록된다.

– 해석 가능성의 구현

VAR 시스템의 가장 혁신적인 부분은 판정 근거의 시각화이다. 심판에게 제공되는 영상은 AI가 판단한 근거 프레임을 중심으로 구성되며, 이 과정을 시각적으로 이해할 수 있는 해석 가능성이 핵심이다.

2022 카타르 월드컵에서 도입된 반자동 오프사이드 시스템은 XAI의 모범 사례로 평가받고 있다. AI가 특정 순간을 '오프사이드 발생'으로 판단한 경우, 다음과 같은 정보가 체계적으로 제공된다.

- **정확한 시점 식별**: AI가 판단한 정확한 오프사이드 발생 시점(패스가 이루어진 순간)을 밀리초 단위로 표시한다.
- **3D 시각화**: 해당 순간의 선수들 위치를 3D 애니메이션으로 재구성하여 다양한 각도에서 확인할 수 있게 한다.
- **거리 측정**: 오프사이드 라인과 해당 선수 사이의 정확한 거리를 센티미터 단위로 표시한다.
- **신체 부위 명시**: 오프사이드 판정의 기준이 된 신체 부위(예: 어깨, 발끝 등)를 명확히 표시한다.

이러한 정보는 심판뿐만 아니라 팬과 미디어에게도 공개되어 판정의 투명성과 신뢰도를 크게 높였다. 특히 논란이 될 수 있는 미세한 차이의 오프사이드 상황에서도 객관적이고 명확한 근거를 제시함으로써 판정에 대한 의구심을 해소하는 데 성공했다.

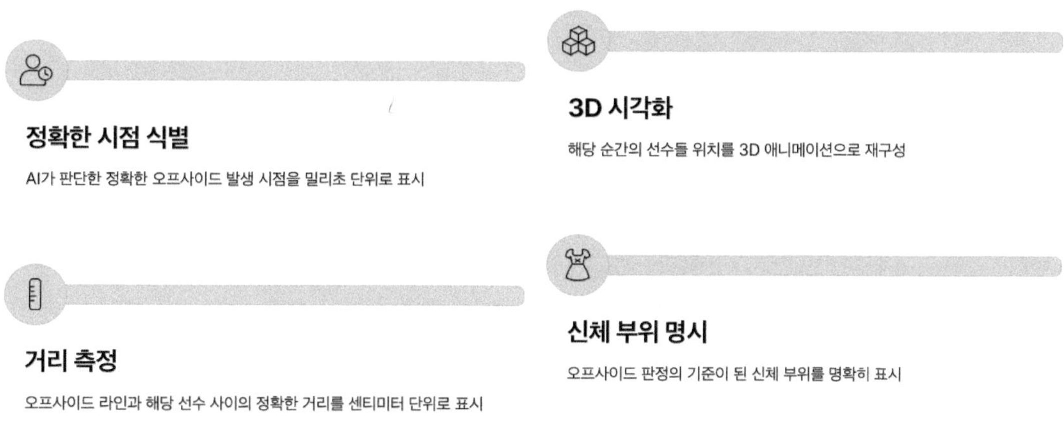

그림 4-4 VAR의 해석 가능성 구현

- 실제 적용 사례와 효과

2022 월드컵에서 VAR 시스템이 적용된 구체적 사례를 살펴보면 그 효과를 명확히 알 수 있다. 일본과 스페인의 조별리그 경기에서 일본의 두 번째 골이 골라인을 넘었는지 여부가 논란이 되었을 때, AI 시스템은 다음과 같은 분석을 제공했다.

공의 3차원 위치를 정밀 추적하여 공의 어느 부분이 라인과 접촉했는지를 정확히 계산했다. 카메라 각도의 착시 효과로 인해 육안으로는 공이 완전히 나간 것처럼 보였지만, 실제로는 공의 곡면 일부가 여전히 라인 위에 있었음을 3D 시뮬레이션으로 명확히 보여주었다.

이때 제공된 설명은 단순히 "골이 인정된다"가 아니라 "공의 중심부는 라인을 넘었지만, FIFA 규칙에 따라 공의 어느 부분이라도 라인과 접촉하고 있으면 인플레이 상태로 간주되며, 정밀 분석 결과 공의 곡면 2.3cm가 라인과 접촉하고 있어 유효한 골로 판정된다"는 구체적이고 이해하기 쉬운 형태였습니다.

그림 4-5 2022 월드컵 VAR시스템 적용사례 - 본 이미지는 교육적 목적으로 인용되었다.

(2) 경기 분석 AI: 전술적 인사이트의 해석

- 다차원 데이터 분석과 통합

현대의 경기 분석 AI 시스템은 단순한 통계 집계를 넘어서 복합적인 전술 패턴을 분석하고 해석하는 고도화된 도구로 발전했다. 이러한 시스템들은 선수의 위치 데이터, 공의 궤적, 경기 이벤트, 심지어 선수들의 생체 데이터까지 통합하여 분석한다.

포지셔닝 히트맵 분석에서 AI는 단순히 선수가 어디에 있었는지만 보여주는 것이 아니라, 왜 그 위치에 있었는지, 그 포지셔닝이 팀 전술에 어떤 영향을 미쳤는지까지 해석한다. 예를 들어, 미드필더의 히트맵이 평소보다 후방에 치우쳐져 있다면, AI는 "상대팀의 전진 압박으로 인해 빌드업 위치가 하향 조정되었으며, 이로 인해 공격 전개 시간이 평균 3.2초 증가했다"와 같은 맥락적 설명을 제공한다.

활동량 그래프의 경우에도 마찬가지이다. 선수의 스프린트 횟수가 감소했다면 AI는 여러 가능성을 제시한다: "전술적 역할 변화로 인한 의도적 활동량 조절", "체력 저하로 인한 불가피한 감소", "상대 팀 압박 패턴 변화에 따른 적응" 등을 구분하여 설명한다.

– 패스 연결도와 전술적 해석

패스 연결도 분석은 현대 축구 분석의 핵심 요소 중 하나이다. AI는 단순히 누가 누구에게 몇 번 패스했는지를 보여주는 것을 넘어서, 그 패스 패턴이 팀의 전술적 의도를 얼마나 잘 구현했는지, 상대팀의 압박에 어떻게 대응했는지를 해석한다.

예를 들어, 센터백 간의 패스 빈도가 급증했다면 AI는 "상대팀의 전방 압박으로 인해 중앙 돌파가 어려워져 사이드 우회 전개를 위한 볼 순환이 증가했다. 이는 공격 템포 저하로 이어졌지만, 볼 소유권 안정성은 15% 향상되었다"와 같은 종합적 분석을 제공한다.

더 나아가 AI는 패스 네트워크의 변화를 시간대별로 분석하여 전술적 변화의 시점과 효과를 정확히 파악한다. "후반 20분 이후 수비 간격이 벌어진 이유는 중원 압박이 감소하고 상대 윙어가 빈 공간을 활용했기 때문"이라는 서술형 해석은 단순 수치보다 훨씬 유의미한 정보를 제공한다.

– 자연어 생성을 통한 코치 언어 번역

최근 가장 주목받는 발전은 GPT와 같은 대형 언어 모델을 결합한 자동 보고서 생성 시스템이다. 이 시스템은 복잡한 데이터 분석 결과를 코치가 이해하기 쉬운 전술적 언어로 자동 번역한다.

예를 들어, 복잡한 수치 데이터를 다음과 같이 변환한다.

- **원본 데이터**: "Zone 14 진입 횟수 23% 감소, 크로스 시도 31% 증가, 중앙 침투 성공률 12% 하락"
- **AI 해석**: "우리 팀의 중앙 돌파가 효과적이지 못했다. 상대의 중앙 수비가 견고했기 때문에 자연스럽게 사이드 공격으로 전환했지만, 크로스 정확도가 부족하여 실질적인 득점 기회 창출에는 실패했다. 다음 경기에서는 사이드 백의 오버래핑을 통한 수

적 우위 창출이나, 미드필더의 후방 침투를 고려해볼 필요가 있다."

이러한 자연어 생성 시스템은 단순히 번역하는 것을 넘어서 전술적 조언까지 제공한다. 과거 유사한 상황에서 성공했던 전술적 솔루션을 데이터베이스에서 검색하여 구체적인 개선 방안을 제시하는 것이다.

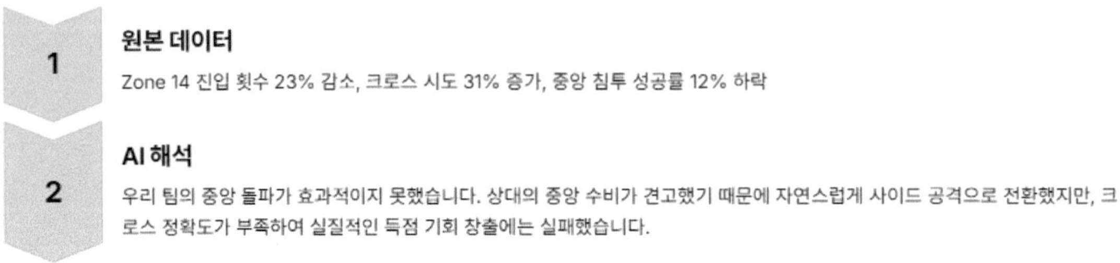

그림 4-6 자연어 생성을 통한 코치 언어 번역

(3) 선수 퍼포먼스 분석: 개인 맞춤형 해석

– 생체 데이터와 퍼포먼스의 통합 분석

현대 스포츠에서는 웨어러블 기기를 통해 선수의 심박수, 가속도, GPS 위치, 근육 활동 등 다양한 생체 데이터를 실시간으로 수집할 수 있다. XAI 시스템은 이러한 데이터를 퍼포먼스 지표와 연결하여 개인화된 해석을 제공한다.

예를 들어, 축구 선수의 스프린트 성능이 평소보다 낮게 측정되었을 때, AI는 다음과 같은 다각적 분석을 제공한다.

① **생리학적 측면**: "심박수 회복률이 평소 대비 15% 지연되고 있으며, 이는 전날 훈련 강도가 높았거나 수면의 질이 저하되었을 가능성을 시사한다."

② **전술적 측면**: "오늘 경기에서 수비적 역할이 증가하여 고강도 스프린트보다는 지속적인 조깅이 많았다. 따라서 절대적인 스프린트 횟수 감소가 반드시 컨디션 저하를 의미하지는 않는다."

③ **심리적 측면**: "최근 3경기에서 골 결정력이 저하되면서 심리적 위축이 플레이 패턴에 영향을 미치고 있을 수 있다. 적극적인 돌파 시도가 20% 감소했다."

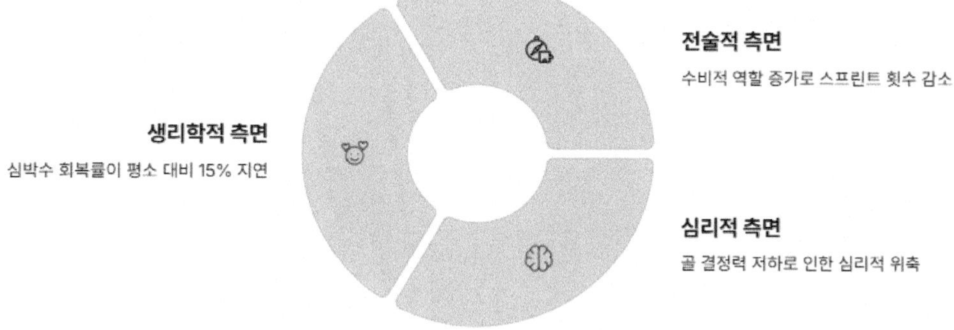

그림 4-7 선수 퍼포먼스 분석

– 개인 이력 기반 예측

XAI 시스템의 강력한 기능 중 하나는 개별 선수의 과거 데이터를 기반으로 한 개인화된 예측과 해석이다. 같은 지표라도 선수마다 의미가 다를 수 있기 때문에, 개인의 고유한 패턴을 고려한 해석이 필요한다.

예를 들어, 선수 A와 선수 B가 모두 최대 스프린트 속도 28km/h를 기록했다고 가정해봅시다. 하지만 AI 시스템은 각자의 이력을 고려하여 다른 해석을 제공한다.

- **선수 A의 경우**: “평소 최대 속도가 32km/h인 점을 고려하면 현재 컨디션이 최적 상태가 아니다. 지난 시즌 유사한 패턴을 보였던 시기를 분석한 결과, 햄스트링 긴장도가 높았던 것으로 나타났다. 예방적 관리가 필요한다.”
- **선수 B의 경우**: “평소 최대 속도가 27km/h인 점을 고려하면 현재 매우 좋은 컨디션이다. 지난 3주간의 컨디션 관리가 효과적이었으며, 이 상태를 유지한다면 다음 경기에서 좋은 퍼포먼스가 기대된다.”

– 훈련 반응성 개인화

모든 선수가 같은 훈련에 동일하게 반응하지 않는다. XAI 시스템은 개별 선수의 훈련 반응성을 학습하여 맞춤형 훈련 계획을 제안하고 그 근거를 설명한다.

예를 들어, 고강도 인터벌 훈련 후 선수들의 반응을 분석한 결과:

- **선수 C**: “고강도 훈련 후 48시간 내 완전 회복하는 패턴을 보이다. 현재 심박수 변이도가 정상 범위로 회복되었으므로 다음 훈련 참여가 가능하다.”

- **선수 D**: "고강도 훈련 후 72시간의 회복 기간이 필요한 패턴을 보이다. 현재 근육 피로 지표가 여전히 높은 상태이므로 저강도 회복 훈련을 권장한다."

(4) 부상 예측 시스템: 예방적 해석의 실현

- 다중 신호 통합 분석

현대의 부상 예측 시스템은 단일 지표가 아닌 다양한 신호를 통합하여 분석한다. 생체역학적 데이터, 생리학적 지표, 훈련 부하, 수면 패턴, 심지어 심리적 스트레스까지 고려하여 종합적인 부상 위험도를 계산한다.

XAI 시스템은 이러한 복합적 분석 결과를 선수와 의료진이 이해할 수 있는 형태로 설명한다.

- **즉시 주의 필요**: "오른쪽 햄스트링 근육 긴장도가 정상 범위를 25% 초과했다. 지난 주 훈련 부하가 개인 임계치를 15% 넘어선 것이 주요 원인으로 보이다. 현재 상태에서 고강도 활동을 지속하면 72시간 내 부상 위험이 78%이다."

- **관찰 단계**: "전반적인 컨디션은 양호하지만, 수면의 질이 최근 1주일간 지속적으로 저하되었다(평균 수면 효율 82% → 74%). 이는 회복 능력을 저해하여 중장기적 부상 위험을 높일 수 있다."

- **최적 상태**: "모든 지표가 정상 범위 내에 있으며, 특히 근육 밸런스가 우수한다. 현재 상태를 유지한다면 향후 2주간 부상 위험은 5% 미만으로 예상된다."

- 개인 이력 기반 위험 패턴 인식

각 선수는 고유한 부상 패턴과 전조 증상을 가지고 있다. XAI 시스템은 개별 선수의 과거 부상 이력을 학습하여 개인화된 위험 신호를 식별한다.

예를 들어, 과거에 발목 부상을 경험한 선수의 경우

- **패턴 인식**: "2019년 발목 부상 발생 2주 전과 현재 상태의 유사도가 87%이다. 당시와 마찬가지로 착지 시 발목 각도가 정상 범위를 벗어나는 빈도가 증가하고 있다."

- **예방적 조치 제안**: "발목 안정성 강화 운동을 일주일간 집중적으로 실시하고, 점프 착지 훈련 시 특별한 주의가 필요한다. 과거 경험상 이러한 조치로 부상 위험을 65%

감소시킬 수 있었다."

– 실시간 모니터링과 동적 조정

부상 예측 시스템의 가장 혁신적인 부분은 실시간 모니터링과 동적 위험도 조정이다. 훈련이나 경기 중에도 지속적으로 선수의 상태를 모니터링하여 위험도가 급격히 증가하는 순간을 즉시 감지한다.

- **실시간 경고**: "현재 심박수가 개인 최대치의 95%에 도달했으며, 근육 피로 지표가 위험 수준을 넘어섰다. 즉시 강도를 줄이거나 휴식을 취하는 것을 권장한다."
- **적응적 훈련 조정**: "오늘 컨디션이 평소보다 12% 낮은 상태이다. 계획된 고강도 훈련 대신 기술 훈련 위주로 조정하거나, 훈련 강도를 20% 감소시키는 것을 권장한다"

그림 4-8 선수 퍼포먼스 분석

3 신뢰 기반 알고리즘의 정의와 설계 원칙

1) 신뢰할 수 있는 AI란 무엇인가

축구 경기 중 주심이 VAR 화면을 들여다보며 고민에 빠져 있다. AI가 "오프사이드"라고 판단했지만, 과연 이 결정을 믿을 수 있을까요? 관중석에서는 수만 명의 팬들이 숨을 죽이고 있고, TV 앞의 수억 명이 이 순간을 지켜보고 있다. 이때 중요한 것은 AI의 정확성만이 아니다. 그 판단을 내린 이유를 누구나 이해할 수 있어야 하고, 같은 상황에서 항상 일관된 결과를 보여줘야 하며, 나중에 검증할 수 있어야 한다.

이것이 바로 스포츠 분야에서 AI가 직면한 가장 큰 도전이다. 아무리 뛰어난 기술이라도 사람들이 믿지 않으면 무용지물이 되기 때문이다. 특히 스포츠는 감정이 격하게 부딪치고, 선수와 코치, 팬들이 모두 다른 이해관계를 가진 복잡한 세계이다.

스포츠 현장에서 AI가 진정으로 받아들여지려면 단순히 높은 예측 정확도나 정교한 분석 능력만으로는 충분하지 않다. 더 중요한 것은 그 AI 시스템을 사용하는 모든 사람들이 "왜 이런 결과가 나왔는지" 이해할 수 있고, "이 시스템을 믿어도 될지" 확신할 수 있어야 한다는 점이다.

신뢰 기반 알고리즘이란 바로 이런 관점에서 탄생한 개념이다. 이는 단순한 기술적 우수성을 넘어서, 시스템을 사용하는 모든 사람들—선수, 코치, 분석관, 심판, 팬—이 해당 AI를 믿고 따를 수 있는 '구조'를 만드는 것을 의미한다.

(1) 예측 정확도와 인간 신뢰성의 균형

예를 들어 이런 상황을 생각해보세요. 프리미어리그의 한 팀에서 AI 시스템이 핵심 공격수에게 "다음 경기 출전을 피하라"고 권고했다. 이유는 부상 위험이 높다는 것이었죠. 하지만 선수는 몸 상태가 괜찮다고 느꼈고, 중요한 경기였기에 출전을 원했다. 결국 코치는 AI의 권고를 무시하고 선수를 출전시켰고, 다행히 부상 없이 경기를 마쳤다.

이런 일이 몇 번 반복되면 어떻게 될까요? 아마도 그 팀의 코치와 선수들은 AI 시스템을 더 이상 신뢰하지 않을 것이다. "어차피 틀리는 예측이니까"라는 생각이 들기 때문이죠. 하지만 만약 AI가 "현재 당신의 햄스트링 근육 긴장도가 평소보다 15% 높고, 지난주부터 회복 속도가 느려지고 있으며, 작년에 비슷한 패턴을 보인 선수 3명이 모두 2주 내에 부상을 당했다"라고 구체적으로 설명했다면 어떨까요? 아마도 선수와 코치는 더 신중하게 판단했을 것이다.

결국 신뢰 기반 알고리즘은 '예측 정확도'와 '인간 신뢰성'을 함께 고려해 설계된 구조라고 할 수 있다. 결과가 맞더라도 사용자가 이해하지 못하거나, 같은 상황에서 매번 다른 결과가 나오거나, 오류가 발생해도 왜 틀렸는지 알 수 없다면, 그 AI는 신뢰받기 어려운 것이 당연한다.

(2) 스포츠 환경의 특수성

스포츠 분야에서 신뢰가 특히 중요한 이유는 이 영역의 독특한 특성 때문이다. 우선 감정과 경쟁이 극도로 개입된다. 선수들은 자신의 경력과 꿈이 걸린 상황에서 AI의 판단을 받아들여야 하고, 팬들은 자신이 사랑하는 팀의 승부에 AI가 영향을 미치는 것을 지켜봐야 한다.

또한 수많은 이해관계자가 복잡하게 얽혀 있다. 한 번의 AI 판단이 선수 개인의 커리어, 팀의 성적, 구단의 재정, 팬들의 감정에 동시에 영향을 미친다. 따라서 모든 사람이 납득할 수 있는 설명과 근거가 반드시 필요한다.

실제로 많은 스포츠 현장에서 이런 일들이 벌어지고 있다. AI가 정확한 예측을 했음에도 불구하고 그 이유를 제대로 설명하지 못해 무시당하는 경우가 있는 반면, 때로는 완벽하지 않더라도 명확한 근거를 제시하여 현장에서 신뢰받는 AI 시스템도 있다. 후자가 바로 우리가 추구해야 할 신뢰 기반 알고리즘의 모습이다.

2) 신뢰를 만드는 세 가지 핵심 원칙

그렇다면 사람들이 진정으로 신뢰할 수 있는 AI는 어떻게 만들어질까요? 오랜 연구와 현장 경험을 통해 세 가지 핵심 원칙이 도출되었다: 투명성, 일관성, 검증 가능성. 이 세 원칙은 단순히 기술적인 요구사항이 아니라, AI가 적용되는 실제 상황과 사용자들의 심리를 깊이 고려한 설계 철학이다.

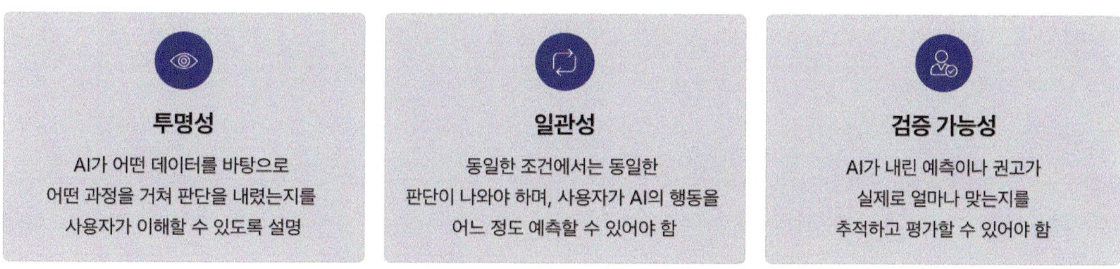

그림 4-9 신뢰를 만드는 세 가지 핵심 원칙

(1) 투명성: 블랙박스를 열어젖히다

투명성이란 AI가 어떤 데이터를 바탕으로 어떤 과정을 거쳐 판단을 내렸는지를 사용자가 이해할 수 있도록 설명하는 것이다. 이는 복잡한 수학 공식이나 알고리즘 코드를 모두 공개하라는 의미가 아니다. 오히려 사용자가 실제로 필요로 하는 정보를 맥락에 맞게 제공하는 것이 핵심이다.

예를 들어, 부상 예측 시스템에서 단순히 "부상 위험 높음"이라고만 알려주는 것과 "최근 10일간 회복 지표가 평소보다 20% 낮아졌고, 오른쪽 다리 근육의 불균형이 감지되었으며, 수면의 질이 지속적으로 하락하고 있다"라고 구체적으로 설명하는 것은 완전히 다른 경험을 제공한다.

투명성의 진정한 가치는 사용자가 AI의 판단을 맹목적으로 따르는 것이 아니라, 그 근거를 이해한 후 자신만의 판단을 내릴 수 있게 한다는 점이다. 선수라면 "아, 내가 최근에 잠을 제대로 못 잤구나. 그리고 오른쪽 다리가 좀 이상하다고 느꼈는데 역시 그랬구나"라고 공감하며 AI의 권고를 받아들일 수 있다.

(2) 일관성: 예측 가능한 파트너 되기

두 번째 원칙인 일관성은 동일한 조건에서는 동일한 판단이 나와야 한다는 것이다. 만약 어제와 오늘의 훈련량, 생체 지표, 휴식 시간이 모두 같은데 어제는 "출전 가능", 오늘은 "출전 불가"라고 한다면, 누구라도 그 시스템을 의심할 수밖에 없다.

일관성이 중요한 이유는 신뢰가 예측 가능성에서 나오기 때문이다. 사람들은 상대방의 행동을 어느 정도 예측할 수 있을 때 그 상대방을 신뢰한다. AI도 마찬가지이다. 사용자가 "이런 상황에서는 AI가 이렇게 판단할 것이다"라고 어느 정도 예상할 수 있어야 한다.

특히 경기 분석 AI의 경우 일관성이 더욱 중요한다. 동일한 팀 포지셔닝이나 전술 흐름에 대해 매번 다른 해석과 권고를 제시한다면, 코치들은 혼란에 빠질 수밖에 없다. "이 AI는 도대체 무슨 기준으로 판단하는 거야?"라는 의문이 들기 시작하면, 그때부터 신뢰는 무너진다.

하지만 일관성이 융통성 없는 경직성을 의미하는 것은 아니다. 상황이 바뀌면 판단도 달라져야 하는 것이 당연한다. 중요한 것은 그 변화가 합리적이고 설명 가능해야 한다는 점이다.

(3) 검증 가능성: 약속을 지키는 AI

세 번째 원칙인 검증 가능성은 AI가 내린 예측이나 권고가 실제로 얼마나 맞는지를 추적하고 평가할 수 있어야 한다는 것이다. 이는 AI 시스템이 자신의 성과를 솔직하게 공개하고, 틀렸을 때는 그 이유를 분석하여 개선해나가는 과정을 포함한다.

예를 들어, AI가 "이 전략을 사용하면 득점 확률이 25% 증가한다"라고 예측했다면, 실제로 그 전략을 사용했을 때 결과가 어땠는지를 추적해야 한다. 만약 실제로는 득점 확률이 증가하지 않았다면, 왜 예측이 틀렸는지 분석하고 사용자에게 솔직하게 알려줘야 한다.

검증 가능성이 중요한 이유는 신뢰가 경험의 축적을 통해 형성되기 때문이다. AI가 약속한 것을 실제로 지켰는지, 틀렸을 때는 어떻게 대응했는지가 장기적인 신뢰 관계를 결정한다.

(4) 현실에서의 구현: 협업 파트너로서의 AI

이런 원칙들을 실제 스포츠 현장에서 구현하기 위해 다양한 방법들이 시도되고 있다. 가장 대표적인 것이 신뢰 점수를 함께 제공하는 방식이다. "부상 위험 높음(확신도: 85%)"처럼 AI 자신이 얼마나 확신하는지를 함께 알려주어 사용자가 판단할 때 참고할 수 있게 한다.

또한 인간 전문가의 판단과 AI 예측을 함께 보여주는 이중 피드백 시스템도 효과적이다. "AI 예측: 승률 65%, 베테랑 코치 예상: 승률 70%"와 같은 방식으로 서로 다른 관점을 제공하여 더 풍부한 의사결정을 돕는다.

무엇보다 중요한 것은 AI를 단순한 '결정 시스템'이 아닌 '협업 파트너'로 인식하는 것이다. AI는 인간의 판단을 대체하는 것이 아니라 보완하고 강화하는 역할을 해야 한다. 최종 결정은 여전히 사람이 내리되, AI는 그 결정을 더 현명하게 내릴 수 있도록 도와주는 것이 이상적인 모습이다.

결국 신뢰 기반 알고리즘은 '정답을 아는 AI'보다는 '설명할 수 있는 AI', 그리고 '반복해서 정확한 AI'를 만드는 것이다. 스포츠 현장은 언제나 예측 불가능한 변수와 변화에 노출되어 있기 때문에, 기술적 완벽성보다는 인간과의 신뢰 관계가 AI의 진정한 생존 조건이 되는 것이다.

4 스포츠 AI 기술에 대한 선수, 코치, 팬의 신뢰도 확보 전략

세계적인 축구 스타 크리스티아누 호날두가 벤치에 앉아 있다. AI 시스템이 그의 컨디션을 분석한 결과 "오늘은 쉬는 것이 좋겠다"고 판단했기 때문이다. 하지만 호날두는 자신의 몸 상태가 괜찮다고 느끼고 있고, 중요한 경기에 출전하고 싶어한다. 이때 과연 누구의 판단이 옳을까요? 그리고 이런 상황에서 AI는 어떻게 해야 할까요?

이 질문에 대한 답은 기술적 정확성에만 있지 않다. 아무리 뛰어난 AI라도 사람들이 믿지 않으면 아무 소용이 없기 때문이다. 특히 스포츠는 단순한 데이터 분석의 영역을 넘어서 감정, 경험, 직감이 복합적으로 작용하는 분야이다. AI가 이 세계에서 진정으로 받아들여지려면 기술적 성능 이상의 것이 필요한다.

바로 신뢰이다. 그리고 이 신뢰는 선수, 코치, 팬이라는 서로 다른 그룹에게서 각각 다른 방식으로 형성된다. 마치 서로 다른 언어를 사용하는 사람들처럼, 각 그룹은 AI에 대한 기대도 다르고 우려하는 점도 다르다. 따라서 일률적인 접근으로는 모든 이해관계자의 신뢰를 얻을 수 없다.

1) 선수의 마음을 얻는 법: 파트너가 되기

프로 운동선수들에게 AI는 때로 두려운 존재이다. 자신도 모르는 사이에 모든 움직임이 감시당하고 있다는 느낌, 기계가 자신의 몸 상태를 더 잘 안다고 주장하는 상황, 그리고 무엇보다 AI의 판단 때문에 중요한 경기 기회를 놓칠 수도 있다는 불안감. 이런 감정들은 매우 자연스럽고 이해할 만한 것들이다.

선수들은 본능적으로 자신의 몸과 감각을 가장 신뢰한다. 수년간 훈련을 통해 길러진 몸의 감각, 경기에 대한 열정, 팀에 대한 책임감. 이런 것들이 단순한 숫자로 평가받는다면 반발하는 것이 당연한다. 따라서 선수의 신뢰를 얻기 위해서는 AI가 선수를 판단하는 존재가 아니라 도와주는 파트너라는 점을 명확히 해야 한다.

맨체스터 시티의 한 선수가 스마트 워치를 보며 고개를 갸웃거린다. 화면에는 "심박변이도 15% 감소, 근전도 신호 비대칭성 12% 증가"라는 메시지가 떠 있다. 이 선수가 이 정보를 이해할 수 있을까요? 아마 대부분은 그렇지 못할 것이다.

하지만 같은 정보를 이렇게 전달한다면 어떨까요? "어제보다 몸의 회복이 좀 느린 것 같아요. 특히 오른쪽 다리가 왼쪽보다 더 피곤해 보이네요. 혹시 어제 훈련 후에 평소보다 더 뻐근함을 느끼셨나요?"

이처럼 복잡한 의학 용어나 통계 수치 대신 선수가 직접 느낄 수 있는 감각의 언어로 설명할 때, AI의 분석 결과는 비로소 의미를 갖게 된다. 선수는 "아, 맞아. 어제 훈련 후에 오른쪽 다리가 좀 이상했어"라고 공감하며 AI의 권고를 받아들일 수 있다.

진정한 파트너십은 일방적인 관계가 아니다. AI가 선수를 분석하기만 하는 것이 아니라, 선수도 AI를 가르칠 수 있어야 한다. 예를 들어, AI가 "피로도가 높으니 오늘은 쉬세요"라고 권고했지만 선수는 "몸 상태가 좋다"고 느낀다면, 이 정보도 시스템에 입력되어야 한다.

실제로 일부 프로 팀에서는 선수들이 매일 아침 간단한 설문을 통해 주관적 컨디션을 평가하도록 한다. "오늘 컨디션을 1-10점으로 매긴다면?", "어제 훈련 후 회복은 어떠셨나요?", "특별히 신경 쓰이는 부위가 있나요?" 같은 질문들이다. 이런 주관적 평가가 객관적 데이터와 결합될 때, AI는 각 선수의 독특한 패턴을 더 잘 이해할 수 있게 된다.

– 신뢰는 시간이 만든다

미국 NFL의 한 팀에서 있었던 일이다. 처음에 선수들은 AI 시스템을 의심스러워했다. "기계가 우리 몸을 뭘 안다고?"라는 반응이었죠. 하지만 시간이 지나면서 상황이 바뀌었다. AI가 예측한 부상 위험이 실제로 맞아떨어지는 경우가 늘어나면서, 선수들은 점차 시스템을 신뢰하기 시작했다.

특히 한 선수의 경우, AI가 3주 연속으로 "햄스트링 주의"라는 경고를 보냈는데 처음에는 무시했다. 하지만 3주째 되는 날 정말로 햄스트링 부상을 당했고, 그 이후로는 AI의 권고를 진지하게 받아들이게 되었다. 이처럼 신뢰는 말로 만들어지는 것이 아니라 경험을 통해 쌓여가는 것이다.

중요한 것은 AI 시스템이 이런 경험들을 기록하고 선수들과 공유한다는 점이다. "지난 6개월간 AI 권고를 따랐을 때 부상률이 40% 감소했다", "당신의 경우 AI 예측 정확도가 87%였다" 같은 개인화된 피드백을 통해 선수들은 시스템의 가치를 구체적으로 확인할 수 있다.

2) 코치와 함께 일하는 법: 조언자가 되기

코치에게 AI는 미묘한 존재이다. 한편으로는 더 나은 의사결정을 도와줄 수 있는 유용한 도구이지만, 다른 한편으로는 자신의 전문성에 도전하는 경쟁자로 느껴질 수도 있다. 특히 베테랑 코치일수록 "내가 30년간 쌓은 경험을 기계가 뭘 안다고 하나"라는 생각을 할 수 있다.

따라서 AI가 코치의 신뢰를 얻기 위해서는 절대로 지시하는 존재가 되어서는 안 된다. "이 선수를 빼세요", "이 전술을 쓰세요"처럼 명령조로 말하는 순간, 코치는 AI를 자신의 권위에 도전하는 존재로 인식하게 된다.

대신 AI는 정보를 제공하고 조언하는 역할에 충실해야 한다. "이 선수의 활동량이 지난 경기 대비 20% 감소했다. 이는 피로 누적이나 컨디션 난조를 의미할 수 있다. 출전 여부를 검토해보시는 것이 어떨까요?"라는 식으로 말이죠. 이렇게 하면 코치는 자신이 여전히 최종 결정권을 가지고 있다고 느끼면서도, 더 많은 정보를 바탕으로 판단할 수 있게 된다.

축구 코치에게 "선수 A의 GPS 데이터상 평균 이동 속도가 4.2km/h 감소했고, 가속도 프로파일이 15% 변화했다"라고 말한다면 어떨까요? 아마도 "그래서 뭐?"라는 반응이 돌아올 것이다.

하지만 같은 정보를 이렇게 전달한다면 완전히 다르다: "선수 A가 평소보다 움직임이 둔해졌다. 특히 빠른 방향 전환이나 스프린트에서 예전 같은 폭발력을 보이지 못하고 있어요. 수비 라인을 뚫는 돌파력이 떨어져 보이다."

코치들은 전술적 사고를 한다. 데이터 자체보다는 그 데이터가 경기에 어떤 영향을 미칠지를 궁금해한다. AI가 이런 관점에서 정보를 제공할 때, 코치는 즉시 그 의미를 파악하고 대응 방안을 생각할 수 있다.

베스트 파트너십은 서로에게서 배우는 관계이다. AI가 코치에게 정보를 제공하기만 하는 것이 아니라, 코치의 피드백을 통해 더 나은 분석을 할 수 있어야 한다.

예를 들어, AI가 "상대팀의 좌측 공격이 활발해졌다"라고 분석했는데, 코치가 "그건 우리가 의도적으로 좌측을 열어준 거야. 상대를 그쪽으로 유인해서 역습을 노리는 전술이었어"라고 설명한다면, AI는 이 정보를 학습해야 한다. 다음에는 비슷한 상황에서 단순히

"좌측 수비 약화"가 아니라 "전술적 유인 작전 가능성"을 함께 고려할 수 있게 되는 것이죠.

코치들은 경험적으로 자신의 판단에 대한 확신 정도를 알고 있다. "이 전술은 70% 정도 확신한다", "저 선수 컨디션은 확실히 문제가 있어" 같은 식으로요. AI도 마찬가지로 자신의 예측에 대한 확신도를 함께 제공해야 한다.

"이 판단은 과거 유사한 1,247경기 분석을 바탕으로 하며, 92%의 정확도를 보인 패턴에 기반한다"라는 식의 메타 정보는 코치가 그 정보를 얼마나 신뢰할지 결정하는 데 큰 도움이 된다. 확신도가 높은 정보는 적극적으로 반영하고, 불확실한 정보는 참고용으로만 활용하는 것이죠.

이렇게 되면 AI는 코치에게 단순한 도구가 아닌 신뢰할 수 있는 보조 코치로 인식된다. 마치 오랜 경험을 가진 어시스턴트 코치가 "감독님, 제가 보기에는 이런 것 같은데 어떻게 생각하세요?"라고 조심스럽게 의견을 제시하는 것처럼 말이다.

그림 4-10 경기장에서 AI의 분석을 참고하는 코치

3) 팬의 마음을 사로잡기: 이해할 수 있게 만들기

팬들에게 AI는 복잡한 존재이다. 한편으로는 더 정확하고 공정한 판정을 기대하지만, 다른 한편으로는 기계가 자신이 사랑하는 스포츠의 감동을 해칠까봐 걱정한다. "AI 때문에 축구가 재미없어진다"는 불평부터 "왜 우리 팀에게만 불리하게 판정하냐"는 의심까지, 팬들의 반응은 매우 다양하다.

하지만 팬들의 핵심적인 요구는 명확한다. 바로 "이해할 수 있게 설명해 달라"는 것이다. 팬들은 AI의 복잡한 알고리즘을 이해할 필요는 없지만, 그 결과가 왜 나왔는지는 납득할 수 있어야 한다.

보여주는 것이 말하는 것보다 강하다. 2022년 월드컵에서 일본과 스페인의 경기를 기억하시나요? 일본의 두 번째 골이 골라인을 넘었는지 여부로 큰 논란이 있었다. 육안으로는 공이 완전히 라인을 넘어간 것처럼 보였지만 AI 시스템은 단순히 "골이다"라고만 발표하지 않았다. 대신 공의 3차원 위치를 정밀하게 보여주는 영상을 제공했다. 공의 곡면 일부가 여전히 라인과 접촉하고 있다는 것을 시각적으로 명확하게 보여준 것이죠. 복잡한 설명보다 이 한 장의 이미지가 전 세계 팬들을 납득시켰다.

이처럼 팬들에게는 복잡한 기술적 설명보다 직관적으로 이해할 수 있는 시각적 증거가 훨씬 효과적이다. 오프사이드 라인을 그래픽으로 표시하거나, 볼의 궤적을 3D로 재현하거나, 선수들의 움직임을 다각도로 보여주는 것들이 바로 그런 예이다.

맨체스터 시티는 흥미로운 시도를 했다. 구단 공식 유튜브 채널에서 "AI 분석관과의 대화" 시리즈를 제작한 것이다. 실제 AI 시스템이 어떻게 경기를 분석하는지를 마치 AI가 직접 설명하는 것처럼 제작했죠. "안녕하세요, 저는 시티의 AI 분석관이다. 오늘은 어제 경기에서 제가 어떻게 상대팀의 약점을 찾아냈는지 말씀드릴게요"라는 식으로 말이다.

이런 콘텐츠는 AI를 차갑고 기계적인 존재가 아닌 친근하고 이해할 수 있는 존재로 만든다. 팬들은 점차 AI를 팀의 일원처럼 느끼게 되고, 그 분석 결과에 더 큰 관심을 보이게 된다.

팬도 AI와 함께 놀 수 있다. 진정한 신뢰는 일방적인 관계에서는 생기지 않는다. 팬들도 AI와 직접 상호작용할 수 있어야 한다. 많은 구단들이 팬 앱에서 "AI 예측 게임"을 제공하고 있다. 경기 전에 AI가 예측한 결과와 팬이 예상한 결과를 비교해보는 것이죠.

"AI는 3-1 승리를 예측한다. 당신의 예상은?"이라는 질문에 팬들이 답하고, 경기 후에 누가 더 정확했는지 확인하는 게임이다. 이런 방식으로 팬들은 AI의 예측 능력을 직접 체험하게 되고, 자연스럽게 AI에 대한 이해와 신뢰가 높아진다.

2021년 프리미어리그에서 VAR 시스템이 명백한 오류를 범한 적이 있다. 대부분의 사람들이 "확실한 오프사이드"라고 생각한 상황에서 "온사이드" 판정을 내린 것이죠. 이때 리그 사무국은 어떻게 대응했을까요?

그들은 즉시 “VAR 시스템에 기술적 오류가 있었다”고 인정했다. 그리고 구체적으로 어떤 부분에서 오류가 발생했는지, 앞으로 이런 일을 방지하기 위해 어떤 개선 조치를 취할 것인지를 상세히 설명했다. 많은 사람들이 예상한 것과 달리, 이런 솔직한 대응은 오히려 시스템에 대한 신뢰를 높이는 결과를 가져왔다.

완벽한 시스템은 없다. 중요한 것은 오류가 발생했을 때 그것을 숨기려 하지 않고 투명하게 공개하는 것이다. 팬들은 완벽함보다는 정직함을 더 높이 평가한다.

결국 스포츠 AI의 성공은 기술적 성능만으로 결정되지 않다. 아무리 정확한 AI라도 사람들이 믿지 않으면 의미가 없기 때문이다. 선수에게는 파트너가, 코치에게는 조언자가, 팬에게는 이해할 수 있는 존재가 되어야 한다.

이는 마치 새로운 사람이 팀에 합류하는 것과 같다. 아무리 실력이 뛰어난 선수라도 팀원들과 어울리지 못하면 좋은 성과를 낼 수 없다. AI도 마찬가지로 스포츠라는 팀의 일원이 되기 위해서는 기술적 능력뿐만 아니라 사회적 능력도 갖춰야 한다.

그리고 이런 신뢰 관계는 하루아침에 만들어지지 않다. 시간과 경험, 그리고 끊임없는 소통을 통해 조금씩 쌓여가는 것이다. AI가 스포츠 세계에서 진정한 파트너가 되는 길, 그것은 기술의 발전보다도 관계의 발전에 달려 있다.

5 실제 사례 기반의 적용 예

XAI, 판단 해석력, 신뢰 기반 알고리즘이라는 개념들은 이론적 틀을 제공하지만, 실제 스포츠 현장에서 어떻게 구현되고 활용되는지를 이해하는 것이 더욱 중요한다. 현실에서 이러한 기술들은 복잡한 환경과 다양한 이해관계자들의 요구 속에서 작동하며, 때로는 예상과 다른 결과를 낳기도 한다.

이 장에서는 현재 스포츠 산업 현장에서 실제로 도입되어 운영되고 있는 세 가지 핵심 사례를 통해, AI 기술이 어떻게 실무진의 판단을 돕고 있는지, 그리고 그 과정에서 어떤 성과와 한계가 나타나고 있는지를 구체적으로 살펴보겠다. 각 사례는 서로 다른 특성과 도전과제를 가지고 있어, 스포츠 AI의 다양한 면모를 이해하는 데 도움이 될 것이다.

1) VAR(Video Assistant Referee) 시스템

축구 경기를 보다 보면 심판의 판정에 대한 논란이 끊이지 않는 것을 목격할 수 있다. 특히 오프사이드나 파울 상황에서 육안으로는 판단하기 어려운 미묘한 순간들이 경기의 승부를 가르기도 한다. VAR 시스템은 바로 이러한 문제를 해결하기 위해 개발된 기술로, 비디오 판독 기술과 AI를 결합하여 심판의 판단을 보조하는 혁신적인 도구이다.

현재 축구를 비롯해 테니스, 배구, 야구 등 다양한 종목에서 유사한 기술이 도입되고 있지만, 특히 축구의 VAR 시스템에서 AI의 활용이 가장 정교하게 발전되었다. 시스템의 핵심은 오프사이드 판독에 있다. 경기장 곳곳에 설치된 고해상도 카메라들이 선수들의 움직임을 실시간으로 추적하며, AI는 이 영상 데이터를 분석하여 선수의 신체 각 부위를 정밀하게 인식한다.

이 과정에서 AI는 단순히 위치를 파악하는 것을 넘어서, 공이 출발한 정확한 순간과 그 시점에서의 수비수 라인을 동시에 분석한다. 수백만 개의 프레임 중에서 결정적인 한 장면을 찾아내고, 이를 심판과 중계 화면에 시각적으로 제공하는 것이다. 여기서 중요한 점은 AI가 단순히 '오프사이드다' 또는 '오프사이드가 아니다'라는 결론만 제시하는 것이 아니라, 그 판단에 이르게 된 구체적인 근거를 함께 보여준다는 것이다.

2022년 카타르 월드컵에서 도입된 반자동 오프사이드 시스템은 이러한 설명 가능한 AI의 대표적인 사례였다. 시스템은 공의 위치, 선수들의 신체 좌표, 그리고 그들의 움직임 데이터를 실시간으로 처리하면서, 동시에 최종 판단을 내릴 때 AI가 제안하는 근거 프레임을 심판이 직접 검토할 수 있도록 했다. 관중들 역시 대형 전광판을 통해 3D 그래픽으로 재현된 판정 근거를 실시간으로 확인할 수 있었다.

이러한 접근 방식은 기술의 투명성을 크게 향상시켰다. 과거에는 심판의 판정에 대해 "왜 그런 판단을 내렸는지" 명확히 알기 어려웠지만, 이제는 구체적인 시각적 증거와 함께 설명이 제공된다. 결과적으로 선수, 코치, 관중, 그리고 시청자들의 수용도가 크게 높아졌다.

하지만 VAR 시스템에도 여전히 한계가 존재한다. AI가 데이터와 시각적 근거를 제공하더라도, 최종적인 판단은 여전히 인간 심판의 몫이다. 기술적 오류나 카메라 각도의 제약, 그리고 상황에 대한 주관적 해석이 개입될 여지는 완전히 사라지지 않았다. 특히 '의도적인 핸드볼'이나 '과도한 접촉'과 같이 감정과 의도를 판단해야 하는 상황에서는 AI의 객관적 데이터만으로는 충분하지 않을 수 있다. 따라서 현재의 VAR 시스템은 AI를 완전한 대체재가 아닌 '보조 도구'로 위치시키면서, 판단의 해석력과 설명력을 높이는 방향으로 발전하고 있다.

그림 4-11 VAR시스템

2) 선수 부상 예측 시스템

프로 스포츠에서 선수의 부상은 단순한 개인적 불행을 넘어서는 의미를 가진다. 한 명의 핵심 선수가 부상을 당하면 팀 전체의 전술이 바뀌어야 하고, 시즌 목표가 수정되어야 하며, 때로는 수억 원의 경제적 손실로 이어지기도 한다. 더 나아가 선수 개인에게는 커리어 전체에 영향을 미칠 수 있는 중대한 위기가 될 수 있다. 이러한 배경에서 최근 많은 구단들이 AI를 활용한 부상 예측 시스템 도입에 적극적으로 나서고 있다.

미국 메이저리그 베이스볼의 여러 구단들은 이 분야에서 선구적인 역할을 하고 있다. 선수들이 착용하는 웨어러블 기기를 통해 수집되는 다양한 생체 데이터가 시스템의 기초가 된다. 심박수의 변화 패턴, 운동 후 회복 속도, 근육 피로도 지수, 수면의 질과 시간, 그리고 일상적인 움직임 패턴까지 모든 것이 데이터로 수집된다.

이 데이터들은 단독으로는 큰 의미를 갖지 못하지만, AI 모델이 수천 명의 선수들로부터 축적된 과거 데이터와 비교 분석할 때 비로소 가치를 발휘한다. 시스템은 개별 선수의 현재 상태를 종합적으로 평가하고, 부상 위험 수준을 예측하여 "출전 자제 권고" 또는 "추가 휴식 필요"와 같은 구체적인 권장사항을 제공한다.

여기서 중요한 것은 단순히 "위험하다"는 경고만 제시하는 것이 아니라, 그 판단에 이르게 된 근거를 명확하게 설명하는 것이다. 예를 들어, "햄스트링 근육의 좌우 균형이 평소보다 15% 저하되었고, 지난 3경기 동안의 회복 지표가 개인 평균 대비 20% 느려졌으며, 최근 평균 질주 거리가 급격히 감소했다"는 식의 구체적인 설명이 함께 제공된다.

이러한 설명 가능한 접근 방식 덕분에 코치와 선수 모두가 AI의 권고를 이해하고 납득할 수 있게 된다. 단순한 기계적 경고가 아니라, 논리적이고 과학적인 근거에 기반한 조언으로 받아들여지는 것이다. 결과적으로 선수들은 자신의 컨디션을 더 객관적으로 파악할 수 있게 되고, 코치진은 보다 정밀한 로테이션 전략을 수립할 수 있게 된다.

독일 분데스리가의 RB 라이프치히는 이러한 시스템을 성공적으로 활용한 대표적인 사례이다. 구단은 특정 선수의 누적 피로를 조기에 감지하고 출전 일정을 전략적으로 조정함으로써 중요한 부상을 예방했다고 보고했다. 또한 부상당한 선수의 복귀 시점 결정에도 AI가 제공하는 데이터 기반 분석을 활용하여, 성급한 복귀로 인한 재부상 위험을 크게 줄였다.

이러한 시스템의 진가는 훈련 강도 조절, 경기 출전 관리, 재활 프로그램 설계 등 선수 관리의 전 영역에서 AI가 실질적인 조력자 역할을 수행한다는 점에 있다. 더 이상 경험과 직감에만 의존하지 않고, 과학적 데이터와 그에 대한 명확한 해석을 바탕으로 한 의사결정이 가능해진 것이다.

그림 4-12 선수 부상 예측 프로그램

출처: FIFA 홈페이지 갈무리 (본 이미지는 교육적 목적으로 인용되었다.)

3) 선수 스카우팅 AI

프로 스포츠에서 좋은 선수를 발굴하고 영입하는 것은 구단의 성패를 좌우하는 핵심 요소이다. 전통적으로 스카우팅은 숙련된 전문가의 경험과 직관, 그리고 현장에서의 관찰력에 크게 의존해왔다. 하지만 현대 축구에서는 전 세계 수만 명의 선수들이 활동하고 있고, 모든 선수를 직접 관찰하고 평가하는 것은 물리적으로 불가능해졌다. 이러한 한계를 극복하기 위해 AI 기반 스카우팅 시스템이 등장하게 되었다.

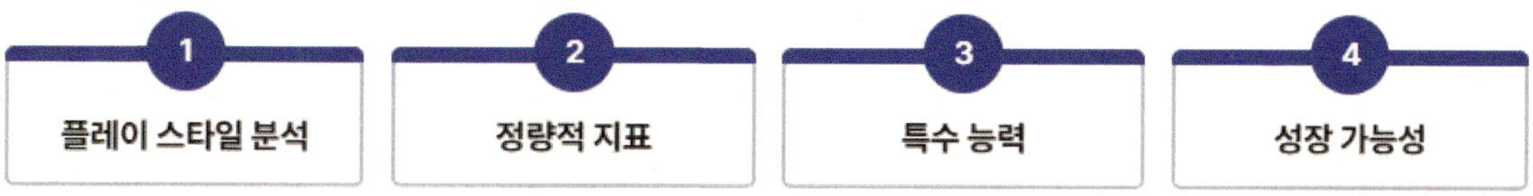

그림 4-13 스카우팅 AI의 설명력

현재의 스카우팅 AI는 선수들의 경기 기록을 넘어서서 매우 세밀한 데이터까지 분석한다. 경기 중 이동 거리와 속도, 패스 성공률과 패스의 정확성, 드리블 시도 횟수와 성공률, 경기 상황별 포지셔닝, 그리고 심지어 압박 상황에서의 판단력까지 정량화하여 평가한다. 이러한 방대한 데이터를 바탕으로 시스템은 구단의 전술 스타일과 예산에 맞는 유망 선수들을 추천한다.

이 분야에서 가장 주목받는 사례는 영국의 브렌트포드 FC이다. 이 구단은 프리미어리그의 다른 구단들에 비해 상대적으로 적은 예산으로 운영되지만, 데이터 분석 전문 기업인 'Smartodds'와의 협력을 통해 혁신적인 선수 영입 전략을 구사했다. 결과적으로 브렌트포드는 챔피언십(2부 리그)에서 프리미어리그로 승격하는 데 성공했을 뿐만 아니라, 승격 후에도 안정적인 성과를 유지하고 있다.

브렌트포드의 스카우팅 AI가 특별한 이유는 단순히 선수 목록을 나열하는 것이 아니라, 각 추천에 대한 상세한 근거를 제공한다는 점이다. 예를 들어, 시스템이 특정 미드필더를 추천할 때 "이 선수는 과거 우리 구단에서 활약했던 X 선수와 유사한 플레이 스타일을 보여주며, 전진 패스 성공률이 리그 평균 대비 상위 10%에 해당하고, 중거리 슈팅 능력은 같은 연령대에서 최상위권에 속한다"는 식의 구체적이고 비교 가능한 정보를 함께 제공한다.

더 나아가 이 시스템은 현재의 능력뿐만 아니라 미래의 성장 가능성까지 예측한다. 특히 젊은 선수들의 경우, 현재 수준만으로는 투자 가치를 판단하기 어렵기 때문에 이러한 예측 기능이 매우 중요한다. 시스템은 과거 유사한 특성을 가진 선수들의 성장 패턴을 분석하여, "이 18세 공격수는 첫 시즌에는 출전 기회가 제한될 수 있지만, 적절한 육성 프로그램을 통해 2년 내에 리그 평균 이상의 퍼포먼스를 보일 가능성이 74%에 달한다"는 식의 설명형 예측을 제공한다.

이러한 접근 방식의 가장 큰 장점은 투명성과 설득력이다. 과거에는 스카우터가 "이 선수가 좋다"고 주장해도 그 근거를 객관적으로 설명하기 어려웠다. 하지만 AI 시스템은 수치화된 데이터와 과거 사례 비교를 통해 권고의 타당성을 명확하게 제시한다. 이는 구단 경영진이 선수 영입에 대한 의사결정을 내릴 때 보다 확신을 가질 수 있게 해주며, 동시에 실패 시에도 그 원인을 분석하고 시스템을 개선할 수 있는 기반을 제공한다.

특히 상대적으로 예산이 제한적인 구단이나, 유럽 주요 리그가 아닌 지역의 구단들에게 이러한 시스템은 더욱 큰 가치를 제공한다. 아시아나 남미의 넓은 지역에 분산된 유망 선수들을 효율적으로 발굴하고 평가할 수 있기 때문이다. 결과적으로 스카우팅 AI는 스포츠 산업에서 정보의 비대칭성을 줄이고, 보다 공정하고 효율적인 선수 이동 시장을 만드는 데 기여하고 있다.

6 윤리적·법적 고려사항

스포츠에 AI 기술이 도입되면서 우리는 놀라운 발전을 목격하고 있다. 선수들의 경기력이 향상되고, 부상을 미리 예방할 수 있게 되었으며, 더욱 정교한 전략 수립이 가능해졌다. 하지만 이러한 기술적 진보의 이면에는 우리가 반드시 짚고 넘어가야 할 중요한 문제들이 자리하고 있다.

AI가 스포츠 현장에서 더 큰 역할을 하게 될수록, 데이터의 편향성, 책임 소재의 모호함, 그리고 개인 사생활 침해와 같은 복잡한 이슈들이 수면 위로 떠오르고 있다. 이는 단순히 기술적인 문제가 아니라, 스포츠라는 인간 활동의 본질과 가치를 어떻게 보호하면서 기술의 혜택을 누릴 것인가라는 근본적인 질문을 던진다.

신뢰할 수 있는 AI를 설계한다는 것은 기술적 완성도만을 추구하는 것이 아니다. 그보다는 윤리적 안전성과 법적 책임 구조가 탄탄하게 뒷받침되어야 진정한 의미의 신뢰성을 확보할 수 있다. 이 장에서는 스포츠 현장에서 XAI 및 AI 기반 시스템을 운영할 때 반드시 고려해야 할 윤리적·법적 이슈들을 구체적으로 살펴보겠다.

1) 데이터 편향과 공정성 문제

AI 시스템의 판단 능력은 그것이 학습한 데이터의 질과 범위에 의해 결정된다. 이는 곧 데이터에 편향이 존재할 경우, AI의 모든 판단과 결론이 그 편향을 반영하게 된다는 의미이다. 스포츠 분야에서 이러한 문제는 특히 심각한 결과를 초래할 수 있다.

예를 들어, 특정 리그나 지역의 데이터에만 치우쳐 학습된 AI 모델을 생각해봅시다. 이 모델이 유럽 남성 축구 선수들의 데이터를 중심으로 훈련되었다면, 아시아 선수나 여성 선수들에 대해서는 부정확한 판단을 내릴 가능성이 높다. 신체적 특성, 플레이 스타일, 체력 관리 패턴 등이 다를 수 있음에도 불구하고, 시스템은 기존에 학습한 패턴에 맞춰 평가하려고 할 것이다.

이러한 편향은 단순한 기술적 오류를 넘어서서 구조적 차별로 이어질 수 있다. 여성 선수의 훈련 데이터를 남성 중심의 기준으로 분석한 AI가 훈련 강도를 잘못 설정하거나, 부상 위험을 과소평가하는 상황을 상상해보자, 이는 선수의 건강과 커리어에 직접적인 피해를 줄 수 있는 심각한 문제이다.

더 나아가, AI가 특정한 플레이 스타일이나 신체적 특성을 선호하도록 학습될 경우, 스포츠의 다양성 자체가 위협받을 수 있다. 시스템이 '최적화된' 선수상을 제시하고, 그에 맞지 않는 선수들을 체계적으로 배제한다면, 우리는 점점 더 획일화된 스포츠를 보게 될지도 모른다. 이는 스포츠가 가진 창의성과 예측 불가능성이라는 매력을 크게 훼손할 수 있다.

실제로 이런 문제는 이미 현실에서 나타나고 있다. 특정 AI 스카우팅 시스템이 전통적으로 성공적이라고 여겨지는 플레이 패턴만을 학습하면서, 독창적이지만 비전형적인 스타일의 선수들을 저평가하는 사례들이 보고되고 있다. 이는 장기적으로 스포츠의 진화와 발전을 저해할 수 있는 요소이다.

이러한 문제들을 해결하기 위해서는 AI 모델 개발 단계부터 체계적인 접근이 필요한다. 다양한 인구 집단, 경기 스타일, 환경 변수를 고려한 포괄적인 데이터셋을 구축해야 하며, 학습 과정에서 지속적으로 편향을 검출하고 교정하는 기술들이 동반되어야 한다. 또한 AI의 판단 결과를 정기적으로 검토하고, 예상치 못한 편향이 발견될 경우 즉시 수정할 수 있는 시스템을 갖추는 것이 중요하다.

2) 책임소재 문제

AI가 스포츠 현장에서 점점 더 중요한 역할을 맡게 되면서, 그 판단과 권고에 따른 결과에 대해 누가 책임져야 하는가라는 문제가 복잡하게 얽히고 있다. 이는 단순히 기술적인 오류의 문제를 넘어서서, 현대 스포츠에서 인간과 기계의 역할 분담을 어떻게 정의할 것인가라는 근본적인 질문과 연결된다.

구체적인 상황을 통해 이 문제의 복잡성을 살펴보겠다. AI 시스템이 특정 선수를 부상 고위험군으로 분류하여 중요한 경기에서 제외하도록 권고했다고 가정해봅시다. 하지만 실제로는 해당 선수에게 아무런 문제가 없었고, 그 선수가 빠진 팀이 결국 경기에서 패배했다. 이때 이 결과에 대한 책임은 과연 누구에게 있을까요?

현재의 법적 틀에서는 AI가 도구로 간주되기 때문에, 최종 의사결정권을 가진 인간이 책임을 져야 한다고 본다. 즉, AI의 권고를 받아들인 코치나 구단이 그 결과에 대해 책임을 져야 한다는 것이다. 하지만 이러한 접근 방식에는 여러 가지 문제가 있다.

먼저, AI 시스템이 점점 더 정교해지고 독립적인 판단을 내리게 될수록, 그것을 단순한 '도구'로 보기 어려워진다. 특히 복잡한 데이터 분석을 통해 인간이 파악하기 어려운 패턴을 발견하고 권고하는 경우, 인간이 그 판단의 타당성을 완전히 검증하기란 현실적으로 불가능하다. 이런 상황에서 인간에게만 책임을 묻는 것이 과연 공정한가라는 의문이 제기된다.

또 다른 복잡한 상황은 AI 시스템 자체에 오류나 편향이 있었을 경우이다. 시스템을 개발한 회사, 데이터를 제공한 기관, 시스템을 운영하는 구단, 그리고 최종 판단을 내린 코치 중에서 누가 주된 책임을 져야 할까요? 현재로서는 이러한 다층적 책임 구조에 대한 명확한 법적 기준이 부족한 상황이다.

이 문제는 스포츠 베팅과 같은 민감한 영역에서 더욱 첨예해진다. AI가 제공한 잘못된 정보나 분석이 베팅 시장에 영향을 미쳤을 경우, 그로 인한 경제적 손실에 대한 책임 소재를 명확히 하는 것은 매우 복잡한 일이다. 이는 단순한 기술적 오류를 넘어서서 시장 조작이나 사기와 연결될 수도 있는 문제이다.

이러한 문제들을 해결하기 위해서는 AI 기술의 투명성을 크게 높여야 한다. 시스템이 어떤 데이터를 기반으로 어떤 과정을 거쳐 판단을 내렸는지에 대한 상세한 기록이 보존되어야 하며, 필요시 이를 추적하고 검증할 수 있는 체계가 구축되어야 한다. 또한 의사결정 과정의 모든 단계가 로그로 남겨져서, 문제 발생 시 책임 소재를 명확히 파악할 수 있어야 한다.

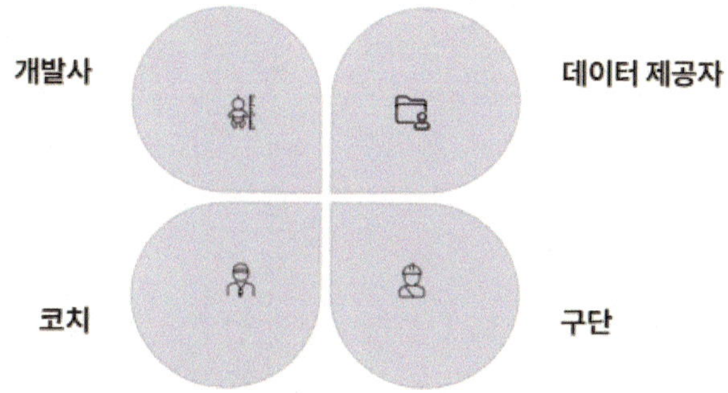

그림 4-14 책임소재 문제

3) 프라이버시와 데이터 활용

현대 스포츠 AI가 놀라운 성과를 내는 배경에는 선수들로부터 수집되는 방대하고 정밀한 개인 데이터가 있다. 웨어러블 센서는 심박수와 체온을 실시간으로 모니터링하고, 위치 추적 장치는 선수의 모든 움직임을 기록하며, 생체 측정 기기는 근육의 피로도와 회복 상태까지 세밀하게 측정한다. 이러한 기술적 진보는 선수 관리의 혁신을 가져왔지만, 동시에 개인 프라이버시와 관련된 심각한 우려를 낳고 있다.

선수들의 생체 정보는 단순한 운동 데이터가 아니다. 이는 개인의 건강 상태, 감정적 반응, 생활 패턴, 심지어는 유전적 특성까지 드러낼 수 있는 매우 민감한 정보이다. 예를 들어, 심박수 변화 패턴을 통해 선수의 스트레스 수준이나 심리적 상태를 파악할 수 있고, 수면 패턴 분석을 통해 개인적인 생활 습관까지 추론할 수 있다.

이러한 데이터가 부적절하게 활용될 경우의 위험성은 상당한다. 구단이 선수의 건강 데이터를 계약 협상에서 불리하게 사용하거나, 보험회사가 이 정보를 바탕으로 보험료를 차등 적용할 수도 있다. 더 나아가 이런 데이터가 제3자에게 유출될 경우, 선수의 사생활이 완전히 노출될 위험도 있다.

특히 문제가 되는 것은 이러한 데이터가 다양한 이해관계자들 사이에서 공유된다는 점이다. 스폰서는 마케팅 전략 수립을 위해, 미디어는 콘텐츠 제작을 위해, 경기 분석 업체는 상품 개발을 위해 선수 데이터에 접근하려고 한다. 이 과정에서 선수의 동의 없이 또는 동의 범위를 벗어나서 데이터가 활용되는 경우가 종종 발생한다.

현재 전 세계적으로 이러한 문제에 대응하기 위한 법적 장치들이 마련되고 있다. 유럽의 GDPR은 생체 데이터와 위치 정보를 특별히 보호받아야 하는 민감정보로 분류하고 있으며, 이러한 데이터의 처리에는 명시적이고 구체적인 동의가 필요하다고 규정하고 있다. 미국의 주요 스포츠 리그들도 선수 노조와의 집단 교섭을 통해 데이터 활용에 대한 가이드라인을 설정하고 있다.

한국에서도 개인정보보호법의 개정과 데이터 3법의 시행을 통해 스포츠 분야의 개인정보 처리에 대한 기준이 점차 구체화되고 있다. 특히 생체정보와 위치정보의 경우 더욱 엄격한 보호 기준이 적용되고 있어, 스포츠 조직들은 이에 맞는 대응 체계를 구축해야 하는 상황이다.

신뢰할 수 있는 스포츠 AI를 구축하기 위해서는 기술적 설계와 함께 다음과 같은 프라이버시 보호 원칙들이 철저히 지켜져야 한다. 우선 선수의 명확하고 구체적인 동의를 바탕으로만 데이터를 수집하고 활용해야 하며, 데이터의 보관 기간과 삭제 원칙을 미리 명시해야 한다. 제3자에게 데이터를 제공할 때는 반드시 가명 처리를 하거나 최소한의 정보만을 제공하는 원칙을 적용해야 하고, 민감한 정보에 대한 접근 권한을 엄격히 통제해야 한다.

더 중요한 것은 선수들이 자신의 데이터에 대한 통제권을 유지할 수 있도록 하는 것이다. 언제든지 데이터 제공을 중단하거나, 기존에 수집된 데이터의 삭제를 요구할 수 있는 권리가 보장되어야 한다. 또한 자신의 데이터가 어떻게 활용되고 있는지 투명하게 알 수 있는 권리도 보장되어야 한다.

이러한 윤리적·법적 고려사항들은 AI 시스템의 기술적 완성도를 뛰어넘어, 스포츠 조직의 사회적 책임성과 대중의 신뢰를 구성하는 핵심적인 기반이다. 기술의 발전과 함께 이러한 가치들이 함께 발전할 때, 비로소 진정으로 지속 가능하고 신뢰받는 스포츠 AI의 미래를 그려볼 수 있을 것이다.

프라이버시 보호 원칙

1 명확한 동의
선수의 명확하고 구체적인 동의를 바탕으로만 데이터를 수집하고 활용

2 데이터 보관 기간 명시
데이터의 보관 기간과 삭제 원칙을 미리 명시

3 가명 처리
제3자에게 데이터를 제공할 때는 반드시 가명 처리

4 접근 권한 통제
민감한 정보에 대한 접근 권한을 엄격히 통제

5 선수의 통제권
언제든지 데이터 제공을 중단하거나 삭제를 요구할 수 있는 권리 보장

그림 4-15 프라이버시 보호 원칙

학습 요약

설명 가능한 AI의 개념과 구조를 살펴보고, 판단 해석력과 신뢰 기반 알고리즘이 어떻게 스포츠 현장에서 실제로 구현되고 있는지를 구체적인 사례를 통해 분석했다. 특히 XAI 기술이 단순한 기술적 도구를 넘어서서, 인간이 AI의 판단을 이해하고 수용하는 과정에서 얼마나 중요한 역할을 하는지를 확인할 수 있었다.

신뢰 기반 알고리즘의 핵심은 그 판단이 반복 가능하고 검증 가능하다는 점에 있다. 이는 스포츠라는 역동적이고 예측 불가능한 환경에서 AI 기술이 실질적인 가치를 제공하기 위한 필수 조건이다. 우리는 VAR 시스템, 부상 예측 시스템, 스카우팅 AI 등의 사례를 통해 이러한 기술들이 어떻게 현실에서 작동하고 있으며, 동시에 어떤 한계와 도전 과제를 안고 있는지를 살펴보았다.

또한 기술적 설계만큼이나 중요한 것이 사용자들의 신뢰를 어떻게 확보할 것인가라는 문제임을 확인했다. 선수, 코치, 팬이라는 각기 다른 사용자 집단은 서로 다른 관점과 기대를 가지고 있으며, 이들 모두의 신뢰를 얻기 위해서는 기술적 완성도와 함께 투명성, 공정성, 그리고 윤리적 책임이 함께 고려되어야 한다.

마지막으로 스포츠 AI의 발전 과정에서 반드시 고려해야 할 윤리적 문제와 법적 쟁점들을 상세히 검토했다. 데이터 편향과 공정성, 책임소재의 명확화, 그리고 프라이버시 보호는 단순히 부수적인 고려사항이 아니라, 지속 가능한 스포츠 AI 생태계 구축을 위한 핵심적인 기반이다.

다음 장에서는 이러한 AI 기술들이 스포츠 콘텐츠와 중계 영상 제작이라는 새로운 영역에서 어떻게 활용되고 있는지를 탐구하게 된다. 기술과 미디어의 융합이라는 흥미로운 주제를 통해, 스포츠 AI의 또 다른 가능성과 도전 과제들을 발견하게 될 것이다.

PART 2

AI를 활용한 스포츠 기술 혁신

05 Chapter
경기 분석과 전술 최적화를 위한 AI기술

>> 학습 목표

1. AI기술이 스포츠 경기 분석과 전술 수립에 미치는 변화를 이해한다.
2. 패턴 분석·포지셔닝·전략 생성·시뮬레이션 등 AI 전술 엔징의 구성원리를 설명할 수 있다.
3. 인간 전문가와 AI의 협업을 통한 전술 최적화의 방향을 제시할 수 있다.

1 관찰·직감에서 데이터·알고리즘으로

1) 20년 간의 스포츠 AI 진화

스포츠와 데이터의 만남은 2000년대 초반 '머니볼(Moneyball)' 현상으로 시작되었다. 당시 오클랜드 애슬레틱스의 단장 빌리 빈이 제한된 예산으로도 강팀을 만들어낼 수 있다는 것을 통계학적 접근으로 증명했던 이 혁신은 스포츠 현장에 데이터의 힘을 각인시키는 신호탄 역할을 했다.

하지만 그때까지만 해도 데이터 활용은 주로 선수 평가와 영입에 국한되어 있었다. 타율, 출루율, 장타율 같은 기본 통계를 조합해서 선수의 가치를 더 정확하게 측정하는 수준이었죠. 실제 경기 중 벌어지는 복잡한 전술적 상황을 실시간으로 분석하고 최적화하는 것은 기술적으로 불가능했다.

그러나 2020년대 중반 이후, 스포츠 데이터 분석은 완전히 새로운 차원으로 진화했다. 머신러닝과 딥러닝 기술의 발전으로 인해 단순한 통계 분석을 넘어서 전술 최적화까지 파고들 수 있게 된 것이다. 이제는 과거의 데이터를 정리하는 것을 넘어서, AI가 직접 새로운 전략을 생성하고 그 효과를 검증하는 시대가 도래했다.

이러한 변화를 상징하는 대표적인 사례가 바로 구글 딥마인드와 리버풀 FC가 공동 개발한 'TacticAI' 시스템이다. 이 혁신적인 AI는 단순히 코너킥 통계를 정리하는 수준을 넘어서, 실제로 코너킥 성공 확률을 정확하게 예측하고 새로운 전략을 자동으로 생성해낼 수 있다. 수만 건의 프리미어리그 코너킥 데이터를 학습한 이 시스템은 상대팀의 수비 배치를 분석하고, 그에 대응하는 최적의 공격 전략을 실시간으로 제안할 수 있는 수준에 도달했다.

e스포츠 분야에서는 더욱 극적인 발전이 이루어지고 있다. SAP가 팀 리퀴드(Team Liquid)에 제공하는 드래프트 생성 AI는 6,000개의 프로 경기와 무려 160만 개의 아마추어 매치 데이터를 학습했다. 이 방대한 데이터를 바탕으로 AI는 현재 드래프트 상황에서 가장 높은 승률을 보장하는 영웅 조합을 실시간으로 계산해서 제안할 수 있다. 이는 과거 선수들의 경험과 직감에 의존했던 드래프트 과정을 완전히 과학적이고 데이터 기반의 과정으로 변화시켰다.

이런 변화의 핵심은 AI가 더 이상 단순한 보조 도구가 아니라는 점이다. 과거의 스포츠 분석 소프트웨어들이 사람이 입력한 데이터를 정리하고 시각화하는 역할에 그쳤다면, 현재의 AI는 스스로 패턴을 발견하고, 전략을 생성하며, 그 효과를 검증하는 능동적인 전술 파트너로 기능하고 있다.

특히 주목할 점은 이런 기술들이 더 이상 최첨단 연구소의 실험 단계가 아니라, 실제 프로 스포츠 현장에서 경기 결과를 좌우하는 실용적 도구로 활용되고 있다는 것이다. 리버풀의 코치진이 AI가 제안한 코너킥 전략을 실제 경기에서 사용하고, 팀 리퀴드의 선수들이 AI 분석을 바탕으로 드래프트 결정을 내리는 것처럼, 데이터-드리븐 전술은 이미 현실이 되었다.

그림 5-1 관찰에서 알고리즘으로

2) AI 전술 엔진을 이루는 4가지 핵심

현대 스포츠에서 AI가 수행하고 있는 전술적 역할을 체계적으로 이해하기 위해, 본 장에서는 네 가지 핵심 영역으로 나누어 살펴보겠다. 각 영역은 서로 독립적이면서도 긴밀하게 연결되어 있으며, 함께 작동할 때 데이터-드리븐 전술의 진정한 위력을 발휘한다.

그림 5-2 AI 전술 엔진의 4가지 핵심

(1) 패턴 분석 - 반복 동작 속 전술 규칙 찾기

첫 번째 축은 경기 중 반복적으로 나타나는 움직임과 전개 방식에서 숨겨진 규칙을 찾아내는 패턴 분석이다. 축구에서 특정 팀이 세트피스 상황에서 보이는 일관된 배치 방식, 농구에서 스타 플레이어의 스크린 후 습관적인 이동 경로, 야구에서 투수가 볼카운트별로 선호하는 구종 선택 패턴 등이 대표적인 예이다.

AI는 인간의 눈으로는 포착하기 어려운 미묘한 패턴까지도 데이터에서 추출해낸다. 예를 들어, 특정 선수가 왼발로 공을 받을 때와 오른발로 받을 때 보이는 다음 동작의 차이점이나, 경기 시간대별로 변화하는 팀의 공격 성향 같은 세밀한 규칙성들을 발견할 수 있다. 이렇게 발견된 패턴들은 상대방의 다음 행동을 예측하고 그에 맞는 대응 전략을 수립하는 데 활용된다.

(2) 포지셔닝 분석 - 공간 점유 · 간격을 수치화

두 번째 축은 경기장이라는 제한된 공간에서 선수들의 위치와 간격을 정밀하게 분석하는 포지셔닝 분석이다. 농구에서 3점 라인 외곽 선수들 사이의 최적 간격, 축구에서 수비 라인의 높이와 압박 거리, 야구에서 수비 시프트의 정확한 위치 등 모든 것을 좌표 데이터로 수치화한다.

이 분석의 혁신적인 점은 단순히 '어디에 있었는가'를 넘어서 '어떤 상황에서 어떤 간격으로 있었는가'를 정량화한다는 것이다. AI는 공의 위치, 상대방 선수들의 배치, 경기 상황 등을 종합적으로 고려해서 각 순간에 최적의 포지셔닝이 무엇인지를 계산해낸다. 이를 통해 전통적인 감각과 경험에 의존했던 공간 활용 전략이 과학적이고 정확한 데이터 기반 전략으로 발전하고 있다.

(3) 자동 전략 수립 - AI가 세트피스 · 라인업 · 드래프트를 '창작'

세 번째 축은 AI가 단순한 분석을 넘어서 직접 전략을 생성하고 창작하는 자동 전략 수립이다. 리버풀의 TacticAI가 새로운 코너킥 전략을 생성해내는 것처럼, AI는 이제 인간 코치의 고유 영역이었던 전술 설계에까지 참여하고 있다.

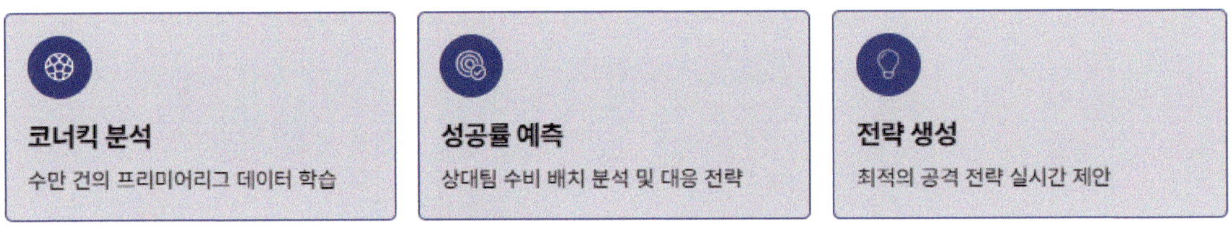

그림 5-3 TacticAI: 혁신의 상징

e스포츠에서 팀 리퀴드의 드래프트 AI가 최적의 영웅 조합을 실시간으로 제안하고, 야구에서 AI가 상대 투수와의 상성을 고려한 최적 타순을 구성하는 것이 대표적인 사례이다. 이런 시스템들은 과거 데이터를 단순히 참고하는 것을 넘어서, 현재 상황에 특화된 완전히 새로운 전략을 능동적으로 만들어낸다. 때로는 인간 전문가들이 생각하지 못한 창의적이고 효과적인 아이디어를 제시하기도 한다.

(4) 전술 시뮬레이션 - 가상 경기 수만 회로 리스크-프리 검증

네 번째 축은 생성된 전략들의 효과를 실제 경기 전에 미리 검증하는 전술 시뮬레이션이다. 실제 경기에서는 한 번의 기회만 주어지지만, 가상 환경에서는 같은 상황을 수천, 수만 번 반복해서 실험해볼 수 있다.

야구에서 무사 1루 상황에서 번트를 할지 말지를 결정할 때, AI는 두 가지 선택을 각각 5,000번씩 시뮬레이션해서 어느 쪽이 더 높은 득점 확률을 가지는지 정확히 계산할 수 있다. e스포츠에서는 OpenAI Five처럼 인간보다 수십만 배 빠른 속도로 게임을 플레이하면서 새로운 전략을 검증하고 학습하는 시스템들이 등장했다.

이런 시뮬레이션의 가장 큰 장점은 '리스크-프리(risk-free)' 실험이 가능하다는 점이다. 실제 경기에서 검증되지 않은 전략을 시도하는 것은 큰 위험을 수반하지만, 가상 환경에서는 아무리 파격적인 전략이라도 부담 없이 테스트해볼 수 있다. 이를 통해 혁신적인 전술들이 더 자주 개발되고 검증될 수 있는 환경이 조성되었다.

이 네 가지 축은 각각 독립적으로도 의미가 있지만, 서로 연결되어 작동할 때 더욱 강력한 시너지를 만들어낸다. 패턴 분석으로 발견된 규칙은 포지셔닝 분석의 기초 데이터가 되고, 이 두 분석 결과는 자동 전략 수립의 입력값이 된다. 그리고 생성된 전략은 시뮬레이션을 통해 검증되고 개선되는 순환 구조를 형성한다.

다음 섹션들에서는 이 네 가지 영역을 각각 깊이 있게 살펴보면서, 데이터-드리븐 전술이 현대 스포츠를 어떻게 변화시키고 있는지 구체적인 사례와 함께 탐구해보겠다.

2 패턴 분석 : 반복에서 전술을 읽다

1) AI가 움직임 속에서 찾아내는 규칙

스포츠 경기를 관찰하다 보면 우연처럼 보이는 상황들 속에서도 일정한 규칙성을 발견할 수 있다. 패턴 분석은 바로 이런 경기 중에 반복적으로 나타나는 움직임, 전개 방식, 전술적 흐름을 데이터 기반으로 학습하고 인식하는 AI 기술이다.

구체적인 예를 들어보면, 축구에서 특정 팀이 세트피스 상황에서 자주 사용하는 배치 방식이 있다. 코너킥을 할 때마다 같은 선수가 비슷한 위치로 달려나가고, 같은 패턴으로 크로스를 올리는 것이다. 농구에서는 특정 선수의 스크린 이후 이동 경로가 있다. 픽앤롤 상황에서 스크린을 받은 후 항상 특정 방향으로 움직이거나, 특정 위치에서 슛을 시도하는 경향을 보이다. 야구에서는 특정 투수의 구종 선택 순서가 대표적인 패턴이다. 볼카운트별로, 타자 유형별로 선호하는 구종과 투구 위치가 일정한 규칙성을 보이는 것이다.

이러한 패턴들은 단순한 통계 수치를 넘어서 경기력에 직결되는 중요한 정보이다. 상대팀의 패턴을 먼저 파악하고 대응하는 팀이 전술적으로 유리한 위치에 설 수 있기 때문이다. 반대로 자신들의 패턴이 상대에게 노출되면 그에 따른 대응책을 준비당할 수 있어 불리해질 수 있다.

AI가 이런 패턴 분석에서 보여주는 가장 큰 장점은 고속 처리 능력과 객관성이다. 과거에는 코치진이 수많은 영상을 일일이 분석하면서 수기로 패턴을 기록하고 정리해야 했다. 하나의 패턴을 확인하기 위해 수십 개의 경기 영상을 반복해서 시청하고, 각각의 상황을 메모하고 비교하는 작업은 엄청난 시간과 노력이 필요했다.

하지만 AI는 이러한 반복 작업을 훨씬 빠르고 정확하게 수행할 수 있다. 특정 상황에서 자주 발생하는 플레이 유형이나 수비 반응을 자동으로 식별하고 정량화할 수 있다. 더 중요한 것은 인간의 눈으로는 구분하기 어려운 미묘한 패턴까지도 데이터로 변환해낸다는 점이다.

특히 딥러닝 기반의 영상 인식 기술은 이 분야에서 혁신적인 변화를 가져왔다. 선수들의 미세한 자세 변화, 발걸음의 방향, 시선의 움직임까지도 패턴의 일부로 인식할 수 있게 되었다. 예를 들어, 축구에서 특정 선수가 슛을 하기 전에 보이는 준비 동작의 패턴이나, 농구에서 3점 슛을 시도하기 전의 발 위치 변화 같은 것들을 자동으로 감지해낼 수 있다.

사례 1 리버풀의 코너킥 전략 분석

AI 패턴 분석의 대표적 성공 사례는 프리미어리그의 리버풀 FC와 구글 딥마인드가 공동 개발한 'TacticAI' 시스템이다. 이 프로젝트는 AI가 실제 스포츠 현장에서 전술적 가치를 창출할 수 있음을 입증한 첫 사례로 평가된다.

TacticAI는 축구의 핵심 세트피스인 코너킥 상황을 분석 대상으로 삼았다. 코너킥은 22명의 선수가 좁은 공간에 몰려 있어 복잡성이 매우 높고, 그동안 감독의 경험에 크게 의존해왔다. 시스템은 프리미어리그 경기에서 수집된 1만 건 이상의 코너킥 데이터를 학습했다. 각 상황의 선수 위치, 공의 궤적, 킥 유형, 결과를 정량화하여 팀별 수비 포메이션 패턴과 득점 확률이 높은 움직임의 조합을 자동으로 식별했다.

예를 들어, AI는 팀별로 선호하는 수비 배치를 분류하고, 그에 대응하는 최적의 공격 배치와 크로스 방향을 계산해냈다. 또한 어떤 타이밍에 어떤 선수가 움직일 때 득점 확률이 최대화되는지를 데이터로 산출했다.

리버풀 코치진을 대상으로 한 블라인드 테스트에서는 AI가 제안한 전략이 인간 코치가 설계한 전략보다 더 효과적이라는 평가를 받았다. 이는 AI가 단순한 데이터 정리 수준을 넘어 창의적이고 실용적인 전술 설계 능력을 지녔음을 보여준다.

이 사례는 축구에 국한되지 않는다. 농구의 픽앤롤 패턴 분석, 야구의 투수 구종 선택 분석, 테니스의 서브·리턴 위치 분석, 그리고 e스포츠의 전략 패턴 인식 등 다양한 종목으로 확장되고 있다.츠에서는 게임 내 전략 패턴 분석에까지 유사한 AI 기술들이 도입되고 있다.

그림 5-4 TacticAI (본 이미지는 교육적 목적으로 인용되었다.)

2) 기술 요소

AI 패턴 분석을 실현하는 핵심 기술들은 여러 분야의 최신 인공지능 기술이 융합된 결과이다. 각각의 기술이 어떤 역할을 하고 어떻게 연동되는지 이해하면, AI가 스포츠 현장에서 어떻게 패턴을 찾아내는지 더 명확하게 파악할 수 있다.

컴퓨터 비전(Computer Vision) 기술은 모든 패턴 분석의 출발점이다. 경기 영상에서 선수들의 위치, 공의 움직임, 각 선수의 동작을 실시간으로 인식하고 추적하는 역할을 담당한다. 과거에는 사람이 직접 영상을 보며 선수들의 위치와 움직임을 일일이 기록해야 했지만, 이제는 고해상도 카메라 영상만으로도 경기장 내 모든 객체의 좌표와 움직임을 자동으로 추출할 수 있게 되었다. 이 기술은 선수의 뛰는 속도, 방향 변화, 심지어 공의 회전 방향까지도 정확하게 측정할 수 있는 수준으로 발전했다.

딥러닝 기반 행동 분류 모델은 인식된 데이터를 의미있는 정보로 변환하는 핵심 기술이다. 특히 LSTM(Long Short-Term Memory) 모델은 시간의 흐름에 따른 연속적인 동작 패턴을 분석하는 데 탁월한 성능을 보이다. 예를 들어, 축구에서 한 선수의 15초간 움직임을 보고 그것이 "공격 전개를 위한 움직임"인지, "수비 위치로의 복귀"인지, "압박을 위한 전진"인지를 자동으로 분류할 수 있다.

CNN(Convolutional Neural Network)은 각 순간의 복잡한 상황을 패턴으로 분류하는 데 사용된다. 22명의 선수가 복잡하게 얽혀있는 한 순간의 상황을 보고, 그것이 어떤 전술적 의미를 가지는지를 파악할 수 있다. 농구에서 5명의 선수가 만들어내는 포메이션을 보고 "픽앤롤 준비 상황", "속공 전개 상황", "포지션 플레이 상황" 등으로 분류하는 것이 그 예이다.

그래프 기반 위치 관계 분석(Graph Neural Network)은 최근 주목받고 있는 혁신적인 기술이다. 이 기술은 단순히 각 선수의 개별 위치만 보는 것이 아니라, 선수들 간의 복잡한 관계와 상호작용을 네트워크 구조로 분석한다. 축구에서 한 선수가 움직일 때 다른 선수들이 어떻게 반응하는지, 어떤 연결 관계를 형성하면서 팀 전체의 전술적 형태를 만들어내는지를 수학적으로 모델링할 수 있다.

예를 들어, 중앙 미드필더가 앞으로 전진할 때 윙어들이 어떻게 폭을 넓히는지, 수비수들이 어떻게 라인을 올리는지 같은 연쇄적인 움직임의 패턴을 그래프 구조로 표현하고 분석할 수 있다. 이를 통해 팀 전체의 전술적 움직임을 하나의 유기체처럼 이해할 수 있게 되었다.

강화학습 기반 시뮬레이션은 패턴 분석을 넘어서 실제 전술 생성과 연결되는 고급 기술이다. 발견된 패턴들을 바탕으로 다양한 가상 시나리오를 실행해보면서, 어떤 전략이 가장 효과적인지를 학습한다. 상대팀의 패턴을 파악했다면, 그 패턴에 대응하는 최적의 전략을 시뮬레이션을 통해 찾아낼 수 있다.

최근에는 이러한 개별 기술들을 뛰어넘는 다종 데이터 융합 분석 모델이 등장하고 있다. 비디오 영상뿐만 아니라 선수들의 심박수, 이동 속도, 가속도를 측정하는 웨어러블 센서 데이터, 경기장의 소음 수준이나 관중 반응을 분석하는 음성 데이터까지 함께 활용하여 더욱 종합적이고 정교한 패턴 분석을 수행한다.

이러한 복합적 데이터 분석을 통해 AI는 이전에는 불가능했던 수준의 미세한 패턴까지 포착해낼 수 있게 되었다. 예를 들어, 선수의 피로도가 높아질 때 보이는 움직임 패턴의 변화나, 관중의 응원이 클 때와 조용할 때 팀의 전술 패턴이 어떻게 달라지는지 같은 복합적인 요인들까지 분석 범위에 포함시킬 수 있다.

이러한 기술 요소들은 각각의 스포츠 종목이 가진 고유한 특성에 맞게 조정되어 적용된다. 축구와 농구는 연속적인 흐름의 스포츠이므로 시계열 분석에 중점을 두고, 야구나 테니스는 불연속적 상황들의 연속이므로 각 상황별 패턴 분석에 특화된 방식을 사용한다. 이런 맞춤형 접근을 통해 각 종목의 특성을 최대한 반영한 정확하고 실용적인 패턴 분석이 가능해지고 있다.

컴퓨터 비전
선수 위치, 공 움직임 실시간 인식 및 추적

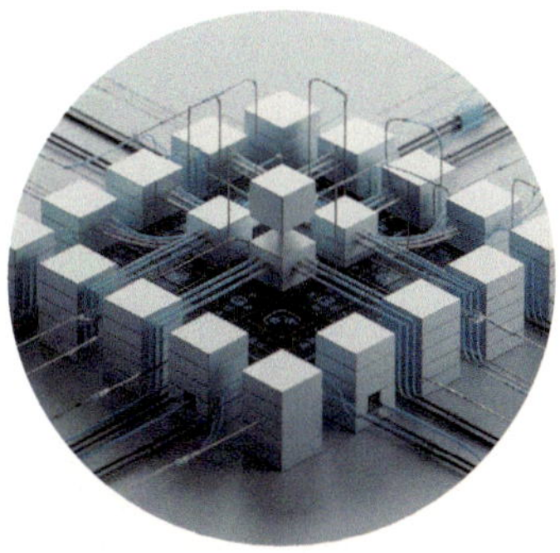

딥러닝 분류
LSTM으로 시간 흐름에 따른 동작 패턴 분석

그래프 분석
선수 간 관계와 상호작용을 네트워크로 모델링

그림 5-5 패턴 분석 핵심 기술

3 포지셔닝 분석 : 전략은 공간 위에 그려진다

1) '어디에 있는가'는 왜 중요한가?

스포츠에서 선수들의 위치는 단순한 좌표 이상의 의미를 가진다. 그것은 바로 팀의 전략이 눈에 보이는 형태로 구현된 결과물이다. 농구 코트에서 3점 라인 밖에 서 있는 선수들 사이의 간격이 조금만 달라져도 상대 수비의 대응 방식이 완전히 바뀔 수 있다. 축구에서 수비수들이 형성하는 라인의 높이와 간격은 상대 공격수들의 움직임을 제한하거나 허용하는 결정적 요소가 된다. 야구에서 내야수들이 평소보다 조금 더 왼쪽으로 이동해 있는 수비 시프트는 한 경기의 승부를 가를 수 있는 중요한 전략적 선택이다.

과거에는 이런 위치 분석이 주로 경험이 풍부한 코치들의 직관에 의존했다. 하지만 AI 기술의 도입으로 모든 선수의 움직임을 정확한 좌표 데이터로 추적하고 분석할 수 있게 되면서, 위치 전략에 대한 이해가 혁신적으로 발전하고 있다.

AI가 제공하는 포지셔닝 분석의 핵심은 단순히 '어느 위치에 있었는가'를 넘어서 '어떤 상황에서 어떤 간격으로 있었는가'를 정량화한다는 점이다. 예를 들어, 축구에서 중앙 수비수가 페널티 박스에서 18미터 떨어진 곳에 있었다는 것만으로는 충분하지 않다. 그 순간 상대 공격수의 위치는 어디였는지, 다른 수비수들과의 거리는 얼마나 되었는지, 공의 위치와 이동 방향은 어떠했는지를 종합적으로 고려해야 그 위치 선택의 효과성을 정확히 평가할 수 있다.

이러한 복합적인 분석을 통해 AI는 특정 상황에서 최적의 위치가 어디인지를 계산해 낼 수 있다. 더 나아가 경기 중 실시간으로 선수들의 위치를 모니터링하면서 전술적 조정이 필요한 시점을 정확히 포착해낼 수도 있다.

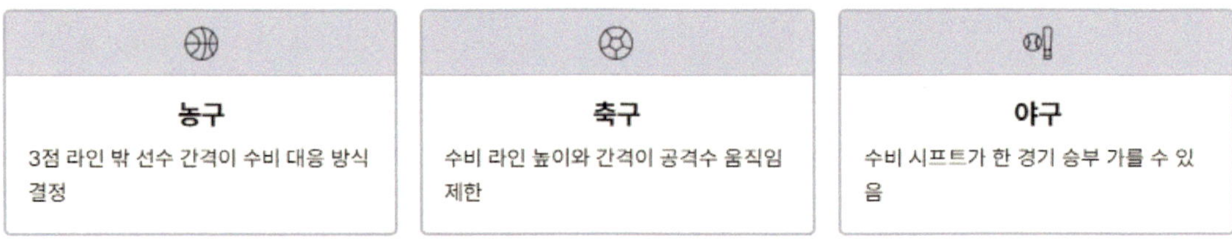

그림 5-6 종목별 포지셔닝 분석를 통한 전략

2) Opta Shape Analysis와 포메이션 변화 인식

포지셔닝 분석의 실제 적용 사례 중 가장 주목받는 것은 스포츠 데이터 분석 전문기업 StatsPerform의 Opta에서 개발한 'Shape Analysis' 시스템이다. 이 AI 시스템은 축구 경기 중 팀의 포지셔닝 형태를 실시간으로 분석하고 시각화하는 혁신적인 기술로 평가받고 있다.

Shape Analysis의 가장 인상적인 기능은 같은 팀이라도 상황에 따라 어떻게 다른 모습을 보이는지를 정확히 구분해낸다는 점이다. 예를 들어, 첼시가 공을 소유하고 있을 때와 상대팀이 공을 가지고 있을 때의 선수 배치가 어떻게 달라지는지를 클러스터링 기반 알고리즘으로 식별한다. 윙백이 공격 상황에서는 상대편 페널티 박스 근처까지 올라가지만,

수비 상황에서는 자신의 페널티 박스 옆까지 내려오는 것처럼, 역할에 따른 위치 변화의 패턴을 데이터로 정량화해낸다.

이 시스템의 또 다른 강점은 포메이션 변화 시점을 실시간으로 감지할 수 있다는 것이다. 전통적으로는 경기 후에 영상을 다시 보면서 "이 시점에서 4-3-3에서 4-2-3-1로 바뀌었다"고 분석했지만, 이제는 경기 도중에 그런 변화가 일어나는 순간을 즉시 포착할 수 있다. 이는 상대팀의 전술적 변화에 더 빠르게 대응할 수 있는 기회를 제공한다.

더욱 흥미로운 것은 이러한 실시간 분석을 통해 상대팀의 구조적 약점을 찾아낼 수 있다는 점이다. 예를 들어, 특정 팀이 공격 전환 순간에 중앙 미드필더와 수비 라인 사이에 일시적으로 공간이 벌어지는 패턴이 있다면, AI는 이를 감지하고 그 순간을 공략할 수 있는 전략을 제안할 수 있다.

이렇게 발전된 분석 방식은 전통적인 정적인 "포지션 맵"을 넘어서 시간의 흐름에 따른 다이내믹한 포지셔닝 분석을 가능하게 했다. 경기는 고정된 상황의 연속이 아니라 끊임없이 변화하는 역동적인 과정이기 때문에, 이런 시계열 기반 분석이 훨씬 더 실용적이고 정확한 인사이트를 제공할 수 있다.

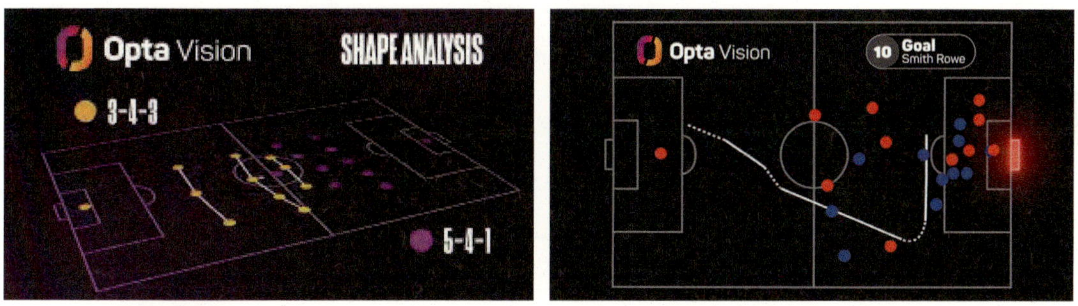

그림 5-7 Opta Shape Analysis의 분석 이미지 (본 이미지는 교육적 목적으로 인용되었다.)

3) 야구·테니스·e스포츠의 포지셔닝 분석

포지셔닝 분석의 활용은 축구나 농구 같은 팀 스포츠에만 국한되지 않는다. 각각의 스포츠가 가진 고유한 특성에 맞게 다양한 형태로 적용되고 있으며, 그 결과 놀라운 성과들이 나타나고 있다.

야구에서의 수비 시프트 최적화는 AI 포지셔닝 분석의 대표적인 성공 사례이다. 과거에는 특정 타자의 타구 방향 성향을 대략적으로 파악해서 수비수들을 이동시켰지만, 이제는 타자의 타격 폼, 투수의 구종, 볼카운트, 주자 상황 등을 모두 고려한 정밀한 수비 위치를 계산해낸다. AI는 수만 개의 과거 데이터를 분석해서 "이 상황에서 이 타자가 공을 칠 때 가장 확률이 높은 타구 방향"을 예측하고, 그에 따른 최적의 수비 배치를 제안한다.

그림 5-8

테니스에서의 코트 점유 분석도 흥미로운 적용 분야이다. AI는 선수가 코트의 어느 구역에서 얼마나 많은 시간을 보내는지, 언제 네트로 전진하는지, 어떤 상황에서 코트 뒤쪽으로 물러서는지를 정밀하게 추적한다. 이를 통해 선수 개인의 플레이 스타일을 분석할 뿐만 아니라, 상대방의 약점을 찾아내는 데도 활용된다. 예를 들어, 특정 선수가 백핸드 쪽으로 공이 올 때 평소보다 더 뒤로 물러서는 경향이 있다면, 이를 공략 포인트로 활용할 수 있다.

e스포츠에서의 포지셔닝 분석은 아마도 가장 복잡하면서도 흥미진진한 분야일 것이다. 리그 오브 레전드나 도타 같은 게임에서는 각 캐릭터(챔피언)가 담당하는 역할에 따라 최적의 위치가 시시각각 변한다. 탱커는 팀의 최전방에서 피해를 흡수해야 하고, 딜러는 안전한 거리에서 공격을 가해야 하며, 서포터는 팀원들을 지원할 수 있는 위치에 있어야 한다.

AI는 교전 중 각 역할의 위치 변화를 실시간으로 분석해서 승부에 결정적인 영향을 미친 포지셔닝 패턴을 찾아낸다. 예를 들어, 팀파이트에서 딜러가 너무 앞으로 나와서 순식간에 제거당한 상황이나, 탱커가 적절한 위치에 있지 않아서 팀원들이 보호받지 못한 상황을 정확히 식별해낸다. 이런 분석 결과는 선수들에게 피드백으로 제공되어, 같은 실수를 반복하지 않도록 도와준다.

더욱 인상적인 것은 이런 AI 분석이 단순히 사후 검토에만 그치지 않고, 실제 경기 중에도 활용되고 있다는 점이다. 일부 e스포츠 팀들은 AI 분석 도구를 통해 실시간으로 팀원들의 위치를 모니터링하고, 위험한 상황이 감지되면 즉시 알림을 보내는 시스템을 도입하고 있다. 이는 포지셔닝 분석이 단순한 데이터 분석을 넘어서 실제 경기력 향상에 직접적으로 기여하고 있음을 보여주는 대표적인 사례이다.

4 자동 전략 수립 : AI는 전술을 설계할 수 있는가

1) 감독의 일, AI에게 넘기다?

스포츠 현장에서 가장 논란이 되는 질문 중 하나는 바로 "AI가 인간 감독을 대체할 수 있는가?"이다. 자동 전략 수립 기술은 이런 근본적인 질문의 중심에 서 있는 AI 응용 분야이다. 전통적으로 감독과 코치들의 고유 영역이었던 전술 설계와 전략 수립에 AI가 본격적으로 개입하기 시작한 것이다.

AI의 자동 전략 수립 과정은 인간의 사고 과정과 놀랍도록 유사하면서도 근본적으로 다르다. 숙련된 감독이 상대팀의 영상을 분석하고, 자신의 팀 선수들의 특성을 고려하며, 과거의 경험을 바탕으로 최적의 전술을 고민하는 것처럼, AI도 방대한 데이터를 분석하고 다양한 변수들을 종합하여 전략을 도출한다. 하지만 AI는 인간과 달리 수만 개의 경기 데이터를 동시에 처리할 수 있고, 감정이나 편견에 휘둘리지 않으며, 수천 가지의 전략을 동시에 비교 검토할 수 있다는 압도적인 장점을 가지고 있다.

현재 AI가 수행하고 있는 전략 수립의 범위는 점점 확장되고 있다. 초기에는 단순히 과거 데이터를 바탕으로 "이런 상황에서는 이런 전략이 효과적이었다"는 식의 추천 수준이었다면, 이제는 완전히 새로운 전술을 창조하고, 그 전술의 성공 가능성을 정확히 예측하며, 심지어 경기 중 상황 변화에 따라 실시간으로 전략을 수정하는 수준까지 발전했다.

특히 흥미로운 점은 AI가 때로는 인간 전문가들이 생각하지 못한 창의적인 전략을 제시한다는 것이다. 수십 년간의 스포츠 전통과 관습에 얽매이지 않는 AI는 완전히 새로운 관점에서 문제를 접근할 수 있다. 예를 들어, 인간 감독이라면 "상식적으로 이렇게 하는 것이 맞다"고 생각하는 상황에서도 AI는 데이터에 근거해 전혀 다른 접근법을 제안할 수 있다.

하지만 이것이 AI가 감독을 완전히 대체할 수 있다는 의미는 아니다. 오히려 현재의 트렌드는 AI와 인간 감독이 협력하는 방향으로 발전하고 있다. AI는 객관적이고 정량적인 분석을 담당하고, 인간 감독은 선수들의 심리적 상태나 팀의 분위기, 경기의 맥락 같은 정성적인 요소들을 고려하여 최종 결정을 내리는 역할 분담이 이루어지고 있다.

2) 드래프트 전략 추천과 라인업 구성

AI의 자동 전략 수립 능력이 가장 극명하게 드러나는 분야 중 하나는 e스포츠의 드래프트 전략이다. 특히 팀 리퀴드(Team Liquid)가 도입한 드래프트 전략 AI 시스템은 이 분야의 혁신적인 사례로 평가받고 있다.

e스포츠의 드래프트 과정은 체스 게임과 비슷한 심리전이자 전략적 게임이다. 각 팀이 번갈아가며 캐릭터를 선택하거나 금지시키는 과정에서, 상대방의 의도를 파악하고 그에 대응하는 최적의 조합을 구성해야 한다. 한 번의 잘못된 선택이 경기 전체의 승부를 가를 수 있기 때문에, 프로 선수들도 극도로 신중하게 접근하는 단계이다.

팀 리퀴드의 AI 시스템은 수백만 건의 과거 경기 데이터를 학습하여 이런 복잡한 드래프트 상황을 실시간으로 분석한다. 현재까지 선택된 캐릭터들의 조합을 보고, 상대팀이 다음에 어떤 캐릭터를 선택할 가능성이 높은지를 예측한다. 동시에 자신의 팀이 어떤 캐릭터를 선택했을 때 전체적인 팀 조합의 시너지가 최대화되는지를 계산해낸다.

이 시스템의 놀라운 점은 단순히 개별 캐릭터의 강함만을 고려하는 것이 아니라, 팀 전체의 조화와 상대팀과의 상성을 종합적으로 판단한다는 것이다. 예를 들어, A라는 캐릭터가 개별적으로는 매우 강력하지만 현재 팀 조합에서는 역할이 겹친다면 선택하지 않고, 대신 상대적으로 약해 보이지만 팀 전체의 전략을 완성시켜주는 B 캐릭터를 추천하는 식이다.

야구에서의 라인업 구성 AI는 또 다른 흥미로운 사례를 제공한다. 전통적으로 야구 감독들은 경험과 직감에 의존해 타순을 정했다. "1번 타자는 출루율이 높은 선수, 4번 타자는 장타력이 좋은 선수"같은 관습적인 원칙들이 수십 년간 유지되어 왔다.

하지만 AI는 이런 관습에 얽매이지 않고 순수하게 데이터에 기반한 최적 라인업을 제안한다. 단순히 타율이나 홈런 개수 같은 기본 지표만 보는 것이 아니라, 각 타자가 주자 상황별로 어떤 성과를 보이는지, 특정 투수 유형에 대해 어떤 강약점을 가지는지, 심지어 경기 시간대나 날씨 조건에 따른 성과 변화까지 고려한다.

예를 들어, A 선수가 전체적인 타율은 B 선수보다 낮지만, 주자가 득점권에 있을 때의 적시타 능력이 뛰어나다면, AI는 A 선수를 득점 상황이 많이 발생할 것으로 예상되는 타순에 배치할 수 있다. 또한 상대 투수가 좌완이라면 좌완에 강한 타자들을 핵심 타순에 배치하는 등, 매 경기마다 상황에 최적화된 라인업을 생성해낸다.

이런 AI의 라인업 추천은 때로는 인간 감독들을 놀라게 한다. 상식적으로 생각하기 어려운 배치를 제안하지만, 시뮬레이션 결과는 명확한 득점 기대값의 증가를 보여주기 때문이다. 실제로 일부 메이저리그 팀들은 AI가 제안한 비전통적인 라인업을 채택해서 좋은 결과를 얻고 있다.

3) 세트피스 전략 자동 생성

AI의 전략 수립 능력이 가장 극적으로 드러나는 영역은 아마도 세트피스 전략의 자동 생성일 것이다. 앞서 언급했던 리버풀과 구글 딥마인드의 TacticAI 시스템이 바로 이 분야의 혁신적인 성과를 보여주는 대표 사례이다.

세트피스, 특히 코너킥은 축구에서 매우 중요한 득점 기회이다. 경기 중 평균적으로 10-15회 정도 발생하는 코너킥에서 1-2골을 추가로 득점할 수 있다면, 그것은 시즌 전체에 걸쳐 엄청난 차이를 만들어낼 수 있다. 하지만 동시에 코너킥은 22명의 선수가 좁은 페널티 박스 안에 모여있는 매우 복잡한 상황이기도 한다.

TacticAI가 혁신적인 이유는 단순히 과거의 성공 사례를 분석하는 수준을 넘어서, 완전히 새로운 코너킥 전략을 자동으로 생성해낸다는 점이다. 시스템은 먼저 상대팀의 수비 배치 패턴을 분석한다. 어떤 선수가 어느 위치에 서는 경향이 있는지, 공이 어느 구역으로 올 때 어떻게 반응하는지를 정확히 파악한다.

다음으로 자신의 팀 선수들의 특성을 고려한다. 누가 헤딩이 강한지, 누가 움직임이 빠른지, 누가 정확한 크로스를 올릴 수 있는지 등을 데이터로 평가한다. 그리고 이 모든 정보를 종합해서 수백 가지의 다른 전략을 동시에 시뮬레이션해본다.

이 과정에서 AI가 생성하는 전략들은 때로는 인간 코치들이 상상하지 못했던 창의적인 아이디어를 포함한다. 예를 들어, 전통적으로는 키가 큰 선수들을 골 앞에 배치하고 크로스를 올리는 것이 일반적이었지만, AI는 특정 상황에서는 작고 빠른 선수들을 활용한 짧은 코너킥이 더 효과적일 수 있다고 제안할 수 있다.

더욱 놀라운 것은 이렇게 생성된 전략들의 성공 확률을 정확히 예측할 수 있다는 점이다. AI는 각 전략을 수천 번 시뮬레이션해보고, 득점 확률, 실점 위험, 세컨드 볼 획득 가능성 등을 종합적으로 계산한다. 이를 통해 감독은 여러 옵션 중에서 가장 성공 가능성이 높은 전략을 선택할 수 있게 된다.

실제로 리버풀의 코치진을 대상으로 한 테스트에서 AI가 생성한 전략들이 인간 전문가들로부터 높은 평가를 받았다는 것은 이 기술의 실용성을 입증하는 중요한 증거이다. 이는 AI가 더 이상 단순한 데이터 분석 도구가 아니라, 실제로 창의적인 전술을 설계할 수 있는 '전술 디자이너' 역할을 수행할 수 있음을 보여준다.

이런 발전은 다른 종목으로도 확산되고 있다. 농구에서는 인바운드 플레이 전략을, 배구에서는 서브 리시브 포메이션을, 심지어 아메리칸 풋볼에서는 복잡한 플레이북 전략까지 AI가 자동으로 생성하는 시스템들이 개발되고 있다.

이처럼 AI는 과거의 전술을 단순히 분석하고 모방하는 수준을 완전히 넘어서서, 인간이 생각하지 못한 새로운 전략을 창조할 수 있는 수준으로 발전했다. 물론 이것이 인간 감독의 완전한 대체를 의미하지는 않는다. 오히려 AI가 제공하는 객관적이고 창의적인 아이디어와 인간 감독의 경험과 직관이 결합될 때 가장 강력한 시너지를 만들어낼 수 있을 것으로 보이다.

5 전술 시뮬레이션: 수만 번의 가상 경기가 전략을 검증하다

1) 가상 경기장에서 벌어지는 전략 실험

스포츠에서 가장 아쉬운 순간 중 하나는 "만약 그때 다른 전략을 사용했다면 어땠을까?"하는 아쉬움이다. 감독이 선수 교체 카드를 일찍 썼다면, 다른 포메이션으로 경기를 시작했다면, 세트피스에서 다른 전략을 사용했다면 결과가 달라졌을지도 모른다는 궁금증은 항상 남아있다. 하지만 실제 경기에서는 이런 '만약'을 실험해볼 수 없다. 한 번의 실수가 시즌 전체를 좌우할 수 있기 때문이다.

전술 시뮬레이션 기술은 바로 이런 한계를 극복하기 위해 개발된 혁신적인 AI 응용 분야이다. 실제 경기장이 아닌 컴퓨터 속 가상 환경에서 다양한 전략들을 수천, 수만 번 반복 실행해보면서 각 전략의 효과를 정확하게 측정하고 비교할 수 있게 된 것이다.

이 기술의 핵심은 '반복'에 있다. 실제 경기에서는 한 번의 기회만 주어지지만, 시뮬레이션에서는 같은 상황을 무한히 반복해볼 수 있다. 예를 들어, 축구에서 페널티킥 상황이 주어졌을 때, 실제로는 한 번만 차서 성공하거나 실패하지만, 시뮬레이션에서는 같은 키커가 같은 상황에서 1만 번을 차볼 수 있다. 이를 통해 그 키커의 '진짜' 성공률을 정확히 파악할 수 있게 된다.

더욱 중요한 것은 이런 시뮬레이션이 단순한 확률 계산을 넘어서 복잡한 상호작용까지 고려한다는 점이다. 축구에서 한 선수의 위치 변화가 다른 10명의 선수들에게 어떤 영향을 미치는지, 농구에서 한 명의 선수 교체가 팀 전체의 공격 패턴을 어떻게 바꾸는지 같은 복잡한 연쇄 반응들을 모두 계산에 포함시킨다.

시뮬레이션의 또 다른 장점은 '안전성'이다. 실제 경기에서 검증되지 않은 전략을 시도하는 것은 큰 위험을 수반하지만, 가상 환경에서는 아무리 파격적이고 실험적인 전략이라도 부담 없이 테스트해볼 수 있다. 이를 통해 혁신적인 전술들이 더 자주 개발되고 검증될 수 있는 환경이 조성되었다.

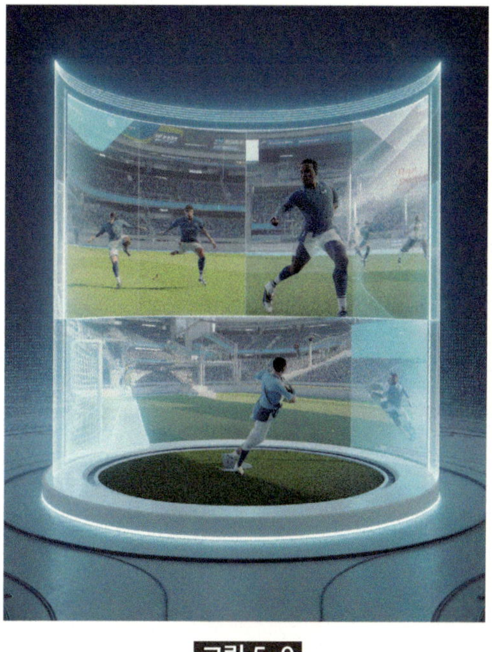

그림 5-9

현재의 시뮬레이션 기술은 과거 데이터를 바탕으로 한 통계적 예측을 넘어서, 딥러닝과 강화학습을 활용한 고도로 정교한 모델링까지 발전했다. 실제 선수들의 움직임 패턴, 체력 변화, 심리적 상태 변화까지 고려한 시뮬레이션이 가능해졌으며, 그 정확도는 실제 경기 결과와 놀라울 정도로 유사한 수준에 도달했다.

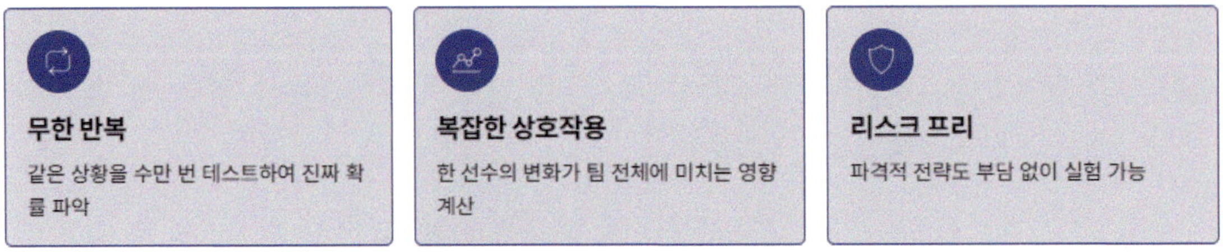

그림 5-10 시뮬레이션의 핵심가치

2) 야구에서의 시뮬레이션

야구는 전술 시뮬레이션에 가장 적합한 스포츠 중 하나이다. 축구나 농구와 달리 야구는 명확하게 구분되는 상황들의 연속으로 이루어져 있기 때문이다. 각 타석은 독립적인 사건이고, 볼카운트, 주자 상황, 아웃카운트 등 모든 변수가 명확하게 정의된다. 이런 특성 때문에 AI가 각 상황별 최적 전략을 계산하고 시뮬레이션하기가 상대적으로 용이한다.

야구 시뮬레이션의 대표적인 활용 사례는 상황별 작전 선택이다. 예를 들어, 무사 1루 상황에서 감독이 번트 사인을 낼지 말지를 고민한다고 가정해봅시다. 전통적으로는 감독의 경험과 직감에 의존해야 했지만, 이제는 AI가 이 상황을 수천 번 시뮬레이션해서 정확한 답을 제시할 수 있다.

시뮬레이션 과정을 구체적으로 살펴보면, AI는 먼저 현재 타자의 번트 성공률, 상대 투수의 특성, 수비진의 배치, 다음 타자의 능력 등을 종합적으로 분석한다. 그리고 번트를 시도하는 경우와 그렇지 않은 경우를 각각 5,000번씩 시뮬레이션해본다. 번트를 시도하는 5,000번의 시뮬레이션에서는 얼마나 자주 성공하는지, 성공했을 때 최종적으로 득점으로 이어지는 비율은 얼마인지를 계산한다. 번트를 시도하지 않는 5,000번의 시뮬레이션에서도 마찬가지로 득점 확률을 계산한다.

이런 시뮬레이션의 결과는 때로는 전통적인 야구 상식을 뒤엎는 결론을 제시하기도 한다. 예를 들어, 과거에는 "무사 1루에서는 번트로 주자를 2루로 진루시키는 것이 유리하다"는 것이 일반적인 통념이었다. 하지만 AI 시뮬레이션 결과, 많은 상황에서 번트보다는 일반적인 타격이 더 높은 득점 확률을 보인다는 것이 밝혀졌다. 이는 번트 성공률이 100%가 아니고, 번트가 성공해도 타자가 아웃이 되면서 공격 기회가 하나 줄어든다는 점을 정확히 계산한 결과이다.

또 다른 흥미로운 활용 사례는 투수 교체 시점의 최적화이다. 선발 투수가 언제까지 던져야 하는지, 언제 불펜 투수로 교체해야 하는지는 감독에게 가장 어려운 결정 중 하나이다. AI는 현재 투수의 구종별 위력 변화, 타자들의 상성, 불펜 투수들의 컨디션 등을 종합해서 수천 가지 시나리오를 시뮬레이션한다.

예를 들어, 6회말 2사 2루 상황에서 선발 투수가 90구를 던진 상태라고 가정해봅시다. AI는 이 투수가 계속 던지는 경우, 7회에 올라갈 불펜 투수로 교체하는 경우, 8회 마무리 투수를 미리 투입하는 경우 등을 각각 시뮬레이션해본다. 각 선택에 따른 실점 확률, 승리 확률의 변화를 정확히 계산해서 최적의 결정을 내릴 수 있도록 도와준다.

이런 시뮬레이션은 단순히 한 경기에만 국한되지 않고 시즌 전체의 운영에도 활용된다. 선발 로테이션을 어떻게 구성할지, 부상 선수가 발생했을 때 어떤 선수로 대체할지, 트레이드 마감일에 어떤 선수를 영입해야 할지 등의 장기적 결정에도 시뮬레이션이 중요한 역할을 하고 있다.

3) 테니스와 e스포츠에서의 전략 실험

테니스에서의 전술 시뮬레이션은 개인 스포츠의 특성상 더욱 정교하고 개인화된 접근이 가능하다. 각 선수의 고유한 플레이 스타일, 신체적 특성, 심리적 패턴까지 반영한 맞춤형 시뮬레이션이 구현되고 있다.

테니스 시뮬레이션의 핵심은 선수의 샷 선택 패턴을 정확히 모델링하는 것이다. AI는 선수가 코트의 어느 위치에서, 어떤 상황에서, 어떤 종류의 샷을 선택하는 경향이 있는지를 수만 개의 과거 경기 데이터를 통해 학습한다. 예를 들어, 특정 선수가 디스 라인 근처에서 공을 받았을 때 크로스로 보내는 확률이 70%, 다운 더 라인으로 보내는 확률이 25%, 드롭샷을 시도하는 확률이 5%라는 식으로 정확한 확률 분포를 파악한다.

이런 데이터를 바탕으로 AI는 다양한 전략적 시나리오를 시뮬레이션할 수 있다. 예를

그림 5-11 투수 교체 시험의 최적화

들어, "상대방의 백핸드 쪽으로만 집중 공략하는 전략"과 "포핸드와 백핸드를 번갈아 공략하는 전략" 중 어느 것이 더 효과적인지를 가상의 경기를 통해 비교해볼 수 있다. 각 전략을 1만 번씩 시뮬레이션해서 승률, 평균 랠리 길이, 언포스트 에러 유발률 등을 비교 분석한다.

특히 흥미로운 것은 서브 전략의 최적화이다. AI는 선수의 서브 능력을 세밀하게 분석해서, 어떤 상황에서 어떤 종류의 서브를 선택해야 하는지를 제안한다. 예를 들어, 브레이크 포인트 상황에서는 안전하게 1서브 성공률을 높일 것인지, 아니면 위험을 감수하고라도 에이스를 노릴 것인지를 시뮬레이션을 통해 결정할 수 있다.

더 나아가 AI는 경기 중 체력 변화까지 고려한 정교한 시뮬레이션을 수행한다. 3세트 경기에서 1세트를 치열하게 가져간 후 2세트에서는 체력을 비축할 것인지, 아니면 2세트에서도 최대한 압박을 가할 것인지 같은 전략적 선택을 시뮬레이션으로 검증할 수 있다.

e스포츠에서의 전술 시뮬레이션은 아마도 가장 발전된 형태일 것이다. 게임 자체가 디지털 환경이기 때문에 시뮬레이션과 실제 게임 사이의 경계가 모호하며, 무한대에 가까운 반복 실험이 가능하다.

OpenAI Five는 이 분야의 혁신적인 사례이다. 이 AI는 도타 2라는 게임에서 인간 프로팀을 압도적으로 이기는 수준까지 발전했는데, 그 과정에서 전술 시뮬레이션의 새로운 패러다임을 제시했다. OpenAI Five는 매일 180년에 해당하는 게임 시간을 소화하면서

자가 학습을 진행했다. 이는 인간이 평생에 걸쳐 축적할 수 있는 경험의 수십만 배에 해당하는 양이다.

이 AI가 발견한 전략들 중 일부는 인간 프로게이머들에게도 새로운 통찰을 제공했다. 예를 들어, 전통적으로는 게임 초반에 안전하게 성장하는 것이 정석으로 여겨졌지만, OpenAI Five는 특정 상황에서는 위험을 감수하고 공격적으로 나가는 것이 더 유리할 수 있다는 것을 시뮬레이션을 통해 입증했다.

현재 많은 e스포츠 팀들이 비슷한 시뮬레이션 도구들을 활용하고 있다. 새로운 패치가 나왔을 때 어떤 캐릭터 조합이 가장 강력할지, 어떤 아이템 빌드가 최적일지를 수만 번의 시뮬레이션을 통해 빠르게 파악할 수 있게 되었다. 이는 빠르게 변화하는 e스포츠 환경에서 경쟁 우위를 확보하는 중요한 도구가 되고 있다.

특히 팀 전투 상황에서의 포지셔닝과 스킬 사용 순서 최적화는 시뮬레이션의 핵심 활용 분야이다. AI는 5대5 팀파이트에서 발생할 수 있는 수천 가지 시나리오를 시뮬레이션하면서, 어떤 순서로 스킬을 사용하고 어떻게 포지셔닝해야 승률이 높아지는지를 정확히 계산해낸다.

이런 시뮬레이션 기술의 발전은 전통 스포츠에도 역으로 영향을 미치고 있다. e스포츠에서 검증된 시뮬레이션 방법론들이 축구, 농구, 야구 등의 분석에도 적용되면서, 전체적인 스포츠 분석 기술의 발전을 이끌고 있다.

학습 요약

AI 기술의 발전은 스포츠 현장에 근본적인 변화를 일으켰다. 경기 분석과 전술 수립이 이제 더 이상 감독과 코치의 '감'에 의존하지 않고, 정확한 데이터와 과학적 분석이 전략의 중심이 되었다.

AI는 패턴 분석을 통해 인간의 눈으로는 포착하기 어려운 반복 행동을 찾아내고, 이를 전술적 기회로 전환한다. 리버풀의 TacticAI처럼 수만 건의 데이터 속 패턴을 분석해 득점 전략을 제안하고, 포지셔닝 분석은 '어디에 있는가'를 넘어 '왜 그 위치에 있어야 하는가'를 과학적으로 설명한다.

AI는 이제 전략을 해석하는 단계를 넘어 직접 생성·검증하는 전술 파트너로 발전했다. 팀 리퀴드의 드래프트 AI나 야구의 라인업 최적화처럼, AI는 인간이 생각하지 못한 창의적 전략을 제안하고 수만 번의 시뮬레이션으로 그 효과를 검증한다.

이를 통해 스포츠 현장은 위험을 줄이면서 혁신 속도를 높이고 있다. 그러나 이러한 기술이 인간의 역할을 대체하는 것은 아니다. AI가 객관적 통찰을 제공한다면, 감독과 코치는 선수의 심리·팀 분위기·경기 맥락을 종합해 최종 결정을 내린다. 스포츠의 본질은 여전히 인간이 만들어내는 감동과 드라마에 있다. 결국 AI와 인간의 협력이 정교해질수록 스포츠는 더 흥미롭고 수준 높은 경쟁의 장이 될 것이다.

선수는 AI 분석을 통해 퍼포먼스를 극대화하고, 코치는 과학적 근거로 전략을 설계하며, 팬들은 더 완성도 높은 경기를 즐길 수 있다. AI는 스포츠의 본질을 훼손하기보다, 그 잠재력을 확장시키는 동반자로 자리하고 있다.

06 Chapter

중계·영상 자동화 기술과 콘텐츠 혁신

>> 학습 목표

1. AI기술이 스포츠 중계와 영상 제작에 도입된 배경과 의의를 이해한다.
2. 하이라이트 자동 생성, AI 해설, 자동 카메라 등 핵심 기술의 원리를 설명할 수 있다.
3. AI 중계 기술이 가져올 산업적 변화와 윤리적 쟁점을 비판적으로 분석할 수 있다.

5 중계 기술의 진화와 AI도입의 배경

1) 전통적인 스포츠 중계 시스템의 구조와 한계

스포츠 중계는 오랫동안 인간 중심의 고도화된 제작 시스템에 의해 운영되어 왔다. 일반적인 프로 스포츠 중계에는 메인 카메라 5-8대, 보조 카메라 10-15대가 동원되며, 각 카메라마다 전문 카메라맨이 배치된다. 중계 차량에는 영상 감독, 음향 기술자, 그래픽 오퍼레이터, 리플레이 담당자 등 15-20명의 전문 인력이 투입되어 실시간으로 협업한다.

해설진의 경우에도 메인 해설자와 전문 해설위원, 리포터까지 포함하여 3-5명이 한 팀을 이루며, 이들을 지원하는 작가와 통계 담당자들이 추가로 필요한다. 경기 전 사전 제작부터 경기 후 하이라이트 편집까지 포함하면 한 경기 중계에 투입되는 총 인력은 50-100명에 달하기도 한다.

이러한 시스템에서 제작되는 콘텐츠는 높은 품질을 자랑하지만, 몇 가지 근본적인 한계를 가지고 있다. 첫째, 막대한 제작비용으로 인해 주요 경기나 인기 종목에만 집중될 수밖에 없다. 둘째, 모든 시청자에게 동일한 화면과 해설을 제공하는 일률적 구조로 인해 개인의 다양한 취향과 관심사를 반영하기 어렵다. 셋째, 실시간 제작의 특성상 즉각적인 하이라이트 제공이나 개인화된 콘텐츠 생성에 한계가 있다.

2) 디지털 미디어 환경의 변화와 새로운 도전

21세기 들어 스포츠 콘텐츠 소비 환경은 급격하게 변화하고 있다. 스마트폰과 태블릿의 보급으로 언제 어디서나 스포츠 콘텐츠를 소비할 수 있게 되었고, 소셜 미디어의 확산으로 짧고 임팩트 있는 클립 형태의 콘텐츠에 대한 수요가 폭증했다. 틱톡, 인스타그램, 유튜브 쇼츠 등의 플랫폼에서는 15초-3분 길이의 하이라이트 영상이 수백만 조회수를 기록하며, 전통적인 90분-3시간짜리 풀 경기 중계보다 훨씬 높은 인기를 얻고 있다.

젊은 세대를 중심으로 멀티태스킹 미디어 소비가 일반화되면서, 경기를 시청하면서 동시에 관련 통계를 확인하거나 다른 팬들과 실시간 소통을 원하는 니즈도 증가하고 있다. 또한 글로벌 팬들의 경우 시차 문제로 인해 라이브 시청이 어려운 경우가 많아, 경기 직후 즉시 제공되는 맞춤형 요약 콘텐츠에 대한 수요가 높다.

OTT(Over-The-Top) 서비스의 확산도 중요한 변화 요인이다. 넷플릭스, 아마존 프라임, 디즈니+와 같은 플랫폼들이 스포츠 콘텐츠 시장에 진입하면서, 기존 방송사들과는 다른 방식의 개인화된 콘텐츠 서비스를 제공하기 시작했다. 이들은 시청자의 시청 이력과 선호도를 분석하여 개인별로 최적화된 하이라이트나 관련 콘텐츠를 추천하는 서비스를 선보이고 있다.

모바일 중심 소비	짧은 클립 선호	OTT 서비스 확산
스마트폰으로 언제 어디서나 스포츠 콘텐츠를 시청하는 시대	틱톡, 인스타그램에서 15초-3분 하이라이트가 수백만 조회수 기록	넷플릭스, 아마존이 개인화된 스포츠 콘텐츠 시장에 진입

그림 6-1 디지털 미디어 환경의 변화

3) AI 기술 도입의 필연성과 기대효과

이러한 환경 변화에 대응하기 위해 AI 기술이 스포츠 중계 및 영상 콘텐츠 제작 현장에 본격적으로 도입되기 시작했다. AI 기술의 도입은 단순한 효율성 개선을 넘어서 스포츠 콘텐츠 산업의 근본적 혁신을 가능하게 하고 있다.

경기 영상 분석 자동화 측면에서 AI는 인간이 처리하기 어려운 방대한 양의 데이터를 실시간으로 분석할 수 있다. 90분 축구 경기 동안 생성되는 영상 데이터는 수십 기가바이트에 달하며, 이 중에서 흥미로운 장면을 식별하고 편집하는 작업을 인간이 수행하려면 최소 5-6시간이 필요한다. 하지만 AI는 경기 진행과 동시에 이러한 분석을 수행하여 경기 종료 즉시 하이라이트를 제공할 수 있다.

실시간 해설 생성 기능은 다국어 서비스의 가능성을 크게 확장시킨다. 전통적으로 국제 대회에서 다국어 해설을 제공하려면 각 언어별로 전문 해설진을 확보해야 했지만, AI 해설 시스템은 하나의 기본 해설을 다양한 언어로 즉시 번역하고 음성화할 수 있다. 또한 선수 통계, 팀 기록, 과거 경기 결과 등 방대한 데이터베이스를 실시간으로 활용하여 더욱 정확하고 정보가 풍부한 해설을 제공할 수 있다.

촬영 및 연출 자동화는 중계 제작의 민주화를 가능하게 한다. 기존에는 전문 카메라맨과 감독이 필요했던 고품질 촬영이 이제는 AI 시스템만으로도 가능해짐에 따라, 아마추어 스포츠나 지역 리그에서도 프로 수준의 중계를 제작할 수 있게 되었다.

2 하이라이트 자동 생성 기술

1) 기술 개념과 핵심 원리

하이라이트 자동 생성 기술은 전체 경기 영상에서 관중의 흥미를 끌만한 장면, 즉 결정적인 순간을 자동으로 식별하고 이를 요약된 클립으로 편집하는 첨단 기술이다. 이 기술의 핵심은 AI가 컴퓨터 비전과 오디오 분석 기술을 결합하여 특정 이벤트를 감지하고, 이를 중심으로 편집 시점을 설정하여 짧은 요약 영상을 생성하는 것이다.

기술적으로 이 시스템은 다층적 신경망 구조를 기반으로 작동한다. 입력층에서는 영상의 각 프레임과 오디오 신호를 동시에 받아들이고, 중간층에서는 이미지 인식과 음성 분석을 병렬적으로 수행한다. 출력층에서는 각 시점의 '흥미도 점수'를 계산하여 하이라이트 후보 구간을 식별한다.

컴퓨터 비전 측면에서는 객체 인식(Object Detection), 동작 인식(Action Recognition), 장면 분할(Scene Segmentation) 기술이 복합적으로 활용된다. 객체 인식을 통해 공, 선수, 골대, 심판 등 경기의 핵심 요소들을 실시간으로 추적하고, 동작 인식을 통해 슛, 패스, 태클 등의 특정 행동을 감지한다. 장면 분할 기술은 연속된 영상을 의미 있는 단위로 나누어 편집의 기준점을 제공한다.

오디오 분석에서는 관중의 환호성, 해설자의 음성 톤 변화, 경기장 내 소음 수준 등을 종합적으로 분석한다. 특히 관중의 환호성은 흥미로운 상황의 강력한 지표로 활용되며, 기계학습을 통해 골 상황의 환호와 일반적인 응원 소리를 구분할 수 있다.

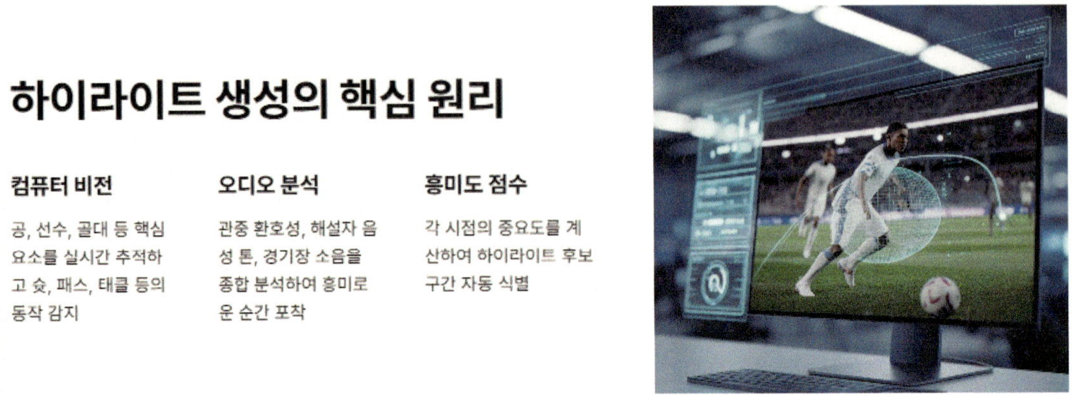

그림 6-2 하이라이트 생성의 핵심 원리

2) 기술 구성 요소의 상세 분석

(1) 이벤트 검출(Event Detection) 시스템

이벤트 검출은 하이라이트 생성의 첫 번째이자 가장 중요한 단계이다. 이 시스템은 경기 상황에서 발생하는 주요 이벤트를 자동으로 감지하는 복합적인 AI 모델로 구성된다.

축구의 경우, 시스템은 다음과 같은 이벤트들을 구분하여 감지한다: 골 득점(골키퍼 반응, 관중 환호, 선수 세리머니 포함), 위험한 공격 상황(페널티 박스 내 볼 점유), 반칙 상황(파울, 오프사이드), 카드 제시, 코너킥, 프리킥 등. 각 이벤트는 고유한 시각적·청각적 패턴을 가지고 있어 AI 모델은 이를 학습하여 구분한다.

농구에서는 더욱 복잡한 이벤트 분류가 이루어진다: 2점슛/3점슛 성공, 덩크, 블록, 스틸, 어시스트, 리바운드, 파울 등. 특히 덩크의 경우 공의 궤적, 선수의 점프 높이, 림과의 상호작용을 종합적으로 분석하여 일반 슛과 구분한다.

이벤트 검출의 정확도를 높이기 위해 다중 모달 접근법이 사용된다. 영상 데이터만으로는 애매한 상황을 오디오 데이터로 보완하고, 반대로 소음이 많은 환경에서는 시각적 정보에 더 큰 가중치를 부여한다. 또한 실시간 스코어보드 정보나 공식 기록과의 교차 검증을 통해 오탐지를 최소화한다.

(2) 장면 전환(Scene Segmentation) 기술

장면 전환 기술은 이벤트 전후의 중요한 맥락을 포함하여 클립을 적절히 나누고 연결하는 과정이다. 이는 단순히 득점 순간만을 포착하는 것이 아니라, 그 순간에 이르기까지의 빌드업과 이후의 반응까지를 포함하여 완성도 있는 하이라이트를 만드는 핵심 기술이다.

시간적 세분화에서는 '프리 임팩트', '임팩트', '포스트 임팩트' 구간으로 나누어 분석한다. 축구 골 상황을 예로 들면, 프리 임팩트는 공격 빌드업이 시작되는 순간부터, 임팩트는 실제 골이 들어가는 순간, 포스트 임팩트는 선수들의 세리머니와 관중 반응까지를 포함한다. 각 구간의 길이는 이벤트의 중요도와 경기 맥락에 따라 동적으로 조정된다.

카메라 앵글 변화도 중요한 고려 요소이다. 메인 카메라의 와이드 샷에서 시작하여 골 순간의 클로즈업, 이후 선수 반응의 미디엄 샷으로 이어지는 일련의 흐름을 자연스럽게 연결한다. AI는 수천 시간의 전문적으로 편집된 하이라이트를 학습하여 이러한 편집 패턴을 내재화한다.

스토리텔링 관점에서의 장면 구성도 중요한다. 단순한 사건의 나열이 아니라 긴장감 조성, 클라이맥스, 해소의 구조를 갖춘 완성된 스토리로 하이라이트를 구성한다. 예를 들어 극적인 역전골의 경우, 실점 상황부터 역전 과정까지의 전체적인 드라마를 하나의 하이라이트로 구성하여 감동을 극대화한다.

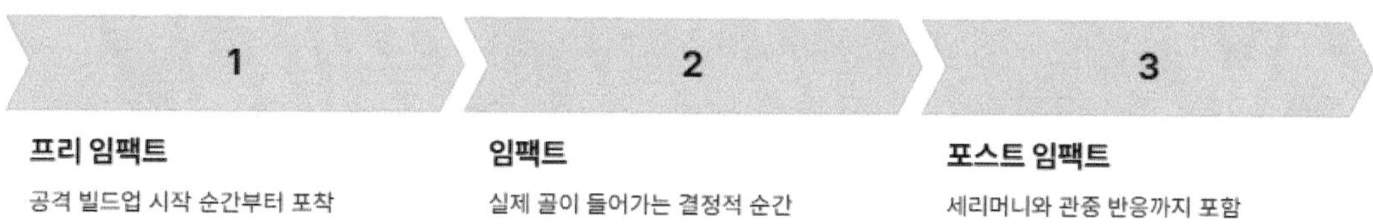

그림 6-3 장면 전환 기술

(3) 중요도 평가 및 재구성(Re-ranking & Summarization)

다양한 이벤트 중에서 어떤 장면이 하이라이트로 가장 적합한지를 결정하는 이 단계는 AI의 '편집자적 판단력'이 가장 중요하게 작용하는 부분이다. 시스템은 여러 요소를 종합적으로 고려하여 장면의 중요도를 정량적으로 평가한다.

경기 결과에 미치는 영향도는 가장 기본적인 평가 기준이다. 동점골, 역전골, 결승골 등은 높은 점수를 받으며, 대량 리드 상황에서의 추가 득점은 상대적으로 낮은 점수를 받는다. 또한 경기 시간대도 고려되어, 후반 종료 직전의 골은 전반 초반의 골보다 높게 평가된다.

관중 반응의 강도는 실시간으로 측정되는 중요한 지표이다. 환호성의 데시벨 수준, 지속 시간, 관중석의 움직임 정도 등을 종합하여 '관중 흥미도'를 계산한다. 이는 특히 미묘한 상황에서 하이라이트 가치를 판단하는 데 유용한다.

기술적 난이도나 희소성도 중요한 평가 요소이다. 일반적인 골보다는 오버헤드킥 골이, 평범한 패스보다는 노룩 패스가 높은 점수를 받는다. AI는 선수의 동작 패턴을 분석하여 기술의 난이도를 자동으로 계산한다.

시각적 임팩트는 화면의 구성미와 극적 효과를 평가한다. 카메라 앵글의 역동성, 색상 대비, 움직임의 리듬감 등을 종합하여 '시각적 아름다움' 점수를 부여한다. 이는 SNS에서의 공유 가능성과 바이럴 잠재력을 예측하는 데 도움이 된다.

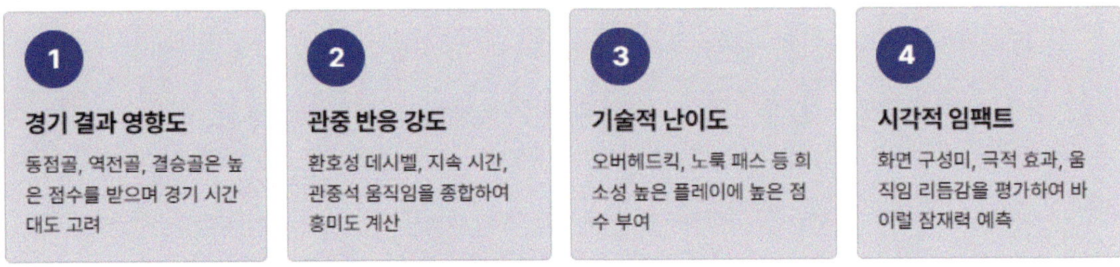

그림 6-4 중요도 평가 기준

3) 주요 기술 적용 사례의 심층 분석

(1) IBM Watson & 윔블던 테니스: 정밀 분석의 선구자

IBM Watson과 윔블던 테니스의 협력은 AI 하이라이트 생성 기술의 가장 정교한 구현 사례로 평가받고 있다. 이 시스템은 테니스라는 스포츠의 특성을 깊이 이해하고 이를 기술적으로 구현한 모범 사례이다.

시스템의 핵심은 다차원적 데이터 분석이다. 볼의 속도는 레이더 시스템을 통해 실시간으로 측정되며, 140km/h 이상의 고속 서브나 코트 라인 근처의 정교한 샷은 자동으로 높은 점수를 받는다. 볼의 궤적 분석을 통해 위너(직접 득점), 에이스 서브, 네트를 간신히

넘는 드롭샷 등을 구분하여 각각 다른 가중치를 부여한다.

관중 반응 분석은 특히 정교한다. 윔블던의 정숙한 분위기를 고려하여 일반적인 스포츠보다 훨씬 미묘한 반응도 감지한다. 박수 소리의 강도와 지속 시간, 탄성과 함성의 구분, 심지어 관중석의 움직임까지 분석하여 각 포인트의 흥미도를 측정한다.

코치와 선수의 표정 분석은 이 시스템의 독특한 특징이다. 컴퓨터 비전 기술을 통해 선수의 얼굴 표정에서 좌절, 기쁨, 놀라움, 집중 등의 감정을 읽어내고, 이를 해당 포인트의 중요도 평가에 반영한다. 코치박스의 반응도 마찬가지로 분석되어, 경기의 긴박함을 나타내는 지표로 활용된다.

선수의 제스처 분석도 흥미로운 요소이다. 셀레브레이션의 강도, 아쉬움의 표현, 관중과의 상호작용 등을 분석하여 해당 포인트가 선수에게 얼마나 중요한지를 파악한다. 특히 매치포인트나 브레이크포인트에서의 반응은 높게 평가된다.

경기 맥락의 고려도 정교한다. 세트 스코어, 게임 스코어, 포인트 상황을 종합하여 각 포인트의 가중치를 동적으로 조정한다. 예를 들어 듀스 상황에서의 포인트는 일반 포인트보다 높게 평가되고, 매치포인트를 구하거나 막는 상황에서는 최고 가중치가 적용된다.

이 모든 분석의 결과로 Watson은 경기 종료 후 단 2분 내에 완성도 높은 하이라이트 영상을 자동으로 생성한다. 더 놀라운 것은 이 하이라이트가 테니스 전문가들이 수동으로 제작한 하이라이트와 85% 이상의 일치율을 보인다는 점이다.

그림 6-5

(2) WSC Sports & NBA: 개인화의 새로운 차원

이스라엘 스타트업 WSC Sports는 NBA와 NFL 등 주요 리그에서 자동 하이라이트 생성 분야의 혁신을 주도하고 있다. 이들의 기술은 단순한 하이라이트 생성을 넘어서 완전히 개인화된 콘텐츠 경험을 제공한다는 점에서 주목받고 있다.

시스템의 핵심은 '팬 프로파일링' 기술이다. 각 사용자의 시청 이력, 선호 팀, 관심 선수, 플레이 스타일 선호도 등을 종합 분석하여 개인별 관심도 맵을 생성한다. 예를 들어 스테판 커리의 팬이라면 그의 3점슛뿐만 아니라 어시스트, 스틸, 심지어 벤치에서의 반응까지도 하이라이트에 포함된다.

실시간 맞춤형 생성 기능은 이 시스템의 가장 혁신적인 부분이다. 경기 진행 중에도 사용자가 "르브론 제임스의 4쿼터 모든 플레이"나 "골든스테이트의 3점슛 시도" 같은 구체적인 요청을 하면, AI가 즉시 해당 장면들을 검색하고 편집하여 맞춤형 클립을 생성한다. 이 과정은 평균 30초 이내에 완료된다.

플레이 유형별 분류도 매우 세분화되어 있다. 농구의 경우 덩크를 다시 원핸드/투핸드, 포워드/리버스, 컨택트/논컨택트로 세분하고, 각각에 대해 선호도를 설정할 수 있다. 축구에서는 골을 헤더골, 볼리슛, 프리킥골, 페널티킥 등으로 구분하여 개별 하이라이트를 생성한다.

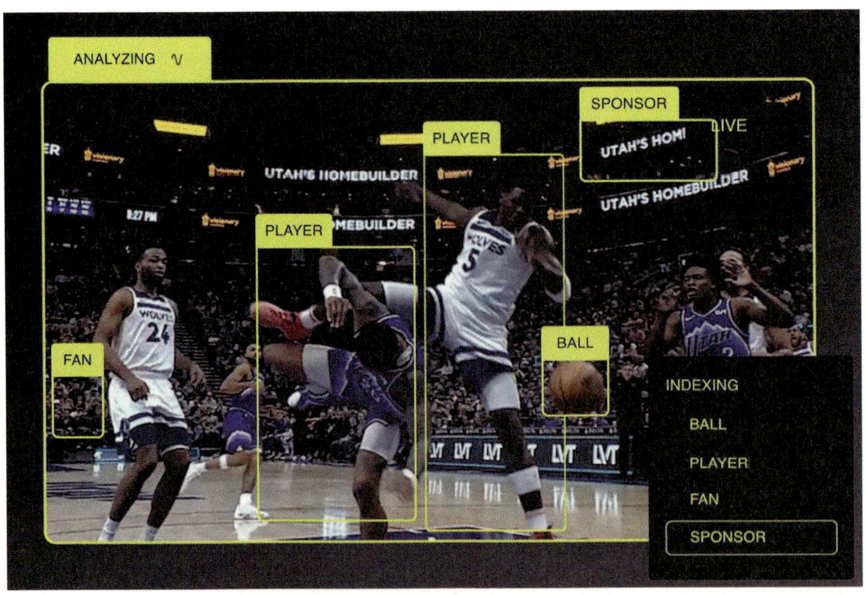

그림 6-6 WSC스포츠 플랫폼 이미지

출처: WSC스포츠 홈페이지 갈무리 (본 이미지는 교육적 목적으로 인용되었다.)

감정 기반 편집도 독특한 기능이다. 시스템은 사용자가 설정한 '감정 선호도'에 따라 하이라이트의 톤을 조절한다. '흥분' 모드에서는 빠른 템포의 편집과 임팩트 있는 장면을 중심으로, '차분함' 모드에서는 전술적 분석이 가능한 와이드 앵글과 슬로모션을 중심으로 구성한다.

소셜 미디어 최적화 기능도 제공된다. 플랫폼별 특성을 고려하여 인스타그램용(15초, 세로형), 트위터용(2분 20초, 가로형), 틱톡용(30초, 세로형) 등으로 자동 변환한다. 각 플랫폼의 알고리즘에 최적화된 썸네일과 캡션도 자동 생성된다.

(3) 네이버 & KBO 리그: 한국형 적용의 실험

네이버의 KBO 리그 하이라이트 자동 생성 시스템은 한국 스포츠 콘텐츠 시장의 특성을 반영한 흥미로운 사례이다. 야구라는 종목의 특성과 한국 팬들의 시청 문화를 고려한 현지화된 접근 방식을 보여준다.

야구의 특성상 '결정적 순간'의 정의가 다른 스포츠보다 복잡한다. 득점 장면뿐만 아니라 2아웃 만루 상황에서의 삼진, 9회말 역전 홈런, 완벽한 도루 등 다양한 상황이 하이라이트가 될 수 있다. 네이버의 시스템은 이러한 야구만의 드라마틱한 순간들을 정확히 포착하기 위해 야구 전문가들과의 긴밀한 협력을 통해 개발되었다.

현재 시스템은 주로 득점 상황에 집중하고 있지만, 그 내부 구조는 매우 정교한다. 홈런의 경우 타구 궤적, 관중 반응, 선수의 홈런 세리머니까지를 하나의 시퀀스로 구성하며, 내야 안타로 인한 득점의 경우 주자의 움직임과 수비수들의 반응을 종합적으로 포착한다.

그림 6-7 네이버스포츠 AI 득점 하이라이트

출처: 네이버 스포츠 (본 이미지는 교육적 목적으로 인용되었다.)

한국 야구 팬들의 문화적 특성도 반영되었다. 응원가, 치어리더 퍼포먼스, 마스코트의 반응 등 한국 야구장의 독특한 분위기 요소들도 하이라이트에 포함된다. 특히 극적인 상황에서의 관중 반응은 한국 팬들의 열정적인 응원 문화를 고려하여 더 높은 가중치를 받도록 설계되었다.

향후 확장 계획도 구체적으로 수립되어 있다. 호수비의 경우 수비수의 움직임 패턴, 타구의 난이도, 포구 후 관중 반응을 종합 분석하여 '수비 하이라이트'를 생성할 예정이다. 도루 상황에서는 주자의 스타트 타이밍, 포수의 송구, 슬라이딩 순간까지의 전체 과정을 하나의 완성된 드라마로 구성하는 기술을 개발 중이다.

4) 콘텐츠 소비 방식의 혁명적 변화

(1) 실시간성의 극대화

하이라이트 자동 생성 기술은 팬들의 콘텐츠 소비 방식에 근본적인 변화를 가져오고 있다. 과거에는 경기 종료 후 상당한 시간이 지나서야 편집된 하이라이트를 볼 수 있었지만, 이제는 실시간 또는 경기 직후에 즉시 하이라이트를 확인할 수 있게 되었다.

특히 주목할 만한 변화는 '인플레이 하이라이트' 개념의 등장이다. 경기가 진행되는 동안에도 중요한 장면이 발생하면 즉시 하이라이트가 생성되어 소셜 미디어에 공유되거나 앱 푸시 알림으로 전송된다. 이는 특히 시차 때문에 실시간 시청이 어려운 해외 팬들에게 큰 인기를 끌고 있다.

생성 속도의 향상도 놀랍다. 초기 시스템들이 경기 종료 후 10-15분이 소요되었다면, 현재는 평균 2-3분, 빠른 경우 30초 이내에 하이라이트가 생성된다. 이는 팬들이 소셜 미디어에서 실시간으로 반응을 공유하고 토론하는 문화와 완벽하게 맞아떨어진다.

(2) 개인화의 심화

더 중요한 변화는 팬이 원하는 선수나 팀 중심의 개인화된 콘텐츠를 실시간으로 제공함으로써 몰입감을 크게 높인다는 점이다. 이는 단순한 필터링을 넘어서 완전히 새로운 시청 경험을 창조하고 있다.

개인화 수준의 고도화가 특히 눈에 띈다. 초기에는 단순히 특정 선수나 팀의 장면만을 모으는 수준이었다면, 현재는 팬의 세밀한 취향까지 반영한다. 예를 들어 축구에서 "메시의 드리블"을 선호하는 팬에게는 골 장면뿐만 아니라 인상적인 개인기, 패스, 심지어 수비 상황까지 포함한 종합적인 하이라이트가 제공된다.

감정적 맞춤화도 발전하고 있다. 팬이 선호하는 감정적 톤에 따라 하이라이트의 구성이 달라진다. '승리의 기쁨'을 원하는 팬에게는 골 세리머니와 팬들의 환호가 강조되고, '기술적 분석'을 원하는 팬에게는 전술적 움직임과 선수 간 협력 플레이가 중심이 된다.

(3) 플랫폼별 최적화

이러한 개인화된 콘텐츠들은 OTT 플랫폼, SNS 클립, 구단 자체 앱 등 다양한 채널에서 활용되며, 각 플랫폼의 특성에 맞게 최적화된 형태로 제공된다.

OTT 플랫폼에서는 긴 형태의 상세한 하이라이트가 선호된다. 넷플릭스나 아마존 프라임의 스포츠 다큐멘터리 섹션에서는 10-15분 길이의 심화 하이라이트가 제공되며, 이는 전술 분석, 선수 인터뷰, 통계 정보 등이 포함된 완성도 높은 콘텐츠로 구성된다.

소셜 미디어에서는 각 플랫폼의 특성에 맞춰 최적화된다. 인스타그램 스토리용으로는 15초 세로형 클립이, 트위터용으로는 2분 20초 이내의 가로형 영상이, 틱톡용으로는 30초-1분 길이의 세로형 영상이 자동 생성된다. 각 플랫폼의 알고리즘을 고려한 썸네일과 해시태그도 자동으로 생성된다.

구단 자체 앱에서는 팬들의 충성도를 높이는 방향으로 콘텐츠가 특화된다. 상대팀의 실책이나 아쉬운 순간은 최소화하고, 자팀의 좋은 플레이와 팬들의 응원 모습을 부각시킨 하이라이트가 제공된다. 또한 시즌 하이라이트, 선수 개인 하이라이트, 역사적 순간 재조명 등 다양한 테마의 콘텐츠도 제공된다.

(4) 인터랙티브 요소의 확산

최근에는 단순한 시청을 넘어서 인터랙티브 요소가 포함된 하이라이트도 등장하고 있다. 시청자가 원하는 카메라 앵글을 선택하거나, 슬로우모션 구간을 직접 설정하거나, 통계 정보 오버레이를 켜고 끌 수 있는 기능들이 제공된다.

VR/AR 기술과의 융합도 시작되고 있다. VR 헤드셋을 착용하고 마치 경기장에 있는 것처럼 하이라이트를 경험하거나, AR 기술을 통해 실제 공간에 경기 장면을 투영하여 시청하는 새로운 형태의 콘텐츠 소비가 실험되고 있다.

3 자동 해설(AI 캐스터)기술

1) 기술 개요와 발전 배경

AI 해설 기술은 경기 상황에 대한 설명을 자동으로 생성하는 혁신적인 시스템으로, 전통적인 스포츠 중계의 핵심 요소인 해설자의 역할을 AI가 대신 수행하는 기술이다. 이 기술은 자연어 생성(Natural Language Generation)과 음성 합성(Text-to-Speech) 기술을 기반으로 하며, 경기 데이터를 실시간으로 분석하여 해설 문장을 생성하고 이를 자연스러운 음성으로 전달하는 방식으로 작동한다.

전통적인 스포츠 해설은 숙련된 해설자의 경험과 직감, 그리고 순간적인 판단력에 크게 의존해왔다. 베테랑 해설자들은 수십 년간의 경험을 바탕으로 경기의 흐름을 읽고, 선수들의 심리 상태를 파악하며, 적절한 순간에 감정을 고조시키는 해설을 제공해왔다. 하지만 이러한 인간적 요소들이 AI 기술의 발전으로 점차 데이터 분석과 패턴 인식으로 대체되고 있다.

AI 해설 기술의 가장 큰 장점은 일관성과 객관성이다. 인간 해설자는 개인적 편견이나 감정 상태, 피로도 등에 영향을 받을 수 있지만, AI는 항상 동일한 기준으로 해설을 생성한다. 또한 방대한 데이터베이스에 접근하여 정확한 통계나 역사적 기록을 즉시 활용할 수 있어, 더욱 정보가 풍부하고 정확한 해설을 제공할 수 있다.

2) 기술 구조의 심층 분석

(1) 실시간 경기 데이터 수집 시스템

AI 해설 시스템의 첫 번째 단계는 실시간 경기 데이터 수집이다. 이는 AI가 해설을 생성하기 위한 원재료를 제공하는 핵심 과정으로, 다양한 소스로부터 데이터를 수집하고 통합하는 복잡한 시스템이다.

위치 추적 데이터는 가장 기본적이면서도 중요한 정보이다. 축구의 경우 모든 선수와 공의 위치가 초당 25-30회 측정되며, 이를 통해 선수들의 움직임 패턴, 팀 포메이션, 공격과 수비 전환 등을 실시간으로 파악할 수 있다. GPS 센서, 컴퓨터 비전, RFID 기술 등이 복합적으로 활용되어 오차 범위 10cm 이내의 정확한 위치 데이터를 제공한다.

실시간 스코어와 경기 상황 정보는 공식 기록 시스템과 직접 연동된다. 득점, 교체, 카드 제시, 오프사이드 등의 공식 기록뿐만 아니라 볼 점유율, 패스 성공률, 슛 시도 횟수 등의 실시간 통계도 함께 수집된다. 이 데이터들은 경기 상황을 정확히 파악하고 적절한 해설을 생성하는 데 필수적이다.

선수 개별 데이터도 중요한 요소이다. 각 선수의 이번 시즌 성적, 상대팀과의 과거 전적, 최근 컨디션, 부상 이력 등의 정보가 실시간으로 업데이트되어 해설에 반영된다. 예를 들어 특정 선수가 골을 넣었을 때, AI는 즉시 그 선수의 이번 시즌 골 기록, 해당 상대팀과의 과거 득점 기록, 최근 몇 경기 동안의 폼 등을 종합하여 해설에 포함시킨다.

환경 데이터도 고려된다. 날씨, 온도, 습도, 바람 등의 기상 조건은 경기 진행과 선수 퍼포먼스에 영향을 미치므로 해설에 반영된다. 특히 골프나 야구 같은 야외 스포츠에서는 이러한 환경 요소가 해설의 중요한 부분을 차지한다.

(2) 자연어 문장 생성 엔진

수집된 데이터를 바탕으로 실제 해설 문장을 생성하는 자연어 생성 엔진은 AI 해설 시스템의 핵심이다. 이 엔진은 단순한 템플릿 기반 생성을 넘어서 맥락을 이해하고 자연스러운 해설을 만들어내는 고도화된 시스템이다.

상황 인식과 맥락 파악이 첫 번째 단계이다. AI는 현재 경기 상황을 종합적으로 분석하여 어떤 종류의 해설이 적절한지를 판단한다. 예를 들어 골 득점 상황에서는 흥분된 톤의 해설이, 부상 상황에서는 차분하고 염려하는 톤의 해설이 생성된다.

문장 구조와 어휘 선택도 정교한다. AI는 수십만 시간의 전문 해설을 학습하여 자연스러운 문장 구조와 적절한 어휘를 선택한다. "환상적인 골!", "아쉬운 기회를 놓쳤다", "위험한 상황이다" 등 상황에 맞는 표현을 자동으로 생성하며, 반복을 피하기 위해 다양한 표현 방식을 활용한다.

통계 정보의 자연스러운 통합도 중요한 기능이다. 단순히 숫자를 나열하는 것이 아니라 "이것으로 메시는 이번 시즌 15번째 골을 기록하며 득점 랭킹 1위를 유지하고 있다"처럼 맥락 있는 정보를 제공한다.

감정과 톤의 조절은 해설의 품질을 좌우하는 핵심 요소이다. AI는 경기 상황의 중요도, 홈팀/원정팀 여부, 시간대 등을 고려하여 해설의 감정적 톤을 조절한다. 극적인 역전골에서는 흥분도를 높이고, 일반적인 패스 상황에서는 차분한 톤을 유지한다.

(3) 음성 합성 및 감정 표현 시스템

생성된 해설 문장을 자연스러운 음성으로 변환하는 음성 합성 시스템은 AI 해설의 완성도를 결정하는 마지막 단계이다. 현대의 TTS 기술은 단순히 텍스트를 소리로 변환하는 것을 넘어서 감정과 뉘앙스까지 표현할 수 있는 수준에 도달했다.

음성 품질의 향상이 가장 눈에 띄는 발전이다. 딥러닝 기반의 음성 합성 기술(WaveNet, Tacotron 등)을 통해 실제 사람의 목소리와 구분하기 어려운 수준의 자연스러운 음성을 생성할 수 있게 되었다. 발음의 정확성, 억양의 자연스러움, 호흡 소리까지 재현하여 청취자에게 위화감을 주지 않는다.

감정 표현 기능은 특히 중요한다. 같은 문장이라도 상황에 따라 다른 감정으로 표현되어야 한다. "골이다!"라는 문장도 결승골과 추가골에서는 다른 흥분도로 표현되며, 홈팀과 원정팀의 골에서도 미묘한 차이를 보이다. AI는 이러한 감정적 뉘앙스를 음성에 반영한다.

속도와 리듬의 조절도 정교한다. 빠른 공격 상황에서는 해설 속도를 높이고, 중요한 정보를 전달할 때는 천천히 또박또박 말하는 등 상황에 맞는 말하기 패턴을 구현한다. 또한 적절한 pause와 강조를 통해 듣기 편하고 이해하기 쉬운 해설을 제공한다.

3) 적용 사례의 상세 분석

(1) NBC & 앨 마이클스 AI 음성 복제: 신뢰성과 친숙함의 결합

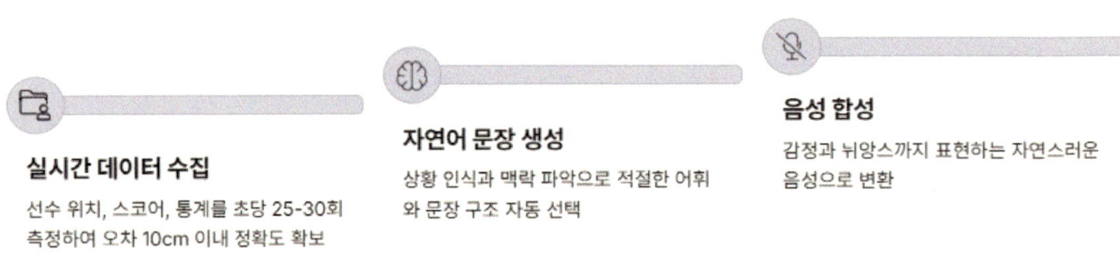

그림 6-8 AI 해설의 기술 구조

NBC의 앨 마이클스 AI 음성 복제 프로젝트는 AI 해설 기술의 가능성과 동시에 윤리적 고려사항을 보여주는 대표적인 사례이다. 2024 파리올림픽을 위해 개발된 이 시스템은 40년 이상의 경력을 가진 전설적인 스포츠 캐스터 앨 마이클스의 목소리를 AI로 정교하게 복제했다.

기술적 구현 과정은 매우 정교했다. 먼저 앨 마이클스의 수백 시간에 달하는 해설 음성을 수집하고 분석했다. 이 과정에서 그의 독특한 발음 패턴, 억양, 감정 표현 방식, 특정 상황에서의 반응 패턴 등이 세밀하게 분석되었다. 특히 그가 자주 사용하는 관용구나 특정 표현들("Do you believe in miracles?" 같은 유명한 문구들)도 AI 모델에 학습되었다.

음성 복제의 정확도는 놀라운 수준이었다. 블라인드 테스트에서 일반 청취자들의 90% 이상이 AI가 생성한 음성을 실제 앨 마이클스의 음성으로 인식했다. 심지어 그의 가족들도 처음에는 실제 목소리로 착각할 정도였다고 한다.

콘텐츠 생성 과정에서는 앨 마이클스 본인이 직접 참여했다. AI가 생성한 해설 스크립트를 검토하고 수정하는 역할을 맡아, 그의 해설 스타일과 철학이 AI에 반영되도록 했다. 이는 단순한 음성 복제를 넘어서 해설자의 정신과 스타일까지 계승하려는 시도였다.

활용 범위는 주로 개인화된 하이라이트에 국한되었다. 각 시청자의 관심사에 맞춘 맞춤형 올림픽 하이라이트에 앨 마이클스의 AI 음성으로 해설을 입혔다. 예를 들어 수영에 관심이 많은 시청자에게는 수영 경기 중심의 하이라이트를, 육상에 관심이 많은 시청자에게는 육상 경기 중심의 하이라이트를 제공하되, 모두 앨 마이클스의 친숙한 목소리로 해설을 들을 수 있게 했다.

팬들의 반응은 대체로 긍정적이었다. 특히 앨 마이클스의 오랜 팬들은 그의 목소리로 개인화된 콘텐츠를 들을 수 있다는 점에 큰 만족을 표했다. 하지만 일부에서는 "진짜가 아닌" 해설에 대한 거부감을 표하기도 했다.

그림 6-9 앨 마이클스
(본 이미지는 교육적 목적으로 인용되었다.)

(2) SK텔레콤 & 골프 AI 해설자: 정량적 분석의 새로운 차원

SK텔레콤의 골프 AI 해설자 프로젝트는 정보 중심의 AI 해설이 어떤 가치를 제공할 수 있는지를 보여주는 흥미로운 사례이다. 골프라는 종목의 특성을 활용하여 기존 해설자들이 제공하기 어려운 정량적이고 객관적인 해설을 구현했다.

골프는 다른 스포츠에 비해 정량화 가능한 데이터가 많은 종목이다. 샷 거리, 정확도, 그린 적중률, 퍼팅 성공률 등 모든 플레이가 수치로 기록되며, 이러한 데이터들이 AI 해설의 풍부한 소재가 된다.

시스템의 핵심은 실시간 데이터 분석이다. 선수가 샷을 하는 순간 AI는 즉시 여러 요소를 분석한다. 첫째, 현재 샷의 기술적 분석이다. 볼 속도, 발사각, 스핀량, 궤적 등을 실시간으로 측정하여 "현재 샷은 초속 70미터, 발사각 14도로 최적의 드라이버 샷이다"와 같은 기술적 해설을 제공한다.

둘째, 과거 데이터와의 비교 분석이다. 해당 선수의 평균 드라이빙 거리, 이 홀에서의 과거 성적, 현재 컨디션 등을 종합하여 "김선수는 이 홀에서 평소보다 15야드 더 긴 드라이브를 성공시켰다"와 같은 비교 해설을 제공한다.

셋째, 전략적 분석이다. 현재 라이, 핀 위치, 바람 방향 등을 고려하여 최적의 전략을 제시한다. "현재 바람이 왼쪽에서 초속 3미터로 불고 있어 약간의 페이드 샷이 유리할 것으로 예상된다"와 같은 전술적 조언을 포함한다.

날씨 정보의 활용도 정교한다. 온도, 습도, 기압, 바람 등이 골프볼의 비행에 미치는 영향을 실시간으로 계산하여 해설에 반영한다. "현재 고기압의 영향으로 볼이 평소보다 5-7야드 더 날아갈 것으로 예상된다"처럼 구체적인 정보를 제공한다.

선수 컨디션 분석도 흥미로운 기능이다. 최근 몇 라운드의 성적, 이번 토너먼트에서의 퍼포먼스, 현재 라운드에서의 샷 패턴 등을 분석하여 선수의 현재 상태를 평가한다. "김선수는 오늘 페어웨이 적중률이 85%로 평소보다 10% 높은 정확성을 보이고 있다"와 같은 분석을 제공한다.

통계 기반 예측도 제공된다. 현재 상황에서 버디, 파, 보기 확률을 과거 데이터를 바탕으로 계산하여 "현재 위치에서 투어 프로들의 평균 버디 확률은 23%이다"와 같은 정보를 제공한다.

그림 6-10 SK텔레콤 최경주 AI 해설

출처 : SK텔레콤 (본 이미지는 교육적 목적으로 인용되었다.)

(3) 유럽방송연맹 & AI 해설 실험: 선수 관점의 혁신

2023년 유럽 육상선수권 대회에서 유럽방송연맹(EBU)이 진행한 AI 해설 실험은 AI 해설 기술의 새로운 가능성을 보여준 혁신적인 시도였다. 이 프로젝트의 독특한 점은 실제 선수의 음성을 학습한 AI가 해설을 진행한다는 것이었다.

프로젝트의 배경에는 "선수 관점의 해설"이라는 새로운 개념이 있었다. 전통적인 해설자들은 아무리 전문적이라도 결국 관찰자의 입장에서 경기를 바라볼 수밖에 없다. 하지만 실제 선수의 음성과 관점을 기반으로 한 AI 해설은 마치 선수 본인이 직접 경기를 설명하는 듯한 독특한 경험을 제공할 수 있다.

기술적 구현 과정은 매우 정교했다. 먼저 참여 선수들의 음성을 대량으로 수집했다. 단순히 인터뷰 음성만이 아니라 훈련 중 대화, 경기 후 소감, 일상 대화 등 다양한 상황에서의 음성을 녹음하여 각 선수의 고유한 말하기 패턴을 학습했다.

선수별 해설 스타일의 차별화도 중요한 요소였다. 스프린터는 폭발적이고 역동적인 표현을, 마라토너는 인내와 전략적 사고가 드러나는 표현을, 투척 선수는 기술적이고 정밀한 표현을 사용하도록 AI 모델을 훈련시켰다.

현장 경험의 반영이 이 프로젝트의 핵심이었다. 각 선수가 실제 경기에서 느끼는 감정, 전략적 판단, 기술적 고민 등을 AI 해설에 반영하기 위해 광범위한 인터뷰와 분석이 이루어졌다. 예를 들어 100미터 결승에서 AI는 "지금 스타트 블록에 발을 맞추고 있는데, 이 순간 심장이 정말 빨리 뛰죠. 첫 30미터에서 최대한 빨리 톱 스피드에 도달하는 것이 관건이다"와 같이 실제 선수만이 느낄 수 있는 감정과 전략을 해설에 포함시켰다.

실시간 감정 표현도 놀라운 수준이었다. 경기 상황에 따라 AI 선수의 감정이 실시간으로 변화했다. 자신이 앞서고 있을 때의 자신감, 뒤처졌을 때의 아쉬움, 막판 스퍼트 상황에서의 긴장감 등이 음성 톤과 해설 내용에 자연스럽게 반영되었다.

기술적 설명의 정확성도 인상적이었다. 실제 선수의 경험을 바탕으로 한 기술적 해설은 일반 해설자들이 제공하기 어려운 깊이와 정확성을 보여주었다. "이 커브에서는 바깥쪽 다리에 더 많은 체중을 실어야 원심력을 이겨낼 수 있다"와 같은 실제 경험에 기반한 해설이 제공되었다.

시청자 반응은 매우 긍정적이었다. 특히 젊은 세대 시청자들은 "마치 선수와 함께 경기를 뛰는 것 같다"는 반응을 보였다. 전문가들도 이 실험을 "스포츠 해설의 새로운 패러다임을 제시한 혁신적 시도"로 평가했다.

4) 활용성과와 현실적 한계

(1) AI 해설의 명확한 장점들

AI 해설 기술은 여러 영역에서 뚜렷한 장점을 보여주고 있다. 가장 명확한 장점은 저비용 중계에서의 효과이다. 전문 해설자를 섭외하기 어려운 아마추어 경기, 지역 리그, 유소년 스포츠에서도 일정 수준 이상의 해설을 제공할 수 있게 되었다. 예를 들어 지역 고등학교 축구 대회에서도 AI 해설을 통해 선수들과 학부모들에게 전문적인 중계 경험을 제공할 수 있다.

경제적 효과는 상당한다. 전문 해설자의 출연료, 교통비, 숙박비 등을 고려하면 한 경기당 수백만 원에서 수천만 원의 비용이 절약된다. 특히 시즌 내내 많은 경기가 진행되는 리그에서는 연간 수십억 원의 비용 절감 효과를 얻을 수 있다.

다국어 중계의 확장성도 혁신적이다. 전통적으로 국제 대회에서 다국어 해설을 제공하려면 각 언어별로 전문 해설진을 확보해야 했지만, AI 해설 시스템은 하나의 기본 해설을 수십 개 언어로 즉시 번역하고 음성화할 수 있다. 2024 파리올림픽에서는 30개 언어로 동시 AI 해설이 제공되어 전 세계 팬들의 접근성을 크게 높였다.

정보의 정확성과 풍부함도 큰 장점이다. AI는 방대한 데이터베이스에 실시간으로 접근하여 선수 통계, 팀 기록, 과거 경기 결과, 역사적 기록 등을 즉시 활용할 수 있다. 인간 해설자가 기억에 의존하거나 준비한 자료에만 의존하는 것과 달리, AI는 모든 관련 정보를 실시간으로 검색하고 활용할 수 있다.

일관성과 객관성도 AI 해설의 강점이다. 인간 해설자는 개인적 편견, 감정 상태, 피로도 등에 영향을 받을 수 있지만, AI는 항상 동일한 기준으로 공정한 해설을 제공한다. 특히 논란이 될 수 있는 판정 상황에서 AI는 규칙과 팩트에만 기반한 객관적 해설을 제공할 수 있다.

(2) 기술적 한계와 개선 과제

하지만 AI 해설 기술은 여전히 극복해야 할 한계들을 가지고 있다. 가장 큰 문제는 감정 표현의 한계이다. 인간 해설자가 가지는 직관적 흥분이나 아쉬움, 놀라움 등의 자연스러운 감정 표현을 AI가 완벽하게 재현하기에는 아직 기술적 한계가 있다.

특히 예측하지 못한 극적인 순간에서의 반응이 아직 부족한다. 축구에서 90분에 나온 극적인 역전골이나 농구에서 버저비터 샷 같은 순간에 인간 해설자가 보여주는 즉석 반응과 감정적 몰입을 AI가 따라하기는 어렵다. 이러한 순간들은 스포츠 중계의 가장 기억에 남는 부분이기도 한다.

돌발 상황 대응도 여전히 약점이다. 규칙의 미묘한 해석이 필요한 상황, 전례가 없는 특수한 상황, 경기 중 발생하는 예상치 못한 사건들에 대해서는 인간 해설자의 경험과 판단력을 대체하기 어렵다. 예를 들어 VAR 판정이 오랫동안 지연되거나 경기 중 정전이 발생하는 등의 상황에서 AI는 적절한 해설을 제공하는 데 한계를 보이다.

맥락 이해의 깊이도 개선이 필요한 부분이다. 데이터로 표현되지 않는 미묘한 심리적 요소들, 선수 간의 개인적 관계, 팀 내부 분위기, 감독의 전술적 의도 등은 AI가 파악하기 어려운 영역이다. 이러한 요소들은 경기 해설에 깊이와 재미를 더하는 중요한 부분이다.

언어의 창의성과 유머도 AI의 약점이다. 베테랑 해설자들이 즉석에서 만들어내는 재치 있는 표현이나 유머, 창의적인 비유 등은 AI가 따라하기 어려운 영역이다. 이러한 요소들은 해설을 듣는 재미를 크게 좌우한다.

(3) 하이브리드 모델의 등장

이러한 한계들 때문에 향후에는 인간 해설자와 AI 해설의 하이브리드 형태가 표준이 될 가능성이 높다. 각각의 강점을 살리고 약점을 보완하는 방식의 협업 모델이 개발되고 있다.

역할 분담 모델이 가장 현실적인 접근법으로 여겨진다. 기본적인 상황 설명이나 통계 정보 제공은 AI가 담당하고, 감정적 표현이나 전문적 분석은 인간 해설자가 담당하는 방식이다. 이렇게 하면 AI의 정확성과 일관성을 활용하면서도 인간만이 제공할 수 있는 감정적 몰입과 창의성을 유지할 수 있다.

실시간 지원 모델도 유망한다. 인간 해설자가 주도적으로 해설하되, AI가 실시간으로 관련 통계나 정보를 제공하여 해설의 정확성과 풍부함을 높이는 방식이다. 예를 들어 선수가 골을 넣는 순간 AI가 즉시 해당 선수의 상세 기록을 해설자에게 제공하여 더욱 풍부한 해설이 가능하게 한다.

상황별 전환 모델도 고려되고 있다. 일반적인 경기 상황에서는 AI가 해설하다가 중요한 순간이나 복잡한 상황에서는 인간 해설자가 개입하는 방식이다. 이는 비용 효율성을 유지하면서도 중요한 순간에서의 해설 품질을 보장할 수 있는 방법이다.

4 시선 추적 및 자동 카메라 기술

1) 기술 정의 및 개발 배경

시선 추적 기술은 스포츠 중계 분야에서 두 가지 서로 다른 개념으로 활용되고 있다. 첫 번째는 경기 내의 '시선', 즉 카메라 구도를 자동으로 설정하는 자동 트래킹 카메라 기술이고, 두 번째는 실제 인간의 눈동자 움직임을 측정하는 아이트래킹 기술이다. 전자는 중계 자동화를 통한 제작비 절감과 품질 향상에, 후자는 콘텐츠 분석 및 팬 경험 향상에 주로 활용된다.

자동 트래킹 카메라 기술의 개발 배경에는 전통적인 카메라 워크의 한계가 있었다. 프로 스포츠 중계에서는 한 경기당 10-20대의 카메라가 동원되며, 각 카메라마다 숙련된 카메라맨이 필요한다. 이들은 경기의 흐름을 예측하고, 적절한 타이밍에 줌인/줌아웃을 하며, 관객들이 보고 싶어하는 앵글을 포착해야 한다. 하지만 인간의 한계로 인해 중요한 순간을 놓치거나 최적이 아닌 앵글로 촬영하는 경우가 발생할 수 있다.

또한 아마추어나 지역 리그에서는 전문 카메라맨을 확보하기 어려워 제대로 된 중계를 제작하기 힘들었다. 이러한 문제를 해결하기 위해 AI가 카메라를 자동으로 제어하여 일정 수준 이상의 중계 품질을 보장하는 기술이 개발되었다.

아이트래킹 기술은 시청자나 선수의 실제 시선을 분석하여 스포츠 콘텐츠의 효과를 높이려는 목적에서 발전했다. 어떤 부분에 시청자들이 주목하는지, 어떤 정보가 실제로 인지되는지를 데이터로 파악함으로써 더욱 효과적인 중계 화면을 구성할 수 있다.

2) 자동 중계 카메라 기술의 심층 분석

(1) Pixellot: 혁신적 자동 중계 시스템의 선구자

Pixellot은 자동 중계 카메라 기술 분야의 선두주자로, 전 세계적으로 가장 널리 사용되는 AI 카메라 시스템을 개발했다. 이들의 기술은 단순한 카메라 자동화를 넘어서 완전한 중계 제작 솔루션을 제공한다는 점에서 혁신적이다.

시스템의 핵심은 파노라마 촬영과 AI 분석의 결합이다. Pixellot의 카메라는 경기장 전체를 4K 해상도로 촬영하는 고해상도 파노라마 영상을 생성한다. 이 파노라마 영상에서 AI가 실시간으로 관심 영역을 식별하고, 해당 부분을 크롭하여 일반적인 중계 화면처럼 보이는 영상을 생성한다.

객체 인식 기술은 시스템의 기반이 된다. AI는 선수, 공, 심판, 골대 등 경기의 핵심 요소들을 실시간으로 추적한다. 축구의 경우 22명의 선수와 1개의 공을 동시에 추적하며, 각 객체의 위치와 움직임을 초당 25-30회 업데이트한다. 이 정보를 바탕으로 가장 흥미로운 액션이 일어나는 부분을 자동으로 식별한다.

지능적 카메라 워크는 Pixellot의 가장 인상적인 기능이다. 시스템은 단순히 공을 따라가는 것이 아니라, 경기의 맥락을 이해하여 적절한 카메라 앵글을 선택한다. 예를 들어 축구에서 코너킥 상황에서는 자동으로 와이드 앵글로 전환하여 페널티 박스 전체를 보여주고, 1대1 상황에서는 해당 선수들에게 집중하는 클로즈업 앵글을 사용한다.

경기 상황 인식 능력도 뛰어나다. AI는 공격과 수비의 전환, 세트피스 상황, 득점 기회 등을 자동으로 인식하고 이에 맞는 화면 구성을 제공한다. 특히 득점 상황에서는 골 장면, 선수 반응, 관중 반응을 순차적으로 보여주는 자동 리플레이 기능도 제공한다.

실시간 하이라이트 생성 기능은 Pixellot의 차별화 요소이다. 중요한 이벤트가 발생하면 즉시 해당 장면의 하이라이트를 자동 생성하여 소셜 미디어에 업로드하거나 앱으로 전송할 수 있다. 이는 팬들의 즉시성 욕구를 충족시키는 중요한 기능이다.

적용 범위는 매우 광범위한다. 미국에서는 5,000개 이상의 고등학교에서 Pixellot 시스템을 사용하고 있으며, 유럽에서는 독일, 네덜란드, 영국 등의 아마추어 축구 리그에서 널리 활용되고 있다. 심지어 일부 프로 리그에서도 보조 카메라로 활용되고 있다.

그림 6-11 Pixellot

출처 : Pixellot홈페이지 (본 이미지는 교육적 목적으로 인용되었다.)

(2) KT 스카이라이프: 한국형 자동 중계 기술의 개발

KT 스카이라이프의 축구 자동 중계 시스템은 한국의 기술력과 현지 시장의 특성을 반영한 독창적인 솔루션이다. 이 시스템은 단순한 해외 기술의 도입이 아닌, 한국 축구 환경에 최적화된 자체 개발 기술을 기반으로 한다.

AI 원통형 카메라는 이 시스템의 핵심 하드웨어이다. 360도 촬영이 가능한 원통형 디자인으로 단일 카메라로도 경기장 전체를 커버할 수 있다. 이는 설치와 운영의 편의성을 크게 높였으며, 특히 아마추어 경기장처럼 인프라가 제한적인 환경에서 큰 장점을 발휘한다.

한국 축구의 특성을 반영한 AI 모델 훈련이 특징이다. K리그, 대학 리그, 고등학교 리그 등 다양한 수준의 한국 축구 경기 영상을 학습 데이터로 활용하여, 한국 선수들의 플레이 스타일과 전술적 특성을 이해할 수 있는 AI 모델을 개발했다.

실시간 데이터 수집 및 분석 기능은 시스템의 핵심 가치이다. 단순한 영상 촬영을 넘어서 선수들의 움직임 패턴, 패스 성공률, 점유율, 스프린트 횟수 등의 데이터를 실시간으로 수집하고 분석한다. 이 데이터는 중계 화면에 그래픽으로 표시되어 시청자들에게 더욱 풍부한 정보를 제공한다.

지역 특화 기능도 개발되었다. 한국 축구장의 특성상 관중석이 가까운 경우가 많아, 응원 문화와 관중 반응을 효과적으로 포착하는 기능이 강화되었다. 또한 한국어 자막 생성, 선수명 한글 표기 등 현지화된 기능들이 포함되어 있다.

아마추어 스포츠 활성화 목표는 이 프로젝트의 궁극적 지향점이다. 전문 중계진을 확보하기 어려운 지역 리그나 유소년 축구에서도 프로 수준에 가까운 중계를 제공함으로써, 아마추어 스포츠의 발전과 저변 확대에 기여하고자 한다.

비용 효율성 분석 결과도 긍정적이다. 전통적인 중계 시스템 대비 70-80%의 비용 절감 효과가 확인되었으며, 설치와 운영의 간편성으로 인해 더 많은 경기장에서 중계 서비스를 제공할 수 있게 되었다.

AI 원통형 카메라
360도 촬영으로 단일 카메라로 경기장 전체 커버

한국 축구 특화
K리그, 대학 리그 영상 학습으로 한국 선수 플레이 스타일 이해

응원 문화 반영
가까운 관중석의 응원과 반응을 효과적으로 포착

그림 6-12 KT 스카이 라이프 한국형 시스템

3) 시선 분석과 콘텐츠 설계의 혁신

(1) e스포츠에서의 혁신적 활용

시선 추적 기술은 e스포츠 분야에서 가장 혁신적이고 효과적으로 활용되고 있다. 전통 스포츠와 달리 e스포츠는 선수의 시선 자체가 경기력의 핵심 요소이기 때문에, 시선 추적 기술의 가치가 더욱 두드러진다.

프로게이머 시선 추적의 기술적 구현은 매우 정교한다. 고속 적외선 카메라를 사용하여 선수의 눈동자 움직임을 초당 1000회 이상 측정하며, 이를 게임 화면의 픽셀 단위 좌표와 매칭시킨다. 이 과정에서 머리 움직임 보정, 눈 깜빡임 필터링, 시선 지연 보정 등의 정교한 신호 처리가 이루어진다.

실시간 시선 시각화는 시청자들에게 완전히 새로운 관전 경험을 제공한다. 프로게이머가 화면의 어느 부분을 보고 있는지를 실시간으로 표시함으로써, 시청자들이 프로의 게임 센스와 판단력을 직접 체험할 수 있게 한다. 특히 복잡한 팀 파이트 상황에서 프로게이머가 어떤 우선순위로 정보를 처리하는지를 볼 수 있어 교육적 가치가 크다.

전략적 사고 과정의 가시화도 혁신적인 부분이다. 리그 오브 레전드의 경우 프로게이머가 미니맵을 확인하는 빈도, 체력바를 체크하는 패턴, 적 챔피언의 움직임을 추적하는 방식 등을 데이터로 분석할 수 있다. 이를 통해 일반 게이머들이 배울 수 있는 구체적인 팁과 전략을 제공한다.

개인별 시선 패턴 분석은 선수 분석의 새로운 차원을 열었다. 공격적인 플레이어는 적의 움직임에 더 많은 시선을 할당하고, 수비적인 플레이어는 팀원의 위치와 미니맵을 더 자주 확인하는 등의 패턴이 발견되었다. 이러한 분석은 팀 전략 수립과 선수 훈련에 직접 활용되고 있다.

교육 콘텐츠로의 활용도 확산되고 있다. 프로게이머의 시선 패턴을 분석한 데이터를 바탕으로 초보자를 위한 교육 프로그램을 개발하거나, 코칭 소프트웨어에 활용하는 사례가 늘어나고 있다.

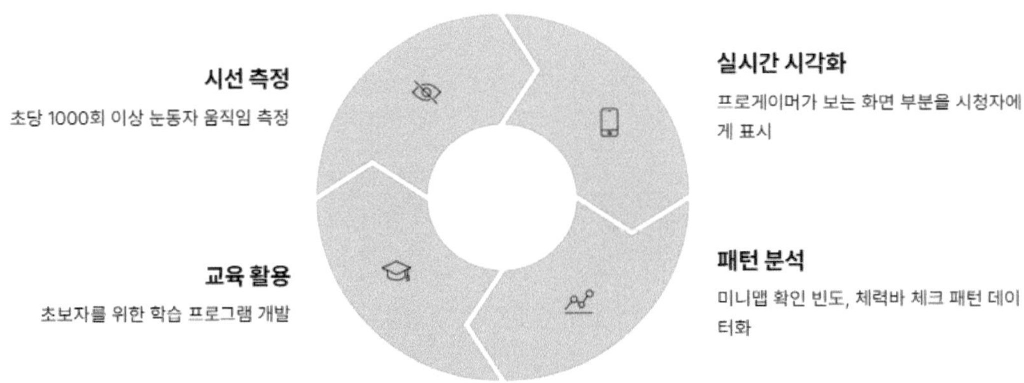

그림 6-13 e스포츠 시선 추적 혁신

(2) 전통 스포츠에서의 시선 분석 활용

전통 스포츠에서도 시선 분석 기술의 활용이 점차 확산되고 있다. 특히 TV 시청자들의 시선 데이터를 분석하여 중계 콘텐츠의 효과를 높이려는 시도가 활발한다.

중계 화면 최적화 연구는 가장 실용적인 적용 분야이다. 시청자들이 화면의 어느 부분에 주목하는지, 정보 그래픽이나 자막이 실제로 인지되는지, 카메라 전환 타이밍이 적절한지 등을 객관적으로 분석할 수 있다. 예를 들어 축구 중계에서 선수 정보 그래픽을 화면 좌하단에 배치했을 때와 우상단에 배치했을 때 시청자의 인지도 차이를 정량적으로 측정할 수 있다.

자막과 그래픽의 최적화도 중요한 연구 분야이다. 스코어보드, 시간 표시, 선수명, 통계 정보 등 다양한 텍스트 정보의 크기, 위치, 색상, 투명도 등을 시선 추적 데이터를 바탕으로 최적화한다. 이를 통해 정보 전달 효과를 높이면서도 경기 화면을 방해하지 않는 최적의 UI를 설계할 수 있다.

카메라 워크 개선에도 활용된다. 어떤 앵글이 시청자들의 주목을 끄는지, 카메라 전환이 너무 빠르거나 느린지, 줌인/줌아웃의 타이밍이 적절한지 등을 시선 데이터로 분석하여 더욱 효과적인 카메라 워크를 개발할 수 있다.

광고 효과 측정도 중요한 활용 분야이다. 경기장 내 광고판, 화면 내 광고 그래픽, 유니폼 스폰서 로고 등이 실제로 시청자들에게 얼마나 노출되는지를 정확히 측정할 수 있어, 스포츠 마케팅의 효과를 객관적으로 평가할 수 있다.

(3) 선수 시선 패턴 분석과 퍼포먼스 향상

선수들의 시선 패턴을 분석하여 경기력 향상에 활용하려는 연구도 활발히 진행되고 있다. 이는 스포츠 과학의 새로운 영역으로 주목받고 있다.

골프에서의 시선 분석은 가장 발전된 형태를 보여준다. 프로골퍼들의 시선 패턴을 분석한 결과, 성공적인 퍼팅을 하는 선수들은 특정한 시선 패턴을 보인다는 것이 발견되었다. 볼을 확인하는 시간, 홀을 바라보는 시간, 시선 이동 횟수 등이 퍼팅 성공률과 상관관계가 있다는 것이 밝혀져, 이를 바탕으로 한 훈련 프로그램이 개발되었다.

테니스에서도 흥미로운 발견이 있었다. 탑 랭킹 선수들은 상대방의 라켓 움직임을 일반 선수들보다 더 일찍 그리고 더 정확하게 포착한다는 것이 밝혀졌다. 서브를 받을 때 일반 선수들이 볼의 궤적을 따라가는 반면, 프로 선수들은 상대방의 라켓 스윙 초기 단계부터 볼의 방향을 예측한다는 차이점이 발견되었다.

축구에서의 골키퍼 시선 분석은 특히 실용적인 성과를 보여주고 있다. 월드클래스 골키퍼들의 시선 패턴을 분석한 결과, 페널티킥 상황에서 키커의 어깨와 고관절 움직임에 더 많은 시선을 할당한다는 것이 발견되었다. 이러한 발견을 바탕으로 한 훈련 프로그램을 적용한 결과, 젊은 골키퍼들의 페널티킥 선방률이 평균 15% 향상되었다.

농구에서는 프리드로우 상황에서의 시선 패턴 연구가 주목받고 있다. 성공률이 높은 선수들은 슛을 시도하기 전 림을 바라보는 시간과 패턴이 일정하다는 것이 발견되었고, 이를 바탕으로 한 루틴 훈련이 개발되어 실제 성공률 향상에 기여하고 있다.

심리적 압박 상황에서의 시선 변화도 중요한 연구 주제이다. 중요한 순간에 시선이 분산되거나 특정 부분에 과도하게 집중되는 선수들은 실수할 확률이 높다는 것이 밝혀졌다. 이를 바탕으로 압박 상황에서의 시선 관리 훈련 프로그램이 개발되어 멘탈 트레이닝의 새로운 방법론으로 주목받고 있다.

5 기술 융합과 콘텐츠 혁신의 실제 사례

1) 통합 플랫폼의 진화와 완전 자동화 시스템

(1) 차세대 통합 솔루션의 등장

현재 스포츠 중계 AI 기술의 가장 흥미로운 발전 방향은 개별 기술들의 융합을 통한 통합 플랫폼 구축이다. Pixellot, IBM, WSC Sports와 같은 선도 기업들은 촬영(시선 추적), 편집(하이라이트 자동 생성), 해설(자동 음성)을 하나의 통합된 플랫폼으로 결합하여 중계 제작의 전체 과정을 자동화하는 혁신적인 시스템을 개발하고 있다.

이러한 통합 플랫폼의 가장 놀라운 특징은 완전 무인 중계 시스템의 구현이다. 경기 시작부터 종료까지 인간의 개입 없이도 프로 수준의 중계 콘텐츠를 자동으로 생성할 수 있게 되었다. AI 카메라가 경기를 촬영하고, AI가 실시간으로 하이라이트를 식별하며, AI 해설자가 경기 상황을 설명하고, AI 편집 시스템이 최종 콘텐츠를 완성하는 전 과정이 자동화되었다.

실시간 품질 관리 시스템도 통합 플랫폼의 핵심 기능이다. 각 단계에서 생성되는 콘텐츠의 품질을 실시간으로 모니터링하고, 문제가 발생하면 즉시 보정하거나 대체 시스템으로 전환하는 기능이 포함되어 있다. 예를 들어 카메라 추적이 실패하면 자동으로 고정 앵글로 전환하고, 해설 생성에 오류가 발생하면 기본 템플릿 해설로 대체하는 방식이다.

다층적 백업 시스템은 안정성을 보장한다. 주요 AI 시스템에 문제가 발생하더라도 서비스 중단 없이 계속 중계할 수 있도록 여러 단계의 백업 시스템이 구축되어 있다. 클라우드 기반의 분산 처리를 통해 시스템 장애 위험을 최소화하고 있다.

(2) 아마추어 스포츠의 혁신적 변화

통합 플랫폼의 가장 큰 혜택을 받는 것은 아마추어 스포츠 분야이다. 과거에는 막대한 제작비와 전문 인력이 필요했던 중계 시스템이 이제는 상당 부분 자동화되면서, 상대적으로 작은 규모의 경기에서도 전문적인 수준의 중계 콘텐츠를 제작할 수 있게 되었다.

미국 고등학교 스포츠 리그의 변화가 대표적인 사례이다. 전국 5,000개 이상의 고등학교에서 Pixellot 시스템을 도입한 결과, 부모들과 지역 주민들이 언제든지 학생들의 경기를 시청할 수 있게 되었다. 특히 코로나19 팬데믹 기간 동안 직접 관람이 어려웠을 때, 이러한 자동 중계 시스템은 학생 스포츠의 명맥을 이어가는 데 결정적인 역할을 했다.

지역 아마추어 축구 리그에서의 활용도 확산되고 있다. 독일의 아마추어 축구 리그에서는 7부 리그까지 자동 중계 시스템이 도입되어, 선수들의 가족과 친구들이 경기를 시청하고 하이라이트를 공유할 수 있게 되었다. 이는 지역 스포츠 문화의 활성화에 크게 기여하고 있다.

유소년 스포츠에서의 교육적 효과도 주목할 만한다. 어린 선수들이 자신의 경기 영상을 즉시 확인하고 분석할 수 있게 되면서, 실력 향상을 위한 피드백 과정이 크게 개선되었다. 코치들도 개별 선수의 플레이 패턴을 데이터로 분석하여 더욱 효과적인 지도를 할 수 있게 되었다.

경제적 파급효과도 상당한다. 전통적인 중계 시스템 대비 80% 이상의 비용 절감 효과를 통해, 이전에는 중계가 불가능했던 많은 경기들이 중계될 수 있게 되었다. 이는 스포츠 콘텐츠 시장의 저변을 크게 확대하는 효과를 가져왔다.

(3) 프로 스포츠에서의 보완적 활용

프로 스포츠에서도 AI 통합 플랫폼이 기존 시스템을 보완하는 형태로 활용되고 있다. 메인 중계는 여전히 인간 중심으로 제작하되, 보조적인 콘텐츠 생성이나 특수 상황에서 AI

시스템을 활용하는 하이브리드 모델이 확산되고 있다.

다각도 중계 서비스가 대표적인 활용 사례이다. 메인 중계 외에 AI가 생성하는 다양한 관점의 중계를 동시에 제공한다. 예를 들어 축구에서 특정 선수만을 추적하는 '선수 전용 중계', 전술적 분석에 특화된 '코치 시점 중계', 골키퍼만을 집중적으로 다루는 '골키퍼 전용 중계' 등을 AI 시스템으로 자동 생성하여 제공한다.

실시간 통계 오버레이 기능도 AI 통합 플랫폼의 장점을 활용한 서비스이다. 경기 진행과 동시에 선수별 통계, 팀 통계, 비교 분석 등을 실시간으로 생성하여 화면에 표시한다. 이는 기존 중계진이 놓칠 수 있는 세부적인 정보를 보완하는 역할을 한다.

소셜 미디어 자동 배급 시스템도 중요한 활용 분야이다. 중요한 장면이 발생하면 즉시 해당 장면의 하이라이트를 생성하고, 각 소셜 미디어 플랫폼의 특성에 맞게 최적화하여 자동으로 업로드한다. 이를 통해 팬들의 실시간 반응을 극대화할 수 있다.

2) 팬 중심 콘텐츠의 혁명적 진화

(1) NBC의 차세대 개인화 시스템

NBC의 개인화된 콘텐츠 서비스는 팬 중심 콘텐츠 진화의 가장 정교한 사례로 평가받고 있다. 이 시스템은 단순한 선호도 필터링을 넘어서 팬의 감정과 컨텍스트까지 고려한 완전히 개인화된 스포츠 경험을 제공한다.

AI 기반 팬 프로파일링은 시스템의 핵심이다. 각 사용자의 시청 이력, 클릭 패턴, 시청 시간, 소셜 미디어 활동, 구매 이력 등을 종합 분석하여 다차원적인 팬 프로필을 생성한다. 이 프로필에는 선호 팀, 관심 선수, 좋아하는 플레이 스타일, 시청 선호 시간대, 감정적 성향 등이 포함된다.

실시간 맥락 인식 기능은 혁신적인 부분이다. 같은 팬이라도 시간대, 기분, 상황에 따라 원하는 콘텐츠가 다를 수 있다. 예를 들어 평일 점심시간에는 짧고 강렬한 하이라이트를, 주말 저녁에는 상세한 분석이 포함된 긴 콘텐츠를 선호할 수 있다. AI는 이러한 맥락을 실시간으로 인식하여 적절한 콘텐츠를 추천한다.

감정 기반 콘텐츠 큐레이션도 주목할 만한 기능이다. 팬의 현재 감정 상태를 소셜 미디어 활동, 최근 시청 패턴, 응답 시간 등을 통해 추정하고, 이에 맞는 콘텐츠를 제공한다.

팀이 패배한 직후에는 위로가 되는 과거의 명장면을, 승리한 후에는 기쁨을 극대화하는 하이라이트를 제공하는 방식이다.

인터랙티브 콘텐츠 생성 기능은 팬 참여도를 극대화한다. "3쿼터에서 르브론 제임스의 모든 어시스트를 보여줘", "지난 5경기에서 우리 팀 수비 하이라이트만 편집해줘"와 같은 구체적인 요청을 자연어로 입력하면, AI가 즉시 해당 장면들을 검색하고 편집하여 맞춤형 클립을 생성한다. 이 과정은 평균 30-60초 내에 완료된다.

예측적 콘텐츠 추천 시스템도 발전하고 있다. 경기 일정, 선수 컨디션, 팀 성적 등을 분석하여 팬이 관심을 가질 만한 향후 경기나 관련 콘텐츠를 미리 추천한다. 또한 시즌 초에 팬의 관심사를 예측하여 시즌 내내 지속적으로 관련 콘텐츠를 제공하는 장기적 큐레이션 서비스도 제공한다.

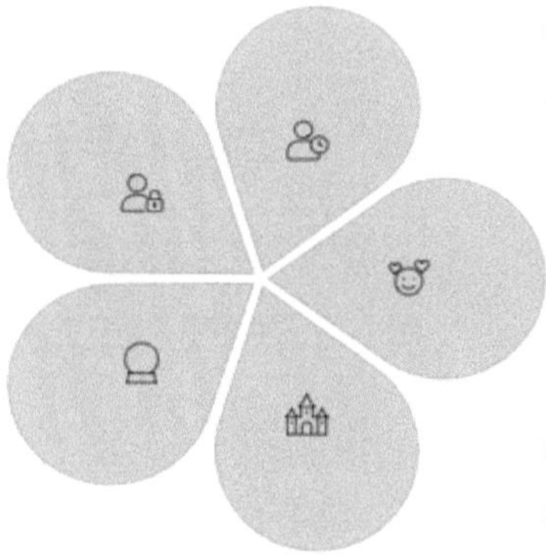

그림 6-14 NBC개인화 시스템

(2) 소셜 미디어와의 심화 연동

현대의 스포츠 콘텐츠는 소셜 미디어와의 연동 없이는 완성될 수 없다. AI 기술은 이러한 연동을 더욱 정교하고 효과적으로 만들고 있다.

플랫폼별 최적화 자동화는 가장 기본적인 기능이다. 하나의 하이라이트 영상이 생성되면 AI가 자동으로 각 플랫폼의 특성에 맞게 변환한다. 인스타그램용으로는 9:16 비율의 세로형 영상으로, 유튜브용으로는 16:9 가로형으로, 틱톡용으로는 짧고 임팩트 있는 15-30초 클립으로 자동 변환된다.

해시태그 자동 생성 기능도 정교한다. 영상 내용을 분석하여 관련성 높은 해시태그를 자동으로 생성하고, 각 플랫폼의 알고리즘에 최적화된 해시태그 조합을 제안한다. 트렌딩 해시태그와의 연결, 선수명과 팀명의 다양한 변형, 감정 표현 해시태그 등이 자동으로 포함된다.

바이럴 잠재력 예측 시스템은 혁신적인 기능이다. 생성된 콘텐츠의 바이럴 가능성을 AI가 예측하여 마케팅 전략에 활용한다. 과거 바이럴 콘텐츠의 패턴을 학습한 AI가 영상의 길이, 임팩트, 감정적 요소, 타이밍 등을 종합 분석하여 바이럴 확률을 계산한다.

실시간 반응 분석과 콘텐츠 조정도 이루어진다. 업로드된 콘텐츠에 대한 실시간 반응(좋아요, 댓글, 공유 등)을 분석하여 향후 유사한 콘텐츠의 제작 방향을 조정한다. 특정 유형의 콘텐츠가 좋은 반응을 얻으면 해당 방향으로 더 많은 콘텐츠를 생성하는 방식이다.

커뮤니티 기반 콘텐츠 생성도 확산되고 있다. 팬들이 직접 요청하거나 토론하는 주제를 분석하여 관련 콘텐츠를 자동 생성한다. 소셜 미디어에서 특정 선수나 경기에 대한 논의가 활발해지면, AI가 이를 감지하여 관련 하이라이트나 분석 콘텐츠를 즉시 제작하여 제공한다.

(3) 팬 참여도 극대화 전략

AI 기술을 통한 팬 참여도 향상은 스포츠 비즈니스의 핵심 과제가 되고 있다. 단순한 시청을 넘어서 팬들이 능동적으로 참여할 수 있는 다양한 기회를 AI가 제공하고 있다.

개인화된 도전 과제 시스템은 게이미피케이션의 좋은 예이다. 각 팬의 관심사와 지식 수준에 맞는 예측 문제, 퀴즈, 챌린지를 AI가 자동으로 생성한다. "다음 경기에서 메시가 몇 골을 넣을지 예측해보세요", "이번 시즌 MVP를 맞춰보세요" 같은 개인화된 도전 과제를 통해 팬들의 지속적인 참여를 유도한다.

AI 기반 팬 커뮤니티 매칭도 혁신적인 서비스이다. 팬들의 관심사, 지역, 시청 패턴 등을 분석하여 유사한 성향의 팬들을 연결해준다. 같은 선수를 좋아하거나 비슷한 시간대에 경기를 시청하는 팬들끼리 그룹을 형성하여 함께 경기를 시청하고 토론할 수 있는 환경을 제공한다.

실시간 여론 조사와 피드백 수집 시스템도 팬 참여를 높이는 중요한 도구이다. 경기 중이나 경기 후에 특정 주제에 대한 팬들의 의견을 실시간으로 수집하고, 그 결과를 즉시 시각화하여 보여준다. "오늘 경기의 MOM은?", "다음 경기 예상 스코어는?" 같은 질문을 통해 팬들의 능동적 참여를 유도한다.

팬 제작 콘텐츠 지원 시스템도 주목할 만한다. 팬들이 직접 하이라이트를 편집하거나 분석 콘텐츠를 만들 수 있도록 AI가 도구와 소재를 제공한다. 원하는 장면을 쉽게 검색하고 편집할 수 있는 AI 도구를 통해 팬들이 크리에이터가 될 수 있도록 지원한다.

가상현실과 증강현실 콘텐츠의 확산도 팬 경험을 혁신하고 있다. AI가 생성한 하이라이트를 VR 환경에서 360도로 체험하거나, AR 기술을 통해 실제 공간에 경기 장면을 투영하여 시청하는 새로운 형태의 콘텐츠가 실험되고 있다.

6 시사점 및 미래 전망

1) 산업 구조의 근본적 변화

(1) 미디어 산업 생태계의 재편

AI 기술은 스포츠 콘텐츠의 제작과 소비 방식을 근본적으로 바꾸고 있으며, 이러한 변화는 콘텐츠 자동화와 팬 개인화라는 두 가지 핵심 흐름으로 집약된다. 이는 단순한 기술적 진보를 넘어서 미디어 산업 전체의 생태계를 재편하고 있다.

전통적인 미디어 기업들의 역할이 재정의되고 있다. 과거에는 콘텐츠 제작, 편집, 배급이 주요 가치 창출 활동이었다면, 이제는 AI 시스템 구축, 데이터 분석, 개인화 알고리즘 개발이 더욱 중요한 경쟁 요소가 되고 있다. 미디어 기업들은 기술 기업으로의 변신을 모색하고 있으며, 전통적인 방송사와 기술 기업 간의 경계가 모호해지고 있다.

새로운 플레이어들의 시장 진입도 활발한다. AI 기술을 기반으로 한 스타트업들이 기존 미디어 기업들의 영역에 도전하고 있다. WSC Sports, Pixellot 같은 기업들은 기존 방송사들이 수십 년간 쌓아온 경험과 노하우를 AI 기술로 대체하면서 시장에서 입지를 넓혀가고 있다.

콘텐츠 자동화는 제작비용을 혁신적으로 절감시키고 있다. 초기 AI 시스템 구축에는 상당한 투자가 필요하지만, 일단 시스템이 구축되면 운영비용은 기존 대비 70-80% 수준으로 줄어든다. 이는 특히 중소 미디어 기업이나 지역 방송사에게 새로운 기회를 제공하며, 스포츠 콘텐츠 시장의 경쟁 구도를 근본적으로 변화시키고 있다.

(2) 인력 구조의 변화와 새로운 직무의 등장

중계 자동화 기술의 도입은 미디어 산업의 인력 구조에 상당한 영향을 미치고 있다. 전통적으로 카메라맨, 편집자, 기술 스태프 등 많은 인력이 필요했던 중계 제작 과정이 점차 자동화되면서, 해당 직군의 역할과 필요성이 재정의되고 있다.

하지만 이는 단순한 일자리 감소를 의미하지 않는다. 오히려 더욱 창조적이고 전략적인 업무로의 역할 전환이 이루어지고 있다. 카메라맨들은 AI 카메라 시스템의 설정과 관리를 담당하는 기술 전문가로, 편집자들은 AI가 생성한 콘텐츠의 품질을 관리하고 창의적 요소를 추가하는 큐레이터로 역할이 변화하고 있다.

새로운 직무들도 등장하고 있다. AI 트레이너(AI 모델을 훈련시키는 전문가), 콘텐츠 데이터 사이언티스트(시청자 데이터를 분석하여 콘텐츠 전략을 수립하는 전문가), 개인화 서비스 매니저(개별 사용자에게 최적화된 콘텐츠를 기획하는 전문가) 등의 직무가 새롭게 중요해지고 있다.

스킬 요구사항도 변화하고 있다. 기존에는 카메라 조작이나 편집 소프트웨어 활용 능력이 중요했다면, 이제는 데이터 분석 능력, AI 시스템 이해도, 사용자 경험 설계 능력 등이 더욱 중요해지고 있다. 이에 따라 기존 인력의 재교육과 신규 인력의 양성이 산업 전반의 중요한 과제가 되고 있다.

(3) 비즈니스 모델의 혁신

AI 기술의 도입은 스포츠 미디어의 비즈니스 모델에도 혁신을 가져오고 있다. 전통적인 광고 기반 모델에서 벗어나 다양한 수익 모델이 등장하고 있다.

구독 기반 개인화 서비스가 주요 트렌드이다. 팬들이 자신만의 맞춤형 콘텐츠를 받기 위해 월 정액 요금을 지불하는 모델이 확산되고 있다. 이는 기존의 일률적인 콘텐츠 제공 방식과는 완전히 다른 접근법으로, 개별 팬의 가치를 극대화하는 방향으로 비즈니스 모델이 진화하고 있음을 보여준다.

데이터 기반 타겟팅 광고도 중요한 수익원이 되고 있다. AI가 수집한 시청자 데이터를 활용하여 개인별로 최적화된 광고를 제공함으로써 광고 효과를 크게 높일 수 있게 되었다. 이는 광고주들에게는 더 높은 ROI를, 플랫폼에게는 더 높은 광고 단가를 가능하게 한다.

콘텐츠 라이선싱 모델도 변화하고 있다. AI가 생성한 개인화된 하이라이트나 분석 콘텐츠를 다른 플랫폼이나 미디어에 라이선싱하는 새로운 형태의 B2B 비즈니스가 등장하고 있다. 이는 기존의 원본 영상 라이선싱과는 다른 차원의 부가가치를 창출한다.

2) 기술 발전의 미래 방향

(1) 차세대 AI 기술의 통합

향후 AI 중계 기술은 더욱 정교하고 통합적인 방향으로 발전할 것으로 예상된다. 현재는 각각 독립적으로 발전하고 있는 하이라이트 생성, 자동 해설, 자동 촬영 기술들이 하나의 통합 시스템으로 결합되어 완전 자동화된 중계 플랫폼이 구현될 가능성이 높다.

머신러닝과 딥러닝 기술의 지속적인 발전에 따라 AI의 경기 이해도와 예측 능력도 혁신적으로 향상될 것이다. 단순히 현재 상황을 설명하는 것을 넘어서 경기의 흐름을 예측하고, 전술적 변화를 미리 분석하며, 선수의 컨디션이나 심리 상태까지 파악할 수 있는 고도화된 AI 시스템이 개발될 것으로 전망된다.

멀티모달 AI 기술의 발전도 주목할 만한다. 영상, 음성, 텍스트, 센서 데이터 등 다양한 형태의 정보를 동시에 처리하고 통합 분석할 수 있는 AI 시스템이 구현됨으로써, 더욱 정확하고 풍부한 콘텐츠 생성이 가능해질 것이다. 예를 들어 선수의 생체 데이터와 경기 영상을 동시에 분석하여 피로도나 컨디션을 실시간으로 평가하고 이를 해설에 반영하는 것이 가능해질 것이다.

실시간 데이터 처리 능력의 향상도 중요한 발전 방향이다. 5G와 같은 고속 통신 기술의 확산과 함께 엣지 컴퓨팅 기술이 발전하면서, 더욱 빠르고 정확한 실시간 분석이 가능해질 것이다. 이를 통해 경기 중에도 즉시 하이라이트를 생성하고 개인화된 콘텐츠를 제공할 수 있는 기술이 완전히 실현될 것이다.

(2) 몰입형 기술과의 융합

가상현실(VR)과 증강현실(AR) 기술과의 융합은 스포츠 중계의 미래를 좌우할 핵심 요소이다. AI가 생성한 콘텐츠를 VR/AR 환경에서 제공함으로써 팬들에게 마치 경기장에 있는 듯한 몰입감 있는 경험을 제공할 수 있을 것이다.

VR 스포츠 중계는 이미 실험 단계를 넘어서고 있다. 360도 카메라로 촬영된 경기 영상을 VR 헤드셋으로 시청하면 마치 경기장의 특정 위치에 앉아서 경기를 관람하는 것과 같은 경험을 할 수 있다. 여기에 AI 기술이 결합되면 시청자가 원하는 위치로 자유롭게 이동하거나, 특정 선수의 시점에서 경기를 경험하는 것도 가능해질 것이다.

AR 기술의 활용도 무궁무진한다. 실제 경기장이나 집에서 경기를 시청하면서 AR 글래스를 통해 선수 정보, 통계, 전술 분석 등의 추가 정보를 실시간으로 확인할 수 있게 될 것이다. AI가 분석한 데이터를 3D 홀로그램 형태로 시각화하여 보여주는 것도 가능해질 것이다.

홀로그램 기술과의 결합도 흥미로운 가능성을 제시한다. 먼 거리에 있는 경기를 홀로그램으로 실시간 재현하여 마치 선수들이 눈앞에서 경기하는 것처럼 보여주는 기술이 개발되고 있다. AI는 이러한 홀로그램 콘텐츠의 생성과 최적화에 핵심적인 역할을 할 것이다.

(3) 개인화 기술의 극한 진화

미래의 AI 스포츠 중계는 현재보다 훨씬 더 정교한 개인화를 구현할 것이다. 단순히 선호 팀이나 선수를 기반으로 한 개인화를 넘어서, 개인의 성격, 감정 상태, 라이프스타일, 심지어 생체 리듬까지 고려한 초개인화 서비스가 제공될 것이다.

감정 인식 기술의 발전으로 시청자의 실시간 감정 상태를 파악하고 이에 맞는 콘텐츠를 제공하는 것이 가능해질 것이다. 웨어러블 디바이스를 통해 심박수, 혈압, 스트레스 수준 등을 측정하여 시청자가 흥분을 원하는지 아니면 차분한 콘텐츠를 원하는지를 실시간으로 판단할 수 있게 될 것이다.

예측 개인화 기술도 발전할 것이다. 과거 시청 패턴과 행동 데이터를 분석하여 팬이 미래에 관심을 가질 만한 콘텐츠를 미리 예측하고 준비하는 시스템이 구현될 것이다. 예를 들어 특정 팬이 트레이드 시즌에 관심을 보인다면, 관련 뉴스나 분석 콘텐츠를 미리 준비하여 적절한 시점에 제공하는 것이 가능해질 것이다.

소셜 개인화도 중요한 트렌드이다. 개인의 취향뿐만 아니라 친구들이나 소셜 네트워크의 관심사를 함께 고려하여 콘텐츠를 추천하는 시스템이 발전할 것이다. 같은 팀을 응원하는 친구들과 함께 시청할 때와 혼자 시청할 때 다른 형태의 콘텐츠를 제공하는 맥락 인식 개인화도 구현될 것이다.

3) 윤리적 고려사항과 사회적 책임

(1) 진정성과 신뢰성의 문제

AI 기술의 발전과 함께 윤리적 고려사항들도 중요하게 다뤄져야 한다. 특히 AI 해설자나 음성 복제 기술의 경우 감정 표현의 부족과 진정성의 문제가 제기되고 있다. 인간 해설자가 가지는 자연스러운 감정과 직관을 AI가 완전히 대체할 수 있는지, 그리고 그것이 스포츠 관람의 본질적 즐거움을 해치지 않는지에 대한 지속적인 검토가 필요한다.

딥페이크 기술의 발전으로 유명 해설자의 목소리나 모습을 완벽하게 복제하는 것이 가능해지면서, 무엇이 진짜이고 무엇이 가짜인지를 구분하는 것이 점점 어려워지고 있다. 이는 스포츠 중계의 신뢰성에 심각한 영향을 미칠 수 있으며, 명확한 표시와 구분이 필요한다.

팬들의 정서적 연결 문제도 고려해야 한다. 스포츠 중계는 단순한 정보 전달을 넘어서 팬들에게 감정적 공감과 연대감을 제공하는 역할을 한다. AI가 이러한 인간적 요소를 얼마나 대체할 수 있는지, 그리고 대체해야 하는지에 대한 근본적인 질문이 제기되고 있다.

(2) 지적재산권과 초상권 보호

원저작자의 권리 문제는 AI 중계 기술에서 가장 복잡한 법적 이슈 중 하나이다. 특히 유명 해설자의 목소리를 AI로 복제하는 경우, 해당 인물의 동의와 적절한 보상, 그리고 사용 범위의 명확한 한정 등이 필요한다. 또한 AI가 생성한 콘텐츠와 인간이 제작한 콘텐츠를 명확히 구분하여 시청자에게 투명하게 공개하는 것도 필요한다.

선수들의 초상권과 퍼블리시티권도 중요한 고려사항이다. AI가 선수의 모습이나 플레이를 활용하여 콘텐츠를 생성할 때, 해당 선수의 권리를 어떻게 보호할 것인지에 대한 명확한 가이드라인이 필요한다. 특히 은퇴한 선수나 고인이 된 선수의 경우 더욱 세심한 접근이 요구된다.

저작권 문제도 복잡한다. AI가 기존의 중계 영상을 학습하여 새로운 콘텐츠를 생성할 때, 원본 콘텐츠의 저작권을 침해하지 않으면서도 혁신적인 서비스를 제공할 수 있는 균형점을 찾아야 한다.

(3) 데이터 프라이버시와 개인정보 보호

데이터 프라이버시 문제는 개인화 서비스가 고도화될수록 더욱 중요해진다. 팬들의 시청 패턴이나 선호도를 분석하여 개인화된 콘텐츠를 제공하는 과정에서 수집되는 개인정보의 보호와 활용 범위에 대한 명확한 가이드라인이 필요한다.

특히 생체 데이터나 감정 데이터와 같은 민감한 개인정보의 수집과 활용에는 더욱 엄격한 기준이 적용되어야 한다. 웨어러블 디바이스를 통해 수집되는 심박수, 스트레스 수준 등의 데이터가 어떻게 사용되고 저장되는지에 대한 투명한 공개가 필요한다.

아동과 청소년의 개인정보 보호도 특별히 고려되어야 한다. 유소년 스포츠에 AI 기술이 적용될 때, 미성년자의 개인정보와 영상 데이터 보호를 위한 특별한 조치가 필요한다.

국경을 넘나드는 데이터 전송과 저장에 대한 규제 준수도 중요한다. 각국의 개인정보보호법과 데이터 현지화 요구사항을 준수하면서도 글로벌 서비스를 제공할 수 있는 방안을 모색해야 한다.

(4) 공정성과 편향성 방지

AI 시스템의 편향성 문제도 중요한 고려사항이다. AI 모델 훈련에 사용되는 데이터가 특정 팀이나 리그, 선수에게 편향되어 있다면, 생성되는 콘텐츠도 편향될 수 있다. 이를 방지하기 위해서는 다양하고 균형 잡힌 훈련 데이터의 확보와 지속적인 모니터링이 필요한다.

인종, 성별, 국적 등에 따른 차별적 표현을 방지하는 것도 중요한다. AI 해설 시스템이 특정 선수나 팀에 대해 불공정한 평가나 편견을 보이지 않도록 지속적인 감시와 교정이 필요한다.

알고리즘의 투명성 확보도 필요한다. AI가 어떤 기준으로 하이라이트를 선정하고 해설을 생성하는지에 대한 설명 가능한 AI 기술의 도입을 통해 시스템의 공정성을 담보해야 한다.

4) 결론 및 종합적 전망

(1) 기술 발전의 균형점 모색

AI 기술의 스포츠 중계 분야 도입은 단순한 기술적 진보를 넘어서 스포츠 산업 전체의 패러다임 변화를 의미한다. 하이라이트 자동 생성, AI 해설, 자동 촬영 기술의 발전은 콘텐츠 제작의 효율성을 혁신적으로 높이는 동시에 팬들에게는 더욱 개인화되고 풍부한 스포츠 경험을 제공하고 있다.

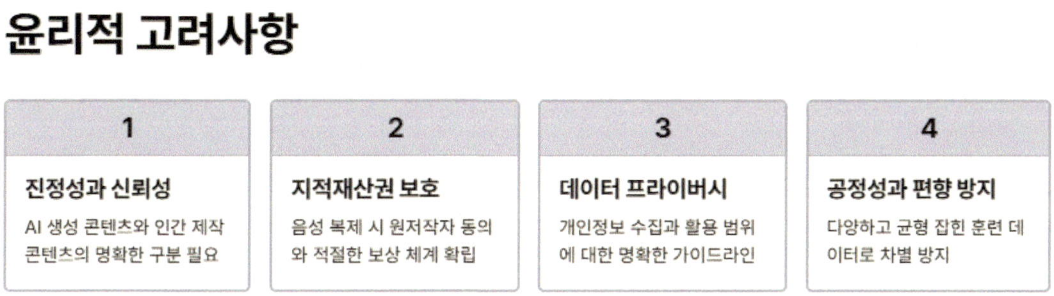

그림 6-15 윤리적 고려사항

하지만 이러한 기술들이 완전히 인간을 대체하기보다는 인간의 능력을 보완하고 확장하는 방향으로 발전할 때, 스포츠 콘텐츠의 질적 향상과 접근성 개선이라는 두 마리 토끼를 모두 잡을 수 있을 것이다. 기술과 인간성의 조화로운 결합이 미래 스포츠 중계의 성공 열쇠가 될 것이다.

인간만이 제공할 수 있는 감정적 공감, 창의적 해석, 순간적 판단력과 AI가 제공하는 정확성, 일관성, 데이터 기반 분석 능력을 적절히 결합한 하이브리드 모델이 가장 현실적이고 효과적인 접근법이 될 것으로 예상된다.

(2) 스포츠 콘텐츠 민주화의 실현

특히 주목할 만한 변화는 스포츠 콘텐츠의 민주화이다. 프로 스포츠뿐만 아니라 아마추어 스포츠, 지역 리그, 유소년 스포츠 등 상대적으로 소외되었던 분야에서도 고품질 콘텐츠를 제공할 수 있게 됨으로써, 더 많은 사람들이 질 높은 스포츠 경험을 누릴 수 있는 기회가 확대되고 있다.

이는 스포츠의 저변 확대와 발전에 중요한 기여를 할 것이다. 전문적인 중계를 통해 자신의 플레이를 분석할 수 있게 된 아마추어 선수들의 실력 향상, 부모들이 자녀의 경기를 언제든지 시청할 수 있게 됨으로써 얻어지는 유소년 스포츠의 활성화, 지역 스포츠 문화의 발전 등 다양한 긍정적 효과가 기대된다.

(3) 미래 과제와 발전 방향

앞으로의 과제는 기술적 완성도를 높이는 것과 동시에 윤리적 기준을 확립하고, 인간과 AI의 적절한 역할 분담을 통해 스포츠 중계의 본질적 가치를 유지하면서도 혁신적 발전을 이루는 것이다.

기술적 측면에서는 AI의 경기 이해도 향상, 감정 표현 능력 개선, 실시간 처리 속도 향상, 개인화 서비스의 정교화 등이 주요 발전 과제이다. 또한 VR/AR 기술과의 융합을 통한 몰입형 콘텐츠 개발, 5G와 같은 차세대 통신 기술을 활용한 실시간 서비스 고도화도 중요한 방향이다.

사회적 측면에서는 AI 기술 사용에 대한 투명성 확보, 개인정보 보호 강화, 공정성과 다양성 확보, 기존 인력의 재교육과 새로운 일자리 창출 등이 중요한 과제이다.

산업적 측면에서는 기존 미디어 기업과 신규 기술 기업 간의 협력 모델 개발, 글로벌 표준과 규제 체계 구축, 지속 가능한 비즈니스 모델 확립 등이 필요한다.

학습 요약

AI 기술은 스포츠 중계의 미래를 근본적으로 변화시키고 있으며, 이러한 변화는 앞으로 더욱 빨라질 것이다.

하이라이트 자동 생성, AI 해설, 자동 카메라 등은 중계의 효율을 높이고 팬들에게 더 빠르고 풍부한 정보를 제공하며, 누구나 고품질 콘텐츠를 제작·소비할 수 있는 환경을 만들고 있다.

그러나 이런 발전이 스포츠의 본질인 인간적 감동과 공감, 공동체적 경험을 해치지 않도록 신중히 접근해야 한다. 스포츠는 기술을 넘어 사람들의 마음을 움직이는 문화이기 때문이다. 미래의 스포츠 중계는 AI의 정확성과 인간의 감성이 조화된 형태로 발전할 것이다.

AI는 방대한 데이터를 정밀하게 분석하는 도구로, 인간은 그 데이터에 의미를 부여하는 해석자이자 스토리텔러로서 역할을 이어갈 것이다. 이러한 협력 속에서 AI는 단순한 자동화 기술을 넘어 인간의 창의성을 확장시키는 파트너가 될 것이며, 팬들은 더 개인화되고 몰입감 있는 경험을 얻게 될 것이다.

그 결과, AI는 스포츠 문화를 한층 풍부하게 만드는 도구이자 동반자로 자리잡게 될 것이다. 이 변화의 중심에는 기술 개발자, 제작자, 정책 결정자, 그리고 팬들이 있다. 모두가 협력하여 기술의 효율성과 인간의 진정성을 균형 있게 결합해야 한다.

AI가 인간을 대체하기보다 그 역량을 확장할 때, 스포츠 중계는 더욱 인간적이고 혁신적인 방향으로 성장할 것이다.

스포츠 중계의 AI 혁명은 이제 시작이다. AI가 경기의 흐름을 예측하고, 팬의 감정에 맞춘 콘텐츠를 제공하며, 가상과 현실을 넘나드는 새로운 시청 경험을 제공하는 시대가 곧 다가올 것이다. 결국 미래의 스포츠는 기술과 인간이 함께 만들어가는 감동의 무대가 될 것이다.

07 Chapter

선수 맞춤형 훈련 및 부상 예측 시스템

>> 학습 목표

1. 생체 데이터와 퍼포먼스 데이터를 활용한 맞춤형 훈련의 필요성과 원리를 이해한다.
2. 웨어러블 센서와 AI기술을 이용한 퍼포먼스 데이터 수집·분석 과정을 설명할 수 있다.
3. AI기반 부상 예측 및 트레이닝 코칭 시스템의 구조와 윤리적 고려사항를 이해한다.

1 스포츠 데이터 분석의 이해

스포츠 현장에서 '부상 없는 시즌'만큼 달콤한 목표는 없다. 하지만 똑같은 훈련 시간을 투입해도 선수마다 피로가 쌓이는 속도와 회복 속도는 놀랄 만큼 다르다. 누군가는 90분간 고강도 스프린트를 반복하고도 다음 날 가뿐히 일어나지만, 어떤 선수는 한 번의 격렬한 충돌만으로도 근육 깊은 곳에 미세 손상이 남아 며칠을 끙끙댄다.

이 차이는 어디서 비롯될까? 정답은 몸속을 흐르는 생체 신호와 경기장에서 실시간으로 쌓이는 퍼포먼스 데이터 속에 숨어 있다. 심장 박동 간격의 미세한 변화를 나타내는 HRV(Heart Rate Variability), 전날 밤 깊은 수면이 얼마만큼 이어졌는지 알려주는 수면 지표, 그리고 GPS와 가속도계가 기록한 이동 거리·가속·충돌 강도 같은 수치들은 선수의 몸이 흡수한 '보이지 않는 충격'을 숫자로 증언한다. 이 장은 그러한 데이터를 어떻게 읽고, 해석하고, 훈련 계획에 녹여낼 것인지에 대한 여행의 첫머리다

1) 선수 맞춤형 훈련의 필요성

과거에는 코치의 오랜 경험과 선수 본인의 '느낌'이 컨디션 판단의 거의 전부였다. 하지만 오늘날 우리는 HRV가 3일 연속으로 기준치 아래로 떨어질 때 자율신경계가 스트레

스 상태에 빠졌음을 알고, 수면 효율이 80퍼센트 이하로 떨어지면 근육 회복이 지연된다는 연구 결과를 읽어낸다.

실제로 미국 마이애미대 미식축구팀은 WHOOP 손목 밴드를 통해 선수들의 HRV와 수면 데이터를 매일 확인한 뒤, 기준선보다 HRV가 낮은 날이 이어지면 즉시 휴식 시간을 늘리고 훈련 강도를 낮췄다. 단 한 시즌 만에 이들은 질병 및 부상으로 인한 결장률을 14퍼센트나 줄였고, 평균 수면 시간을 27퍼센트 늘렸다. '내 몸에 맞춘 프로그램'이 '하나의 정답'보다 강력하다는 사실을 현장에서 증명해낸 셈이다.

맞춤형 훈련이 중요한 또 다른 이유는 선수 수명(career span)에 있다. 잦은 연조직 부상은 경기력을 떨어뜨릴 뿐 아니라 선수의 전체 커리어를 단축시킨다. 근육이 미세하게 손상된 상태에서 반복적으로 경기에 투입되면 회복에 필요한 시간이 기하급수적으로 늘어난다. 반면 HRV, 수면, 젖산 농도, 이동 거리 같은 데이터를 꾸준히 모니터링하면 미처 몸으로 느끼기도 전에 '경고등'을 발견할 수 있다. 그 순간 훈련 강도를 10퍼센트만 낮춰도 6주짜리 햄스트링 부상을 피할 수 있다는 논문들이 속속 등장하고 있다. 결국 데이터는 선수에게 더 긴 선수 생활을, 팀에게는 더 안정적인 전력을 선물한다.

2) 데이터 기반 접근의 가치:전통 코칭 vs 스포츠 과학 비교

전통 코칭은 코치의 눈과 귀, 그리고 선수의 자기신고에 의존한다. 장점은 분명하다. 인간만이 포착할 수 있는 미묘한 표정 변화, 몸 움직임의 탄력, 경기 흐름 속 심리 상태를 즉각적으로 읽어낼 수 있기 때문이다. 그러나 이런 방식은 주관적 판단에 기대는 만큼 피로를 과소평가하거나 과대평가하기 쉽다.

반면 스포츠 과학은 내부와 외부 데이터를 동시에 받아들여 객관적 근거를 제시한다. 예를 들어 최근 7일 훈련량을 지난 4주 평균과 비교한 ACWR(acute : chronic workload ratio)이 1.5를 넘고 HRV가 급격히 내려갔다면, 부상 위험이 임계치에 도달했음을 '수치'로 보여준다. 코치는 즉시 훈련 부하를 줄이고 회복 프로그램을 편성한다. 물론 센서 장비와 데이터 해석 역량을 갖춰야 한다는 진입 장벽이 존재하지만, AI 대시보드의 발전으로 실시간 경고와 쉬운 시각화가 가능해지면서 이 어려움은 빠르게 해소되고 있다.

결국 최적의 해법은 두 세계의 만남이다. 코치의 경험이 놓치기 쉬운 몸속 신호를 데이터가 밝혀주고, 데이터가 읽지 못하는 순간의 심리 변화를 코치가 보완한다. 그렇게 인간의 직관과 과학적 근거가 나란히 설 때, 우리는 선수에게 꼭 맞는 훈련 처방과 예방 가능한 부상의 최소화를 동시에 달성할 수 있다.

이어지는 장에서는 생체 데이터가 어떻게 수집되고 분석되는지, 웨어러블 센서가 어떤 방식으로 운동 부하를 측정하는지, 그리고 AI가 이 모든 정보를 엮어 코치에게 어떤 결정을 제안하는지를 차례로 살펴본다. 데이터가 들려주는 '몸의 속삭임'에 귀 기울이는 법을 배우는 것이 이 장의 궁극적 목적이다.

그림 7-1 데이터 기반 접근의 스포츠 과학

2 생체 데이터 분석

경기 뒤 라커룸에서 들려오는 숨소리는 같아 보이지만, 몸속 숫자는 선수마다 완전히 다르다. 생체 데이터(biometric data)는 그 차이를 낱낱이 기록해 주는 초정밀 센서의 언어다. 선수 한 명이 경기장에서 뛰는 90분 동안 심장은 약 9,000번 박동하고, 각각의 박동 간격과 강도는 미세하게 다르다. 이 미세한 차이야말로 몸이 보내는 가장 정확한 신호다.

현대 스포츠 과학에서 생체 데이터는 선수의 현재 상태를 파악하는 것을 넘어 미래의 부상까지 예측하는 수준에 도달했다. 마치 자동차의 계기판이 엔진 과열을 미리 경고하듯,

우리 몸의 자율신경계는 HRV와 안정 시 심박수, 수면 패턴을 통해 과부하 신호를 끊임없이 전송한다. 문제는 이 신호를 읽을 줄 아는가 하는 것이다.

1) 모든 수치는 몸속에서 시작된다

생체 데이터의 핵심은 자율신경계의 상태를 객관적으로 측정하는 데 있다. 자율신경계는 우리가 의식하지 않아도 심장 박동, 호흡, 소화, 체온 조절 등을 자동으로 관리하는 시스템이다. 이 시스템이 스트레스나 피로에 반응하는 방식을 이해하면, 선수의 컨디션을 한발 앞서 파악할 수 있다.

HRV(Heart Rate Variability)는 심장 박동 간격의 미세한 변동을 재는 지표다. 일반인들은 심박수가 일정할수록 건강하다고 생각하지만, 실제로는 정반대다. 건강한 심장은 매 순간 미묘하게 다른 간격으로 뛴다. 자율신경계가 여유 있을 때는 박동 간격이 들쭉날쭉하게 변화하며(고 HRV), 스트레스나 피로가 쌓이면 간격이 기계적으로 규칙적이 된다(저 HRV).

이는 마치 숙련된 재즈 연주자와 초보자의 차이와 같다. 숙련된 연주자는 기본 박자 위에서 자유롭게 변주를 하지만, 초보자는 메트로놈처럼 딱딱하게 연주한다. 심장도 마찬가지로, 건강할 때는 상황에 따라 유연하게 박동을 조절하지만, 스트레스 상태에서는 경직된 패턴을 보인다.

UConn 코리 스트링어 연구소가 수행한 연구는 이러한 원리를 실증적으로 보여준다. 여자 육상선수들이 WHOOP 센서를 24시간 착용하도록 해 HRV, RHR(안정 시 심박수), 수면량을 시즌 내내 추적한 결과, RHR이 오르고 HRV가 떨어질수록 깊은 수면 비율이 줄어드는 상관관계를 확인했다. 더 흥미로운 건, 같은 밤을 자도 HRV가 높게 유지된 선수는 근육 회복력이 좋고, 낮은 선수는 숨겨진 피로를 안고 운동장에 선다는 사실이었다.

RHR(안정 시 심박수)은 또 다른 중요한 지표다. 일반적으로 운동선수의 안정 시 심박수는 40-60회로 일반인보다 낮다. 하지만 체력 고갈이나 스트레스 상황에서는 평소보다 높아진다. 특히 아침에 일어나자마자 측정한 RHR이 평소보다 5-10회 높다면, 전날의 훈련이나 경기가 아직 완전히 회복되지 않았음을 의미한다.

수면 지표는 회복 속도를 가늠하는 또 하나의 창이다. 총 수면시간도 중요하지만, 더 중요한 건 깊은 수면(SWS, Slow Wave Sleep)의 비율이다. 깊은 수면 단계에서 성장호르몬이 분비되고 근육 손상이 복구되기 때문이다. 현대의 웨어러블 디바이스들은 심박수와 움직임 패턴을 분석해 수면 단계를 80-90% 정확도로 추정할 수 있다.

이러한 내부 수치에 외부 퍼포먼스 데이터(이동 거리, 가속·감속, 충돌 강도 등)를 겹쳐 보면 '눈에 보이지 않는 충격'까지 추적할 수 있다. 예를 들어 축구 선수가 한 경기에서 12km를 뛰었다고 해도, 그 중 얼마나 많은 고강도 스프린트가 있었는지, 상대 선수와 몇 번이나 충돌했는지에 따라 몸에 가해진 실제 부하는 천차만별이다.

2) HRV 하나만 알아도 절반은 이긴다

현장에서 가장 자주 쓰는 HRV 계산법이 RMSSD(Root Mean Square of Successive Differences)다. 연속된 심장 박동 간격(RR interval) 차이를 제곱해 평균한 뒤 제곱근을 취하는 방식이다. 수식 자체는 복잡해 보이지만, 스포츠 과학자가 미리 코딩해 둔 대시보드에서는 "오늘 HRV 74ms, 기준선 대비 -12%"같은 직관적 숫자로 나타난다.

중요한 건 절대값이 아니라 개인의 기준선 대비 변화율이다. 어떤 선수는 평소 HRV가 100ms인 반면, 다른 선수는 30ms가 정상일 수 있다. 하지만 각자의 기준선에서 15% 이상 떨어지면 비슷한 수준의 스트레스 상태를 의미한다. 코치는 이런 변화를 통해 한눈에 회복 저하를 인지하고 훈련 세션 강도를 조절한다.

실제로 NCAA 풋볼 선수 8명을 두 달간 추적한 연구에서, HRV가 급격히 떨어진 주에 부상과 질병 확률이 현저히 높아지는 패턴이 관찰됐다. 특히 HRV가 기준선보다 20% 이상 떨어진 상태가 3일 이상 지속되면, 그 주 내에 부상이 발생할 확률이 평소의 3배까지 올라갔다.

그림 7-2 선수 데이터 측정

3) 데이터를 읽는 세 단계 프레임

복잡한 생체 데이터를 현장에서 실용적으로 활용하려면 체계적인 분석 프레임이 필요하다. 다음은 전 세계 프로팀들이 공통적으로 사용하는 3단계 접근법이다.

(1) 1단계: 기준선(Baseline) 설정

선수별 HRV, RHR, 수면 지표의 28일 평균을 '나만의 정상 값'으로 설정한다. 시즌 초반 4주간의 데이터가 가장 신뢰할 만한 기준선이 된다. 이 기간에는 격한 훈련보다는 컨디션 조절에 집중하며, 각 선수의 생체 리듬을 파악한다. 기준선은 고정된 값이 아니라 시즌이 진행되면서 서서히 업데이트된다.

(2) 2단계: 급성대만성 부하 비율(ACWR) 계산

최근 7일 훈련량을 최근 4주 평균으로 나눈 값이다. 1.0이 이상적이며, 1.3을 넘으면 주의, 1.5 이상은 부상 위험이 급등하는 구간이다. 중요한 건 이 비율이 단순히 훈련 시간이나 거리만으로 계산되지 않는다는 점이다. 심박수 구간별 체류 시간, 가속도 변화, 방향 전환 횟수 등을 종합해 '실제 부하'를 산출한다.

(3) 3단계: 이상 징후 알림 시스템

HRV가 기준선보다 15% 이하로 3일 연속 떨어지면서 동시에 ACWR이 1.5 이상일 때 "과부하 경고"를 대시보드에 점멸시킨다. 이때 자동으로 해당 선수의 다음 훈련 강도를 20% 줄이고, 회복 세션(저강도 유산소, 마사지, 냉온욕 등)을 편성하도록 프로그램된다.

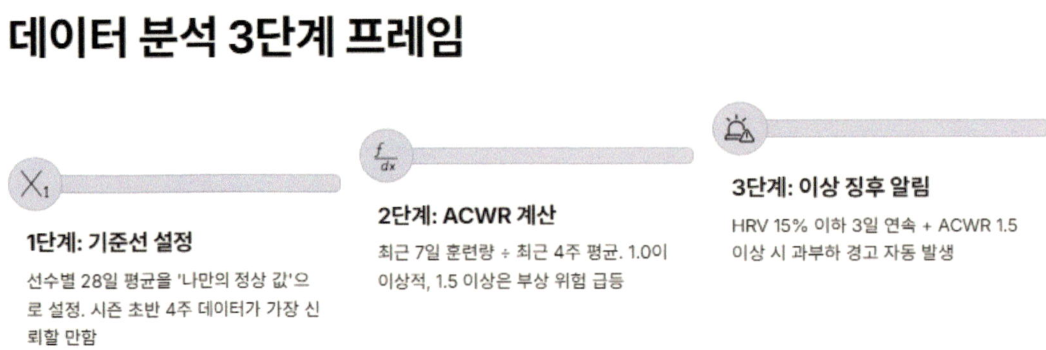

그림 7-3 데이터 분석 3단계 프레임

– 실제 계산 예시

선수 A의 최근 7일 부하가 1400 AU(Arbitrary Unit), 28일 평균이 1200 AU라면 ACWR = 1.17로 안전 구간이다. 하지만 동시에 HRV가 기준선 대비 -18%로 3일째 하락 중이라면, 훈련 강도를 20% 줄이고 회복 세션을 편성한다. 이는 숫자상으론 안전해 보여도 몸의 신호는 다르게 말하고 있음을 의미한다.

이 프레임의 장점은 복잡한 AI 모델 없이도 "데이터 → 즉시 행동"으로 이어지도록 설계됐다는 점이다. 코치는 매일 아침 5분만 투자해도 전체 선수단의 컨디션을 파악하고, 그날의 훈련 계획을 조정할 수 있다.

4) 프로팀은 이렇게 쓴다 — 사례 & 규칙

이론을 실제로 적용한 팀들의 성과는 놀랍다. 마이애미 대학 풋볼팀은 WHOOP 센서를 착용시켜 HRV와 수면 지표를 매일 검토했다. 그들이 도입한 3단계 개입 규칙은 다음과 같다.

- **그린 존(정상)**: HRV가 기준선의 85% 이상일 때는 정상 훈련을 진행한다.
- **옐로우 존(주의)**: HRV가 기준선의 70-85% 구간에 2일 연속 머물면 훈련 강도를 10% 줄이고 수면 시간을 1시간 늘린다.
- **레드 존(위험)**: HRV가 기준선의 70% 이하로 3일 연속 떨어지면 능동적 회복(active recovery) 세션으로 전환하고, 추가 의료진 상담을 실시한다.

이 간단한 규칙만으로도 한 시즌 만에 팀 전체 HRV가 20% 상승했고, 질병과 부상으로 인한 결석률이 14% 감소했으며, 평균 수면 시간이 27% 늘었다. 더 놀라운 건, 선수들이 자발적으로 수면 습관을 개선하기 시작했다는 점이다. 객관적 데이터를 통해 자신의 몸 상태를 실시간으로 확인하니, '일찍 자야겠다'는 동기가 자연스럽게 생긴 것이다.

Utah State 여자배구팀의 사례는 더욱 구체적이다. 이들은 Oura Ring을 통해 HRV를 15.8% 끌어올리고 RHR을 8.5% 낮췄다. 가장 큰 변화는 선수들이 스스로 밤 11시 이전에 잠드는 '수면 습관 코칭'이었다. 코치는 매주 팀 미팅에서 각 선수의 수면 스코어를 공유하되, 서로 경쟁하기보다는 도와주는 분위기를 조성했다. 수면 부족한 선수가 있으면 팀원들이 자연스럽게 늦은 시간 연락을 자제하고, 기숙사 소등 시간을 함께 맞춰가는 문화가 만들어졌다.

NBA의 한 팀(익명)은 더 정교한 시스템을 운영한다. 선수들의 HRV 데이터를 실시간으로 의료진과 공유하고, 기준선 이하가 2일 연속 지속되면 자동으로 영양사, 마사지사, 심리상담사가 개입한다. 특히 원정 경기 때는 시차와 이동 피로까지 고려한 개별 회복 프로그램을 제공한다. 결과적으로 이 팀은 지난 3시즌 동안 리그 평균보다 30% 적은 부상률을 기록했다.

이처럼 성공한 팀들의 공통점은 "데이터 피드백 → 간단한 규칙 → 즉각적 개입"이라는 공식을 반복한다는 것이다. 복잡한 분석보다는 명확한 기준선을 정하고, 그 기준을 벗어나면 주저 없이 행동한다. 무엇보다 중요한 건, 숫자를 '과학적 근거'로 삼아 선수 본인도 납득하는 훈련과 휴식 결정을 내린다는 점이다.

그림 7-4 AI를 통한 선수 퍼포먼스 분석

5) 솔루션 스케치 — WHOOP vs Oura vs Garmin

현실적으로 어떤 센서를 선택할지는 착용 편의성, 실시간성, 팀 예산의 균형점에서 결정된다. 각 제품마다 장단점이 뚜렷하다.

WHOOP은 24시간 연속 착용이 가능한 손목 밴드 형태로, 배터리가 5일간 지속되며 충전 중에도 측정이 계속된다. HRV의 정확도가 높고 스트레인 스코어(운동 강도 지표)까지 제공해 종합적 분석이 가능하다. 하지만 월 구독료가 상당하고(선수당 월 30달러), 디스플레이가 없어 즉시 확인이 어렵다는 단점이 있다.

Oura Ring은 반지 형태로 착용감이 뛰어나고 수면 분석에 특화되어 있다. 7일간 배터리가 지속되며 스마트폰 앱을 통해 직관적인 데이터 확인이 가능하다. 가격도 WHOOP보다 저렴하다(일회성 구매 299달러 + 월 6달러). 다만 실시간 심박수 모니터링은 제한적이고, 격한 운동 중에는 측정 정확도가 떨어질 수 있다.

Garmin은 GPS 기능까지 통합된 스마트워치로, 야외 훈련 시 이동 거리와 페이스까지 함께 트래킹할 수 있다. HRV 측정 기능도 포함되어 있고, 한 번 구매하면 추가 구독료가 없다는 장점이 있다. 하지만 배터리 수명이 상대적으로 짧고(2-3일), 순전히 HRV 정확도만 보면 전용 디바이스보다 아쉬운 편이다.

실무에서는 팀의 우선순위에 따라 선택한다. 단순히 HRV와 수면 모니터링만 필요하다면 Oura Ring으로도 충분하지만, 훈련 중 실시간 모니터링과 야외 활동까지 트래킹하려면 WHOOP와 Garmin GPS 제품의 조합이 유리하다. 중요한 건 어떤 도구를 선택하든 일관성 있게 사용하고, 데이터를 행동으로 연결하는 시스템을 구축하는 것이다.

표 7-1

솔루션	센서 형태	대표 지표	강점	배려할 점
WHOOP 4.0	손목 PPG	HRV, RHR, 수면 Strain	24h 착용/팀용 API	팀 라이선스 비용
Oura Ring Gen 3	반지형 PPG	HRV, 체온, 수면	생활 친화/가벼움	실시간 스트리밍 제한
Garmin Fenix 7	시계 + 헨	HRV, RHR, 운동부하	GPS통합/다기능	무게/베터리 부담

그림 7-5 가민 스마트 워치 시리즈

출처 : 가민 (본 이미지는 교육적 목적으로 인용되었다.)

3 웨어러블 센서 기반 퍼포먼스 데이터

축구장에서 미드필더가 전·후반을 통틀어 11km를 뛴다는 사실은 오래전부터 알려져 있었다. 하지만 그 11km가 언제, 얼마나 빠르게, 어떤 방향으로, 얼마나 급격한 가속과 감속을 동반하며 이루어졌는지는 단순 계측기로는 알 수 없었다.

현대 스포츠에서 선수들은 조끼 안쪽에 초소형 GPS·IMU(가속도·자이로)·심박 센서를 품고 그라운드를 누빈다. 이 작은 장치들은 선수의 모든 움직임을 초당 10-18회씩 정밀하게 포착한다. 센서는 단순히 '뛰었다'는 사실을 넘어서, '언제 가장 빨랐는지', '어떤 순간에 가장 큰 충격을 받았는지', '피로가 쌓이면서 움직임이 어떻게 변했는지'까지 기록한다. 터치라인 뒤 노트북 화면에는 선수별 라이브 스코어보드가 펼쳐지고, 숫자가 실시간으로 바뀌는 그 화면이야말로 현대 스포츠 과학의 '작전판'이다.

웨어러블 센서가 만들어내는 데이터의 양은 상상을 초월한다. 한 명의 선수가 90분 경기를 뛰는 동안 약 10만 개의 데이터 포인트가 생성된다. 이는 전통적인 관찰 방식으로는 절대 파악할 수 없는 미시적 움직임까지 포함한다. 예를 들어, 골키퍼가 세이브를 위해 다이빙하는 0.3초 동안에도 수십 개의 가속도 변화가 측정되고, 이는 어깨와 무릎 관절에 가해지는 부하를 정밀하게 계산하는 데 사용된다.

1) 센서 시스템 아키텍처

팀 버스에서 조끼를 입고, 워밍업이 시작되면 기기는 자동으로 켜진다. 선수가 별도로 버튼을 누르거나 설정을 만질 필요가 없다. 시스템이 훈련장이나 경기장의 위치를 인식하면 자동으로 데이터 수집을 시작한다.

GPS 위성과 실내 UWB(Ultra-Wideband) 수신기가 선수의 위치를 삼각 측량으로 파악한다. 실외에서는 GPS가 주력이지만, 실내 체육관이나 지하 훈련장에서는 UWB가 더 정확하다. 조끼 속 IMU(Inertial Measurement Unit)는 세 축 가속도와 각속도를 동시에 기록한다. 이는 단순한 직선 이동뿐만 아니라 회전, 점프, 착지 시의 복잡한 움직임까지 포착한다.

데이터는 900MHz 무선 주파수를 타고 흘러간다. 조끼 속 센서에서 안테나 리더로, 다시 터치라인의 수신 노트북으로, 최종적으로 클라우드 서버로 이어지는 실시간 데이터 파이프라인이 구축된다. 이 과정에서 데이터 손실률은 1% 미만으로 유지된다. 분석 소프트웨어는 0.5초 단위로 이동 속도를 계산해 '스프린트', '고속 질주', '저속 조깅' 구간으로 자동 분류한다. 동시에 Player Load나 Power Score 같은 복합 지표를 실시간으로 계산해 화면에 표시한다.

그림 7-6 STAT Sports의 선수 퍼포먼스 측정 상품

출처 : STAT sports (본 이미지는 교육적 목적으로 인용되었다.)

현재 시장을 선도하는 제품들의 성능을 보면, Catapult Vector는 초당 10Hz로, STATSports Apex는 18Hz로, Zebra RFID는 25Hz(UWB 기반)로 데이터를 전송한다. 이는 초 단위가 아닌 프레임 단위 움직임이 그대로 데이터베이스에 기록됨을 의미한다. 25Hz라는 것은 0.04초마다 위치가 업데이트된다는 뜻으로, 인간의 눈으로는 포착하기 어려운 미세한 움직임 변화까지 감지할 수 있다.

센서의 물리적 설계도 중요하다. 무게는 보통 15-25g으로 선수가 착용감을 거의 느끼지 못할 정도다. 방수·방진 등급은 IP67 이상으로, 땀이나 비에 젖어도 작동한다. 배터리는 최소 8시간 지속되어 훈련과 경기를 모두 커버한다. 충격에도 강해서 럭비나 미식축구 같은 격한 스포츠에서도 파손되지 않는다.

(1) GPS · IMU · RFID 데이터 흐름

실시간 데이터 파이프라인은 다음 5단계로 구성된다.

– 1단계: 센서 캡처

GPS는 위성 신호를 받아 위도·경도·고도를 측정하고, IMU는 x·y·z 축의 가속도·각속도·자기장을 초당 수십 번 샘플링한다. 심박 센서는 가슴띠나 광학 센서를 통해 실시간 심박수를 기록한다. 이 모든 데이터는 타임스탬프와 함께 조끼 속 메모리에 임시 저장된다.

– 2단계: 무선 전송

센서에서 측정된 원시 데이터는 압축된 후 900MHz 대역의 무선 신호로 전송된다. 이 주파수는 국제적으로 산업·과학·의료용으로 할당된 ISM 대역으로, 다른 전자기기의 간섭을 최소화한다. 전송 거리는 최대 1km까지 가능하지만, 실제로는 200-300m 내에서 안정적으로 작동한다.

– 3단계: 터치라인 수신

경기장 주변에 설치된 안테나와 수신기가 신호를 받는다. 여러 선수의 신호가 동시에 들어와도 고유 ID로 구분해 처리한다. 수신된 데이터는 즉시 노트북이나 태블릿으로 전송되어 실시간 모니터링이 가능하다.

– 4단계: 자동 필터링·동기화

원시 데이터에는 GPS 신호 끊김, 센서 노이즈, 일시적 장애 등으로 인한 오류가 포함된다. 소프트웨어는 칼만 필터나 저역통과 필터를 사용해 이런 노이즈를 제거한다. 또한 여러 센서의 시간을 동기화해 일관된 데이터 스트림을 만든다.

– 5단계: 클라우드 분석·시각화

정제된 데이터는 클라우드 서버로 전송되어 고급 분석 알고리즘을 거친다. 머신러닝 모델이 패턴을 인식하고, 부상 위험도나 피로도를 예측한다. 결과는 직관적인 대시보드와 그래프로 시각화되어 코치와 의료진에게 제공된다.

이 전 과정은 놀랍도록 빠르게 진행된다. 선수가 스프린트를 시작한 순간부터 코치의 화면에 속도가 표시되기까지 걸리는 시간은 불과 2-3초다. 오전 훈련이 끝나고 선수들이 물을 마시는 5분 동안, 팀 스포츠 과학자는 이미 누적 부하 랭킹을 정렬해 코치에게 건넨다. '어제보다 25% 많은 스프린트'라는 문장 하나가 교체나 휴식 결정을 이끈다.

(2) 운동 부하를 설명하는 핵심 숫자

Catapult, STATSports, Zebra 같은 플랫폼은 각각 250개가 넘는 변수를 산출한다. 하지만 현장에서 가장 자주 쓰는 지표는 의외로 단순하다. 복잡한 수식보다는 직관적으로 이해할 수 있고, 즉시 행동으로 연결할 수 있는 지표들이 선호된다.

그림 7-7 센서 시스템 성능 비교

- Total Distance(총 이동거리)

가장 기본적이면서도 강력한 지표다. 회복 훈련일인지 고강도 전술 훈련일인지를 직관적으로 드러낸다. 축구에서는 보통 경기당 10-12km, 훈련에서는 4-8km가 평균이다. 단순해 보이지만, 포지션별·개인별 기준선과 비교하면 놀라울 정도로 정확한 부하 지표가 된다.

- Sprint Distance(스프린트 거리)

경기력과 가장 밀접한 고속 주행 구간(시속 25km 이상) 거리다. 총 이동거리가 같아도 스프린트 구간이 많으면 실제 부하는 훨씬 크다. 전문 연구에서 GPS 기반 스프린트 측정이 레이더와 0.2km/h 오차 내로 일치한다는 결과가 나왔다. 현대 축구에서는 경기당 평균 200-400m의 스프린트 거리를 기록한다.

- High-Metabolic-Load Distance(HMLD, 고대사부하거리)

급가속·급감속·점프·충돌이 동반된 구간을 따로 모아 '에너지 폭탄' 구간을 표시한다. 같은 속도로 뛰어도 가속이나 방향 전환이 많으면 근육에 가해지는 부하는 기하급수적으로 증가한다. HMLD는 이런 '숨겨진 부하'를 가시화한다.

- Player Load(선수 부하)

가속도계를 이용해 세 축 가속도의 합성값을 실시간 적분한 수치다. 이동 거리나 속도로는 측정하기 어려운 점프, 착지, 몸싸움, 급격한 방향 전환까지 포함한다. 특히 농구나 배구처럼 수직 움직임이 많은 스포츠에서 유용하다.

이들 지표의 실제 활용도는 놀랍다. STATSports 기술진은 MLS 구단 FC Cincinnati가 HMLD와 Player Load를 감독에게 실시간 전송해 "30분 안에 포지션당 허용 부하"를 초과한 선수를 즉시 교체했다고 보고한다. 결과적으로 햄스트링 부상률을 전년 대비 37% 낮췄다는 성과를 거뒀다.

(3) 이동 거리 · 스프린트 · 충돌 강도

각 지표의 실제 해석 방법을 구체적인 예시로 살펴보자.

- Catapult 지표 해석 예시

선수 A가 경기 60분까지 Sprint Distance 310m, Player Load 375 AU(Arbitrary Units)에 도달했다고 가정하자. 이때 코치 대시보드에는 노란색 '⚠'가 뜬다. 이는 데이터베이스가 가진 수천 경기 평균치를 기준으로 "평소 대비 부하 120%"를 의미한다.

이 상황에서 감독은 두 가지 선택지를 갖는다. 즉시 교체를 단행하면 남은 30분 동안 전체 팀 스프린트 총량은 그대로 유지하면서도 개인 과부하를 피할 수 있다. 또는 선수에게 템포를 늦추도록 지시해 마지막 30분을 버티게 할 수도 있다. 두 전략 모두 데이터라는 객관적 근거를 바탕으로 한 결정이다.

- 복합 지표의 의미

Player Load가 높다고 해서 반드시 나쁜 건 아니다. 공격수가 골 결정적 순간에 높은 부하를 기록하는 것은 자연스럽다. 중요한 건 그 부하가 계획된 것인지, 아니면 예상을 벗어난 것인지 판단하는 것이다. 예를 들어, 수비수가 평소보다 2배 높은 HMLD를 기록했다면 상대 공격이 예상보다 거셌거나, 전술적 실수로 불필요한 움직임이 많았을 가능성이 크다.

- 포지션별 기준선의 중요성

같은 지표라도 포지션에 따라 해석이 달라진다. 골키퍼의 총 이동거리는 2-3km에 불과하지만, Player Load는 필드 플레이어만큼 높을 수 있다. 다이빙 세이브나 킥 동작에서 발생하는 폭발적 움직임 때문이다. 반대로 센터백은 이동거리는 적지만 공중볼 경합으로 인한 충돌 지표가 높게 나타난다.

3) 프로팀·리그 적용 사례

"데이터가 곧 체력 테스트다"라는 말처럼, 웨어러블 센서는 훈련장과 경기장을 막론하고 코치의 두 번째 눈이 됐다. 전 세계 프로팀들이 이 기술을 어떻게 활용하고 있는지 구체적 사례를 통해 살펴보자.

(1) 축구 - 프리미어리그의 혁신

맨체스터 시티는 GPS와 인공신경망을 결합해 '경기 예상 총 거리'를 실시간 산출하는 시스템을 운영한다. 과거 100경기 이상의 데이터를 학습한 AI가 각 선수의 포지션, 상대팀 전술, 경기 상황을 종합해 90분 예상 부하를 계산한다. 한 선수가 예상치를 초과하면 체력 코치가 교체를 제안하고, 펩 과르디올라 감독이 전술적 교체와 겹쳐 최종 판단한다.

이 시스템의 효과는 숫자로 입증됐다. 2023-24 시즌 햄스트링 부상 건수를 전년 대비 30% 줄였다는 구단 내부 보고가 있다. 특히 시즌 후반기 과밀 일정에서 선수들의 컨디션을 안정적으로 유지할 수 있었던 것이 우승의 숨은 요인으로 평가된다.

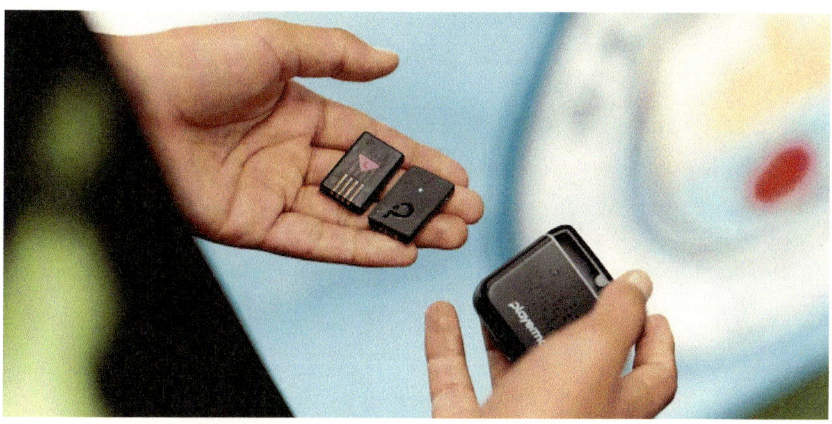

그림 7-8 플레이어메이커(Playermaker)

출처 : Manchester City (본 이미지는 교육적 목적으로 인용되었다.)

(2) NFL – Zebra MotionWorks의 정밀함

NFL은 2014년부터 모든 선수, 공, 심판에 UWB RFID 태그를 부착하는 'Next Gen Stats' 시스템을 운영한다. 초당 25회 좌표를 전송하는 이 시스템은 선수 최고 속력, 이동거리, 방향 전환 각도를 0.1초 단위로 계산한다.

데이터는 팬 서비스용 통계로도 활용되지만, 더 중요한 건 의료진의 필수 도구가 됐다는 점이다. 부상에서 복귀하는 선수의 경기 속도 회복을 일주일 단위로 체크하는 의무 데이터로 사용된다. 예를 들어, 무릎 수술 후 복귀한 러닝백의 최고 속력이 부상 전 90% 수준에 도달해야만 정식 경기 출전을 허가한다.

그림 7-9 NFL의 선수 분석 시스템

출처 : NFL (본 이미지는 교육적 목적으로 인용되었다.)

(3) 농구 – STATSports X-sensor 슈트의 섬세함

농구에서는 점프 착지 충격과 측면 슬라이드 가속을 세밀하게 측정해 무릎 관절 하중을 예측한다. NBA의 한 팀(익명)은 시즌 막판 무릎 피로 수치가 급등한 포인트가드에게 일일 슈팅량을 150개에서 90개로 줄이는 조치를 취했다. 결과적으로 플레이오프 전까지 점프 당 하중이 18% 감소했고, 선수는 부상 없이 시즌을 마칠 수 있었다.

이런 미시적 관리는 선수 개인에게도 큰 도움이 된다. 자신의 몸 상태를 객관적 수치로 확인할 수 있어 과도한 훈련을 스스로 조절하게 된다. 또한 부상 위험이 높아지는 시점을 미리 알 수 있어 예방적 치료나 휴식을 취할 수 있다.

그림 7-10 카타펄트 센서를 착용한 토론토 랩터스 선수들

출처: illumin Magazine (본 이미지는 교육적 목적으로 인용되었다.)

(4) 데이터 기반 교체 · 훈련 조정

실시간 데이터가 실제 경기 운영에 미치는 영향을 구체적 시나리오로 살펴보자.

- 실시간 교체 시나리오

전반 30분, 왼쪽 풀백이 이미 스프린트 거리 350m를 넘었다고 가정하자. 일반적으로 풀백의 전체 경기 스프린트 거리는 400-500m 정도다. 벤치의 스포츠 과학자는 즉시 "예상 초과 28%" 알림을 띄운다.

이때 감독은 여러 선택지를 갖는다. 즉각적인 교체, 포지션 스위치(풀백을 윙어로 올리고 센터백이 좌측을 커버), 또는 하프타임까지 버티기. 어떤 결정을 내리든 데이터라는 객관적 근거가 있다.

경기 후 데이터 로그를 검토하면 흥미로운 패턴을 발견할 수 있다. 교체 시점을 놓쳤을 때 Player Load가 500 AU까지 치솟고, 다음 경기 출전율이 60%로 떨어진 사례들이 반복적으로 나타난다. 이런 경험이 쌓여 '데이터-드리븐 교체'가 조직 문화로 자리 잡는다.

- 훈련 조정의 실제

훈련에서도 마찬가지다. 화요일 전술 훈련에서 한 선수의 HMLD가 평소보다 50% 높게 나왔다면, 수요일에는 회복 훈련으로 조정한다. 목요일 스크리미지에서는 해당 선수의 출전 시간을 줄이거나, 상대적으로 부하가 적은 포지션에 배치한다.

이런 미세 조정이 시즌 전체로 누적되면 큰 차이를 만든다. 선수들의 컨디션 곡선이 고르게 유지되고, 시즌 후반까지 높은 경기력을 발휘할 수 있다. 데이터는 코치의 직감을 보완하는 도구가 아니라, 새로운 차원의 팀 관리를 가능하게 하는 혁신적 기술이 되고 있다.

4 AI 기반 트레이닝 코칭

현대 스포츠에서 AI는 더 이상 미래의 기술이 아니다. 매일 아침 코치가 받는 선수별 컨디션 리포트, 훈련 중 실시간으로 뜨는 부상 위험 알림, 경기 후 자동 생성되는 퍼포먼스 분석 보고서까지, AI는 이미 스포츠 현장 곳곳에 스며들어 있다. 그런데 이 모든 자동화된 지능 뒤에는 복잡하면서도 정교한 데이터 처리 과정이 숨어 있다.

한 명의 프로 축구선수가 하루 동안 생성하는 데이터의 양을 상상해보자. 새벽 기상과 함께 시작되는 HRV 측정, 아침 훈련 중 GPS가 포착하는 수천 개의 좌표점, 점심 후 회복 세션에서 기록되는 심박수 변화, 저녁 경기에서 발생하는 가속도와 충돌 데이터, 그리고 잠들기 전까지의 수면 준비 상태까지. 이 모든 정보가 실시간으로 수집되고, 분석되고, 다음날 훈련 계획에 반영된다. AI 코칭 시스템의 진정한 가치는 바로 이런 거대한 데이터 흐름을 의미 있는 통찰로 바꿔내는 능력에 있다.

하지만 AI가 만능은 아니다. 아무리 정교한 알고리즘이라도 잘못된 데이터를 입력하면 엉뚱한 결론을 내놓는다. 또한 선수의 심리 상태나 팀 내 갈등 같은 '인간적 요소'는 센서로 측정하기 어렵다. 성공적인 AI 코칭 시스템은 이런 한계를 인정하고, 인간 코치의 직관과 경험을 보완하는 역할에 충실할 때 비로소 진가를 발휘한다.

1) 데이터 통합·전처리 파이프라인

선수 관리를 위한 AI 코칭 시스템의 첫 관문은 데이터 통합, 즉 ETL(Extract, Transform, Load) 과정이다. 현대 프로팀에서는 하루에 수십 기가바이트의 데이터가 생성된다. 웨어러블 센서, HRV 밴드, GPS 조끼, 의료 기록, 심지어 경기 일정까지 서로 다른 형식과 빈도로 쏟아지는 이 모든 데이터를 한곳에 모아 의미 있는 정보로 변환하는 것이 ETL의 핵심이다.

첫 번째 단계인 추출(Extract)에서는 각 데이터 소스마다 전용 커넥터를 구축한다. 클라우드 API를 통해 실시간으로 들어오는 웨어러블 센서 데이터, CSV 파일 형태로 일괄 전송되는 훈련 기록, EMR(전자의무기록) 시스템에서 추출하는 의료 정보까지 원천마다 서로 다른 접근 방식이 필요하다. 예를 들어 Catapult GPS 시스템은 REST API를 통해 초당 10Hz로 위치 데이터를 전송하지만, WHOOP 밴드는 하루에 한 번 종합된 HRV 리포트를 클라우드에 업로드한다. 이처럼 서로 다른 리듬으로 들어오는 데이터를 놓치지 않고 수집하는 것이 추출 단계의 첫 번째 과제다.

두 번째 단계인 변환(Transform)에서는 원시 데이터를 분석 가능한 형태로 가공한다. 센서별로 단위를 통일하고, 누락값을 적절히 보간하며, 명백한 오류는 제거한다. 예를 들어 GPS 데이터에서 분간 이동 거리 값이 끊겼다면, 시스템은 '이전 구간 속도 × 시간'으로 해당 값을 추정한다. 또한 서로 다른 시간대에 측정된 데이터들을 UTC 기준으로 동기화하고, 각 선수별로 고유한 ID를 부여해 데이터 간 연결성을 보장한다. 이 과정에서 가장 까다로운 부분은 이상치(outlier) 처리다. 센서 오작동으로 인해 선수가 순간적으로 시속 100km로 달렸다고 기록되거나, 심박수가 200을 넘나드는 비현실적인 값이 나타날 수 있다. 통계적 알고리즘을 사용해 이런 값들을 걸러내되, 실제로 가능한 극한 상황(예: 골키퍼의 폭발적인 다이빙 세이브)까지 제거하지 않도록 섬세한 조정이 필요하다.

마지막 적재(Load) 단계에서는 정제된 데이터를 선수 ID-날짜-타임스탬프 단위의 "롱 테이블" 형태로 데이터베이스에 저장한다. 이 구조는 시계열 분석과 머신러닝 모델 학습에 최적화되어 있다. 모든 변수가 하나의 큰 테이블에 행 단위로 쌓이므로, 이후 분석 소프트웨어가 원하는 조건으로 데이터를 필터링하고 집계하기가 쉬워진다. 또한 실시간 대시보드와 분석 모델이 동일한 스키마를 사용하므로 데이터 처리 병목을 크게 줄일 수 있다.

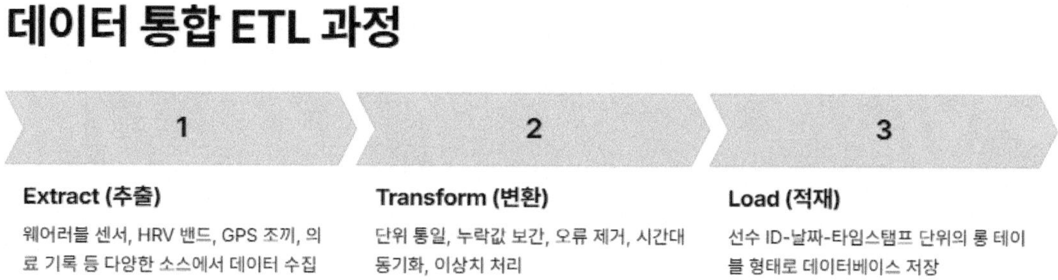

그림 7-11 데이터 통합 ETL과정

Kitman Labs와 Zone7 같은 전문 업체들은 이런 복잡한 ETL 과정을 완전히 자동화한 시스템을 제공한다. 이들의 전용 ETL 엔진은 GPS와 심박 데이터부터 PDF 형태의 치료 기록까지 자동으로 흡수해 단일 "인텔리전스 레이크"를 만들어낸다. 덕분에 코치는 "전날 HRV 수치"와 "어제 경기 HMLD 지표"를 한 화면에서 바로 교차 조회할 수 있다. 과거에는 서로 다른 시스템에 보관되던 정보들이 하나로 통합되면서, 진정한 의미의 '종합적 선수 분석'이 가능해진 것이다.

2) 부상 예측 모델

AI 기반 부상 예측 모델의 핵심은 '패턴 인식'에 있다. 인간 코치나 의료진이 놓치기 쉬운 미세한 신호들을 데이터 속에서 찾아내어, 부상이 실제로 발생하기 며칠 전에 위험을 감지하는 것이다. 현재의 예측 모델은 70% 이상의 정확도로 향후 1-7일 내 부상 위험을 예측할 수 있는 수준에 도달했다.

부상 예측 모델에 입력되는 특징(Features)들을 살펴보면, 그 복잡성과 정교함을 알 수 있다. 가장 기본이 되는 것은 훈련 부하 관련 지표들이다. 최근 7일과 28일 훈련량을 비교한 ACWR(급성대만성 부하 비율)은 부상 예측의 핵심 변수 중 하나다. 이 비율이 1.5를 넘으면 부상 위험이 급격히 증가한다는 것이 수많은 연구를 통해 입증되었다. 하지만 단순히 훈련량만으로는 충분하지 않다. 같은 양의 훈련이라도 고강도 스프린트가 많았는지, 방향 전환이 빈번했는지, 충돌이나 점프가 많았는지에 따라 실제 부하는 천차만별이다.

생체 지표들도 마찬가지로 중요하다. HRV의 단순한 절댓값보다는 개인 기준선 대비 변화 추세가 더 의미 있는 정보를 제공한다. 예를 들어 평소 HRV가 50ms인 선수가 40ms를 기록하는 것과, 평소 80ms인 선수가 70ms를 기록하는 것은 전혀 다른 의미다. 전자는 20% 감소로 심각한 피로 상태를 시사하지만, 후자는 12.5% 감소로 정상 범위 내 변동일 가능성이 크다. 이런 개인차를 반영하기 위해 모델은 각 선수별로 28일 이동 평균을 기준선으로 설정하고, 그 기준선 대비 편차를 계산한다.

심박 회복 곡선도 흥미로운 지표다. 훈련 직후 1분간 심박수가 얼마나 빨리 떨어지는지를 측정하는 HRR(Heart Rate Recovery)은 자율신경계의 회복 능력을 보여준다. 컨디션이 좋을 때는 격한 운동 후에도 심박수가 빠르게 안정화되지만, 피로가 누적되면 회복이 지연된다. 이런 미세한 변화를 포착해 부상 위험의 조기 신호로 활용하는 것이다.

개인 특성 변수들도 빠질 수 없다. 나이가 많을수록, 과거 부상 이력이 많을수록 재부상 위험이 높다는 것은 상식적으로도 알 수 있다. 하지만 AI 모델은 이런 직관적 관계를 넘어서 복잡한 상호작용까지 학습한다. 예를 들어 "25세 이하 + 빠른 윙어 + ACWR 1.4 이상"일 때의 부상 위험과 "30세 이상 + 센터백 + ACWR 1.4 이상"일 때의 위험은 완전히 다를 수 있다. 나이와 포지션, 훈련 부하가 서로 상호작용하면서 만들어내는 복합적 위험 패턴을 모델이 자동으로 찾아내는 것이다.

환경 요인까지 고려하면 모델의 정교함은 더욱 증가한다. 경기 일정 밀도는 특히 중요한 변수다. 3일 간격으로 경기가 연속되면 피로 누적 가중치가 기하급수적으로 증가한다. 단순히 경기 횟수만 세는 것이 아니라, 경기 간 회복 시간, 이동 거리, 시차까지 종합해서 '실제 부담'을 계산한다. 또한 기온, 습도, 고도 같은 기상 조건도 부상 위험에 영향을 미친다. 습도가 높은 날에는 탈수 위험이 커지고, 고도가 높은 곳에서는 산소 부족으로 근육 피로가 빨리 온다. 심지어 잔디 상태까지 고려한다. 천연잔디와 인조잔디에서 발생하는 부상 패턴이 다르기 때문이다.

부상 예측 모델의 핵심 특징

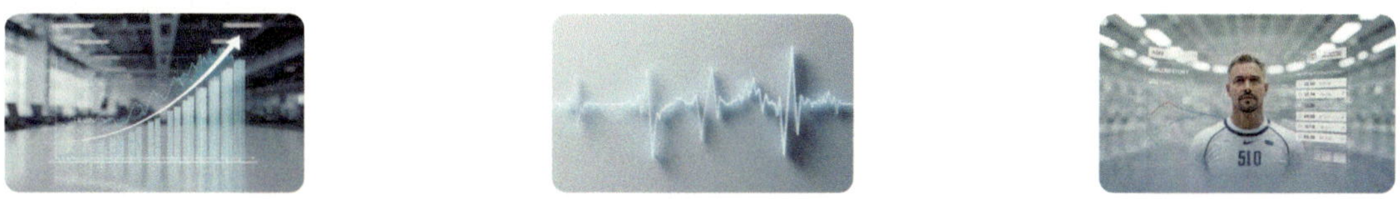

훈련 부하 지표 | 생체 지표 | 개인 특성

그림 7-12 부상 예측 모델의 핵심 특징

이렇게 수집된 수십, 수백 개의 변수들을 어떻게 처리할 것인가가 모델링의 핵심이다. 가장 단순한 접근법은 로지스틱 회귀다. 각 변수가 부상 확률에 미치는 영향을 선형적으로 계산하는 방식으로, "HRV가 10% 떨어지면 부상 확률이 1.8배 증가한다"처럼 직관적인 해석이 가능하다. 변수가 많지 않고 빠른 결과가 필요한 상황에서는 여전히 유용한 방법이다.

하지만 현실의 부상 패턴은 선형적이지 않다. 여러 위험 요인이 동시에 나타날 때의 복합적 효과는 단순 합산으로는 설명하기 어렵다. 이때 등장하는 것이 그래디언트 부스팅(GBDT) 방식이다. 의사결정 트리를 수백, 수천 개 결합해서 복잡한 비선형 패턴까지 학습할 수 있다. 예를 들어 "나이 29세 이상 + HRV 15% 감소 + ACWR 1.4 이상"일 때의 위험도가 각 요인의 단순 합보다 훨씬 클 수 있는데, GBDT는 이런 상호작용을 자동으로 포착한다. 또한 각 변수의 중요도를 쉽게 계산할 수 있어서, 어떤 요인이 예측에 가장 큰 영향을 미치는지 파악하기 용이하다.

시간적 의존성을 고려해야 할 때는 딥러닝의 LSTM(Long Short-Term Memory) 모델이 유용하다. HRV나 훈련량의 시계열 패턴을 학습해서, "2주 전부터 서서히 악화되기 시작한 컨디션"처럼 장기간에 걸친 변화를 포착할 수 있다. 단순히 현재 값만 보는 것이 아니라 과거의 추세까지 종합해서 판단하는 것이다. 다만 LSTM은 학습에 많은 데이터가 필요하고, 결과를 해석하기 어렵다는 단점이 있다.

Zone7의 연구진이 11개 프로팀, 423건의 실제 부상 데이터를 학습해서 개발한 모델을 보면, 이런 기법들의 실제 성과를 확인할 수 있다. 이 모델은 "향후 7일 내 부상 위험"을 고·중·저 3단계로 분류하는데, 실제 부상의 72.4%를 사건 발생 전 1-7일 사이에 정확히 탐지해냈다. 더 중요한 것은 거짓 경보(False Positive) 비율도 상당히 낮다는 점이다. 고위험 경고 중 실제로 부상이 발생하는 비율이 68%에 달한다. 이는 코치와 선수들이 시스템을 신뢰할 수 있는 수준의 정확도다.

3) AI 코치 의사결정 지원

AI의 진정한 가치는 예측에서 끝나지 않는다. 예측 결과를 바탕으로 구체적인 행동 방안을 제시하고, 그 효과를 추적해 지속적으로 개선하는 것이 핵심이다. 현대의 AI 코칭 시스템은 단순한 경고를 넘어서 "무엇을, 어떻게, 언제까지" 해야 하는지를 구체적으로 안내한다.

(1) 위험 경고 → 훈련 처방

실제 AI 시스템이 작동하는 모습을 월요일 아침 상황으로 구체적으로 그려보자. 새벽 6시, 선수들이 기상하면서 웨어러블 디바이스들이 자동으로 활성화된다. 밤새 수집된 수면 데이터와 새벽 HRV 측정치가 클라우드 서버로 전송되고, AI 모델이 주말 경기 데이터까지 종합해서 각 선수별 위험도를 계산한다.

오전 8시, 코치진이 훈련장에 도착하자마자 대시보드에 빨간색 알림이 떠오른다. "선수 #8 - 부상 High Risk(72%)" 이 알림 하나가 그날 훈련 계획을 완전히 바꿔놓을 수 있다. 시스템은 단순히 위험하다고 경고하는 것에 그치지 않는다. 위험 요인을 구체적으로 분해해서 보여준다. "HRV -18%(기준선 대비), ACWR 1.6(권장치 1.3 초과), 지난 3경기 스프린트 거리 +28%(평균 대비)" 숫자 하나하나가 선수의 몸 상태를 증언하는 객관적 근거다.

더 놀라운 것은 시스템이 즉시 구체적인 코칭 액션까지 제안한다는 점이다. "오늘 전술훈련 강도 -30%, 회복 스트레칭 20분 추가, 수면 코칭 세션 편성, 수요일까지 고강도 훈련 제한" 막연한 '휴식'이 아니라 정량적이고 실행 가능한 지침이다. 코치는 이 권고사항을 그대로 따를 수도 있고, 전술적 필요에 따라 조정할 수도 있다. 중요한 것은 의사결정의 근거가 명확하다는 점이다.

이틀 뒤 수요일, 시스템은 개입 효과를 자동으로 검증한다. "HRV 회복세(-18% → -8%), ACWR 안정화(1.6 → 1.3) → 정상 훈련 복귀 승인" 이 피드백 루프를 통해 모델은 어떤 개입이 효과적이었는지 학습하고, 향후 유사한 상황에서 더 정확한 처방을 내릴 수 있게 된다. 인간 의사가 환자 치료 경험을 통해 임상 실력을 키우듯, AI 모델도 매번의 개입 결과를 통해 진화한다.

(2) 실전 사례

이런 이론적 설명이 실제로 어떤 결과를 가져오는지는 프로팀들의 사례를 통해 확인할 수 있다. 스페인 1부 리그 헤타페 CF의 경우는 가장 극적인 성공 사례 중 하나다. Zone7 시스템을 도입한 지 2시즌 만에 부상 건수를 66%나 줄였다. 이는 단순히 통계상 숫자가 아니라 팀 전력 유지에 직접적인 영향을 미쳤다. 주전 선수들의 결장일이 대폭 감소하면서 시즌 내내 안정적인 라인업을 유지할 수 있었고, 이것이 팀 성적 향상으로 이어졌다.

헤타페의 성공 비결은 AI 권고사항을 '참고 자료'가 아닌 '의무 사항'으로 받아들인 조직 문화에 있다. 처음에는 베테랑 선수들이 "기계가 뭘 안다고"라며 반발했다. 하지만 시스템이 고위험 알림을 보낼 때마다 반드시 훈련 강도를 조정하고, 그 결과를 데이터로 추적해 다음 결정에 반영하는 과정을 반복했다. 몇 달이 지나면서 선수들도 자신의 컨디션 변화를 숫자로 확인할 수 있게 되자, 자연스럽게 시스템을 신뢰하기 시작했다. "어제 HRV가 많이 떨어졌으니 오늘은 좀 쉬어야겠다"는 식으로 선수 스스로 몸 관리에 적극적으로 나서게 된 것이다.

북미 메이저리그 사커의 한 구단 사례는 AI 도입의 경제적 효과까지 보여준다. Kitman Labs Intelligence Platform을 도입해 4시즌 동안 전체 부상이 28% 감소했고, 특히 햄스트링 부상은 33%, 무릎 부상은 67%나 줄었다. 하지만 더 놀라운 것은 경제적 파급효과다. 부상으로 인한 선수 연봉 손실이 1시즌 260만 달러에서 183만 달러로 30% 절감됐다. AI 시스템 도입과 운영에 드는 연간 비용이 약 15-20만 달러임을 고려하면, 순이익이 60만 달러 이상 발생한 계산이다. 이는 AI가 단순한 기술 투자가 아니라 실질적인 경영 개선 도구임을 보여주는 대표적 사례다.

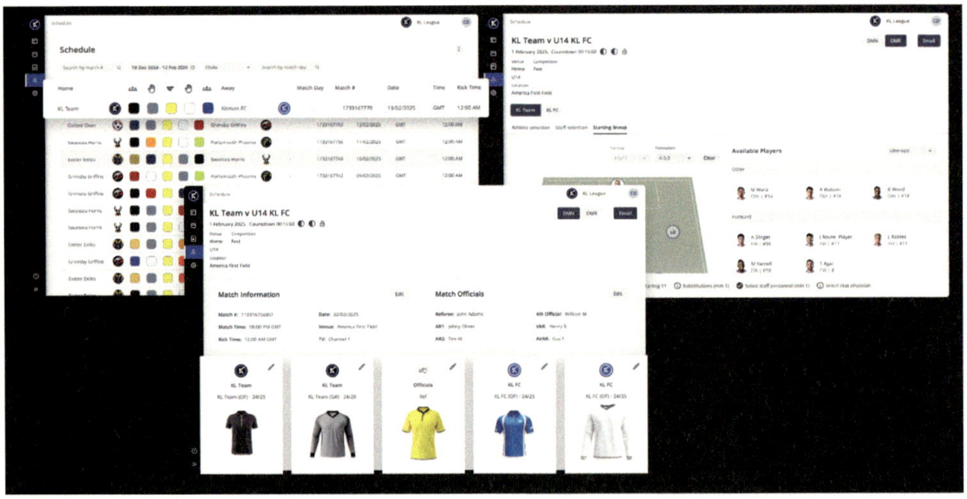

그림 7-13 MLS Assist 시스템

출처 : Kitman Labs (본 이미지는 교육적 목적으로 인용되었다.)

무엇보다 중요한 변화는 조직 문화의 전환이다. AI가 제안한 '훈련량 조정' 권고를 실제로 이행한 팀과 그렇지 않은 팀을 비교해보면, 시즌이 흐를수록 결장 일수 격차가 점점 벌어진다. 초기에는 "데이터보다 경험이 중요하다"며 권고를 무시하던 팀들도, 시간이 지나면서 부상률 차이가 명확해지자 태도를 바꾸기 시작했다. 데이터 미팅에서 "왜 훈련량을 줄여야 하나?"라는 의문 대신 "얼마나 줄이면 되나?"를 묻기 시작한 것이다. 데이터를 대립하는 대상이 아닌 협력하는 파트너로 받아들이게 된 변화다.

4) 주요 솔루션 스냅샷

현재 시장에는 다양한 AI 기반 스포츠 코칭 솔루션이 존재한다. 각각 고유한 강점과 적용 분야를 갖고 있으며, 팀의 예산과 목표에 따라 선택할 수 있다.

Zone7은 센서나 데이터 관리 시스템에 관계없이 '데이터 집약형' AI를 제공하는 것이 가장 큰 특징이다. 기존에 사용하던 웨어러블 디바이스나 의료 기록 시스템을 그대로 유지하면서도 Zone7의 부상 예측 알고리즘을 적용할 수 있다. 이는 대규모 인프라 교체 없이도 AI 기술을 도입할 수 있다는 의미다. 현재 라리가의 여러 구단, 스코틀랜드 명문 Rangers FC, MLS 구단 등 50여 팀이 사용 중이며, 부상 위험 예측 정확도 72%라는 검증된 성능을 보여주고 있다. 실제 적용 팀들에서 부상 40-60% 감소 사례가 다수 보고되고 있다. 다만 데이터 품질이 낮으면 경고가 너무 자주 발생해 '알림 피로'가 생길 수 있고, 초기 데이터 정제와 시스템 적응에 시간이 필요하다는 한계가 있다.

Kitman Labs Intelligence Platform은 부상 예방을 넘어서 퍼포먼스 최적화, 의료 기록 관리까지 포함한 '360도 선수 프로필'을 제공한다. 의료진, 코치, 체력 담당자, 영양사가 모두 같은 플랫폼에서 선수 정보를 공유할 수 있어서 통합적인 선수 관리가 가능하다. EPL의 번리 FC, MLS 다수 구단에서 활용하고 있으며, 4년간 무릎 부상 67% 감소, 부상으로 인한 급여 손실 30% 절감 등의 성과를 거뒀다. 하지만 커스텀 구축과 컨설팅 비용이 상당해서 소규모 팀에서는 비용 대비 효과를 얻기 어려울 수 있다.

IBM Watson Sports는 Watson AI의 자연어처리 기술을 활용해 비디오 분석과 전술 분석까지 겸용할 수 있는 것이 특징이다. 경기 영상을 자동으로 분석해서 패턴을 찾아내고, 상대팀 전술에 대한 플레이북을 자동 생성한다. 마스터스 골프, 윔블던 테니스, MLB 일부 구단에서 실험적으로 활용하고 있다. 경기 영상 분석 시간을 대폭 단축하고, 상대팀 전술 패턴을 자동으로 분석하는 성과를 보여주고 있다. 다만 부상 예측 모듈은 아직 초기 단계이고, 스포츠별 특화보다는 범용적 접근에 치중하는 경향이 있다.

Microsoft Sports Performance Platform은 Azure AI와 Power BI가 통합되어 클라우드 친화적이라는 장점이 있다. 기존에 Microsoft 생태계를 사용하는 팀에서는 추가 시스템 학습 없이도 쉽게 도입할 수 있다. NBA와 NFL 일부 클럽에서 자체 개발 사례가 나타나고 있으며, 모든 센서 데이터를 Power BI 대시보드에서 실시간으로 시각화할 수 있다는 것이 큰 강점이다. 특히 기존 업무에서 Excel과 Power BI에 익숙한 직원들이 많은 조직에서는 학습 곡선을 크게 줄일 수 있다. 하지만 모델 튜닝과 MLOps(Machine Learning Operations) 역량이 필요해서 IT 인력이 부족한 팀에서는 활용하기 어렵다는 한계가 있다.

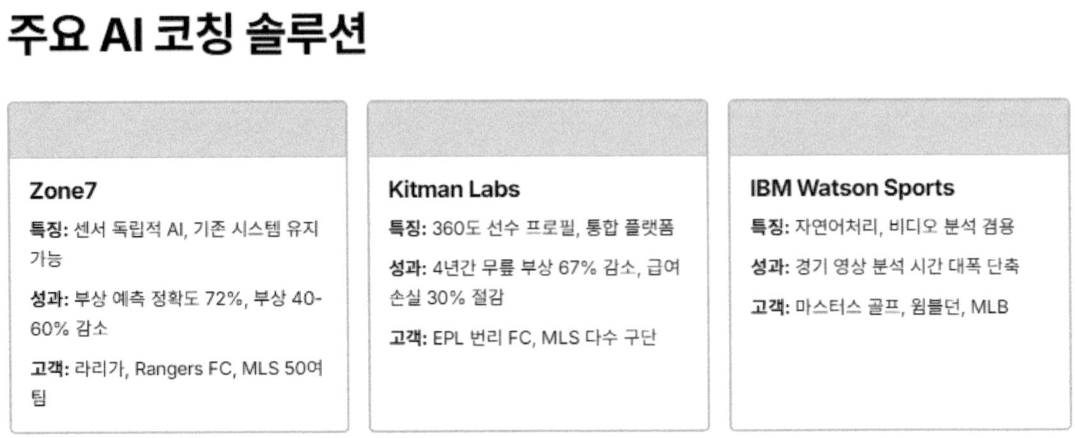

그림 7-14 주요 AI 코칭 솔루션

개인 운동선수나 아마추어를 대상으로 한 Athletica AI는 또 다른 접근을 보여준다. 웹 기반 맞춤 훈련 플랜을 제공하며, 스마트워치 데이터와의 연동이 매우 쉽다. 취미 러너나 철인3종 선수 같은 개인 운동선수들이 주 고객층이다. 심박수와 페이스 기반으로 자동 훈련 일정을 생성하고, 개인의 컨디션 변화에 맞춰 실시간으로 계획을 조정한다. 월 구독료도 프로팀용 솔루션에 비해 매우 저렴하다. 다만 팀 데이터 통합 기능은 없어서 프로팀보다는 개인 사용자에게 적합하다.

이처럼 다양한 솔루션들이 시장에 존재하지만, 성공의 핵심은 도구 자체가 아니라 그 도구를 어떻게 활용하느냐에 있다. 가장 비싼 시스템을 도입해도 조직 문화가 바뀌지 않으면 데이터는 그저 숫자에 머물 뿐이다. 반대로 상대적으로 단순한 시스템이라도 코치와 선수들이 적극적으로 활용하면 놀라운 성과를 낼 수 있다.

실제로 성공한 팀들의 공통점을 보면, 기술 도입 전에 충분한 준비 과정을 거쳤다는 점이다. 먼저 현재 데이터 수집 프로세스를 점검하고, 품질을 개선한다. 그 다음 코치진과 의료진을 대상으로 데이터 해석 교육을 실시한다. 선수들에게도 웨어러블 디바이스 착용의 중요성과 데이터 활용 방법을 설명한다. 이런 기반 작업이 완료된 후에야 AI 시스템을 본격 가동한다.

또한 성공한 팀들은 AI를 만능 해결사로 기대하지 않는다. 데이터가 보여주는 것과 보여주지 못하는 것의 경계를 명확히 인식하고, 인간의 직관과 경험이 필요한 영역은 여전히 코치가 담당한다. AI는 인간 코치를 대체하는 것이 아니라, 코치가 더 나은 결정을 내릴 수 있도록 돕는 보완재 역할을 한다. 이런 균형감각을 유지할 때 AI 기반 코칭 시스템은 진정한 가치를 발휘한다.

미래의 AI 코칭 시스템은 더욱 정교해질 것이다. 현재는 주로 부상 예방에 초점을 맞추고 있지만, 앞으로는 퍼포먼스 최적화, 전술 분석, 심리적 컨디션 관리까지 영역이 확장될 전망이다. 또한 개별 선수 수준을 넘어서 팀 전체의 케미스트리나 상대팀과의 매치업까지 고려한 종합적 분석이 가능해질 것이다. 하지만 기술이 아무리 발달해도 스포츠의 본질인 '인간적 요소'는 변하지 않는다. 결국 AI와 인간이 어떻게 협력하느냐가 미래 스포츠의 경쟁력을 결정할 것이다.

5 통합 활용 전략

스포츠 과학의 진정한 힘은 개별 기술의 우수성에 있지 않다. 각기 다른 데이터 소스와 분석 도구들이 하나의 유기적 시스템으로 통합될 때 비로소 그 진가를 발휘한다. 현대 프로팀에서는 선수 한 명이 아침에 눈을 뜨는 순간부터 저녁에 잠자리에 들 때까지의 모든 활동이 연결된 데이터 스트림으로 기록된다. 이 연속적인 정보 흐름이 어떻게 실제 훈련 결정을 바꾸고, 선수의 컨디션을 개선하며, 궁극적으로 팀의 성과로 이어지는지를 이해하는 것이 통합 활용 전략의 핵심이다.

성공적인 데이터 통합의 열쇠는 '실시간성'에 있다. 과거처럼 일주일이나 한 달 단위로 데이터를 분석해서는 이미 늦다. 선수의 몸 상태는 하루, 심지어 몇 시간 사이에도 급격히 변할 수 있기 때문이다. 월요일 아침 HRV가 정상이었던 선수가 화요일 오후 훈련에서 과부하 신호를 보일 수 있고, 이를 놓치면 수요일에 부상이 발생할 수 있다. 따라서 데이터 수집부터 분석, 의사결정, 행동까지의 전 과정이 24시간 이내에 완료되어야 한다.

1) 데이터 피드백 루프 설계

클럽 내부 시스템이 제 역할을 하려면 데이터 수집 → 분석 → 행동 → 결과 반영이 하루 안에 닫히는 '짧은 루프'가 구축되어야 한다. 이는 단순히 기술적 구현의 문제가 아니라, 조직 전체의 업무 프로세스와 의사소통 체계를 재설계하는 일이다.

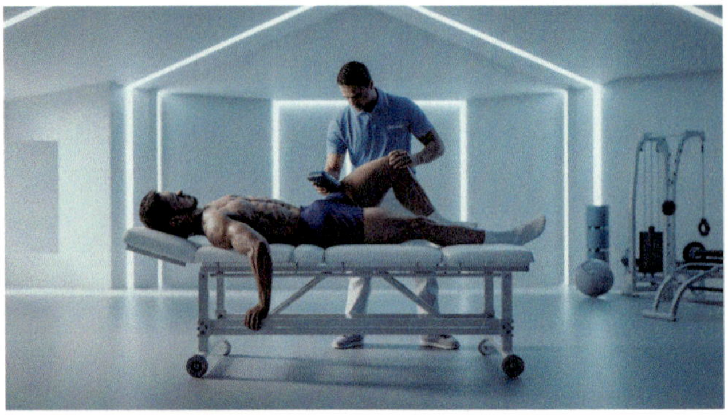

그림 7-15 AI를 통한 선수 케어 시스템

아침 6시, 선수들이 기상하면서 웨어러블 디바이스들이 밤사이 수집한 수면 데이터를 클라우드로 전송한다. 동시에 새벽 HRV 측정이 시작되고, 전날 훈련에서 기록된 GPS 데이터와 함께 종합 분석에 들어간다. 이 모든 정보가 클라우드에 모이면 AI 모델이 즉시 각 선수별 위험 지수를 계산해 코칭 스태프의 대시보드에 실시간으로 업데이트한다.

오전 7시, 데이터 과학팀은 하루 전체 선수단의 컨디션 요약과 주의 사항을 담은 브리핑 리포트를 배포한다. 이 리포트에는 단순한 수치뿐만 아니라 구체적인 행동 지침까지 포함된다. "선수 A: 고위험, 오늘 훈련 강도 30% 감소 권장", "선수 B: 주의, 스프린트 거리 제한 필요", "선수 C: 정상, 강화 훈련 가능" 같은 식으로 즉시 실행할 수 있는 형태로 정보가 제공된다.

오전 8시 30분, 코칭 스태프는 전술 회의에서 이 데이터를 바탕으로 그날의 훈련 강도와 내용을 최종 확정한다. 기존 훈련 계획이 있었다 하더라도 선수들의 실제 컨디션에 맞춰 유연하게 조정한다. 이는 "계획대로 하는 것"보다 "선수 상태에 맞춰 하는 것"이 더 중요하다는 철학의 변화를 보여준다.

오전 10시, 훈련이 시작되면 실시간 모니터링이 가동된다. 선수들의 움직임과 생체 신호가 지속적으로 수집되고, 미리 설정된 임계치를 넘으면 즉시 경고가 발생한다. 코치는 훈련 중에도 개별 선수의 상태를 확인하고 필요시 강도를 조절하거나 휴식을 지시할 수 있다.

훈련이 끝나면 의료팀의 차례다. 그날 수집된 데이터를 바탕으로 각 선수별 회복 프로그램을 설계한다. 부하가 높았던 선수에게는 추가 마사지와 냉온욕을, 컨디션이 좋았던 선수에게는 강화 훈련이나 기술 연마 시간을 배정한다. 이 모든 결정이 추측이나 경험에만 의존하지 않고 객관적 데이터에 근거한다.

저녁에는 선수들이 모바일 앱을 통해 개인별 피드백과 다음 날 준비사항을 확인한다. "오늘 훈련 부하가 평소보다 15% 높았으니 수면 시간을 30분 더 늘리세요", "내일 아침 HRV 측정을 위해 11시 이전에 취침하세요" 같은 구체적 지침이 제공된다.

이런 통합적 접근법을 EPL 여러 구단이 Kitman Labs Football Intelligence Platform에 적용한 결과는 놀랍다. 시즌 중 평균 부하 초과 세션(planned load를 넘어선 훈련)이 24% 줄었다는 내부 보고가 나왔다. 이는 단순히 훈련량을 줄인 것이 아니라, 각 선수의 상태에 맞는 최적화된 훈련을 제공한 결과다. 불필요한 과부하는 피하면서도 필요한 강도는 유지하는 정교한 균형이 데이터를 통해 가능해진 것이다.

– 선수·코치·의무팀 협업 모델

성공적인 데이터 피드백 루프의 핵심은 기술이 아니라 사람 간의 협업이다. 아무리 정교한 시스템을 구축해도 각 부서가 따로 놀면 효과를 얻을 수 없다. 따라서 명확한 역할 분담과 의사소통 채널이 필수적이다.

데이터 과학팀은 매일 새벽 7시에 전체 선수단의 위험 예측 리포트를 배포한다. 이 리포트는 단순한 수치 나열이 아니라 의사결정을 위한 가이드라인 역할을 한다. 각 선수별로 색깔 코드(초록-정상, 노랑-주의, 빨강-위험)를 부여하고, 구체적인 권장사항을 함께 제시한다. 코칭 스태프가 복잡한 데이터 분석에 시간을 쓸 필요 없이 즉시 이해하고 행동할 수 있도록 정보를 가공해서 제공하는 것이다.

그림 7-16 AI를 통한 선수 분석 시스템

코칭 스태프는 오전 8시 30분 전술 회의에서 이 정보를 바탕으로 훈련 강도를 최종 확정한다. 중요한 것은 데이터를 맹신하지 않는다는 점이다. 수치상으로는 문제없어 보이는 선수라도 코치가 보기에 컨디션이 좋지 않다면 추가 확인을 거친다. 반대로 데이터상 위험 신호가 있어도 전술적으로 꼭 필요한 선수라면 훈련 강도를 조절하면서라도 참여시킨다. 데이터는 의사결정의 근거를 제공할 뿐, 최종 판단은 여전히 인간의 몫이다.

의료팀은 오전 10시 훈련 직후 그날의 데이터를 바탕으로 회복 및 물리치료 처방을 결정한다. 훈련 중 높은 부하를 기록한 선수에게는 즉시 아이스 배스나 압박 마사지를 제공하고, 컨디션이 좋은 선수에게는 추가 체력 훈련이나 재활 운동을 배정한다. 이때 중요한 것은 의료팀이 단순히 치료만 담당하는 것이 아니라, 예방적 관점에서 능동적으로 개입한다는 점이다.

선수들도 이 과정에서 수동적 대상이 아닌 적극적 참여자가 된다. 모바일 앱을 통해 자신의 컨디션 변화를 실시간으로 확인하고, 개인별 맞춤 지침을 받는다. 더 중요한 것은 자신의 몸 상태를 객관적으로 이해하게 되면서 스스로 관리하는 능력이 향상된다는 점이다. "어제 HRV가 낮았으니 오늘은 일찍 자야겠다", "스프린트 거리가 많았으니 내일 아침 스트레칭을 더 해야겠다" 같은 자발적 관리가 가능해진다.

흥미롭게도 이런 협업 모델은 스포츠를 넘어 다른 분야에서도 활용되고 있다. 프리미어리그 심판단(PGMOL)은 같은 구조를 채택해 심판들의 컨디션을 관리한다. 경기 당일 이동 거리나 스트레스 지표가 일정 기준을 넘으면 즉시 경기 배정을 조정한다. 심판의 체력 상태가 경기 판정의 정확성에 직접적인 영향을 미치기 때문이다. 이는 데이터 기반 관리가 선수뿐만 아니라 스포츠 생태계 전반으로 확산되고 있음을 보여주는 사례다.

2) 윤리·프라이버시·데이터 거버넌스

방대한 생체 데이터가 '경기력 향상'이라는 명분 아래 수집될 때, 선수의 개인정보와 자기결정권을 어떻게 보호할 것인가? 이는 기술적 문제를 넘어선 근본적인 윤리적 과제다. 특히 프로 스포츠에서는 선수와 구단 사이의 권력 관계가 비대칭적이어서, 선수가 데이터 수집을 거부하기 어려운 구조적 문제가 존재한다.

유럽의 GDPR(일반데이터보호규정)은 건강 데이터를 '특별범주 데이터'로 분류해 가장 엄격한 보호를 요구한다. 수집 시 명시적 동의를 받아야 하고, 목적 외 사용을 금지하

그림 7-17 **선수 분석프로그램 예시**

며, 최소한의 데이터만 수집하도록 규정한다. 이는 스포츠 구단들에게 상당한 제약으로 작용한다. 과거처럼 "계약서에 서명하면 모든 데이터 수집에 동의한다"는 포괄적 접근은 더 이상 통하지 않는다.

EPL 구단들은 이에 대응해 세분화된 동의 체계를 도입했다. 동의서에 "목적 외 사용 금지" 조항을 명시해 스카우팅이나 연봉 협상에서 건강 데이터를 악용하는 것을 차단한다. 또한 선수가 언제든지 특정 데이터의 수집을 거부하거나 삭제를 요구할 수 있는 권리를 보장한다. 예를 들어, 정신 건강 관련 데이터는 별도 동의를 받고, 선수가 원하면 코칭 스태프에게는 공개하지 않을 수 있다.

기술적 측면에서도 프라이버시 보호가 강화되고 있다. Kitman Labs와 Zone7 같은 전문 업체들은 데이터 암호화와 익명화 기능을 기본으로 제공한다. 클라이언트의 원시 데이터는 AI 모델 학습 후 즉시 폐기되거나 비식별화되어 재훈련에 사용된다. 또한 블록체인 기술을 활용해 데이터 접근 이력을 투명하게 기록하고, 무단 사용을 방지하는 시스템도 개발되고 있다.

하지만 기술적 해결만으로는 충분하지 않다. 더 중요한 것은 투명한 거버넌스 체계와 선수 참여형 의사결정 구조를 만드는 것이다. 일부 진보적인 구단들은 선수 대표가 참여하는 '데이터 윤리 위원회'를 설치해 새로운 기술 도입이나 데이터 활용 방식을 결정할 때 선수들의 의견을 반영한다. 또한 정기적으로 데이터 사용 현황을 공개하고, 선수들이 자신의 데이터가 어떻게 활용되고 있는지 확인할 수 있도록 한다.

결국 경기력 극대화와 개인정보 보호라는 두 가치 사이의 균형점을 찾는 것은 기술의 문제가 아니라 신뢰의 문제다. 구단이 데이터를 선수의 이익을 위해 사용한다는 것을 행동으로 증명하고, 선수들이 그 과정에 적극적으로 참여할 수 있는 환경을 만들 때 비로소 데이터 기반 스포츠 과학이 진정한 가치를 발휘할 수 있다.

6 미래 전망

스포츠 과학의 미래를 예측하는 것은 쉽지 않다. 하지만 현재 진행되고 있는 기술 발전의 방향을 보면, 몇 가지 뚜렷한 트렌드를 확인할 수 있다. 센서는 더 가벼워지고 정확해지며, AI는 더 똑똑해지고 접근하기 쉬워진다. 그리고 가장 흥미로운 변화는 '디지털 트윈(Digital Twin)' 기술의 등장이다.

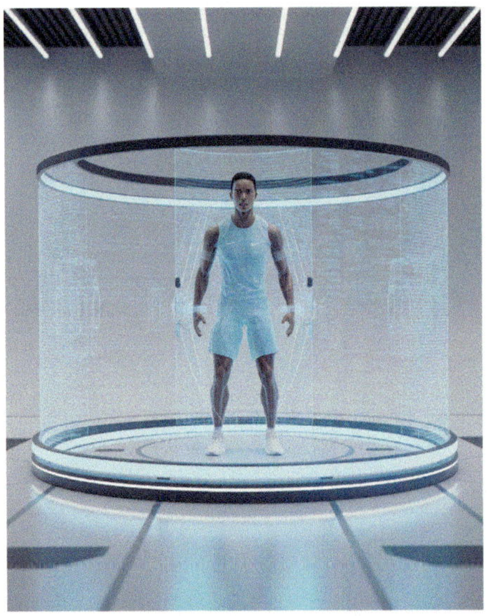

그림 7-18 AI 선수 분석

디지털 트윈이란 실제 선수의 모든 생체 및 물리적 특성을 정밀하게 복제한 가상 모델이다. 단순히 과거 데이터를 보여주는 것이 넘어서, 미래의 상황을 시뮬레이션하고 예측할 수 있는 살아있는 모델이다. 연구자들은 선수의 근골격계 구조, 에너지 대사 시스템, 신경계 반응까지 컴퓨터 안에서 재현해내고 있다.

미 육군 특수전 커뮤니티가 최근 발표한 Humanoid Digital Twin 프로젝트가 이런 가능성을 보여주는 대표적 사례다. 이들은 특수부대원의 모든 생리적 특성을 디지털로 복제해 '가상의 과훈련 테스트'를 실시한다. 실제 훈련에 앞서 가상 환경에서 다양한 시나리오를 테스트해보고, 부상 위험이나 과부하 가능성이 검증된 프로그램만 실제 훈련에 적용한다. 이는 인간을 실험 대상으로 삼지 않고도 최적의 훈련 방법을 찾을 수 있는 혁신적 접근법이다.

스포츠 과학계도 같은 방향으로 나아가고 있다. 이미 일부 연구소에서는 엘리트 선수들의 디지털 트윈을 구축해 다양한 실험을 진행하고 있다. 예를 들어, 축구선수의 디지털 트윈에서 "이번 주에 경기를 3번 뛰면 햄스트링 부상 확률이 얼마나 높아지는가?"를 미리 계산해볼 수 있다. 또는 "새로운 훈련 방법을 적용했을 때 6주 후 체력 지수가 어떻게 변할 것인가?"를 예측할 수도 있다.

- 다음 5년 안에 예상되는 변화

스포츠 과학 분야의 미래를 좀 더 구체적으로 전망해보면, 다음 5년 안에 세 가지 주요 변화가 일어날 것으로 예상된다.

첫 번째는 엣지 AI 웨어러블의 등장이다. 현재의 웨어러블 디바이스는 데이터를 수집해서 클라우드로 전송한 후 분석 결과를 다시 받아오는 구조다. 이 과정에서 몇 초에서 몇 분의 지연이 발생할 수 있다. 하지만 곧 센서 자체에 AI 칩이 내장되어 현장에서 즉시 위험 점수를 계산하고 경고할 수 있게 될 것이다.

선수의 심박수나 움직임 패턴에서 위험 신호가 감지되면 디바이스가 직접 진동이나 LED 불빛으로 알려준다. 코치도 실시간으로 각 선수의 상태를 확인하고 즉석에서 지시를 내릴 수 있다. 클라우드 연결이 끊어져도 기본적인 모니터링은 계속 가능하므로, 실외 훈련이나 원정 경기에서도 안정적으로 사용할 수 있다. 이는 세컨드-스크린 코칭, 즉 코치가 화면을 보지 않고도 선수 상태를 파악할 수 있는 새로운 코칭 방식을 가능하게 한다.

두 번째는 완전 통합 플랫폼의 실현이다. 현재는 경기 분석, 의료 기록, 영양 관리, 수면 모니터링이 각각 다른 시스템에서 관리되고 있다. 하지만 앞으로는 이 모든 정보가 하나의 API로 연결되어 "선수 몸 전체의 스토리"를 실시간으로 보여줄 것이다.

예를 들어, 한 선수가 컨디션 난조를 보일 때 시스템이 자동으로 최근 경기 부하, 수면 패턴, 영양 섭취 상태, 스트레스 지수를 종합해서 원인을 분석한다. "지난주 경기 과부하 + 수면 부족 + 탄수화물 섭취 부족"이 복합적으로 작용했다는 결론이 나오면, 각 분야별 전문가가 협력해서 종합적인 해결책을 제시한다. Catapult, Kitman Labs, IBM Watson 등 주요 업체들이 이미 이런 방향으로 제품 로드맵을 공개하고 있어서, 향후 2-3년 내에 상당한 진전이 있을 것으로 예상된다.

세 번째는 디지털 트윈 시뮬레이션의 상용화다. 코치는 가상 훈련장에서 다양한 부하 시나리오를 미리 테스트해본 후 실제 세션을 설계하게 될 것이다. 이는 "연조직 부상 제로"라는 궁극적 목표에 한 걸음 더 다가서는 혁신이다.

디지털 트윈 기술은 이미 급속히 발전하고 있다. 관련 연구 논문이 2024-25년 사이에 3배 증가했고, 여러 대학과 연구소에서 프로토타입 개발이 진행 중이다. 초기에는 개별 선수의 부상 위험 예측에 집중하겠지만, 점차 팀 전체의 택틱 시뮬레이션이나 상대팀과의 매치업 분석으로 확장될 전망이다.

상상해보자. 코치가 "이번 주 토요일 경기에서 우리 공격수가 90분 풀타임을 뛸 수 있을까?"라고 궁금해할 때, 디지털 트윈 시스템이 해당 선수의 현재 컨디션, 상대팀 수비 스타일, 예상 날씨 조건을 종합해서 "75% 확률로 안전하게 완주 가능, 단 65분 이후 스프린트 능력 15% 감소 예상"이라고 답한다. 이런 정보가 있으면 코치는 교체 타이밍을 미리 계획하거나, 경기 전략 자체를 조정할 수 있다.

학습 요약

스포츠 데이터 과학의 여정을 돌이켜보면, 우리는 놀라운 변화를 목격하고 있다. 불과 10년 전만 해도 코치의 직감과 선수의 자기 보고에 의존했던 컨디션 관리가, 이제는 정밀한 센서와 AI 알고리즘의 도움을 받아 과학적 영역으로 발전했다. 데이터는 더 이상 경기 후 복기나 시즌 분석에만 사용되는 보조 자료가 아니다. 선수의 몸에서 실시간으로 흘러나와 "지금 이 순간 어떤 훈련을 해야 안전하고 효과적인가?"를 알려주는 두 번째 코치 역할을 하고 있다.

현재까지의 성과만 봐도 그 가치는 충분히 입증됐다. 맞춤형 훈련과 부상 예측 시스템을 도입한 팀들은 부상률을 30% 이상 낮추고 있으며, 선수들의 컨디션을 시즌 내내 높은 수준으로 유지하고 있다. 이는 단순히 부상을 줄이는 것을 넘어서, 선수 개인에게는 더 긴 커리어를, 팀에게는 더 안정적인 전력을, 그리고 팬들에게는 더 높은 수준의 경기를 선사한다.

하지만 진정한 혁신은 지금부터 시작이다. 디지털 트윈과 엣지 AI가 합류하면서 스포츠 과학은 완전히 새로운 차원으로 진입하고 있다. 미래의 프로팀에서는 선수가 훈련장에 발을 들여놓기도 전에 그날의 최적 훈련 메뉴가 준비되어 있을 것이다. 부상은 발생하기 전에 예방되고, 컨디셔닝은 개인의 생체 리듬에 완벽하게 맞춰져 있을 것이다.

물론 기술 발전과 함께 새로운 도전도 등장한다. 개인정보 보호와 윤리적 사용에 대한 논의는 계속 이어질 것이고, 인간과 AI의 역할 분담에 대한 고민도 깊어질 것이다. 하지만 이런 과제들은 기술 발전을 막는 장애물이 아니라, 더 나은 방향으로 발전시키기 위한 성장통이다.

결국 스포츠 데이터 과학의 미래는 기술 자체의 발전보다는 그 기술을 어떻게 인간적으로, 윤리적으로, 효과적으로 활용하느냐에 달려 있다. 데이터가 읽어내는 '몸의 진실'에 귀 기울이면서도, 여전히 스포츠의 본질인 인간적 감동과 예측 불가능한 드라마를 잃지 않는 것이 과제다. 그 속삭임에 현명하게 귀 기울이는 팀이 미래의 승리를 가져갈 것이다.

08 Chapter

AI기반 스포츠 심판 과정 및 스포츠 심판 기술

>> 학습 목표

1. AI 심판 기술의 발전 과정과 필요성을 이해한다.
2. AI 판정 시스템의 기술적 원리와 작동 구조를 설명할 수 있다.
3. AI 심판 기술의 사회적 영향과 윤리·운영 체계의 과제를 분석한다.

1 AI 심판 판정 기술 개요

1) 왜 AI 심판 기술이 필요한가

경기 판정은 찰나의 시간과 선의 경계를 구분하는 일이다. 축구에서 골라인을 넘나드는 공의 궤적, 테니스에서 라인에 닿는 순간의 접촉점, 야구에서 스트라이크 존을 관통하는 공의 위치 - 이 모든 것들이 밀리초 단위의 정확성을 요구한다.

그러나 인간 심판은 숙련된 직관을 보유하고 있음에도 불구하고, 생리학적 한계라는 근본적인 제약에서 벗어나기 어렵다. 인간의 눈은 초당 24프레임 정도의 정보만 처리할 수 있으며, 뇌의 반응 시간은 평균 0.2-0.3초에 달한다. 시속 160km로 날아오는 야구공을 판정할 때, 이 지연 시간은 공의 실제 위치와 인지된 위치 사이에 수십 센티미터의 오차를 만들어낸다.

AI 기술은 인간을 완전히 대체하려는 것이 아니라, 인간 심판의 감각을 확장하려는 시도다. 고속 카메라와 레이더가 인간의 눈으로는 포착할 수 없는 정보를 수집하고, 컴퓨터 비전과 규칙 로직이 객관적 판단의 근거를 제공한다. 하지만 최종 결정과 그에 따르는 책임은 여전히 인간 심판이 진다. 이는 의료 분야에서 AI가 의사의 진단을 돕지만 최종 치료

결정은 의사가 내리는 것과 같은 맥락이다.

(1) 인간 심판의 인지적 한계

심판은 복잡한 경기 상황에서 한 장면의 다수 접점을 동시에 관찰하기 어렵다는 근본적 한계를 안고 있다. 인간의 시야각은 약 120도에 불과하며, 주의를 집중할 수 있는 중심 시야는 더욱 제한적이다. 특히 가림(occlusion) 현상이 발생하면, 동일한 장면도 관찰자의 위치와 각도에 따라 전혀 다르게 보일 수 있다.

이러한 시각적 제약은 판정의 일관성을 해치는 주요 원인이 된다. 예를 들어, 축구 경기에서 페널티 박스 안의 접촉 상황을 판정할 때, 주심의 위치에 따라 같은 상황이 파울로 보이기도 하고 정당한 경합으로 보이기도 한다. 또한 인간의 동체시력은 고속으로 움직이는 물체를 추적하는 데 한계가 있어, 0.1초의 인지 지연만으로도 공의 좌표 추정에 큰 오차를 만든다.

심리학 연구에 따르면, 심판의 판정에는 위치 편향, 연속성 편향, 그리고 환경적 압력이 복합적으로 작용한다. 홈팀 관중의 함성이나 중요한 경기 상황에서의 심리적 부담은 무의식적으로 판정에 영향을 미칠 수 있다. 이러한 인지적 한계는 개인의 역량 문제가 아니라 인간이라는 존재 자체가 가진 구조적 특성이므로, 반복 가능하고 일관된 기술적 보조를 통해서만 완화될 수 있다.

그림 8-1 인간 심판의 인지적 한계

(2) 공정성과 팬 경험의 연결

오심의 파급효과는 단순히 경기 결과를 넘어 스포츠 생태계 전반에 미친다. 논란이 된 판정은 팀의 순위와 선수들의 커리어뿐만 아니라, 리그의 신뢰성과 중계권료, 스폰서 가치에까지 직접적인 영향을 끼친다. 2010년 남아공 월드컵에서 독일과 잉글랜드의 16강전에서 발생한 '유령골' 사건은 FIFA가 골라인 기술 도입을 결정하게 만든 결정적 계기가 되었다.

반대로 설명 가능한 판정 과정은 팬들의 수용성을 현저히 높인다. 테니스에서 호크아이 시스템이 공의 궤적을 3D 애니메이션으로 보여주면, 선수와 관중 모두가 판정 결과를 이해하고 받아들인다. 이러한 투명성은 판정 논란을 판정 이해로 전환시키는 핵심 요소다.

현대 스포츠 팬들은 단순히 경기를 관람하는 것을 넘어, 데이터와 통계를 통해 더 깊이 있는 분석을 원한다. AI 심판 기술이 제공하는 실시간 궤적 정보, 속도 데이터, 확률적 분석은 팬 경험을 한층 풍부하게 만든다. 전광판에 표시되는 애니메이션과 경기 후 제공되는 상세 리포트는 팬들에게 새로운 형태의 스포츠 콘텐츠를 제공하며, 이는 곧 스포츠 산업의 새로운 가치 창출로 이어진다.

오심의 파급효과	투명한 판정 과정	새로운 팬 경험
팀 순위, 선수 커리어, 리그 신뢰성, 중계권료, 스폰서 가치에 직접 영향	호크아이 3D 애니메이션으로 선수와 관중 모두 판정 이해	실시간 궤적, 속도 데이터, 확률적 분석으로 풍부한 콘텐츠 제공

그림 8-2 공정성과 팬 경험의 연결

2) 60년의 압축 역사: 슬로모션 → 전자 판정 → AI

스포츠 기술의 발전사를 돌아보면, 판정 보조 기술의 진화는 곧 미디어 기술과 컴퓨팅 능력의 발전사와 궤를 같이한다. 1960년대 텔레비전 중계의 확산과 함께 시작된 이 여정은 오늘날 인공지능과 IoT가 융합된 스마트 스타디움에 이르기까지 지속적인 혁신의 과정이었다.

(1) TV 리플레이의 시대

1963년 12월 7일, CBS의 기술 감독 토니 베르나가 처음 선보인 즉석 리플레이는 스포츠 역사에 새로운 장을 열었다. 육군과 해군의 미식축구 경기 중계에서 시연된 이 기술은 Ampex사의 2인치 쿼드러플렉스 비디오테이프를 사용하여 30초 분량의 영상을 즉석에서 재생할 수 있었다. 베르나는 혼동을 피하기 위해 "This is a replay(이것은 재방송이다)"라는 자막을 넣었는데, 이것이 오늘날 '리플레이'라는 용어의 시작이 되었다.

슬로모션 리플레이는 스포츠 팬들에게 경기의 새로운 차원을 보여주었다. 인간의 눈으로는 놓칠 수밖에 없는 순간들이 천천히 재생되면서, 선수들의 기예와 경기의 치밀함이 더욱 생생하게 드러났다. 이는 단순히 기술적 혁신을 넘어 스포츠 관람 문화 자체를 바꾸어 놓았다.

하지만 리플레이 기술은 근본적인 한계를 가지고 있었다. 무엇보다 사후적 검토에만 의존해야 했고, 고정된 카메라 위치로 인한 각도의 제약이 있었다. 또한 당시 아날로그 비디오 기술의 해상도로는 세밀한 접촉이나 경계선을 명확히 구별하기 어려웠다. 이러한 한계들은 곧 더 정교한 기술적 해결책에 대한 요구로 이어졌다.

(2) 전자 판정의 시대

1990년대 말부터 시작된 전자 판정 시스템의 도입은 스포츠 기술사의 중요한 전환점이었다. 이 시기의 핵심은 아날로그에서 디지털로의 전환과 함께, 단순한 영상 재생을 넘어 능동적인 측정과 분석이 가능해진 것이다.

테니스의 전자 라인 콜 시스템은 이러한 변화의 선구자 역할을 했다. 2001년 영국의 폴 호킨스가 개발한 호크아이 시스템은 10-14대의 고속 카메라로 코트 전체를 촬영하고, 삼각측량법을 이용해 공의 3차원 궤적을 정밀하게 재구성한다. 이 시스템의 정확도는 ±3.6mm 이내로, 인간의 눈으로는 절대 구별할 수 없는 수준의 정밀함을 자랑한다.

축구에서는 2012년 FIFA가 공식 도입한 골라인 기술(Goal Line Technology)이 새로운 기준을 제시했다. 독일의 골컨트롤 시스템은 자기장 기반 센서를 사용하여 공 내부의 마이크로칩과 골포스트 주변 센서들 간의 상호작용을 분석한다. 반면 호크아이 기반 시스템은 14대의 고속 카메라로 골 지역을 집중 모니터링하여 공의 위치를 밀리미터 단위로 추적한다. 두 시스템 모두 1초 이내에 심판의 시계로 결과를 전송하여, 골 여부를 즉시 알려준다.

이 시기의 가장 중요한 변화는 비디오 보조 심판(VAR)의 도입이었다. 2016년 FIFA가 공식 승인한 VAR는 비디오 기술을 활용한 가장 포괄적인 심판 보조 시스템으로, 네덜란드의 로열 네덜란드 축구협회(KNVB)와 함께 개발되었다. VAR는 '명확하고 중대한 실수(clear and obvious error)'라는 개입 기준을 통해 골, 페널티, 직접 퇴장, 오인 상황만을 검토 대상으로 한정함으로써 경기 흐름을 해치지 않으면서도 판정 정확도를 높이는 절묘한 균형을 찾았다.

(3) 멀티센서 · AI의 시대

2020년대에 접어들면서 딥러닝 기술의 성숙과 센서 융합 기술의 표준화가 스포츠 판정 기술의 새로운 패러다임을 열었다. 이제는 단순히 영상을 분석하는 것을 넘어, 다양한 센서에서 수집한 데이터를 실시간으로 융합하여 인간이 인지할 수 없는 수준의 정보를 생성해낸다.

2022년 카타르 월드컵에서 첫 선을 보인 반자동 오프사이드 기술(Semi-Automated Offside Technology)은 AI 시대 스포츠 기술의 상징적 사례다. 이 시스템은 경기장 지붕에 설치된 12대의 전용 추적 카메라와 공 내부의 IMU 센서(초당 500회 데이터 전송)를 결합한다. AI 알고리즘은 모든 선수의 29개 신체 포인트를 실시간으로 추적하여 오프사이드 여부를 자동으로 감지하며, 처리 시간을 기존 25초에서 3초로 대폭 단축시켰다.

그림 8-3 반자동 오프사이드 예시이미지

야구 분야에서는 KBO가 자동 볼스트라이크 시스템(Automated Ball-Strike System, ABS) 도입을 추진하고 있다. 트랙맨(TrackMan) 레이더 시스템을 기반으로 한 이 기술은 각 타자의 신체 조건에 맞는 개별적 스트라이크 존을 3D로 모델링하고, 투구의 궤적과 정확한 통과 지점을 실시간으로 분석한다. 판정 결과는 즉시 심판의 이어피스로 전송되어 일관된 판정 기준을 보장한다.

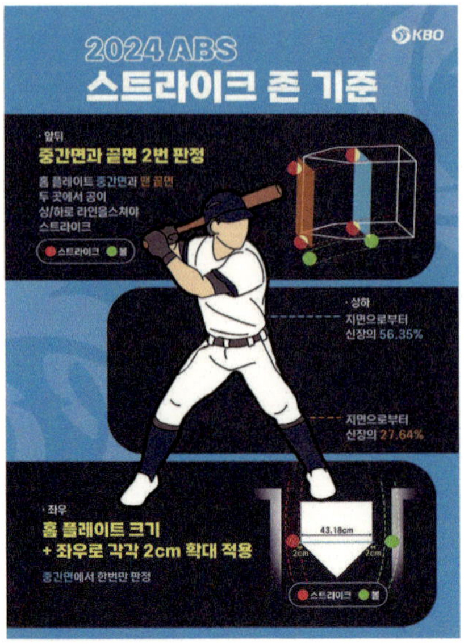

그림 8-4 2024 ABS 스트라이크 존 기준

출처 : KBO (본 이미지는 교육적 목적으로 인용되었다.)

럭비와 농구에서도 3차원 재구성과 자동 큐잉 기술이 활발히 도입되고 있다. 이러한 기술들의 핵심 흐름은 판정 보조의 완전 자동화와 판정 근거의 시각적 설명이다. 더 이상 인간 심판이 복잡한 상황을 혼자 판단할 필요가 없으며, 모든 판정에는 객관적이고 시각적인 근거가 뒷받침된다.

3) 작동 원리: 보고-생각-말하기

AI 심판 시스템의 작동 과정은 인간의 인지 과정과 유사한 구조를 가진다. 센서를 통해 정보를 수집하고(보고), 알고리즘으로 상황을 이해하며(생각하기), 결과를 전달한다(말하기). 하지만 각 단계에서 인간을 훨씬 뛰어넘는 정밀도와 일관성을 보여준다.

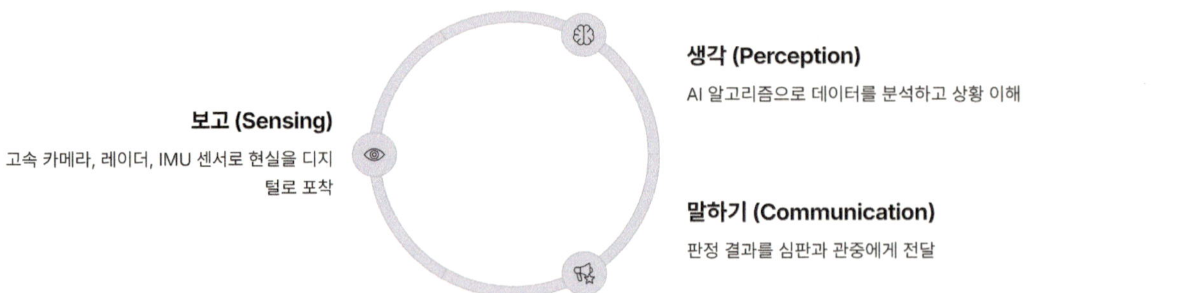

그림 8-5 AI심판시스템의 작동 과정

(1) 보고(Sensing): 현실을 디지털로 포착하기

현대 AI 심판 시스템의 센싱 능력은 인간의 감각 기관을 훨씬 뛰어넘는다. 고속 카메라는 초당 1,000-10,000프레임으로 움직임을 포착하며, 레이더는 공의 속도와 회전을 밀리미터 단위로 측정한다. IMU(관성측정장치) 센서는 가속도와 회전 정보를 실시간으로 수집하여 공과 선수, 라인의 정확한 좌표를 3차원 공간에서 추적한다.

이러한 다양한 센서들이 유기적으로 작동하기 위해서는 정밀한 캘리브레이션과 시간 동기화가 필수적이다. 카메라-실공간 매칭을 위한 캘리브레이션은 체커보드 패턴이나 알려진 기준점들을 이용해 카메라의 내부 및 외부 매개변수를 정확히 계산하는 과정이다. 여러 대의 카메라로부터 얻은 2차원 영상 정보를 3차원 좌표로 변환하기 위해서는 각 카메라의 위치, 방향, 렌즈 특성 등이 정밀하게 파악되어야 한다.

센서 간 시간 동기화는 또 다른 중요한 기술적 도전이다. GPS 기준 시각을 활용하여 모든 센서의 시간을 통일하고, 네트워크 전송 지연과 각 센서의 처리 지연 시간을 정확히 보상해야 한다. 0.001초의 시간 오차도 고속으로 움직이는 공의 위치 판정에는 치명적인 영향을 미칠 수 있기 때문이다.

환경적 변수에 대한 대응도 센싱 시스템의 핵심 요소다. 조도 변화에는 적외선 카메라와 다중 스펙트럼 카메라를 활용하고, 우천 시에는 레이더 센서의 비중을 높인다. 선수나 장비에 의한 가림 현상에는 다각도 촬영과 예측 알고리즘을 조합하여 대응한다. 이러한 하드웨어와 소프트웨어의 유기적 결합이 모든 경기 조건에서 일관된 성능을 보장하는 기반이 된다.

그림 8-6 AI 심판시스템의 고속카메라

(2) 생각하기(Perception & Reasoning): 데이터를 지혜로 변환하기

수집된 센서 데이터는 그 자체로는 단순한 숫자의 나열에 불과하다. 이를 의미 있는 정보로 변환하는 것이 바로 인식과 추론 단계의 역할이다. 컴퓨터 비전 기술이 영상에서 공, 선수, 라인을 검출하고, 추적 알고리즘이 프레임 간에 동일한 개체를 일관되게 유지한다.

최신 AI 시스템은 YOLO(You Only Look Once)나 R-CNN 계열의 딥러닝 모델을 활용하여 실시간 객체 검출을 수행한다. 이러한 모델들은 수만 장의 스포츠 영상으로 사전 학습되어 다양한 조건에서도 높은 인식 정확도를 보인다. 특히 다중 객체 추적(Multi-Object Tracking) 기술은 혼잡한 상황에서도 각 선수의 정체성을 유지하면서 움직임을 지속적으로 추적한다.

시스템의 진정한 지능은 단순한 객체 인식을 넘어 관계 정보를 이해하는 데 있다. 마지막 수비수와 공격수의 상대적 위치, 공의 궤적과 라인의 기하학적 관계, 선수 간의 접촉 여부와 그 강도 등을 종합적으로 분석한다. 이는 마치 숙련된 심판이 경기 상황을 전체적으로 파악하는 것과 유사한 과정이다.

룰 엔진(Rule Engine)은 이렇게 인식된 상황 정보를 스포츠 규정과 대조하여 판정 후보를 생성한다. IF-THEN 형태의 논리 규칙으로 구현된 이 시스템은 복잡한 규칙들을 계층적으로 적용하여 최종 결론을 도출한다. 예를 들어, 오프사이드 판정의 경우 "공을 마지막으로 터치한 선수가 같은 팀인가? → 그 순간 공격수가 오프사이드 라인을 넘었는가? → 능동적으로 플레이에 관여했는가?"와 같은 단계적 판단을 거친다.

객체 검출
YOLO, R-CNN 딥러닝 모델로 공·선수·라인 실시간 인식

관계 분석
선수 위치, 공 궤적, 접촉 강도 등 종합 분석

룰 엔진
IF-THEN 논리로 스포츠 규정 대조, 판정 후보 생성

그림 8-7 인식과 추론: 데이터를 지혜로

(3) 말하기(Decision & Communication): 판정을 행동으로 전환하기

아무리 정확한 분석이라도 그 결과가 적절히 전달되지 않으면 의미가 없다. AI 심판 시스템의 최종 단계는 분석 결과를 심판과 관중에게 효과적으로 소통하는 것이다.

심판과의 소통은 주로 웨어러블 디바이스를 통해 이루어진다. 스마트워치는 진동과 간단한 시각적 알림으로 판정 결과를 전달하고, 이어피스는 음성으로 상세한 정보를 제공한다. 최근에는 AR(증강현실) 글래스를 활용하여 심판의 시야에 직접 판정 근거를 오버레이하는 기술도 시험되고 있다.

판정 프로세스는 극도로 압축된 시간 내에 완료되어야 한다. 상황 감지와 분석(0.1초), 신뢰도 평가(0.1초), 심판에게 알림 전송(0.1초)이 순차적으로 진행되며, 추가 검토가 필요한 경우에만 상세 영상이 제공된다. 이러한 신속성은 경기 흐름을 해치지 않으면서도 정확한 판정을 보장하는 핵심 요소다.

관중과의 소통에서는 설명가능성(Explainability)이 가장 중요한 원칙이다. 전광판에 표시되는 3D 애니메이션은 공의 궤적, 충돌 지점, 관련 규칙을 단계별로 설명한다. 복잡한 상황일수록 더욱 직관적이고 이해하기 쉬운 시각화가 필요하다. 테니스의 호크아이가 성공한 이유도 바로 이러한 명확한 시각적 소통 때문이다.

방송 중계와의 연동도 빼놓을 수 없는 요소다. 해설진을 위한 실시간 통계와 분석 데이터, 다각도 영상의 자동 생성, 그래픽 요소들이 시청자들에게 더욱 풍부한 관람 경험을 제공한다. 이는 판정의 정확성을 높이는 것을 넘어 스포츠 콘텐츠 자체의 가치를 증대시키는 역할을 한다.

결국 AI 심판 시스템의 성공은 기술적 정확성만큼이나 인간과의 소통 능력에 달려 있다. 아무리 완벽한 분석이라도 그것이 이해되고 받아들여지지 않으면 기술의 의미가 반감되기 때문이다. 따라서 미래의 AI 심판 기술은 더욱 정교한 분석 능력과 함께 더욱 직관적이고 투명한 소통 방식을 발전시켜 나갈 것이다.

2 비디오 판독(VAR)

비디오 보조 심판(Video Assistant Referee, VAR)은 현대 축구에서 가장 논란이 많으면서도 동시에 가장 혁신적인 기술 중 하나다. 2016년 FIFA가 공식 승인한 이후, VAR는 전 세계 100개 이상의 리그에서 도입되어 축구 판정의 새로운 표준을 만들어가고 있다. 하지만 기술적 성취만큼이나 운영상의 도전과제들도 끊임없이 제기되고 있어, 지속적인 개선과 최적화가 필요한 분야이기도 하다.

VAR의 핵심 철학은 '명백하고 중대한 실수(clear and obvious error)'만을 바로잡는다는 제한적 개입 원칙에 있다. 이는 심판의 권위를 유지하면서도 결정적 오심을 방지하려는 섬세한 균형감각의 산물이다. 모든 애매한 상황에 개입하는 것이 아니라, 누가 봐도 명백한 실수만을 교정함으로써 경기의 자연스러운 흐름을 최대한 보존하려 한다.

그림 8-8 비디오 판독실

1) 시스템 구성

VAR 시스템의 기술적 구조는 고도로 정교한 네트워크 인프라와 실시간 영상 처리 능력을 바탕으로 한다. 경기장 곳곳에 배치된 다수의 고해상도 카메라들이 4K 영상을 끊임없이 촬영하여 경기장 외곽의 중앙 VAR 룸으로 전송한다. 이때 사용되는 카메라는 일반적인 중계용 카메라보다 훨씬 많은 수로, 통상 8-12대의 전용 VAR 카메라가 추가로 설치된다.

VAR 룸은 마치 항공 관제탑과 같은 모습이다. 여러 개의 대형 모니터가 벽면을 가득 채우고, 각기 다른 각도의 영상들이 실시간으로 재생된다. 비디오 보조 심판(VAR)과 보조 비디오 보조 심판(AVAR)이 이 모든 영상을 동시에 모니터링하면서, 의심스러운 장면들을 선별해낸다. 이들은 단순히 영상을 보는 것이 아니라, 각 상황의 맥락과 규칙 적용을 종합적으로 판단하는 고도의 전문성을 요구받는다.

최신 VAR 시스템의 가장 인상적인 발전은 AI를 활용한 반자동 오프사이드 기술의 통합이다. 컴퓨터 비전 알고리즘이 모든 선수의 관절 포인트를 실시간으로 추적하여, 오프사이드 여부를 자동으로 감지하고 VAR 분석관에게 알림을 보낸다. 이는 인간의 눈으로는 판별하기 어려운 미세한 오프사이드까지도 정확히 포착할 수 있게 해준다. 시스템은 각 선수의 29개 신체 부위를 3차원으로 추적하며, 특히 오프사이드 판정에 중요한 발끝, 어깨, 머리 등의 위치를 밀리미터 단위로 측정한다.

(1) 절차

VAR의 운영 절차는 두 개의 병렬적 프로세스로 구성된다. 주심이 경기를 진행하는 동안, VAR 팀은 백그라운드에서 지속적으로 모든 상황을 체크한다. 이 체크 단계는 의도적으로 비명시적으로 설계되어, 경기의 자연스러운 흐름을 방해하지 않는다. 관중이나 선수들은 VAR이 검토 중이라는 사실조차 모르는 경우가 대부분이다.

그림 8-9 VAR 운영 절차

체크 과정에서 명백하고 중대한 실수가 의심되는 순간, VAR는 주심에게 "체크 컴플릿(check complete)" 또는 "포시블 [위반 사항](possible [offense])"라는 표준화된 커뮤니케이션을 보낸다. 이때 주심은 손목시계 진동과 이어피스 알림을 통해 VAR의 권고를 받게 된다. 하지만 최종 결정권은 여전히 주심에게 있으며, VAR는 어디까지나 '권고'하는 역할에 머문다.

온필드 리뷰(On-field Review)는 VAR 프로세스의 가장 극적인 순간이다. 주심이 경기장 옆 모니터로 이동하여 해당 상황을 직접 검토하는 과정인데, 이때 전 세계 수억 명의 시청자들이 함께 그 영상을 지켜본다. 주심은 여러 각도와 속도의 영상을 반복해서 보며, 자신의 최초 판정이 옳았는지를 재평가한다. 판정을 변경할 경우, 표준화된 제스처(손으로 사각형 그리기)와 함께 새로운 결정을 명확히 전달한다.

이 과정에서 중요한 것은 투명성과 일관성이다. 주심은 어떤 근거로 판정을 변경했는지를 간단명료하게 설명해야 하며, 동일한 상황에서는 항상 동일한 기준이 적용되어야 한다. FIFA는 이를 위해 상세한 가이드라인과 표준 문구집을 제공하여, 전 세계 어디서나 일관된 VAR 운영이 가능하도록 노력하고 있다.

(2) 성능 · 지연 관리

VAR 시스템의 가장 큰 과제 중 하나는 정확성과 신속성 사이의 균형이다. 정확한 판정을 위해서는 충분한 검토 시간이 필요하지만, 지나친 지연은 경기 흐름을 해치고 관중의 불만을 야기한다. 이를 해결하기 위해 VAR 시스템은 '지연 예산(delay budget)'이라는 개념을 도입했다. 각 리뷰 상황에 대해 허용 가능한 최대 시간을 사전에 정의하고, 이 범위 내에서 최적의 결정을 내리도록 운영된다.

기술적 최적화는 이러한 시간 단축의 핵심이다. 의심 장면 자동 큐잉(Automatic Incident Detection) 기능은 AI 알고리즘이 잠재적 문제 상황을 미리 식별하여 VAR 분석관의 주의를 끈다. 이는 분석관이 수십 개의 영상 중에서 중요한 순간을 놓치지 않도록 도와주는 디지털 어시스턴트 역할을 한다.

프리셋 멀티뷰(Preset Multi-view) 시스템은 자주 사용되는 카메라 각도 조합을 미리 설정해두어, 클릭 한 번으로 필요한 모든 각도를 즉시 불러올 수 있게 한다. 예를 들어, 페널티박스 내 파울 의심 상황에서는 오버헤드 뷰, 골라인 평행 뷰, 클로즈업 뷰가 자동으로 조합되어 화면에 표시된다. 단축키 기반 커뮤니케이션 시스템은 VAR와 주심 간의 소통을 더욱 신속하게 만들어, 복잡한 설명보다는 미리 정의된 코드와 표준 문구로 빠른 의사전달을 가능하게 한다.

네트워크 인프라와 서버 시스템의 안정성은 VAR 운영의 생명선이다. 4K 해상도의 다중 스트림을 실시간으로 처리하고 전송하는 것은 엄청난 대역폭과 처리 능력을 요구한다. 이를 위해 전용 광섬유 네트워크와 고성능 서버 클러스터가 구축되며, 장애 상황에 대비한 이중화 시스템도 필수적으로 갖춰진다. 단 한 번의 네트워크 장애나 서버 다운이 월드컵 결승전을 망칠 수 있기 때문이다.

2) 운영 쟁점과 개선

VAR 기술이 안정화되면서, 이제는 운영 방식과 정책적 측면에서의 개선이 더욱 중요한 화두가 되었다. 기술적으로는 완벽에 가까운 VAR도 인간이 운영하고 인간이 최종 판단을 내리는 시스템이기 때문에, 다양한 운영상의 도전과제들이 지속적으로 제기되고 있다.

경기 지연과 리듬　　판정 일관성과 교육　　팬 커뮤니케이션

그림 8-10 VAR운영쟁점

(1) 지연과 리듬

축구 경기의 매력 중 하나는 90분간 끊이지 않는 역동적인 흐름이다. 하지만 VAR 리뷰가 길어질수록 이러한 경기의 자연스러운 리듬이 깨지고, 선수들의 집중력도 흐려진다. 특히 골 세리머니 후에 VAR 리뷰로 인해 골이 취소되는 상황은 감정적 낙차가 극심하여 경기의 분위기를 완전히 바꿔놓기도 한다.

이 문제를 해결하기 위해 FIFA와 각국 축구협회들은 VAR 개입 대상을 더욱 엄격하게 제한하고 있다. '명백하고 중대한 실수'의 기준을 더욱 명확히 하여, 애매한 상황에서는 원래 판정을 유지하는 것을 원칙으로 한다. 또한 리뷰 시간의 상한선을 설정하여, 일정 시간 내에 명확한 결론이 나지 않으면 원래 판정을 그대로 인정하는 방식도 도입되고 있다.

기술적 개선 측면에서는 컷 편집 자동화(Automated Clip Generation)가 주목받고 있다. AI 알고리즘이 의심 상황의 핵심 순간들을 자동으로 편집하여, VAR 분석관이 긴 영상을 일일이 확인할 필요 없이 핵심 장면만을 빠르게 검토할 수 있도록 돕는다. 특정 각도를 프리셋으로 설정하여 즉시 호출하는 기능도 리뷰 시간 단축에 크게 기여하고 있다. 예를 들어, 오프사이드 의심 상황에서는 사이드라인과 평행한 각도의 영상이 자동으로 준비되어, 클릭 한 번으로 정확한 판정 근거를 확인할 수 있다.

(2) 일관성과 교육

VAR 시스템의 또 다른 중요한 과제는 판정 기준의 일관성 확보다. 같은 상황에서도 리그나 국가마다 다른 기준을 적용한다면, 선수와 팬들의 혼란은 불가피하다. 특히 국제 대회에서 여러 나라 출신의 심판들이 모이면, 각자의 리그에서 경험한 서로 다른 VAR 기준으로 인해 일관성 없는 판정이 나올 수 있다.

이를 해결하기 위해 FIFA는 포괄적인 케이스북(Casebook) 시스템을 구축하고 있다. 실제 경기에서 발생한 다양한 상황들과 그에 대한 표준 판정을 데이터베이스화하여, 전 세계 심판들이 동일한 기준으로 판정할 수 있도록 돕는다. 이 케이스북은 정기적으로 업데이트되며, 새로운 유형의 상황이 발생할 때마다 표준 해석이 추가된다.

사후 리포트 공개(Post-Match VAR Reports)도 투명성과 학습을 위한 중요한 도구다. 각 경기 후 VAR가 검토한 모든 상황과 그 판정 근거를 상세히 공개하여, 팀과 미디어, 팬들이 VAR의 판단 과정을 이해할 수 있도록 한다. 이는 단순히 결과만을 통보하는 것이 아니라, 왜 그런 결정을 내렸는지까지 설명함으로써 VAR에 대한 신뢰도를 높이는 효과가 있다.

정례 교육 프로그램은 VAR 시스템의 지속적 개선을 위한 핵심 요소다. 심판들을 대상으로 한 VAR 교육은 물론, 감독과 코치들을 위한 설명회도 정기적으로 개최된다. 이를 통해 축구계 전반의 VAR에 대한 이해도를 높이고, 절차적 공정성에 대한 신뢰를 구축한다. 특히 새로운 기술이나 판정 기준이 도입될 때마다 사전 교육을 통해 혼란을 최소화하려 노력한다.

(3) 팬 커뮤니케이션

VAR의 성공 여부는 기술적 정확성만큼이나 팬들의 수용성에 달려 있다. 아무리 정확한 판정이라도 그 과정과 근거가 팬들에게 제대로 전달되지 않으면, 오히려 더 큰 논란만 야기할 뿐이다. 특히 경기장에 있는 관중들은 TV 시청자들과 달리 VAR 검토 과정을 실시간으로 볼 수 없어, 갑작스러운 판정 변경에 당황하는 경우가 많다.

이 문제를 해결하기 위해 최신 VAR 시스템들은 더욱 적극적인 팬 커뮤니케이션 전략을 도입하고 있다. 경기장 전광판을 통한 3D 애니메이션은 복잡한 상황을 직관적으로 설명하는 강력한 도구다. 예를 들어, 오프사이드 상황에서는 선수들의 위치를 3차원으로 재구성하여 보여주고, 오프사이드 라인을 명확히 표시함으로써 판정 근거를 시각적으로 명확하게 전달한다.

핵심 문구(Key Messages)의 표준화도 중요한 개선 사항이다. 복잡한 규칙 설명보다는 "오프사이드", "핸드볼", "파울" 등 간단명료한 키워드를 사용하여 판정 이유를 즉시 알려준다. 이러한 문구들은 여러 언어로 번역되어 국제 경기에서도 활용된다.

실시간 데이터 공유는 디지털 네이티브 세대 팬들의 요구에 부응하는 혁신적 접근이다. 모바일 앱을 통해 VAR 검토 상황, 예상 리뷰 시간, 판정 근거 등을 실시간으로 제공하여, 팬들이 단순히 기다리는 것이 아니라 적극적으로 상황을 이해할 수 있도록 돕는다. 이는 VAR에 대한 투명성을 높이고, 판정 수용성을 크게 개선하는 효과를 보여주고 있다.

결국 VAR의 미래는 기술적 완성도보다는 인간과 기술의 조화로운 협력에 달려 있다. 기계의 정확성과 인간의 판단력이 적절히 결합되고, 그 과정이 모든 이해관계자들에게 투명하게 공유될 때, VAR는 비로소 축구 발전에 진정으로 기여하는 도구가 될 수 있을 것이다.

그림 8-11 경기장에서 응원하는 관중

3 AI 판정 보조(축구·농구·럭비)

VAR가 복합적이고 주관적인 판정을 보조한다면, AI 판정 보조 시스템들은 상대적으로 명확한 기준이 있는 특정 상황들에 특화되어 있다. 이들 시스템의 공통점은 인간의 인지적 한계를 기술로 보완하면서도, 각 스포츠의 고유한 특성과 문화를 존중한다는 점이다. 축구의 골라인 기술에서 럭비의 TMO까지, 각각의 시스템은 해당 스포츠가 요구하는 정확성과 신속성의 절묘한 균형점을 찾아가고 있다.

1) 골라인 기술(GLT)

축구에서 골의 순간은 경기의 운명을 가르는 결정적 찰나다. 공이 골라인을 완전히 넘었는지 여부는 때로는 밀리미터 차이로 결정되지만, 그 결과는 월드컵 우승국을 바꿀 만큼 중대하다. 2010년 남아공 월드컵에서 프랭크 램파드의 슛이 골라인을 2미터나 넘었음에도 골로 인정받지 못한 사건은 FIFA로 하여금 골라인 기술의 필요성을 절감하게 만든 결정적 계기였다.

골라인 기술은 현재 두 가지 주요 방식으로 구현된다. 호크아이 기반 시스템은 골 지역을 집중 모니터링하는 14대의 고속 카메라를 활용하여 공의 위치를 삼각측량법으로 정확히 추적한다. 각 카메라는 초당 500프레임으로 촬영하며, 복수의 각도에서 포착된 정보를 종합하여 공의 중심점이 골라인을 완전히 넘는 순간을 밀리미터 단위로 감지한다.

독일의 골컨트롤 시스템은 다른 접근 방식을 취한다. 공 내부에 내장된 마이크로칩과 골포스트 주변에 설치된 자기장 센서들 간의 상호작용을 분석하여 골 여부를 판정한다. 이 시스템의 장점은 시야 가림이나 날씨 조건에 영향을 받지 않는다는 점이다. 비가 오거나 안개가 끼어도, 선수들이 골라인 주변에 몰려있어도 정확한 측정이 가능하다.

두 시스템 모두의 핵심은 즉시성이다. 골이 발생한 순간부터 1초 이내에 주심의 시계로 진동과 'GOAL' 신호가 전달된다. 이는 주심이 경기를 중단하거나 다른 선수들에게 확인을 요청할 필요 없이, 자연스럽게 경기를 진행할 수 있게 해준다. 해석의 여지가 전혀 없는 이진법적 결과(골 또는 노골)는 득점 인정을 둘러싼 모든 논란을 원천적으로 차단한다.

그림 8-12 골라인 기술

하지만 골라인 기술의 가장 큰 가치는 정확성을 넘어 심리적 효과에 있다. 선수들과 감독들이 골 판정에 대해서만큼은 완전히 신뢰할 수 있다는 확신은 경기에 집중할 수 있는 환경을 만들어준다. 과거처럼 골라인 주변에서 발생한 애매한 상황으로 인해 경기 후 수주간 논란이 지속되는 일은 이제 역사가 되었다.

하지만 골라인 기술의 높은 신뢰성에도 불구하고, 모든 기술이 그렇듯 예외적 상황에 대한 대비책이 필요하다. 카메라 기반 시스템의 경우, 극도로 혼잡한 상황에서 모든 카메라의 시야가 동시에 가려지는 일이 발생할 수 있다. 특히 코너킥이나 프리킥 상황에서 다수의 선수들이 골라인 주변에 몰려있을 때, 공의 정확한 위치를 추적하기 어려워질 수 있다.

전자 시스템의 경우에는 하드웨어 결함이나 전력 공급 장애 등의 기술적 문제가 발생할 가능성이 있다. 센서의 오작동이나 네트워크 연결 장애로 인해 신호 전송이 지연되거나 차단될 수 있다. 이러한 상황에서는 주심이 즉시 이를 인지하고 전통적인 방식으로 판정을 내려야 한다.

이런 예외 상황들을 대비하여 골라인 기술 시스템은 다층적 안전장치를 갖추고 있다. 먼저 시스템 자체의 이중화를 통해 주 시스템이 장애를 일으킬 경우 백업 시스템이 즉시 작동하도록 설계된다. 또한 시스템 오류가 감지되면 주심에게 즉시 알림이 전송되어, 해당 상황에서는 안전한 수동 절차로 전환할 수 있도록 한다. 이때의 기본 원칙은 '의심스러울 때는 노골'이다. 기술적 불확실성이 있는 상황에서는 보수적 판정을 통해 경기의 공정성을 보장한다.

2) 농구의 비디오 판독 + AI

농구는 스포츠 중에서도 특히 판정의 정밀함이 요구되는 종목이다. 0.1초 차이로 승부가 갈리는 버저 비터 상황, 골텐딩 판정에서의 미묘한 타이밍, 그리고 선수 안전과 직결되는 플래그런트 파울 등은 모두 프레임 단위의 정밀한 분석이 필요하다. NBA는 1990년대부터 비디오 판독 시스템을 도입했지만, 초기에는 단순히 여러 각도의 영상을 반복 재생하는 수준에 머물렀다.

현재의 NBA 비디오 판독 시스템은 AI 기술과의 결합으로 완전히 새로운 차원에 도달했다. 경기 전체를 촬영하는 25대 이상의 카메라에서 생성되는 방대한 영상 스트림을 AI

가 실시간으로 분석하여 잠재적 판독 대상 상황들을 자동으로 태깅한다. 컴퓨터 비전 알고리즘은 슛 클록의 변화, 공과 림의 접촉, 선수 간의 신체 접촉 등을 지속적으로 모니터링하며, 규정상 판독이 필요할 수 있는 순간들을 미리 식별해둔다.

이러한 자동 큐잉 시스템의 가장 큰 장점은 판독관이 수 시간 분량의 영상에서 핵심 순간을 찾는 시간을 대폭 단축시킨다는 것이다. 과거에는 판독관이 여러 각도의 영상을 일일이 확인하며 정확한 프레임을 찾는 데 수 분이 걸리기도 했지만, 이제는 AI가 미리 표시해둔 핵심 프레임으로 즉시 이동할 수 있다. 이는 경기 흐름의 중단 시간을 최소화하면서도 판정의 정확성을 보장하는 핵심 요소다.

특히 마지막 2분간의 경기에서는 더욱 엄격한 판독 절차가 적용된다. 이 시간대에는 모든 슛의 타이밍, 파울의 성격, 볼 포제션의 변화 등이 자동으로 기록되며, 필요시 즉시 검토할 수 있도록 준비된다. AI 시스템은 게임 클록과 슛 클록의 동기화 상태를 지속적으로 모니터링하여, 버저 비터 상황에서의 정확한 타이밍 판정을 보조한다.

– 사례적 효과

NBA에서 AI 기반 비디오 판독 시스템을 도입한 이후의 변화는 통계적으로도 명확히 나타난다. 자동 큐잉 기능 도입 후 평균 판독 시간이 기존 3분 30초에서 1분 45초로 50% 단축되었으며, 판독 요청 건수도 20% 감소했다. 이는 시스템이 명확하지 않은 상황들을 사전에 필터링하여, 정말 필요한 경우에만 판독이 이루어지도록 돕기 때문이다.

더욱 중요한 변화는 판정의 일관성 향상이다. 과거에는 심판마다 서로 다른 기준으로 판독을 요청하는 경우가 많았지만, AI가 제공하는 객관적 지표들을 기준으로 하면서 리그 전체의 판정 기준이 표준화되었다. 특히 플래그런트 파울의 판정에서 접촉 강도와 의도성을 객관적으로 평가할 수 있는 데이터가 제공되면서, 선수 보호와 경기 흐름 사이의 균형점을 더욱 정교하게 찾을 수 있게 되었다.

또한 명확성 기준의 강화로 인해 애매한 상황에서의 불필요한 판독이 크게 줄어들었다. AI 시스템이 판정 변경 가능성을 사전에 평가하여, 명백한 증거가 없는 경우에는 판독 자체를 권하지 않는다. 이는 경기 흐름을 보호하면서도 중요한 순간에는 정확한 판정을 보장하는 효과적인 균형점을 만들어냈다.

그림 8-13 농구 비디오 판독 + AI

3) 럭비의 TMO + AI

럭비는 복잡하고 역동적인 스포츠 특성상 판정 상황이 매우 다양하고 복합적이다. 앞패스 여부, 오프사이드 위치, 그라운딩의 유효성 등은 모두 3차원 공간에서의 정확한 위치 관계 파악이 필요하다. 텔레비전 매치 오피셜(TMO)은 이러한 럭비의 특수성을 반영하여 발전해온 독특한 시스템이다.

전통적인 TMO 시스템은 여러 각도의 영상을 종합하여 판정하는 방식이었지만, 최신 AI 기술의 도입으로 3차원 재구성 능력이 추가되었다. 경기장 주변에 설치된 다수의 카메라들이 포착한 2차원 영상들을 AI 알고리즘이 실시간으로 분석하여 선수와 공의 정확한 3차원 위치를 재구성한다. 이는 특히 앞패스나 오프사이드와 같이 선수들 간의 상대적 위치가 중요한 판정에서 결정적 역할을 한다.

AI 시스템은 또한 럭비 규칙의 복잡성을 고려한 상황 인식 능력을 갖추고 있다. 예를 들어, 오프사이드 판정에서는 단순히 위치만이 아니라 해당 선수가 플레이에 적극적으로 관여했는지, 볼이 마지막으로 터치된 시점이 언제인지 등을 종합적으로 분석한다. 이러한 복합적 상황 판단은 룰 엔진과 머신러닝 알고리즘의 결합으로 구현된다.

TMO와 현장 심판 간의 소통도 기술 발전의 핵심 영역이다. 심판의 헤드셋에는 복잡한 음성 설명 대신 직관적인 시각적·촉각적 신호가 전달된다. 경고 상황에서는 노란색 LED와 단일 진동이, 재검토가 필요한 상황에서는 빨간색 LED와 연속 진동이 제공된다.

이러한 단순화된 커뮤니케이션은 격렬한 경기 상황에서도 심판이 즉시 상황을 파악할 수 있게 해준다.

TMO 시스템의 설계 철학에서 가장 중요한 것은 안전과 속도의 균형이다. 럭비는 신체 접촉이 빈번한 스포츠이므로 위험한 플레이에 대한 신속한 대응이 필수적이다. 동시에 경기의 연속성과 역동성을 해치지 않기 위해서는 판독 시간을 최소화해야 한다. AI 기술은 이 두 요구사항을 동시에 만족시키는 핵심 도구로 작용하고 있다.

그림 8-14 럭비 TMO + AI

4 자동 공 판정(테니스·야구·라켓 스포츠)

공의 궤적과 위치를 실시간으로 추적하여 자동으로 판정하는 시스템들은 AI 스포츠 기술의 가장 성숙한 분야 중 하나다. 이들 시스템의 공통점은 물리적 측정의 객관성을 바탕으로 인간의 주관적 판단을 배제한다는 것이다. 하지만 각 스포츠의 고유한 특성에 따라 구현 방식과 운영 철학에는 상당한 차이가 있다.

1) 테니스 전자 라인 콜(ELC)

테니스의 전자 라인 콜 시스템은 스포츠 기술사에서 가장 성공적인 사례 중 하나로 평가받는다. 2006년 US 오픈에서 처음 도입된 이후, 이제는 거의 모든 프로 대회에서 표준 장비가 되었다. 호크아이로 대표되는 이 시스템의 핵심은 코트 주변에 배치된 10-14대의 고속 카메라가 공의 전체 궤적을 3차원으로 재구성한다는 점이다.

시스템의 작동 과정은 놀랍도록 정교하다. 각 카메라는 초당 500-1000프레임으로 공을 추적하며, 삼각측량법을 이용해 3차원 좌표를 실시간 계산한다. 공이 라인에 접촉하는 순간의 정확한 위치는 가상의 공 모델과 코트 표면의 수학적 교점을 통해 결정된다. 이 과정에서 공의 압축과 변형까지 고려하여 ±3.6mm의 오차 범위 내에서 판정이 이루어진다.

인/아웃 판정은 공이 라인을 벗어나는 즉시 자동으로 이루어지며, 결과는 대형 화면에 3D 애니메이션으로 시각화된다. 이 애니메이션은 단순히 결과만을 보여주는 것이 아니라, 공의 궤적, 바운드 지점, 라인과의 관계를 직관적으로 설명한다. 선수와 관중 모두가 판정 근거를 명확히 이해할 수 있어, 논란의 여지를 원천적으로 차단한다.

하드코트와 잔디코트에서는 전자 시스템에 대한 의존도가 매우 높다. 이들 표면에서는 공의 자국이 명확하지 않거나 빠르게 사라지기 때문에, 전자 시스템 없이는 정확한 판정이 거의 불가능하다. 특히 윔블던과 같은 잔디코트 대회에서는 ELC 도입 후 라인 콜 논란이 거의 완전히 사라졌다.

- 클레이코트 특성

클레이코트는 테니스 표면 중에서도 독특한 특성을 가진다. 공이 바운드할 때 표면에 명확한 자국이 남기 때문에, 전통적으로는 이 자국을 육안으로 확인하여 인/아웃을 판정했다. 이러한 전통은 클레이코트의 대표 대회인 프랑스 오픈(롤랑 가로스)에서 오랫동안 유지되어 왔다.

하지만 현대의 클레이코트 대회에서도 전자 시스템의 도입이 점진적으로 확산되고 있다. 다만 클레이코트에서는 전자동 시스템보다는 하이브리드 접근 방식이 선호된다. ELC 시스템이 기본적인 판정을 제공하지만, 논란이 있는 경우에는 여전히 심판이 직접 코트로 내려와 자국을 확인하는 절차를 병행한다.

이러한 이중 검증 시스템은 기술의 정확성과 전통적 방식의 신뢰성을 모두 확보하려는 노력의 산물이다. 클레이코트 팬들과 선수들 중에는 여전히 자국 확인을 더 신뢰하는 이들이 많기 때문에, 급진적인 변화보다는 점진적인 적응을 통해 새로운 기술을 받아들이고 있다. 이는 스포츠 기술 도입에서 단순히 기술적 우수성만이 아니라 문화적 수용성도 중요하다는 것을 보여주는 사례다.

2) 야구 자동 볼-스트라이크(ABS)

야구의 자동 볼-스트라이크 시스템은 현재 스포츠 기술 분야에서 가장 뜨거운 논쟁거리 중 하나다. KBO는 퓨쳐스리그에서의 시범 운영을 거쳐 2024년부터 단계적 도입을 추진하고 있으며, 이는 야구 역사상 가장 근본적인 변화 중 하나가 될 전망이다.

그림 8-15 야구 자동 볼-스트라이크(ABS)시스템

ABS의 핵심 기술은 트랙맨(TrackMan) 레이더 시스템과 고해상도 카메라의 조합이다. 도플러 레이더는 투구의 속도, 회전수, 궤적을 실시간으로 측정하고, 카메라는 타자의 신장과 타석에서의 자세를 분석한다. 이 정보들을 종합하여 각 타자에게 맞는 개별적인 스트라이크 존을 3차원으로 모델링한다.

전통적인 스트라이크 존은 '무릎과 허리 사이, 홈플레이트 폭'이라는 다소 모호한 기준에 의존했다. 하지만 ABS는 각 타자의 신체 치수와 자연스러운 타격 자세를 기반으로 밀리미터 단위의 정확한 존을 설정한다. 키 180cm인 타자와 키 160cm인 타자의 스트라이크 존이 다르게 적용되는 것은 물론, 같은 타자라도 바닥에 크라우칭하는 자세와 서있는 자세에 따라 존이 동적으로 조정된다.

판정 결과는 투구가 홈플레이트를 통과하는 즉시 주심의 이어피스로 전송된다. "Strike" 또는 "Ball"이라는 간단한 음성 신호를 받은 주심은 기존과 동일한 방식으로 판정을 선언한다. 이는 관중이나 선수들에게는 기존 야구와 전혀 다르지 않은 경험을 제공하면서도, 판정의 정확성과 일관성을 보장하는 세련된 접근이다.

(1) 전면형과 챌린지형

ABS의 도입 방식을 놓고 야구계는 현재 두 가지 주요 모델을 검토하고 있다. 전면형(Full ABS)은 모든 투구에 대해 자동 시스템이 즉시 판정하는 방식이고, 챌린지형(Challenge System)은 기존의 인간 심판 판정을 기본으로 하되 제한된 이의제기를 통해 자동 판정을 요청할 수 있는 방식이다.

전면형 시스템은 완벽한 일관성을 보장한다는 장점이 있다. 동일한 위치로 던져진 투구는 투수나 타자, 경기 상황에 관계없이 항상 동일한 판정을 받는다. 이는 전략 수립과 선수 평가에 있어 더욱 객관적인 기준을 제공한다. 또한 심판의 개인적 특성이나 컨디션이 경기에 미치는 영향을 완전히 배제할 수 있다.

반면 챌린지형 시스템은 야구의 전통적 요소를 더 많이 보존한다. 인간 심판의 판정이 기본이 되므로 기존 야구의 '인간적' 요소가 유지되며, 경기 리듬도 크게 바뀌지 않는다. 각 팀당 경기당 3회의 챌린지 기회가 주어지며, 성공한 챌린지는 차감되지 않는다. 이는 팀이 정말 확신하는 경우에만 챌린지를 사용하도록 유도하여 게임 흐름을 보호한다.

현재 마이너리그에서의 시범 운영 결과, 챌린지형이 더 높은 수용성을 보이고 있다. 선수들과 코치들은 이 시스템이 경기의 기본적 리듬을 유지하면서도 명백한 오심을 교정할 수 있다는 점을 긍정적으로 평가하고 있다. 또한 챌린지 권리의 전략적 활용이라는 새로운 게임 요소가 야구에 흥미로운 차원을 추가한다고 보고 있다.

(2) 전술 변화

ABS의 도입은 야구 전술에 근본적인 변화를 가져올 것으로 예상된다. 가장 직접적인 영향을 받는 것은 포수의 프레이밍(framing) 기술이다. 기존에는 포수가 경계선상의 투구를 스트라이크로 보이게 만드는 기술이 중요한 능력으로 평가받았지만, ABS 환경에서는 이러한 기술의 가치가 크게 감소한다.

대신 투수와 타자 모두 더욱 정교한 존 공략이 중요해진다. 스트라이크 존의 경계가 정확히 정의되므로, 이 정보를 바탕으로 한 데이터 분석과 전략 수립이 핵심이 된다. 투수는 각 타자의 개별적 스트라이크 존을 정확히 파악하고 그에 맞는 투구 패턴을 개발해야 하며, 타자 역시 자신만의 존 특성을 이해하고 활용하는 능력이 필요하다.

코칭스태프에게는 챌린지 권리의 관리가 새로운 전술적 변수로 등장한다. 언제 챌린지를 사용할 것인지, 어떤 상황에서 보류할 것인지에 대한 판단이 경기 결과에 직접적인 영향을 미칠 수 있다. 이는 마치 테니스의 챌린지 시스템이나 미식축구의 타임아웃 관리와 유사한 전략적 요소를 야구에 도입하는 것이다.

3) 탁구·배드민턴 챌린지 시스템

탁구와 배드민턴에서의 자동 판정 시스템은 이들 스포츠의 독특한 특성을 반영한 정교한 설계를 보여준다. 초고속으로 움직이는 작은 공과 셔틀콕을 정확히 추적하는 것은 기술적으로 매우 도전적인 과제다. 탁구공은 시속 100km 이상으로 움직이면서 강한 스핀을 동반하며, 배드민턴 셔틀콕은 특유의 공기역학적 특성으로 인해 복잡한 궤적을 그린다.

이들 종목의 자동 판정 시스템은 초고속 카메라와 스테레오 비전 기술의 조합으로 구현된다. 탁구에서는 테이블 주변에 설치된 8-12대의 초고속 카메라가 초당 2,000-5,000 프레임으로 공의 움직임을 포착한다. 스핀으로 인한 공의 변형과 궤적 변화까지 정확히 추적하여, 테이블 엣지나 네트와의 접촉 여부를 밀리미터 단위로 판정한다.

배드민턴에서는 셔틀콕의 독특한 비행 특성이 추가적인 도전을 제시한다. 깃털로 만들어진 셔틀콕은 초기에는 빠르게 날아가다가 공기저항으로 인해 급격히 감속하며, 바람의 영향도 크게 받는다. 이를 보상하기 위해 시스템은 셔틀콕의 물리적 모델을 실시간으로 업데이트하면서 예측 알고리즘을 활용한다.

두 종목 모두에서 중요한 것은 제한된 챌린지 횟수가 만들어내는 전략적 긴장감이다. 탁구에서는 각 세트당 2회, 배드민턴에서는 각 게임당 2회의 챌린지 기회가 주어진다. 성공한 챌린지는 횟수가 차감되지 않지만, 실패하면 기회를 잃는다. 이는 선수들로 하여금 정말 확신이 서는 경우에만 챌린지를 사용하도록 만들어, 경기에 흥미로운 심리적 요소를 추가한다.

애니메이션 시각화는 이들 고속 스포츠에서 특히 중요한 역할을 한다. 인간의 눈으로는 도저히 확인할 수 없는 순간적 접촉을 슬로모션 3D 애니메이션으로 보여줌으로써, 선수와 관중 모두가 판정 결과를 납득할 수 있게 한다. 특히 0.1mm 차이로 인/아웃이 갈리는 상황에서도 명확한 시각적 근거를 제시하여 판정의 수용성을 높인다.

그림 8-16 탁구·배드민턴 챌린지

5 룰 해석 시스템

스포츠 규칙은 수십 년간 축적된 조항들과 예외사항들로 구성된 복잡한 체계다. 숙련된 심판조차도 모든 상황에서 정확한 규칙을 즉시 찾아 적용하기는 어렵다. 특히 드물게 발생하는 복합적 상황이나 최근 개정된 규정들의 경우, 현장에서 정확한 해석을 찾는 것은 상당한 시간과 노력을 요구한다. 룰 해석 시스템은 이러한 인간 심판의 한계를 보완하여, 정확하고 일관된 규칙 적용을 지원하는 AI 기반 도구다.

1) 원리

룰 해석 시스템의 핵심은 방대한 규칙서를 기계가 이해할 수 있는 형태로 변환하고, 실제 경기 상황과 매칭시키는 것이다. 이 과정은 자연어 처리(NLP) 기술과 정보 검색(Information Retrieval) 기술의 정교한 조합으로 구현된다.

먼저 각 스포츠의 공식 규칙서를 문장 단위로 분해하고, 각 문장을 고차원 벡터 공간에 임베딩한다. 이때 사용되는 언어 모델은 스포츠 도메인에 특화되어 학습된 것으로, 일반적인 언어 모델보다 스포츠 용어와 상황에 대한 이해도가 높다. 예를 들어, "오프사이드"라는 용어가 축구와 럭비에서 서로 다른 의미를 가진다는 것을 정확히 구분할 수 있다.

경기 중 발생하는 이벤트는 구조화된 질의(query)로 변환된다. "선수 A가 페널티박스에서 선수 B와 접촉했을 때 공은 선수 C가 소유하고 있었다"와 같은 자연어 서술을 시간,

위치, 관련 인물, 공의 상태 등의 구조화된 정보로 분해한다. 이렇게 구조화된 질의는 벡터 공간에서 임베딩되어, 가장 관련성이 높은 규칙 조항들과 매칭된다.

시스템은 단순히 가장 유사한 조항 하나만을 반환하는 것이 아니라, 관련된 여러 조항들과 그들 간의 우선순위, 예외사항, 보충 설명 등을 종합적으로 제공한다. 이는 복잡한 상황에서 여러 규칙이 동시에 적용될 수 있는 스포츠의 특성을 반영한 것이다.

(1) 데이터 파이프라인

룰 해석 시스템의 구축은 체계적인 데이터 파이프라인을 통해 이루어진다. 첫 번째 단계는 문서 수집으로, 각 스포츠의 공식 규칙서뿐만 아니라 해석 지침, 판례집, FAQ 등 관련 문서들을 망라적으로 수집한다. 이때 국제 기구의 공식 문서를 최우선으로 하되, 각국 리그의 특별 규정이나 지역적 변형도 포함한다.

수집된 문서들은 정제 과정을 거친다. OCR을 통해 텍스트를 추출하고, 오타나 스캔 오류를 수정하며, 일관된 포맷으로 통일한다. 특히 스포츠 규칙서에 자주 등장하는 도표나 그림 설명도 텍스트로 변환하여 포함시킨다.

분절(segmentation) 단계에서는 각 문서를 의미 있는 단위로 나눈다. 단순히 문장 단위로 자르는 것이 아니라, 규칙의 논리적 구조를 고려하여 조항별, 항목별로 분절한다. 예를 들어, "선수가 직접 프리킥을 찰 때..."로 시작하는 조항은 해당 조항의 모든 하위 항목들과 함께 하나의 단위로 처리된다.

임베딩 과정에서는 각 분절된 텍스트를 고차원 벡터로 변환한다. 이때 사용되는 언어 모델은 스포츠 도메인의 대량 텍스트로 사전 학습되어, 스포츠 특유의 용어와 개념을 정확히 이해할 수 있다. 또한 같은 의미의 서로 다른 표현들(예: "골키퍼"와 "골리")을 동일한 벡터 공간 영역에 매핑한다.

인덱싱은 빠른 검색을 위한 핵심 단계다. 고차원 벡터들을 효율적으로 저장하고 검색할 수 있는 벡터 데이터베이스(예: Pinecone, Weaviate)를 구축하여, 실시간 질의 처리가 가능하도록 한다. 이때 근사 최근접 이웃(Approximate Nearest Neighbor) 알고리즘을 사용하여 검색 속도를 최적화한다.

경기 이벤트의 구조화는 실시간 처리의 핵심이다. 심판의 질의나 자동 감지된 상황을 시간(언제), 위치(어디서), 주체(누가), 객체(무엇을), 상태(어떤 상황에서) 등의 구조화된 정보로 분해한다. 예를 들어, "84분에 페널티박스에서 공격수가 수비수와 접촉하여 넘어졌다"는 상황은 {time: 84분, location: 페널티박스, actor: 공격수, target: 수비수, action: 접촉, result: 넘어짐}으로 구조화된다.

(2) 질의응답

실제 경기 상황에서의 질의응답 과정은 극도로 간소화되어 있다. 심판은 헤드셋의 마이크를 통해 자연어로 질문을 할 수 있다. "페널티박스에서 손으로 공을 건드렸는데 의도적이지 않았다면?"과 같은 질문을 음성으로 입력하면, 음성 인식 시스템이 이를 텍스트로 변환하고 자연어 처리 모듈이 핵심 요소들을 추출한다.

시스템은 추출된 핵심 요소들을 바탕으로 관련 규칙들을 검색하고, 가장 적절한 조항들을 우선순위별로 정렬한다. 이때 단순히 텍스트 유사도만을 고려하는 것이 아니라, 상황의 맥락과 적용 우선순위, 최신 개정사항 등을 종합적으로 고려한다.

결과는 심판의 이어셋을 통해 간결하고 명확한 음성으로 전달된다. "핸드볼: 의도적이지 않더라도 페널티. 규칙 12조 1항 참조."와 같이 핵심 결론과 근거 조항을 함께 제공한다. 필요한 경우 추가적인 세부사항이나 예외 조건도 안내한다. 모든 질의와 응답은 로그로 기록되어 나중에 검토하고 분석할 수 있다. 이는 시스템의 성능 개선뿐만 아니라 심판 교육과 규칙 해석의 일관성 확보에도 활용된다.

2) 설계 원칙

룰 해석 시스템의 설계에는 몇 가지 핵심 원칙이 관통한다. 이들 원칙은 시스템이 단순히 기술적으로 우수한 것을 넘어, 실제 스포츠 현장에서 신뢰받고 효과적으로 활용될 수 있도록 하는 기반이다.

(1) 설명가능성

룰 해석 시스템의 가장 중요한 특징 중 하나는 모든 결론에 명확한 근거를 제시한다는 것이다. 단순히 "이것이 정답이다"라고 말하는 것이 아니라, "이런 이유로 이것이 정답이다"를 함께 설명한다. 이는 심판이 시스템의 권고를 맹목적으로 따르는 것이 아니라, 근거를 이해하고 상황에 맞게 적용할 수 있도록 돕는다.

구체적으로, 시스템은 해당 판정의 근거가 되는 규칙서의 정확한 조항 번호와 본문을 제시한다. 또한 유사한 상황의 과거 판례나 해석 지침이 있다면 이를 함께 제공한다. 복잡한 상황에서는 적용되는 여러 규칙들 간의 우선순위와 관계도 설명한다.

시각적 보조 자료도 중요한 설명 도구다. 해당 상황과 관련된 경기 영상의 특정 프레임을 함께 제시하여, 규칙이 실제 상황에 어떻게 적용되는지를 직관적으로 보여준다. 예를 들어, 오프사이드 판정의 경우 관련 선수들의 위치를 그래픽으로 표시하여 규칙 적용 과정을 시각화한다.

이러한 설명가능성은 사용자(심판)의 이해도를 높일 뿐만 아니라, 시스템에 대한 신뢰도도 크게 향상시킨다. 심판은 "왜 이 조항인가"를 즉시 이해할 수 있으며, 필요한 경우 시스템의 권고를 보완하거나 수정할 수 있는 판단 근거를 얻는다.

(2) 책임추적

룰 해석 시스템에서 발생하는 모든 활동은 완전히 추적 가능한 형태로 기록된다. 이는 시스템의 신뢰성 확보와 지속적 개선을 위한 필수 요소다. 또한 논란이 발생했을 때 정확한 검증과 해명이 가능하도록 한다.

검색 이력(Search History)에는 심판이 언제, 어떤 질문을 했고, 시스템이 어떤 과정을 거쳐 어떤 답변을 제시했는지가 상세히 기록된다. 사용된 키워드, 검색된 후보 조항들, 최종 선택된 조항과 그 선택 근거까지 모든 과정이 타임스탬프와 함께 저장된다.

참조 프레임(Reference Frame) 정보에는 해당 질의와 관련된 경기 영상의 정확한 시점과 프레임 번호가 기록된다. 이를 통해 나중에 해당 상황을 정확히 재현하고 검토할 수 있다. 또한 시스템이 제공한 시각적 보조 자료들의 생성 과정도 함께 기록된다.

최종 승인 로그(Approval Log)는 심판이 시스템의 권고를 어떻게 활용했는지를 추적한다. 권고를 그대로 수용했는지, 부분적으로 수정했는지, 아니면 완전히 다른 판정을 내렸는지가 기록되며, 가능한 경우 그 이유도 함께 저장된다.

이러한 포괄적 기록은 감사(audit) 목적뿐만 아니라 시스템 개선에도 중요한 자료가 된다. 심판들이 자주 묻는 질문 유형을 분석하여 시스템을 최적화하고, 권고가 자주 무시되는 상황을 파악하여 알고리즘을 개선할 수 있다.

(3) 보조의 원칙

룰 해석 시스템의 가장 기본적인 철학은 인간 심판을 대체하는 것이 아니라 보조하는 것이다. 아무리 정교한 AI 시스템이라도 스포츠 현장의 모든 미묘한 상황과 맥락을 완벽히 이해할 수는 없다. 따라서 최종 결정권과 책임은 항상 인간 심판에게 있으며, 시스템은 어디까지나 판단을 돕는 도구의 역할에 머물러야 한다.

이 원칙은 시스템의 인터페이스 설계에도 반영된다. 시스템은 절대로 "이렇게 판정하라"고 명령하지 않으며, 항상 "이런 규칙들을 참고하시기 바랍니다"는 형태로 정보를 제공한다. 심판은 제공된 정보를 바탕으로 상황의 특수성과 경기의 맥락을 고려하여 최종 판단을 내린다.

또한 시스템은 심판의 기존 지식과 경험을 존중한다. 규칙에 대한 기본적 이해가 있는 전문가를 위한 도구이므로, 과도하게 상세한 설명보다는 핵심 포인트와 참고 자료를 간결하게 제공하는 데 중점을 둔다.

긴급한 상황에서는 시스템의 응답을 기다리지 않고도 심판이 즉시 판정할 수 있어야 한다. 따라서 시스템은 빠른 응답 시간을 목표로 하지만, 기술적 문제나 복잡한 상황으로 인해 응답이 지연되더라도 경기 진행에는 지장이 없도록 설계된다.

이러한 보조의 원칙은 스포츠의 인간적 요소를 보존하면서도 기술의 장점을 최대한 활용하는 균형점을 만들어낸다. 심판의 권위와 전문성은 유지되면서도, 복잡한 규칙의 정확한 적용은 기술의 도움으로 보장되는 것이다.

설명가능성	책임추적	보조의 원칙
모든 결론에 명확한 근거 제시, 조항 번호·본문·과거 판례 포함	검색 이력, 참조 프레임, 최종 승인 로그 완전 기록	AI는 돕고 사람은 결정, 최종 권한과 책임은 인간 심판

그림 8-17 룰 해석 설계 원칙

6 기술적 디테일

AI 심판 기술의 성공은 화려한 개념이나 이론적 가능성보다는 실제 현장에서의 안정적이고 정확한 성능에 달려 있다. 경기장이라는 역동적이고 예측 불가능한 환경에서 밀리초 단위의 반응 시간과 밀리미터 단위의 정확도를 일관되게 유지하는 것은 극도로 도전적인 공학적 과제다. 이 섹션에서는 AI 심판 시스템의 핵심 성능 지표와 기술적 한계, 그리고 이를 극복하기 위한 구체적 해결책들을 살펴본다.

1) 정확도 지표

AI 심판 시스템의 성능 평가는 단순히 '맞다/틀리다'의 이진법적 판단을 넘어서는 다차원적 접근이 필요하다. 각 지표는 시스템의 서로 다른 측면을 평가하며, 종목별 특성에 따라 중요도와 허용 기준이 달라진다.

검출 정확도(Detection Accuracy)는 시스템이 관심 대상(공, 선수, 라인 등)을 얼마나 정확히 식별하는지를 측정한다. 이는 단순한 인식률을 넘어 정밀도(Precision)와 재현율(Recall)의 균형을 고려해야 한다. 축구에서 공을 놓치는 것(False Negative)은 중요한 순간을 놓칠 위험이 있지만, 공이 아닌 것을 공으로 인식하는 것(False Positive)은 불필요한 알림을 발생시켜 심판의 집중력을 분산시킨다.

테니스의 경우 호크아이 시스템은 99.9% 이상의 검출 정확도를 보이며, 이는 공이 초당 50m의 속도로 움직이는 상황에서도 놓치는 프레임이 거의 없다는 의미다. 야구의 트랙맨 시스템은 투구 검출에서 99.5% 이상의 정확도를 유지하며, 이는 경기당 100-150개의 투구 중 1개 미만의 오류율에 해당한다.

추적 안정도(Tracking Stability)는 프레임 간 동일 객체의 신원을 얼마나 일관되게 유지하는지를 나타낸다. 이는 특히 다중 객체가 복잡하게 움직이는 상황에서 중요하다. 축구에서 22명의 선수가 동시에 움직이는 상황에서도 각 선수의 추적 ID가 바뀌지 않아야 하며, 일시적으로 가려졌다가 다시 나타나는 상황에서도 동일한 선수임을 인식해야 한다.

추적 안정도는 일반적으로 MOTA(Multiple Object Tracking Accuracy)와 MOTP(Multiple Object Tracking Precision) 지표로 측정된다. 최신 축구 추적 시스템은 MOTA 95% 이상, MOTP 85% 이상의 성능을 보인다. 이는 5% 미만의 추적 실패율과 85% 이상의 위치 정확도를 의미한다.

공간 오차(Spatial Error)는 시스템이 측정한 위치와 실제 위치 간의 차이를 나타낸다. 이는 종목별로 허용 기준이 크게 달라진다. 테니스에서는 ±3.6mm 이내의 정확도가 요구되는 반면, 축구에서는 오프사이드 판정을 위해 ±5cm 이내의 정확도가 필요하다. 야구의 스트라이크 존 판정에서는 ±2.5cm 이내의 정확도가 목표다.

공간 오차는 절대 오차(Absolute Error)와 상대 오차(Relative Error)로 구분된다. 절대 오차는 실제 좌표와 측정 좌표의 직선 거리이며, 상대 오차는 측정 대상의 크기나 이동 거리에 대한 백분율로 표현된다. 예를 들어, 축구공의 경우 지름이 약 22cm이므로, ±1cm의 절대 오차는 약 4.5%의 상대 오차에 해당한다.

종목별 허용 오차와 판단 임계값의 정의는 기술적 가능성과 스포츠적 의미를 모두 고려한 결과다. 테니스의 3.6mm 허용 오차는 공의 털이 압축되는 정도를 고려한 것이며, 야구의 2.5cm 허용 오차는 홈플레이트 폭(43cm)의 약 6%에 해당하는 수준이다. 이러한 기준들은 해당 스포츠의 전문가들과 기술 개발자들 간의 긴밀한 협의를 통해 결정된다.

2) 지연 예산

AI 심판 시스템에서 지연 시간 관리는 정확도만큼이나 중요한 요소다. 아무리 정확한 판정이라도 너무 늦게 나오면 경기 흐름을 해치고 관중의 불만을 야기한다. 따라서 각 처리 단계별로 허용 가능한 최대 시간을 미리 정의하고, 이를 체계적으로 관리하는 '지연 예산(Latency Budget)' 개념이 필수적이다.

측정(Measurement) 단계에서는 센서 데이터 수집과 기본적인 전처리가 이루어진다. 고속 카메라의 경우 프레임 캡처부터 디지털 신호 변환까지 일반적으로 5-10ms가 소요된다. 레이더 센서는 더 빨라서 1-2ms 내에 측정이 완료되지만, 정확도는 상대적으로 떨어진다. 이 단계에서는 하드웨어 최적화와 병렬 처리를 통해 지연을 최소화한다.

추론(Inference) 단계는 AI 알고리즘이 센서 데이터를 분석하여 의미 있는 정보를 추출하는 과정이다. 객체 검출과 추적, 상황 인식 등이 이 단계에 포함된다. 최신 GPU를 활용할 경우 실시간 영상 분석에 프레임당 10-30ms가 소요되며, 엣지 컴퓨팅 최적화를 통해 이를 5-15ms까지 단축할 수 있다. 복잡한 3D 재구성이나 다중 객체 추적의 경우 더 많은 시간이 필요하지만, 최대 50ms를 넘지 않도록 관리한다.

장면 탐색(Scene Navigation) 단계에서는 관련 영상 구간을 찾고 필요한 각도와 속도로 준비하는 작업이 이루어진다. 전통적으로는 이 단계에서 가장 많은 시간이 소요되었지만, 자동 큐잉과 프리셋 멀티뷰 기술의 도입으로 대폭 단축되었다. 미리 인덱싱된 의심 구간으로 즉시 이동할 수 있어 기존 30-60초에서 5-10초로 단축되었다.

인간 검증(Human Verification) 단계는 최종적으로 심판이 제공된 정보를 검토하고 판정을 내리는 과정이다. 이는 상황의 복잡성과 심판의 경험에 따라 편차가 크지만, 일반적으로 30초에서 2분 사이의 시간이 소요된다. VAR 시스템의 경우 평균 리뷰 시간을 90초 이내로 관리하는 것을 목표로 한다.

자동 큐잉(Automatic Cueing) 기술은 지연 단축에 가장 큰 기여를 하는 요소 중 하나다. AI가 실시간으로 의심 상황을 감지하여 미리 태깅해두면, 판독관이 수 시간의 영상에서 해당 구간을 찾는 시간을 90% 이상 단축할 수 있다. 예를 들어, 축구에서 페널티박스 내 접촉 상황이 발생하면 AI가 즉시 이를 감지하여 관련 각도의 영상들을 자동으로 준비한다.

프리셋 멀티뷰(Preset Multi-view) 시스템은 자주 사용되는 카메라 조합을 미리 설정해두어 클릭 한 번으로 모든 필요한 각도를 동시에 불러올 수 있게 한다. 오프사이드 의심 상황에서는 사이드라인 평행 뷰, 오버헤드 뷰, 클로즈업 뷰가 자동으로 동기화되어 표시되며, 이를 통해 기존 20-30초의 영상 준비 시간을 2-3초로 단축할 수 있다.

3) 오류와 완화

AI 심판 시스템이 직면하는 기술적 도전과제들은 주로 실제 경기 환경의 복잡성과 예측 불가능성에서 비롯된다. 이러한 문제들에 대한 체계적인 분석과 대응 전략이 시스템의 실용성을 좌우한다.

가림(Occlusion) 문제는 AI 시각 시스템의 가장 근본적인 한계 중 하나다. 축구에서 코너킥 상황처럼 다수의 선수들이 골라인 근처에 몰려있을 때, 또는 농구에서 골대 주변의 리바운드 상황에서 공의 위치를 정확히 추적하기 어려워진다. 이를 해결하기 위해 다각도 카메라 시스템이 도입되었다. 한 각도에서 가려진 객체도 다른 각도에서는 관찰할 수 있다는 원리를 활용하여, 최소 8-12대의 카메라를 서로 다른 위치에 배치한다.

3D 스켈레톤 추적 기술은 가림 문제의 또 다른 해결책이다. 선수의 주요 관절 포인트들을 실시간으로 추적하여, 일부가 가려져도 전체적인 자세와 위치를 추정할 수 있다. 특

히 오프사이드 판정에서 중요한 발끝이나 어깨 위치를 다른 보이는 신체 부위로부터 추론할 수 있어, 부분적 가림 상황에서도 정확한 판정이 가능하다.

우천과 저조도는 광학 센서 기반 시스템의 대표적인 약점이다. 비가 올 때는 카메라 렌즈에 물방울이 맺히고, 흐린 날씨에는 조도 부족으로 영상 품질이 저하된다. 야간 경기나 실내 경기에서도 조명 조건의 변화가 시스템 성능에 영향을 미친다.

하드웨어 관리 측면에서는 자동 렌즈 클리닝 시스템과 방수 인클로저가 기본적으로 적용된다. 일부 고급 시스템에서는 적외선 가열을 통해 렌즈 표면의 습기를 제거하는 기능도 포함된다. 또한 예비 카메라를 전략적 위치에 배치하여, 주 카메라에 문제가 생겼을 때 즉시 백업할 수 있도록 한다.

저조도 특화 모델은 딥러닝 기술의 발전으로 크게 개선되었다. 낮은 조도에서 촬영된 노이즈가 많은 영상에서도 객체를 정확히 검출할 수 있는 전용 신경망 모델이 개발되어, 기존 모델 대비 30-50% 향상된 성능을 보인다. 이러한 모델들은 일반적인 주간 경기용 모델과 별도로 학습되어, 조명 조건에 따라 자동으로 전환된다.

캘리브레이션 드리프트(Calibration Drift)는 시간이 지나면서 카메라의 위치나 설정이 미세하게 변화하여 측정 정확도가 저하되는 현상이다. 경기장의 진동, 온도 변화, 장비의 미세한 움직임 등이 원인이 된다. 특히 야외 경기장에서는 바람이나 온도 변화로 인한 구조물의 팽창/수축이 카메라 위치에 영향을 미칠 수 있다.

하프타임 자동 재보정 시스템은 이 문제의 핵심 해결책이다. 경기장에 설치된 고정 기준점들을 이용하여 15분마다 자동으로 캘리브레이션을 점검하고 필요시 보정한다. 이 과정은 완전히 자동화되어 있어 경기 진행에 전혀 지장을 주지 않으면서도, 항상 최적의 정확도를 유지할 수 있다. 첨단 시스템에서는 AI가 실시간으로 캘리브레이션 상태를 모니터링하여 임계값을 벗어나면 즉시 경고를 발생시킨다.

7 효과와 논란

AI 심판 기술의 도입은 스포츠계에 변혁적 변화를 가져왔지만, 동시에 새로운 논란과 도전과제들도 함께 제기했다. 기술적 성취와 실용적 효과가 분명한 반면, 스포츠의 본질적 가치와 문화에 미치는 영향에 대해서는 여전히 활발한 논의가 진행되고 있다.

1) 기대 효과

AI 심판 기술이 가져온 가장 명확한 변화는 판정 정확성의 획기적 향상이다. FIFA의 공식 통계에 따르면, 골라인 기술 도입 후 골 판정 논란은 99.9% 감소했으며, VAR 도입 후 주요 판정(골, 페널티, 퇴장, 오인)의 정확도는 98.9%에서 99.3%로 상승했다. 이는 수치상으로는 작은 향상처럼 보이지만, 절대적 오심 건수로 환산하면 월드컵 같은 대회에서 수십 건의 잘못된 판정을 방지하는 효과를 의미한다.

더욱 중요한 것은 판정 일관성의 확보다. 인간 심판의 판정에는 개인차, 컨디션, 경기 상황 등 다양한 변수가 영향을 미치지만, AI 시스템은 동일한 상황에서 항상 동일한 기준을 적용한다. 테니스의 호크아이 시스템이 도입된 후, 라인 콜의 일관성이 95% 이상 향상되었으며, 이는 선수들이 더 이상 심판의 개별적 특성을 고려할 필요 없이 경기에만 집중할 수 있게 되었음을 의미한다.

팬 경험의 향상은 또 다른 중요한 효과다. 판정 결과에 대한 수용성이 크게 높아졌으며, 특히 시각적 설명이 제공되는 경우 그 효과가 더욱 두드러진다. 테니스 관중의 90% 이상이 호크아이의 3D 애니메이션을 통해 판정 결과를 즉시 이해하고 받아들인다고 응답했다. 이는 과거처럼 판정을 둘러싼 논란이 경기의 재미를 떨어뜨리는 것이 아니라, 오히려 기술적 정교함에 대한 감탄과 학습 효과를 동반한다.

학습 효과는 팬들뿐만 아니라 선수들에게도 나타난다. 정확한 데이터와 시각적 피드백을 통해 자신의 플레이를 더 정밀하게 분석할 수 있게 되었고, 이는 기술 향상으로 이어진다. 야구에서 ABS 시범 운영 결과, 투수들의 제구력이 평균 15% 향상되었으며, 이는 정확한 스트라이크 존 정보를 바탕으로 한 훈련의 효과로 분석된다.

심판 교육 체계의 개선도 중요한 부수 효과다. AI 시스템이 생성하는 대량의 정확한 판정 사례들이 체계적인 사례 라이브러리를 구축하는 기반이 되었다. 이를 통해 신규 심판들의 교육 기간이 단축되고, 숙련 심판들도 지속적인 역량 개발이 가능해졌다. 특히 드물게 발생하는 복잡한 상황들에 대한 대응 능력이 크게 향상되었다.

2) 주요 논란

하지만 AI 심판 기술에 대한 비판과 우려도 만만치 않다. 가장 자주 제기되는 문제는 경기 흐름의 단절이다. VAR 리뷰가 길어질 때마다 경기의 자연스러운 리듬이 깨지고, 선수들의 집중력이 흐트러진다는 지적이 계속되고 있다. 특히 축구에서는 골 세리머니 후 VAR 리뷰로 인해 골이 취소되는 상황이 경기의 감정적 흐름을 완전히 바꿔놓는다는 비판이 많다.

평균 VAR 리뷰 시간이 90초 내외라고 하지만, 복잡한 상황에서는 3-4분까지 늘어나기도 한다. 이는 관중석에서는 특히 답답한 경험이다. TV 시청자들과 달리 경기장 관중들은 검토 과정을 실시간으로 볼 수 없어, 갑작스러운 판정 변경에 당황하는 경우가 많다.

밀리미터 단위의 과도한 정밀성에 대한 철학적 논란도 지속되고 있다. 축구의 반자동 오프사이드 기술이 발가락 끝 몇 밀리미터 차이로 오프사이드를 판정하는 것이 과연 스포츠의 본래 취지에 맞는가 하는 의문이다. 과거에는 '명백한' 오프사이드만 판정했던 것이 이제는 인간의 눈으로는 구별할 수 없는 미세한 차이까지 잡아내면서, 스포츠의 역동성과 자연스러움이 훼손된다는 우려가 제기된다.

이는 특히 공격 축구의 위축으로 이어질 수 있다는 우려와 연결된다. 과거에는 애매한 상황에서 공격수에게 유리하게 판정되는 경우가 많았지만, 이제는 밀리미터 단위의 정확한 측정으로 인해 공격이 더 어려워졌다는 분석이 있다. 실제로 반자동 오프사이드 도입 후 경기당 평균 골 수가 소폭 감소했다는 통계도 있다.

상용 알고리즘의 블랙박스 문제는 기술적 투명성과 관련된 중요한 쟁점이다. 많은 AI 심판 시스템들이 기업의 독점적 알고리즘을 사용하고 있어, 정확한 작동 원리나 잠재적 편향을 외부에서 검증하기 어렵다. 이는 판정의 공정성과 신뢰성에 대한 근본적 의문을 제기한다.

특히 머신러닝 모델의 경우, 훈련 데이터의 편향이 판정 결과에 영향을 미칠 수 있다는 우려가 있다. 예를 들어, 특정 지역이나 리그의 데이터로만 학습된 모델이 다른 환경에서는 부정확한 결과를 낼 수 있다. 하지만 이러한 알고리즘의 내부 로직은 대부분 기업 기밀로 보호되어 독립적 검증이 불가능한 상황이다.

3) 대응 전략

이러한 논란들에 대응하기 위해 스포츠 기구들과 기술 업체들은 다각도의 개선 노력을 기울이고 있다. 경기 흐름 보호를 위한 가장 직접적인 방법은 리뷰 절차의 단순화다. 복잡한 다단계 검토 과정을 축소하고, 명확하지 않은 상황에서는 원래 판정을 유지하는 것을 원칙으로 한다.

목표 시간 관리도 체계화되고 있다. VAR의 경우 상황별로 허용 가능한 최대 리뷰 시간을 미리 정의하고, 이를 초과하면 자동으로 원래 판정을 확정하는 시스템이 도입되고 있다. 일반적인 페널티 의심 상황은 60초, 오프사이드는 45초, 골라인 관련은 30초 등으로 세분화된 시간 기준을 적용한다.

기준 문구의 구체화는 판정 일관성 향상을 위한 노력이다. "명백하고 중대한 실수"와 같은 모호한 표현 대신, 구체적이고 측정 가능한 기준을 제시한다. 예를 들어, "접촉 강도가 임계값을 초과한 경우", "오프사이드 거리가 5cm 이상인 경우" 등의 정량적 기준을 도입하여 주관적 해석의 여지를 줄인다.

3D 시각화의 공개는 투명성 증대를 위한 핵심 전략이다. 복잡한 판정 상황을 누구나 이해할 수 있는 직관적인 3D 애니메이션으로 제작하여 경기장과 방송에서 동시에 공개한다. 이를 통해 관중들이 판정 과정을 실시간으로 이해할 수 있게 하고, 사후 논란을 최소화한다.

설명가능 AI(XAI) 기술의 도입은 블랙박스 문제에 대한 기술적 해결책이다. AI 시스템이 특정 판정을 내린 구체적 근거와 과정을 인간이 이해할 수 있는 형태로 제시하는 기술이다. 예를 들어, "선수 A의 발끝이 선수 B보다 3.2cm 앞서 있고, 공을 터치한 시점은 T+0.15초이므로 오프사이드"와 같은 단계별 설명을 제공한다.

사후 리포트의 공개도 투명성 확보의 중요한 수단이다. 각 경기 후 VAR가 검토한 모든 상황과 그 판정 근거를 상세히 공개하여, 팀과 미디어, 팬들이 시스템의 작동 방식을 이해할 수 있도록 한다. 이러한 리포트는 단순히 결과만을 통보하는 것이 아니라, 왜 그런 결정을 내렸는지까지 설명함으로써 시스템에 대한 신뢰도를 높이는 효과가 있다.

8 도입·운영 로드맵

AI 심판 기술의 성공적 도입을 위해서는 체계적이고 단계적인 접근이 필수적이다. 기술적 완성도만큼이나 중요한 것은 관련 인력의 교육, 조직 체계의 정비, 그리고 지속 가능한 운영 모델의 구축이다. 성급한 전면 도입보다는 단계별 확장을 통해 각 단계에서의 학습과 개선을 반영하는 것이 바람직하다.

1) 단계별 도입

AI 심판 기술의 도입은 일반적으로 파일럿 → 부분 도입 → 전면 도입의 3단계 과정을 거친다. 각 단계는 서로 다른 목표와 성공 지표를 가지며, 이전 단계의 결과를 바탕으로 다음 단계를 설계한다.

파일럿 단계는 제한된 범위에서 기술의 기본적 작동 가능성을 검증하는 과정이다. 일반적으로 1-2개의 경기장에서 3-6개월간 진행되며, 실제 판정에는 영향을 주지 않는 '그림자 모드(Shadow Mode)'로 운영된다. 이 기간 동안 시스템이 제안하는 판정과 실제 인간 심판의 판정을 비교 분석하여 기본적인 정확도와 안정성을 평가한다.

파일럿 단계에서 중점적으로 관리하는 KPI는 정확도(95% 이상), 시스템 가동률(99% 이상), 그리고 평균 응답 시간(목표치 이내)이다. 또한 예상치 못한 기술적 문제들을 발견하고 해결하는 것이 이 단계의 핵심 목표다. 네트워크 장애, 카메라 오작동, 날씨 조건에 따른 성능 변화 등을 실제 경기 환경에서 경험하고 대응책을 마련한다.

부분 도입 단계에서는 시스템이 실제 판정에 영향을 미치기 시작한다. 하지만 전체 판정 중 일부분(예: 골라인 판정만, 또는 특정 상황에서의 VAR만)으로 적용 범위를 제한한다. 이 단계는 보통 1-2년간 지속되며, 5-10개 경기장으로 확대 운영된다.

이 단계에서는 기술적 지표뿐만 아니라 수용성 지표가 중요해진다. 심판의 시스템 활용률, 선수와 감독의 만족도, 팬들의 반응 등을 체계적으로 조사하고 분석한다. 또한 시스템 도입으로 인한 경기 시간 변화, 판정 논란의 증감, 경기 흐름에 미치는 영향 등을 정량적으로 측정한다.

전면 도입 단계는 모든 경기장과 모든 판정 상황에 시스템을 적용하는 최종 단계다. 이 시점에서는 기술적 안정성과 운영 체계가 모두 확립된 상태여야 한다. 전면 도입 후에도 지속적인 모니터링과 개선이 필요하며, 특히 새로운 규칙 변경이나 기술 업데이트에 대한 신속한 대응 체계를 갖춰야 한다.

각 단계별로 관리하는 KPI도 진화한다. 파일럿 단계에서는 기술적 지표(정확도, 안정성, 지연시간)가 중심이었다면, 부분 도입 단계에서는 운영적 지표(활용률, 교육 효과, 비용 효율성)가 추가되고, 전면 도입 단계에서는 전략적 지표(팬 만족도, 리그 경쟁력, 국제적 호환성)까지 포함된다.

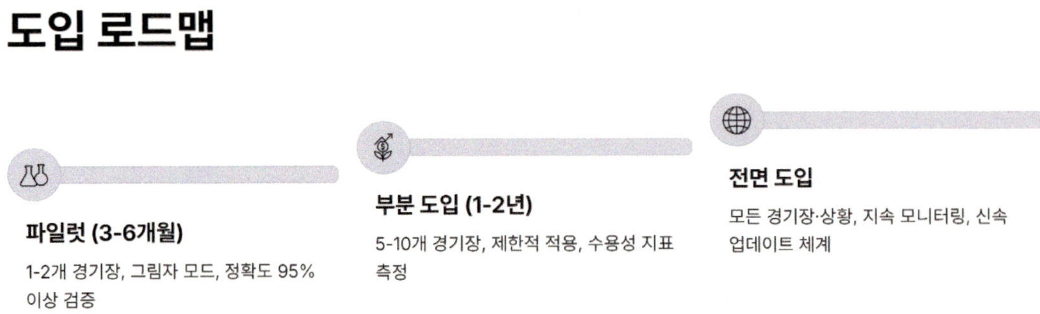

그림 8-18 도입 로드맵

2) 역할과 팀

AI 심판 시스템의 성공적 운영을 위해서는 다양한 전문성을 가진 팀원들의 유기적 협력이 필수적이다. 전통적인 심판 조직에 기술 전문가들이 합류하면서 새로운 형태의 하이브리드 조직이 형성되고 있다.

VAR 분석관(VAR Analyst)은 이 새로운 생태계의 핵심 인력이다. 이들은 기존 심판의 경험과 지식을 바탕으로 하되, AI 시스템이 제공하는 정보를 효과적으로 활용할 수 있는 능력을 갖춰야 한다. 주요 업무는 영상 탐색과 근거 정리, 그리고 현장 심판과의 효과적인 커뮤니케이션이다.

VAR 분석관은 일반적으로 전직 심판이나 현직 심판 중에서 선발되어 6개월 이상의 집중 교육을 받는다. 이 교육에는 AI 시스템의 작동 원리, 영상 분석 기법, 신속한 의사결정 방법론 등이 포함된다. 또한 정기적인 재교육을 통해 새로운 기술 업데이트나 규칙 변경에 대응할 수 있도록 한다.

데이터 엔지니어는 시스템의 기술적 안정성을 책임지는 핵심 인력이다. 경기 전 캘리브레이션 점검, 경기 중 시스템 모니터링, 경기 후 로그 분석 등을 담당한다. 이들은 24시간 교대 근무를 통해 언제든 발생할 수 있는 기술적 문제에 즉시 대응할 수 있는 체계를 갖춘다.

특히 중요한 것은 실시간 문제 해결 능력이다. 경기 중 카메라 오작동이나 네트워크 장애가 발생했을 때, 몇 분 내에 백업 시스템으로 전환하거나 임시 해결책을 마련해야 한다. 이를 위해 데이터 엔지니어들은 해당 스포츠에 대한 기본적 이해와 함께 고도의 기술적 전문성을 겸비해야 한다.

심판 코치(Referee Coach)는 기술과 인간의 조화로운 협력을 이끌어내는 역할을 한다. AI 시스템이 아무리 발달해도 최종 판정은 인간 심판이 내리기 때문에, 시스템을 효과적으로 활용하면서도 심판 본연의 역할을 유지하는 것이 중요하다. 심판 코치는 이러한 균형점을 찾아가는 과정을 지원한다.

판정 철학과 커뮤니케이션 교육이 심판 코치의 핵심 업무다. AI 시스템의 권고를 어떻게 해석하고 적용할 것인지, 선수와 관중에게 어떻게 설명할 것인지에 대한 가이드라인을 제공한다. 또한 각 심판의 개별적 특성을 고려하여 맞춤형 교육 프로그램을 운영한다.

윤리·거버넌스 담당은 AI 심판 시스템의 사회적 책임을 관리하는 새로운 역할이다. 데이터 프라이버시 보호, 알고리즘 투명성 확보, 공정한 접근권 보장 등의 업무를 담당한다. 이는 기술적 전문성과 함께 법률, 윤리, 사회학적 이해를 요구하는 복합적 영역이다.

특히 경기 중 수집되는 선수와 관중의 개인정보 보호, 시스템 편향 방지, 국제적 표준 준수 등이 주요 관심사다. 이들은 정기적으로 시스템의 윤리적 측면을 점검하고, 문제가 발견되면 즉시 개선 방안을 마련해야 한다.

3) 비용·인프라

AI 심판 시스템의 도입과 운영에는 상당한 비용이 수반되며, 이를 체계적으로 관리하는 것이 지속가능성의 핵심이다. 비용 구조는 초기 투자비용과 지속적 운영비용으로 나뉘며, 각각의 특성을 이해하고 최적화해야 한다.

장비 비용은 가장 가시적인 투자 항목이다. 프리미어리그 수준의 축구 경기장에 VAR 시스템을 구축하는 데는 평균 150-200만 달러가 소요된다. 이에는 고속 카메라 12-16대, 중앙 제어 시스템, VAR 룸 구축, 네트워크 인프라 등이 포함된다. 테니스의 호크아이 시스템은 규모가 작아 50-70만 달러 수준이지만, 야구의 종합적 ABS 시스템은 경기장당 300-500만 달러에 이른다.

네트워크 인프라는 지속적인 투자가 필요한 영역이다. 4K 다중 스트림을 실시간으로 처리하기 위해서는 10Gbps 이상의 전용 네트워크가 필요하며, 이를 위한 광섬유 설치와 고성능 스위치 구축에 상당한 비용이 든다. 또한 클라우드 연동을 위한 외부 네트워크 비용도 월 수만 달러에 이른다.

라이선스 비용은 소프트웨어 중심의 지속적 비용이다. 호크아이, 골컨트롤 등 주요 시스템 업체들은 연간 라이선스 모델을 적용하여, 경기장당 연간 50-100만 달러의 라이선스 비용을 책정한다. 이에는 소프트웨어 업데이트, 기술 지원, 원격 모니터링 서비스 등이 포함된다.

하지만 총비용을 좌우하는 것은 교육과 유지보수 비용이다. 인력 양성을 위한 교육비용은 초기 1년간 시스템 구축비의 30-40%에 달한다. VAR 분석관 양성에는 1인당 평균 5만 달러, 데이터 엔지니어 교육에는 8만 달러가 소요된다. 또한 지속적인 재교육과 기술 업데이트 교육을 위해 연간 인력비의 10-15%를 별도로 책정해야 한다.

유지보수는 24시간 연중무휴 대응 체계를 요구하므로 비용 부담이 크다. 하드웨어 유지보수는 연간 장비 구입비의 15-20%, 소프트웨어 유지보수는 10-15% 수준이다. 여기에 예상치 못한 장애 대응과 긴급 교체를 위한 예비비를 추가로 확보해야 한다.

현장 운영의 연속성을 확보하기 위해서는 철저한 백업 체계가 필수적이다. 주요 장비의 100% 백업, 네트워크의 이중화, 전력 공급의 삼중화 등을 통해 단일 장애점(Single Point of Failure)을 제거해야 한다. 이러한 백업 시스템은 초기 구축비의 40-50%를 추가로 요구하지만, 경기 중 시스템 장애로 인한 손실을 고려하면 필수적인 투자다.

표준 교체 절차의 확립도 중요한 운영 요소다. 장비의 생명주기를 미리 계획하고, 성능 저하나 기술적 노후화에 대비한 단계적 교체 계획을 수립해야 한다. 일반적으로 카메라는 5-7년, 서버는 3-5년, 네트워크 장비는 7-10년 주기로 교체를 계획한다.

9 윤리·거버넌스

AI 심판 기술의 발전과 함께 기술적 우수성만큼이나 중요한 것이 윤리적 책임과 거버넌스 체계의 확립이다. 스포츠는 전 세계적으로 수십억 명이 참여하고 관람하는 보편적 문화이기 때문에, 관련 기술의 개발과 적용에는 높은 수준의 사회적 책임이 따른다. 특히 AI

기술의 특성상 편향, 투명성, 프라이버시 등의 이슈가 복합적으로 얽혀있어 체계적인 접근이 필요하다.

그림 8-19 AI 심판 시스템

1) 데이터 편향

AI 시스템의 가장 근본적인 문제 중 하나는 훈련 데이터의 편향이 결과에 그대로 반영된다는 점이다. 스포츠 AI 시스템도 예외가 아니어서, 학습에 사용된 데이터의 특성에 따라 특정 그룹이나 상황에서 부정확한 결과를 낼 수 있다.

여성 스포츠 데이터의 부족은 가장 심각한 문제 중 하나다. 대부분의 AI 심판 시스템이 남성 프로 리그의 데이터로 훈련되어, 여성 선수들의 신체 특성이나 플레이 스타일을 제대로 반영하지 못할 수 있다. 예를 들어, 축구에서 선수의 키와 체격을 기반으로 한 오프사이드 판정 알고리즘이 남성 선수 데이터로만 학습되었다면, 평균적으로 작은 키를 가진 여성 선수들에게는 부정확한 결과를 낼 가능성이 있다.

유소년 스포츠에서의 편향 문제는 더욱 복잡하다. 성장기 선수들의 신체 비율이나 움직임 패턴은 성인과 크게 다르며, 연령대별로도 상당한 차이를 보인다. 하지만 대부분의 시스템이 성인 프로 선수 데이터로 학습되어, 유소년 경기에서는 오인식이나 부정확한 판정이 발생할 수 있다. 이는 단순히 기술적 문제를 넘어, 어린 선수들의 스포츠 경험과 발전에 부정적 영향을 미칠 수 있다.

비주류 종목의 데이터 부족은 스포츠 평등성 측면에서 중요한 이슈다. 축구, 농구, 테니스 등 인기 종목은 충분한 데이터와 투자를 받아 고도로 발전된 AI 시스템을 보유하고 있지만, 상대적으로 작은 종목들은 데이터 수집 자체가 어려워 기술적 혜택을 누리기 어렵다. 이는 종목 간 격차를 더욱 벌어뜨리고, 스포츠 생태계의 다양성을 해칠 수 있다.

이러한 편향 문제를 해결하기 위해서는 데이터 다양성 확보가 필수적이다. 시스템 개발 단계부터 다양한 성별, 연령, 종목, 지역의 데이터를 균형 있게 수집하고 활용해야 한다. 이는 비용과 시간이 많이 드는 작업이지만, 시스템의 공정성과 신뢰성을 위해서는 반드시 필요한 투자다.

현장 피드백 루프의 확립도 중요한 해결책이다. 시스템 도입 후에도 지속적으로 다양한 그룹에서의 성능을 모니터링하고, 편향이 발견되면 즉시 보정할 수 있는 체계를 구축해야 한다. 이를 위해 여성 스포츠 전문가, 유소년 코치, 비주류 종목 관계자들을 개발 과정에 적극적으로 참여시키는 것이 바람직하다.

2) 투명성과 책임

AI 시스템의 의사결정 과정이 블랙박스로 남아있는 한, 진정한 신뢰를 얻기는 어렵다. 특히 스포츠 판정처럼 공정성이 생명인 영역에서는 모든 결정 과정이 투명하게 공개되고 검증 가능해야 한다.

의사결정 근거의 투명한 공개는 신뢰 구축의 첫걸음이다. AI 시스템이 특정 판정을 내린 구체적인 이유와 과정을 누구나 이해할 수 있는 형태로 제시해야 한다. 예를 들어, "선수 A의 발끝이 마지막 수비수보다 3.2cm 앞선 위치에서 동료 선수가 공을 패스했으므로 오프사이드"와 같은 단계별 설명이 필요하다.

승인 과정의 감사 가능성도 중요한 요소다. 어떤 데이터가 사용되었는지, 어떤 알고리즘이 적용되었는지, 중간 단계별 결과는 무엇이었는지를 모두 기록하고 보관해야 한다. 이러한 기록은 나중에 판정에 대한 이의제기나 검증 요청이 있을 때 정확한 근거를 제공할 수 있게 해준다.

감사 가능한 형태의 보관은 기술적으로나 법적으로 복잡한 요구사항이다. 개인정보 보호와 기업 기밀 보호를 고려하면서도, 필요한 정보는 투명하게 공개할 수 있는 균형점을 찾아야 한다. 일반적으로 개인 식별이 불가능한 형태로 익명화된 데이터와 알고리즘 로직의 핵심 부분만을 공개하는 방식이 채택된다.

판정 영상과 요약 리포트의 공개는 팬들의 알 권리와 시스템에 대한 신뢰 구축을 위해 중요하다. 하지만 무제한적 공개는 선수의 프라이버시나 전술적 기밀 유출 등의 문제를 야기할 수 있어, 합리적 범위 내에서의 공개 원칙이 필요하다.

일반적으로 판정과 직접 관련된 핵심 장면과 그 근거는 즉시 공개하되, 선수의 개인적 대화나 팀의 전술적 논의 등은 편집하여 제외한다. 또한 경기 후 일정 시간이 지나면 더 상세한 분석 자료를 추가로 공개하여, 학술적 연구나 시스템 개선에 활용할 수 있도록 한다.

3) 프라이버시와 보안

AI 심판 시스템은 경기 진행 과정에서 대량의 개인정보를 수집하고 처리한다. 선수들의 생체 정보, 움직임 패턴, 위치 데이터는 물론, 관중들의 음성이나 행동 정보까지 광범위한 데이터가 실시간으로 수집된다. 이러한 정보의 적절한 보호와 활용은 시스템 운영의 핵심 과제다.

경기 중 수집되는 데이터의 소유권 문제는 복잡하고 민감한 이슈다. 선수들의 개인 정보는 당연히 본인에게 귀속되지만, 경기 중 생성되는 플레이 데이터는 팀, 리그, 방송사, 기술 업체 등 여러 주체가 권리를 주장할 수 있다. 특히 AI 시스템이 분석한 고도화된 정보(예: 선수별 움직임 패턴, 전술적 특성 등)의 경우 그 가치가 매우 높아 소유권 분쟁의 소지가 크다.

이를 해결하기 위해서는 사전에 명확한 권리 관계를 정립해야 한다. 일반적으로 경기 판정에 필요한 기본적인 데이터는 리그나 주최 기관이 소유하되, 상업적 활용이 가능한 고부가가치 정보는 선수와 팀에게 일정한 권리를 보장하는 방식이 채택된다.

2차 활용 범위의 규정도 중요한 과제다. 판정을 위해 수집된 데이터가 선수 분석, 전술 연구, 상업적 서비스 등에 활용될 수 있는지, 어떤 조건 하에서 가능한지를 명확히 해야 한다. 특히 선수의 신체적 특성이나 경기력 데이터는 향후 계약 협상이나 이적에 영향을 미칠 수 있어 신중한 접근이 필요하다.

일반적으로는 판정 목적의 1차 활용은 제한 없이 허용하되, 상업적이거나 연구 목적의 2차 활용은 데이터 주체의 동의를 받도록 하는 방식이 선호된다. 또한 데이터의 익명화나 집계화를 통해 개인 식별 가능성을 제거한 후 활용하는 방안도 고려된다.

역할 기반 접근통제(Role-Based Access Control, RBAC)는 시스템 보안의 핵심 원칙이다. 각 사용자의 역할에 따라 접근 가능한 데이터와 기능을 엄격히 제한하여, 불필요한 정보 노출을 방지한다.

예를 들어, VAR 분석관은 판정과 관련된 영상과 데이터에만 접근할 수 있고, 데이터 엔지니어는 시스템 로그와 성능 지표에만 접근할 수 있다. 감독이나 코치는 자신의 팀과 관련된 정보만 열람할 수 있으며, 미디어는 공개 승인된 자료만 이용할 수 있다.

이러한 접근통제는 기술적 수단(암호화, 인증, 권한 관리)과 관리적 수단(정책, 교육, 감사)을 결합하여 구현된다. 또한 모든 접근 기록을 로그로 남겨 사후 감사나 보안 사고 대응에 활용할 수 있도록 한다.

결국 AI 심판 기술의 윤리적 운영은 기술적 완성도만큼이나 중요한 성공 요인이다. 공정성, 투명성, 프라이버시 보호가 확보될 때만이 이 기술이 스포츠 발전에 진정으로 기여할 수 있으며, 모든 이해관계자들의 신뢰를 얻을 수 있을 것이다.

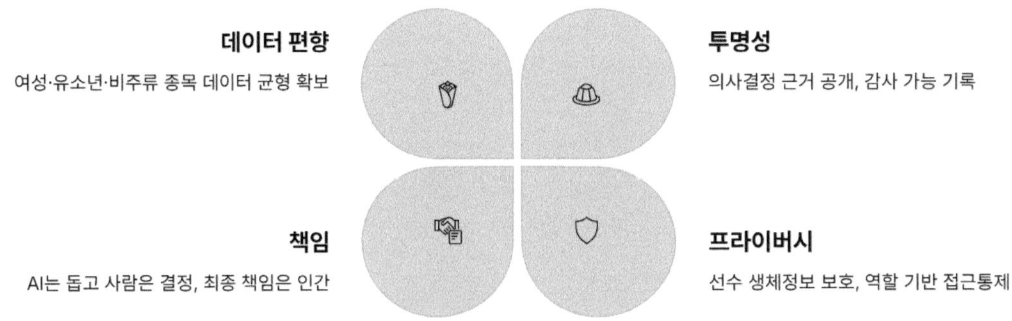

그림 8-20 윤리와 거버넌스

학습 요약

AI 심판 기술의 발전은 단순한 기술 혁신을 넘어 스포츠 자체의 진화를 보여준다. 1960년대 첫 슬로모션 리플레이에서 오늘날의 정교한 AI 시스템에 이르기까지, 60년의 여정은 인간의 한계를 인정하고 이를 기술로 보완하려는 지속적 노력의 결과였다.

AI 심판 기술의 핵심 가치는 정확성·일관성·설명가능성의 확장에 있다. 이제 심판의 위치나 시야 제약으로 놓쳤던 순간이 밀리미터 단위로 포착되고, 표준화된 알고리즘이 일관된 판정을 가능하게 한다.

특히 복잡한 판정 과정을 3D 애니메이션과 데이터로 시각화함으로써, 팬들의 이해와 수용성이 크게 높아졌다. 흥미로운 점은 축구의 VAR, 테니스의 전자 라인 콜, 야구의 자동 스트라이크존, 룰 해석 보조 시스템이 센서 기반 데이터 수집–AI 분석–인간 협력적 판정이라는 동일한 구조로 작동한다는 것이다.

이는 AI 심판 기술이 특정 종목의 도구가 아니라, 보편적 스포츠 판정 패러다임으로 발전하고 있음을 보여준다. 하지만 모든 기술적 성취의 중심에는 하나의 원칙이 있다.

AI는 돕고, 사람은 결정한다. AI는 인간이 보지 못하는 정보를 제공하고, 복잡한 상황을 정리해주지만, 최종 판정의 권한과 책임은 인간 심판에게 있다. 이 협력 관계가 유지될 때 기술의 정확성과 인간의 판단력이 조화를 이루며 최선의 결과를 낳는다.

이 원칙 아래 기술·절차·윤리를 함께 설계해야 스포츠 판정이 더욱 공정하고 몰입감 있는 형태로 발전할 수 있다. 기술적으로는 센서 정밀도와 AI 분석 능력이 향상되고, 절차적으로는 경기 흐름을 해치지 않으면서 정확한 판정을 보장하는 프로세스가 고도화되고 있다. 윤리적으로는 데이터 편향 방지와 투명성, 프라이버시 보호를 위한 노력이 병행되고 있다.

결국 미래의 스포츠는 AI의 정확성과 인간의 열정이 조화된 새로운 경기 문화로 진화할 것이다. 심판은 기술의 도움으로 자신감 있고 일관된 판정을 내리고, 선수는 판정 불안 없이 경기에 집중하며, 팬은 더욱 공정하고 투명한 경기를 즐길 수 있을 것이다.

AI 심판 기술은 스포츠의 본질을 대체하는 것이 아니라, 오히려 그 가치를 확장하는 도구로 자리잡아가고 있다.

PART 3

AI와 스포츠 비즈니스의 변화

09 Chapter
스포츠 미디어와 중계 시스템의 자동화

>> 학습 목표

1. 스포츠 미디어 자동화의 개념과 발전 과정을 이해한다.
2. 경기 요약·AI 해설·하이라이트 생성 등 핵심 자동화 기술의 원리를 설명할 수 있다.
3. 스포츠 미디어 자동화의 산업적·윤리적 영향과 미래 과제를 분석할 수 있다.

1 스포츠 미디어 자동화의 개요

1) 정의와 범위

스포츠 미디어 자동화는 현대 스포츠 산업에 혁신을 가져오는 핵심 기술이다. 이는 경기장에서 벌어지는 모든 데이터와 영상, 음성을 AI가 실시간으로 해석하고 편집하여 배포하는 통합 시스템을 의미한다. 기존에 사람이 담당했던 취재부터 해설, 편집, 중계에 이르는 전 과정을 기계가 전부 또는 부분적으로 대체하고 보조하는 혁신적인 접근법이다.

전통적인 스포츠 중계 시스템은 복잡한 다단계 구조로 운영되었다. 현장에서 여러 대의 카메라가 경기를 촬영하면, 중계차에서 실시간으로 화면을 스위칭하고, 제작실에서는 그래픽을 삽입한다. 동시에 해설자가 실시간 코멘터리를 제공하고 자막이 추가되며, 경기 후에는 별도의 후반 편집 작업을 통해 하이라이트와 요약본이 제작된다. 이 과정은 많은 인력과 시간, 비용이 투입되는 구조였다.

반면 자동화 시스템은 이 복잡한 과정을 획기적으로 단순화한다. 데이터를 입력하면 AI가 분석하고, 실시간으로 결과물을 생성하여 사용자 맞춤형으로 배포하는 단일 파이프라인으로 재편된다. 이러한 변화는 스포츠 콘텐츠의 생산성을 크게 높이고, 비용을 절감하면서도 더욱 개인화된 경험을 제공할 수 있게 한다.

– 자동화 발전사

스포츠 미디어 자동화의 발전 과정을 살펴보면 세 가지 주요한 시기로 구분할 수 있다.

(1) 초창기(2010년대 전반) – 경기 기사 자동화

2016년은 스포츠 미디어 자동화 역사에서 중요한 전환점이었다. AP통신이 Automated Insights사의 'Wordsmith' 플랫폼을 도입하면서 미국 마이너리그 142개 팀의 모든 경기 기사를 기계가 작성하도록 시스템을 구축했다. 이는 단순히 중계 데이터를 받아 미리 설정된 템플릿에 따라 자연어 생성 기술로 기사를 만드는 방식이었지만, 그 성과는 놀라웠다. 기존에 인력 부족으로 커버하지 못했던 수많은 경기들이 모두 기사화될 수 있었고, 이는 스포츠 미디어 자동화의 가능성을 보여준 대표적인 성공 사례로 기록되고 있다.

(2) 성장기(2010년대 후반) – 영상 · 카메라 자동화

2014년부터 2018년 사이에는 영상 분야의 자동화가 본격화되었다. Pixellot과 WSC Sports 같은 전문 스타트업들이 등장하면서 AI 기반 카메라 추적 기술과 자동 하이라이트 편집 기술을 상용화했다. Pixellot은 특히 학교나 아마추어 경기 19개 종목에서 무인 촬영 시스템을 성공적으로 운영했다. 이는 기존에 비용 문제로 중계되지 못했던 많은 경기들을 커버할 수 있게 해주었다.

한편 WSC Sports는 NBA와 NHL 같은 프로 리그에 자동 하이라이트 편집 서비스를 공급하면서 대규모 상용화의 가능성을 입증했다. 이들의 기술은 경기 중 중요한 순간들을 AI가 스스로 판단하고 자동으로 편집하여 경기 종료와 동시에 하이라이트 영상을 제공할 수 있게 했다.

(3) 전환기(2020년대) – 멀티모달 생성형 AI

2020년대에 들어서면서 생성형 AI의 발전과 함께 스포츠 미디어 자동화는 새로운 차원으로 진화했다. 2023년 IBM이 Masters 골프 대회에서 선보인 AI 해설 시스템은 약 2만 개의 샷 영상마다 자동으로 내레이션을 생성해 붙였다. 이는 단순한 데이터 기반 해설을 넘어서 맥락을 이해하고 자연스러운 스토리텔링이 가능한 수준까지 발전했음을 보여준다.

독일 분데스리그와 AWS가 공동으로 개발한 시스템은 대화형 언어모델(LLM) 기반의 실시간 다국어 라이브티커를 시연했다. 이 시스템은 경기 상황을 여러 언어로 동시에 해설하며, 각 언어권의 문화적 특성까지 반영한 콘텐츠를 생성할 수 있었다. 음성 합성 기술(Voice Cloning)과 LLM이 결합되면서 음성과 콘텐츠를 동시에 자동화하는 새로운 시대가 열리게 되었다.

1
2010년대 전반
경기 기사 자동화
AP통신×Wordsmith:
마이너리그 142개 팀
모든 경기 기사 자동 작성

2
2010년대 후반
영상·카메라 자동화
Pixellot, WSC Sports 등장.
19개 종목 무인 촬영 및
자동 하이라이트 편집 상용화

3
2020년대
멀티모달 생성형 AI
IBM Masters AI 해설(2만 샷),
분데스리가 LLM 기반
다국어 라이브티커

그림 9-1 자동화 발전의 역사

2) 핵심 기술 동향

(1) AI 기술 스택(NLG · CV · TTS)

현대의 스포츠 미디어 자동화는 세 가지 핵심 AI 기술의 융합을 통해 구현된다. 각각의 기술은 서로 다른 역할을 담당하면서도 유기적으로 연결되어 완전한 자동화 시스템을 구축한다.

① 자연어 생성(NLG) – 경기 이벤트를 문장으로 변환

자연어 생성 기술은 스포츠 경기의 복잡한 데이터를 사람이 이해할 수 있는 자연스러운 문장으로 변환하는 핵심 기술이다. 시스템에 입력되는 데이터는 득점, 이닝, 세트 정보와 같은 구조화된 데이터부터 실시간으로 기록되는 플레이-바이-플레이 로그, 그리고 다양한 센서에서 수집되는 수치 정보까지 매우 다양한다.

이러한 입력 데이터는 기사, 해설, SNS 캡션 등 다양한 형태의 콘텐츠로 출력된다. 기술적으로는 초기의 규칙 기반 템플릿 방식에서 출발해 현재는 트랜스포머 구조의 대화형 언어모델을 특정 스포츠 도메인에 맞게 파인튜닝한 방식(Shot GPT 등)까지 발전했다. 이는 단순한 데이터 나열을 넘어서 맥락을 이해하고 흥미로운 스토리를 구성할 수 있게 해준다.

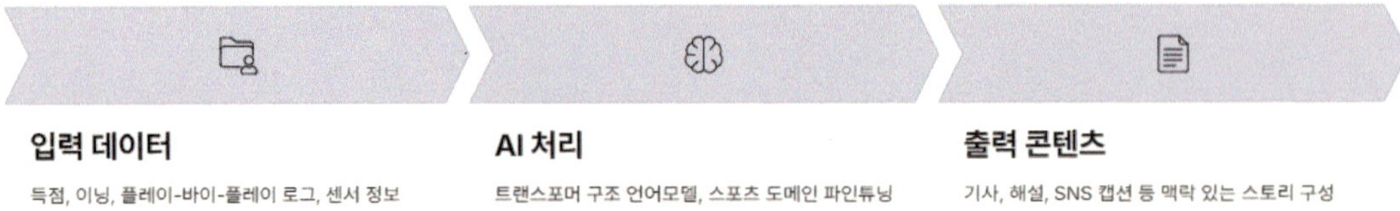

그림 9-2 자연어 생성(NLG)

② 컴퓨터 비전(CV) – 프레임 내 객체·행동 인식

컴퓨터 비전 기술은 경기 영상에서 일어나는 모든 상황을 실시간으로 분석하고 이해하는 역할을 담당한다. 공의 위치와 움직임, 각 선수들의 포지션을 정확히 추적하며, 관중의 함성이나 화면에 나타나는 자막을 OCR 기술로 인식한다. 또한 스코어보드의 점수 변화를 실시간으로 읽어 경기 상황을 파악한다.

특히 주목할 만한 것은 이벤트 스코어링 모델과의 결합이다. 이 시스템은 "얼마나 극적이고 중요한 장면인가?"를 수치화하여 판단할 수 있다. 예를 들어, 축구에서 골이 들어가는 순간의 중요도를 경기 시간, 점수 상황, 팀의 순위 등을 종합적으로 고려해 평가하고, 이를 바탕으로 하이라이트 후보 장면을 자동으로 선정한다.

그림 9-3 AI의 실시간 분석 능력

③ 음성 합성(TTS) – 해설 대본을 자연스러운 음성으로

음성 합성 기술은 자연어 생성으로 만들어진 해설 대본을 실제 사람의 목소리처럼 자연스러운 음성으로 변환한다. 기술적으로는 Tacotron 2에서 시작해 FastSpeech를 거쳐 현재는 diffusion 기반의 고해상도 합성 기술까지 발전했다. 이러한 발전으로 기계가 생성한 음성도 사람의 음성과 구별하기 어려운 수준에 도달했다.

더욱 흥미로운 것은 보이스 클로닝 기술이다. 단 30분에서 60분 정도의 음성 샘플만 있으면 특정 해설자의 음색과 억양, 말하는 습관까지 복제할 수 있다. NBC에서 시연한 AI 앨 마이클스 사례는 이 기술의 현실적 적용 가능성을 보여주었다. 이미 은퇴한 유명 해설자의 목소리로 현재 경기를 해설하는 것도 기술적으로 가능해진 상황이다.

(2) 데이터 파이프라인과 클라우드 인프라

스포츠 미디어 자동화 시스템의 성공적인 운영을 위해서는 견고하고 확장 가능한 데이터 파이프라인과 클라우드 인프라가 필수적이다. 이는 네 개의 주요 계층으로 구성된다.

① Data Ingest Layer – 다양한 데이터 소스의 통합 수집

첫 번째 계층은 다양한 소스에서 발생하는 데이터를 동시에 수집하는 역할을 담당한다. 경기장의 트래킹 시스템에서 오는 선수와 공의 실시간 포지션 데이터, 방송 카메라에서 전송되는 고화질 영상 스트림, 그리고 소셜미디어에서 실시간으로 올라오는 팬들의 반응까지 모든 데이터가 이 계층을 통해 시스템으로 유입된다. 각각의 데이터 소스는 서로 다른 형식과 전송 방식을 가지고 있기 때문에, 이를 표준화하고 통합하는 것이 매우 중요한다.

② Stream Processing – 실시간 이벤트 버퍼링

두 번째 계층에서는 Apache Kafka나 AWS Kinesis 같은 스트림 처리 플랫폼을 사용해 실시간으로 유입되는 대량의 데이터를 안정적으로 버퍼링하고 처리한다. 스포츠 경기는 예측하기 어려운 순간에 폭발적인 데이터 증가가 일어날 수 있다. 예를 들어, 축구에서 골이 들어가는 순간에는 영상, 음성, 센서 데이터, 소셜미디어 반응이 동시에 급증한다. 이러한 상황에서도 데이터 손실 없이 안정적으로 처리할 수 있는 시스템이 필요한다.

③ AI Inference Layer – 실시간 AI 모델 실행

세 번째 계층은 수집되고 정제된 데이터를 바탕으로 실제 AI 모델들이 추론을 수행하는 핵심 계층이다. GPU 클러스터나 AWS SageMaker Endpoints 같은 서버리스 추론 서

비스에서 자연어 생성, 컴퓨터 비전, 음성 합성 모델들이 동시에 실행된다. 각 모델은 서로 다른 컴퓨팅 요구사항을 가지고 있어서, 효율적인 리소스 할당과 스케일링이 중요한다. 특히 경기가 진행되는 동안에는 지연 시간을 최소화하면서도 높은 정확도를 유지해야 하는 도전적인 과제를 해결해야 한다.

④ Delivery Layer – 글로벌 개인화 배포

마지막 계층은 AI가 생성한 콘텐츠를 전 세계 사용자에게 실시간으로 전달하는 역할을 담당한다. CDN(Content Delivery Network)과 OTT(Over-The-Top) 플랫폼을 통해 5초 이내에 글로벌 팬들에게 콘텐츠를 푸시할 수 있는 시스템을 구축한다. 더 나아가 개인화 엔진은 각 사용자의 프로필과 현재 상황을 분석해 가장 관련성 높은 클립과 정보를 큐레이션한다. 예를 들어, 특정 팀의 팬이라면 해당 팀 관련 하이라이트를 우선 제공하고, 사용자의 시간대와 언어 설정에 맞춰 최적화된 콘텐츠를 전달한다.

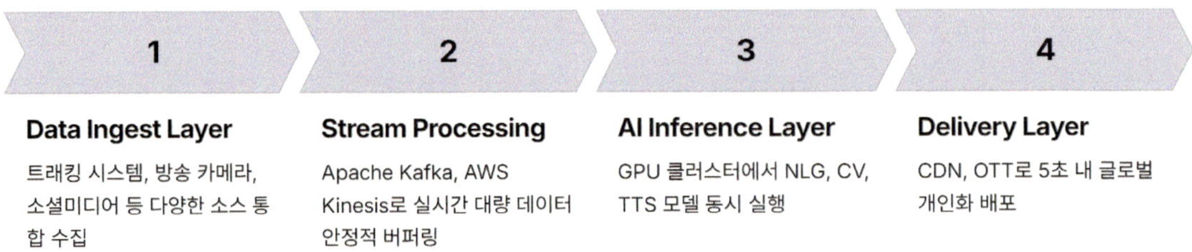

그림 9-4 데이터 파이프라인 구조

2 경기 요약 자동 생성 시스템

1) 기술 구조

경기 요약 자동 생성 시스템은 스포츠 경기의 모든 순간을 놓치지 않고 기록하여 팬들에게 전달하는 혁신적인 기술이다. 이 시스템은 경기가 종료되거나 쿼터, 세트가 끝나는 시점마다 자동으로 구조화된 데이터를 자연스러운 문장으로 변환하는 파이프라인을 실행한다.

시스템에 입력되는 데이터는 매우 다양하고 정교한다. 득점과 시간 정보는 기본이고, 각 선수의 개인 기록과 경기 상황, 특히 승부를 가르는 중요한 순간들이 모두 포함된다. 또한 플레이-바이-플레이(PBP) 로그를 통해 경기 중 일어난 모든 사건들의 시간 순서와 맥락이 정확히 기록된다.

이러한 데이터는 두 가지 방식으로 처리된다. 전통적인 규칙 기반 템플릿 방식은 미리 정해진 문장 구조에 데이터를 삽입하는 방법으로, 정확성은 높지만 다소 기계적일 수 있다. 반면 대화형 언어모델(LLM) 기반의 자연어 생성 방식은 맥락을 이해하고 더욱 자연스럽고 흥미로운 문장을 만들어낼 수 있다. 두 방식 모두 기사 제목, 리드 문단, 핵심 내용 등을 체계적으로 생성할 수 있다.

최종 출력물은 다양한 플랫폼과 용도에 맞게 최적화된다. 신문이나 웹사이트용 정식 기사부터 모바일 앱의 푸시 알림, 소셜미디어용 간단한 캡션까지 각각의 특성에 맞는 형태로 제작된다. 이는 같은 경기 정보라도 읽는 사람과 상황에 따라 다른 형태로 전달되어야 한다는 미디어의 기본 원칙을 AI가 학습하고 적용한 결과이다.

그림 9-5 경기 요약 시스템 구조

2) 데이터 수집·전처리

경기 요약의 품질을 결정하는 가장 중요한 단계는 데이터의 수집과 전처리 과정이다. 특히 플레이-바이-플레이(PBP) 데이터의 파싱과 정규화는 전체 시스템의 정확성을 좌우하는 핵심 작업이다.

PBP 데이터는 경기 중 발생하는 모든 이벤트를 시간 순서대로 기록한 것으로, 각 스포츠마다 다른 형식과 규칙을 가지고 있다. 축구에서는 득점, 파울, 교체, 카드 등의 이벤트가 있고, 야구에서는 타격, 도루, 삼진, 볼넷 등이 주요 이벤트이다. 이러한 다양한 이벤트 타입들을 표준 스키마로 변환하는 작업이 필요한다.

동시에 각 이벤트와 관련된 엔티티들, 즉 특정 선수나 팀의 정보도 정확히 식별하고 표준화해야 한다. 예를 들어, 같은 선수라도 "손흥민", "Son Heung-min", "H. Son" 등 다양한 표기법으로 기록될 수 있는데, 이를 하나의 일관된 형태로 통일하는 작업이 필요한다. 이러한 전처리 과정을 통해 AI는 정확하고 일관성 있는 경기 요약을 생성할 수 있게 된다.

3) 실제 사례

(1) AP×Automated Insights: 마이너리그 완전 자동화 성공

그림 9-6 AP와 Automated Insights의 협력사례

AP통신과 Automated Insights의 협력 사례는 스포츠 미디어 자동화의 가장 성공적인 대규모 적용 사례로 평가받고 있다. 이들은 미국 마이너리그 전체 경기에 대해 자동 기사 생성 시스템을 구축했는데, 그 규모와 성과가 놀라웠다. 시스템은 경기 종료 후 단 몇 분 만에 완성된 기사를 제작하여 배포할 수 있었다.

이 프로젝트의 성공 요인은 명확한 파트너십과 배포 채널의 확보에 있었다. MLBAM (Major League Baseball Advanced Media)과의 공식 파트너십을 통해 신뢰할 수 있는 데이터 소스를 확보했고, AP 통신망과 MiLB.com을 통한 광범위한 배포 네트워크를 구축했다. 이는 기술적 완성도뿐만 아니라 실제 미디어 생태계에서의 실용성을 동시에 입증한 사례이다.

(2) 분데스리가×AWS: 글로벌 팬 확장의 혁신

독일 분데스리가와 AWS의 협력 프로젝트는 다국어 실시간 라이브 티커 시스템을 통해 글로벌 팬 확장이라는 새로운 가능성을 보여주었다. 이 시스템은 경기 중 발생하는 모든 이벤트 데이터를 실시간으로 분석하여 여러 언어로 동시에 자동 텍스트 해설을 생성한다.

특히 주목할 점은 단순한 번역이 아니라 각 언어권의 문화적 맥락과 축구에 대한 관점을 반영한 해설을 제공한다는 것이다. 예를 들어, 같은 골 장면이라도 독일어권에서는 전술적 분석에 중점을 두고, 영어권에서는 개인 기량에 초점을 맞추는 식으로 차별화된 콘텐츠를 생성한다. 이러한 접근법은 전 세계 축구 팬들에게 더욱 친숙하고 몰입감 있는 경험을 제공하며, 분데스리가의 글로벌 팬베이스 확장에 크게 기여하고 있다.

3) 적용 효과 및 한계

경기 요약 자동 생성 시스템의 도입은 스포츠 미디어 산업에 혁신적인 변화를 가져왔다. 가장 큰 효과는 커버리지의 폭발적 확대이다. 기존에는 인력과 비용 문제로 메이저 리그나 주요 경기에만 집중할 수밖에 없었던 미디어들이 이제는 하위 리그나 지역 대회까지 모두 커버할 수 있게 되었다. 또한 경기 종료와 동시에 기사가 발행되는 속보성 향상도 주요한 성과이다.

하지만 이러한 혁신에도 불구하고 여전히 해결해야 할 한계들이 존재한다. 가장 큰 문제는 사실 오류와 맥락 오류의 가능성이다. 윔블던 테니스 대회의 'Catch Me Up' 기능 사례가 이를 잘 보여준다. 이 시스템은 론칭 초기에 선수 랭킹이나 과거 전적 표기에서 오류가 발생하여 팬들과 미디어로부터 비판을 받았다. 단순한 데이터 입력 실수가 아니라 복잡한 테니스 랭킹 시스템과 선수들의 상대 전적을 정확히 이해하지 못한 결과였다.

이러한 문제를 해결하기 위해 현재는 여러 가지 완화 전략이 개발되고 있다. 먼저 데이터 검증 규칙을 강화하여 명백히 틀린 정보는 시스템 차원에서 걸러내도록 한다. 또한 스포츠 도메인의 지식그래프를 참조하여 선수, 팀, 리그 간의 복잡한 관계를 정확히 파악할 수 있도록 하고 있다. 무엇보다 중요한 것은 HITL(Human In The Loop) 방식의 도입이다. 이는 AI가 생성한 콘텐츠를 인간 편집자가 최종 승인하는 시스템으로, 기술의 효율성과 인간의 판단력을 결합한 현실적인 해결책으로 평가받고 있다.

3 AI해설사

1) 원리: NLG + 보이스클로닝(TTS)

AI 해설자는 스포츠 미디어 자동화의 가장 흥미롭고 도전적인 영역 중 하나이다. 이 기술은 자연어 생성(NLG)과 보이스 클로닝(TTS) 기술의 정교한 결합을 통해 구현된다. 경기 중 발생하는 복잡한 이벤트들을 실시간으로 분석하여 자연스러운 해설 문장으로 만들고, 이를 특정 해설자의 음색과 억양으로 음성화하는 전 과정이 자동으로 이루어진다.

이 시스템의 가장 큰 장점은 다국어 확장의 용이성이다. 한 번 구축된 시스템은 여러 언어로 동시에 해설을 제공할 수 있어, 전 세계 어디서나 모든 경기를 현지 언어로 들을 수 있게 된다. 마스터즈 골프나 윔블던 테니스 같은 글로벌 스포츠 이벤트에서 이러한 다중 언어 커버리지가 특히 유용하게 활용되고 있다.

그림 9-7 AI해설자의 원리

- 음성 합성 파이프라인

AI 해설자의 구현은 네 단계의 정교한 파이프라인을 통해 이루어진다. 첫 번째 단계는 대본 생성으로, 경기 상황을 분석하여 적절한 해설 내용을 텍스트로 만드는 과정이다. 이때 단순한 사실 나열이 아니라 경기의 흐름과 맥락을 이해한 스토리텔링이 중요한다.

두 번째는 음색 모델의 학습과 적용 단계이다. 특정 해설자의 음성 특성을 학습한 모델을 사용하여 생성된 대본을 해당 해설자의 목소리로 변환한다. 세 번째 단계에서는 억양과 감정을 조절한다. 골이 들어가는 순간의 흥분이나 아쉬운 기회를 놓쳤을 때의 아쉬움 등 상황에 맞는 감정 표현이 추가된다. 마지막으로 생성된 음성을 영상과 동기화하고 적절한 포맷으로 변환하여 최종 배포할 수 있도록 준비한다.

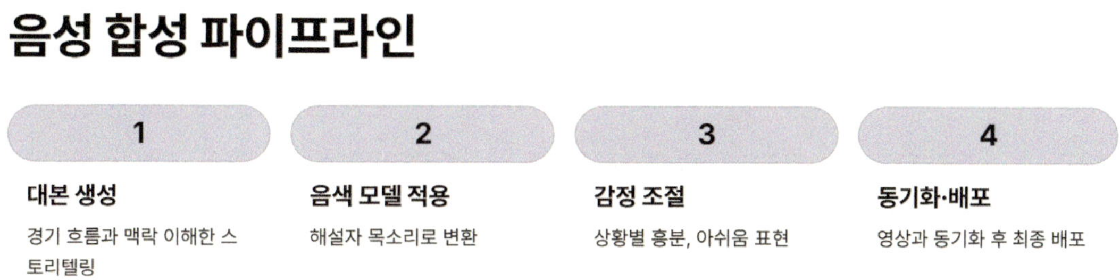

그림 9-8 음성 합성 파이프라인

2) 현장 적용 사례

(1) 마스터즈(골프): 혁신적인 골프 중계 경험

2023년 마스터즈 골프 대회는 AI 해설자 기술의 가능성을 세계에 알린 기념비적인 사례이다. 대회 기간 중 촬영된 20,000개 이상의 샷 클립 각각에 AI가 생성한 음성 해설과 자막을 제공했다. 이는 모바일 앱과 웹사이트를 통해 팬들에게 제공되었는데, 기존에는 불가능했던 모든 샷에 대한 상세한 해설을 들을 수 있게 되었다.

2024년과 2025년에는 더욱 발전된 형태로 확장되었다. 스페인어 AI 내레이션이 추가되어 라틴 아메리카 팬들도 모국어로 골프를 즐길 수 있게 되었고, 'Hole Insights'라는 새로운 기능을 통해 각 홀의 전략적 특성과 역사적 의미까지 AI가 설명하게 되었다. 이는 단순한 기술 시연을 넘어서 실제 팬 경험의 질적 향상을 가져온 성공 사례로 평가받고 있다.

(2) 윔블던(테니스): 맞춤형 하이라이트 해설

윔블던 테니스 대회에서는 하이라이트 영상에 AI 오디오 해설과 캡션을 결합한 서비스를 도입했다. 특히 사용자 친화적인 설계가 돋보였는데, 앱이나 웹에서 AI 해설을 원하는 사용자는 켜고, 전통적인 방식을 선호하는 사용자는 끌 수 있도록 선택권을 제공했다. 이러한 접근법은 새로운 기술에 대한 거부감을 최소화하면서도 혁신을 추진하는 현명한 전략으로 평가받았다.

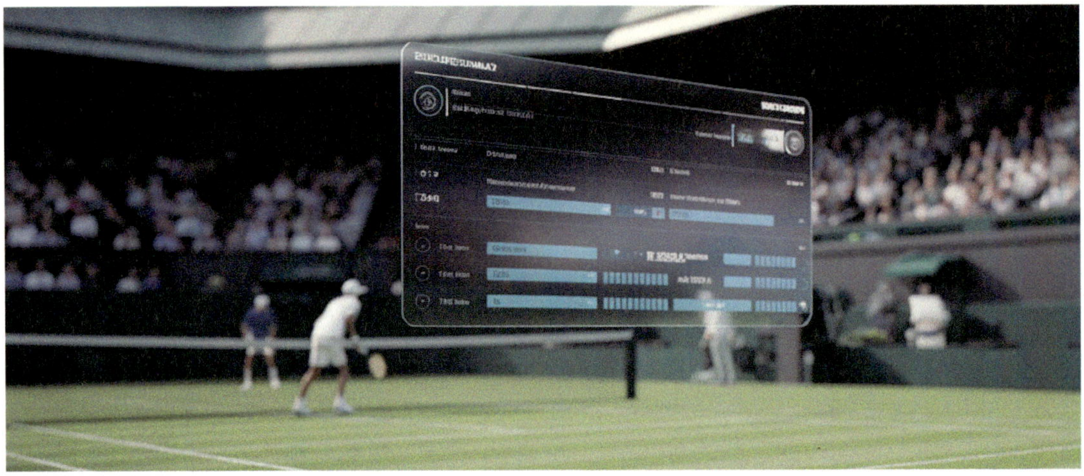

그림 9-9 미래의 맞춤형 하라이라이트 해설

(3) NBC Peacock(올림픽): 개인화의 극치

2024년 파리 올림픽에서 NBC Peacock이 선보인 서비스는 AI 해설자 기술의 진화를 보여주는 대표적인 사례였다. 전설적인 스포츠 해설자 알 마이클스의 목소리를 AI로 복제하여 개인 맞춤형 데일리 하이라이트를 제공했다. 각 사용자의 관심 종목과 선호하는 국가의 선수들을 중심으로 구성된 하이라이트를 알 마이클스의 친숙한 목소리로 들을 수 있었다. 이는 개인화와 전통적 권위의 결합이라는 새로운 가능성을 제시했다.

그림 9-10 2024 파리올림픽의 시각화

(4) 국내(KPGA): 한국형 AI 해설자의 실험

국내에서는 SK텔레콤 오픈에서 'AI 최경주' 프로젝트가 주목을 받았다. 한국 골프계의 레전드인 최경주 프로의 음성과 해설 스타일을 AI가 학습하여 TV와 모바일 앱에서 특별 해설과 요약 설명을 제공했다. 이는 한국 스포츠 팬들에게 친숙한 인물의 목소리로 AI 기술을 경험할 수 있게 한 의미 있는 시도였으며, 한국어 자연어 처리와 음성 합성 기술의 발전 수준을 보여주는 사례이기도 했다.

3) 윤리·저작권·신뢰성

AI 해설자 기술의 발전과 함께 여러 가지 중요한 이슈들이 제기되고 있다. 이러한 문제들은 기술적 완성도만큼이나 중요한 사회적, 윤리적 고려사항들이다.

(1) 성문권 · 퍼블리시티권: 목소리 소유권의 새로운 차원

가장 복잡하고 민감한 문제는 유명 해설자나 선수의 음색을 복제할 때 발생하는 권리 문제이다. 사람의 목소리는 그 사람만의 고유한 특성이며, 특히 유명인의 경우 상업적 가치가 있는 퍼블리시티권의 대상이 된다. NBC가 알 마이클스의 AI 버전을 만들 때 본인의 명시적 동의를 받고 적절한 계약을 체결한 것은 이러한 법적, 윤리적 요구사항을 충족한 모범 사례로 평가된다.

하지만 기술이 발전하면서 동의 없이도 쉽게 목소리를 복제할 수 있게 되었고, 이는 새로운 형태의 저작권 침해나 인격권 침해 문제를 야기할 수 있다. 특히 이미 세상을 떠난 전설적인 해설자들의 목소리를 복제하는 경우, 유족의 동의와 적절한 예우 문제까지 고려해야 한다.

(2) 신뢰성: 기술과 인간 경험의 균형

AI 해설자의 또 다른 중요한 한계는 신뢰성과 자연스러움의 문제이다. 윔블던에서의 초기 경험에서 볼 수 있듯이, AI는 때때로 맥락을 제대로 파악하지 못하거나 부적절한 억양과 타이밍으로 해설을 제공할 수 있다. 특히 스포츠 해설에서 중요한 감정의 기복이나 긴장감의 표현에서 어색함이 나타나는 경우가 많다.

현재로서는 AI 해설자와 인간 해설자의 보완적 협업이 가장 현실적이고 바람직한 방향으로 여겨지고 있다. AI는 방대한 양의 기본적인 해설과 정보 제공을 담당하고, 인간 해설자는 중요한 순간의 감정 표현과 깊이 있는 분석을 담당하는 역할 분담이 이루어지고 있다. 이러한 접근법은 기술의 효율성과 인간만이 가진 창의성과 감성을 모두 활용할 수 있는 균형 잡힌 해결책으로 평가받고 있다.

4 경기 하이라이트 자동 생성 기술

1) CV 기반 이벤트 탐지

경기 하이라이트 자동 생성 기술은 스포츠 팬들이 가장 직접적으로 체감할 수 있는 혁신 중 하나이다. 이 기술의 핵심은 컴퓨터 비전(CV) 기반의 정교한 이벤트 탐지 시스템에 있다. 시스템은 방송 신호를 실시간으로 분석하여 공의 움직임, 선수들의 위치와 동작, 그리고 화면에 나타나는 각종 판정 그래픽들을 종합적으로 인식한다.

이러한 인식 과정을 통해 시스템은 득점이나 위기 상황, 그리고 관중들이 환호할 만한 대형 세이브 같은 중요한 순간들을 자동으로 검출해낸다. 검출 방식은 크게 두 가지로 나뉜다. 규칙 기반 검출은 미리 정의된 조건들(예: 축구에서 공이 골라인을 통과하는 순간)을 바탕으로 이벤트를 찾아내는 방식이고, 학습 기반 검출은 수많은 과거 경기 데이터를 학습한 AI 모델이 패턴을 인식해 중요한 순간을 판단하는 방식이다.

검출된 구간은 단순히 추출되는 것이 아니라 완성된 하이라이트 영상으로 가공된다. 각 세그먼트 사이에는 자연스러운 트랜지션 효과가 자동으로 삽입되고, 상황에 맞는 타이틀과 그래픽이 추가된다. 이 모든 과정이 경기 진행 중에 실시간으로 이루어져, 경기가 끝나는 순간 완성된 하이라이트 영상이 팬들에게 제공될 수 있다.

(1) 중요도 모델링 · 스코어링

하이라이트 생성에서 가장 도전적인 부분은 “어떤 순간이 정말 중요한가?”를 판단하는 것이다. 이를 위해 시스템은 멀티모달 신호 분석이라는 정교한 방법을 사용한다. 단일한 지표에 의존하지 않고 여러 가지 신호를 종합적으로 분석하여 각 순간의 중요도를 점수화한다.

스코어 변화는 가장 기본적인 지표이다. 득점이 일어나는 순간은 당연히 높은 점수를 받지만, 동점 상황에서의 득점과 대량 득점 상황에서의 추가 득점은 다른 가중치를 받다. 관중 소음 레벨도 중요한 지표이다. 경기장의 환호성이나 탄식 소리의 크기와 지속시간을 분석하여 그 순간의 흥미도를 측정한다.

화면에 나타나는 자막이나 그래픽도 OCR 기술로 실시간 분석된다. "GOAL!", "SAVE!", "FOUL!" 같은 텍스트의 등장과 그 지속시간, 크기 등이 모두 중요도 판단에 활용된다. 해설자의 목소리 톤 변화도 분석 대상이다. 평상시보다 높아지거나 빨라지는 말투, 감정이 고조되는 순간들을 음성 분석 기술로 포착한다.

선수나 공의 추적 속도 변화도 흥미로운 지표이다. 갑작스러운 방향 전환이나 속도 증가는 중요한 플레이가 일어나고 있음을 시사한다. 이 모든 신호들을 종합하여 0부터 100까지의 점수로 각 순간을 평가하고, 상위 점수를 받은 구간들을 우선순위에 따라 하이라이트로 선정한다.

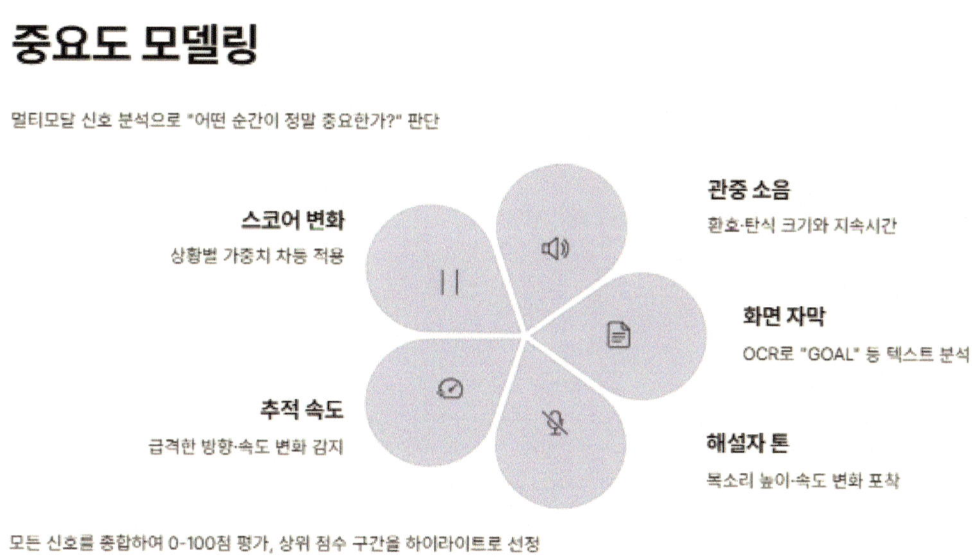

그림 9-11 중요도 모델링

2) 실제 사례

(1) WSC Sports: 글로벌 스포츠 하이라이트의 표준

WSC Sports는 현재 스포츠 하이라이트 자동 생성 분야의 글로벌 리더로 자리잡고 있다. 이들의 시스템은 라이브 경기 분석부터 자동 클리핑, 그리고 다양한 플랫폼에 맞는 포맷 변환까지 모든 과정을 수초 내에 완료할 수 있다. 현재 NBA, NHL, PGA 투어를 포함하여 500개 이상의 파트너사에서 이들의 기술을 활용하고 있다.

WSC Sports의 성공 요인은 단순히 기술적 우수성에만 있지 않다. 각 스포츠와 리그의 특성을 깊이 이해하고, 해당 분야의 전문가들과 협력하여 시스템을 지속적으로 개선해왔다. 예를 들어, 농구에서는 덩크슛과 3점슛의 중요도가 다르고, 아이스하키에서는 파워플레이 상황에서의 골과 일반 상황에서의 골이 다른 의미를 가진다. 이러한 스포츠별 특성들이 모두 알고리즘에 반영되어 있어 더욱 정확하고 의미 있는 하이라이트를 생성할 수 있다.

(2) IBM×윔블던/마스터즈: AI와 전통 스포츠의 만남

IBM과 윔블던, 마스터즈의 협력은 전통적인 스포츠 이벤트에 AI 기술을 성공적으로 접목한 대표적인 사례이다. 윔블던의 "Catch Me Up" 기능은 팬들이 놓친 경기 내용을 빠르게 파악할 수 있도록 자동으로 생성된 요약 하이라이트를 제공한다. 테니스의 특성상 각 포인트가 독립적이면서도 연결되어 있다는 점을 고려하여, 중요한 포인트들을 맥락과 함께 제공한다.

마스터즈의 "Round in Under Three Minutes" 기능은 골프라는 스포츠의 독특함을 잘 활용한 사례이다. 4-5시간에 걸쳐 진행되는 라운드를 3분 안에 요약하여 보여주는데, 단순히 좋은 샷들을 나열하는 것이 아니라 그날의 스토리라인을 따라 구성된다. 예를 들어, 선두를 달리던 선수가 실수하는 순간과 그 뒤를 쫓던 선수가 기회를 잡는 순간을 연결하여 보여줌으로써 단순한 하이라이트를 넘어선 스토리텔링을 구현한다.

3) 팬 맞춤형 하이라이트

개인화는 현대 스포츠 미디어의 핵심 트렌드 중 하나이며, 하이라이트 생성 기술에서도 이러한 개인화가 중요한 역할을 하고 있다. 팬들은 이제 자신이 좋아하는 팀이나 선수, 특정한 플레이 타입을 선택하여 완전히 개인화된 하이라이트 묶음을 받아볼 수 있다.

클리블랜드 캐벌리어스 앱의 맞춤 하이라이트 기능은 이러한 개인화의 좋은 예시이다. 팬들은 자신이 보고 싶은 콘텐츠의 유형을 미리 설정할 수 있다. 르브론 제임스의 플레이만 보고 싶다면 그의 득점, 어시스트, 리바운드 장면들로만 구성된 하이라이트를 받을 수 있고, 3점슛을 좋아한다면 팀의 모든 3점슛 시도와 성공 장면들을 모아서 볼 수 있다.

마스터즈의 'My Group' 기능은 개인화의 진화된 형태를 보여준다. 팬들이 즐겨찾기로 설정한 선수들의 모든 샷을 한 채널로 모아서 보여주는데, 단순한 모음이 아니라 해당 선수들의 하루 경기 스토리를 구성한다. AI는 각 선수의 라운드 흐름을 분석하여 중요한 순간들을 자동으로 편입시키고, 선수들 간의 순위 경쟁 상황도 실시간으로 반영한다. 예를 들어, 좋아하는 두 선수가 리더보드에서 경쟁하고 있다면, 한 선수가 버디를 잡아 앞서가는 순간과 다른 선수가 이글로 역전하는 순간을 연결하여 드라마틱한 하이라이트를 만들어낸다.

그림 9-12 다양한 형태의 중계소스가 팬 맞춤형 하이라이트로 제공

5 무인 카메라 및 인터랙티브 중계

1) AI 카메라 촬영 시스템

무인 카메라 시스템은 스포츠 중계의 경제성과 접근성을 근본적으로 변화시키고 있는 혁신 기술이다. Pixellot은 이 분야의 선도 기업으로, 19개 이상의 다양한 스포츠 종목에서 완전 무인 촬영 시스템을 성공적으로 운영하고 있다. 이들의 시스템은 단순히 카메라를 자동으로 움직이는 수준을 넘어서, 실시간 스위칭과 그래픽 삽입까지 모든 중계 과정을 자동화했다.

이러한 기술의 가장 큰 의미는 저비용 대량 중계의 실현에 있다. 기존에는 카메라맨, 감독, 음향 기사 등 많은 인력이 필요했던 중계 작업이 이제는 AI 시스템 하나로 대체될 수 있다. Pixellot의 보고에 따르면, 피크 시즌에는 월 20만 경기 수준의 중계를 동시에 처리할 수 있다고 한다. 이는 기존 방식으로는 상상할 수 없었던 규모이다.

이러한 대량 처리 능력 덕분에 이전에는 중계되지 못했던 수많은 경기들이 이제는 전 세계 어디서나 시청할 수 있게 되었다. 고등학교 축구 경기부터 지역 아마추어 리그까지, 모든 수준의 스포츠가 프로 수준의 중계 품질로 방송될 수 있다. 이는 스포츠의 민주화라고 할 수 있는 중요한 변화이다.

(1) 로봇 카메라 자율 스위칭(국내 사례)

국내에서도 무인 중계 기술의 혁신적인 발전이 이루어지고 있다. Pixelscope의 'PIXELCAST' 시스템은 특히 탁구라는 까다로운 종목에서 놀라운 성과를 보여주고 있다. 탁구는 초소형 공이 고속으로 움직이는 스포츠로, 기존의 자동 추적 시스템으로는 정확한 촬영이 매우 어려웠다.

하지만 PIXELCAST는 3차원 추적 기술을 통해 작은 탁구공과 빠른 선수 움직임을 동시에 정확히 포착할 수 있다. 시스템은 다수의 카메라를 동시에 제어하면서 팬(좌우 회전), 틸트(상하 회전), 줌(확대/축소), 그리고 카메라 간 컷 전환을 모두 자동으로 수행한다. 마치 숙련된 카메라맨이 여러 대의 카메라를 동시에 조작하는 것과 같은 효과를 AI가 구현해 내는 것이다.

이 기술의 실제 적용 성과는 매우 인상적이다. 2021년부터 국내에서 300회 이상의 무인 중계를 성공적으로 수행했으며, 그 품질과 안정성이 입증되어 2023년에는 미국 US 오픈 탁구 대회를 무인으로 생중계하는 성과를 거두었다. 이는 한국의 AI 스포츠 중계 기술이 세계적 수준에 도달했음을 보여주는 의미 있는 사례이다.

그림 9-13 탁구 무인 중계

2) 데이터 기반 실시간 그래픽(방송 인포매틱스)

현대 스포츠 중계는 단순히 경기 장면을 보여주는 것을 넘어서 시청자들에게 더욱 풍부하고 깊이 있는 정보를 제공하고 있다. NFL Next Gen Stats는 이러한 발전의 대표적인 사례로, RFID 칩과 컴퓨터 비전 추적 기술을 결합하여 경기장의 모든 선수와 공의 위치, 속도, 가속도를 초당 10회씩 정확하게 수집한다.

이렇게 수집된 방대한 데이터는 단순히 저장되는 것이 아니라 머신러닝 모델을 통해 실시간으로 분석되어 의미 있는 지표들로 변환된다. 예를 들어, 쿼터백이 패스를 시도할 때 완료확률을 실시간으로 계산하여 화면에 표시한다. 이 확률은 수신자의 위치, 수비수들의 포지션, 과거 유사한 상황에서의 성공률 등을 종합적으로 고려하여 산출된다.

압박확률은 수비수들이 공격수를 얼마나 효과적으로 압박하고 있는지를 수치화한 지표이다. 각 수비수와 공격수 간의 거리, 속도, 방향 등을 실시간으로 분석하여 압박의 강도를 측정한다. 태클확률은 수비수가 공격수를 성공적으로 태클할 가능성을 예측하는 지표로, 두 선수의 상대적 위치와 속도, 과거 유사한 상황에서의 성공률을 바탕으로 계산된다.

이러한 고급 통계들은 단순한 숫자가 아니라 아름다운 시각화를 통해 시청자들에게 제공된다. 선수들의 움직임은 화살표와 궤적으로 표시되고, 확률들은 색깔과 크기로 직관적으로 표현된다. 이는 시청자들이 경기를 보다 깊이 이해하고 즐길 수 있게 해주며, 스포츠 중계의 교육적 가치도 크게 높여준다.

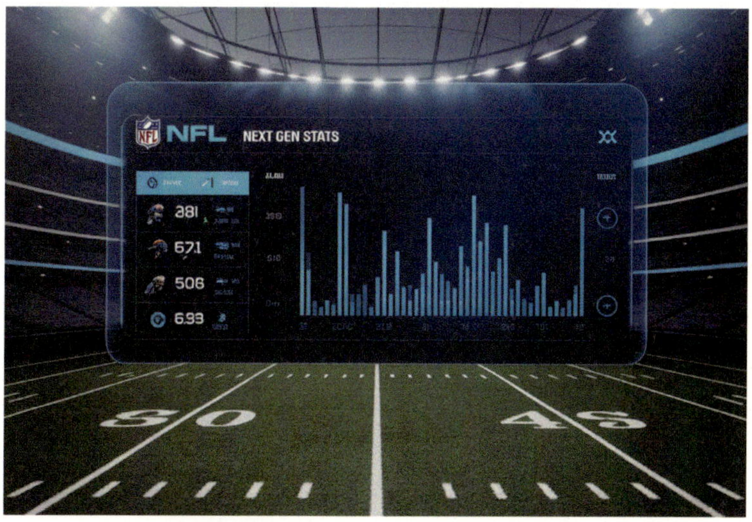

그림 9-14 NFL Next Gen Stats 예시

3) 팬 참여형·개인화 서비스

현대 스포츠 미디어의 가장 큰 변화 중 하나는 팬들이 수동적인 시청자에서 능동적인 참여자로 역할이 변하고 있다는 점이다. 마스터즈의 'My Group' 기능은 이러한 변화를 잘 보여주는 대표적인 사례이다. 팬들은 자신이 관심 있는 선수들을 선택하여 완전히 개인화된 시청 경험을 만들어갈 수 있다.

이 시스템은 단순히 선택한 선수들의 장면만 모아주는 것이 아니다. AI가 각 선수의 경기 상황과 전체적인 토너먼트 흐름을 분석하여 가장 중요하고 흥미로운 장면들을 자동으로 큐레이션한다. 예를 들어, 좋아하는 선수가 어려운 상황에서 훌륭한 샷을 성공시키거나, 리더보드에서 순위가 변동되는 중요한 순간들을 놓치지 않고 제공한다.

OTT 플랫폼과 모바일 앱을 중심으로 한 새로운 시청 경험도 주목할 만하다. 다뷰 시스템을 통해 팬들은 여러 각도에서 동시에 경기를 볼 수 있고, 멀티앵글 기능으로 자신이 원하는 시점으로 언제든 전환할 수 있다. 실시간 투표나 채팅 기능을 통해서는 다른 팬들과 소통하며 경기를 함께 즐길 수 있다.

분데스리가의 다국어 라이브 티커 서비스는 글로벌 팬들의 접근성을 높이는 혁신적인 접근법을 보여준다. 같은 경기를 시청하더라도 독일어, 영어, 스페인어, 일본어 등 각자의 언어로 실시간 해설과 정보를 받아볼 수 있다. 더 나아가 각 언어권의 문화적 맥락과 축구에 대한 관점까지 반영하여, 진정으로 현지화된 경험을 제공한다. 이는 스포츠가 언어와 문화의 장벽을 넘어 전 세계 팬들을 연결하는 매개체로서의 역할을 더욱 강화하고 있다.

6 종합 및 미래 전망

1) 비즈니스 모델·수익화

스포츠 미디어 자동화의 확산은 규모의 경제(Economy of Scale)를 실현하고 있다. 자동 클리핑과 다국어 해설 기술을 통해 프로 경기뿐 아니라 하위 리그와 아마추어 경기까지도 모두 중계·편집이 가능해지면서, 그동안 주목받지 못했던 롱테일 콘텐츠가 활발히 유통되는 환경이 조성되고 있다.

또한 개인화된 유료 서비스와 광고 모델이 새로운 수익원으로 부상하고 있다.

예를 들어 Peacock의 'Your Daily Olympic Recap'처럼 팬의 관심사에 맞춘 맞춤형 하이라이트와 데일리 리캡은 재방문율과 체류 시간, 구독 전환율을 동시에 끌어올리고 있다. 아울러 NBCUniversal Media를 비롯한 글로벌 미디어 기업들은 동일한 원본 자산을 다국어 음성이나 자막으로 재가공함으로써, 지역별 스폰서십과 광고 인벤토리를 확장하고 있다.

이러한 변화는 스포츠 미디어 산업이 AI 기술을 통해 콘텐츠 생산비용을 절감하면서도 글로벌 시장을 확장하는 선순환 구조로 진입하고 있음을 보여준다.

2) 직무 재편과 인력 역량

AI 자동화 기술의 도입은 스포츠 미디어 제작 현장의 직무 구조를 빠르게 재편하고 있다. 제작 파이프라인의 중심이 단순 편집에서 스토리 설계와 품질 검수 중심으로 이동하면서, 편집자는 더 이상 기술적 조작보다 콘텐츠의 서사와 완성도를 관리하는 역할에 집중하게 되었다.

이에 따라 데이터 저널리스트와 모델 운영자(MLOps) 가 새로운 핵심 직군으로 부상하고 있다. 이들은 AI 모델의 학습·운영·검수 전 과정을 관리하며, 데이터 품질을 보장하는 동시에 알고리즘의 공정성을 점검하는 역할을 수행한다.

현장 스태프 역시 업스킬링(upskilling) 을 통해 새로운 기술 환경에 적응하고 있다. 촬영, 스위칭, 그래픽 등 기존의 수작업 중심 업무는 자동화 콘솔 운영과 실시간 품질 관리로 전환되고 있으며, 스태프들은 AI 시스템의 동작을 모니터링하고 결과를 최적화하는 감독자 역할을 맡고 있다.

결국 현장의 인력은 단순 오퍼레이터가 아니라 AI와 협력하는 전문가형 프로듀서로 변화하고 있다.

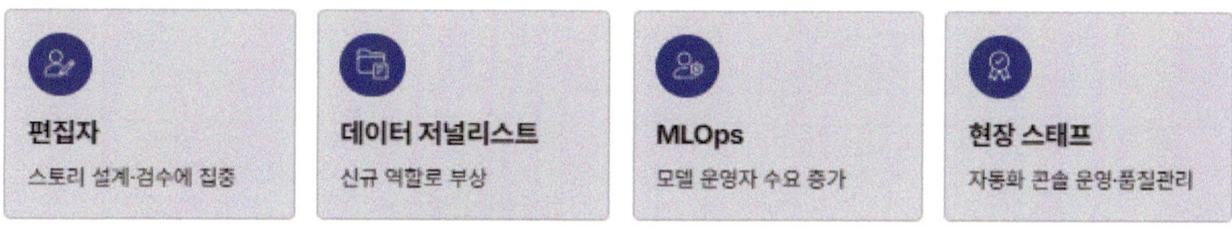

그림 9-15 직무 재편과 인력 역량

3) 윤리·저작권·프라이버시

AI 미디어 기술의 확산과 함께 윤리적 책임과 법적 기준 역시 점점 더 중요해지고 있다. 첫째, 보이스 권리 측면에서는 해설자나 선수의 음성·초상권을 활용할 때 당사자의 명시적 동의와 적절한 보상 체계가 필수적이다. NBC가 알 마이클스의 음성을 AI로 복제할 때 사전 동의와 계약을 통해 법적·윤리적 기준을 충족한 사례는 이러한 원칙의 모범이 된다.

둘째, 정확성과 투명성 문제도 중요하다. 생성형 AI 기능은 사실 오류나 맥락 왜곡의 위험이 존재하기 때문에, HITL(Human In The Loop) 기반의 편집 검수 체계와 오류 로그 공개 같은 AI 거버넌스 시스템이 반드시 필요하다. 윔블던의 초기 자동 기사 생성 서비스가 선수 전적 표기 오류로 비판을 받은 사례는 이러한 관리 체계의 중요성을 보여준다.

셋째, 데이터 보호와 프라이버시는 팬 신뢰의 핵심이다. 트래킹 데이터나 개인화 서비스에서 수집되는 개인정보·위치 정보는 명확한 수집 목적, 보관 기간, 이용자 동의 절차가 수반되어야 하며, 이는 전 세계적으로 강화되고 있는 데이터 보호 규정(GDPR 등)과도 직결된다.

4) 향후 연구 과제와 기술 로드맵

스포츠 미디어 자동화는 여전히 빠르게 진화하고 있으며, 향후 연구와 기술 발전의 방향은 다음과 같이 정리할 수 있다.

첫째, 실시간 LLM(대규모 언어모델) 에이전트화가 본격화될 전망이다. 경기 중 실시간 질의응답, 전술 설명, 통계 해석을 수행하는 스포츠 도메인 특화형 AI 에이전트가 등장하면서, 해설·데이터 분석·팬 인터랙션이 하나의 통합 시스템으로 발전하고 있다.

둘째, 다국어·감정형 TTS 기술의 고도화다. 음성 합성 기술은 억양과 감정을 경기 상황에 따라 자동 조절하는 프로소디(Prosody) 컨트롤을 통해,AI 해설의 몰입감과 현장감을 한층 높일 것이다.

셋째, 라이브 티커(Live Ticker)에서 음성 중계로의 통합이다. 분데스리가 사례처럼 텍스트 기반 해설에서 나아가, 다국어 음성 중계까지 자동화된 멀티모달 중계 스택으로 확장될 가능성이 크다.

넷째, 매치 팩트(Match Facts)의 실시간 확장이다. AI는 경기 중 xG(기대 득점), 압박·태클 확률 등 실시간 지표를 그래픽과 해설에 통합하여 시청자의 이해도를 높이고, 데이터 기반 해설의 새로운 표준을 제시하고 있다.

마지막으로, 엣지 추론과 지연 최소화(Edge Inference & Latency Reduction) 는 기술 인프라의 핵심 과제로 남아 있다. 중소 규모 경기장에서도 클라우드와 엣지 장비를 결합한 하이브리드 구조를 통해, 수 초 이내의 실시간 분석·전달 체계를 구축하는 것이 향후 기술 발전의 중요한 목표가 될 것이다.

학습 요약

스포츠 미디어 자동화는 이제 산업 전반의 변화를 이끄는 핵심 기술로 자리 잡았다. 자연어 생성(NLG), 컴퓨터 비전(CV), 음성 합성(TTS)의 결합을 통해 경기 요약·AI 해설·하이라이트 제작이 실시간으로 이루어지며, 이는 단순한 효율 향상을 넘어 스포츠 콘텐츠의 접근성과 개인화 수준을 혁신적으로 높이고 있다.

경기 요약 자동화는 미디어의 커버리지를 폭발적으로 확대시켰다. 인력·비용 제약으로 주요 경기만 다루던 시절에서 벗어나,이제는 아마추어 리그와 하위 대회까지도 전문적인 보도를 받을 수 있다.

인간 편집자는 기계적 업무에서 벗어나 맥락 분석과 품질 검수에 집중하며, 기술과 인간의 관계가 경쟁이 아닌 상호 보완적 협력 구조로 발전하고 있다. AI 해설자 기술은 다국어와 다채널 확장에서 그 잠재력을 입증하고 있다. 한 번의 시스템 구축으로 전 세계 모든 언어로 해설을 제공할 수 있게 되면서 스포츠의 글로벌화를 가속화하였다. 그러나 감정 표현의 자연스러움과 목소리 권리 등 윤리적 문제는 여전히 해결해야 할 과제로 남아 있다.

하이라이트 자동 생성 기술은 멀티모달 분석을 기반으로 스코어 변화, 관중 반응, 선수 추적 데이터를 종합해 정말 중요한 순간을 자동으로 선별한다. 이는 숙련된 편집자의 감각을 대체하면서도 더 정확하고 일관된 결과를 만들어낸다.

무인 AI 카메라와 데이터 그래픽 기술의 발전은 중계의 비용 구조를 바꾸어, 하위 리그와 아마추어 경기까지 프로 수준의 중계 품질을 가능하게 했다. 이는 스포츠의 민주화를 상징하는 변화이다. 개인화 기능은 팬 경험의 질적 변화를 이끌고 있다. 선호 선수·팀·플레이 타입에 맞춘 맞춤형 하이라이트를 통해 팬은 원하는 콘텐츠를 즉시 소비하고, 플랫폼은 체류 시간과 재방문율을 높이며 새로운 수익 모델을 창출하고 있다.

현재 가장 현실적인 접근은 HITL(Human In The Loop) 방식이다. AI가 주요 작업을 자동화하되, 중요한 판단과 최종 검수는 인간이 맡는 구조로 기술의 효율성과 인간의 지혜를 결합한다. 이 방식은 정확성·투명성·권리 관리의 균형을 유지하는 핵심 해법이다.

앞으로는 실시간 대화형 언어모델과 감정형 음성 합성 기술을 기반으로 더 자연스럽고 몰입감 있는 중계가 구현될 것이다. 엣지 컴퓨팅을 통한 지연 시간 최소화는 실시간 품질을 한층 높일 것이다. 그러나 기술 발전이 진정한 의미를 갖기 위해서는 기술·윤리·비즈니스 모델 간의 균형 설계가 필수적이다. AI가 인간의 가치와 권리를 존중하며 지속 가능한 생태계를 구축할 때, 스포츠 미디어 자동화는 모든 이해관계자에게 진정한 가치를 제공하는 미래 기술로 자리 잡을 것이다.

10 Chapter
팬 경험 혁신과 개인화 마케팅

>> 학습 목표

1. 팬 경험의 진화와 데이터 기반 개인화 마케팅의 개념을 이해한다.
2. 팬 경험 혁신을 가능하게 하는 AI 핵심 기술과 데이터 인프라를 설명할 수 있다.
3. 팬 개인화 마케팅의 운영 전략과 윤리적 고려사항을 분석할 수 있다.

1 팬 경험 혁신과 개인화 마케팅 개요

1) 팬 경험의 진화와 핵심 동인

(1) 전통적 팬 참여 → 데이터 기반 개인화로의 이동

스포츠 팬 경험은 지난 십여 년간 극적인 변화를 겪었다. 과거 팬들의 스포츠 소비는 경기장에 직접 가서 관람하거나, 집에서 텔레비전 중계를 시청하고, 좋아하는 팀의 굿즈를 구매하는 정도의 단순하고 제한적인 활동이었다. 이때의 콘텐츠는 '일대다(one-to-many)' 방식으로, 모든 팬에게 동일한 내용이 전달되었고, 팬들은 이를 수동적으로 받아들이는 역할에 머물렀다.

그러나 스마트폰의 전면적 보급과 넷플릭스, 유튜브 같은 스트리밍 플랫폼의 확산은 이 모든 것을 바꾸어 놓았다. 이제 팬들의 모든 디지털 행동은 데이터로 기록되고 분석된다. 어떤 콘텐츠를 얼마나 오래 시청했는지, 언제 공유 버튼을 눌렀는지, 어떤 선수나 팀에 더 많은 관심을 보이는지까지 세밀하게 추적이 가능해졌다.

아마존이 추천 시스템만으로 전체 매출의 약 35%를 창출하고 있다는 사실은 개인화의 비즈니스적 위력을 명확히 보여준다. 넷플릭스에서도 사용자들이 시청하는 콘텐츠의 80% 이상이 개인화된 추천 알고리즘에서 시작된다. 스포츠 업계 역시 이러한 데이터 기반 개인화 모델을 적극 도입하면서, 수백만 명의 팬을 하나하나 개별적인 존재로 인식하고 맞춤형 경험을 제공하는 새로운 시대로 접어들었다.

(2) 팬 여정(Fan Journey) 맵과 터치포인트 변화

현대의 팬 여정은 단순한 직선적 경로가 아니라 복잡하면서도 정교한 순환 구조를 가진다. 경기 전 정보 탐색 단계에서부터 시작되어, 실시간 경기 관람과 참여, 그리고 경기 후 지속적인 재참여로 이어지는 끊임없는 루프를 형성한다.

팬들은 티켓을 예매하고, 소셜미디어에서 하이라이트 영상을 공유하며, 실시간 통계를 확인하고, 챗봇을 통해 궁금한 점을 문의한다. 이 모든 접점에서 남겨진 디지털 발자취는 즉시 데이터베이스에 수집되고 분석되어, 다음 번 팬과의 만남에서 더욱 개인화된 콘텐츠와 서비스로 재탄생한다. 예를 들어, 특정 선수의 경기 영상을 자주 보는 팬에게는 그 선수의 인터뷰나 훈련 모습 등의 관련 콘텐츠가 우선적으로 노출된다.

이러한 '데이터 기반 팬 경험 루프'는 팬의 참여를 지속적으로 증폭시키며, 단순한 일회성 소비를 평생에 걸친 충성도 높은 관계로 발전시킨다.

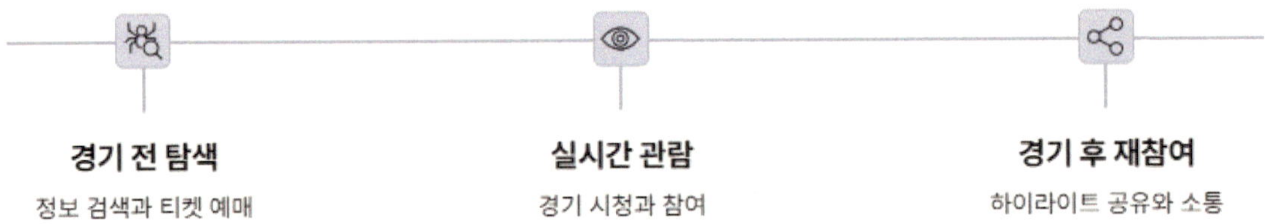

그림 10-1 팬 여정의 진화

2) 개인화 마케팅의 정의와 ROI

(1) 팬 LTV · 충성도 지표와 수익성

개인화 마케팅은 각 팬의 고유한 행동 패턴과 취향을 심층 분석하여, 그들이 진정으로 원하는 맞춤형 콘텐츠와 혜택을 제공함으로써 반복적인 소비를 유도하고 평생 고객 가치를 극대화하는 전략적 접근법이다.

스포츠 팬들의 특별한 점은 일반적인 소비자보다 훨씬 높은 감정적 몰입도를 보인다는 것이다. "한 번 팬이면 평생 팬"이라는 말처럼, 스포츠에 대한 애착은 브랜드 충성도의 차원을 넘어서 개인의 정체성과 깊이 결합되어 있다. 이는 마케팅 관점에서 매우 유리한 조건으로 작용한다. 동일한 데이터 수집과 분석 비용을 투입하더라도, 스포츠 팬들은 평균적으로 더 높은 구매력과 재구매 의향을 보이기 때문이다.

실제로 여러 연구 결과에 따르면, 기존 팬을 유지하는데 드는 비용은 새로운 팬을 확보하는데 필요한 비용의 5분의 1에서 25분의 1 수준에 불과하다. 또한 기존 팬들의 평균 지출 금액은 신규 팬보다 67% 더 높다는 통계도 있다. 이는 개인화 마케팅 투자의 ROI가 다른 산업 대비 훨씬 빠르고 높게 나타날 수 있음을 시사한다.

(2) 스포츠 산업 고유의 감정 · 소속감 가치

스포츠는 다른 어떤 산업보다도 강력한 감정적 요소들로 가득하다. 치열한 경쟁의 스릴, 지역과 연결된 정체성, 선수 개인의 드라마틱한 서사, 승리의 환희와 패배의 아쉬움 등이 복합적으로 얽혀 있다. 팬들은 단순히 경기를 관람하는 것을 넘어서 팀과 자신을 심리적으로 동일시하며, 팀의 승패를 마치 자신의 일처럼 받아들인다.

이러한 감정적 연결고리는 전통적인 데이터 분석으로는 완전히 포착하기 어려운 '정서적 생애가치(Emotional LTV)'를 창출한다. 따라서 스포츠 분야의 개인화 마케팅은 단순히 관련 콘텐츠를 추천하는 수준을 넘어서야 한다. 팬 개개인이 "이 구단이 나를 진정으로 이해하고 있다"는 감정적 경험을 할 수 있도록 설계되어야 한다.

NBA 앱의 사례를 보면, 팬이 선호하는 팀이나 선수를 선택하면 AI가 실시간으로 관련 뉴스, 하이라이트 영상, 세로형 숏츠 등을 큐레이션하여 '나만의 피드'를 만들어준다. 여기서 그치지 않고, 팬의 시청 활동과 참여도에 따라 다양한 배지를 부여하여 소속감과 성취감을 동시에 충족시킨다. 이는 단순한 정보 제공을 넘어서 팬이 커뮤니티의 일원임을 지속적으로 확인시켜주는 정교한 감정 설계의 결과물이다.

그림 10-2 경기에 환호하는 팬

2 팬 경험 혁신을 이끄는 핵심 기술

1) 추천 시스템

(1) 모델 설계의 핵심

현대 스포츠 플랫폼의 추천 시스템은 세 가지 주요 접근법을 정교하게 조합하여 구축된다. 첫 번째는 협업 필터링으로, "비슷한 취향을 가진 사람들은 비슷한 것을 좋아한다"는 직관적인 가정에 기반한다. 이 방식은 사용자와 콘텐츠 간의 상호작용 데이터를 행렬 형태로 구성하고, SVD(특이값 분해)나 ALS(교대 최소제곱법) 같은 수학적 기법을 통해 희소한 데이터에서 숨겨진 패턴을 찾아낸다.

두 번째는 내용 기반 필터링으로, 콘텐츠 자체의 특성을 분석한다. 예를 들어 특정 선수의 프로필, 팀의 역사, 하이라이트 영상의 텍스트 설명 등을 TF-IDF나 BERT 같은 자연어 처리 기술로 벡터화하여 유사도를 계산한다. 마지막으로 하이브리드 접근법은 이 두 방식을 결합하고, 여기에 그래프 신경망(GNN)이나 PinSage 같은 고급 기법을 더해 더욱 정확한 추천을 만들어낸다.

대형 플랫폼들이 하이브리드 방식을 선호하는 이유는 명확하다. 새로운 사용자나 새로 등록된 콘텐츠에 대한 추천 문제(콜드 스타트), 인기가 적은 틈새 콘텐츠의 발견 가능성(롱테일), 그리고 개인의 독특한 취향까지 모두 동시에 해결할 수 있기 때문이다. 시스템의 성능은 NDCG@K나 MAP@K 같은 순위 기반 평가 지표로 측정되며, 이는 단순히 정확도뿐만 아니라 추천 순서의 품질까지 고려한다.

(2) 데이터 파이프라인과 실시간 서빙

실제 운영 환경에서 추천 시스템은 복잡하고 정교한 데이터 처리 파이프라인을 통해 작동한다. 팬의 모든 행동은 이벤트 스트림을 통해 Kafka 같은 메시지 큐에 실시간으로 수집된다. 이 원시 데이터는 즉시 가공되어 머신러닝 모델이 이해할 수 있는 형태로 변환되고, 피처 스토어라는 특별한 데이터베이스에 저장된다.

피처 스토어는 두 가지 형태로 운영된다. 오프라인 스토어는 대용량의 역사적 데이터를 보관하며 모델 훈련에 사용되고, 온라인 스토어는 실시간 추천을 위해 최신 데이터를 수십 밀리초 내에 제공할 수 있도록 최적화된다. Feast 같은 오픈소스 솔루션은 이 두 환경을 매끄럽게 연결하여, Kafka와 Spark를 통해 들어오는 스트리밍 데이터를 Redis 같은 고속 온라인 스토어에 적재하고, 예측이 필요한 순간 즉시 최신 정보를 제공한다.

이러한 아키텍처 덕분에 팬이 앱을 열었을 때 그들의 최근 활동을 반영한 개인화된 콘텐츠를 거의 실시간으로 볼 수 있게 된다. 예를 들어 방금 전 특정 선수의 인스타그램을 확인한 팬에게는 해당 선수의 최신 경기 하이라이트가 우선적으로 추천된다.

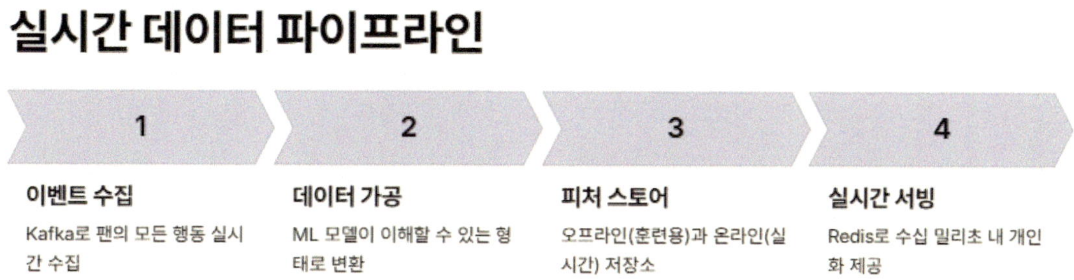

그림 10-3 실시간 데이터 파이프라인

2) AI 챗봇·버추얼 어시스턴트

(1) 대화 설계: 인텐트 – 엔터티 – 정책

스포츠 분야의 AI 챗봇은 팬들의 다양하고 복잡한 질문에 효과적으로 응답하기 위해 세 가지 핵심 구성요소를 중심으로 설계된다. 인텐트는 팬이 실제로 무엇을 원하는지 파악하는 것으로, "티켓을 구매하고 싶다", "경기 일정을 알고 싶다", "선수 통계를 확인하고 싶다" 같은 의도를 자동으로 분류한다. 엔터티는 대화에서 언급되는 구체적인 정보들로, 팀 이름, 선수 이름, 날짜, 좌석 구역 등의 세부 정보를 추출한다.

정책은 이 두 정보를 바탕으로 다음에 어떤 행동을 취할지 결정하는 규칙이나 학습된 모델이다. Rasa 같은 오픈소스 프레임워크는 자연어 이해(NLU) 엔진과 대화 관리 시스템을 통합하여 제공하며, TED나 DIET 같은 최신 알고리즘을 통해 복잡한 대화 흐름을 처리한다.

구글의 Dialogflow CX는 더 나아가 컨텍스트 관리와 외부 API 연동(Fulfillment) 기능을 제공하여, 실제 티켓 재고 확인이나 좌석 배치도 제공, 개인 맞춤형 굿즈 추천 같은 동적인 응답을 가능하게 한다. 이는 단순한 FAQ 응답을 넘어서 실시간으로 변화하는 정보를 반영한 개인화된 서비스를 제공할 수 있게 해준다.

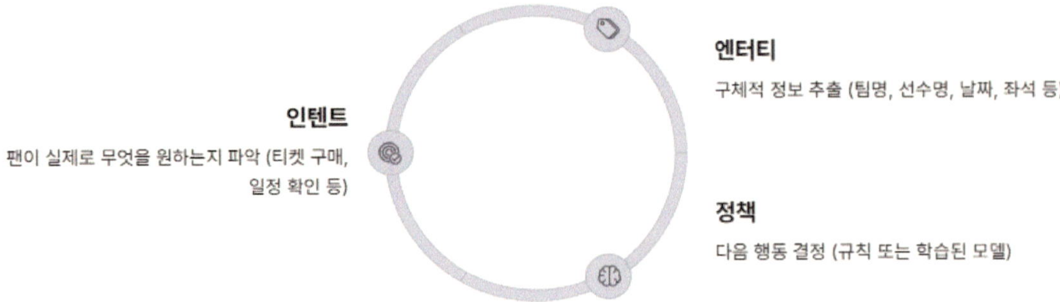

그림 10-4 AI 챗봇의 핵심 구성요소

(2) 품질 향상: 강화학습 · 감성 · 멀티모달

챗봇의 성능은 지속적인 학습과 개선을 통해 향상된다. 운영 과정에서 수집되는 대화 로그를 분석하여 어떤 질문들이 제대로 이해되지 않았는지, 어떤 새로운 패턴의 질문들이 나타나는지를 파악하고 모델을 보완한다. 특히 FAQ로 해결되지 않는 복잡한 문의는 실시간으로 인간 상담원에게 연결하는 브리지 전략을 통해 무응답률을 최소화한다.

현대의 고도화된 챗봇은 텍스트만이 아니라 이미지, 동영상, 음성까지 함께 처리하는 멀티모달 기능을 갖추고 있다. 팬이 "오늘 경기 하이라이트를 보여줘"라고 요청하면, 관련 영상 클립과 함께 경기 통계, 좌석 배치도 이미지까지 한 번에 제공한다. 이러한 풍부한 정보 제공 방식은 팬의 만족도를 크게 향상시킨다.

실제로 북미의 여러 프로스포츠 팀과 대학교들은 Satisfi Labs 같은 상용 솔루션을 도입하여 24시간 연중무휴 팬 서비스를 제공하고 있으며, 이를 통해 고객 문의 전화량을 크게 줄이면서도 티켓 판매와 굿즈 매출 증대라는 두 마리 토끼를 잡고 있다고 보고하고 있다.

3) 가상 팬덤 플랫폼

(1) 커뮤니티 · UGC · 게이미피케이션

현대의 팬덤 플랫폼은 단순한 정보 제공을 넘어서 팬들이 적극적으로 참여하고 기여할 수 있는 종합적인 생태계를 구축한다. 이러한 플랫폼의 핵심은 독점적인 콘텐츠, 성취감을 주는 배지와 레벨 시스템, 팬들이 직접 만드는 콘텐츠(UGC), 그리고 다양한 굿즈를 판매하는 상점 기능을 하나의 통합된 경험으로 제공하는 것이다.

독점 콘텐츠 팬만을 위한 특별한 영상과 정보

게이미피케이션 배지와 레벨로 성취감 제공

UGC 팬들이 직접 만드는 콘텐츠

통합 상점 다양한 굿즈 판매 기능

그림 10-5 가상 팬덤 플랫폼의 생태계

Weverse는 이러한 통합 플랫폼의 대표적인 성공 사례로, 원래 K-팝 팬덤을 위해 개발되었지만 그 설계 철학과 기술적 접근법은 스포츠 팬덤에도 그대로 적용될 수 있다. 이 플랫폼은 실시간 다국어 번역 기능을 통해 전 세계 팬들이 언어 장벽 없이 소통할 수 있게 하고, 라이브 스트리밍을 통한 실시간 상호작용, 통합된 커머스 시스템, 그리고 팬레터나 개인 메시지 같은 대량의 팬-아티스트 상호작용 기능을 제공한다.

이 모든 기능은 앱 내에서 개인화 알고리즘과 연결되어, 각 팬의 참여 패턴과 선호도에 따라 맞춤형 경험을 제공한다. 예를 들어 특정 선수에 대한 관심이 높은 팬에게는 해당 선수 관련 콘텐츠와 상품을 우선적으로 노출시키고, 활발하게 커뮤니티에 참여하는 팬에게는 더 많은 배지와 특별 혜택을 제공한다.

(2) 토큰 · NFT · 멤버십(개념 소개)

블록체인 기반의 디지털 자산은 스포츠 팬덤에 새로운 차원의 소유감과 참여감을 제공하는 혁신적인 도구로 주목받고 있다. 이 교재에서는 복잡한 기술적 세부사항보다는 팬 경험 개선 관점에서의 활용 가능성에 초점을 맞춘다.(더 심화된 내용은 별도의 가치창출편에서 다룬다)

토큰과 NFT 같은 디지털 자산의 핵심 가치는 팬들의 충성도와 참여도에 따라 차등화된 혜택을 제공할 수 있다는 점이다. 예를 들어 시즌권 구매자나 장기 팬에게는 특별한 디지털 배지를 발행하고, 이를 통해 독점 콘텐츠 접근권이나 선수와의 만남 기회, 한정판 굿즈 구매권 등의 실질적인 혜택을 제공할 수 있다. 이는 기존의 단순한 포인트 적립 시스템을 넘어서 진정한 의미의 디지털 소유권과 커뮤니티 소속감을 만들어낸다.

다만 이러한 시스템을 도입할 때는 데이터 프라이버시 보호와 청소년 이용자 안전 같은 중요한 고려사항들이 있으며, 이에 대해서는 5장에서 상세히 다룰 예정이다.

4) 인터랙티브 미디어 경험(AR/VR/XR)

(1) AR 오버레이 파이프라인

증강현실(AR) 기술은 실제 경기 화면 위에 추가적인 정보와 시각화를 겹쳐서 보여줌으로써 팬들의 경기 이해도와 몰입감을 크게 향상시킨다. 이 기술의 핵심은 실시간으로 수집되는 선수와 공의 움직임 데이터를 즉시 처리하여 의미 있는 시각적 정보로 변환하는 파이프라인이다.

NHL EDGE 시스템은 이러한 기술의 대표적인 사례로, 경기장에 설치된 센서들이 선수들의 스케이팅 속도, 슛의 속도와 각도, 패스의 정확도 등을 실시간으로 추적한다. 이 데이터는 AWS 클라우드 인프라를 통해 처리되어 NHL EDGE Unlocked라는 파일럿 프로그램을 통해 기존 중계와는 완전히 다른 데이터 중심의 시청 경험을 제공한다.

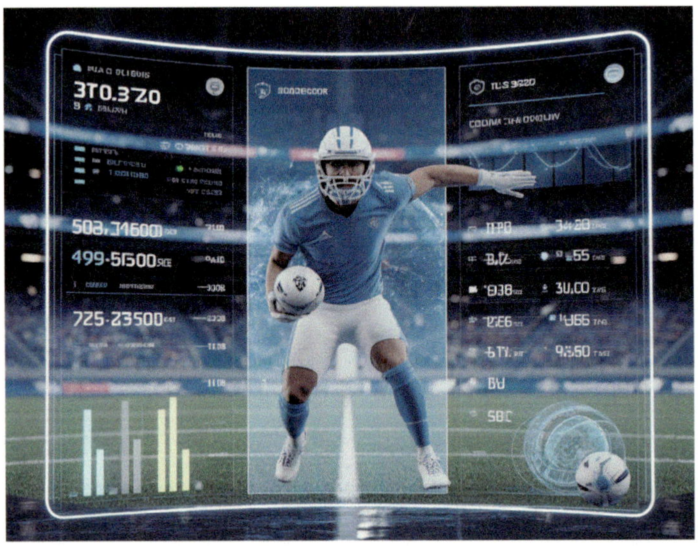

그림 10-6 AR오버레이 기술

F1에서는 더욱 극단적인 사례를 볼 수 있다. 각 차량에서 초당 110만 개의 데이터 포인트가 생성되는데, 이를 머신러닝 알고리즘으로 실시간 처리하여 F1 Insights라는 방송 그래픽으로 제공한다. 팬들은 단순히 차량의 순위만이 아니라 타이어 온도, 연료 소모량,

최적 주행 라인 등의 복잡한 정보를 직관적인 시각화를 통해 이해할 수 있게 된다.

(2) VR · 볼류메트릭(6DoF) 중계

가상현실과 볼류메트릭 캡처 기술은 팬들에게 물리적 제약을 넘어서는 완전히 새로운 시청 경험을 제공한다. NBA는 애플의 Vision Pro를 활용한 Tabletop 기능을 통해 이러한 미래의 가능성을 보여주고 있다. 팬들은 마치 테이블 위에 축소된 농구 코트가 있는 것처럼 경기를 내려다보며, 실시간으로 진행되는 경기를 360도 모든 각도에서 관찰할 수 있다.

볼류메트릭 기술은 한 단계 더 나아가 6DoF(6자유도) 시청을 가능하게 한다. Intel True View나 Canon Free-Viewpoint 같은 시스템은 경기장 곳곳에 수백 대의 고화질 카메라를 배치하여 선수들의 움직임을 3차원으로 완전히 재구성한다. 팬들은 감독의 시선에서, 심판의 위치에서, 심지어 공의 관점에서도 경기를 볼 수 있게 된다.

이러한 기술을 구현하기 위해서는 5K 해상도의 카메라 배열과 수백 테라바이트급의 실시간 데이터 처리 파이프라인이 필요하다. 현재는 비용과 기술적 복잡성 때문에 일부 프리미엄 경기에서만 제공되지만, 기술 발전과 비용 절감으로 인해 향후 더 광범위하게 확산될 것으로 예상된다.

5) 디지털 트윈 팬 아바타

(1) 개념과 적용

디지털 트윈 기술은 현실 세계의 공간, 객체, 심지어 사람의 행동까지 가상 환경에 정밀하게 복제하여 현실과 동일한 수준의 상호작용을 가능하게 하는 혁신적인 접근법이다. 스포츠 분야에서 이 기술은 팬들에게 물리적 제약 없이도 경기장과 팀에 더 가깝게 다가갈 수 있는 기회를 제공한다.

NBA 디트로이트 피스톤즈의 Pistons World는 이러한 가능성을 구체적으로 보여주는 사례다. 팬들은 웹브라우저만으로도 피스톤즈의 홈구장인 Little Caesars Arena의 완벽한 디지털 복제본에 접근할 수 있다. 이 가상 아레나에서는 단순히 구경하는 것을 넘어서 다양한 미니게임에 참여하고, 가상 상점에서 실제 굿즈를 구매하며, 다른 팬들과 실시간으로 소통할 수 있다.

이러한 디지털 트윈 환경은 특히 지리적으로 멀리 떨어져 있거나 경기장에 직접 갈 수 없는 팬들에게 새로운 형태의 팀과의 연결고리를 제공한다. 실제 경기가 없는 날에도 팬들은 가상 공간에서 모여 과거 경기를 다시 보거나, 선수들의 훈련 모습을 확인하거나, 다른 팬들과 전략을 토론할 수 있게 된다.

그림 10-7

(2) 3D 아바타(Photogrammetry/NeRF)

팬들의 가상 환경 참여를 더욱 몰입감 있게 만들기 위해서는 개인화된 3D 아바타 기술이 핵심적인 역할을 한다. 최근 급속히 발전하고 있는 NeRF(Neural Radiance Fields)와 가우시안 스플래팅 같은 신경 렌더링 기술은 팬들의 셀피나 짧은 동영상만으로도 놀랍도록 사실적인 3D 아바타를 생성할 수 있게 해준다.

Instant-NeRF나 H-NeRF 같은 최신 알고리즘들은 기존에 몇 시간 걸리던 3D 모델 생성 과정을 몇 분 내로 단축시켰다. 팬들은 스마트폰으로 몇 장의 사진을 찍기만 하면, 자신과 닮은 아바타가 가상의 경기장에서 움직이고 다른 팬들과 상호작용하는 모습을 볼 수 있게 된다.

더 나아가 이러한 아바타들은 다양한 팀 유니폼을 입거나 특별한 동작을 수행하도록 커스터마이징할 수 있으며, 가상 좌석에 앉아 경기를 관람하거나 가상 상점에서 쇼핑하는 등의 활동도 가능하다. 이 모든 기능들이 표준화되면, 팬들은 물리적 현실의 제약을 넘어서 완전히 새로운 차원의 스포츠 경험을 누릴 수 있게 될 것이다.

3 팬 데이터와 개인화 전략

1) 데이터 수집·ETL·CDP 구축

현대 스포츠 조직이 팬 개인화를 성공적으로 구현하기 위해서는 무엇보다 흩어져 있는 다양한 데이터를 하나로 통합하는 것이 핵심이다. 팬들은 모바일 앱에서 뉴스를 읽고, 웹사이트에서 티켓을 구매하며, OTT 플랫폼에서 경기를 시청하고, 경기장 내 POS에서 음식을 주문하며, 소셜미디어에서 팀 관련 콘텐츠를 공유한다. 이 모든 접점에서 발생하는 데이터가 개별적으로 관리된다면 팬에 대한 완전한 이해는 불가능하다.

CDP(Customer Data Platform)는 이러한 데이터 사일로 문제를 해결하는 핵심 인프라다. Segment, Adobe Experience Platform, 그리고 스포츠 산업에 특화된 StellarAlgo 같은 솔루션들은 서로 다른 시스템에서 발생하는 팬의 모든 행동을 실시간으로 수집하고 통합하여 '360도 팬 프로필'을 구축한다.

예를 들어 한 팬이 모바일 앱에서 특정 선수의 뉴스를 읽고, 1시간 후 웹사이트에서 해당 선수가 출전하는 경기 티켓을 검색하며, 저녁에 소셜미디어에서 그 선수의 훈련 영상을 공유했다면, CDP는 이 모든 행동을 하나의 연결된 스토리로 인식한다. 이를 통해 시스템은 이 팬이 해당 선수에 대해 매우 높은 관심을 갖고 있으며, 관련 콘텐츠나 상품에 대한 구매 의향이 높다는 것을 파악할 수 있다.

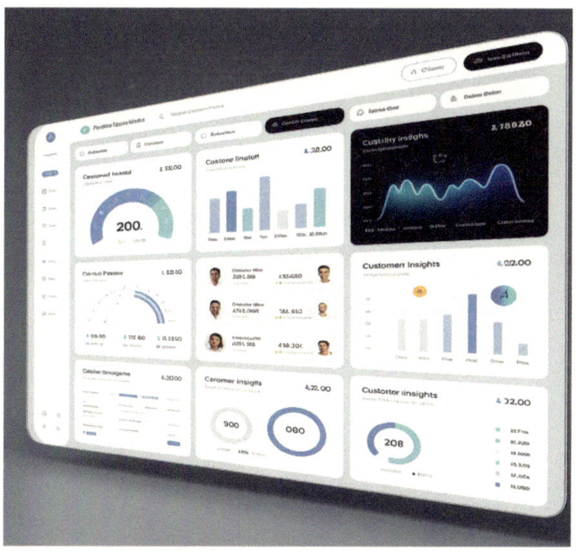

그림 10-8 팬 데이터 분석 예시

2) 팬 세분화(행동·열성도·지역·가치)

통합된 팬 데이터를 바탕으로 다음 단계는 수백만 명의 팬을 의미 있는 그룹으로 분류하는 것이다. 이를 위해 머신러닝 기반의 클러스터링 기법과 비즈니스 규칙 기반의 세분화를 조합하여 활용한다. K-means나 GMM(Gaussian Mixture Model) 같은 전통적인 클러스터링 알고리즘은 팬들의 행동 패턴에서 자연스럽게 드러나는 숨겨진 그룹을 발견하는 데 효과적이다.

동시에 "최근 90일 동안 2회 이상 현장 관람하면서 동시에 사용자 제작 콘텐츠에 참여한 팬" 같은 구체적인 비즈니스 규칙도 함께 적용한다. 이러한 하이브리드 접근법은 데이터에서 자연스럽게 나타나는 패턴과 비즈니스적으로 중요한 기준을 모두 고려할 수 있게 해준다.

NHL은 이러한 팬 세분화를 리그 차원에서 체계적으로 지원하는 흥미로운 사례를 보여준다. 각 구단이 개별적으로 팬 데이터를 분석하는 것보다, 리그 전체의 데이터를 통합하여 더 정교한 세분화 모델을 구축하고, 이를 다시 각 구단에 제공하여 효과적인 타겟팅과 팬 활성화 전략을 수립할 수 있도록 돕고 있다.

3) KPI·실험 설계

개인화 전략의 성과를 정확히 측정하고 지속적으로 개선하기 위해서는 명확하고 측정 가능한 성과 지표를 설정해야 한다. 스포츠 팬 개인화에서 핵심적으로 추적하는 지표들은 일일/월간 활성 사용자 수, 앱이나 웹사이트에서의 평균 체류 시간, 재방문율, 푸시 알림 오픈율, 그리고 최종적인 구매 전환율 등이다.

개인화 추천 시스템의 효과를 검증하기 위해서는 A/B 테스트나 다변량 테스트를 통해 개인화된 경험을 받은 그룹과 기존 방식을 경험한 그룹의 성과를 비교한다. 이때 중요한 것은 단순히 클릭률이나 조회수 같은 표면적 지표만이 아니라, 개인화가 팬의 장기적인 충성도와 생애 가치에 미치는 영향까지 추적하는 것이다.

추천 품질 자체의 평가를 위해서는 NDCG(Normalized Discounted Cumulative Gain)나 MAP(Mean Average Precision) 같은 정보 검색 분야의 순위 기반 평가 지표를 활용한다. 이러한 지표들은 단순히 정확한 추천을 했는지뿐만 아니라, 사용자가 가장 원하는 콘텐츠를 상위에 배치했는지까지 고려하여 추천 시스템의 실용적 가치를 측정한다.

그림 10-9 성과 측정 KPI

4 실제 도입 사례 및 성공 전략

1) 구단·리그 앱의 개인화 추천

NBA는 모바일 앱을 통한 팬 개인화 분야에서 가장 앞서나가는 사례 중 하나다. 2023-24 시즌부터 본격적으로 도입된 개인화 기능은 팬들의 앱 사용 패턴을 근본적으로 변화시켰다. 기존에는 모든 팬이 동일한 뉴스와 콘텐츠를 보았다면, 이제는 각 팬이 선호하는 팀과 선수를 기반으로 완전히 다른 경험을 제공받는다.

시스템의 작동 방식은 직관적이면서도 강력하다. 팬이 앱에서 좋아하는 팀과 선수를 선택하면, 관련 뉴스, 경기 하이라이트, 라이브 중계가 피드의 최상단에 우선적으로 노출된다. 소셜미디어 스타일의 'Moments' 피드는 팬의 관심사에 따라 동적으로 구성되어, 마치 개인 맞춤형 스포츠 신문을 읽는 것 같은 경험을 제공한다.

2024-25 시즌에는 이러한 개인화 기능이 더욱 발전했다. 멀티뷰 기능을 통해 팬이 관심 있는 선수들의 시점을 동시에 볼 수 있고, AI 기반 스마트 리와인드는 각 팬의 선호도를 분석해 가장 흥미로울 만한 순간들을 자동으로 편집하여 제공한다. AI 인사이트 기능은 복잡한 농구 통계를 팬의 이해 수준에 맞춰 쉽게 설명해준다.

2) AI 챗봇을 통한 팬 소통/매출 기여

MLB 휴스턴 애스트로스의 AI 챗봇 도입 사례는 기술 투자가 어떻게 직접적인 비즈니스 성과로 이어질 수 있는지를 명확히 보여준다. 팀은 시즌 초부터 티켓 구매에 특화된 AI 챗봇을 적극적으로 홍보했고, 그 결과 한 시즌 동안 23만 달러의 직접적인 티켓 매출을 창출했다. 더 중요한 것은 이 과정에서 직원들의 1만 1천 시간에 달하는 업무 시간을 절약했다는 점이다.

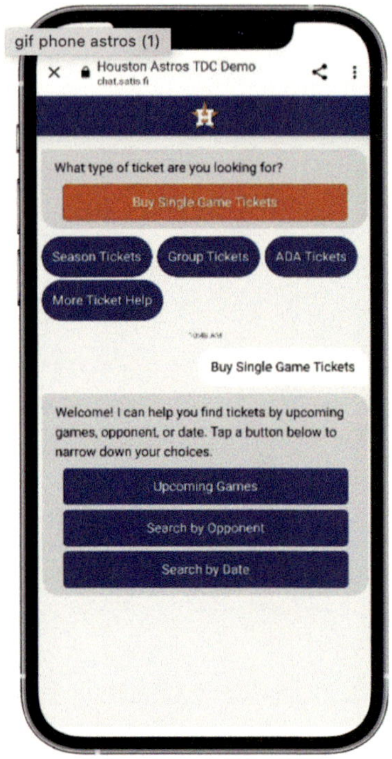

그림 10-10 MLB 휴스턴 에스트로스의 AI 챗봇

이는 단순한 비용 절감을 넘어서 고객 서비스 품질의 향상을 의미한다. 팬들은 24시간 언제든지 즉시 응답을 받을 수 있게 되었고, 직원들은 더 복잡하고 가치 있는 업무에 집중할 수 있게 되었다. 챗봇은 기본적인 티켓 정보 제공에서 시작해서 좌석 추천, 할인 혜택 안내, 심지어 개인 맞춤형 패키지 상품 제안까지 담당한다.

대학 스포츠 분야에서도 비슷한 성과가 나타나고 있다. 미시시피 주립대학교와 플로리다 대학교 등은 AI 챗봇을 통해 연중무휴 팬 서비스를 제공하면서, 동시에 채팅 과정에서 바로 티켓이나 굿즈를 구매할 수 있는 인챗 커머스 기능을 구현했다. 이를 통해 고객 응대 품질 향상과 구매 전환율 증가라는 두 가지 목표를 동시에 달성하고 있다.

3) 글로벌 팬덤 플랫폼의 개인화 운영

Weverse는 글로벌 팬덤 플랫폼의 개인화 운영에서 가장 주목할 만한 성공 사례다. 원래 K-팝 산업을 위해 개발된 이 플랫폼은 2023년 분기 기준 월간 활성 사용자 1천만 명을 돌파했으며, 특히 사용자의 90%가 해외 팬이라는 점에서 진정한 글로벌 플랫폼으로서의 위상을 확립했다.

Weverse의 핵심 혁신은 다국어 자동 번역 기능이다. 이를 통해 전 세계 팬들이 언어 장벽 없이 소통할 수 있게 되었고, 아티스트(또는 스포츠로 확장하면 선수나 팀)와 팬 간의 실시간 상호작용이 가능해졌다. 라이브 스트리밍 중에도 다국어로 번역된 댓글들이 실시간으로 화면에 표시되어, 마치 같은 언어를 사용하는 것처럼 자연스러운 소통이 이루어진다.

플랫폼 내 통합 커머스 시스템은 팬들이 콘텐츠를 소비하다가 자연스럽게 관련 상품을 구매할 수 있도록 설계되었다. 개인 메시지나 팬레터 같은 고빈도 상호작용 기능들은 팬들의 플랫폼 체류 시간을 크게 늘리며, 이는 곧 더 많은 개인화 데이터 수집과 더 정확한 추천으로 이어지는 선순환 구조를 만들어낸다.

4) AR/VR 중계의 몰입형 경험

NHL EDGE 시스템은 스포츠 중계에 AR 기술을 적용한 가장 야심찬 시도 중 하나다. 기존의 실시간 트래킹 데이터 공개에서 한 걸음 더 나아가, AWS 클라우드 인프라를 활용한 'EDGE Unlocked'라는 완전히 새로운 형태의 대체 중계를 선보였다. 이는 기존 TV 중계와 병행하여 제공되는 데이터 중심적인 시청 경험으로, 팬들은 선수들의 스케이팅 속도, 슛의 각도와 속력, 패스 성공률 등을 실시간 그래픽으로 확인하며 경기를 볼 수 있다.

F1에서는 AWS와의 파트너십을 통해 더욱 정교한 데이터 시각화를 구현하고 있다. 'F1 Insights'라는 이름으로 제공되는 이 서비스는 각 차량에서 생성되는 방대한 텔레메트리 데이터를 머신러닝으로 실시간 처리하여 방송 그래픽에 즉시 반영한다. 팬들은 단순히 순위 변화만 보는 것이 아니라, 타이어 온도 변화, 연료 소모 패턴, 최적 주행 라인 이탈 여부 등 전문가 수준의 정보를 시각적으로 이해할 수 있게 되었다.

NBA는 애플의 Vision Pro를 활용한 'Tabletop' 기능으로 공간 컴퓨팅의 새로운 가능성을 보여주고 있다. 선별된 경기에서 제공되는 이 기능을 통해 팬들은 마치 테이블 위에 축소된 농구 코트가 있는 것처럼 경기를 관람할 수 있다. 실제 경기와 동기화된 3D 미니어처 선수들이 실시간으로 움직이며, 팬들은 다양한 각도에서 전술적 움직임을 분석할 수 있다.

5) 팬 성향 진단 기반 캠페인(KBO 사례)

국내 야구 팬덤에서는 AI 기반의 개성적인 접근법이 주목받았다. '야구-PBTI'라는 재미있는 이름의 서비스는 MBTI 성격 유형 테스트의 인기에 착안하여, 팬들의 야구 관람 성향과 선호도를 빠르게 진단하는 도구로 개발되었다. 모바일에서 1분 내에 완료할 수 있는 간단한 질문들을 통해 팬의 성격과 야구 관람 스타일을 분석한다.

이 진단 결과는 단순한 재미를 넘어서 실제 마케팅 활용으로 이어진다. 예를 들어 "분석형 팬"으로 분류된 사용자에게는 상세한 선수 통계와 전술 분석 콘텐츠를, "감정형 팬"에게는 선수들의 개인적인 스토리나 팀의 역사적 순간들을 중심으로 한 콘텐츠를 개인화하여 제공한다. 진단 완료 후에는 결과에 기반한 맞춤형 푸시 알림과 이메일 뉴스레터가 발송되어, 잠재적인 팬을 실제 경기 관람객이나 굿즈 구매자로 전환시키는 캠페인에 활용되었다.

6) 축구 리그의 데이터 기반 개인화(LaLiga)

스페인의 LaLiga는 Microsoft Azure 클라우드를 기반으로 한 Data Sports Platform(DSP)을 통해 축구 리그 차원에서의 포괄적인 데이터 기반 개인화를 구현하고 있다. 이 시스템은 팬들의 앱 사용 행동, 경기 시청 패턴, 굿즈 구매 이력 등 모든 디지털 접점에서 발생하는 데이터를 실시간으로 통합한다.

'Beyond Stats'라는 이름의 데이터 시각화 서비스는 한 경기에서 발생하는 350만 개 이상의 데이터 포인트를 팬들이 쉽게 이해할 수 있는 시각적 지표로 변환한다. 이렇게 가공된 정보는 공식 앱, 방송 중계, 소셜미디어 채널에 동시에 배포되어 팬들이 어떤 채널을 통해 접근하든 일관된 개인화 경험을 받을 수 있게 한다.

LaLiga의 AI 시스템은 팬 이탈 예측, 구매 의향 분석, 콘텐츠 추천 등의 모델을 운영하여 각 팬에게 최적화된 '하이퍼-개인화' 접점을 제공한다. 예를 들어 특정 팬이 최근 앱 사용이 줄어들고 있다면, 시스템은 자동으로 해당 팬이 좋아하는 선수의 독점 인터뷰나 그가 응원하는 팀의 비하인드 스토리를 우선적으로 추천하여 재참여를 유도한다.

7) 디지털 트윈 메타버스(Pistons World)

Detroit Pistons의 'Pistons World'는 스포츠 산업에서 메타버스와 디지털 트윈 기술을 가장 창의적으로 활용한 사례 중 하나다. MeetKai와의 협업을 통해 개발된 이 가상 환경은 별도의 앱 다운로드 없이 웹브라우저만으로 접근할 수 있어 진입 장벽을 최소화했다.

팬들은 자신만의 아바타를 생성하여 피스톤즈의 홈구장인 Little Caesars Arena의 정밀한 디지털 복제본에 입장할 수 있다. 가상 공간에서는 단순한 구경을 넘어서 다양한 미니게임에 참여하고, 평소에는 접근할 수 없는 락커룸을 투어하며, 다른 팬들과 실시간으로 소통할 수 있다. 가상 상점에서는 실제 굿즈를 구매할 수 있어, 디지털 경험이 현실의 매출로 직접 연결된다.

이러한 메타버스 환경은 특히 지리적으로 멀리 떨어져 있거나 직접 경기장에 갈 수 없는 원격 팬들에게 새로운 형태의 팀 연결고리를 제공한다. 동시에 스폰서 기업들에게는 가상 공간 내 광고나 브랜드 체험관 같은 새로운 마케팅 기회를 창출하여 추가적인 수익원을 제공한다. 실제 경기가 없는 비시즌에도 팬들이 지속적으로 팀과 연결될 수 있는 365일 상시 운영 채널로서의 역할도 수행한다.

5 구현 전략과 고려사항

1) 옴니채널 통합

팬 개인화의 성공적 구현을 위한 가장 중요한 기반은 모든 디지털 및 물리적 접점에서 일관된 경험을 제공하는 것이다. 현대의 팬들은 모바일 앱에서 뉴스를 확인하고, 웹사이트에서 티켓을 구매하며, OTT 플랫폼에서 경기를 시청하고, 경기장 현장에서 다양한 서비스를 이용한다. 이 모든 순간에서 팬이 누구인지 인식하고 개인화된 경험을 제공하려면 강력한 기술적 통합이 필요하다.

이를 위한 핵심 아키텍처는 CDP(Customer Data Platform)와 CRM 시스템의 완전한 통합이다. 모든 채널에서 발생하는 팬의 행동 데이터는 실시간으로 중앙 데이터 허브로 수집되고, 피처 스토어를 통해 머신러닝 모델이 즉시 활용할 수 있는 형태로 가공된다. 이때 온라인과 오프라인에서 생성되는 데이터 피처들 간의 일관성을 유지하는 것이 매우 중요하다.

실제 운영에서는 Kafka 같은 스트리밍 플랫폼을 통해 들어오는 실시간 데이터를 Feast 같은 피처 스토어의 온라인 저장소(주로 Redis)에 적재하고, 개인화 서비스 요청 시 수십에서 수백 밀리초 내에 응답할 수 있는 저지연 서빙 패턴을 구축한다. 이러한 아키텍처 덕분에 팬이 모바일 앱을 열었을 때 그들의 최신 활동을 반영한 개인화된 콘텐츠를 거의 실시간으로 볼 수 있게 된다.

예를 들어 팬이 경기장에서 특정 선수의 유니폼을 구매했다면, 집으로 돌아가는 길에 모바일 앱을 켰을 때 해당 선수의 최신 하이라이트나 인터뷰 영상이 홈 화면 상단에 노출되는 것이다. 이는 물리적 구매 행동과 디지털 콘텐츠 소비가 매끄럽게 연결되는 진정한 옴니채널 경험을 의미한다.

2) 프라이버시·윤리(GDPR 요점)

개인화 마케팅의 발전과 함께 개인정보 보호와 데이터 윤리에 대한 관심도 크게 높아졌다. 특히 유럽의 GDPR(일반개인정보보호규정)은 전 세계 디지털 마케팅의 표준이 되고 있으며, 스포츠 조직들도 이를 철저히 준수해야 한다.

GDPR 제6조에 따르면 개인화 처리를 위한 법적 근거는 명확해야 한다. 사용자의 명시적 동의, 서비스 제공을 위한 계약 이행, 또는 조직의 정당한 이익 추구 등이 그 근거가 될 수 있다. 중요한 것은 각각의 개인화 활동이 어떤 법적 근거에 기반하고 있는지 명확히 하고, 이를 투명하게 공개하는 것이다.

제22조는 자동화된 의사결정과 프로파일링에 대한 규정으로, 개인화 추천 시스템이나 AI 챗봇 같은 자동화 시스템의 존재와 작동 방식을 사용자에게 고지해야 한다고 명시한다. 팬들은 자신에게 제공되는 콘텐츠가 어떤 기준으로 선택되었는지 알 권리가 있으며, 원할 경우 자동화된 처리를 거부하거나 인간의 개입을 요구할 수 있어야 한다.

특히 민감한 부분은 제8조의 아동 보호 규정이다. 16세 미만의 미성년자를 대상으로 하는 개인화 캠페인은 각국의 법적 기준에 따라 보호자의 동의를 받아야 하며, 연령 확인 절차를 거쳐야 한다. 또한 미성년자가 언제든지 쉽게 서비스를 중단(옵트아웃)할 수 있는 명확한 방법을 제공해야 한다. 스포츠는 젊은 팬층이 많은 만큼 이러한 아동 보호 규정을 특히 신중하게 고려해야 한다.

3) 피드백 루프 설계

지속적으로 개선되는 개인화 시스템을 구축하기 위해서는 체계적인 피드백 루프가 필수적이다. 이는 측정, 학습, 재배포의 순환 구조로 이루어지며, 조직의 핵심 성과지표(KPI)와 긴밀하게 연결되어야 한다.

측정 단계에서는 시스템이 생성하는 모든 로그 데이터를 체계적으로 수집하고 분석한다. 팬의 클릭, 스크롤, 체류 시간 같은 행동 데이터뿐만 아니라 주기적인 만족도 설문이나 피드백 수집을 통해 정성적 데이터도 함께 확보한다. 이때 중요한 것은 단순한 사용량 지표를 넘어서 개인화가 실제로 팬의 만족도와 충성도에 미치는 영향을 측정하는 것이다.

학습 단계에서는 수집된 데이터를 바탕으로 현재 모델의 성능을 분석하고 개선점을 파악한다. 어떤 종류의 추천이 더 효과적인지, 어떤 팬 세그먼트에서 개인화 효과가 특히 높은지, 반대로 어떤 영역에서 개선이 필요한지를 데이터를 통해 객관적으로 평가한다. 이 과정에서 새로운 알고리즘이나 기능을 실험하고 검증하기도 한다.

재배포 단계에서는 학습한 내용을 실제 서비스에 적용한다. 이때 모든 사용자에게 일괄 적용하는 것이 아니라 A/B 테스트나 점진적 롤아웃을 통해 신중하게 배포한다. 추천 시스템의 품질은 NDCG나 MAP 같은 정보 검색 지표로, 마케팅 캠페인의 효과는 리프트 분석이나 증분 매출로 평가하여 개선 효과를 정량적으로 검증한다.

6 미래 동향

1) 메타버스·XR의 표준화

메타버스와 확장현실(XR) 기술은 스포츠 팬 경험의 다음 단계를 여는 핵심 기술로 자리잡아가고 있다. 현재는 초기 실험 단계에 있지만, 향후 몇 년 내에 구단, 플랫폼 사업자, 스폰서가 함께 참여하는 통합된 생태계로 발전할 것으로 예상된다.

디지털 트윈 경기장 기술은 실제 경기장을 가상 공간에 완벽하게 재현하여, 팬들이 물리적 제약 없이 경기를 관람하고 상호작용할 수 있게 해준다. 볼류메트릭 리플레이 기술과 결합하면 6DoF(6자유도) 시청이 가능해져, 팬들은 마치 경기장 어느 위치에나 순간이동할 수 있는 것처럼 자유로운 시점에서 경기를 관람할 수 있다.

그림 10-11 메타버스 경기장

이러한 기술들이 가정용 XR 헤드셋과 결합되면 완전히 새로운 차원의 개인화된 시청 경험이 가능해진다. 팬들은 집에 있으면서도 "나만의 각도"에서 경기를 보고, 가상의 VIP 석에서 다른 팬들과 함께 응원하며, 선수들의 시점에서 경기를 체험할 수도 있게 된다. 반대로 현장에 있는 팬들은 AR 글래스를 통해 실시간 통계, 승률 예측, 선수 정보 등을 경기 화면 위에 겹쳐서 볼 수 있는 하이브리드 관람 경험을 누리게 될 것이다.

NBA의 Vision Pro 활용, Intel True View, Canon Free-Viewpoint 같은 현재의 파일럿 프로젝트들이 점차 확산되면서, 몇 년 내에는 이러한 기술들이 프리미엄 스포츠 시청의 표준이 될 가능성이 높다.

그림 10-12

2) 생성형 AI와 초개인화

생성형 AI의 발전은 스포츠 콘텐츠 제작과 개인화 영역에 혁명적 변화를 가져오고 있다. 현재 WSC Sports 같은 기업들이 제공하는 자동 하이라이트 생성 기술은 이미 여러 리그와 미디어 기업에서 활용되고 있으며, 여기에 다국어 보이스오버 생성 기능까지 결합되어 대규모 콘텐츠 자동화가 현실화되고 있다.

미래에는 이러한 기술이 더욱 발전하여 "1인 1맞춤" 경기 요약이 기본 옵션이 될 것으로 예상된다. 각 팬의 관심사, 시청 패턴, 감정적 반응을 분석하여 완전히 개인화된 하이라이트 영상을 실시간으로 생성하는 것이다. 예를 들어 수비에 관심이 많은 팬에게는 인터셉트와 블록 장면을 중심으로, 드라마틱한 순간을 선호하는 팬에게는 역전 상황과 결정적 순간들을 중심으로 구성된 하이라이트를 제공할 수 있게 된다.

ESPN을 비롯한 주요 스포츠 미디어들은 이미 개인화된 숏폼 피드와 AI 해설 기능을 전면에 내세우고 있다. 향후에는 각 팬의 지식 수준과 선호도에 맞춰 AI가 실시간으로 경기를 해설하고, 개별 팬만을 위한 맞춤형 분석과 예측을 제공하는 것이 일반화될 것이다. 이는 단순한 콘텐츠 추천을 넘어서 각 팬만을 위한 전용 스포츠 방송국을 갖는 것과 같은 경험을 제공할 것이다.

학습 요약

스포츠 팬 경험 혁신의 궁극적 목표는 과거의 '일대다' 방식에서 벗어나 각 팬 개인의 고유한 니즈와 선호도에 맞춘 '일대일' 경험을 제공하는 것이다. 이는 스포츠 산업 전체의 패러다임 전환을 의미한다.

이러한 전환을 가능하게 하는 핵심 기술들은 서로 유기적으로 연결되어 있다. 추천 시스템은 개인화의 기본 엔진 역할을 하고, AI 챗봇은 팬과의 직접적인 소통 채널을 담당한다. 가상 팬덤 플랫폼은 지속적인 참여를 유도하며, AR/VR과 XR 기술은 몰입형 경험을 제공한다. 디지털 트윈 기술은 이 모든 것을 통합하여 현실과 가상을 넘나드는 새로운 형태의 팬 경험을 창출한다.

성공적인 개인화를 위해서는 CDP를 중심으로 한 데이터 통합, 정교한 팬 세분화, 피처 스토어를 통한 실시간 서빙 체계가 필수적이다. 여기에 A/B 테스트와 정량적 평가 지표를 통한 지속적인 성과 관리가 더해져야 한다. 성공을 측정하는 지표는 팬의 실질적인 만족도와 장기적 가치에 초점을 맞춰야 하며, 앱 체류 시간, 재방문율, 구매 전환율, 고객 생애 가치 등이 핵심이다. 개인화 도입 전후의 증분 효과를 측정하여 실제 개선 효과를 검증하는 것이 중요하다.

운영 측면에서는 옴니채널 환경에서의 일관성 확보와 팬의 구매 여정 단축이 핵심이다. 동시에 팬들의 개인정보 보호, 청소년 이용자 안전 보장, 자동화된 의사결정 과정의 투명한 공개 등 데이터 윤리를 준수해야 한다.

개인화는 이제 스포츠 산업의 기본값이 되었다. 생성형 AI와 메타버스, XR 기술의 발전은 개인화를 초개인화로 발전시키고 있으며, 각 팬만을 위한 전용 콘텐츠와 1:1 AI 어시스턴트가 일반화되는 미래가 다가오고 있다. 성공의 열쇠는 기술 그 자체가 아니라 데이터 일관성 유지, 지속적 실험 문화, 그리고 팬들과의 신뢰 관계 구축이다.

11 Chapter

AI가 변화시키는 스포츠 직무와 전략

>> 학습 목표

1. AI 도입이 스포츠 직무 구조를 어떻게 혁신하는지 이해한다.
2. AI 코치·전략·분석가·퍼포먼스 모델링의 핵심 기술과 실제 사례를 설명할 수 있다.
3. AI 기반 스포츠 조직의 운영 전략과 윤리·법적 고려 사항을 분석할 수 있다.

1 AI 도입과 스포츠 직무 혁신

1) 기존 직무 구조와 한계

전통적인 스포츠 조직의 직무 구조는 명확한 분업 체계 하에 운영되어 왔다. 코칭 스태프는 선수들의 훈련과 경기 지도에 집중하고, 전력분석관은 상대팀과 자팀의 전술적 특성을 연구하며, 의무팀은 선수들의 건강 관리와 부상 예방을 담당하고, 스카우터들은 새로운 인재 발굴에 매진해왔다. 각 부서는 고유한 전문성을 바탕으로 독립적으로 운영되었고, 이러한 분업 체계는 오랫동안 스포츠 조직의 표준이었다.

하지만 이런 전통적 접근법에는 근본적인 한계가 존재했다. 대부분의 업무가 손으로 작성하는 노트, 엑셀 스프레드시트, 그리고 오랜 경험을 통해 축적된 직관적 판단에 의존했다. 예를 들어 코치가 선수의 컨디션을 파악하기 위해서는 직접 관찰하거나 선수의 주관적 호소에 의존해야 했고, 전력분석관이 상대팀의 패턴을 분석하려면 수많은 경기 영상을 일일이 시청하며 수기로 기록해야 했다.

더 큰 문제는 각 부서에서 생성되는 정보들이 실시간으로 연결되지 못한다는 점이었다. 의무팀에서 파악한 선수의 피로도 정보가 코칭 스태프에게 즉시 전달되지 않아 과도한 훈련으로 인한 부상이 발생하거나, 스카우터가 발견한 유망한 선수 정보가 전력분석팀의 전술적 요구사항과 연결되지 못해 비효율적인 영입이 이루어지는 경우가 빈번했다. 이러한 정보 지연과 중복 업무는 조직 전체의 효율성을 크게 저해하는 요인이었다.

2) AI 도입 트리거와 기술 스펙트럼

AI 기술의 급속한 발전은 이러한 전통적 한계를 극복할 수 있는 강력한 도구들을 제공하고 있다. 스포츠 분야에서 활용되는 AI 기술들은 다양한 스펙트럼을 갖고 있으며, 각각이 서로 다른 영역의 혁신을 이끌고 있다.

컴퓨터 비전과 머신러닝의 결합은 경기 분석 영역에 혁명을 일으키고 있다. Second Spectrum 같은 기업의 기술은 경기 영상을 픽셀 단위로 정밀 분석하여 모든 선수와 공의 좌표를 초당 25프레임 이상의 속도로 실시간 추출한다. 이는 과거 전력분석관이 몇 시간에 걸쳐 수동으로 기록했던 선수 동선과 전술적 움직임을 몇 초 만에 자동으로 파악할 수 있게 해준다. 더 나아가 이러한 데이터를 기반으로 선수 간의 상호작용 패턴, 공간 점유율, 압박 강도 등 복잡한 전술적 지표들을 실시간으로 계산할 수 있다.

웨어러블 센서와 IoT 기술의 발전은 선수 개인의 생체 정보를 정밀하게 모니터링할 수 있게 했다. 심박수, GPS 위치 정보, 관성 측정 장치(IMU) 데이터를 초당 수백 헤르츠의 속도로 기록하여 선수의 훈련 부하를 객관적으로 계산한다. 이를 통해 의무팀은 선수 개인의 피로도와 부상 위험도를 실시간으로 모니터링할 수 있고, 코칭 스태프는 각 선수에게 최적화된 훈련 강도를 설정할 수 있게 되었다.

클라우드와 엣지 컴퓨팅 기술은 이러한 방대한 데이터의 실시간 처리를 가능하게 한다. 경기장 현장에 설치된 로컬 서버가 50밀리초 이내에 AI 모델의 추론을 완료하고, 그 결과를 벤치의 태블릿으로 즉시 전송한다. 이를 통해 코치는 경기 도중에도 실시간으로 전술적 조언을 받을 수 있고, 선수 교체나 전술 변경에 대한 데이터 기반의 의사결정을 내릴 수 있다.

생성형 AI와 대규모 언어모델(LLM)의 등장은 스카우팅과 정보 분석 영역에 새로운 가능성을 열어주고 있다. Sevilla FC의 Scout Advisor 같은 시스템은 방대한 스카우팅 리포트와 전문가들의 노트를 자연어로 요약하고, 특정 질문에 대해 즉시 답변을 제공한다. 예를 들어 "왼발잡이 윙어 중에서 크로스 정확도가 높고 수비 가담이 적극적인 선수"라는 복잡한 조건을 자연어로 질의하면, AI가 전 세계 데이터베이스에서 해당 조건에 맞는 선수들을 즉시 찾아서 상세한 분석 리포트와 함께 제시한다.

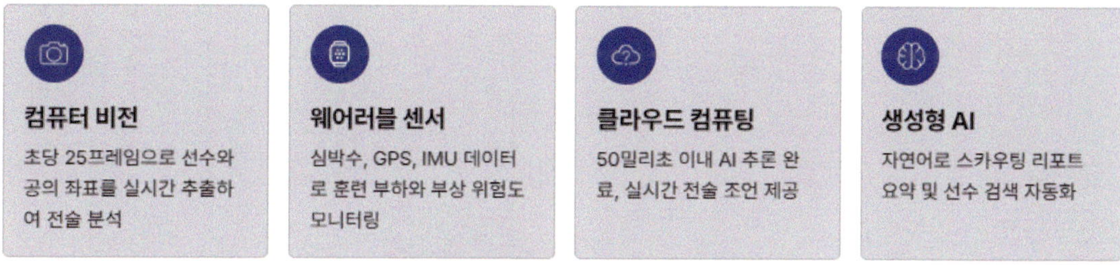

그림 11-1 AI 기술 스펙트럼

3) AI 시대 직무 재구성 로드맵

AI 기술의 도입은 단순히 기존 업무를 자동화하는 것을 넘어서 조직 전체의 구조와 문화를 근본적으로 변화시키고 있다. 이러한 변화는 체계적인 단계를 거쳐 진행되며, 각 단계마다 새로운 역량과 조직 구조가 요구된다.

첫 번째 단계는 데이터 생태계 구축이다. 기존에 산발적으로 수집되던 정보들을 통합된 데이터 플랫폼으로 수집하고 저장하는 인프라를 구축한다. 경기 영상, 웨어러블 센서 데이터, 스카우팅 리포트, 선수 개인 정보 등 모든 데이터가 실시간으로 중앙 데이터베이스에 수집되고, 표준화된 형태로 가공되어 저장된다. 이 단계에서는 데이터 엔지니어의 역할이 매우 중요하며, 기존 직원들도 데이터의 중요성과 활용법에 대한 교육을 받아야 한다.

두 번째 단계는 모델 개발과 운영체계(MLOps) 구축이다. 수집된 데이터를 바탕으로 각 영역에 특화된 AI 모델들을 개발하고, 이를 지속적으로 개선하고 운영할 수 있는 체계를 만든다. 선수 성과 예측 모델, 부상 위험도 평가 모델, 전술 패턴 분석 모델 등 다양한 AI 모델들이 개발되고, 실제 성과 데이터를 통해 지속적으로 검증되고 개선된다. 이 단계에서는 AI 사이언티스트와 퍼포먼스 과학자들의 협업이 핵심이다.

세 번째 단계는 현장 실시간 적용이다. 개발된 AI 모델들이 실제 훈련과 경기 현장에서 실시간으로 활용되기 시작한다. 코치는 훈련 중 선수들의 실시간 컨디션 정보를 받아보고, 경기 중에는 상대팀의 전술 변화를 즉시 파악할 수 있게 된다. 의무팀은 부상 위험이 높은 선수를 사전에 식별하여 예방 조치를 취하고, 스카우터는 AI가 추천하는 유망 선수들에 대한 더 정밀한 분석에 집중할 수 있다.

마지막 단계는 조직 구조의 통합적 재구성이다. 기존의 부서별 분업 체계를 넘어서 데이터 엔지니어, AI 사이언티스트, 퍼포먼스 과학자, 코치가 하나의 통합된 팀으로 협업하는 하이브리드 조직 구조를 구축한다. 이러한 조직에서는 모든 구성원이 데이터 리터러시를 갖추고 있으며, AI 도구를 자연스럽게 활용하여 각자의 전문 영역에서 더 높은 성과를 창출한다. 의사결정 과정도 경험과 직관에서 데이터와 AI 인사이트를 기반으로 한 과학적 접근법으로 전환된다.

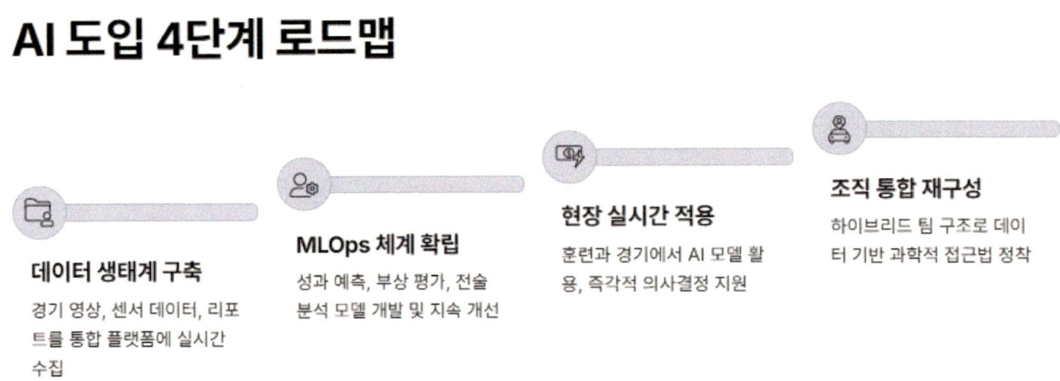

그림 11-2 AI 도입 4단계 로드맵

2 AI 코치 : 지능형 훈련 파이프라인

1) 데이터 수집·통합

AI 코치 시스템의 핵심은 선수의 움직임과 컨디션을 정밀하게 측정하고 통합하는 데이터 수집 체계에 있다. 과거에는 코치의 육안 관찰이나 선수의 주관적 피드백에 의존했다면, 현재는 첨단 센서 기술과 컴퓨터 비전을 통해 객관적이고 정밀한 데이터를 실시간으로 수집할 수 있게 되었다.

모션 캡처 기술의 발전은 특히 눈에 띈다. Sportsbox AI 같은 시스템은 일반 스마트폰 카메라만으로도 골프 스윙을 0.1도의 정밀도로 측정할 수 있다. 이는 과거 수백만 원 상당의 전문 장비가 필요했던 분석을 누구나 쉽게 활용할 수 있게 만들었다. 선수가 스마트폰 앞에서 스윙을 하면, AI가 즉시 어깨 회전각, 골반의 움직임, 클럽 헤드의 궤적 등을 정밀 분석하여 개선점을 제시한다.

전통적인 모션 캡처는 선수 몸에 수십 개의 마커를 부착해야 했지만, 마커리스 3D 포즈 추정 기술은 카메라 단일 시점에서도 인체의 주요 관절점(keypoint)을 정확히 찾아내어 삼각법 없이도 운동학적 연쇄(Kinematic Chain)를 완전히 재구성할 수 있다.

생체 정보와 심리적 상태의 동기화도 AI 코치 시스템의 중요한 요소다. 심박변이도(HRV), 객관적 피로지수, 그리고 선수가 직접 보고하는 주관적 운동강도(RPE) 등의 데이터가 선수 개인의 고유 ID와 연결되어 통합 관리된다. 예를 들어 한 선수의 아침 HRV가 평소보다 현저히 낮다면, 시스템은 자동으로 그날의 훈련 강도를 조절하거나 추가적인 회복 시간을 제안한다.

이러한 다차원적 데이터 수집을 통해 AI 코치는 선수를 단순히 움직이는 몸이 아니라 생리적, 심리적, 기술적 요소가 복합적으로 작용하는 통합체로 이해하고 분석할 수 있게 된다.

2) 모델 학습·실시간 인퍼런스

수집된 데이터를 바탕으로 AI 코치는 복잡한 기계학습 모델을 통해 선수 개인에게 최적화된 훈련 처방을 제공한다. 이 과정은 크게 포즈 분석과 훈련 계획 최적화의 두 단계로 나뉜다.

포즈 추정 모델은 여러 단계의 신경망을 거쳐 점진적으로 정교해진다. 먼저 HRNet이 선수의 기본적인 자세와 움직임을 파악하고, MediaPipe가 실시간 처리를 위한 최적화를 담당한다. 마지막으로 커스텀 LSTM 정제기가 시간적 연속성을 고려하여 노이즈를 제거하고 더욱 정확한 움직임 분석을 완성한다.

훈련 계획의 최적화에는 강화학습 알고리즘이 핵심적인 역할을 한다. 시스템은 다음과 같은 요소들을 종합적으로 고려한다:

상태(State): 현재 선수의 피로도, 근육 강도, 기술 숙련도 등의 종합적 컨디션
행동(Action): 추천할 훈련의 종류, 강도, 세트 수, 반복 횟수 등
보상(Reward): 다음날 측정되는 퍼포먼스 지표의 향상에서 부상 위험도 증가를 뺀 값

그림 11-3 AI 모델 학습과 실시간 인퍼런스

강화학습 알고리즘은 Q-learning 방식을 사용하여 $Q(s,a) \leftarrow Q + \alpha(r + \gamma \max Q' - Q)$ 공식에 따라 지속적으로 학습한다. 여기서 α는 학습률, γ는 할인 인자로, 미래 보상의 중요도를 조절한다. 이를 통해 시스템은 수천 명의 선수 데이터와 수만 번의 훈련 결과를 학습하여, 각 선수에게 가장 효과적인 훈련 처방을 찾아낸다.

실시간 인퍼런스 단계에서는 이렇게 학습된 모델이 현재 선수의 상태를 입력받아 즉시 최적의 훈련 계획을 제안한다. 중요한 것은 이 과정이 선수가 훈련장에 도착하는 순간부터 실시간으로 이루어진다는 점이다.

3) 피드백 인터페이스 설계

AI 코치의 복잡한 분석 결과를 선수와 코치가 직관적으로 이해하고 활용할 수 있도록 하는 인터페이스 설계는 매우 중요하다. 가장 효과적인 방법은 복잡한 데이터를 간단하고 명확한 시각적 신호로 변환하는 것이다.

3색 신호등 시스템은 이러한 직관적 소통의 대표적 사례다. 초록색은 "현재 컨디션이 양호하여 계획된 훈련을 진행해도 됨", 노란색은 "주의가 필요하며 강도를 조절해야 함", 빨간색은 "부상 위험이 높으니 휴식이나 재활 훈련이 필요함"을 의미한다. 선수는 복잡한 수치를 해석할 필요 없이 색깔만 보고도 자신의 상태를 즉시 파악할 수 있다.

AR(증강현실) 오버레이 기술은 더욱 정교한 실시간 피드백을 가능하게 한다. 선수가 운동하는 동안 스마트 글래스나 태블릿 화면에 이상적인 자세가 반투명한 형태로 겹쳐 표시되어, 현재 자세와 목표 자세의 차이를 시각적으로 확인할 수 있다. 예를 들어 테니스 서브 연습 중 팔꿈치 각도가 부족하면 화면에 빨간 선으로 표시되어 즉시 교정할 수 있게 된다.

음성 기반 챗봇은 운동 중에도 자연스러운 소통을 가능하게 한다. “다음 스프린트는 85% 강도로 실시하세요”, “심박수가 목표 범위를 벗어났으니 30초간 휴식하세요” 같은 구체적인 지시를 선수의 이어폰으로 전달한다. 이는 마치 전문 코치가 옆에서 지속적으로 조언하는 것과 같은 경험을 제공한다.

그림 11-4 피드백 인터페이스 설계

4) 현장 적용 사례

AI 코치 시스템의 실제 효과는 다양한 현장 적용 사례를 통해 입증되고 있다. 특히 프로 스포츠와 개인 훈련 영역에서 놀라운 성과들이 보고되고 있다.

프리미어리그의 한 구단은 선수들의 트래킹 데이터와 AI 분석을 결합하여 개인별 맞춤형 기술 교정 리포트를 제작하고 있다. 각 선수의 패스 정확도, 드리블 성공률, 수비 커버리지 등을 실시간으로 분석하고, 개선이 필요한 기술적 요소들을 구체적으로 제시한다. 예를 들어 한 미드필더에게는 “왼발 중거리 패스의 정확도가 리그 평균보다 12% 낮으니, 주 3회 좌측 발목 강화 훈련과 20m 거리 패스 연습을 추가할 것”이라는 식의 정밀한 처방을 제공한다. 이 시스템 도입 후 선수들의 만족도는 92%에 달했으며, 대부분의 선수들이 자신의 약점을 객관적으로 파악하고 개선할 수 있게 되었다고 평가했다.

개인 운동 영역에서는 Humango 앱이 주목할 만한 성과를 보여주고 있다. 이 앱은 트라이애슬론 선수들에게 적응형 훈련 계획을 제안하는데, 각 선수의 수영, 사이클링, 러닝 능력을 개별적으로 평가하고 약점 보완에 집중한 맞춤형 훈련 스케줄을 자동 생성한다. 선수의 일일 컨디션 변화, 훈련 반응, 회복 속도 등을 실시간으로 모니터링하여 계획을 지속적으로 조정한다.

Humango를 6개월 이상 사용한 트라이애슬론 선수들의 레이스 기록을 분석한 결과, 평균 6.4%의 기록 단축 효과가 나타났다. 이는 기존의 정형화된 훈련 프로그램 대비 매우 높은 개선율이다. 특히 주목할 점은 부상 발생률도 기존 대비 30% 감소했다는 것이다. AI가 각 선수의 신체적 한계와 회복 패턴을 정확히 파악하여 과도한 훈련을 방지했기 때문이다.

이러한 성공 사례들은 AI 코치가 단순한 기술적 도구를 넘어서 실제로 선수들의 경기력 향상과 부상 예방에 기여할 수 있는 실용적 솔루션임을 보여준다. 앞으로 더 많은 데이터가 축적되고 알고리즘이 정교해질수록 그 효과는 더욱 커질 것으로 예상된다.

3 전략 분석가 : 데이터 기반 게임 전략

1) 경기 데이터 파이프라인

현대 스포츠에서 전략 분석은 더 이상 코치의 경험과 직감에만 의존하지 않는다. 정교한 데이터 파이프라인을 통해 경기 중 발생하는 모든 움직임과 상호작용을 실시간으로 수집하고 분석하여, 즉시 활용 가능한 전략적 인사이트로 변환한다.

이 과정은 체계적인 단계를 거쳐 진행된다. 먼저 비전 트래킹 시스템이 경기장의 모든 선수와 공의 3차원 좌표(x, y, z)를 실시간으로 추적한다. 이는 단순한 위치 정보를 넘어서 속도, 가속도, 방향 변화까지 포함하는 포괄적인 움직임 데이터다.

두 번째 단계에서는 이벤트 태깅이 이루어진다. 컴퓨터 비전 알고리즘이 패스, 슛, 스크린, 태클 같은 구체적인 플레이 액션을 자동으로 식별하고 분류한다. 과거에는 분석관이 수동으로 경기를 보며 일일이 기록했던 작업이 이제는 실시간으로 자동화되었다.

세 번째 단계는 피처 테이블 생성이다. 원시 데이터를 의미 있는 전술적 지표로 변환하는 과정으로, 공격 Phase ID(어떤 형태의 공격인지), Tempo(공격 속도), 공간 점유율, 압박 강도 등의 고차원 피처들이 계산된다. 예를 들어 농구에서는 'Pace of Play'를 분석하여 팀이 빠른 전개를 선호하는지 느린 전개를 선호하는지 파악한다.

네 번째 단계에서는 이 모든 데이터가 그래프 데이터베이스에 저장된다. 그래프 DB는 선수 간의 관계, 플레이 패턴 간의 연결, 시간적 순서 등 복잡한 관계성을 효율적으로 표현할 수 있다. 마지막으로 이렇게 구조화된 데이터를 바탕으로 AI 모델이 전략적 분석과 예측을 수행한다.

2) 전략 모델링 접근법

AI 기반 전략 분석은 크게 시뮬레이션과 패턴 인식의 두 가지 핵심 방법론을 활용한다. 각각은 서로 다른 강점을 가지며 상호 보완적으로 작용한다.

시뮬레이션 접근법에서는 몬테카를로 트리 탐색(MCTS) 알고리즘을 활용하여 수천 가지의 전술적 시나리오를 가상으로 실행해본다. 상대팀의 전술적 선택을 트리의 노드로 표현하고, 각 노드에서 가능한 우리 팀의 대응 전략들을 탐색한다. 예를 들어 상대팀이 높은 압박을 선택했을 때 우리 팀이 롱패스를 시도할 확률, 쇼트패스로 빌드업할 확률, 직접적인 돌파를 시도할 확률 등을 각각 계산하고, 각 선택의 성공 가능성과 기대 득점을 예측한다.

이러한 시뮬레이션을 통해 최적 포메이션을 탐색할 수 있다. 예를 들어 상대팀이 4-3-3 포메이션으로 측면 공격을 선호한다면, 우리 팀은 5-4-1로 측면 수비를 강화할지, 4-2-3-1로 중앙 밀집 후 역습을 노릴지, 3-5-2로 윙백을 활용한 측면 대응을 할지를 수치적으로 비교 평가할 수 있다.

상대 전술 인식에는 딥러닝 모델이 활용된다. 5초 윈도우 단위로 수집된 선수 위치 데이터를 CNN(합성곱 신경망)이 공간적 패턴으로 분석하고, Bi-LSTM(양방향 장단기 메모리 네트워크)이 시간적 흐름을 파악한다. 이를 통해 생성된 패턴 벡터는 클러스터링 알고리즘으로 분류되는데, 일반적으로 K=20 정도의 클러스터로 주요 수비 전술 유형들을 구분한다. 예를 들어 '높은 라인 압박', '중앙 밀집 수비', '측면 차단 수비' 등으로 분류되며, 각 패턴에 대한 최적 대응 전략이 미리 준비된다.

그림 11-5 전략 모델링: 시뮬레이션 vs 패턴인식

3) 실시간 인-게임 분석

경기 중 실시간 분석은 AI 전략 분석의 가장 혁신적인 측면이다. 엣지 서버가 50밀리초마다 팀의 전술적 상태를 분석하여 즉시 피드백을 제공한다.

패스 네트워크 밀도(Pass Network Density) 분석이 대표적인 예다. 시스템은 실시간으로 팀 내 패스 연결망을 분석하여 어느 구역에 패스가 집중되고 있는지, 어떤 선수가 허브 역할을 하고 있는지를 파악한다. 만약 한쪽 측면에 과도한 부하가 감지되면 '공격 스위치' 알림을 벤치에 전송하여 반대편으로 공격 방향을 전환하도록 권장한다.

NBA 2024 플레이오프에서는 일부 팀들이 "Match-up Map"이라는 실시간 분석 도구를 활용했다. 이 시스템은 매 포제션마다 상대팀의 공격 패턴을 분석하고, 현재 수비 매치업의 효율성을 실시간으로 평가한다. 예를 들어 상대팀의 주력 스코어러가 특정 수비수를 상대로 높은 성공률을 보이고 있다면, 시스템이 즉시 매치업 변경을 제안한다. 코치는 타임아웃을 기다릴 필요 없이 데드볼 상황에서 즉시 수비 전략을 조정할 수 있게 되었다.

이러한 실시간 분석은 경기의 흐름을 바꾸는 결정적 순간들을 놓치지 않게 해준다. 과거에는 하프타임이나 타임아웃 때까지 기다려야 했던 전술적 조정이 이제는 경기 도중 실시간으로 이루어질 수 있다.

패스 네트워크 밀도

50ms마다 팀 내 패스 연결망 분석. 한쪽 측면 과부하 감지 시 '공격 스위치' 알림 전송.

Match-up Map (NBA)

매 포제션마다 상대 공격 패턴 분석, 수비 매치업 효율성 실시간 평가. 즉시 매치업 변경 제안.

그림 11-6 실시간 인-게임 분석

4) 사례 연구

AI 기반 전략 분석의 실제 효과는 다양한 프로 스포츠 리그에서 입증되고 있다. 특히 축구와 야구 분야에서 주목할 만한 성과들이 보고되고 있다.

영국 프리미어리그의 한 팀은 AI 시뮬레이션을 활용하여 라인업 결정 과정을 혁신했다. 매 경기마다 1만 가지의 가능한 라인업 시나리오를 시뮬레이션하고, 각각의 승점 기대값을 계산한다. 상대팀의 최근 전술 트렌드, 선수들의 현재 컨디션, 경기장 특성, 날씨 조건 등을 모두 고려하여 최적의 11명을 선정한다.

이 시스템 도입 후 팀의 경기당 승점 기대값이 평균 0.18점 상승했다. 이는 시즌 38경기 기준으로 약 6.8승점에 해당하는 개선으로, 리그 순위 2-3계단 상승과 맞먹는 효과다. 특히 어웨이 경기에서의 성과 개선이 두드러졌는데, 상대팀의 홈 어드벤티지를 상쇄할 수 있는 전술적 대응이 가능해졌기 때문이다.

MLB에서는 Statcast 데이터의 자동 분석이 수비 포지셔닝과 투구 전략에 혁명을 가져왔다. AI 시스템이 타자의 과거 타구 패턴, 투수의 구종별 특성, 볼카운트별 성향 등을 종합 분석하여 타석별로 최적의 수비 위치(Shift)와 구종 분포를 실시간으로 추천한다.

예를 들어 특정 타자가 카운트 2-1에서 패스트볼에 대해 당겨치는 성향이 강하다면, 시스템은 1루 쪽 수비수들의 위치를 조정하고 동시에 투수에게는 바깥쪽 체인지업을 권장한다. 이러한 정밀한 데이터 기반 전략을 통해 일부 팀들은 팀 평균자책점을 시즌 평균 대비 0.3점 이상 개선하는 성과를 거두었다.

4 퍼포먼스 모델링: 선수 능력 예측·최적화

1) 데이터 세트 디자인

선수의 퍼포먼스를 정확히 예측하고 최적화하기 위해서는 다차원적이고 정교한 데이터 세트 설계가 필수적이다. 전통적으로 스포츠 분석에서는 득점, 어시스트, 리바운드 같은 박스 스코어 통계에 의존했지만, 현대적 접근법은 선수의 모든 움직임과 생리적 반응을 포괄하는 훨씬 복합적인 데이터를 활용한다.

오프-볼 움직임 분석은 이러한 진화의 핵심이다. 선수가 공을 소유하지 않은 상태에서의 움직임이 팀 전체 전술에 미치는 영향을 정량화하기 위해, 경기장을 격자로 나눈 밀도 히트맵(Density Heatmap)을 생성한다. 각 선수가 경기 중 어느 구역에서 얼마나 많은 시간을 보냈는지, 어떤 패턴으로 움직였는지를 시계열 벡터로 변환한다. 예를 들어 농구에서 득점가드의 스크린 활용 패턴, 축구에서 스트라이커의 박스 진입 타이밍 등이 수치화된다.

내부 부하(Internal Load) 측정은 선수의 생리적 반응을 객관화하는 핵심 지표다. 특히 급성:만성 운동부하 비율(ACWR)은 부상 예방과 컨디션 관리에 중요한 역할을 한다. 이는 최근 7일간의 운동량을 지난 28일 평균과 비교한 비율로, 1.0-1.3 범위일 때 부상 위험이 최소화되고 퍼포먼스가 최적화된다고 알려져 있다. 심박변이도(HRV)와 함께 분석하면 선수의 회복 상태와 스트레스 수준을 정확히 파악할 수 있다.

이러한 다양한 데이터들을 통합할 때는 시간적 해상도와 데이터 품질의 균형을 맞추는 것이 중요하다. 너무 세밀한 데이터는 노이즈가 많고 처리 비용이 높지만, 너무 거친 데이터는 중요한 패턴을 놓칠 수 있다. 대부분의 시스템에서는 초당 10-25Hz의 샘플링 레이트를 사용하여 실용성과 정확성을 모두 확보한다.

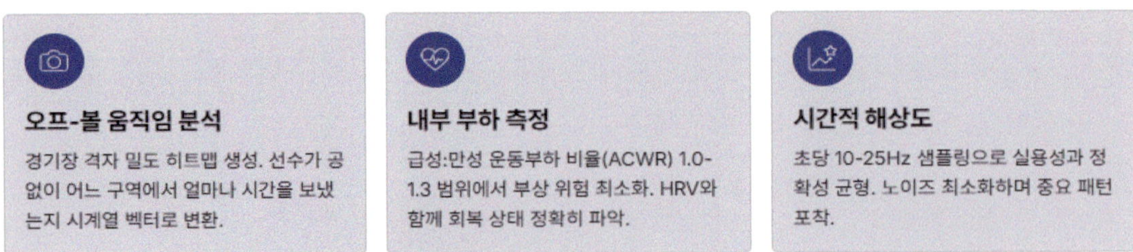

그림 11-7 다차원 데이터 세트 설계

2) 예측·처방 모델

수집된 데이터를 바탕으로 한 예측 모델링은 선수의 미래 퍼포먼스를 예상하고 최적의 훈련 처방을 제시하는 핵심 기술이다. 이 과정에서는 시계열 분석과 인과 추론의 두 가지 주요 접근법이 활용된다.

시계열 CNN-LSTM 모델은 선수의 과거 퍼포먼스 패턴을 학습하여 미래를 예측한다. CNN 부분이 일일 훈련 데이터의 공간적 패턴을 파악하고, LSTM이 시간적 의존성을 모델링한다. 예를 들어 사이클리스트의 7일 후 파워 출력을 예측할 때, 과거 30일간의 훈련 강도, 회복 지표, 영양 상태, 수면 품질 등을 종합 분석하여 MAPE(평균 절대 퍼센트 오차) 6% 미만의 높은 정확도를 달성한다.

이는 단순히 "내일 컨디션이 어떨까"를 예측하는 것을 넘어서 "일주일 후 중요한 경기에서 최고 퍼포먼스를 내려면 오늘부터 어떻게 훈련해야 할까"라는 전략적 질문에 답할 수 있게 해준다.

인과 추론 모델, 특히 T-Learner 같은 Causal ML 기법은 훈련 처방의 효과를 과학적으로 검증한다. "훈련량을 10% 증가시키면 경기 퍼포먼스가 어떻게 변할까"라는 질문에 대해, 단순한 상관관계가 아닌 진정한 인과효과를 추정한다. 이는 선수 개인의 특성, 현재 컨디션, 외부 환경 등을 모두 통제한 상태에서 훈련량 변화만의 순수한 효과를 분리해낸다.

예를 들어 한 선수에게 고강도 인터벌 훈련을 증가시켰을 때 심폐 기능은 향상되지만 근력이 감소할 수 있다. T-Learner는 이러한 트레이드오프를 정량화하여 "현재 이 선수에게는 인터벌 훈련 10% 증가가 전체적으로 3.2%의 퍼포먼스 향상을 가져올 것"이라는 구체적인 처방을 제시한다.

3) 적용 사례

AI 기반 퍼포먼스 모델링의 실제 효과는 프로 스포츠 현장에서 지속적으로 입증되고 있다. 특히 부상 예방과 여성 스포츠 분야에서 주목할 만한 성과들이 나타나고 있다.

Zone7은 부상 예측 분야의 대표적 성공 사례다. 이 시스템을 도입한 축구 클럽들에서는 연부 조직 손상으로 인한 선수 이탈 일수가 최대 50% 감소했다. Zone7의 AI는 선수들의 훈련 부하, 움직임 패턴, 생체 지표 등을 실시간으로 분석하여 부상 위험도를 예측한다. 예를 들어 한 선수의 달리기 패턴에서 미세한 비대칭성이 감지되고 근육 피로도가 임계치를 넘어서면, 시스템이 즉시 알림을 보내 추가 검진이나 휴식을 권장한다.

특히 인상적인 것은 예측의 정확성이다. 11개 팀에서 수집된 423건의 부상 데이터를 교차검증한 결과, AI 모델의 예측 정확도는 72.4%에 달했다. 이는 경험 많은 의무진의 주관적 판단(약 55-60%)보다 훨씬 높은 수준이다. 더 중요한 것은 거짓 양성(false positive) 비율을 낮춰 불필요한 훈련 중단을 최소화했다는 점이다.

그림 11-8 부상예측 시스템

Kitman Labs의 NWSL Gotham FC와의 협업은 여성 스포츠에서 AI 활용의 새로운 가능성을 보여준다. 여성 축구 선수들에게 특히 빈번한 ACL(전방십자인대) 부상의 원인을 다차원적으로 분석했다. 기존 연구에서는 주로 Q-Angle(무릎 각도) 같은 해부학적 요인에 집중했지만, Kitman Labs는 여기에 호르몬 주기, 훈련 강도, 경기 스케줄, 심지어 팀 내 스트레스 수준까지 통합 분석했다.

결과는 놀라웠다. 여성 선수의 ACL 부상 위험은 월경 주기의 특정 시점(난포기 후기)에서 약 2.7배 증가했으며, 이 시기에 고강도 방향 전환 훈련이 겹치면 위험도가 더욱 높아졌다. 이를 바탕으로 Gotham FC는 개인별 맞춤형 훈련 스케줄을 도입했고, 시즌 중 ACL 부상을 완전히 예방하는 성과를 거두었다.

이러한 성공 사례들은 AI가 단순히 기존 방법을 자동화하는 것을 넘어서 인간 전문가가 발견하지 못했던 새로운 패턴과 인사이트를 제공할 수 있음을 보여준다. 특히 여성 스포츠처럼 상대적으로 연구가 부족했던 영역에서 AI의 역할은 더욱 중요해질 것으로 예상된다.

5 AI 기반 조직·전략 혁신

1) 다학제 협업 조직 모델

AI 시대의 스포츠 조직은 전통적인 부서별 분업 체계를 넘어서 통합적 협업 모델로 진화하고 있다. 이러한 변화의 핵심은 데이터와 인공지능을 중심으로 한 새로운 조직 구조의 등장이다.

AI 전략 오피스는 이러한 변화를 이끄는 핵심 조직이다. 데이터 엔지니어링팀, 코칭 스태프, 의무팀이 하나의 통합된 스쿼드로 운영되며, 각자의 전문성을 바탕으로 협업한다. 과거에는 데이터 분석관이 리포트를 작성하면 코치가 이를 해석하고 의무팀이 별도로 선수 컨디션을 평가하는 순차적 프로세스였다면, 이제는 모든 구성원이 동일한 데이터 플랫폼을 공유하며 실시간으로 의견을 교환한다.

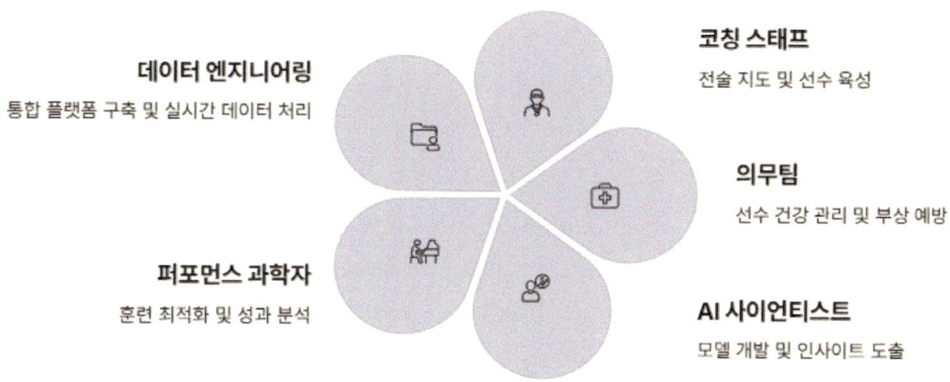

그림 11-9 다학제 협업 조직 모델

예를 들어 한 선수의 훈련 중 움직임 패턴에서 이상 징후가 감지되면, AI 시스템이 즉시 알림을 보내고 데이터 엔지니어가 세부 분석을 수행한다. 동시에 의무팀은 해당 선수의 생체 지표를 확인하고, 코치는 전술적 맥락에서 이 변화가 의미하는 바를 판단한다. 이 모든 과정이 하나의 통합된 커뮤니케이션 채널에서 실시간으로 이루어진다.

Agile 룸 개념은 이러한 협업을 물리적 공간에서 구현한다. 경기 전 전략 회의, 하프타임 분석, 경기 후 리뷰가 모두 동일한 공간에서 이루어지며, 벽면의 대형 스크린에는 실시간 대시보드가 표시된다. 경기 전에는 상대팀 분석과 우리 팀 전략이, 하프타임에는 전반전 퍼포먼스 분석과 후반전 전술 조정안이, 경기 후에는 종합적인 성과 평가와 다음 경기 준비 사항이 자동으로 집계되어 표시된다.

이러한 통합 환경에서는 정보의 지연이나 중복이 최소화되고, 모든 구성원이 동일한 정보를 바탕으로 신속한 의사결정을 내릴 수 있다. 특히 중요한 것은 각 전문가의 직관과 경험이 데이터와 결합되어 더욱 정교한 판단으로 발전한다는 점이다.

2) 데이터 거버넌스·MLOps

AI 기반 스포츠 조직의 성공은 견고한 데이터 인프라와 체계적인 머신러닝 운영 체계에 달려 있다. 이는 단순히 기술적 문제를 넘어서 조직의 의사결정 속도와 품질을 결정하는 핵심 요소다.

데이터 레이크 구축은 모든 것의 출발점이다. AWS S3와 Lake Formation을 기반으로 한 시스템은 경기 영상, 선수 트래킹 데이터, 생체 정보, 스카우팅 리포트 등 다양한 형태의 데이터를 통합 저장한다. 중요한 것은 단순한 저장을 넘어서 데이터의 품질 관리와 접근 권한 통제가 체계적으로 이루어진다는 점이다. 예를 들어 선수의 개인 의료 정보는 의무팀만 접근 가능하지만, 퍼포먼스 지표는 코칭 스태프와 공유되는 식으로 세밀한 권한 관리가 이루어진다.

모델 서빙 체계는 개발된 AI 모델을 실제 운영 환경에서 안정적으로 사용할 수 있게 해주는 핵심 인프라다. Kubernetes 오케스트레이션과 MLflow를 결합한 시스템은 다양한 AI 모델들을 컨테이너 단위로 관리하며, 트래픽 변화에 따라 자동으로 확장하거나 축소한다. 특히 A/B 테스트 기능을 통해 새로운 모델과 기존 모델의 성능을 실시간으로 비교하고, 점진적으로 배포할 수 있다.

예를 들어 새로운 부상 예측 모델이 개발되면, 먼저 전체 선수의 10%에게만 적용하여 기존 모델과 성능을 비교한다. 새 모델이 더 정확한 예측을 보이면 점진적으로 적용 비율을 늘려가고, 문제가 발견되면 즉시 기존 모델로 롤백할 수 있다.

모델 모니터링은 AI 시스템의 지속적인 신뢰성을 보장하는 핵심 기능이다. Concept Drift 감지 시스템은 데이터의 분포나 패턴이 변화했을 때 이를 자동으로 감지한다. 예를 들어 새로운 규칙 변경으로 인해 경기 패턴이 바뀌거나, 신기술 도입으로 선수들의 움직임 특성이 변화하면 시스템이 이를 즉시 감지하고 알림을 보낸다. 이어서 자동 재학습 파이프라인이 작동하여 새로운 데이터에 맞게 모델을 업데이트한다.

데이터 레이크	모델 서빙	모델 모니터링
AWS S3 + Lake Formation 기반. 경기 영상, 트래킹 데이터, 생체 정보, 스카우팅 리포트 통합 저장 및 세밀한 권한 관리.	Kubernetes + MLflow로 AI 모델 컨테이너 관리. A/B 테스트로 신규 모델 점진적 배포, 문제 시 즉시 롤백.	Concept Drift 감지로 데이터 분포 변화 자동 인식. 자동 재학습 파이프라인으로 새 데이터에 맞게 모델 업데이트.

그림 11-10 데이터 거버넌스와 MLOps

3) AI 스카우팅과 선수 시장 전략

AI 기술은 선수 발굴과 영입 전략에도 혁신적인 변화를 가져오고 있다. 전통적으로 스카우팅은 전문가의 경험과 직관에 크게 의존했지만, 이제는 데이터 기반의 객관적 분석과 결합되어 더욱 정확하고 효율적인 선수 평가가 가능해졌다.

Eyeball Club은 이러한 혁신의 대표적 사례다. 단일 카메라만으로 촬영된 영상을 분석하여 선수의 기술적 특성을 파악하는 이 시스템은 28개국에서 수집된 18만 개의 유소년 축구 영상을 분석했다. AI는 각 선수의 움직임 패턴, 기술적 능력, 전술적 이해도 등을 수치화하고, 이를 기존 스타 선수들의 아키타입과 매칭한다.

예를 들어 한 유소년 선수의 드리블 패턴이 메시와 89%의 유사도를 보이고, 패스 정확도는 모드리치와 비슷한 수준이라면, 시스템은 이 선수가 창조적인 공격형 미드필더로 발전할 가능성이 높다고 평가한다. 이러한 분석은 전 세계 수많은 유소년 선수들 중에서 진정한 잠재력을 가진 인재를 조기에 발견할 수 있게 해준다.

그림 11-11 Eyeball Club

Sevilla FC의 Scout Advisor는 자연어 처리 기술을 활용한 스카우팅 혁신의 또 다른 사례다. IBM watsonx 기반의 LLM이 20만 개의 스카우팅 문서를 학습하여, 스카우터들의 자연어 질문에 즉시 답변을 제공한다. "23세 이하 좌측 윙어 중에서 크로스 정확도가 높고 수비 가담이 적극적인 선수"라는 복잡한 조건을 입력하면, AI가 전 세계 데이터베이스에서 해당 조건에 맞는 선수들을 찾아내고 각각의 상세 분석 자료와 근거 링크를 함께 제시한다.

이러한 AI 기반 스카우팅의 가장 큰 장점은 '저평가 자원' 발굴 능력이다. 시장에서 주목받지 못하지만 실제로는 뛰어난 잠재력을 가진 선수들을 데이터 분석을 통해 발견할 수 있다. 실제로 AI 스카우팅을 활용하는 구단들에서는 기존 시장 가격보다 30% 저렴한 비용으로 우수한 선수를 영입하는 사례가 증가하고 있다. 이는 단순한 비용 절감을 넘어서 제한된 예산으로 더 경쟁력 있는 스쿼드를 구성할 수 있게 해주는 전략적 우위를 제공한다.

그림 11-12 Scout Advisor

4) 인재 육성과 조직 문화 변화

AI 도입은 기술적 변화를 넘어서 조직 구성원들의 역량 개발과 문화적 변화를 요구한다. 특히 기존 전문가들이 새로운 도구와 방법론을 효과적으로 활용할 수 있도록 하는 체계적인 교육과 변화 관리가 필수적이다.

업스킬링(Up-skilling) 프로그램은 이러한 변화의 핵심이다. 모든 코칭 스태프에게 Python 기반 주피터 노트북 사용법을 교육하고, 기본적인 SQL 쿼리 작성과 데이터 시각화 도구 활용을 필수 역량으로 설정한다. 이는 코치들이 복잡한 프로그래밍을 배우는 것이 목적이 아니라, 데이터 분석가나 AI 시스템과 효과적으로 소통하고 협업할 수 있는 기초 소양을 갖추는 것이다.

예를 들어 한 코치가 "지난 5경기에서 우리 팀의 세트피스 성공률이 떨어진 이유"를 알고 싶다면, 과거에는 분석가에게 요청하고 며칠을 기다려야 했다. 하지만 기본적인 데이터 리터러시를 갖춘 코치는 간단한 쿼리로 즉시 관련 데이터를 확인하고, 더 구체적인 분석이 필요한 경우에만 전문가의 도움을 요청할 수 있다.

변화 관리(Change Management)에서 가장 중요한 것은 '데이터와 직감의 균형'을 찾는 것이다. AI 시스템이 아무리 정교한 분석을 제공하더라도, 최종적인 의사결정은 여전히 인간의 몫이다. 데이터는 더 나은 판단을 위한 도구일 뿐이며, 현장 경험과 직관을 대체하는 것이 아니라 보완하는 역할을 한다.

이를 위해 많은 조직에서는 "AI 권고 + 인간 판단" 프로세스를 정착시키고 있다. 예를 들어 AI가 특정 선수의 부상 위험도가 높다고 경고하면, 의무팀과 코치가 함께 해당 선수를 직접 관찰하고 대화를 나눈 후 최종 결정을 내린다. AI의 객관적 분석과 전문가의 주관적 판단이 결합될 때 가장 정확하고 현실적인 의사결정이 가능하다.

조직 문화 측면에서는 "실패를 통한 학습"을 장려하는 것이 중요하다. AI 모델의 예측이 틀릴 수도 있고, 새로운 접근법이 항상 성공하는 것은 아니다. 하지만 이러한 시행착오를 통해 더 나은 모델과 프로세스가 개발된다. 따라서 단기적 실패를 두려워하기보다는 지속적인 개선과 혁신을 추구하는 문화를 만드는 것이 AI 시대 조직의 핵심 역량이다.

6 윤리·법적 고려

1) 데이터 프라이버시

AI 기반 스포츠 시스템에서 가장 민감한 이슈 중 하나는 선수들의 개인정보 보호다. 특히 생체 데이터는 GDPR 기준으로 '특별 보호' 대상에 해당하며, 엄격한 보안 조치가 요구된다.

선수들의 심박수, 혈액 검사 결과, 부상 이력 같은 의료 정보는 강력한 암호화와 익명화 처리를 거쳐야 한다. 데이터 수집 시에는 선수의 명시적 동의가 필요하며, 어떤 목적으로 어떻게 사용될지 투명하게 공개해야 한다. 또한 선수가 원할 때 언제든지 자신의 데이터 사용을 중단하거나 삭제를 요구할 수 있어야 한다.

2) 편향 리스크

AI 모델의 편향성은 공정한 선수 평가를 저해할 수 있는 심각한 문제다. 특히 소수 리그나 특정 지역의 데이터가 부족한 경우, 모델이 해당 지역 선수들을 체계적으로 과소평가할 위험이 있다.

예를 들어 아프리카나 남미의 하부 리그 데이터가 충분하지 않다면, AI 스카우팅 시스템이 이 지역 출신 선수들의 잠재력을 제대로 인식하지 못할 수 있다. 이는 기회의 불평등을 야기하고 다양성을 저해하는 결과를 낳는다. 따라서 지속적인 데이터 다양성 모니터링과 편향 보정 작업이 필요하다.

3) 규정 정비

AI 기술의 발전 속도에 비해 관련 규정과 가이드라인은 아직 미비한 상황이다. 특히 '기술 도핑'의 개념과 경기 중 AI 통신의 허용 범위에 대한 명확한 기준이 필요하다.

예를 들어 경기 중 AI가 실시간으로 상대팀의 약점을 분석하여 코치에게 전술 조언을 제공하는 것이 공정한 기술 활용인지, 아니면 불공정한 이점인지에 대한 판단 기준이 모호하다. 각국의 스포츠 연맹과 국제기구들이 협력하여 일관된 가이드라인을 마련하는 것이 시급하다.

이러한 윤리적, 법적 고려사항들은 AI 기술의 건전한 발전과 스포츠의 공정성 유지를 위해 반드시 해결되어야 할 과제들이다. 본 장에서는 개념적 수준에서만 다루었으며, 더 심층적인 논의는 Part IV 'AI 윤리와 규제' 편에서 상세히 다룰 예정이다.

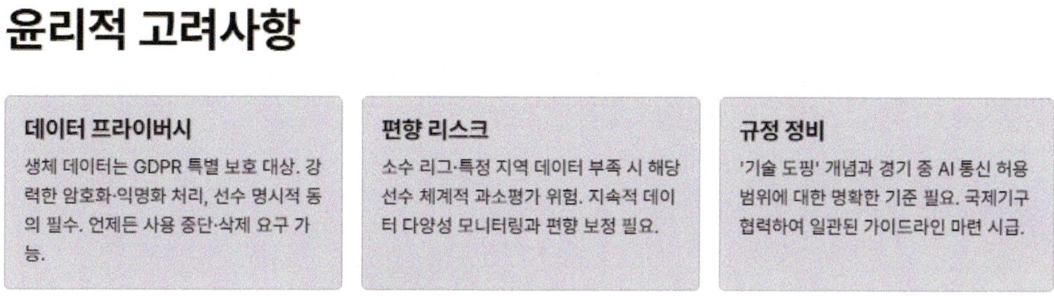

그림 11-13 윤리적 고려사항 3가지

학습 요약

AI 기술은 스포츠 현장의 핵심 직무들을 근본적으로 재정의하고 있다. 코치, 전략 분석가, 퍼포먼스 과학자의 역할이 변화하면서, 조직 전체의 운영 방식도 데이터 중심의 새로운 패러다임으로 전환되고 있다.

가장 큰 변화는 경험과 직관에 의존하던 과거의 접근법이 데이터와 AI 모델의 협업 체계로 대체되고 있다는 점이다. AI는 코치의 판단을 보완하며, 경기력 향상과 부상 예방을 위한 예측형·처방형 코칭을 가능하게 만들었다.

이제 코치는 반응적으로 지시하는 것이 아니라, 선수의 컨디션과 퍼포먼스를 사전에 예측하고 최적화할 수 있다. 특히 전술 최적화가 실시간 벤치사이드 의사결정으로 확장되었다는 점이 주목된다. 과거에는 하프타임이나 타임아웃 때까지 기다려야 했던 조정이, 이제는 경기 도중 AI 분석 결과를 기반으로 즉각 실행된다. 향후 3~5년 내에는 변화의 속도가 더욱 빨라질 것이다.

대화형 LLM 기반 음성 코칭 보조 시스템이 훈련장과 경기장 현장에 도입되어 선수들이 실시간 맞춤형 조언을 받을 수 있게 되고, 멀티모달 센서 융합 기술은 부상 예측 정확도를 높여 선수의 건강 관리와 커리어 연장에 기여할 것이다.

또한 AI 스카우팅 플랫폼의 확산은 하위 리그와 아마추어 영역까지 인재 발굴의 기회를 확대하며, 기존 선수 시장의 구조를 더욱 공정하고 다양하게 재편할 가능성을 보여준다.

무엇보다 중요한 것은 AI가 인간의 전문성을 대체하는 것이 아니라 증폭시키는 도구라는 점이다. 최고의 성과는 AI의 객관적 분석 능력과 인간의 직관적 판단이 조화를 이룰 때 달성된다. 앞으로 성공하는 스포츠 조직은 데이터 기반의 과학적 접근과 인간적 통찰력의 균형을 유지하는 곳이 될 것이다.

다만, 기술 발전 속도에 비해 규정과 가이드라인은 아직 미비하다. 특히 '기술 도핑'이나 경기 중 AI 통신의 허용 범위 등은 명확한 기준이 필요하다. 예를 들어 AI가 경기 중 실시간으로 상대 전술을 분석해 코치에게 조언하는 것이 공정한 기술 활용인지, 불공정한 이점인지에 대한 판단은 여전히 모호하다.

따라서 각국 스포츠 연맹과 국제기구는 일관된 AI 윤리·규제 가이드라인을 마련해야 한다. 이러한 윤리적·법적 논의는 AI 기술의 건전한 발전과 스포츠 공정성 유지를 위해 필수적이며, 앞으로의 스포츠 산업은 기술 혁신과 윤리적 통제의 균형 위에서 발전해야 할 것이다.

12 Chapter
AI 기반 경기장 운영과 디지털 연계

>> 학습 목표

1. AI·IoT·데이터 융합 기술이 스마트 경기장 운영에 미치는 영향을 이해한다.
2. 스마트 경기장을 구성하는 주요 기술과 실제 운영 사례를 설명할 수 있다.
3. AI 기반 경기장의 산업적 확자으 윤리·정책적 과제, 미래 방향성을 종합적으로 논의할 수 있다.

1 AI 기반 경기장 운영의 개요

1) 스마트 경기장의 개념과 등장 배경

(1) 디지털 전환과 팬 경험의 변화

현재 스포츠 산업은 근본적인 패러다임 변화를 겪고 있다. 과거 관중들이 단순히 경기를 관람하는 수동적 소비자였다면, 이제는 경기장에서의 모든 순간을 체험하고 참여하기를 원하는 능동적 참여자로 진화했다. 이러한 변화의 중심에는 디지털 기술이 있으며, 경기장 자체도 더 이상 물리적 공간에 머물지 않고 데이터와 기술이 융합된 스마트 플랫폼으로 재탄생하고 있다.

관중들의 기대치도 크게 달라졌다. 이들은 자신이 응원하는 팀과 선수들을 더욱 가깝게 느끼고, 경기의 세부적인 정보를 실시간으로 확인하며, 개인 맞춤형 서비스를 받기를 원한다. 이는 단순히 좋은 자리에서 경기를 보는 것을 넘어서, 경기장 내에서의 모든 경험이 특별하고 의미 있기를 바라는 욕구로 나타났다.

특히 코로나19 팬데믹은 이러한 변화를 더욱 가속화시켰다. 비접촉과 비대면이 새로운 표준이 되면서, 무인 입장 시스템과 AI 기반 보안 감시, 가상현실을 통한 원격 응원 등의 기술들이 선택사항에서 필수요소로 자리잡게 되었다. 스포츠 조직들은 팬들의 안전을 보장하면서도 더욱 정교하고 개인화된 서비스를 제공하기 위해 AI와 IoT 기술을 적극적으로 도입하기 시작했다.

그림 12-1 스마트 경기장

(2) 전통 경기장 운영의 한계

기존의 경기장 운영 방식을 살펴보면 대부분의 업무가 수작업에 의존해왔음을 알 수 있다. 관중 입장 확인부터 티켓 검표, 안내 방송, 좌석 배치에 이르기까지 모든 과정에 상당한 인력이 투입되어야 했다. 이러한 운영 방식은 평상시에는 문제없이 작동할 수 있지만, 수만 명의 관중이 한꺼번에 몰리는 대형 경기에서는 여러 한계를 드러낸다.

가장 심각한 문제는 혼잡 상황이나 긴급 상황에 대한 대응력이 부족하다는 점이다. 인력 기반 운영에서는 상황 파악에 시간이 걸리고, 전체 경기장의 상황을 실시간으로 모니터링하기 어렵다. 또한 경기장 내에서 발생하는 다양한 데이터를 체계적으로 수집하고 분석하는 시스템이 없어, 팬들의 행동 패턴이나 선호도를 파악하여 운영 전략을 수립하기가 매우 어려웠다.

하지만 AI와 센서 기술의 발전으로 상황은 완전히 달라졌다. 이제 경기장 내부의 모든 움직임과 변화를 실시간으로 감지하고 분석할 수 있게 되었다. 운영의 자동화는 인력 의존도를 크게 줄이면서도 관중의 만족도와 안전성을 동시에 향상시킬 수 있는 새로운 가능성을 열어주었다. 이러한 변화 속에서 '스마트 경기장'은 단순히 시설이 좋은 경기장을 의미하는 것이 아니라, 기술과 팬 경험이 완전히 융합된 혁신적인 운영 모델로 정의되고 있다.

2) AI·IoT·데이터 기술의 융합

(1) 주요 기술 요소: IoT 센서, 엣지컴퓨팅, AI 분석

스마트 경기장을 실현하는 핵심 기술은 세 가지 주요 요소로 구성된다. 이들 기술은 각각 독립적으로 작동하는 것이 아니라 서로 유기적으로 연결되어 하나의 통합된 시스템을 만들어낸다.

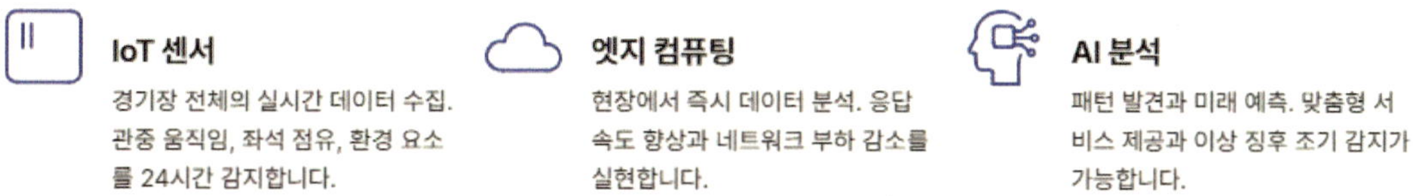

그림 12-2 AI · IoT · 데이터 기술의 융합

첫 번째 핵심 요소는 IoT 센서이다. 이 센서들은 경기장의 모든 구석에 전략적으로 배치되어 관중들의 움직임, 좌석 점유 상황, 환경적 요소인 온도와 습도, 공기질, 그리고 건물의 진동까지 다양한 정보를 24시간 실시간으로 수집한다. 이러한 센서들은 경기장을 하나의 살아있는 유기체처럼 만들어, 모든 변화를 즉시 감지할 수 있게 해준다.

두 번째는 엣지 컴퓨팅 기술이다. 수많은 센서에서 생성되는 방대한 데이터를 모두 중앙 서버로 전송하여 처리하는 것은 시간과 비용 면에서 비효율적이다. 엣지 컴퓨팅은 데이터가 생성되는 현장에서 바로 일부 분석을 수행하여, 중요한 정보는 즉시 의사결정에 활용할 수 있게 한다. 이를 통해 응답 속도를 대폭 향상시키고 네트워크 부하도 줄일 수 있다.

세 번째는 AI 분석 시스템이다. 수집된 모든 데이터를 종합하여 의미 있는 패턴을 찾아내고, 미래 상황을 예측하는 역할을 담당한다. 예를 들어 과거 데이터를 바탕으로 특정 시간대에 어느 구역이 혼잡해질지 예측하거나, 보안상 이상 징후를 조기에 감지하고, 개별 팬들의 선호도를 분석하여 맞춤형 서비스를 제공할 수 있다.

이 세 가지 기술이 완벽하게 조화를 이룰 때, 경기장은 상황 변화에 즉각적으로 대응할 수 있는 지능형 공간으로 변모하며, 각 관객에게 개인화된 최적의 경험을 제공할 수 있게 된다.

(2) 경기장 운영의 핵심 목표: 안전성, 몰입도, 효율성

스마트 경기장이 추구하는 궁극적인 목표는 세 가지 핵심 가치로 요약할 수 있다. 바로 안전한 경기 관람 환경 조성, 팬들의 높은 몰입도 실현, 그리고 효율적인 운영 관리이다.

AI 기술의 가장 큰 장점은 예측 기반 의사결정을 가능하게 한다는 점이다. 전통적인 운영 방식에서는 문제가 발생한 후에 대응하는 사후 대처가 일반적이었지만, 스마트 경기장에서는 문제가 발생하기 전에 미리 예측하고 예방하는 사전 대응이 가능하다.

구체적인 예를 들어보면, AI 시스템이 과거 데이터와 현재 상황을 종합 분석하여 특정 구역에 군중이 몰릴 것으로 예상되면, 미리 해당 구역에 안내 방송을 내보내고 유도등을 작동시켜 관중들을 다른 경로로 안내한다. 또한 특정 좌석 주변의 공기질이 나빠지기 시작하면 AI가 이를 감지하고 자동으로 공조 시스템을 조절하여 쾌적한 환경을 유지한다. 보안 측면에서도 위험 인물이 출입구에 접근하면 AI 얼굴 인식 시스템이 실시간으로 경고를 발생시켜 사전에 대응할 수 있게 한다.

이러한 기술의 융합은 경기장의 정의 자체를 바꾸고 있다. 경기장은 더 이상 단순히 '경기가 열리는 물리적 공간'이 아니라, '데이터가 흐르고 AI가 생각하며 실시간으로 진화하는 살아있는 디지털 생태계'로 재탄생하고 있다. 이는 스포츠 산업 전체에 혁신적인 변화를 가져오며, 팬들에게는 전에 없던 새로운 경험을, 운영자에게는 효율적이고 안전한 관리 방식을 제공하고 있다.

2 스마트 경기장의 구성 요소와 사례

1) 운영 자동화를 위한 기술

(1) 무인 입장 시스템(안면 인식, 모바일 티켓 등)

스마트 경기장 혁신의 출발점은 바로 입장 시스템의 완전한 자동화이다. 과거 경기장에서는 종이 티켓을 일일이 검표하거나 직원이 육안으로 확인하는 방식이 일반적이었지만, 이제는 이러한 번거로운 과정이 첨단 기술로 대체되고 있다. 현재 주목받고 있는 기술은 모바일 티켓 기반의 QR코드 스캔 시스템과 더 나아가 안면 인식을 활용한 출입 통제 시스템이다.

이제 관중들은 스마트폰 하나만 있으면 손쉽게 경기장에 입장할 수 있으며, 동시에 위조 티켓이나 중복 입장과 같은 보안 위험도 현저히 줄어들었다.

여기에 AI 기반 안면 인식 시스템이 결합되면 보안 수준은 한층 더 높아진다. 특히 VIP 존이나 선수 전용 출입구와 같은 제한구역에서는 비인가자의 출입을 즉시 차단할 수 있어 경기장 전체의 보안 체계가 강화된다. 이러한 시스템의 가장 큰 장점은 보안성 향상과 동시에 입장 속도를 대폭 빨라지게 하고, 관중 흐름을 효과적으로 분산시켜 출입구 주변의 혼잡도까지 줄일 수 있다는 점이다.

실제로 미국 NFL과 일본 도쿄돔, 그리고 국내의 창원 NC파크 등이 이미 이러한 기술을 부분적으로 도입하여 운영 효율성과 관중 만족도 측면에서 의미 있는 성과를 거두고 있다.

그림 12-3 무인 입장 시스템

(2) 좌석 자동화 및 실내 환경 제어 시스템

스마트 경기장의 또 다른 핵심 기술은 관중의 좌석 상태와 주변 환경을 지능적으로 관리하는 자동화 시스템이다. 이 시스템의 핵심은 각 좌석에 부착된 IoT 센서들로, 관중이 착석했는지 여부를 실시간으로 감지하고 좌석 주변의 온도, 습도, 공기질 등의 환경 정보를 지속적으로 수집한다. 이렇게 수집된 데이터를 바탕으로 공조 시스템이 자동으로 조정되어 최적의 관람 환경을 조성한다.

미국 LA의 소파이 스타디움은 이러한 기술의 우수한 사례를 보여준다. 이 경기장에서는 실제 관중 수에 따라 공기 순환 속도와 조명 밝기가 자동으로 조절되는 시스템이 구축되어 있다. 이는 관람 환경을 쾌적하게 만드는 것은 물론, 에너지 사용량을 최적화하여 효율성을 크게 향상시킨다. 이러한 친환경적 운영 방식은 ESG 경영 측면에서도 높은 평가를 받고 있어, 경기장 운영의 새로운 표준으로 자리잡고 있다.

그림 12-4

좌석 점유 정보의 활용 범위는 환경 제어를 넘어 새로운 서비스 영역까지 확장되고 있다. 빈 좌석을 실시간으로 파악하여 '빈 좌석 알림 서비스'를 제공하거나, 경기 중에도 더 좋은 자리로의 '현장 좌석 업그레이드' 서비스가 가능해졌다. 실제로 MLB의 여러 구단에서는 경기가 진행되는 동안 팬들이 앱을 통해 빈 좌석을 실시간으로 확인하고, 티켓 업그레이드나 추가 좌석 구매로 연결하는 서비스를 성공적으로 운영하고 있다.

(3) AI 기반 군중 제어 및 보안 시스템

수만 명의 관중이 모이는 대규모 경기장에서는 무엇보다도 안전 관리가 최우선 과제이다. 스마트 경기장은 이러한 도전에 AI 기반 영상 분석, 실시간 동선 추적, 이상행동 감지 시스템으로 대응하고 있다. 이 시스템들은 관중들의 이동 경로와 체류 시간, 혼잡 구간을 자동으로 분석하고, 고도화된 혼잡 예측 알고리즘을 통해 문제가 발생하기 전에 사전 조치를 취할 수 있게 한다.

인디애나폴리스 모터 스피드웨이(IMS)는 이러한 기술의 대표적인 성공 사례이다. 하루 약 35만 명이라는 엄청난 규모의 관중이 방문하는 이 초대형 시설에서는 AI 시스템이 30초 단위로 군중 밀집 데이터를 분석한다. 특정 게이트나 구역에 인파가 몰릴 것으로 예측되면, 시스템이 즉각적으로 유도 방송을 내보내고 안내 인력을 해당 지역에 자동 배치하여 혼잡을 미연에 방지한다.

AI 영상분석 기술의 적용 범위는 군중 제어를 넘어 포괄적인 보안 영역까지 확장되고 있다. 이 시스템은 폭력행위나 쓰러진 관중, 의심스러운 행동을 실시간으로 탐지하고 보안 인력에게 즉시 경고를 전송한다. 런던의 웸블리 스타디움과 도쿄 올림픽 주 경기장에서는 딥러닝 기반 이상행동 감지 시스템이 성공적으로 적용되어, 사건이 실제로 발생하기 이전에 위험 상황을 사전 탐지하고 대응 시간을 획기적으로 단축하는 성과를 거두었다.

2) 대표 사례

(1) 인디애나폴리스 모터 스피드웨이(IMS)

세계에서 가장 많은 관중이 한 번에 모이는 경기장인 IMS는 스마트 경기장 기술의 가장 진보된 모범 사례로 인정받고 있다. 하루 약 35만 명이라는 상상하기 어려운 규모의 관중이 경기장을 방문하는 이곳에서는 AI와 IoT 기술이 결합된 군중 흐름 분석 시스템이 경기장 운영의 핵심 인프라로 작동하고 있다.

2023년 운영 데이터에 따르면, 이 AI 시스템은 게이트별 혼잡도 예측을 90% 이상의 정확도로 수행했다. 시스템은 관중들의 실시간 이동 패턴을 분석하여 혼잡이 예상되는 지점을 미리 파악하고, 경기장 곳곳에 설치된 스마트 사이니지가 자동으로 안내 메시지를 변경하여 관중들을 다른 경로로 유도한다. 또한 주변 교통량의 변화까지 실시간으로 모니터링하여 셔틀버스 배차 간격을 동적으로 조정하는 등, 경기장 안팎의 모든 흐름을 통합적으로 관리하고 있다.

그림 12-5 인디애나폴리스 모터 스피드웨이

(본 이미지는 교육적 목적으로 인용되었다.)

(2) 창원 NC파크

국내 프로야구계의 대표적인 스마트 경기장인 창원 NC파크는 한국형 스마트 스타디움의 성공 모델을 제시하고 있다. 이 경기장은 전광판 통합 제어 시스템부터 로봇 안내 서비스, AR 기반 이벤트까지 다양한 디지털 기술을 체계적으로 도입하여 팬들에게 새로운 차원의 야구 관람 경험을 제공하고 있다.

그림 12-6 nc다이노스 '애디'

특히 지능형 안내 로봇 '애디'는 이 경기장의 대표적인 혁신 사례이다. 애디는 단순한 정보 제공을 넘어서 관중들에게 정확한 좌석 안내를 하고, 선수들의 상세한 정보를 실시간으로 제공하며, 심지어 기념촬영 서비스까지 제공하여 팬 경험을 한 단계 끌어올렸다. 또한 AR 기술을 활용한 응원 콘텐츠와 SNS 해시태그를 활용한 응원 메시지 노출 시스템 등 팬 참여형 기술들도 적극적으로 도입되어, 경기장이 단순한 관람 공간을 넘어 상호작용하는 엔터테인먼트 공간으로 진화했음을 보여주고 있다.

(3) NFL 및 EPL 구장 사례

미국 NFL은 스마트 경기장 기술의 최전선에서 혁신을 주도하고 있다. AT&T 스타디움과 소파이 스타디움 등 대표적인 경기장들은 초고속 Wi-Fi 6 네트워크를 기반으로 다양한 모바일 서비스와 AR 투어 콘텐츠를 제공하고 있으며, 놀랍게도 관중들의 모바일 앱 이용률이 90%를 넘어설 정도로 디지털 기술이 일상적인 관람 경험의 일부가 되었다.

한편 유럽에서는 잉글랜드 프리미어리그 소속 토트넘 홋스퍼 스타디움이 팬 편의성 극대화의 모범 사례로 주목받고 있다. 이 경기장은 완전한 무현금 결제 시스템을 구축했으며, 자동 맥주 서버를 통해 대기 시간을 최소화하고, 스마트 출입 시스템으로 팬들의 동선을 최적화했다. 이러한 기술들이 유기적으로 결합되어 팬들은 경기에만 집중할 수 있는 환경을 만들어내고 있으며, 이는 전 세계 스포츠 시설 운영의 새로운 벤치마크로 평가받고 있다.

3 AR·VR을 활용한 팬 경험 혁신

1) 가상현실(VR) 기반 응원 시스템

(1) 360도 경기 관람, VR 시트 체험

스포츠 관람의 패러다임이 근본적으로 변화하고 있다. 더 이상 팬들이 반드시 경기장에 직접 가야만 생생한 응원을 즐길 수 있는 시대가 아니다. VR(가상현실) 기술은 팬들에게 마치 경기장 한가운데 서 있는 듯한 몰입감 넘치는 체험을 제공하며, 전통적인 경기 관람 방식을 대체하거나 보완하는 혁신적인 수단으로 빠르게 부상하고 있다.

VR 경기 관람 시스템의 가장 큰 특징은 압도적인 몰입감과 시점 선택의 자유로움이다. 팬들은 VR 헤드셋을 착용하고 360도 카메라로 촬영된 경기 영상을 통해 자신이 원하는 모든 시점에서 경기를 관람할 수 있다. 야구라면 홈플레이트 바로 뒤에서 포수의 시선으로, 축구라면 벤치 옆에서 감독의 입장에서, 심지어 선수들의 바로 뒤편에서 그들과 같은 시야로 경기를 경험할 수 있다. 이는 단순한 영상 시청을 넘어서 실제로 현장을 걸어다니는 듯한 착각을 불러일으킬 정도로 생생한 경험을 제공한다.

2020년대 들어 메이저리그(MLB)와 미국 NFL, NBA 등 주요 스포츠 리그들이 VR 중계를 실험적으로 도입하기 시작했으며, 국내에서도 한국 KBO 리그의 일부 팀들이 이러한 기술을 테스트하고 있다. 팬들은 이제 집에서도 VR 기기를 통해 경기를 시청하면서, 현장의 생생한 음향과 시각적 요소를 그대로 체험하여 실제 경기장에서 응원하는 것과 거의 차이 없는 분위기를 느낄 수 있게 되었다.

그림 12-7 KT위즈 VR중계 관람

출처 : KT위즈 (본 이미지는 교육적 목적으로 인용되었다.)

(2) 메타버스 경기장과 원격 팬 커뮤니티

코로나19 팬데믹은 스포츠 관람 문화에 전례 없는 변화를 가져왔다. 무관중 경기나 제한된 입장 상황이 일상화되면서, 메타버스 경기장이 새로운 응원 공간으로 급부상했다. 이 가상 공간에서 팬들은 자신만의 아바타를 생성하여 경기장을 자유롭게 탐험하고, 친구들과 함께 모여 실시간으로 응원하며, 채팅과 다양한 이모티콘을 활용해 감정을 표현할 수 있다.

2021 도쿄 올림픽의 'One Team Project'는 이러한 디지털 응원 문화의 대표적인 성공 사례로 평가받고 있다. 이 프로젝트에서 팬들은 AI가 작곡한 응원 음악에 맞춰 자신만의 독창적인 응원 동작을 영상으로 촬영하여 업로드했다. 조직위원회는 이렇게 수집된 수많은 영상들을 창의적으로 편집하여 경기장의 대형 스크린에 상영함으로써, 선수들에게 전 세계 팬들의 열정적인 에너지를 전달했다. 이는 실제 관객이 전혀 없던 상황에서도 팬 참여를 성공적으로 이끌어낸 디지털 응원의 혁신적인 사례로 기록되고 있다.

미국의 FOX Sports는 한 걸음 더 나아가 VR 기반의 '가상 응원 룸'이라는 획기적인 서비스를 선보였다. 이 서비스를 통해 팬들은 아바타 형태로 가상 경기장에 입장하여 같은 화면을 공유하면서 마치 옆자리에 앉아 있는 것처럼 함께 응원할 수 있다. 이러한 기능은 단순한 경기 관람을 넘어서 팬들 간의 커뮤니티를 연결하고 강화하는 새로운 소통의 플랫폼으로 확장되고 있다.

2) 증강현실(AR) 기반 응원 및 인터랙션

(1) AR 중계 기술: 데이터 시각화, 히트맵

AR(증강현실) 기술은 스포츠 관람의 깊이와 이해도를 혁명적으로 향상시키고 있다. 이 기술은 실제 경기장이나 중계 화면 위에 다양한 경기 데이터와 분석 정보를 시각적으로 중첩시켜 제공함으로써, 팬들의 경기 이해도와 몰입도를 동시에 극대화한다.

국내에서는 LG유플러스가 프로야구 중계에 AR 기술을 선도적으로 도입하여 주목받고 있다. 이 시스템을 통해 팬들은 투수의 구종별 세부 정보, 정확한 구속, 타구의 비거리와 각도 등을 실시간으로 화면에서 확인할 수 있다. 공의 궤적은 3차원 그래픽으로 생생하게 표현되어, 팬들이 단순한 관람을 넘어서 전문적인 경기 분석에 가까운 수준의 정보를 소비할 수 있게 되었다.

특히 AR 히트맵 기능은 경기의 전술적 측면을 이해하는 데 큰 도움을 준다. 특정 타자의 타구 분포 패턴이나 수비수들의 위치 변화, 선수별 플레이 스타일 등을 직관적으로 시각화하여, 복잡한 전술적 맥락도 일반 팬들이 쉽게 이해할 수 있도록 전달한다. 이러한 기능은 현장 관람객뿐만 아니라 TV나 모바일을 통해 중계를 시청하는 팬들에게도 동일하게 제공되어, 어디서든 전문가 수준의 경기 분석 정보를 접할 수 있게 한다.

구종 정보 히트맵 실시간 데이터

그림 12-8 AR 중계 기술

(2) AR 팬 참여 콘텐츠: 마스코트 응원, 실시간 SNS 연동

AR 기술의 활용 범위는 정보 제공을 넘어서 팬과 구단 간의 상호작용을 강화하는 혁신적인 도구로 확장되고 있다. NC다이노스는 이러한 기술 활용의 우수한 사례를 보여주고 있다. 경기 중에 AR로 구현된 구단의 마스코트 캐릭터를 전광판에 등장시키고, 현장의 팬들이 스마트폰으로 이 가상 마스코트를 촬영하거나 함께 응원 사진을 찍을 수 있도록 하는 인터랙티브한 경험을 제공한다.

더욱 흥미로운 것은 SNS 연동 시스템의 도입이다. 팬들이 특정 해시태그를 달아 응원 메시지를 소셜미디어에 올리면, 해당 메시지가 실시간으로 경기장의 전광판에 노출되는 시스템이 구축되었다. 이는 현장 팬들에게 자신이 응원의 주체가 된다는 특별한 경험을 제공하며, 구단 입장에서도 팬들과의 유대감을 깊게 하고 참여도를 높이는 데 매우 효과적인 전략으로 작용하고 있다.

일본 프로야구와 유럽의 주요 축구 리그들에서는 AR 기술을 활용한 팬 경험의 게임화(gamification)가 더욱 진화된 형태로 나타나고 있다. 팬들이 AR 앱을 통해 선수의 등번호를 스캔하면 해당 선수의 3D 모델이 화면에 등장하고, 팬들은 이 가상의 선수와 함께 셀카를 찍거나 선수에 관한 퀴즈 이벤트에 참여할 수 있다. 이러한 기능들은 경기 관람을 단순한 시청에서 적극적인 참여와 상호작용의 경험으로 변화시키고 있다.

3) 주요 적용 사례

(1) 도쿄올림픽의 AI+AR 활용

2020 도쿄올림픽은 관중 없는 올림픽이라는 전례 없는 상황에서 다양한 디지털 기술을 통해 팬과 선수 간의 연결을 혁신적으로 시도한 역사적인 사례이다. 응원 비트 프로젝트는 전 세계 팬들의 참여를 이끌어내는 핵심 역할을 했으며, AI가 작곡한 음악에 맞춰 각국 팬들이 창의적인 응원 영상을 제작하여 올림픽 정신을 디지털로 구현했다.

특히 자율주행 로봇을 통한 안내 및 물품 전달 시스템은 무관중 상황에서도 경기장 운영의 효율성을 유지하면서, 동시에 미래 스포츠 이벤트 운영의 새로운 방향을 제시했다. 이러한 기술들의 통합적 활용은 팬데믹이라는 위기 상황을 디지털 혁신의 기회로 전환시킨 대표적인 성공 사례로 평가받고 있다.

(2) MLB 및 KBO의 AR 중계 사례

MLB는 Statcast 시스템을 기반으로 한 AR 기술 활용에서 세계 최고 수준의 혁신을 보여주고 있다. 타구의 속도와 비거리, 회전수, 발사 각도 등 세밀한 데이터를 실시간으로 시각화하여 경기장 전광판과 방송 화면에 표출함으로써, 팬들이 각 플레이의 기술적 우수성을 정확하게 이해할 수 있게 한다.

국내 KBO 리그도 이러한 글로벌 트렌드에 발맞춰 5G 기반 AR 입체중계 기술을 LG유플러스와의 협업을 통해 적극적으로 도입하고 있다. 특히 팬들이 모바일 기기를 통해 원하는 타석 장면을 다양한 각도에서 360도로 돌려가며 볼 수 있는 멀티뷰 기능은 기존 중계의 한계를 뛰어넘는 혁신적인 서비스로 평가받고 있다. 이는 팬들에게 마치 현장에서 직접 최적의 위치를 찾아 이동하며 관람하는 듯한 자유로운 시청 경험을 제공한다.

그림 12-9 LG유플러스 AR중계

출처 : LG유플러스 (본 이미지는 교육적 목적으로 인용되었다.)

(3) 리모트 응원 시스템(NPB, EPL 등)

일본 프로야구(NPB)는 팬 참여형 원격 응원 시스템의 선구자적 역할을 하고 있다. 팬들이 전용 앱을 통해 응원 버튼을 누르면, 그 신호가 실시간으로 경기장 내 스피커 시스템에 전달되어 응원 소리와 박수 소리가 출력되는 혁신적인 시스템을 구축했다. 이를 통해 물리적으로 떨어져 있는 팬들의 열정이 현장으로 직접 전달되어, 선수들이 팬들의 에너지를 실제로 느낄 수 있게 되었다.

잉글랜드 프리미어리그(EPL)에서는 COVID-19 팬데믹 기간 동안 더욱 정교한 접근을 시도했다. 과거 경기에서 녹음된 관중들의 응원 소리를 AI 기술로 분석하여, 경기 상황에 맞는 적절한 가상 관중 사운드를 실시간으로 경기 중에 삽입하는 시스템을 개발했다. 이는 무관중 경기임에도 불구하고 경기장의 현장감과 열정적인 분위기를 최대한 유지하려는 노력의 결과물로, 선수들의 경기력 유지와 시청자들의 몰입도 향상에 크게 기여했다.

4 기술 공급 기업과 파트너십 전략

1) 글로벌 기업의 기술 도입 사례

(1) IBM: Watson AI와 스포츠 분석

IBM은 스포츠 기술 영역에서 AI 분석 기술의 절대적 선도 기업으로 자리매김하고 있다. 이들의 대표적인 서비스인 Watson 기반 스포츠 데이터 분석 시스템은 스포츠 관람 경험을 근본적으로 변화시키고 있다. 특히 테니스의 윔블던과 US오픈에서 IBM이 선보이는 기술은 매 경기마다 AI 기반 하이라이트 자동 생성, 정교한 선수 기록 분석, 그리고 승부 예측 서비스를 통해 팬들의 이해도와 흥미를 동시에 극대화하고 있다.

2023년 US오픈에서는 IBM의 혁신이 한 단계 더 진화했다. 생성형 AI 기술을 본격적으로 접목하여 팬 개개인에게 맞춤형 통계 콘텐츠를 제공하고, 24시간 운영되는 자동 인터랙션 챗봇을 통해 궁금한 점을 즉시 해결할 수 있게 했다. 팬들은 이 시스템을 통해 경기와 관련된 모든 정보를 실시간으로 제공받을 수 있으며, 특정 선수의 하이라이트를 선택적으로 시청하는 것도 가능해졌다.

더욱 주목할 점은 이러한 시스템이 단순한 정보 제공에 그치지 않는다는 것이다. IBM의 AI는 팬들의 관람 행동 데이터를 지속적으로 수집하고 학습하여, 개별 팬의 선호도를 파악하고 경기 경험을 점진적으로 고도화시키는 자가 학습형 시스템으로 발전하고 있다. 이는 스포츠와 AI 기술의 융합이 만들어낸 가장 성공적인 사례 중 하나로 평가받고 있다.

(2) Cisco: 네트워크 기반의 경기장 플랫폼화

Cisco는 'Connected Stadium'이라는 혁신적인 개념을 제시하며 전 세계 주요 스포츠 구장의 디지털 혁신을 이끌고 있다. 미국 NFL 소속 구단들의 경기장과 FC 바르셀로나의 캄 노우, 그리고 2021 도쿄올림픽의 주요 경기장들에는 모두 Cisco의 첨단 고밀도 Wi-Fi 솔루션과 실시간 스트리밍 시스템이 핵심 인프라로 구축되어 있다.

이러한 네트워크 인프라의 진정한 가치는 수만 명의 관중이 동시에 접속하는 극한 상황에서도 끊김 없는 서비스를 제공한다는 점이다. IPTV 기반의 전광판 콘텐츠 관리, 실시간 업데이트되는 디지털 메뉴판, 그리고 모바일 기기를 통한 음식 주문 시스템까지 모든 것이 하나의 통합된 플랫폼에서 원활하게 작동한다.

Cisco의 기술 혁신은 여기서 멈추지 않다. 각 경기장에 전략적으로 배치된 디지털 사이니지와 고성능 영상 분석 카메라들은 경기장 운영진과 마케팅 담당자들이 팬들의 행동 패턴을 실시간으로 파악할 수 있게 해준다. 이를 통해 혼잡도 관리, 안전 확보, 그리고 효과적인 마케팅 전략 수립이 모두 데이터 기반으로 이루어질 수 있게 되었다.

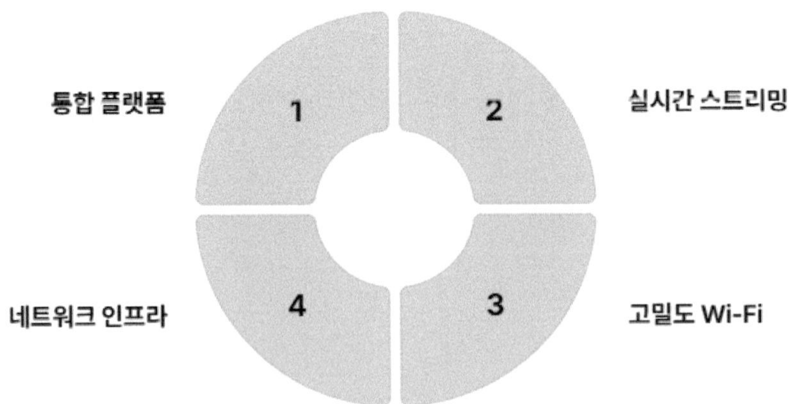

그림 12-10 Cisco Connected Stadium

(3) Samsung: 디스플레이 혁신과 5G 기반 VR 서비스

삼성전자는 스마트 경기장 내 디스플레이 기술 영역에서 독보적인 리더십을 발휘하고 있다. MLB 뉴욕 메츠의 홈구장인 Citi Field에 설치된 1,300개 이상의 삼성 디지털 디스플레이들은 단순한 정보 표시를 넘어서 완전히 새로운 시각적 경험을 창조하고 있다. 이 디스플레이들은 타구의 정확한 궤적, 선수들의 실시간 통계, 그리고 복잡한 경기 상황을 직관적인 그래픽으로 시각화하여 팬들의 이해도를 크게 향상시키고 있다.

삼성의 혁신은 하드웨어에 그치지 않고 서비스 영역까지 확장되고 있다. 자사의 갤럭시 기기와 최첨단 5G 인프라를 연계하여 8K 해상도의 VR 생중계와 360도 실시간 중계 플랫폼을 구축했다. 이를 통해 팬들은 물리적 위치에 상관없이 경기장에서 직접 관람하는 것과 거의 동일한 수준의 생생한 경기를 경험할 수 있게 되었다.

최근에는 스위스의 출입 보안 전문 기업 SKIDATA와의 전략적 협업을 통해 새로운 영역으로 사업을 확장하고 있다. 삼성 모바일 기기를 활용한 차세대 스마트 출입 통제 시스템을 개발 중이며, 이는 경기장 보안과 편의성을 동시에 향상시킬 것으로 기대되고 있다.

(4) Microsoft: 팬 데이터 플랫폼과 혼합현실

마이크로소프트는 클라우드 기반 기술을 핵심으로 구단과 리그에 포괄적인 팬 데이터 플랫폼과 정교한 디지털 마케팅 도구를 제공하고 있다. 이들의 대표적인 성공 사례는 스페인의 명문 축구 클럽 레알 마드리드와 협업한 'Digital Sports Platform'이다. 이 플랫폼을 통해 팬들의 구매 이력, SNS 반응 패턴, 경기장 방문 습관 등을 종합적으로 분석하여 개인별 맞춤형 콘텐츠와 상품을 정확하게 추천할 수 있게 되었다.

마이크로소프트의 혁신적인 혼합현실 기술(Mixed Reality)은 스포츠 팬 경험의 새로운 차원을 열어가고 있다. 이 기술은 경기장 투어나 역사적 콘텐츠에 적용되어, 팬들이 경기장 내부를 실감나는 3D 환경에서 자유롭게 탐색하거나 과거의 전설적인 경기를 가상으로 재현해보는 특별한 경험을 제공한다.

마이크로소프트는 이러한 첨단 기술들을 통해 팬 충성도 강화와 디지털 수익 창출이라는 두 가지 목표를 동시에 추구하고 있다. 이는 스포츠 산업의 디지털 전환이 단순한 기술 도입이 아닌, 새로운 비즈니스 모델 창출의 기회임을 보여주는 대표적인 사례로 평가받고 있다.

그림 12-11 Microsoft 팬 데이터 플랫폼

2) 스포츠 산업과 기술 산업의 융합 방향

(1) 경기장 운영 자동화의 경제성

스마트 경기장 구축에 필요한 초기 투자비용은 상당히 높은 수준이지만, 장기적 관점에서 보면 명확하고 지속적인 경제적 효과를 창출하고 있다. 이러한 투자는 인력 비용의 대폭적인 감소, 운영 프로세스의 전면적인 효율화, 그리고 팬 유지율 증가라는 세 가지 핵심 수익성과 직결되어 있다.

특히 무인 입장 시스템, 자동화된 시설 관리, AI 기반 보안 시스템 등의 도입은 매 이벤트마다 기존에 필요했던 수천만 원에서 수억 원 규모의 고정 운영비를 획기적으로 절감하는 효과를 보여주고 있다. 이러한 비용 절감은 일회성이 아닌 지속적이고 누적적인 효과를 가져다주어, 초기 투자비용을 상당히 빠른 시간 내에 회수할 수 있게 해준다.

더욱 중요한 것은 기술 기반 서비스를 통한 완전히 새로운 수익 창출 모델의 등장이다. AR 중계 서비스의 프리미엄 유료화, VR 전용 특별 좌석 판매, 그리고 팬들의 행동 데이터를 활용한 정밀 타겟팅 광고 등은 기존에는 존재하지 않았던 혁신적인 수익 흐름을 만들어내고 있다. 이처럼 기술은 더 이상 단순한 '운영비용'이 아니라, 스포츠 구단의 미래 수익 구조를 근본적으로 혁신하는 핵심 자산으로 인식되고 있다.

(2) AI와 팬 경험의 미래

AI 기술은 향후 스포츠 산업에서 팬 경험을 완전히 개인화하는 핵심 동력으로 작용할 것으로 전망된다. 경기 시작 전 관중의 티켓 정보와 과거 방문 이력을 종합 분석하여, 가장 효율적인 입구 경로 안내와 함께 개인 취향에 맞는 음식, 굿즈, 편의시설 위치까지 모바일 앱을 통해 자동으로 추천하는 AI 큐레이션 서비스가 이미 일부 선진 경기장에서 시범 운영되고 있다.

경기가 진행되는 동안에는 더욱 정교한 개인화 서비스가 구현될 예정이다. 개별 팬의 응원 패턴, 선호하는 선수, 관람 습관 등을 실시간으로 분석하여 전광판에 표시되는 광고나 모바일 앱의 콘텐츠가 각 사람에게 맞춤형으로 변화하는 '퍼스널라이즈드 경기장 경험'이 현실화될 것으로 예상된다. 이러한 개인화된 경험은 팬들의 만족도를 크게 높여 재방문율 증가로 이어지는 핵심 전략이 될 것이다.

기술의 융합이 가져오는 가장 근본적인 변화는 스포츠 산업 자체의 정체성 전환이다. 전통적인 "경험산업"에서 "데이터 산업"으로의 진화가 가속화되고 있으며, 이 과정에서 팬들은 더 이상 수동적인 관람자 역할에 머물지 않다. 그들은 동시에 데이터 생산자이자 소비자로서 스포츠 생태계의 핵심 참여자가 되어, 경기장과 구단, 그리고 다른 팬들과 실시간으로 상호작용하는 새로운 스포츠 문화를 만들어가고 있다.

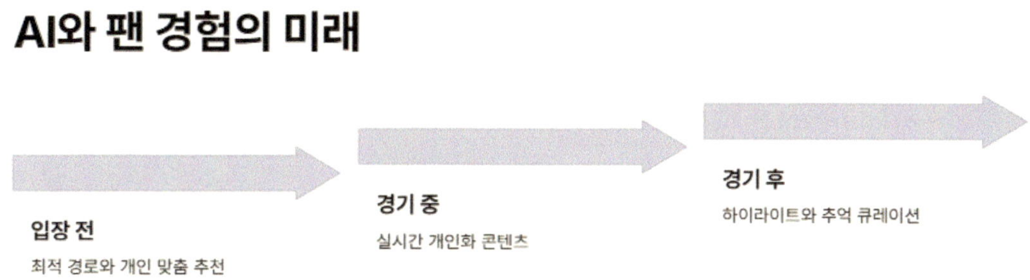

그림 12-12 AI와 팬 경험의 미래

5 정리 및 시사점

1) AI 기반 경기장의 미래 전망

(1) 팬 경험의 진화와 맞춤형 서비스

스마트 경기장은 단순한 시설의 고도화를 넘어서 AI 기술을 통해 팬 경험을 완전히 개인화하는 혁신적인 플랫폼으로 진화하고 있다. 과거에는 모든 관중이 획일적으로 동일한 서비스를 받는 것이 일반적이었지만, 이제는 개별 팬마다 완전히 다른 맞춤형 경험을 제공하는 시대가 열리고 있다.

이러한 개인화의 핵심은 관중의 과거 방문 이력과 선호도 데이터를 정교하게 분석하여 활용하는 것이다. 경기 중에 제공되는 실시간 통계 정보, 선별된 영상 리플레이, 개인 취향에 맞는 상품 추천 등이 각 팬의 프로필에 따라 차별화되어 제공된다. 예를 들어 특정 선수의 팬이라면 그 선수의 상세한 플레이 분석과 관련 콘텐츠가 우선적으로 노출되고, 가족 단위 관람객에게는 어린이 친화적인 정보와 서비스가 자동으로 추천된다.

더욱 중요한 것은 경기장의 모든 활동이 데이터 기반의 지속적인 피드백 루프로 연결되어 있다는 점이다. 관중들의 실시간 행동 데이터를 수집하고 분석함으로써, 구단은 어떤 마케팅 전략이 실제로 효과적인지, 어떤 콘텐츠에 팬들이 가장 긍정적으로 반응하는지를 즉시 파악할 수 있있다. 이렇게 얻어진 인사이트는 곧바로 다음 경기의 팬 경험을 더욱 정교하게 설계하는 데 활용된다. 이러한 지속적인 개선 과정을 통해 팬 경험의 진화는 궁극적으로 재방문율 증가, 팬 충성도 강화, 그리고 스폰서십 효과 극대화라는 구체적인 비즈니스 성과로 연결된다.

(2) 경기장 자체의 플랫폼화 가능성

AI 기반 경기장은 더 이상 단순한 '스포츠 시설'의 범주에 머무르지 않고, 다양한 디지털 서비스가 유기적으로 연결된 하나의 종합 플랫폼으로 근본적인 변화를 겪고 있다. 이 플랫폼 위에서는 전통적인 경기 관람을 중심으로 하면서도 전자상거래, 맞춤형 광고, 실시간 데이터 분석, 원격 팬 커뮤니티 운영, 미디어 콘텐츠 생산 등 다양하고 복합적인 활동들이 동시에 이루어진다.

구체적인 예를 들어보면, 팬들은 경기를 관람하면서 AR 기술을 통해 화면에 나타나는 굿즈를 즉석에서 주문하고, 가상 경기장에서는 자신의 아바타를 통해 전 세계의 친구들과 함께 실시간으로 응원하며, 개인의 관심사에 최적화된 콘텐츠를 끊임없이 소비할 수 있다. 이러한 환경에서 경기장은 온라인과 오프라인 세계를 자연스럽게 연결하는 핵심 허브 역할을 수행하며, 전통적인 티켓 판매 수익을 훨씬 뛰어넘는 다양하고 혁신적인 수익 모델들을 창출해낸다.

미래의 스포츠 비즈니스는 경기장이라는 물리적 공간을 중심으로 경기 자체와 데이터 서비스, 팬 커뮤니티, 미디어 콘텐츠가 완전히 융합된 종합적 가치 창출 구조를 구현하는 것을 목표로 발전해 나갈 것이다. 이는 스포츠 산업 전체의 패러다임을 근본적으로 변화시키는 혁신적인 전환점이 될 것으로 전망된다.

2) 스포츠 산업의 디지털 전환과 정책적 지원 필요

(1) 개인정보 보호 및 윤리 이슈

스마트 경기장의 운영은 그 특성상 관중들의 방대한 양의 개인 행동 데이터를 지속적으로 수집하게 되는 구조적 특징을 가지고 있다. 안면 인식 시스템, 실시간 위치 추적, 상세한 관중 행동 분석 등은 모두 개인의 프라이버시 보호 원칙과 잠재적인 충돌 가능성을 내포하고 있다. 특히 AI 기반 영상 보안 시스템은 민감한 생체 정보를 직접적으로 활용하기 때문에, 이러한 기술의 도입과 운영에 대한 명확하고 구체적인 법적, 윤리적 기준이 반드시 사전에 수립되어야 한다.

또한 팬들에게 제공되는 맞춤형 서비스가 지나치게 상업적인 목적으로 치우칠 경우, 오히려 순수한 팬 경험을 저해하고 관중들의 반감을 불러일으킬 위험성도 존재한다. 따라서 경기장 운영 주체들은 첨단 기술을 도입할 때 데이터 활용의 명확한 범위 설정, 운영 과정의 투명성 확보, 그리고 사용자들의 충분한 이해와 자발적 동의를 얻는 절차를 성실히 이행해야 한다. 이러한 윤리적 기준의 준수는 기술 발전과 개인정보 보호 사이의 균형을 유지하는 핵심 요소가 될 것이다.

(2) 인프라 투자와 기술 파트너십 유도

스마트 경기장의 성공적인 구현은 충분한 기술 인프라의 확보 없이는 절대 불가능하다. 그러나 현실적으로 일부 중소 규모의 구단이나 지방 소재 경기장들은 대규모 기술 투자에 필요한 자본력이 부족하여 기술 격차가 심화될 가능성이 높다. 이러한 문제를 해결하기 위해서는 중앙정부와 지방자치단체, 체육회 등 공공기관들의 적극적인 재정 지원과 함께 민간 기술 기업들과의 전략적 파트너십 연계가 반드시 필요한다.

구체적인 방안으로는 5G 기반 스마트 경기장 구축 사업, AI 보안 감시 시스템 도입 지원, AR 중계 플랫폼 개발 프로젝트 등에 대해 범국가적 차원의 스포츠 혁신 펀드나 ICT 융합 지원 사업을 체계적으로 마련하는 것을 고려할 수 있다. 이러한 공공 지원 체계가 구축된다면 중소 규모의 구단들도 부담 없이 첨단 기술 도입을 적극적으로 검토할 수 있는 환경이 조성될 것이다.

궁극적으로 스포츠 산업의 성공적인 디지털 전환은 민간 기술 기업과 스포츠 조직, 그리고 정책 당국이 서로의 전문성을 인정하고 협력할 때만 실현 가능한 복합적 과제이다.

이러한 다각적 협력 구조가 효과적으로 작동한다면, AI 기술은 개별 경기장의 혁신을 넘어서 스포츠 산업 전체의 체질과 경쟁력을 근본적으로 변화시키는 강력한 변화의 동력이 될 수 있을 것이다.

학습 요약

AI 기반 경기장 운영은 안전성, 효율성, 팬 경험 향상을 동시에 달성하는 차세대 혁신 전략으로 자리매김하고 있다. 스마트 경기장은 이제 단순히 경기가 열리는 물리적 공간이 아니라, 데이터가 흐르고 AI가 판단하며 팬과 실시간으로 상호작용하는 지능형 생태계로 진화하고 있다.

AI는 관중의 이동 동선을 예측하고, IoT 센서는 좌석 점유와 환경 정보를 수집하며, 엣지 컴퓨팅은 현장에서 즉시 데이터를 처리해 보다 빠르고 안전한 의사결정을 가능하게 한다. 이로써 경기장은 관중이 몰리는 순간에도 혼잡 없이 운영되고, 팬들은 쾌적하고 개인화된 환경 속에서 경기를 즐길 수 있다. 스마트 경기장 기술은 무인 입장 시스템, 좌석 센서 네트워크, AI 보안 시스템, AR·VR 응원 기술 등 다양한 형태로 현실화되고 있으며, 이미 전 세계 주요 스포츠 리그에서 그 효과가 입증되고 있다.

예를 들어, 인디애나폴리스 모터 스피드웨이는 AI 군중 예측 시스템으로 30만 명 이상의 관중을 효율적으로 관리하고 있으며, 창원 NC파크는 로봇 안내와 AR 이벤트를 결합한 팬 참여형 운영으로 국내형 스마트 스타디움의 성공 사례로 꼽힌다. 또한 소파이 스타디움과 도쿄 올림픽의 디지털 인프라는 AI·IoT·5G가 융합된 새로운 경기장 운영 표준을 제시했다. 이러한 혁신의 중심에는 글로벌 기술 기업들의 전략적 파트너십이 있다. IBM은 Watson AI를 통해 경기 분석과 하이라이트 자동화를 지원하고, Cisco는 초고속 네트워크 기반의 Connected Stadium 플랫폼으로 수십만 명의 관중이 동시에 연결되는 안정적 환경을 구축하고 있다.

삼성전자는 5G와 초대형 디스플레이 기술로 경기장의 시각적 경험을 혁신하고, 마이크로소프트는 클라우드와 혼합현실(MR) 기술을 통해 팬 데이터 분석과 몰입형 콘텐츠를 결합하고 있다. 이처럼 AI와 ICT 산업의 융합은 스포츠 비즈니스의 경제성과 확장성을 동시에 강화하며, 경기장을 '스포츠 산업의 핵심 플랫폼'으로 재정의하고 있다.

결국 스포츠와 기술의 융합은 단순한 트렌드를 넘어, 산업 전체의 미래를 결정짓는 불가피한 전환점이 되고 있다. AI 기반 경기장은 팬 경험의 혁신을 넘어, 새로운 수익 구조와 지속 가능한 운영 모델을 창출하고 있으며, 이를 위해 구단·리그·기술기업·정부 등 모든 이해관계자의 협력과 공동 설계가 필수적이다. AI 기술이 단순한 도구를 넘어 스포츠 문화의 일부분으로 자리 잡을 때, 스마트 경기장은 산업의 경쟁력을 넘어 사람과 기술이 조화롭게 공존하는 미래형 스포츠 공간으로 완성될 것이다.

PART 4

스마트 스포츠 환경과 책임있는 AI활용

제13장 스포츠 안전과 AI 기반 대응 기술

제14장 AI 윤리와 스포츠 데이터 보호 쟁점

13 Chapter

스포츠 안전과 AI 기반 대응 기술

>> 학습 목표

1. 스포츠 안전의 개념 확장과 AI의 역할을 이해한다.
2. 선수·시설·군중 안전 관리에서 활용되는 AI 기술과 사례를 설명할 수 있다.
3. 데이터 보안·윤리·정책적 과제와 미래 기술 방향을 종합적으로 논의할 수 있다.

1 스포츠 안전의 개념과 AI의 역할

1) 스포츠 안전의 범위

현대 스포츠에서 안전의 개념은 과거 단순한 부상 방지 차원에서 벗어나 훨씬 포괄적이고 복합적인 의미로 확장되고 있다. 전통적으로 스포츠 안전이라 하면 선수가 경기나 훈련 중 입을 수 있는 신체적 부상을 예방하는 것에 초점을 맞추었다면, 오늘날의 스포츠 안전은 경기장 환경의 안전성, 관중들의 안전한 관람 환경 조성, 그리고 디지털 시대에 필수적인 데이터 보안과 사이버 보안까지 아우르는 종합적인 시스템으로 발전했다.

이러한 확장된 안전 개념이 중요한 이유는 각 영역이 서로 밀접하게 연결되어 있기 때문이다. 선수의 부상은 단순히 개인적인 문제가 아니라 팀의 전력과 경기력에 직접적인 영향을 미치며, 때로는 시즌 전체의 성패를 좌우하기도 한다. 마찬가지로 경기장 내 설비의 이상이나 관중 안전 관리의 허점은 단순한 경기 중단을 넘어서 대규모 인명 피해로 이어질 수 있는 심각한 위험 요소가 된다. 특히 최근 몇 년간 스포츠 산업의 디지털 전환이 급속도로 진행되면서, 선수들의 생체 데이터나 경기 전략 정보, 팬들의 개인정보 등을 보호하는 것도 스포츠 안전의 핵심 요소로 자리잡았다.

– 안전 생애주기와 AI의 적용

스포츠 안전을 체계적으로 관리하기 위해서는 “예방–감지–대응–회복–학습”이라는 다섯 단계의 생애주기적 접근법이 필요하다. 이 구조는 안전 사고가 발생하기 전부터 사고 후 개선까지의 전 과정을 포괄하여 지속적이고 순환적인 안전 관리 시스템을 구축한다.

예방 단계에서는 선수의 부하 관리와 시설 점검, 환경 모니터링이 핵심이다. 과도한 훈련으로 인한 피로 누적을 사전에 파악하고, 경기장 시설의 잠재적 위험 요소를 정기적으로 점검하며, 날씨나 대기질 같은 외부 환경 변화를 지속적으로 모니터링한다. 감지 단계에서는 실시간으로 이상 징후를 포착하고 군중 밀도를 분석하여 위험 상황의 조기 발견에 집중한다. 대응 단계에서는 감지된 위험에 대해 자동 알림 시스템을 가동하고, 드론이나 로봇을 활용한 신속한 지원과 긴급 의료 시스템의 즉각적인 개입이 이루어진다.

회복 단계에서는 사고 발생 후 수집된 데이터를 바탕으로 한 과학적 복구 계획 수립과 개별 맞춤형 트레이닝 조정이 진행된다. 마지막 학습 단계에서는 축적된 모든 데이터를 활용하여 시뮬레이션을 실시하고 기존 정책과 절차를 개선함으로써 미래의 유사한 상황에 더욱 효과적으로 대응할 수 있는 역량을 구축한다.

AI는 이 전체 생애주기를 하나의 통합된 데이터 기반 의사결정 체계로 연결하는 핵심 기술이다. 머신러닝 알고리즘은 방대한 양의 센서 데이터와 과거 사례 데이터를 분석하여 사고 가능성을 최소화하고, 실시간 모니터링과 예측 분석을 통해 위험 상황에 대한 대응 속도를 획기적으로 향상시킨다.

그림 13-1 안전 생애주기

2 선수 안전 관리와 AI

1) 부상 예방과 부하 관리

현대 스포츠에서 선수의 안전은 단순한 보호의 차원을 넘어 경기력과 직결되는 핵심 성과 지표가 되었다. 선수 한 명의 부상은 개인의 고통을 넘어서 팀 전체의 전력 약화와 전술적 변경을 초래하며, 때로는 시즌 전체의 목표 달성을 좌우하기도 한다. 이러한 인식 변화와 함께 최근에는 웨어러블 센서 기술과 AI 기반 분석 시스템이 선수 안전 관리의 새로운 패러다임을 제시하고 있다.

최신 웨어러블 센서들은 심박수, 심박 변이도(HRV), GPS 위치 추적, 관성 측정 장치(IMU) 등 다양한 생체 신호와 움직임 데이터를 실시간으로 수집한다. 이렇게 수집된 데이터는 AI 기반 부하 예측 모델을 통해 분석되어, 선수의 누적 피로도와 부상 발생 가능성을 과학적으로 예측한다. 유럽의 주요 프로축구 리그에서는 이미 이러한 시스템을 적극 도입하여 선수의 스프린트 거리, 심박수 변화, 수면 패턴, 회복 상태 등을 종합적으로 분석하고 있다. 이를 통해 개별 선수에게 최적화된 훈련 강도를 설정하고, 과도한 부하가 예상되는 선수에 대해서는 훈련량을 조절하거나 휴식을 권장한다.

이러한 데이터 기반 접근법의 가장 큰 장점은 기존의 코치 경험과 직감에 의존한 주观적 판단을 객관적이고 정량적인 근거로 보완한다는 것이다. 숙련된 코치의 경험과 직관은 여전히 중요하지만, 이를 과학적 데이터와 결합할 때 훨씬 정확하고 선제적인 안전 관리가 가능해진다.

(1) 충돌 · 뇌진탕 조기 탐지

미식축구, 아이스하키, 럭비와 같이 신체 접촉과 충돌이 빈번한 종목에서는 뇌진탕 관리가 선수 안전의 가장 중요한 이슈 중 하나다. 뇌진탕은 즉각적인 증상이 나타나지 않을 수 있고, 반복적인 뇌진탕은 만성 외상성 뇌병증(CTE) 같은 심각한 장기적 후유증을 유발할 수 있어 조기 탐지와 즉각적인 대응이 필수적이다.

AI 기술은 이러한 뇌진탕 위험을 실시간으로 감지하고 대응하는 혁신적인 솔루션을 제공한다. 컴퓨터 비전 기술을 활용한 영상 분석 시스템은 경기 중 발생하는 충돌 상황을 자동으로 검출하고, 충돌의 강도와 각도, 선수의 반응 등을 종합적으로 분석하여 뇌진탕 위험도를 평가한다. 동시에 헬멧에 내장된 센서나 마우스가드에 부착된 가속도계는 머리에 가해지는 충격의 크기와 방향을 정밀하게 측정하여, 뇌진탕 발생 임계값을 초과할 경우 즉각적으로 의료진과 코칭 스태프에게 경고 신호를 전송한다.

NFL(National Football League)에서는 이러한 통합적 뇌진탕 감지 시스템의 도입으로 위험에 노출된 선수들을 조기에 발견하여 경기에서 제외시키는 사례가 현저히 증가했다. 이는 단기적으로는 선수의 즉각적인 안전을 보장하고, 장기적으로는 반복적 뇌 손상으로 인한 심각한 후유증을 예방하는 데 크게 기여하고 있다.

(2) 급성 위험 대응

스포츠 현장에서 발생할 수 있는 심정지나 열사병 같은 급성 응급 상황은 '골든타임'이라 불리는 초기 대응 시간의 확보가 생명과 직결된다. 심정지의 경우 4-6분 이내에 심폐소생술과 제세동이 이루어지지 않으면 뇌사 위험이 급격히 증가하며, 열사병 역시 체온을 신속하게 낮추지 못하면 장기 손상이나 사망에 이를 수 있다.

최신 웨어러블 기술은 이러한 급성 위험을 실시간으로 감지할 수 있는 정교한 센서를 제공한다. 심전도(ECG) 센서와 광혈류측정(PPG) 센서는 심장 리듬의 이상이나 혈류량 변화를 즉각적으로 포착하며, AI 이상 탐지 알고리즘은 이러한 생체 신호의 패턴을 분석하여 심정지나 부정맥의 전조 증상을 조기에 발견한다. 체온 센서와 심박수 모니터는 열사병의 위험 신호인 급격한 체온 상승과 심박수 이상을 실시간으로 추적한다.

이러한 위험 신호가 감지되면 즉각적으로 경기장 내 AED(자동심장충격기)의 위치 정보와 연결된 알림 시스템이 작동한다. 가장 가까운 의료진과 훈련받은 직원들에게 동시에 알림이 전송되며, 경기장 내 최적의 이동 경로까지 제공하여 대응 시간을 최소화한다. 더 나아가 일부 실험적 프로젝트에서는 드론을 활용한 AED 자동 배송 시스템이 시도되고 있으며, 이러한 기술이 상용화되면 응급 의료 장비의 배송 시간을 기존의 몇 분에서 몇십 초로 단축할 수 있을 것으로 전망된다.

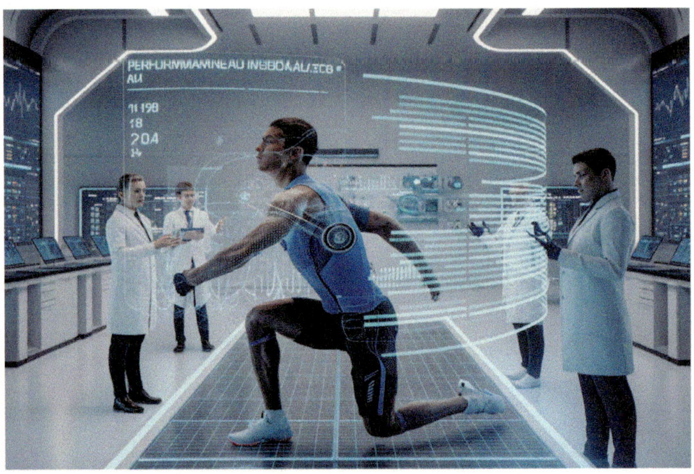

그림 13-2 선수 안전 관리 AI

3 경기장·시설·군중 안전

1) 경기장·시설 안전

경기장과 시설의 안전성은 단순히 인프라의 문제가 아니라 선수와 관중 모두의 생명과 직결되는 핵심 요소다. 현대의 스포츠 경기장은 수만 명의 관중이 동시에 이용하는 복합적인 공간이며, 이곳에서 벌어지는 경기는 선수들이 최고의 신체적 능력을 발휘하는 극한의 활동이다. 따라서 경기장의 모든 요소가 완벽한 안전 기준을 충족해야 하며, 이를 위해서는 전통적인 정기 점검을 넘어선 지능형 모니터링 시스템이 필요하다.

IoT(사물인터넷) 센서 기술의 발달로 이제 경기장의 모든 표면과 환경을 실시간으로 모니터링할 수 있게 되었다. 특히 축구나 럭비와 같이 잔디 표면에서 진행되는 스포츠에서는 잔디의 수분 함량, 토양의 탄성도, 표면의 미끄럼 지수 등이 선수의 안전에 직접적인 영향을 미친다. 과도하게 젖은 잔디는 선수의 발이 미끄러져 부상을 유발할 수 있고, 너무 단단한 표면은 충격 흡수 능력이 떨어져 관절이나 근육 부상의 위험을 높인다.

AI 시스템은 이러한 다양한 센서 데이터를 종합적으로 분석하여 경기장 표면의 위험도를 실시간으로 평가한다. 기상 조건, 사용 빈도, 계절적 변화 등을 고려한 예측 모델을 통해 최적의 경기장 상태를 유지하기 위한 관리 방안을 제시하며, 필요시 경기 전 추가적인 정비나 조치를 권고한다.

경기장 시설의 예지정비(Predictive Maintenance) 시스템 도입도 안전 관리의 중요한 발전이다. 조명 시설, 대형 전광판, 음향 시스템, 골대와 같은 주요 설비들은 경기 진행에 필수적일 뿐만 아니라 고장 시 안전 사고로 이어질 수 있는 위험 요소이기도 하다. 전통적인 예방 정비는 정해진 주기에 따라 부품을 교체하거나 점검하는 방식이었지만, AI 기반 예지정비는 설비의 실제 상태와 사용 패턴을 분석하여 고장이 발생하기 전에 최적의 교체나 보수 시점을 예측한다. 이는 예상치 못한 설비 고장으로 인한 안전 사고를 방지할 뿐만 아니라, 불필요한 정비 비용을 절약하고 경기장 운영의 효율성을 크게 향상시킨다.

그림 13-3 경기장 시설 관리 AI

– 환경 리스크 관리

스포츠는 본질적으로 자연 환경과 밀접한 관련이 있는 활동이다. 실외에서 진행되는 대부분의 스포츠는 기후 변화와 환경 조건에 직접적으로 영향을 받으며, 특히 극한 기상 조건은 선수의 건강과 생명을 위협하고 경기 운영 전체를 마비시킬 수 있다. 폭염, 미세먼지, 폭우, 강풍 등은 단순히 경기의 질을 저하시키는 요소가 아니라 심각한 안전 위협 요소가 될 수 있다.

특히 폭염은 열사병과 탈수로 인한 선수의 생명을 위협할 수 있으며, 고농도 미세먼지는 호흡기 질환을 유발하거나 기존 질환을 악화시킬 수 있다. 폭우는 경기장 표면을 위험하게 만들어 부상 위험을 증가시키고, 낙뢰는 직접적인 생명 위험을 초래한다.

AI 기반 기상 및 대기질 예측 모델은 이러한 환경 위험을 사전에 예측하고 대응 방안을 제시하는 핵심 도구가 되었다. 이 시스템들은 기상청의 공식 예보뿐만 아니라 위성 이미지, 레이더 데이터, 지역별 센서 네트워크에서 수집되는 실시간 데이터를 종합적으로 분석한다. 머신러닝 알고리즘은 과거의 기상 패턴과 현재 상황을 비교 분석하여 기존 예보보다 더 정확하고 세밀한 예측을 제공하며, 경기 연기나 취소 여부에 대한 신속하고 정확한 판단을 지원한다.

2021년 도쿄올림픽에서는 WBGT(습구흑구온도) 지수를 실시간으로 모니터링하는 시스템이 대표적인 성공 사례로 평가받았다. WBGT는 온도, 습도, 복사열을 종합적으로 고려한 열 스트레스 지표로, 선수와 관중의 열사병 위험을 정확하게 평가할 수 있다. 올림픽 조직위원회는 이 지수를 기반으로 경기 시간을 조정하거나 추가적인 안전 조치를 시행하여 극한 더위 속에서도 안전한 경기 진행을 보장했다.

2) 군중 안전

대형 스포츠 이벤트에서 군중 안전 관리는 가장 복잡하고 중요한 과제 중 하나다. 수만 명의 관중이 한정된 공간에 집중되는 상황에서는 작은 사고나 혼란이라도 대형 참사로 이어질 수 있는 위험이 항상 존재한다. 과거 힐스보로 참사나 이태원 참사 등의 사례는 군중 밀집 상황에서의 안전 관리가 얼마나 중요하고 어려운 문제인지를 보여준다.

AI 기술은 이러한 군중 안전 관리에 혁신적인 해결책을 제공하고 있다. 현대의 군중 안전 시스템은 CCTV 카메라, 드론, Wi-Fi 신호 분석, 모바일 위치 데이터 등 다양한 데이터 소스를 통합하여 실시간으로 관중의 이동 패턴과 밀집도를 분석한다. 컴퓨터 비전 기술은 CCTV 영상에서 개별 인원을 식별하고 그들의 이동 방향과 속도를 추적하여 잠재적 병목 지점이나 과밀 구역을 사전에 감지한다.

드론을 활용한 공중 모니터링은 지상의 CCTV로는 파악하기 어려운 광범위한 지역의 군중 분포를 실시간으로 파악할 수 있게 해준다. 특히 경기장 주변의 접근로나 대기 공간에서의 군중 흐름을 모니터링하여 입장 및 퇴장 시간의 분산이나 우회 경로 안내 등의 대응 조치를 신속하게 시행할 수 있다.

Wi-Fi 신호와 모바일 데이터 분석은 개인정보 보호를 준수하면서도 익명화된 위치 정보를 통해 대규모 인원의 이동 패턴을 파악하는 데 활용된다. 이를 통해 AI 시스템은 군중의 이동 경로를 예측하고, 특정 구역에 과도한 인원이 집중될 가능성을 사전에 경고할 수 있다.

2022년 카타르 월드컵의 경기장들에서 운영된 스마트 관제센터는 이러한 기술들의 통합적 활용 사례로 주목받았다. 이 시스템은 실시간 군중 흐름 분석을 통해 잠재적 위험 상황을 조기에 감지하고, 관중 분산을 위한 최적의 안내 방안을 제시하여 대규모 안전 사고를 성공적으로 예방했다. 특히 경기 종료 후 대량 퇴장 상황에서 여러 출구로의 관중 분산과 대중교통 연결 지점에서의 혼잡 완화에 큰 효과를 보였다.

스마트 관제 시스템

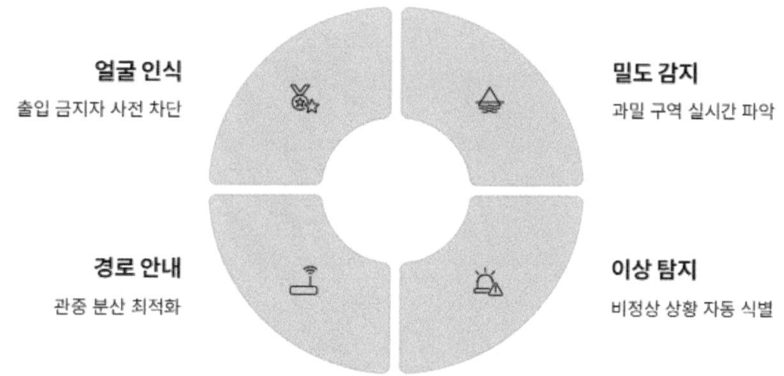

그림 13-4 스마트 관제시스템

4 디지털·사이버 보안과 데이터 안전

1) 경기장 IoT·네트워크 보안

현대 스포츠 경기장의 스마트화가 급속도로 진행되면서 새로운 차원의 보안 위협이 등장하고 있다. 과거의 경기장이 물리적 안전에만 집중했다면, 이제는 수많은 IoT 장비와 네트워크 시스템이 연결된 복합적인 디지털 환경으로 변모했다. 이러한 변화는 경기장 운영의 효율성과 관중 경험을 크게 향상시켰지만, 동시에 사이버 공격에 대한 새로운 취약점을 만들어내고 있다.

스마트 경기장에는 조명 제어 시스템, 대형 전광판, 음향 설비, 출입 통제 시스템, CCTV 네트워크, 티켓팅 시스템 등 수백 개의 IoT 장비들이 네트워크로 연결되어 있다. 만약 악의적인 공격자가 이러한 시스템에 침투하여 조명을 끄거나 전광판에 허위 정보를 표시하거나 음향 시스템을 마비시킨다면, 단순한 불편함을 넘어서 관중의 혼란과 공황 상태를 유발할 수 있다. 더 심각한 경우에는 출입 통제 시스템이나 화재 경보 시스템이 해킹되어 실제 안전 사고로 이어질 수도 있다.

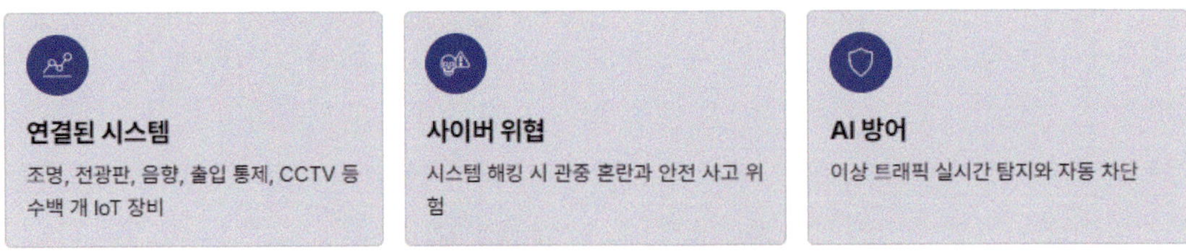

그림 13-5 IoT 네트워크 보안

이러한 위협에 대응하기 위해 AI 기반 이상 트래픽 탐지 시스템이 핵심적인 역할을 하고 있다. 이 시스템은 경기장 내 모든 네트워크 트래픽을 실시간으로 모니터링하며, 머신러닝 알고리즘을 통해 정상적인 통신 패턴을 학습하고 비정상적인 접근 시도나 데이터 전송을 즉각적으로 감지한다. 예를 들어, 조명 제어 시스템에 평소와 다른 시간대에 대량의 명령이 전송되거나, 전광판 시스템에 승인되지 않은 외부 접근이 시도될 경우 즉시 경고를 발생시키고 자동으로 해당 연결을 차단한다.

네트워크 분리(Network Segmentation) 전략도 보안 강화의 핵심 요소다. 이는 경기장의 모든 시스템을 하나의 네트워크에 연결하는 대신, 기능별로 별도의 네트워크 구간을 구성하여 한 부분이 침해되더라도 다른 중요 시스템으로의 확산을 방지하는 방법이다. 예를 들어 관중용 Wi-Fi 네트워크, 경기 운영 시스템, 보안 시스템, 시설 관리 시스템을 각각 독립된 네트워크로 분리하여 운영함으로써 보안 사고의 영향 범위를 최소화한다.

2) 개인정보·데이터 보호

스포츠 분야에서 AI 기술의 활용이 확대되면서 개인정보와 데이터 보호는 점점 더 복잡하고 중요한 문제가 되고 있다. 선수들의 생체 정보는 그들의 건강 상태, 경기력, 심지어 장래의 부상 가능성까지 예측할 수 있는 매우 민감한 데이터다. 심박수, 혈압, 수면 패턴, 스트레스 호르몬 수치 등의 정보가 잘못된 손에 들어가면 선수의 사생활 침해는 물론 경기 결과 조작이나 불법 베팅에 악용될 수 있다.

관중들의 데이터 역시 마찬가지로 보호되어야 할 중요한 자산이다. 티켓 구매 정보, 경기장 내 이동 경로, 구매 패턴, 개인 선호도 등의 데이터는 마케팅 목적으로는 가치 있는 정보이지만, 동시에 개인의 프라이버시와 직결되는 민감한 정보이기도 하다.

이러한 문제에 대응하기 위해 AI 분석 과정에서 프라이버시 보호 기술의 도입이 활발하게 이루어지고 있다. 데이터 비식별화(De-identification) 기술은 개인을 특정할 수 있는 정보를 제거하거나 변환하여 개인의 신원을 보호하면서도 데이터의 분석적 가치는 유지하는 방법이다. 예를 들어 선수의 실명 대신 익명 코드를 사용하거나, 정확한 생체 수치 대신 범위나 등급으로 표현하는 방식이 활용된다.

연합학습(Federated Learning)은 더욱 혁신적인 프라이버시 보호 방법이다. 이 기술은 개별 데이터를 중앙 서버로 전송하지 않고도 AI 모델을 훈련시킬 수 있게 해준다. 각 팀이나 조직이 자신들의 데이터를 외부에 공개하지 않으면서도 공통의 AI 모델 개발에 참여할 수 있어, 데이터 보안과 AI 성능 향상을 동시에 달성할 수 있다.

이러한 기술적 대응과 함께 GDPR(유럽 일반 데이터 보호 규정)이나 국내 개인정보보호법 같은 법적 규제와의 연계도 필수적이다. 스포츠 조직들은 데이터 수집 목적의 명확한 고지, 동의 획득, 데이터 처리 범위의 제한, 개인의 데이터 접근 및 삭제 권리 보장 등 법적 요구사항을 충족하는 데이터 거버넌스 체계를 구축해야 한다.

그림 13-6 개인정보 보호

3) 윤리적 고려

AI 기술을 활용한 스포츠 안전 관리 시스템이 발전하면서 기술적 효과성과 윤리적 가치 사이의 균형을 찾는 것이 중요한 과제로 부각되고 있다. 안전이라는 명분 하에 이루어지는 광범위한 모니터링과 데이터 수집이 개인의 프라이버시와 자유를 과도하게 침해할 가능성에 대한 우려가 커지고 있기 때문이다.

경기장 내 CCTV와 센서 네트워크는 관중과 선수의 모든 움직임을 실시간으로 추적하고 분석할 수 있다. 이러한 시스템은 안전 사고 예방과 신속한 대응이라는 명확한 목적을 가지고 있지만, 동시에 개인의 행동 패턴, 사회적 관계, 심지어 정치적 성향까지 파악할 수 있는 강력한 감시 도구가 될 수도 있다. 특히 얼굴 인식 기술과 결합될 경우 개인의 익명성은 완전히 사라지고, 경기장을 넘어선 일상생활까지 추적당할 위험이 있다.

이러한 윤리적 딜레마를 해결하기 위해서는 데이터 사용의 목적과 범위를 명확히 정의하고, 이를 투명하게 공개하는 거버넌스 체계가 필요하다. 수집되는 데이터가 어떤 목적으로 사용되는지, 누가 접근할 수 있는지, 얼마나 오래 보관되는지, 어떤 상황에서 삭제되는지 등에 대한 명확한 정책과 절차가 수립되어야 한다.

또한 AI 시스템의 의사결정 과정에 대한 설명 가능성(Explainability)도 중요한 윤리적 요구사항이다. AI가 특정 개인이나 상황을 위험하다고 판단했을 때, 그 근거와 과정을 이해할 수 있어야 하며, 잘못된 판단에 대해서는 이의를 제기하고 수정을 요구할 수 있는 절차가 마련되어야 한다. 이는 기술에 대한 신뢰를 구축하고 잘못된 차별이나 편견을 방지하는 데 필수적이다.

책임 주체의 명확화도 윤리적 AI 활용의 핵심 요소다. AI 시스템이 잘못된 판단을 내리거나 개인정보를 유출했을 때 누가 책임을 질 것인지, 피해자는 어떻게 구제받을 수 있는지에 대한 명확한 체계가 있어야 한다. 이는 기술 개발업체, 경기장 운영자, 스포츠 조직, 정부 기관 등 다양한 이해관계자 간의 역할과 책임을 명확히 정의하는 포괄적인 거버넌스 프레임워크를 통해 달성될 수 있다.

5 사례 연구와 운영 체계

1) 프로 구단 사례

전 세계 프로 스포츠 구단들은 AI 기반 안전 관리 시스템을 도입하여 선수 보호와 경기력 향상이라는 두 가지 목표를 동시에 달성하고 있다. 이러한 사례들은 단순한 기술 도입을 넘어서 스포츠 산업 전반의 패러다임 변화를 보여주는 중요한 지표가 되고 있다.

유럽의 주요 축구 클럽들은 AI 기반 부상 예방 플랫폼의 도입에서 선구적인 역할을 하고 있다. 맨체스터 시티, 바르셀로나, 레알 마드리드 같은 톱클럽들은 선수들의 훈련 부하, 생체 신호, 수면 패턴, 영양 상태 등을 종합적으로 분석하는 통합 플랫폼을 구축했다. 이 시스템은 각 선수의 개별적인 신체 특성과 컨디션 변화를 실시간으로 모니터링하여 부상 위험이 높아지는 시점을 사전에 예측한다. 그 결과 많은 클럽들이 시즌 전체의 부상률을 이전 대비 20-30% 감소시키는 성과를 거두었으며, 이는 핵심 선수들의 출전 시간 증가와 팀 전력 유지로 직결되었다.

미국 메이저리그 베이스볼(MLB)에서는 특히 투수의 팔꿈치 부상 예방에 AI 기술이 혁신적으로 활용되고 있다. 투수의 팔꿈치 부상, 특히 토미 존 수술로 알려진 척골 측부 인대 손상은 선수 생명을 좌우하는 심각한 부상이다. MLB 팀들은 고속 카메라와 센서를 통해 투구 동작을 프레임 단위로 분석하고, 팔꿈치에 가해지는 스트레스와 회전력을 정밀하게 측정한다. AI 알고리즘은 이러한 생체역학적 데이터와 투구 횟수, 구속, 구종 등의 정보를 종합하여 각 투수의 부상 위험도를 실시간으로 계산한다. 이를 통해 코치진은 투수의 컨디션이 위험 수준에 도달하기 전에 미리 휴식을 주거나 투구 폼을 조정하는 등의 예방 조치를 취할 수 있게 되었다.

그림 13-7 야구선수 부상 예방 AI기술

NFL(National Football League)에서는 뇌진탕 방지를 위한 헬멧 기술 혁신이 선수 건강과 안전 전략의 핵심으로 자리잡고 있다. NFL의 지속적인 연구개발 투자와 안전 규정 강화 노력의 결과, 최근 시즌에는 진단된 뇌진탕 발생 건수가 역대 최소 수준으로 보고되는 성과를 거두었다. 이는 단순히 헬멧 성능 개선만의 결과가 아니라 경기 규칙 변경, 선수 교육, 의료진 훈련 등이 종합적으로 작용한 결과다.

특히 주목할 만한 것은 "Guardian Cap"이라는 혁신적인 안전 장비의 도입이다. 이는 기존 헬멧 위에 추가로 장착하는 충격 완충 패드로, 헬멧 간 충돌 시 발생하는 충격력을 상당히 감소시킨다. 처음에는 훈련 세션에서만 제한적으로 사용되었지만, 그 효과가 입증되면서 점차 사용 범위가 확대되고 있다. 특히 라인맨과 같이 충돌이 빈번한 포지션에서는 뇌진탕 발생률이 눈에 띄게 감소하는 효과가 관찰되었다.

그러나 헬멧 내부에 센서를 내장하여 충격을 실시간으로 측정하는 HITS(Head Impact Telemetry System) 같은 첨단 기술은 아직 상업 리그 수준에서의 전면적인 도입은 이루어지지 않았다. 이러한 센서 시스템들은 현재 일부 대학팀을 중심으로 실험적으로 사용되고 있으며, 기술의 신뢰성과 비용 효율성이 충분히 검증되면 프로 리그로의 확산이 예상된다. 센서 기술의 정확성, 데이터 해석의 복잡성, 그리고 실시간 의사결정에 대한 부담 등이 전면 도입을 지연시키는 주요 요인으로 작용하고 있다.

그림 13-8 센서 기술의 미래

2) 메가 이벤트 사례

올림픽이나 FIFA 월드컵과 같은 메가 이벤트는 전 세계의 관심이 집중되는 동시에 수십만 명의 관중이 참여하는 초대형 행사로, 안전 관리의 복잡성과 중요성이 그 어떤 스포츠 이벤트보다도 크다. 이러한 행사에서 발생할 수 있는 안전 사고는 단순히 현장의 문제를 넘어서 국가적 이미지와 국제적 신뢰에까지 영향을 미치기 때문에, AI 기반 군중 안전 관제 시스템의 도입과 활용이 필수적인 요소로 자리잡았다.

2022년 카타르에서 개최된 FIFA 월드컵은 이러한 AI 기반 안전 관리 시스템의 가장 포괄적이고 성공적인 사례로 평가받고 있다. 카타르 조직위원회는 전국 8개 경기장과 주변 지역에 5,000여 대의 고해상도 CCTV 카메라를 설치하고, 이들 모두를 AI 분석 시스템과 연결하여 실시간으로 군중의 밀집도와 이동 패턴을 모니터링했다. 이 시스템은 단순한 영상 녹화를 넘어서 컴퓨터 비전 기술을 활용하여 개별 관중을 추적하고, 특정 지역의 인원 밀도가 위험 수준에 도달하기 전에 사전 경고를 발생시켰다.

그림 13-9 2022 카타르 월드컵

특히 주목할 만한 것은 얼굴 인식, 군중 밀도 감지, 이상 이벤트 탐지(Anomaly Event Detection) 기술을 통합한 종합적 관제 시스템의 운용이다. 얼굴 인식 기술은 출입 금지자나 수배자의 출입을 사전에 차단하는 보안 기능을 담당했으며, 군중 밀도 감지 시스템은 특정 구역에 과도한 인원이 집중되는 것을 실시간으로 파악하여 관중 분산 조치를 신속하게 시행할 수 있게 했다. 이상 이벤트 탐지 시스템은 싸움, 응급 상황, 비정상적인 군중 움직임 등을 자동으로 식별하여 보안 요원과 의료진의 즉각적인 개입을 가능하게 했다.

RFID(Radio Frequency Identification) 기반 스마트 티켓 시스템의 도입도 혁신적인 성과였다. 기존의 종이 티켓이나 바코드 시스템과 달리, RFID 티켓은 관중이 경기장에 접근하는 순간부터 퇴장할 때까지의 모든 이동 경로를 추적할 수 있게 했다. 이를 통해 각 출입구별 관중 유입 속도를 실시간으로 파악하고, 특정 게이트에 과도한 대기 줄이 형성되기 전에 다른 출입구로 관중을 유도하는 동적 안내 시스템을 운영할 수 있었다. 또한 경기 종료 후 대량 퇴장 상황에서도 여러 출구로의 효율적인 관중 분산이 가능했다.

머신러닝 기술을 활용한 관중 수요 예측 시스템도 운영의 효율성을 크게 향상시켰다. 과거 경기 데이터, 팀별 인기도, 경기 일정, 날씨 예보, 지역별 교통 상황 등 다양한 변수를 종합적으로 분석하여 경기별 실제 관중 수를 예측하고, 이를 바탕으로 보안 인력 배치, 교통 운영 계획, 응급 의료 시설 준비 등의 운영 계획을 최적화했다. 이러한 예측 시스템은 자원의 효율적 활용뿐만 아니라 예상치 못한 관중 집중으로 인한 안전 위험을 사전에 방지하는 데 크게 기여했다.

3) 운영 체계(EAP·훈련)

EAP(Emergency Action Plan)는 스포츠 현장에서 응급 상황 발생 시 신속하고 체계적인 대응을 위한 행동 지침으로, 전통적으로는 문서화된 매뉴얼과 정기적인 훈련에 의존해왔다. 그러나 AI 기술의 발전과 함께 EAP는 정적인 계획서에서 동적이고 지능적인 대응 시스템으로 진화하고 있다.

AI 시스템과 연동된 현대적 EAP의 가장 큰 특징은 자동화된 체크리스트 시스템이다. 응급 상황이 감지되면 AI가 상황의 유형과 심각성을 분석하여 해당 상황에 최적화된 대응 절차를 자동으로 생성하고, 관련 인력들에게 실시간으로 배포한다. 예를 들어 심정지 상황이 감지되면 가장 가까운 의료진의 위치를 파악하고, AED의 위치와 최단 이동 경로를 제공하며, 병원 연락과 구급차 요청까지 자동으로 처리하는 통합적 대응이 이루어진다.

응급 훈련 시나리오의 개발과 실행에서도 AI가 중요한 역할을 하고 있다. 기존의 훈련은 미리 정해진 시나리오에 따라 진행되어 실제 상황의 다양성과 예측 불가능성을 충분히 반영하기 어려웠다. 반면 AI 기반 훈련 시스템은 과거 실제 사고 데이터와 시뮬레이션을 통해 무수히 많은 가상 시나리오를 생성하고, 훈련 참가자들의 역량과 경험 수준에 맞춰 난이도를 조절하여 더욱 현실적이고 효과적인 훈련을 제공한다.

디지털 트윈 기술을 활용한 모의훈련은 응급 대응 훈련의 새로운 패러다임을 제시하고 있다. 경기장의 물리적 구조와 시설을 정확히 복제한 가상 환경에서 다양한 응급 상황을 시뮬레이션함으로써, 실제 현장을 위험에 빠뜨리지 않으면서도 현실적인 훈련이 가능하다. 훈련 참가자들은 VR(가상현실) 장비를 착용하고 가상 경기장에서 화재, 테러, 자연재해 등 다양한 위험 상황에 대응하는 훈련을 받을 수 있으며, AI는 훈련 과정에서의 의사결정과 행동을 실시간으로 분석하여 개선점을 제시한다.

이러한 AI 기반 EAP 시스템은 현장 인력의 대응 속도와 정확성을 획기적으로 향상시키고 있다. 복잡하고 스트레스가 많은 응급 상황에서 인간이 놓칠 수 있는 세부사항들을 AI가 체계적으로 관리하고, 최적의 대응 방안을 실시간으로 제시함으로써 생명을 구하는 골든타임을 확보하는 데 결정적인 역할을 하고 있다.

6 미래 전망과 정책 과제

1) 디지털 트윈 경기장

디지털 트윈 기술은 현재 스포츠 안전 관리 분야에서 가장 주목받는 미래 기술 중 하나로, 물리적 경기장의 모든 요소를 디지털 공간에 정확히 복제하여 실시간으로 동기화하는 혁신적인 시스템이다. 이 기술이 완전히 구현되면 경기장 전체가 하나의 거대한 디지털 트윈으로 작동하게 되어, 현실에서 일어나는 모든 변화가 가상 공간에 즉시 반영되고, 반대로 가상 공간에서의 시뮬레이션 결과가 현실의 의사결정에 직접 활용되는 완전히 새로운 차원의 안전 관리가 가능해질 것이다.

디지털 트윈 경기장에서는 관중의 이동 패턴, 환경 변화, 시설 설비의 상태 변화 등 모든 요소가 실시간으로 모니터링되고 분석된다. 예를 들어 특정 구역에 관중이 집중되기 시작하면 디지털 트윈 시스템은 즉시 여러 가지 시나리오를 시뮬레이션하여 최적의 관중 분산 방안을 제시한다. 기상 조건이 변화하면 그에 따른 경기장 환경의 변화와 관중 행동의 변화를 예측하고, 필요한 대응 조치를 사전에 준비할 수 있게 한다.

이러한 시스템의 가장 큰 장점은 정책과 대응 방안을 실제 현장에 적용하기 전에 가상 환경에서 충분히 검증할 수 있다는 것이다. 새로운 안전 정책이나 응급 대응 절차를 도입할 때, 디지털 트윈을 통해 다양한 상황에서의 효과와 부작용을 미리 평가하고 최적화할 수 있어 시행착오를 크게 줄일 수 있다. 또한 실제로는 재현하기 어려운 극한 상황이나 대형 사고 시나리오도 안전하게 시뮬레이션할 수 있어 더욱 체계적이고 효과적인 안전 관리 방안을 개발할 수 있다.

2) 자율 드론·로보틱스 응급 지원

자율 드론과 로보틱스 기술의 발전은 스포츠 현장의 응급 대응 시스템에 혁명적인 변화를 가져올 것으로 전망된다. 현재까지는 주로 시범적으로 운영되고 있지만, 기술의 성숙도가 높아지고 규제 환경이 개선되면서 가까운 미래에 본격적인 상용화가 이루어질 것으로 예상된다.

자율 드론을 통한 AED(자동심장충격기) 전달 시스템은 이미 여러 국가에서 시범 운영되고 있으며, 놀라운 성과를 보여주고 있다. 기존에는 응급 의료진이 직접 AED를 가지고 현장으로 이동해야 했기 때문에 경기장의 크기나 관중 밀도에 따라 상당한 시간이 소요될 수 있었다. 그러나 자율 드론은 장애물을 피해 최단 경로로 비행하여 몇십 초 내에 AED를 현장에 전달할 수 있으며, 이는 심정지 환자의 생존율을 크게 향상시킬 수 있다.

로봇 소방 및 구호 시스템의 도입도 기대되는 발전 중 하나다. 화재나 폭발 등의 위험한 상황에서 인간 구조요원이 접근하기 어려운 지역에 로봇이 먼저 투입되어 상황을 파악하고 초기 대응을 실시할 수 있다. 이러한 로봇들은 내열성과 내구성이 뛰어나며, 각종 센서를 통해 인간보다 더 정확하게 위험 요소를 감지하고 평가할 수 있다. 또한 구조 작업에서도 인간보다 더 정밀하고 지속적인 작업이 가능하여 구조 성공률을 높일 수 있다.

그림 13-10 **자율 드론**

3) 정책·거버넌스 과제

AI 기반 안전 시스템의 확산과 함께 새로운 차원의 정책적, 법적 과제들이 등장하고 있다. 이러한 과제들은 기술의 발전 속도에 비해 상대적으로 느리게 해결되고 있어, 기술과 제도 간의 격차가 새로운 위험 요소로 작용할 가능성도 있다.

법적 책임 문제는 가장 복잡하고 중요한 과제 중 하나다. AI 시스템이 잘못된 판단을 내려 사고가 발생했을 때, 그 책임이 AI 개발업체에 있는지, 경기장 운영자에 있는지, 아니면 시스템을 승인한 관련 기관에 있는지가 명확하지 않다. 더욱 복잡한 것은 AI 시스템의 의사결정 과정이 블랙박스화되어 있어 사고의 정확한 원인을 규명하기 어려운 경우가 많다는 점이다. 이를 해결하기 위해서는 AI 시스템의 개발, 배포, 운영 전 과정에서의 책임

범위를 명확히 정의하는 법적 프레임워크가 필요하다.

보험 체계의 개편도 시급한 과제다. 기존의 스포츠 보험은 주로 인간의 실수나 자연재해로 인한 사고를 기준으로 설계되었지만, AI 시스템의 오작동이나 사이버 공격으로 인한 새로운 유형의 위험에 대해서는 적절한 보장 체계가 마련되어 있지 않다. 이러한 새로운 위험들에 대한 보험 상품 개발과 적절한 보험료 산정을 위해서는 충분한 데이터 축적과 위험 평가 방법론의 개발이 필요하다.

데이터 소유권과 활용 권한 문제도 중요한 쟁점이다. 스포츠 현장에서 생성되는 방대한 데이터가 누구의 소유인지, 어떤 목적으로 사용될 수 있는지, 다른 조직과 공유할 수 있는지 등에 대한 명확한 기준이 필요하다. 특히 선수의 생체 데이터나 관중의 행동 데이터는 개인정보보호와 직결되는 민감한 정보이므로, 이에 대한 엄격한 관리 기준과 활용 지침이 마련되어야 한다.

정부와 FIFA, IOC 같은 국제 스포츠 단체들은 이러한 과제들을 해결하기 위해 국제적 표준화와 통일된 규제 체계를 마련해야 한다. 스포츠는 본질적으로 국제적인 활동이므로, 각국의 서로 다른 규제나 기준은 기술 발전과 안전 향상에 장애가 될 수 있다. 따라서 국제적으로 통용될 수 있는 AI 안전 시스템의 기술 표준, 데이터 보호 기준, 책임 분담 원칙 등을 개발하고 이를 각국의 법체계에 반영하는 노력이 필요하다.

이러한 정책적 노력들이 성공적으로 이루어진다면, AI 기반 스포츠 안전 시스템에 대한 신뢰가 구축되고, 이는 스포츠 산업 전반의 발전과 안전성 향상으로 이어질 것이다. 더 나아가 스포츠 분야에서 축적된 AI 안전 관리 경험과 노하우는 다른 산업 분야로도 확산되어 사회 전반의 안전 수준 향상에 기여할 수 있을 것으로 전망된다.

학습 요약

현대 스포츠에서 안전 관리는 더 이상 단일 차원의 문제가 아니다. 선수의 신체적 보호에서 시작하여 경기장 시설의 안전성, 수만 명 관중의 안전한 관람 환경, 그리고 디지털 시대에 필수적인 데이터 보안에 이르기까지, 스포츠 안전은 다차원적이고 통합적인 접근이 요구되는 복합적 영역으로 발전했다. 이러한 다양한 영역들이 서로 밀접하게 연결되어 있기 때문에, 어느 한 부분의 취약점도 전체 시스템의 안전을 위협할 수 있다는 인식이 확산되고 있다.

AI 기술은 이러한 복합적 안전 관리 체계의 핵심 동력으로 자리잡고 있다. 예방 단계에서의 위험 요소 사전 감지, 실시간 모니터링을 통한 신속한 위험 상황 포착, 응급 상황 발생 시 최적화된 대응 방안 제시, 사고 후 데이터 기반 회복 계획 수립, 그리고 축적된 경험을 통한 지속적 학습과 개선까지, AI는 안전 관리의 전체 생애주기를 하나의 통합된 시스템으로 연결하고 있다. 이는 과거의 단편적이고 사후 대응 중심의 안전 관리에서 벗어나 예측적이고 선제적인 안전 관리로의 패러다임 전환을 의미한다.

실제 현장에서 검증된 다양한 사례들은 AI 기반 안전 관리가 단순한 이론이 아닌 실질적인 효과를 창출하고 있음을 명확히 보여준다. 유럽 축구 클럽들의 부상률 감소, MLB의 투수 부상 예방 성과, NFL의 뇌진탕 발생률 최소화, 그리고 카타르 월드컵의 성공적인 군중 안전 관리 등은 모두 AI 기술이 스포츠 현장에서 실질적인 가치를 창출할 수 있음을 입증하는 구체적 증거들이다. 이러한 성공 사례들은 다른 스포츠 조직들에게도 AI 기술 도입의 동기와 확신을 제공하고 있다.

미래를 향한 전망에서는 더욱 혁신적인 기술들이 스포츠 안전 관리의 지평을 확장할 것으로 예상된다. 디지털 트윈 기술은 물리적 경기장과 완전히 동기화된 가상 환경에서 무한한 시나리오 시뮬레이션을 가능하게 하여, 안전 정책의 사전 검증과 최적화를 통해 시행착오를 최소화할 것이다. 자율 드론과 로보틱스 기술은 인간이 접근하기 어려운 위험 상황에서도 신속하고 정확한 응급 대응을 가능하게 하여, 생명을 구하는 골든타임의 개념을 근본적으로 재정의할 것이다. 이러한 미래 기술들은 현재의 안전 관리 패러다임을 완전히 새로운 차원으로 끌어올려, 스포츠가 더욱 안전하고 즐거운 활동이 될 수 있도록 할 것이다.

궁극적으로 AI 기반 스포츠 안전 관리 시스템의 발전은 단순히 기술적 진보를 넘어서 스포츠 문화 자체의 변화를 이끌어가고 있다. 선수들은 더 안전한 환경에서 최고의 경기력을 발휘할 수 있게 되고, 관중들은 더욱 안심하고 경기를 즐길 수 있으며, 스포츠 조직들은 보다 체계적이고 효율적인 운영이 가능해진다. 이러한 변화는 스포츠 산업 전반의 지속가능한 발전을 위한 견고한 기반이 될 것이며, 나아가 다른 산업 분야에도 안전 관리의 새로운 표준과 방법론을 제시하는 역할을 할 것으로 기대된다.

14 Chapter

AI 윤리와 스포츠 데이터 보호 행정

>> 학습 목표

1. 스포츠 산업에서 AI윤리와 데이터 보호가 왜 중요한지 이해한다.
2. 스포츠 분야의 AI윤리 원칙·국제 규범·데이터 보호 기술을 설명할 수 있다.
3. AI 공정성·설명가능성·거버넌스 구축 및 향후 윤리적 과제를 종합적으로 논의할 수 있다.

1 왜 '스포츠+AI 윤리·데이터 보호'인가

1) 스포츠와 AI의 융합 배경

현대 스포츠 현장에서 인공지능(AI)은 더 이상 미래의 기술이 아니다. 경기장에서 선수들의 움직임을 실시간으로 분석하는 시스템부터 관중석에서 팬들의 관람 패턴을 파악하는 기술까지, AI는 이미 스포츠 산업 전반에 깊숙이 자리잡았다.

그림 14-1 스마트 경기장

특히 경기력 분석 분야에서 AI의 활용은 눈에 띄게 발전했다. 선수들의 스프린트 속도, 패스 정확도, 심박수 변화 등을 정밀하게 측정하여 코치진이 전술을 수립하고 훈련 프로그램을 개선하는 데 활용하고 있다. 또한 부상 예측 시스템은 선수들의 움직임 패턴과 과거 부상 이력을 분석하여 부상 위험도가 높은 시점을 미리 알려준다. 이를 통해 선수의 건강을 보호하고 팀의 경쟁력을 유지할 수 있게 되었다.

팬 경험 측면에서도 AI의 역할은 크다. 개인의 선호도를 분석하여 맞춤형 콘텐츠를 제공하고, 가상현실(VR)과 증강현실(AR)을 활용해 마치 경기장에 있는 듯한 몰입감을 선사한다. 마케팅 분야에서는 소비자의 구매 패턴과 관심사를 분석하여 효과적인 광고 전략을 수립하는 자동화 시스템이 널리 사용되고 있다.

이러한 혁신의 핵심에는 웨어러블 센서, 영상 분석 기술, 위치 트래킹 시스템 등이 있다. 이들 기술은 선수와 팬으로부터 엄청난 양의 데이터를 수집한다. 선수의 생체 정보부터 팬의 소비 행동까지, 이 모든 데이터는 스포츠 조직의 중요한 자산이자 경쟁력의 원천이 되고 있다. 하지만 동시에 이러한 데이터의 민감성과 개인 권리 보호라는 중요한 문제가 대두되고 있다.

2) 이해관계자별 쟁점

스포츠 AI 생태계에서 각 이해관계자들이 마주하는 윤리적 딜레마와 데이터 보호 이슈는 복잡하고 다층적이다.

선수들의 관점에서 보면, AI 기술은 양날의 검과 같다. 한편으로는 자신의 경기력을 객관적으로 분석하고 개선할 수 있는 유용한 도구가 된다. 하지만 다른 한편으로는 매우 민감한 개인 정보가 노출될 위험이 따른다. 예를 들어, 경기력 데이터가 예상보다 낮게 나올 경우 계약 갱신 협상에서 불리한 위치에 놓일 수 있다. 생체신호나 부상 이력 등의 건강 정보가 다른 팀이나 언론에 알려진다면, 이적 시장에서의 가치 평가에 부정적 영향을 미칠 수도 있다. 이러한 우려는 선수들로 하여금 데이터 수집 및 활용에 대해 신중한 접근을 요구하게 만든다.

팬들의 경우는 보다 다양한 형태의 데이터 보호 이슈에 직면한다. 티켓을 구매하고, OTT(Over The Top) 플랫폼에서 경기를 시청하며, 경기장이나 스포츠 관련 장소를 방문하는 모든 과정에서 개인정보가 수집된다. 이러한 정보는 마케팅 목적으로 광범위하게 활용되는데, 때로는 팬들이 인지하지 못하는 사이에 개인의 취향과 행동 패턴이 분석되고 상업적으로 이용된다. 특히 위치 정보의 경우 개인의 일상적인 동선까지 파악할 수 있어 프라이버시 침해에 대한 우려가 더욱 크다.

구단과 리그는 가장 복잡한 상황에 놓여 있다. AI 기술을 통해 경쟁력을 확보하고 수익을 극대화해야 하는 사업적 목표와, 동시에 각종 규제를 준수하고 윤리적 책임을 져야 하는 사회적 의무 사이에서 균형을 잡아야 한다. 데이터를 많이 수집하고 활용할수록 더 나은 서비스와 경험을 제공할 수 있지만, 그만큼 개인정보 보호와 관련된 리스크도 커진다. 또한 AI 알고리즘의 공정성 문제나 데이터 편향성 등의 윤리적 이슈에 대해서도 책임져야 한다.

1 선수의 딜레마
경기력 데이터가 계약 갱신 협상에서 불리하게 작용하거나, 건강 정보가 이적 시장 가치에 부정적 영향을 미칠 수 있습니다.

2 팬의 우려
티켓 구매, OTT 시청, 경기장 방문 과정에서 수집된 개인정보가 인지하지 못하는 사이에 상업적으로 이용됩니다.

3 구단의 균형
경쟁력 확보와 수익 극대화라는 사업 목표와 규제 준수 및 윤리적 책임 사이에서 균형을 잡아야 합니다.

그림 14-2 이해관계자별 쟁점

3) 스포츠 AI윤리 필요성

이 장을 통해 학습자들은 스포츠 분야에서 AI 기술이 가져오는 윤리적 쟁점과 데이터 보호의 중요성을 체계적으로 이해하게 될 것이다.

먼저 실제 스포츠 현장에서 일어나고 있는 다양한 사례들을 통해 AI 윤리 문제가 단순히 이론적 차원이 아니라 우리 일상과 직결된 현실적 문제임을 인식하게 된다. 프리미어리그의 VAR(비디오 판독) 시스템 논란, MLB의 선수 데이터 활용 정책, 올림픽에서의 성별 판정 알고리즘 문제 등은 모두 AI 윤리와 데이터 보호가 스포츠계에서 얼마나 중요한 이슈인지를 보여준다.

또한 각국의 제도적 대응 사례를 살펴보면서 문제 해결을 위한 구체적 방안들을 학습한다. 유럽연합의 GDPR(일반 데이터 보호 규정)이 스포츠 산업에 미친 영향, 미국 스포츠리그들의 자율 규제 노력, 우리나라의 개인정보보호법 적용 사례 등을 통해 법적·제도적 접근의 다양성과 한계를 이해하게 된다.

무엇보다 중요한 것은 비전공자임에도 불구하고 AI 윤리적 감수성을 기를 수 있다는 점이다. 복잡한 기술적 내용을 이해하지 못하더라도, 기본적인 윤리 원칙과 데이터 보호의 필요성을 인식하고 일상생활에서 이를 적용할 수 있는 능력을 갖추게 된다. 이는 향후 스포츠 관련 직업에 종사하거나 단순히 스포츠 팬으로 활동할 때도 유용한 소양이 될 것이다.

2 AI 윤리 원칙과 규범 프레임워크

1) 윤리 원칙의 핵심

스포츠 분야에서 AI를 윤리적으로 활용하기 위해서는 다섯 가지 핵심 원칙에 대한 깊이 있는 이해가 필요하다. 이러한 원칙들은 단순한 이론적 개념이 아니라 실제 스포츠 현장에서 매일 마주하는 구체적인 상황들에서 판단의 기준이 된다.

공정성(Fairness)은 AI 시스템이 모든 개인과 집단을 차별 없이 대해야 한다는 원칙이다. 스포츠 현장에서 이는 특히 민감한 문제가 된다. 예를 들어, 선수 선발 과정에서 AI가 과거 데이터를 기반으로 판단할 때, 성별, 인종, 출신 지역 등에 따른 편견이 알고리즘에 반영될 수 있다. 만약 특정 지역 출신 선수들의 과거 성과가 상대적으로 낮았다면, AI는 이를 패턴으로 학습하여 해당 지역 출신의 새로운 선수들에게 불리한 평가를 내릴 가능성이 있다. 이는 개인의 실제 능력과 무관한 편견적 판단으로 이어질 수 있다.

투명성(Transparency)은 AI 시스템의 작동 원리와 의사결정 과정이 이해할 수 있는 형태로 공개되어야 한다는 원칙이다. 스포츠에서 이는 매우 중요한데, 특히 경기 운영 과정에서 AI가 판정에 개입할 때 그 근거가 명확해야 한다. VAR 시스템의 경우, 왜 특정 상황이 오프사이드나 파울로 판정되었는지에 대한 명확한 설명이 없다면 선수와 팬들의 신뢰를 얻기 어렵다. 또한 선수들이 자신의 데이터가 어떻게 수집되고 분석되는지 알 권리가 있으며, 이러한 정보가 투명하게 공개되어야 한다.

책임성(Accountability)은 AI 시스템의 결과에 대해 누군가가 명확한 책임을 져야 한다는 원칙이다. 스포츠 조직에서 AI가 잘못된 판단을 내렸을 때, 그 책임이 기술 개발자에게 있는지, 시스템을 도입한 리그에게 있는지, 아니면 데이터를 제공한 기관에게 있는지 명확해야 한다. 예를 들어, 부상 예측 시스템이 잘못된 정보를 제공하여 선수가 실제로 부상을 당했다면, 이에 대한 책임 소재를 분명히 해야 한다.

자율성(Autonomy)은 개인이 자신의 데이터와 관련된 결정에 대해 스스로 선택할 수 있는 권리를 의미한다. 선수들은 자신의 경기력 데이터나 건강 정보가 어떤 목적으로 사용될지 결정할 수 있어야 하며, 원하지 않을 경우 이를 거부할 수 있어야 한다. 팬들도 마찬가지로 자신의 관람 패턴이나 구매 이력이 마케팅에 활용되는 것에 대해 동의하거나 거부할 수 있는 선택권을 가져야 한다.

안전성(Safety)은 AI 시스템이 인간에게 해를 끼치지 않아야 한다는 기본적인 원칙이다. 스포츠 맥락에서 이는 선수의 신체적 안전뿐만 아니라 정신적 건강, 사회적 평판까지 포괄한다. 예를 들어, 과도한 성과 모니터링이 선수들에게 스트레스를 주어 정신 건강에 악영향을 미칠 수 있으며, 잘못된 데이터 분석 결과가 언론에 공개되어 선수의 명예를 훼손할 수도 있다.

AI 윤리의 5대 핵심 원칙

공정성
모든 개인과 집단을 차별 없이 대우하며, 성별·인종·출신에 따른 편견을 배제한다.

투명성
AI 시스템의 작동 원리와 의사결정 과정을 이해할 수 있는 형태로 공개한다.

책임성
AI 시스템의 결과에 대해 명확한 책임 소재를 확립한다.

자율성
개인이 자신의 데이터 관련 결정을 스스로 선택할 권리를 보장한다.

안전성
AI 시스템이 신체적·정신적·사회적 측면에서 인간에게 해를 끼치지 않도록 한다.

그림 14-3 AI 윤리의 5대 핵심 원칙

2) 스포츠 맥락의 특수성

스포츠 분야의 AI 윤리는 다른 산업과 구별되는 몇 가지 독특한 특성을 가지고 있다. 이러한 특수성을 이해해야만 적절한 윤리적 대응방안을 마련할 수 있다.

미성년 선수 보호 문제는 스포츠 AI 윤리에서 가장 민감한 이슈 중 하나다. 많은 스포츠에서 어린 나이부터 전문적인 훈련을 시작하는데, 이 과정에서 수집되는 데이터의 상업적 활용은 심각한 윤리적 문제를 야기한다. 성장 단계에 있는 선수들은 자신의 데이터가 미래에 어떤 의미를 가질지 충분히 이해하지 못한 상태에서 동의를 하게 되는 경우가 많다. 더욱 문제가 되는 것은 이들의 신체적, 정신적 발달 과정이 데이터화되어 상품으로 거래될 수 있다는 점이다. 예를 들어, 유소년 축구 리그에서 수집된 선수들의 성장 데이터가 스카우팅 업체나 에이전시에 판매되는 경우, 이는 아이들을 하나의 상품으로 취급하는 것과 다름없다.

베팅 산업과의 연계 문제도 스포츠 AI가 마주한 독특한 도전이다. AI가 제공하는 정교한 경기 예측 데이터나 선수 컨디션 정보는 베팅 업계에서 매우 가치 있는 정보로 인식된다. 문제는 이러한 정보가 불법 베팅과 결합될 때 사회적 위험이 기하급수적으로 확대된다는 점이다. 특히 실시간으로 제공되는 선수의 생체신호나 경기 중 전술 변화 정보는 라이브 베팅에 직접적인 영향을 미칠 수 있어, 경기의 공정성 자체를 위협할 수 있다. 또한 이러한 정보를 바탕으로 한 베팅이 활성화되면 승부조작의 유혹도 커질 수 있어 스포츠의 본질적 가치를 훼손할 위험이 있다.

고용 관계에서의 문제도 주목해야 할 부분이다. 구단과 선수 사이의 계약 관계에서 구단이 선수의 건강 데이터를 과도하게 모니터링하게 되면, 이는 노동권 침해로 이어질 수 있다. 선수들이 24시간 웨어러블 기기를 착용하고 모든 생활 패턴이 구단에 보고되는 상황에서, 개인의 사생활과 자유가 심각하게 제약받을 수 있다. 더 나아가 이러한 데이터가 계약 연장이나 연봉 협상에 불리하게 사용될 가능성도 있어, 선수들이 자발적으로 과도한 자기 감시에 나서게 만드는 부작용도 우려된다.

3) 국제 규범과 스포츠 규제

스포츠 AI의 윤리적 활용을 위해서는 국제적 차원의 규범과 스포츠계 고유의 규제 체계를 함께 살펴봐야 한다. 현재 가장 영향력 있는 규범들이 스포츠 분야에 어떻게 적용되고 있는지 이해하는 것이 중요하다.

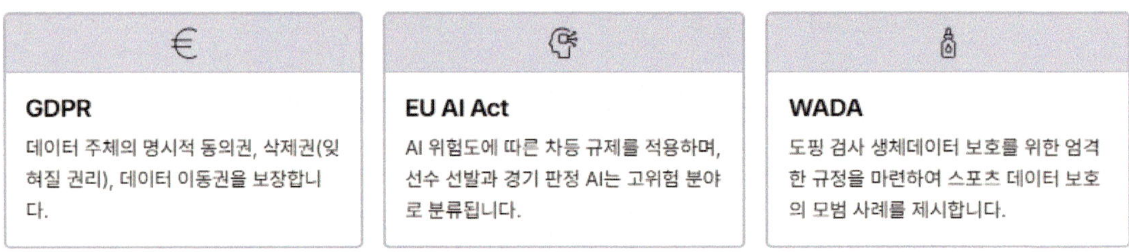

그림 14-4 국제 규범 프레임워크

GDPR(일반 데이터 보호 규정)은 유럽연합에서 시행되는 개인정보보호 법규로, 스포츠 산업에도 광범위한 영향을 미치고 있다. 이 규정에 따르면 데이터 주체인 선수와 팬들은 자신의 개인정보 처리에 대한 명시적 동의권을 가지며, 언제든지 이를 철회할 수 있다. 또한 삭제권(잊혀질 권리)을 통해 자신의 데이터를 완전히 제거하도록 요구할 수 있고, 데이터 이동권을 통해 다른 서비스 제공자에게 자신의 데이터를 이전할 수 있다. 스포츠 조직들은 이러한 권리를 보장하기 위해 시스템을 구축해야 하는데, 이는 특히 장기간에 걸쳐 축적된 선수 데이터나 팬 데이터를 관리하는 데 있어 복잡한 기술적, 법적 과제를 제기한다.

EU AI Act는 AI 기술의 위험도에 따라 차등적인 규제를 적용하는 포괄적인 AI 규제법이다. 스포츠에서 사용되는 많은 AI 시스템들이 '고위험 분야'로 분류될 가능성이 높은데, 특히 선수 선발이나 계약 관련 의사결정에 사용되는 AI, 그리고 경기 판정에 개입하는 AI 시스템들이 여기에 해당한다. 이 경우 해당 시스템들은 높은 수준의 투명성과 설명가능성을 제공해야 하며, 정기적인 위험 평가와 감사를 받아야 한다. 또한 인간의 감독 하에 운영되어야 하고, 편향성 모니터링과 완화 조치를 지속적으로 시행해야 한다.

WADA(세계반도핑기구)의 규정은 스포츠 데이터 보호의 대표적인 사례로 볼 수 있다. 도핑 검사를 위해 수집되는 선수들의 생체데이터는 매우 민감한 의료정보이며, 이를 보호하기 위한 엄격한 규정이 마련되어 있다. WADA는 선수들의 혈액, 소변 샘플뿐만 아니라 생물학적 여권(Biological Passport) 시스템을 통해 장기간에 걸친 생체 변화 패턴을 모니터링하는데, 이 과정에서 수집되는 데이터의 보안과 프라이버시 보호가 매우 중요하다. 특히 이러한 데이터가 유출될 경우 선수의 건강 상태나 과거 치료 이력까지 노출될 수 있어, 선수 개인뿐만 아니라 스포츠계 전체의 신뢰성에 타격을 줄 수 있다. WADA의 데이터 보호 규정은 다른 스포츠 조직들이 민감한 생체데이터를 다룰 때 참고해야 할 중요한 기준점을 제시하고 있다.

3 스포츠 데이터 보호와 기술적 대응

1) 데이터 소유권과 권리

스포츠 분야에서 가장 복잡하고 논란이 많은 문제 중 하나는 바로 "스포츠 데이터의 진정한 주체는 누구인가?"라는 질문이다. 이 문제는 단순해 보이지만 실제로는 매우 복잡한 법적, 윤리적 쟁점들이 얽혀 있다.

선수들이 경기 중이나 훈련 과정에서 직접 창출하는 경기력 데이터의 경우, 일차적으로는 선수 본인의 권리로 볼 수 있다는 것이 일반적인 인식이다. 선수의 달리기 속도, 패스 성공률, 심박수 변화 등은 모두 그 개인의 신체적, 정신적 노력의 결과물이기 때문이다. 하지만 현실은 그리 단순하지 않다. 이러한 데이터를 수집하고 처리하는 시스템을 구축하고 운영하는 주체는 대부분 구단이나 리그이며, 이들은 상당한 비용과 기술적 투자를 통해 데이터 인프라를 마련한다.

여기서 핵심적인 갈등이 발생한다. 구단과 리그는 자신들이 투자한 기술과 시스템을 통해 수집된 데이터에 대한 소유권을 주장한다. 반면 선수들은 자신의 몸에서 나온 정보에 대한 근본적인 권리를 주장한다. 이러한 대립은 종종 법적 분쟁으로 이어지는데, 특히 선수가 다른 팀으로 이적할 때나 은퇴 후 개인적으로 데이터를 활용하려 할 때 문제가 부각된다.

이러한 문제를 해결하기 위한 대표적인 사례가 바로 NBA의 접근법이다. NBA 선수 노조는 웨어러블 데이터의 활용 범위와 선수의 권리를 CBA(단체협약)에 명문화하여 체계적인 보호 장치를 마련했다. 이 협약에 따르면 선수들의 생체데이터는 선수 본인의 명시적 동의 없이는 제3자에게 제공될 수 없으며, 선수는 언제든지 자신의 데이터에 대한 접근권과 수정권을 행사할 수 있다. 또한 선수가 은퇴하거나 다른 팀으로 이적할 때 자신의 데이터를 가져갈 수 있는 권리도 보장받는다. 이러한 접근법은 다른 스포츠 리그들에게도 중요한 참고 모델이 되고 있다.

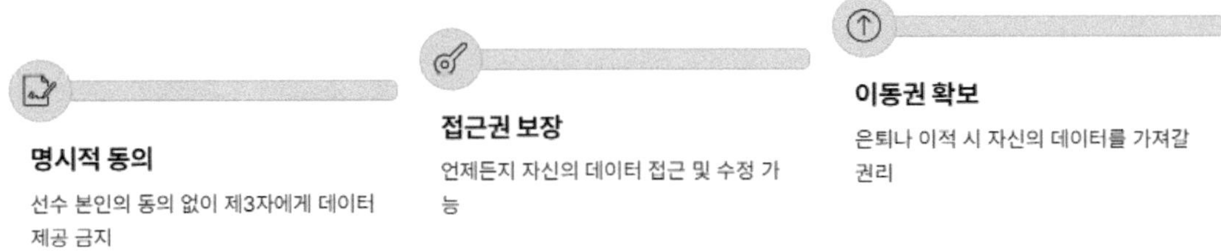

그림 14-5 NBA의 해결책

하지만 이 문제는 여전히 완전히 해결되지 않은 상태다. 특히 개별 선수의 데이터가 아닌 팀 전체의 전술 데이터나 집단적 성과 지표의 경우 소유권 문제는 더욱 복잡해진다. 또한 AI 기술이 발전하면서 개별 데이터들을 조합하여 새로운 인사이트를 창출하는 경우, 이러한 파생 정보에 대한 권리는 누구에게 있는지도 명확하지 않다.

2) 단계별 보호 설계

스포츠 데이터를 효과적으로 보호하기 위해서는 데이터의 생명주기 전반에 걸쳐 체계적인 보호 설계가 필요하다. 이는 단순히 기술적 보안만으로는 해결할 수 없으며, 각 단계별로 적절한 원칙과 기술적 조치가 조합되어야 한다.

수집 단계에서는 목적 제한과 최소 수집 원칙이 핵심이다. 스포츠 조직들은 종종 "나중에 유용할지도 모른다"는 이유로 과도한 데이터를 수집하려는 유혹에 빠지기 쉽다. 하지만 윤리적이고 법적으로 안전한 데이터 활용을 위해서는 명확한 목적에 필요한 최소한의 데이터만을 수집해야 한다. 예를 들어, 팬들이 이벤트에 응모할 때 위치 정보를 수집하는 경우, 이 데이터는 오직 해당 이벤트의 당첨자 선정과 상품 배송 목적으로만 사용되어야 하며, 마케팅이나 다른 상업적 목적으로 활용되어서는 안 된다. 이를 위해서는 데이터 수집 시점에서부터 명확한 동의 절차와 목적 고지가 이루어져야 한다.

처리 단계에서는 더욱 정교한 기술적 접근이 필요하다. 익명화와 가명 처리는 가장 기본적인 보호 조치로, 개인을 식별할 수 있는 정보를 제거하거나 변환하여 프라이버시를 보호한다. 하지만 스포츠 데이터의 경우 선수의 경기력이나 신체적 특성이 워낙 독특하기 때문에 단순한 익명화만으로는 재식별 위험이 여전히 남아있다. 이를 해결하기 위해 차등 프라이버시(Differential Privacy) 기법이 주목받고 있다. 이는 데이터에 의도적으로 노이즈를 삽입하여 개별 데이터 포인트를 보호하면서도 전체적인 통계적 유용성은 유지하는 기술이다.

또 다른 혁신적 접근법은 연합학습(Federated Learning)이다. 이 기술은 여러 구단이나 조직이 보유한 데이터를 중앙의 한 곳에 모으지 않고도 공통의 AI 모델을 학습시킬 수 있게 해준다. 각 조직은 자신의 데이터를 로컬에 보관하면서도 모델 학습 과정에는 참여할 수 있어, 데이터 보안과 협력의 이익을 동시에 얻을 수 있다.

보관과 파기 단계는 종종 간과되지만 매우 중요한 부분이다. 많은 스포츠 조직들이 데이터를 무기한 보관하려 하지만, 이는 여러 위험을 수반한다. 보존 기간이 길어질수록 데이터 유출의 위험도 커지며, 당초 수집 목적과 다른 용도로 사용될 가능성도 높아진다. 따라서 명확한 보존 기간을 설정하고, 기간 만료 시에는 안전한 삭제 절차를 통해 데이터를 완전히 제거해야 한다. 이 과정에서는 단순히 파일을 삭제하는 것이 아니라, 백업 시스템이나 로그 파일에 남아있을 수 있는 모든 흔적까지 완전히 제거하는 기술적 조치가 필요하다.

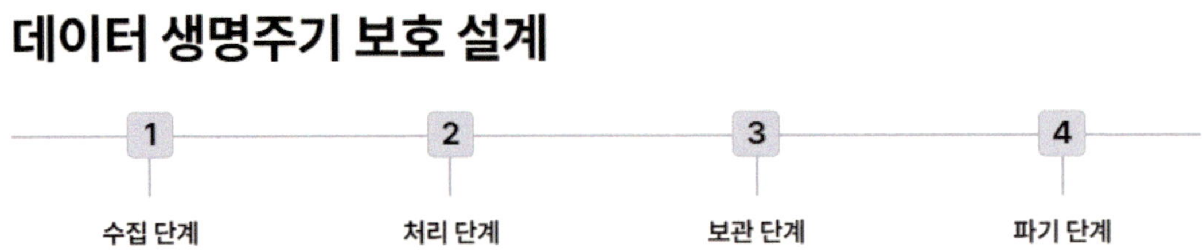

그림 14-6 데이터 생명주기 보호 설계

3) 기술적 대응 사례

실제 스포츠계에서는 이러한 원칙들을 구현하기 위한 다양한 기술적 대응 사례들이 나타나고 있다. 이들 사례는 이론적 원칙을 실무에 적용하는 구체적인 방법을 보여준다.

FIFA의 EPTS(Electronic Performance and Tracking Systems) 가이드라인은 국제적 차원에서 스포츠 데이터 보호 표준을 제시하는 대표적인 사례다. 이 가이드라인은 축구 경기에서 선수 트래킹 데이터의 수집, 처리, 보관에 관한 포괄적인 기준을 제공한다. 특히 실시간으로 수집되는 선수의 위치 정보, 속도, 가속도 등의 데이터가 어떻게 처리되어야 하는지에 대한 구체적인 기술적 요구사항을 명시하고 있다. 이 가이드라인에 따르면 모든 EPTS 데이터는 암호화되어 전송되어야 하며, 접근 권한은 최소 권한 원칙에 따라 엄격히 관리되어야 한다. 또한 데이터의 무결성을 보장하기 위한 체크섬 검증과 정기적인 백업 절차도 의무화하고 있다.

국내 프로구단들의 클라우드 기반 대응도 주목할 만하다. 일부 K리그와 KBO 구단들은 기존의 온프레미스 데이터 저장 방식에서 벗어나 클라우드 기반의 데이터 관리 시스템을 도입하고 있다. 이 과정에서 데이터 암호화와 접근 권한 관리가 대폭 강화되었다. 예를 들어, 선수의 개인 데이터는 다중 계층 암호화를 통해 보호되며, 접근할 수 있는 인원은 코치진과 의료진 등 업무상 필요한 최소한의 인원으로 제한된다. 또한 모든 데이터 접근 기록이 로그로 남겨져 정기적으로 감사를 받는다.

특히 흥미로운 것은 일부 구단들이 도입한 동적 접근 권한 시스템이다. 이는 선수의 계약 상태나 팀 내 역할에 따라 접근 가능한 데이터의 범위가 자동으로 조정되는 시스템이다. 예를 들어, 임대 선수의 경우 소속팀과 임대팀 모두에서 필요한 데이터에만 접근할 수 있도록 권한이 설정되며, 임대 기간 종료와 함께 해당 권한도 자동으로 만료된다. 이러한 기술적 조치들은 복잡한 스포츠 계약 관계에서도 적절한 데이터 보호를 가능하게 한다.

4 공정성, 편향, 설명가능성(XAI)

1) 편향의 발생 원인

스포츠 분야에서 AI의 공정성 문제는 특히 민감한 이슈다. AI 시스템이 선수 평가, 팀 선발, 심지어 경기 판정에까지 개입하면서, 알고리즘의 편향이 개인의 커리어와 직결되는 경우가 많아졌기 때문이다.

편향이 발생하는 가장 근본적인 원인은 훈련 데이터의 한계에 있다. AI 모델은 과거의 데이터를 학습하여 패턴을 찾아내는 방식으로 작동하는데, 만약 이 과거 데이터에 특정 집단에 대한 편견이 내재되어 있다면 AI도 그 편견을 학습하게 된다. 스포츠에서 이는 매우 구체적인 형태로 나타난다. 예를 들어, 어떤 스포츠에서 과거에 체격이 큰 선수들이 좋은 성과를 거둔 기록이 많다면, AI는 체격을 성공의 중요한 지표로 학습하게 된다. 그 결과 체구가 작지만 뛰어난 기술을 가진 선수는 시스템적으로 저평가받을 수 있다.

더 복잡한 문제는 교차적 편향(Intersectional Bias)이다. 이는 여러 속성이 결합될 때 발생하는 편향으로, 예를 들어 특정 지역 출신의 여성 선수들이 이중적인 불이익을 받는 경우를 말한다. AI 시스템이 성별과 출신 지역을 각각 독립적으로 평가할 때는 문제가 없어 보이지만, 두 요소가 결합될 때 예상치 못한 편향이 나타날 수 있다.

또한 데이터 수집 과정에서의 편향도 중요한 문제다. 어떤 지역이나 특정 유형의 선수들의 데이터가 상대적으로 적게 수집되었다면, AI는 이들에 대해 부정확한 판단을 내릴 가능성이 높다. 예를 들어, 전통적으로 특정 스포츠에 참여가 적었던 사회경제적 배경의 선수들의 데이터가 부족하다면, AI는 이들의 잠재력을 제대로 평가하지 못할 수 있다.

훈련 데이터 한계
과거 데이터의 편견이 AI에 학습됩니다.

교차적 편향
여러 속성이 결합될 때 예상치 못한 편향이 발생합니다.

수집 과정 편향
특정 집단의 데이터가 상대적으로 적게 수집됩니다.

체격 중심 평가
과거 성공 패턴이 체격을 과도하게 중시하게 만듭니다.

지역적 불균형
특정 지역 선수들의 데이터 부족으로 잠재력을 제대로 평가하지 못합니다.

그림 14-7 AI편향의 발생 원인

2) 공정성 평가 지표

AI 시스템의 공정성을 측정하고 개선하기 위해서는 명확한 평가 지표가 필요하다. 스포츠 맥락에서 가장 중요하게 다뤄지는 두 가지 지표를 살펴보자.

기회균등(Equal Opportunity)은 모든 선수에게 동등한 기회가 보장되는가를 측정하는 지표다. 이는 단순히 모든 선수를 똑같이 대우하는 것을 의미하지 않는다. 오히려 각각의 진정한 능력에 따라 공정하게 평가받을 기회를 의미한다. 예를 들어, AI 스카우팅 시스템이 남성과 여성 선수를 평가할 때, 동일한 실력 수준의 선수라면 성별에 관계없이 동일한 평가를 받아야 한다는 것이다. 이를 수학적으로 표현하면, 실제 우수한 선수들 중에서 AI가 우수하다고 판정하는 비율이 모든 집단에서 동일해야 한다는 의미다.

예측평형(Predictive Parity)은 AI의 예측 정확도가 집단 간에 균형을 이루는지를 평가한다. 이는 AI가 "이 선수는 성공할 것이다"라고 예측했을 때, 그 예측이 실제로 맞을 확률이 모든 집단에서 동일해야 한다는 원칙이다. 만약 AI가 특정 집단의 선수들에 대해서는 예측이 자주 틀리고, 다른 집단에 대해서는 예측이 정확하다면, 이는 공정하지 않은 시스템이라고 볼 수 있다.

하지만 현실에서는 이 두 지표를 동시에 만족시키는 것이 매우 어렵다는 것이 수학적으로 증명되어 있다. 이를 공정성의 딜레마라고 하는데, 스포츠 조직들은 자신들의 가치와 목표에 따라 어떤 공정성 기준을 우선시할지 결정해야 한다. 예를 들어, 육성형 구단이라면 기회균등을 중시하여 다양한 배경의 선수들에게 골고루 기회를 제공하는 것을 우선시할 수 있고, 경쟁이 치열한 프로리그라면 예측평형을 중시하여 정확한 성과 예측에 더 무게를 둘 수 있다.

3) 설명가능성(XAI)

AI의 의사결정 과정이 블랙박스처럼 불투명하다는 것은 스포츠 분야에서 특히 큰 문제가 된다. 선수들은 자신이 왜 선발되지 못했는지, 팬들은 왜 특정 선수가 추천되었는지, 구단은 왜 특정 전술이 제안되었는지 이해하고 싶어한다. 설명가능 AI(eXplainable AI, XAI)는 이러한 요구에 응답하기 위한 기술 분야다.

SHAP(SHapley Additive exPlanations)은 게임 이론의 샤플리 값 개념을 활용하여 AI의 예측에 각 요인이 얼마나 기여했는지를 정량적으로 보여주는 도구다. 예를 들어, AI가 특정 선수를 스타팅 라인업에 추천했다면, SHAP은 그 선수의 체력, 기술, 경험, 상대팀과의 상성 등 각 요소가 최종 결정에 얼마나 영향을 미쳤는지를 수치와 그래프로 보여준다. 이를 통해 코치진은 AI의 판단 근거를 이해하고, 필요시 자신의 전문적 판단으로 보완할 수 있다.

LIME(Local Interpretable Model-agnostic Explanations)은 복잡한 AI 모델의 국소적 결정을 간단한 모델로 근사하여 설명하는 기법이다. 전체 AI 시스템은 매우 복잡하더라도, 특정 선수나 특정 상황에 대한 판단만큼은 상대적으로 단순한 규칙으로 설명할 수 있다는 아이디어에 기반한다. 예를 들어, "이 선수가 추천된 이유는 최근 5경기 평균 득점이 높고, 상대팀 수비진과의 매치업이 유리하기 때문"이라는 식으로 직관적인 설명을 제공한다.

이러한 XAI 도구들은 단순히 기술적 호기심을 만족시키는 것이 아니라, 스포츠 현장에서의 신뢰 구축과 의사결정 품질 향상에 실질적으로 기여한다. 선수들은 자신의 약점과 강점을 명확히 파악할 수 있게 되고, 코치진은 AI의 제안을 맹목적으로 따르는 것이 아니라 비판적으로 검토할 수 있게 된다. 또한 팬들도 팀의 전략과 선수 기용을 더 깊이 있게 이해할 수 있어 스포츠 관람의 재미가 더해진다.

4) 사례

유럽의 한 유명 축구 구단에서 실제로 일어난 사례는 AI 편향 문제와 그 해결 과정을 잘 보여준다. 이 구단은 전 세계적으로 유망한 젊은 선수들을 발굴하기 위해 최신 AI 스카우팅 시스템을 도입했다. 초기에는 시스템의 효율성에 만족했지만, 시간이 지나면서 문제가 드러나기 시작했다.

AI 시스템이 추천하는 선수들을 분석해보니, 대부분이 체격이 크고 스프린트 속도가 빠른 특성을 가진 선수들이었다. 반면 상대적으로 작은 체구지만 뛰어난 볼 터치나 전술 이해도를 가진 선수들은 거의 추천되지 않았다. 더 심각한 문제는 특정 지역 출신의 선수들이 체계적으로 저평가받고 있다는 점이었다. 조사 결과, AI 학습에 사용된 과거 데이터가 주로 서구 유럽과 남미 리그의 기록들로 구성되어 있어, 다른 지역의 축구 스타일이나 신체적 특성이 제대로 반영되지 않았음이 밝혀졌다.

이 문제로 인해 구단은 잠재적으로 뛰어난 선수들을 놓칠 뿐만 아니라, 팀의 전술적 다양성도 제한받고 있었다. 특히 현대 축구에서 중요시되는 창의성과 기술적 섬세함을 갖춘 선수들이 배제되면서, 팀의 경기력에도 부정적 영향을 미치기 시작했다.

이러한 문제를 인식한 구단은 전면적인 시스템 개선에 나섰다. 먼저 훈련 데이터를 다양화하여 아시아, 아프리카, 북미 등 다양한 지역의 리그 데이터를 추가로 수집했다. 또한 체격이나 속도 중심의 평가 지표를 재검토하여 패스 정확도, 경기 읽기 능력, 압박 상황에서의 판단력 등 다양한 기술적 요소들을 평가 기준에 포함시켰다.

가장 중요한 변화는 XAI 도구의 도입이었다. 구단은 SHAP과 LIME을 활용하여 AI의 모든 추천 결정에 대한 상세한 설명을 제공하도록 시스템을 개선했다. 스카우터들은 이제 AI가 특정 선수를 추천하는 이유를 구체적으로 파악할 수 있게 되었고, 필요시 AI의 판단을 보완하거나 수정할 수 있는 권한을 가지게 되었다.

이러한 개선의 결과는 놀라웠다. 시스템이 추천하는 선수들의 다양성이 크게 증가했고, 실제로 발굴된 선수들의 성공률도 향상되었다. 더 중요한 것은 스카우터들과 코치진이 AI 시스템을 더욱 신뢰하게 되었다는 점이다. 이들은 이제 AI를 맹목적으로 따르는 것이 아니라, AI의 제안을 비판적으로 검토하고 자신들의 전문적 판단과 결합하여 더 나은 의사결정을 내릴 수 있게 되었다.

이 사례는 AI 편향 문제가 단순히 기술적 문제가 아니라 조직 전체의 의식 개선과 프로세스 혁신이 필요한 복합적 과제임을 보여준다. 또한 XAI 기술이 단순히 투명성 제공을 넘어서 실질적인 성과 개선에도 기여할 수 있음을 입증했다.

5 사례와 거버넌스

1) 국내외 사례

스포츠 AI와 데이터 보호를 둘러싼 쟁점들은 이론적 논의에 그치지 않고 실제 현장에서 구체적인 갈등과 해결 과정을 통해 드러나고 있다. 국내외의 대표적인 사례들을 통해 이러한 문제들이 어떻게 현실화되고 있는지 살펴보자.

국내에서는 K리그 구단들의 관중 안면인식 시스템 도입 과정에서 중요한 선례가 만들어졌다. 일부 구단들은 경기장 보안 강화와 관중 서비스 개선을 목적으로 안면인식 기술을 도입했다. 이 시스템은 출입금지 인물의 자동 식별, VIP 고객 인식을 통한 맞춤 서비스 제공, 그리고 경기장 내 혼잡도 분석 등의 기능을 제공했다. 초기에는 보안 향상과 서비스 개선 효과가 주목받았지만, 점차 개인정보 보호 문제가 제기되기 시작했다.

문제의 핵심은 관중들의 명시적 동의 없이 생체정보인 얼굴 이미지를 수집하고 분석했다는 점이었다. 더욱 심각한 것은 이렇게 수집된 데이터가 마케팅 목적으로도 활용되고 있었다는 사실이 드러났다. 개인정보보호위원회는 이에 대해 정식 조사에 착수했고, 해당 구단들에게 개인정보보호법 위반 소지가 있다고 지적했다. 특히 생체정보의 수집과 처리에는 별도의 동의가 필요하며, 수집 목적이 명확히 고지되어야 한다는 원칙이 강조되었다.

이 사건을 계기로 K리그 전체가 데이터 수집 정책을 전면 재검토하게 되었다. 구단들은 안면인식 시스템의 운영을 일시 중단하고, 관중들의 명시적 동의를 받는 시스템을 새롭게 구축했다. 또한 수집되는 데이터의 종류와 활용 목적을 명확히 공개하고, 관중들이 언제든지 동의를 철회할 수 있는 방법을 제공하게 되었다. 이러한 변화는 단순히 법적 준수를 넘어서 팬들과의 신뢰 관계 구축에도 긍정적인 영향을 미쳤다.

미국 대학스포츠에서는 웨어러블 데이터의 상업적 활용을 둘러싸고 선수노조와 학교 간에 복잡한 갈등이 발생했다. NCAA(전미대학체육협회) 소속 학교들은 학생 선수들의 훈련과 경기력 향상을 위해 각종 웨어러블 기기를 도입했다. 처음에는 단순히 훈련 효율성 향상이 목적이었지만, 시간이 지나면서 이 데이터가 상당한 상업적 가치를 가진다는 것이 밝혀졌다.

문제는 학교들이 이 데이터를 스포츠 기업이나 방송사에 판매하기 시작하면서 발생했다. 학생 선수들은 자신들의 데이터로부터 발생하는 수익에 대한 몫을 요구했지만, 학교

측은 장학금과 교육 기회 제공으로 충분하다는 입장을 고수했다. 이는 단순한 경제적 갈등을 넘어서 학생 선수들의 권리와 대학스포츠의 본질에 관한 근본적인 문제를 제기했다.

갈등이 격화되면서 일부 주에서는 학생 선수들의 데이터 권리를 보호하는 법안이 발의되기도 했다. 최종적으로는 NCAA가 새로운 가이드라인을 제정하여 웨어러블 데이터의 활용 범위를 제한하고, 상업적 활용 시에는 선수들의 동의를 받도록 하는 절차를 마련했다. 또한 데이터 활용으로 발생하는 수익의 일부를 장학금 확대나 시설 개선에 사용하도록 하는 방안도 도입되었다.

2) 거버넌스 구조

스포츠 조직에서 AI와 데이터를 윤리적으로 활용하기 위해서는 체계적인 거버넌스 구조가 필수적이다. 이는 단순히 기술적 해결책을 넘어서 조직 차원의 책임 체계와 의사결정 프로세스를 포함하는 포괄적인 접근이 필요하다.

DPO(데이터보호책임자) 제도는 유럽의 GDPR에서 시작되어 전 세계적으로 확산되고 있는 중요한 거버넌스 메커니즘이다. 스포츠 조직에서 DPO는 단순히 법적 준수를 감시하는 역할을 넘어서 조직 전체의 데이터 문화를 이끄는 핵심 인물이다. DPO는 데이터 수집부터 활용, 폐기까지의 전 과정을 감독하며, 새로운 AI 시스템 도입 시에는 사전에 개인정보 영향평가를 실시한다. 또한 선수, 직원, 팬들의 데이터 권리 행사 요청을 처리하고, 데이터 유출 등의 사고 발생 시에는 대응을 총괄한다.

스포츠 조직의 DPO는 일반 기업의 DPO와는 다른 전문성이 요구된다. 스포츠 특유의 계약 관계, 이적 시장의 복잡성, 실시간 경기 데이터의 특성 등을 깊이 이해해야 한다. 예를 들어, 선수가 다른 팀으로 이적할 때 어떤 데이터를 가져갈 수 있는지, 임대 선수의 데이터는 어떻게 관리해야 하는지 등에 대한 세밀한 판단이 필요하다.

AI 윤리위원회는 DPO와 함께 작동하는 또 다른 핵심 거버넌스 기구다. 이 위원회는 기술 전문가, 법률 전문가, 윤리학자, 그리고 스포츠 현장의 실무진 등 다양한 배경의 구성원들로 이루어진다. AI 윤리위원회의 주요 역할은 새로운 AI 시스템의 윤리적 타당성을 사전 검토하고, 편향이나 공정성 문제가 발생했을 때 해결 방안을 제시하는 것이다.

특히 중요한 것은 위원회에 선수 대표와 팬 대표가 포함되어야 한다는 점이다. 이들은 데이터의 직접적인 주체로서 AI 시스템이 미치는 영향을 가장 생생하게 경험하는 사람들이다. 그들의 목소리가 의사결정 과정에 반영될 때 비로소 진정한 의미의 윤리적 AI가 가능해진다.

Human-in-the-Loop(HITL) 방식은 중요한 결정에서 인간의 개입을 보장하는 핵심 원칙이다. 아무리 정교한 AI 시스템이라도 완전히 자동화된 의사결정은 위험할 수 있다. 특히 선수의 선발, 계약 갱신, 징계 등 개인의 커리어에 직접적인 영향을 미치는 결정에서는 반드시 인간 전문가의 검토와 승인 과정을 거쳐야 한다.

HITL 방식의 구현에서 중요한 것은 인간 개입의 질을 보장하는 것이다. 단순히 AI의 결정을 형식적으로 승인하는 것이 아니라, 실질적인 검토와 판단이 이루어져야 한다. 이를 위해서는 의사결정자들이 AI 시스템의 작동 원리와 한계를 충분히 이해하고 있어야 하며, 필요시 AI의 판단을 거부하거나 수정할 수 있는 권한과 절차가 명확해야 한다.

그림 14-8 거버넌스 구조의 핵심

3) 계약·정책 체크리스트

실제 스포츠 현장에서 AI 윤리와 데이터 보호를 실현하기 위해서는 구체적이고 실행 가능한 정책과 계약 조항들이 필요하다. 이는 추상적인 원칙을 실무진이 일상적으로 활용할 수 있는 구체적인 도구로 변환하는 과정이다.

선수 동의서는 가장 기본적이면서도 중요한 문서다. 전통적인 선수 계약서에는 단순히 "구단이 필요에 따라 선수의 정보를 활용할 수 있다"는 포괄적인 조항만 있었지만, 이제는 훨씬 구체적이고 세밀한 내용이 포함되어야 한다.

먼저 데이터 활용 목적이 명확히 명시되어야 한다. 훈련 효율성 향상, 부상 예방, 경기력 분석, 마케팅 활용 등 각각의 목적이 구체적으로 기술되어야 하며, 선수는 목적별로 선택적 동의를 할 수 있어야 한다. 예를 들어, 훈련 데이터 활용에는 동의하지만 마케팅 목적 활용에는 동의하지 않을 수 있는 선택권이 보장되어야 한다.

보관 기간도 명확해야 한다. 선수 재직 기간 중에만 보관하는 데이터, 은퇴 후에도 일정 기간 보관하는 데이터, 그리고 영구 보관하는 데이터를 구분하여 명시해야 한다. 특히 의료 관련 데이터의 경우 법적 의무 보관 기간과 구단의 필요에 따른 보관 기간을 구분하여 설명해야 한다.

철회권은 선수의 자율성을 보장하는 핵심 요소다. 선수는 언제든지 동의를 철회할 수 있어야 하며, 철회 시 어떤 데이터가 삭제되고 어떤 데이터가 법적 의무에 따라 보관되는지 명확히 알 수 있어야 한다. 또한 동의 철회가 선수의 계약 관계나 팀 내 처우에 불이익을 주지 않는다는 점도 명시되어야 한다.

벤더와의 데이터 처리계약(DPA, Data Processing Agreement)은 외부 기술 업체와 협력할 때 필수적인 법적 장치다. 스포츠 조직들은 AI 기술 개발이나 데이터 분석을 위해 다양한 외부 업체와 협력하는데, 이 과정에서 데이터의 안전성과 책임 소재를 명확히 해야 한다.

DPA에는 벤더가 처리할 수 있는 데이터의 범위, 처리 목적, 보안 조치, 데이터 보관 기간, 계약 종료 시 데이터 처리 방법 등이 상세히 규정되어야 한다. 특히 벤더가 수집한 데이터를 자사의 다른 사업에 활용하는 것을 금지하는 조항이 중요하다. 또한 데이터 유출이나 오남용이 발생했을 때의 책임 분담과 손해 배상 방안도 명확히 정해야 한다.

6 미래 쟁점과 실행 로드맵

1) 신기술의 윤리

스포츠와 AI의 융합은 현재의 기술 수준에 머물지 않고 계속해서 진화하고 있다. 새롭게 등장하는 기술들은 더욱 혁신적인 가능성을 제시하는 동시에, 지금까지 경험하지 못한 새로운 윤리적 도전을 제기하고 있다.

그림 14-9 합성데이터의 양면성

BCI(뇌-컴퓨터 인터페이스) 기술은 스포츠 분야에서 가장 주목받는 차세대 기술 중 하나다. 이 기술은 선수의 뇌파를 직접 측정하여 집중력, 스트레스 수준, 의사결정 패턴 등을 실시간으로 분석할 수 있게 해준다. 이를 통해 선수의 정신적 컨디션을 정확히 파악하고, 최적의 훈련 타이밍을 결정하거나 경기 중 전술 변경의 근거로 활용할 수 있다.

하지만 BCI 기술이 제기하는 윤리적 문제는 매우 심각하다. 뇌파 데이터는 개인의 가장 내밀한 정신 상태를 드러내는 정보로, 이를 수집하고 분석하는 것은 사생활 침해의 극단적인 형태라고 볼 수 있다. 더욱 우려스러운 것은 이러한 데이터가 선수의 계약 조건이나 팀 내 서열에 영향을 미칠 가능성이다. 예를 들어, 중요한 경기 전에 스트레스 수준이 높게 측정된 선수가 출전 기회를 박탈당하거나, 집중력 패턴이 팀의 기준에 맞지 않는다는 이유로 방출될 수 있다.

또한 BCI 데이터의 해석과 활용에서 편향이 발생할 가능성도 크다. 문화적 배경이나 개인적 특성에 따라 뇌파 패턴은 다르게 나타날 수 있는데, 이를 고려하지 않고 획일적인 기준을 적용한다면 특정 선수들이 불이익을 받을 수 있다.

합성데이터(Synthetic Data)는 개인정보 보호를 위한 혁신적인 대안으로 주목받고 있다. 이 기술은 실제 개인의 데이터를 직접 사용하는 대신, AI가 학습한 패턴을 바탕으로 가상의 데이터를 생성하여 활용하는 방식이다. 스포츠 분야에서는 선수들의 실제 경기력 데이터를 노출하지 않으면서도 전술 분석이나 훈련 프로그램 개발에 필요한 데이터를 확보할 수 있는 방법으로 기대되고 있다.

하지만 합성데이터 역시 새로운 윤리적 문제를 야기한다. 가장 큰 우려는 데이터 조작의 가능성이다. 합성데이터는 본질적으로 인공적으로 생성된 것이므로, 생성 과정에서 의도적으로나 비의도적으로 편향이나 왜곡이 포함될 수 있다. 예를 들어, 특정 선수나 팀에게 유리한 결과를 만들어내기 위해 합성데이터 생성 알고리즘을 조작할 수 있으며, 이는 공정한 경쟁을 해치는 결과를 낳을 수 있다.

또한 합성데이터의 품질과 실제 데이터와의 차이도 중요한 쟁점이다. 아무리 정교하게 만들어진 합성데이터라도 실제 현실의 복잡성을 완전히 재현하기는 어렵다. 만약 이러한 한계를 인식하지 못하고 합성데이터를 바탕으로 중요한 의사결정을 내린다면, 예상치 못한 부작용이 발생할 수 있다.

디지털 트윈(Digital Twin) 기술은 선수와 팬을 가상공간에 완벽하게 재현하는 것을 목표로 한다. 이 기술을 통해 선수의 신체적 특성, 움직임 패턴, 심지어 얼굴 표정까지 디지털로 복제하여 가상 훈련, 게임, 마케팅 콘텐츠 제작 등에 활용할 수 있다. 팬들의 경우에도 가상 아바타를 통해 경기를 관람하거나 선수들과 상호작용할 수 있는 새로운 경험을 제공할 수 있다.

그러나 디지털 트윈 기술은 초상권과 저작권이라는 복잡한 법적 문제를 제기한다. 개인의 외모와 특성을 디지털로 복제하는 것이 어디까지 허용되는지, 이렇게 만들어진 디지털 캐릭터의 상업적 활용에서 발생하는 수익은 누구에게 귀속되는지 등이 주요 쟁점이다. 특히 은퇴한 선수나 사망한 선수의 디지털 트윈을 활용하는 경우에는 유족의 동의나 유산 관리 등의 문제도 함께 고려해야 한다.

더 나아가 디지털 트윈이 너무 정교해질 경우 딥페이크와 유사한 문제가 발생할 수도 있다. 실제 선수가 하지 않은 말이나 행동을 디지털 트윈을 통해 재현할 수 있게 되면, 이는 개인의 명예와 정체성에 심각한 위협이 될 수 있다.

기술적 가능성

신체적 특성, 움직임 패턴, 얼굴 표정까지 디지털로 복제하여 가상 훈련, 게임, 마케팅 콘텐츠 제작에 활용

법적 복잡성

초상권과 저작권 문제, 상업적 활용 수익 귀속, 은퇴·사망 선수의 디지털 트윈 활용 시 유족 동의 등 복잡한 쟁점이 발생

그림 14-10 디지털 트윈 기술

2) 데이터 신탁과 이익 배분

미래의 스포츠 데이터 경제에서 가장 혁신적인 변화 중 하나는 데이터 신탁(Data Trust) 모델의 등장이 될 것으로 예상된다. 이는 현재의 일방적인 데이터 활용 구조를 근본적으로 재편하여, 데이터의 실제 생산자인 선수와 팬들이 그 가치를 공정하게 배분받을 수 있는 새로운 경제 모델을 제시한다.

전통적인 스포츠 데이터 경제에서는 구단이나 리그가 데이터를 수집하고 이를 독점적으로 활용하여 수익을 창출해왔다. 선수들은 자신의 데이터가 상업적으로 활용되는 것을 알면서도 그 대가를 받지 못하는 경우가 많았고, 팬들 역시 자신의 소비 패턴이나 관람 데이터가 마케팅에 활용되면서도 직접적인 혜택을 받지 못했다. 하지만 데이터 신탁 모델은 이러한 구조를 바꿔 데이터 생산자들이 정당한 대가를 받을 수 있는 시스템을 만들고자 한다.

데이터 신탁의 핵심 아이디어는 선수와 팬들의 데이터를 하나의 공동 자산으로 관리하면서, 이를 활용하여 발생하는 수익을 투명하고 공정하게 배분하는 것이다. 예를 들어, 여러 선수들의 경기력 데이터를 종합하여 AI 훈련 시스템을 개발하고 이를 다른 팀이나 기업에 라이선스로 제공할 때, 그 수익의 일정 부분이 데이터를 제공한 선수들에게 분배되는 방식이다.

이러한 모델에서는 데이터의 가치 평가가 핵심적인 이슈가 된다. 모든 선수의 데이터가 동일한 가치를 가지는 것은 아니며, 스타 선수의 데이터는 더 높은 상업적 가치를 가질 수 있다. 하지만 동시에 AI 모델의 학습에는 다양한 수준의 선수 데이터가 모두 필요하므로, 단순히 인기도만으로 가치를 평가하는 것도 적절하지 않다. 따라서 데이터의 희귀성, 품질, 활용도 등을 종합적으로 고려한 새로운 가치 평가 시스템이 필요하다.

팬 데이터의 경우에는 더욱 복잡한 고려사항들이 있다. 개별 팬의 데이터는 상대적으로 가치가 낮을 수 있지만, 집합적으로는 매우 큰 상업적 가치를 창출한다. 이 경우 개인별 기여도를 정확히 측정하기 어려우므로, 풀(pool) 방식의 배분이나 서비스 혜택 형태의 보상이 더 적절할 수 있다.

데이터 신탁 모델의 구현에서는 거버넌스 구조가 매우 중요하다. 신탁의 운영진은 데이터 제공자들의 이익을 대변하면서도 전문적인 관리 능력을 갖춰야 한다. 또한 데이터 활용 승인, 수익 배분, 분쟁 해결 등의 과정에서 투명성과 공정성을 보장할 수 있는 의사결정 구조가 필요하다.

기술적으로는 블록체인과 스마트 컨트랙트 기술이 데이터 신탁 모델의 구현에 중요한 역할을 할 것으로 예상된다. 이러한 기술들은 데이터 사용 이력을 투명하게 기록하고, 사전에 정의된 규칙에 따라 자동으로 수익을 배분하는 것을 가능하게 한다. 또한 데이터 제공자들이 언제든지 자신의 기여도와 받은 보상을 확인할 수 있는 투명성도 제공한다.

그림 14-11 데이터 신탁 모델

3) 실행 로드맵

스포츠 조직이 AI 윤리와 데이터 보호를 체계적으로 실현하기 위해서는 단계적이고 실행 가능한 로드맵이 필요하다. 이는 일회성 프로젝트가 아니라 조직 문화와 운영 프로세스에 지속적으로 스며들어야 하는 장기적 과제다.

윤리 가이드라인 수립은 모든 것의 출발점이다. 이 가이드라인은 조직의 가치와 비전을 반영하면서도 실무진이 일상적으로 활용할 수 있을 만큼 구체적이어야 한다. 가이드라인에는 데이터 수집 시 고려사항, AI 시스템 도입 시 윤리 검토 절차, 편향 모니터링 방법, 투명성 제공 기준 등이 포함되어야 한다. 중요한 것은 이 가이드라인이 법무팀이나 기술팀만의 문서가 아니라, 코칭스태프, 의료진, 마케팅팀, 심지어 선수들까지 모두가 이해하고 활용할 수 있는 공통의 언어가 되어야 한다는 점이다.

가이드라인 수립 과정에서는 다양한 이해관계자들의 의견을 수렴하는 것이 중요하다. 선수 대표, 팬클럽 대표, 기술 전문가, 윤리학자, 법률 전문가 등이 참여하는 워크숍을 통해 현실적이면서도 이상적인 기준을 만들어가야 한다. 또한 가이드라인은 일단 만들어지면 끝나는 것이 아니라, 기술 발전과 사회적 인식 변화에 따라 지속적으로 업데이트되어야 한다.

내부 교육과 문화 정착은 가이드라인을 실제 행동으로 연결하는 핵심 과정이다. 단순히 일회성 교육으로는 부족하며, 역할별 맞춤형 교육과 지속적인 학습 기회가 제공되어야 한다. 예를 들어, 코칭스태프에게는 선수 데이터 활용 시 윤리적 고려사항을, 마케팅팀에게는 팬 데이터 처리 시 준수사항을, 의료진에게는 건강 데이터 보호 규정을 중심으로 교육이 이루어져야 한다.

더 중요한 것은 교육이 단순한 규칙 암기가 아니라 윤리적 사고력을 기르는 과정이 되어야 한다는 점이다. 실제 사례를 바탕으로 한 토론, 역할극, 딜레마 상황 시뮬레이션 등을 통해 구성원들이 복잡한 상황에서도 올바른 판단을 내릴 수 있는 능력을 기를 수 있어야 한다. 또한 윤리적 문제를 발견했을 때 자유롭게 문제제기할 수 있는 문화적 환경도 조성해야 한다.

데이터 영향평가(DPIA, Data Protection Impact Assessment) 정기 수행은 위험 요소를 사전에 식별하고 대응하는 체계적인 방법이다. 새로운 AI 시스템 도입, 데이터 수집 방식 변경, 제3자와의 데이터 공유 등 중요한 변화가 있을 때마다 DPIA를 실시하여 잠재적 위험을 평가하고 완화 방안을 마련해야 한다.

DPIA는 단순한 체크리스트 작업이 아니라 다학제적 팀워크를 통한 종합적 분석 과정이어야 한다. 법무, 기술, 운영, 윤리 전문가들이 협력하여 기술적 위험뿐만 아니라 사회적, 윤리적 영향까지 포괄적으로 검토해야 한다. 또한 평가 결과는 의사결정권자에게 명확하게 전달되어 실제 정책 결정에 반영되어야 한다.

외부 인증·감사 도입은 조직의 노력을 객관적으로 검증받고 지속적인 개선 동력을 얻는 방법이다. 국제적으로 인정받는 데이터 보호 인증이나 AI 윤리 인증을 취득하는 것은 대외적 신뢰도를 높이는 동시에 내부 시스템의 체계성을 점검하는 기회가 된다.

외부 감사는 내부 구성원들이 놓칠 수 있는 사각지대를 발견하고, 업계 모범사례와 비교하여 개선점을 찾는 데 도움이 된다. 또한 독립적인 제3자의 관점에서 조직의 윤리 수준을 평가받음으로써 이해관계자들에게 투명성과 책임성을 보여줄 수 있다.

4) 전망

AI 윤리와 데이터 보호는 단순히 규제를 피하기 위한 방어적 조치에서 벗어나 스포츠 조직의 지속가능성과 신뢰 확보를 위한 핵심 경쟁력으로 자리 잡을 것이다. 이러한 변화는 여러 가지 동력에 의해 추진되고 있다.

먼저 사회적 인식의 변화가 중요한 동력이다. 개인정보 보호와 AI 윤리에 대한 일반 대중의 관심과 이해가 크게 높아지고 있다. 특히 젊은 세대의 팬들은 자신들이 응원하는 스포츠 조직이 윤리적으로 운영되기를 강하게 기대한다. 따라서 윤리적 AI 활용은 팬 충성도 확보와 브랜드 가치 향상에 직접적으로 기여하게 될 것이다.

규제 환경의 강화도 지속될 전망이다. 각국 정부는 AI와 데이터 보호에 관한 법규를 계속해서 강화하고 있으며, 스포츠 분야도 예외가 아니다. 단순히 현재의 규제를 준수하는 것을 넘어서 미래의 규제 변화를 선제적으로 대비하는 조직들이 경쟁우위를 확보할 것이다.

기술 발전도 윤리적 AI 구현을 더욱 용이하게 만들고 있다. 설명가능 AI, 차등 프라이버시, 연합학습 등의 기술들이 성숙해지면서 성능과 윤리를 동시에 추구하는 것이 현실적으로 가능해지고 있다. 이러한 기술들을 적극적으로 도입하는 조직들은 더 안전하고 신뢰할 수 있는 AI 서비스를 제공할 수 있게 될 것이다.

경제적 인센티브도 점차 명확해지고 있다. 윤리적으로 운영되는 조직들은 더 나은 선수들을 영입할 수 있고, 더 충성도 높은 팬층을 확보할 수 있으며, 더 유리한 조건으로 스폰서십이나 투자를 유치할 수 있다. 반대로 데이터 유출이나 AI 편향 문제로 논란에 휩싸인 조직들은 막대한 경제적 손실을 감수해야 한다.

장기적으로는 글로벌 표준의 수렴도 예상된다. 현재는 지역별로 다른 규제와 관행을 가지고 있지만, 스포츠의 국제적 특성상 점차 공통된 윤리 기준과 데이터 보호 표준이 확립될 것이다. 이 과정에서 선도적인 역할을 하는 조직들은 표준 설정에 영향력을 행사할 수 있는 기회를 얻게 될 것이다.

그림 14-12 미래 전망: 핵심 동력

학습 요약

AI는 스포츠 산업 전반에서 경기력 분석, 팬 경험, 마케팅, 부상 예측 등으로 확산되며, 윤리와 데이터 보호는 기술 발전만큼 중요한 핵심 의제가 되었다. 선수·팬·구단·리그는 AI로 새로운 기회를 얻는 동시에 프라이버시 침해·데이터 편향·책임 소재 등의 윤리적 문제에 직면하고 있다. 예컨대 선수의 생체 데이터가 계약 협상에 불리하게 작용하거나 팬의 위치 정보가 무단 활용되는 사례는 산업 신뢰에 직접적인 영향을 미친다.

AI 윤리의 핵심은 공정성(Fairness), 투명성(Transparency), 책임성(Accountability), 자율성(Autonomy), 안전성(Safety) 다섯 가지 원칙으로, 이는 선수 선발·판정·팬 데이터 활용 등 스포츠 의사결정의 기준이 된다. 특히 AI 판정의 근거 공개, 선수 데이터의 자기결정권, 부상 예측 오류 시의 책임소재는 필수 고려사항이다.

국제적으로는 GDPR, EU AI Act, WADA 규정이 주요 기준으로 작용한다. GDPR은 데이터 주체의 동의권과 삭제권을 보장하고, EU AI Act는 선수 선발·판정 등 고위험 AI 시스템의 설명 가능성과 감독 의무를 강화했다. WADA는 생체정보의 민감성을 고려해 생물학적 여권 데이터 보호를 엄격히 규정한다.

기술적 차원에서는 익명화, 가명 처리, 차등 프라이버시, 연합학습(Federated Learning)이 데이터 활용과 보호의 균형을 이룬다. 특히 연합학습은 데이터를 중앙으로 모으지 않고 모델을 학습시켜 협업과 보호를 동시에 실현한다. 또한 설명가능 AI(XAI) 기법(SHAP·LIME)은 선수 평가나 판정 과정의 근거를 시각화해 투명성과 공정성을 강화한다.

조직 차원에서는 DPO(데이터보호책임자)와 AI 윤리위원회가 거버넌스를 담당하며, AI 시스템 도입 전 윤리 검토 및 책임 체계를 구축한다. 또한 Human-in-the-Loop(HITL) 구조를 통해 인간 전문가의 개입을 보장하고, 계약서에는 데이터 활용 목적·보관 기간·철회권이 명시되어야 한다.

미래 쟁점으로는 BCI(뇌-컴퓨터 인터페이스), 합성데이터, 디지털 트윈이 있다. 이들은 혁신적이지만 사생활 침해·데이터 조작·저작권 문제를 동반한다. 반면 데이터 신탁(Data Trust) 모델은 선수와 팬이 데이터로부터 정당한 보상을 받을 수 있는 구조로 주목받고 있으며, 블록체인과 스마트 컨트랙트를 통해 데이터 사용 이력과 수익 배분을 투명하게 관리할 수 있다.

결국 AI 윤리와 데이터 보호는 규제 준수를 넘어 신뢰와 지속가능성의 핵심 경쟁력이 된다. 윤리적 기준을 갖춘 조직은 더 나은 관계와 브랜드 가치를 확보하며, 이는 스포츠 산업의 지속 가능한 성장으로 이어진다.

PART 5

스포츠와 AI가 만들어갈 미래 시나리오

15 Chapter

생성형 AI 시대의 스포츠 콘텐츠 진화

>> 학습 목표

1. 생성형 AI 기술이 스포츠 콘텐츠 제작에 가져온 변화를 이해한다.
2. AI 자동화 기술을 통한 콘텐츠 실시간화·개인화·참여형 생태계를 설명할 수 있다.
3. 생성형 AI 콘텐츠의 법적·윤리적 쟁점과 거버넌스 방향을 분석할 수 있다.

1 생성형 AI와 스포츠 콘텐츠의 현재

1) 생성형 AI의 정의와 범위

생성형 AI는 현재 스포츠 콘텐츠 산업에 새로운 변화의 바람을 불어넣고 있다. 이 기술은 기존에 축적된 방대한 데이터를 학습한 후, 전혀 새로운 형태의 텍스트, 이미지, 오디오, 비디오 콘텐츠를 창조해내는 능력을 갖추고 있다. 특히 스포츠 분야에서는 단순한 업무 자동화의 차원을 뛰어넘어, 경기 해설을 위한 스크립트 작성부터 경기 전 프리뷰 영상 제작, 그리고 각 팬의 취향에 맞춘 하이라이트 편집에 이르기까지 콘텐츠 제작의 모든 영역에서 그 활용 범위가 급속도로 확장되고 있다.

스포츠 산업이 생성형 AI와 만났을 때 특별한 시너지를 발휘하는 이유는 명확하다. 스포츠는 태생적으로 원천 데이터가 풍부하고, 실시간으로 새로운 정보가 끊임없이 생성되는 특성을 지니고 있기 때문이다. 매 경기마다 쏟아지는 선수 기록, 경기 중 포착되는 생생한 인터뷰, 그리고 수많은 카메라가 담아내는 경기 장면들은 모두 AI가 학습하고 새로운 콘텐츠로 변환할 수 있는 귀중한 재료가 된다. 이러한 데이터의 특성 덕분에 생성형 AI는 스포츠 분야에서 다른 어떤 산업보다도 빠르고 혁신적인 발전을 보여주고 있다.

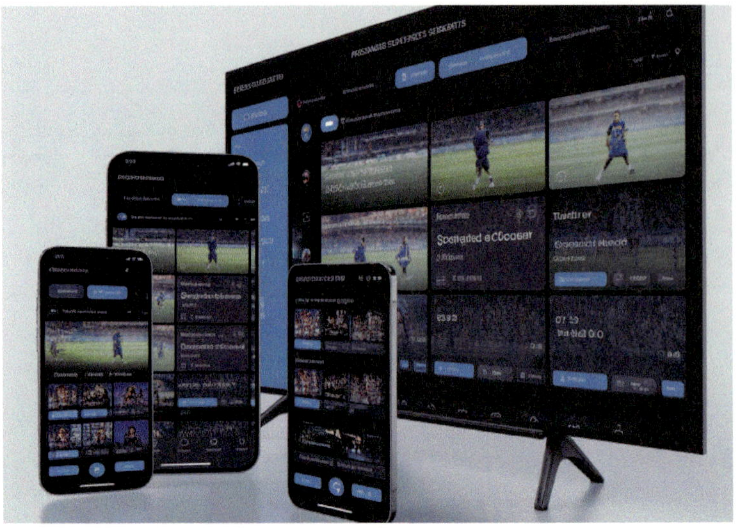

그림 15-1 DAZN의 개인화 서비스

사례

실제 현장에서는 이미 다양한 혁신적인 시도들이 이루어지고 있다. ESPN은 생성형 AI를 도입하여 복잡한 경기 데이터와 각종 기록들을 한눈에 파악할 수 있는 요약 서비스를 실험적으로 운영하고 있다. 예를 들어 NBA 경기가 끝난 직후, AI는 자동으로 "양 팀의 주요 득점자와 경기 흐름 요약"을 생성해내며, 이렇게 만들어진 정보는 기자들과 해설자들이 보다 신속하고 정확한 분석을 할 수 있도록 돕는 강력한 도구가 되고 있다.

한편 DAZN은 개인화 서비스의 새로운 지평을 열고 있다. 이들은 구독자 개개인이 관심을 갖는 팀과 선호하는 선수에 대한 데이터를 철저히 분석하여, 각자의 취향에 맞춘 하이라이트 영상을 자동으로 생성해내는 서비스를 제공한다. 이는 단순히 모든 사람에게 동일한 콘텐츠를 제공하던 기존 방식에서 벗어나, 진정한 의미의 맞춤형 스포츠 콘텐츠 시대를 열어가고 있다는 점에서 큰 의미를 갖는다.

특히 주목할 만한 것은 Pixellot의 혁신적인 접근 방식이다. 이 기술은 소규모 구단이나 아마추어 경기장처럼 전문 인력과 장비가 부족한 환경에서도 고품질 콘텐츠 제작을 가능하게 만들어준다. 단 하나의 카메라만으로 경기 전체를 자동으로 촬영하고, 경기가 끝나면 즉시 하이라이트를 편집해주는 이 시스템은 그동안 리소스 부족으로 제대로 된 콘텐츠를 만들기 어려웠던 많은 팀들에게 새로운 기회를 제공하고 있다.

2 제작 파이프라인의 전환

1) 프리프로덕션 자동화

생성형 AI는 현재 스포츠 콘텐츠 산업에 새로운 변화의 바람을 불어넣고 있다. 이 기술은 기존에 축적된 방대한 데이터를 학습한 후, 전혀 새로운 형태의 텍스트, 이미지, 오디오, 비디오 콘텐츠를 창조해내는 능력을 갖추고 있다. 특히 스포츠 분야에서는 단순한 업무 자동화의 차원을 뛰어넘어, 경기 해설을 위한 스크립트 작성부터 경기 전 프리뷰 영상 제작, 그리고 각 팬의 취향에 맞춘 하이라이트 편집에 이르기까지 콘텐츠 제작의 모든 영역에서 그 활용 범위가 급속도로 확장되고 있다.

스포츠 산업이 생성형 AI와 만났을 때 특별한 시너지를 발휘하는 이유는 명확하다. 스포츠는 태생적으로 원천 데이터가 풍부하고, 실시간으로 새로운 정보가 끊임없이 생성되는 특성을 지니고 있기 때문이다. 매 경기마다 쏟아지는 선수 기록, 경기 중 포착되는 생생한 인터뷰, 그리고 수많은 카메라가 담아내는 경기 장면들은 모두 AI가 학습하고 새로운 콘텐츠로 변환할 수 있는 귀중한 재료가 된다. 이러한 데이터의 특성 덕분에 생성형 AI는 스포츠 분야에서 다른 어떤 산업보다도 빠르고 혁신적인 발전을 보여주고 있다.

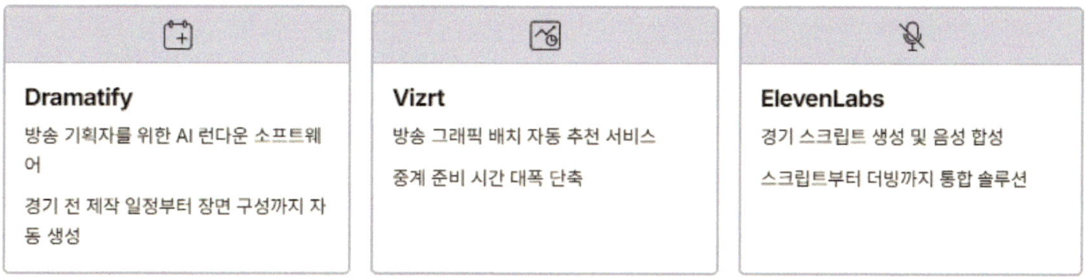

그림 15-2 프리프로덕션 혁신 사례

사례

실제 현장에서는 이미 이러한 변화를 체감할 수 있는 구체적인 솔루션들이 등장하고 있다. Dramatify는 방송 기획자들의 업무 부담을 덜어주는 혁신적인 AI 런다운 소프트웨어를 제공한다. 이 시스템은 경기 전 제작 일정부터 각 장면의 구성까지 자동으로 짜주어, 기획자들이 수작업으로 처리해야 했던 복잡한 스케줄링 작업을 크게 단순화시켜준다.

방송 그래픽 분야에서도 주목할 만한 발전이 이루어지고 있다. Vizrt는 AI 기술을 활용하여 방송 그래픽의 배치를 자동으로 추천해주는 서비스를 제공한다. 이를 통해 중계 준비 과정에서 그래픽 디자이너들이 고민해야 할 시간이 대폭 단축되고, 보다 효율적인 방송 준비가 가능해지고 있다.

특히 흥미로운 것은 ElevenLabs의 접근 방식이다. 이들은 해설자들이 참고할 수 있는 경기 스크립트를 AI가 생성해주는 것은 물론, 이를 즉시 음성 합성 기술로 변환하여 실제 중계 더빙에까지 활용할 수 있는 통합 솔루션을 제공한다. 이는 스크립트 작성부터 음성 제작까지의 전 과정을 하나의 플랫폼에서 해결할 수 있게 해주어, 제작 효율성을 크게 높여주고 있다.

2) 프로덕션 자동화

경기가 실제로 진행되는 프로덕션 단계에서도 AI는 없어서는 안 될 중요한 역할을 담당하고 있다. 가장 눈에 띄는 변화는 촬영 방식의 자동화이다. 기존에는 경험 많은 감독의 지시에 따라 카메라맨들이 수동으로 카메라를 조작해야 했지만, 이제는 자동 추적 카메라 시스템이 별도의 인력 개입 없이도 경기장 내 선수들과 공의 움직임을 정확하게 따라가며 촬영을 진행할 수 있게 되었다.

더 나아가 방송 연출 자체에도 새로운 패러다임이 등장하고 있다. 디지털 휴먼 기술이나 가상 아바타를 활용한 캐스터들이 실시간 방송에 투입되면서, 기존의 전통적인 방송 형태를 뛰어넘는 완전히 새로운 형태의 연출이 가능해지고 있다. 이러한 기술적 진보는 시청자들에게 더욱 몰입감 있고 흥미로운 시청 경험을 제공할 수 있는 기반을 마련해주고 있다.

그림 15-3 프로덕션 단계의 변화

사례

현장에서의 구체적인 활용 사례를 살펴보면, Pixellot 카메라 시스템이 가장 대표적인 성공 사례로 꼽힌다. 이 시스템은 경기장에 한 번 설치되고 나면, 이후 모든 과정이 완전 자동화된다. 선수들의 움직임을 실시간으로 추적하며 촬영을 진행하는 것은 물론, 경기의 흐름에 따라 최적의 앵글을 자동으로 선택하여 마치 숙련된 카메라맨이 촬영한 것 같은 고품질 영상을 만들어낸다.

더 큰 규모에서는 NBA가 진행하고 있는 실험적 시도가 주목받고 있다. NBA는 일부 경기에서 AI 기반 카메라 시스템을 도입하여, 경기장의 특정 구역을 실시간으로 자동 중계하는 테스트를 진행하고 있다. 이러한 시도는 향후 전체 경기 중계가 완전 자동화될 수 있는 가능성을 보여주는 중요한 선례가 되고 있다.

3) 포스트·로컬라이징 자동화

경기가 끝난 후의 후반 작업 단계에서도 AI의 활약은 계속된다. 포스트 프로덕션과 글로벌 서비스를 위한 로컬라이징 과정에서 AI가 담당하는 역할은 갈수록 중요해지고 있다. 수십 시간에 달하는 경기 영상 중에서 가장 흥미진진한 순간들을 골라내어 하이라이트를 제작하는 일, 소셜미디어용 숏폼 콘텐츠로 재편집하는 작업, 그리고 전 세계 팬들을 위해 다양한 언어로 자막과 더빙을 제작하는 모든 과정이 AI의 도움을 받아 자동화되고 있다.

이러한 자동화는 단순히 작업 시간을 단축시켜주는 것을 넘어서, 콘텐츠의 접근성을 크게 향상시키는 역할도 하고 있다. 과거에는 인력과 비용의 제약으로 인해 제한적으로만 제공될 수 있었던 다국어 서비스나 접근성 지원 기능들이 이제는 AI의 도움으로 훨씬 더 광범위하게 제공될 수 있게 되었기 때문이다.

사례

실제 적용 사례를 보면, MLB.tv가 진행하고 있는 접근성 강화 노력이 대표적이다. 이들은 경기가 끝나는 즉시 자동으로 자막을 생성하는 시스템을 도입하여, 청각 장애가 있는 팬들도 경기를 더 쉽게 즐길 수 있도록 하고 있다. 이러한 기술은 접근성을 높이는 것뿐만 아니라, 소음이 많은 환경에서 경기를 시청하는 일반 팬들에게도 큰 도움이 되고 있다.

글로벌 서비스 측면에서는 ElevenLabs의 혁신적인 솔루션이 주목받고 있다. 이들은 영어로 진행된 해설을 실시간으로 한국어나 일본어 등 다양한 언어의 해설 음성으로 자동 변환해주는 서비스를 제공한다. 이를 통해 전 세계 어디에 있는 팬이든 자신의 모국어로 경기 해설을 들을 수 있게 되어, 스포츠 콘텐츠의 글로벌 접근성이 획기적으로 개선되고 있다.

3 실시간·개인화·상호작용 콘텐츠

1) 개인화 하이라이트 및 멀티앵글

현대의 스포츠 팬들은 더 이상 모든 사람에게 동일하게 제공되는 획일적인 콘텐츠에 만족하지 않는다. 각자가 선호하는 선수가 다르고, 관심을 갖는 플레이 유형도 천차만별이다. 어떤 팬은 농구에서 화려한 3점 슛 장면만을 모아보고 싶어하고, 또 다른 팬은 축구 골키퍼의 환상적인 세이브 장면에만 집중하고 싶어한다. 이러한 다양하고 개별적인 니즈를 충족시키기 위해 생성형 AI는 각 팬의 시청 패턴과 선호도 데이터를 심층 분석하여, 개인별로 최적화된 하이라이트 영상을 자동으로 편집해 제공하는 서비스를 가능하게 만들고 있다.

이러한 개인화 서비스의 핵심은 단순히 기계적으로 특정 선수의 장면만을 모아주는 것이 아니라, 각 팬이 진정으로 흥미로워할 만한 순간들을 지능적으로 선별해내는 데 있다. AI는 경기 데이터, 팬의 과거 시청 기록, 그리고 소셜미디어에서의 반응 등을 종합적으로 분석하여, 그 팬에게 가장 의미 있고 재미있을 콘텐츠를 추천하고 제작해낸다.

사례

> 개인화 서비스의 선두주자는 NBA 앱이다. 이 앱은 팬이 선택한 특정 선수를 중심으로 맞춤형 하이라이트 영상을 자동으로 생성해준다. 예를 들어 르브론 제임스의 팬이라면, 그가 출전한 모든 경기에서의 주요 플레이들을 모아놓은 개인 전용 하이라이트를 받아볼 수 있다. 이는 팬들에게 자신이 좋아하는 선수의 활약을 놓치지 않고 볼 수 있는 편의성을 제공하면서, 동시에 더 깊은 팬덤 경험을 선사하고 있다.

2) 실시간 요약·자동 해설

경기가 진행되는 동안에도 AI의 역할은 계속된다. 경기 중 일어나는 모든 플레이에 대해 실시간으로 요약 텍스트를 생성하고, 해설자들이 더욱 풍부하고 정확한 해설을 할 수 있도록 보조 정보를 제공하는 것이다. 이는 특히 빠르게 상황이 변하는 스포츠에서 해설자들이 실시간으로 쏟아지는 데이터를 효과적으로 활용할 수 있게 도와준다.

AI가 제공하는 실시간 분석은 단순한 통계 나열을 넘어서, 현재 상황의 의미와 맥락을 파악할 수 있는 인사이트까지 포함한다. 예를 들어 특정 선수의 현재 컨디션이 평소와 어떻게 다른지, 팀의 전술적 변화가 경기 흐름에 어떤 영향을 미치고 있는지 등을 실시간으로 분석해 해설자에게 전달함으로써, 시청자들은 더욱 깊이 있는 경기 분석을 들을 수 있게 된다.

사례

테니스 분야에서 진행된 AI 연구 프로젝트는 이러한 실시간 해설 지원의 가능성을 보여주는 대표적인 사례이다. 이 시스템은 랠리의 길이와 각 샷의 데이터를 실시간으로 분석하여, 현재 진행 중인 랠리의 특징과 의미를 요약한 해설을 자동으로 생성해낸다. 예를 들어 "현재 랠리는 이미 20샷을 넘어섰으며, 양 선수 모두 백핸드를 주로 사용하고 있어 수비적 양상을 보이고 있다"와 같은 구체적이고 유용한 정보를 실시간으로 제공할 수 있다.

3) 다국어·접근성 강화

스포츠는 본질적으로 글로벌한 콘텐츠이다. 전 세계 팬들이 함께 즐기는 스포츠의 특성상, 언어의 장벽을 넘어서는 것은 매우 중요한 과제이다. 또한 시각이나 청각에 장애가 있는 팬들도 동등하게 스포츠를 즐길 수 있도록 하는 접근성 향상도 빼놓을 수 없는 요소이다. 생성형 AI는 이 두 가지 과제를 동시에 해결할 수 있는 강력한 솔루션을 제공한다.

다국어 서비스의 경우, AI는 실시간으로 해설을 번역하고 음성을 합성하여 각국 팬들이 자신의 모국어로 경기를 즐길 수 있게 해준다. 접근성 측면에서는 시각 장애인을 위한 상세한 화면 해설이나 청각 장애인을 위한 정확한 자막 서비스를 자동으로 생성해낼 수 있다. 이러한 기능들은 과거에는 인력과 비용의 제약으로 인해 제한적으로만 제공될 수 있었지만, 이제는 AI의 도움으로 훨씬 더 광범위하고 즉각적으로 제공될 수 있게 되었다.

사례

이 분야의 선도적인 서비스로는 ElevenLabs의 실시간 다국어 해설 변환 서비스가 있다. 이 시스템은 영어로 진행되는 중계 멘트를 실시간으로 한국어, 스페인어, 프랑스어 등 다양한 언어로 자동 변환해준다. 더욱 놀라운 것은 단순한 번역을 넘어서, 각 언어의 문화적 특성과 스포츠 해설 스타일까지 반영한 자연스러운 해설을 생성해낸다는 점이다. 이를 통해 전 세계 어디에 있는 팬이든 마치 자국의 해설자가 진행하는 것 같은 친숙한 경험을 할 수 있게 되었다.

4 팬 공동창작과 버추얼IP

1) 팬 참여형 UGC 제작 툴

현대 스포츠 문화에서 팬들은 더 이상 수동적인 소비자가 아니다. 그들은 적극적인 창작자이자 콘텐츠 생산자로서 스포츠 생태계에 참여하고 있다. 이러한 변화에 발맞춰 생성형 AI 기술을 활용한 사용자 친화적인 제작 툴들이 등장하고 있다. 이제 전문적인 영상 편집 기술이 없는 일반 팬들도 쉽게 자신만의 하이라이트 영상을 만들거나, 재미있는 밈을 제작할 수 있게 되었다.

이러한 도구들의 등장은 스포츠 콘텐츠 생태계에 큰 변화를 가져오고 있다. 과거에는 공식 미디어나 전문 제작사만이 만들어낼 수 있었던 고품질 콘텐츠를 이제는 열정적인 팬들도 제작할 수 있게 되면서, 훨씬 더 다양하고 창의적인 콘텐츠들이 쏟아져 나오고 있다. 이는 스포츠 팬덤의 참여도를 높이는 것은 물론, 새로운 형태의 팬 문화를 창조하는 데에도 기여하고 있다.

사례

팬 참여형 콘텐츠 제작의 대표적인 사례로는 FIFAe 월드컵의 접근 방식을 들 수 있다. 이 대회에서는 팬들이 직접 제작한 창의적인 콘텐츠들을 공식 채널을 통해 소개하고 홍보하는 프로그램을 운영하고 있다. 팬들이 만든 선수 소개 영상, 경기 예측 콘텐츠, 그리고 다양한 재미 요소가 담긴 영상들이 공식 플랫폼에서 공유되면서, 팬들은 자신들의 창작물이 더 많은 사람들에게 알려질 수 있는 기회를 얻게 되었다.

2) 버추얼 선수·AI 캐스터·디지털 트윈

스포츠 업계에서는 버추얼 아이돌 문화에서 영감을 받은 새로운 형태의 디지털 캐릭터들이 등장하고 있다. 구단이나 리그 차원에서 가상의 선수나 해설자를 창조하여 팬들과 소통하는 새로운 채널로 활용하는 것이다. 이러한 버추얼 캐릭터들은 실제 인간과는 다른 독특한 매력과 특성을 갖고 있어, 기존의 팬 경험과는 전혀 다른 새로운 형태의 엔터테인먼트를 제공할 수 있다.

특히 AI 기술의 발전으로 이러한 버추얼 캐릭터들은 단순한 그래픽 이미지를 넘어서, 실제로 팬들과 대화하고 상호작용할 수 있는 수준까지 발전하고 있다. 이들은 경기 분석부터 팬들과의 일상적인 대화까지 다양한 역할을 수행하며, 24시간 언제든지 팬들과 소통할 수 있다는 장점을 갖고 있다.

사례

일본 e스포츠 리그에서 시범 운영한 AI 기반 버추얼 캐스터 프로젝트는 이러한 새로운 시도의 대표적인 사례이다. 이 가상 해설자는 실제 경기를 실시간으로 분석하여 해설을 제공할 뿐만 아니라, 경기 전후에는 팬들과 직접 채팅을 통해 소통하기도 한다. 팬들은 이 버추얼 캐스터에게 경기에 대한 질문을 던지거나, 선수들에 대한 의견을 나누는 등 새로운 형태의 팬 경험을 즐기고 있다.

3) 팬덤 경제와 보상 설계

팬들이 창작한 콘텐츠가 구단이나 리그의 브랜드 가치 향상에 실질적으로 기여하는 상황에서, 이에 대한 합리적이고 지속가능한 보상 체계를 마련하는 것은 매우 중요한 과제가 되었다. 단순히 팬들의 자발적인 참여에만 의존하는 것이 아니라, 그들의 창작 활동이 정당한 가치를 인정받고 보상받을 수 있는 구조를 만들어가는 것이 팬덤 경제의 핵심이다.

이러한 보상 체계는 단순한 금전적 보상을 넘어서, 팬들이 자신의 창작 활동을 통해 더 깊은 소속감과 성취감을 느낄 수 있도록 하는 다양한 형태로 설계될 수 있다. 예를 들어 우수한 팬 창작 콘텐츠에 대해서는 공식 채널에서의 소개나 특별한 인증 배지 제공, 선수나 구단과의 만남 기회 제공 등 다양한 방식의 보상이 가능하다.

사례

KBO 구단들이 운영한 팬 참여형 AI 밈 챌린지는 이러한 보상 체계의 성공적인 사례로 꼽힌다. 이 챌린지에서는 팬들이 AI 도구를 활용해 자신만의 재미있는 밈을 제작하고, 우수작에 대해서는 구단 공식 소셜미디어에서 소개하거나 경기장에서 상영하는 등의 보상을 제공했다. 이를 통해 팬들의 참여도가 크게 높아졌을 뿐만 아니라, 구단의 소셜미디어 활성화와 브랜드 인지도 향상에도 상당한 기여를 했다는 평가를 받고 있다.

5 수익화·유통 전략

1) 크리에이터 경제 모델

생성형 AI의 등장은 스포츠 콘텐츠 산업의 수익 구조를 근본적으로 변화시키고 있다. 과거에는 큰 비용과 전문 인력이 투입되어야만 제작할 수 있었던 고품질 콘텐츠들이 이제는 훨씬 적은 비용으로도 만들어질 수 있게 되면서, 작은 규모의 콘텐츠들도 충분한 경제적 가치를 창출할 수 있는 환경이 조성되었다. 특히 클립, 밈, 스티커와 같은 소규모 콘텐츠들이 소셜미디어를 통해 빠르게 확산되면서 새로운 형태의 수익 창출이 가능해지고 있다.

이러한 변화는 기존의 대형 미디어 중심의 콘텐츠 생태계에 새로운 활력을 불어넣고 있다. 개인 크리에이터나 소규모 제작팀도 AI 도구를 활용하면 전문적인 품질의 스포츠 콘텐츠를 제작할 수 있게 되었고, 이들이 만든 콘텐츠가 때로는 대형 미디어의 콘텐츠보다 더 큰 화제를 모으기도 한다. 결과적으로 스포츠 콘텐츠 시장이 더욱 다양하고 역동적인 모습으로 발전하고 있다.

사례

이러한 새로운 경제 모델의 구체적인 사례로는 WMT Digital의 'The Six' 프로젝트를 들 수 있다. 이 서비스는 대학 스포츠 경기에서 생성되는 방대한 데이터를 AI가 자동으로 분석하고 요약하여, 소셜미디어에 최적화된 콘텐츠로 변환해주는 시스템이다. 대학 스포츠는 상대적으로 관심도가 낮고 제작 예산도 제한적이었지만, 이러한 AI 기반 자동화 시스템을 통해 매력적이고 접근하기 쉬운 콘텐츠를 지속적으로 생산할 수 있게 되었다. 그 결과 더 많은 팬들이 대학 스포츠에 관심을 갖게 되었고, 새로운 수익 창출의 기회가 열렸다.

2) 광고·스폰서십 통합

광고와 스폰서십 분야에서도 AI는 혁신적인 변화를 가져오고 있다. 기존에는 광고 콘텐츠를 제작하고 다양한 버전으로 테스트하는 과정이 상당한 시간과 비용을 요구했지만, 이제는 AI가 자동으로 광고 소재를 생성하고 다양한 형태로 변형하여 즉시 효과를 측정할 수 있게 되었다. 이는 광고주들에게는 더 효율적인 마케팅을 가능하게 해주고, 콘텐츠 제작자들에게는 새로운 수익원을 제공해주고 있다.

특히 스포츠 콘텐츠의 특성상 실시간성이 중요한데, AI를 활용하면 경기가 진행되는 동안에도 즉시 광고가 통합된 콘텐츠를 제작하여 배포할 수 있다. 이러한 신속성은 스포츠 마케팅에서 매우 중요한 경쟁 우위 요소가 되고 있다. 또한 각 플랫폼과 시청자 특성에 맞춰 광고 형태를 자동으로 최적화할 수 있어, 광고 효과도 크게 향상되고 있다.

사례

MLB가 도입한 자동 스폰서 로고 삽입 시스템은 이러한 혁신의 대표적인 예이다. 이 시스템은 경기 중 생성되는 하이라이트 클립에 스폰서의 로고를 자동으로 삽입해주는 기능을 제공한다. 중요한 것은 단순히 로고를 붙이는 것이 아니라, 각 클립의 내용과 분위기에 맞는 적절한 위치와 크기로 자연스럽게 통합시켜준다는 점이다. 이를 통해 스폰서는 더욱 효과적인 노출을 얻을 수 있고, MLB는 추가적인 수익을 창출할 수 있게 되었다.

3) 멀티플랫폼 배포 최적화

현대의 콘텐츠는 하나의 플랫폼에서만 소비되지 않는다. OTT 서비스, 다양한 소셜미디어, 모바일 앱 등 여러 플랫폼에 동시에 배포되어야 하며, 각 플랫폼의 특성과 사용자 행태에 맞춰 최적화되어야 한다. 이러한 복잡한 요구사항을 모두 수동으로 처리하는 것은 현실적으로 불가능하다. 이 지점에서 AI의 역할이 더욱 중요해진다.

AI는 각 플랫폼의 특성을 학습하여 동일한 원본 콘텐츠를 플랫폼별로 최적화된 형태로 자동 변환해줄 수 있다. 예를 들어 유튜브용으로는 긴 형태의 분석 영상을, 틱톡용으로는 짧고 임팩트 있는 클립을, 인스타그램용으로는 스토리 형태의 콘텐츠로 각각 변환하여 배포할 수 있다. 이러한 자동화는 콘텐츠 제작자들이 더 많은 플랫폼에서 효과적으로 팬들과 만날 수 있는 기회를 제공한다.

사례

TikTok 스포츠 채널의 접근 방식은 이러한 멀티플랫폼 최적화의 성공 사례로 평가받고 있다. 이들은 AI가 생성한 밈 콘텐츠를 스폰서 광고와 자연스럽게 결합하여 바이럴 확산을 유도하는 전략을 구사하고 있다. AI는 각 스포츠 상황에 맞는 재미있는 밈을 생성하고, 여기에 스폰서의 메시지를 자연스럽게 통합한 후, TikTok의 알고리즘에 최적화된 형태로 콘텐츠를 구성한다. 이러한 전략을 통해 높은 조회수와 참여도를 달성하면서 동시에 스폰서십 수익도 창출하고 있다.

6 위험·규제·거버넌스

1) 권리 체계

생성형 AI가 만들어내는 콘텐츠가 늘어나면서, 기존의 저작권 체계로는 해결하기 어려운 새로운 법적 이슈들이 대두되고 있다. AI가 창작한 콘텐츠의 저작권은 누구에게 귀속되는가? 선수의 모습이 AI에 의해 재현되었을 때 초상권 침해는 어떻게 판단할 것인가? 리그나 구단이 갖고 있는 각종 권리들은 AI 생성 콘텐츠에서도 동일하게 적용되는가? 이러한 질문들에 대한 명확한 답을 찾아가는 과정이 현재 전 세계적으로 진행되고 있다.

특히 스포츠 분야는 선수 개인의 권리, 구단의 권리, 리그의 권리, 그리고 방송사의 권리 등이 복잡하게 얽혀있어 이 문제가 더욱 복잡하다. AI가 기존 경기 영상을 학습하여 새로운 콘텐츠를 생성할 때, 원본 영상에 대한 권리자들의 동의는 어느 범위까지 필요한 것인지, 그리고 생성된 콘텐츠로부터 발생하는 수익은 어떻게 배분해야 하는지 등에 대한 새로운 규칙과 관행이 만들어져야 하는 상황이다.

사례

KBO는 이러한 새로운 환경에 선제적으로 대응하고 있는 사례로 평가받는다. KBO는 선수 이미지가 AI 콘텐츠에 활용될 때에는 기존의 일반적인 초상권 사용과는 별도의 명시적인 계약이 필요하다는 규정을 명확히 하고 있다. 이는 AI 기술의 발전으로 선수의 모습을 매우 사실적으로 재현할 수 있게 되면서, 선수 개인의 권리를 더욱 강화해서 보호할 필요가 있다고 판단했기 때문이다. 이러한 접근은 다른 스포츠 리그들에게도 중요한 참고 사례가 되고 있다.

2) 딥페이크·콘텐츠 신뢰성

AI 기술의 발전은 놀라운 혜택을 가져다주는 동시에 새로운 위험도 함께 가져왔다. 특히 딥페이크 기술의 발달로 인해 실제로는 일어나지 않은 스포츠 상황을 마치 실제처럼 보이게 만드는 것이 가능해졌다. 이는 팬들을 혼란스럽게 만들 수 있을 뿐만 아니라, 스포츠의 공정성과 신뢰성 자체를 위협할 수 있는 심각한 문제이다.

따라서 AI가 생성한 콘텐츠임을 명확히 표시하는 워터마킹 시스템이나 신뢰성 표기 방법을 도입하는 것이 필수적이 되었다. 이는 단순히 기술적인 문제가 아니라, 스포츠 산업 전체의 신뢰성을 지키기 위한 중요한 사회적 과제이다. 팬들이 어떤 콘텐츠가 실제 경기 영상이고 어떤 것이 AI가 생성한 것인지 쉽게 구분할 수 있어야, 스포츠 콘텐츠에 대한 신뢰를 유지할 수 있기 때문이다.

사례

EU AI Act는 이러한 우려에 대응하는 대표적인 규제 사례이다. 이 법안은 생성형 AI로 만들어진 모든 콘텐츠에 워터마킹을 의무적으로 삽입하도록 규정하고 있다. 이는 콘텐츠 소비자들이 해당 콘텐츠의 출처와 제작 방식을 명확히 알 수 있도록 하여, 잘못된 정보의 확산을 방지하고 콘텐츠에 대한 신뢰성을 확보하려는 목적이다. 이러한 규제는 앞으로 전 세계적으로 확산될 가능성이 높으며, 스포츠 콘텐츠 제작자들도 이에 맞춰 준비해야 할 것으로 보인다.

3) 데이터·윤리 거버넌스

AI 시스템이 올바르게 작동하기 위해서는 양질의 학습 데이터가 필요하지만, 이 과정에서 다양한 윤리적 문제들이 발생할 수 있다. 학습 데이터에 편향이 있다면 AI도 편향된 결과를 생성할 수 있고, 악의적인 사용자가 부적절한 프롬프트를 입력하여 문제가 있는 콘텐츠를 생성하도록 유도할 수도 있다. 또한 선수들의 개인정보가 AI 학습 과정에서 부적절하게 노출되거나 오용될 위험도 존재한다.

이러한 문제들을 해결하기 위해서는 기술적 대응뿐만 아니라 윤리적 가이드라인과 거버넌스 체계가 필요하다. AI가 학습하는 데이터의 품질과 편향성을 지속적으로 모니터링하고, 부적절한 사용을 방지하기 위한 안전장치를 마련하며, 선수와 관련된 민감한 정보는 적절히 보호하는 등의 종합적인 접근이 필요하다.

사례

IOC가 2024 파리올림픽을 앞두고 발표한 AI 활용 가이드라인은 이러한 윤리적 거버넌스의 중요한 선례가 되고 있다. 이 가이드라인은 올림픽 관련 AI 콘텐츠 제작 시 선수들의 권리를 최우선으로 보호해야 한다는 원칙을 명시하고 있다. 특히 선수의 동의 없이는 개인적인 특성이나 사생활과 관련된 AI 콘텐츠를 제작할 수 없도록 하고, AI 학습에 사용되는 선수 관련 데이터의 범위와 사용 목적을 명확히 제한하고 있다. 이러한 접근은 AI 기술의 혜택을 누리면서도 선수들의 기본권을 보호하는 균형점을 찾으려는 노력으로 평가받고 있다.

학습 요약

생성형 AI는 스포츠 콘텐츠 산업의 패러다임을 근본적으로 바꾸고 있다. AI는 단순한 자동화 도구를 넘어, 창의적 동반자이자 실시간 제작자로 기능하며 콘텐츠의 생산, 유통, 소비, 관리 전 과정을 새롭게 정의하고 있다.

첫째, 콘텐츠 제작의 효율성과 속도가 비약적으로 향상되었다. AI는 경기 해설 스크립트 작성, 데이터 기반 요약, 자동 자막·더빙, 프리프로덕션 기획까지 지원하며 제작 인력의 부담을 줄이고 보다 창의적인 연출에 집중할 수 있는 환경을 만들고 있다. ESPN의 AI 요약 서비스, DAZN의 개인 맞춤 하이라이트, Pixellot의 자동 촬영 시스템은 생성형 AI의 실제 효과를 보여주는 대표적 사례이다.

둘째, 개인화와 실시간성이 콘텐츠 경쟁력의 핵심으로 부상했다. 팬의 시청 패턴과 감정 반응을 분석해, 개별 선호에 맞춘 하이라이트·멀티앵글 영상이 즉시 제작된다. NBA 앱, MLB.tv, ElevenLabs의 다국어 해설 서비스는 AI가 팬 경험을 맞춤화하고 접근성을 확장한 구체적 예다. 이로써 “모두를 위한 하나의 콘텐츠”가 아니라 “각 팬을 위한 개별 콘텐츠” 시대가 열렸다.

셋째, 생성형 AI는 팬의 역할을 소비자에서 창작자(Creator) 로 확장시켰다. AI 기반 편집·음성합성·이미지 생성 툴은 팬이 직접 하이라이트, 밈, 숏폼 콘텐츠를 제작하도록 지원하며, 이로 인해 UGC(User Generated Content) 생태계가 폭발적으로 성장하고 있다. 팬 창작물은 구단의 브랜드 확산과 팬덤 경제(Fan Economy)의 중심 자산이 되고 있다.

넷째, 법적·윤리적 거버넌스의 중요성이 커지고 있다. AI가 생성한 콘텐츠의 저작권과 초상권, 딥페이크의 위험, 데이터 편향 문제는 스포츠 산업의 신뢰와 직결된다. 이에 따라 KBO의 AI 초상권 계약, EU AI Act의 워터마크 의무, IOC의 AI 가이드라인처럼 윤리·정책·기술이 결합된 새로운 관리 체계가 요구되고 있다. 콘텐츠 신뢰성을 보장하는 워터마킹, AI 윤리 인증, 데이터 품질 모니터링은 지속가능한 스포츠 미디어 환경의 핵심 인프라가 될 것이다.

결국 생성형 AI는 스포츠 콘텐츠 산업을 “자동화 중심 산업”에서 “창의 협업 산업”으로 전환시키고 있다. AI가 데이터를 분석하고 형식을 제시한다면, 인간은 그 위에 스토리와 감정을 입혀 의미를 완성한다. 이러한 AI-인간 협력 구조는 스포츠가 지닌 감동과 현장성을 유지하면서도 기술 혁신을 통해 새로운 부가가치를 창출하는 방향으로 발전하고 있다.

16 Chapter

미래 스포츠의 방향성과 인간·AI 공존 전략

>> 학습 목표

1. AI 시대 스포츠의 인간성 회복과 공존 전략의 필요성을 이해한다.
2. 미래 스포츠의 기술 메가트렌드와 공존 프레임워크를 설명할 수 있다.
3. 인간·AI 공존을 위한 조직·정책·교육적 실행 전략을 수립할 수 있다.

1 왜 지금 '인간·AI 공존 전략'인가

1) 문제의식: 자동화의 확산과 스포츠의 인간성

스포츠의 본질은 인간의 신체적 한계에 도전하고, 불굴의 정신력으로 극한 상황을 돌파하며, 예측할 수 없는 드라마를 만들어내는 데 있다. 경기장에서 펼쳐지는 모든 순간은 인간만이 가진 고유한 감정과 의지가 만들어내는 이야기이다. 그런데 최근 몇 년 사이 AI 기술의 눈부신 발전은 이러한 스포츠 현장에 빠른 속도로 스며들고 있다.

현재 AI는 이미 여러 영역에서 활발히 활용되고 있다. VAR(비디오 판정 시스템)을 통해 심판의 판정 정확도를 높이고, 선수 개인의 신체 데이터를 분석해 맞춤형 훈련 프로그램을 제공하며, 팬들에게는 개인의 관심사에 따른 맞춤형 콘텐츠를 제공하고 있다. 이러한 변화는 분명히 스포츠의 공정성과 효율성을 향상시키는 긍정적인 면이 있다.

하지만 동시에 깊은 우려의 목소리도 나오고 있다. 스포츠가 가진 인간적 요소들이 점차 사라질 수 있다는 것이다. 선수가 흘린 땀과 노력 속에서 탄생하는 예상치 못한 순간들, 심판의 주관적 판단으로 인해 벌어지는 치열한 논쟁들, 그리고 팬과 선수 사이에서 자연스럽게 형성되는 감정적 유대감은 단순히 데이터와 알고리즘으로 대체할 수 없는 소중한 가치이다. 이러한 요소들이 사라진다면 스포츠는 과연 여전히 우리가 사랑하는 스포츠일 수 있을까요?

2) 공존과 대체: 정의의 차이

AI와 인간의 관계를 논할 때 우리는 두 가지 서로 다른 방향을 생각해볼 수 있다. 첫 번째는 'AI가 인간을 대체하는' 시나리오이고, 두 번째는 'AI가 인간을 증강시키는' 시나리오이다. 이 둘의 차이는 단순해 보이지만 실제로는 근본적으로 다른 철학을 담고 있다.

대체의 관점에서는 AI가 인간보다 더 정확하고 빠르며 일관된 성능을 보이기 때문에, 인간의 역할을 불필요하게 만든다고 본다. 예를 들어, AI가 모든 판정을 완벽하게 처리할 수 있다면 심판이 굳이 필요할까요? 이런 논리를 따르면 결국 스포츠는 완전히 자동화된 시스템 속에서 진행되는 기계적인 경쟁이 될 수 있다.

반면 증강의 관점에서는 AI를 인간의 능력을 보완하고 향상시키는 도구로 바라본다. 심판이 놓칠 수 있는 미세한 부분을 AI가 포착해서 알려주지만, 최종적인 판단과 결정은 여전히 인간이 내린다. 선수의 훈련에서도 AI가 데이터를 분석해서 개선점을 제시하지만, 그 정보를 바탕으로 어떻게 훈련할지는 선수와 코치가 결정한다.

스포츠에서 AI가 나아가야 할 방향은 분명히 후자이다. 인간의 판단력과 감각, 그리고 가치관을 보완하고 강화하는 역할을 해야 한다. 이렇게 될 때 비로소 우리는 스포츠의 본질적 가치를 지키면서도 새로운 가능성을 열어갈 수 있다.

3) 스포츠 미래를 향한 문제의식

지금까지 우리는 AI가 스포츠의 다양한 영역을 어떻게 변화시키고 있는지 살펴보았다. 중계 방송에서는 실시간 데이터 분석과 개인화된 콘텐츠를 제공하고, 훈련 현장에서는 선수의 퍼포먼스를 최적화하며, 심판 업무에서는 판정의 정확성을 높이고, 팬 경험에서는 새로운 형태의 참여와 몰입을 만들어내고 있다. 또한 경기장 운영의 효율성을 높이고, 선수와 관중의 안전을 보장하며, 윤리적 이슈들을 관리하고, 콘텐츠의 진화를 이끌어가고 있다.

하지만 이러한 개별적인 변화들이 각각 따로 놀면서 단편적으로만 쌓여간다면, 정작

스포츠가 가져야 할 핵심 가치들은 보호받지 못할 수 있다. 공정한 경쟁, 참가자들의 안전, 관중들의 흥미와 감동, 그리고 지속가능한 발전이라는 스포츠의 근본적 가치들 말이다.

바로 이 지점에서 우리는 더 큰 관점에서 질문을 던져야 한다. "AI와 인간은 앞으로 어떤 관계를 맺어야 하는가?" 이는 단순히 기술적인 문제가 아니라, 스포츠의 미래 자체를 결정하는 근본적인 문제이다.

이 질문은 두 가지 가능한 미래를 우리 앞에 제시한다. 첫 번째는 AI가 점점 더 많은 인간의 역할을 대신하면서, 결국 스포츠의 인간적 본질을 위협하는 시나리오이다. 이 경우 스포츠는 효율적이고 정확할지는 몰라도, 우리가 사랑했던 그 감동과 드라마는 사라질 수 있다.

두 번째는 AI가 인간의 역량을 증강시키면서, 지금까지 경험하지 못했던 새로운 형태의 스포츠 가치를 창출하는 시나리오이다. 이 경우 우리는 전통적인 스포츠의 매력을 그대로 간직하면서도, AI가 가져다주는 새로운 차원의 경험을 누릴 수 있다.

이 장을 통해 독자들은 첫 번째가 아닌 두 번째 길, 즉 진정한 공존과 협력의 전략이 무엇인지 깊이 있게 탐구하게 될 것이다.

4) 공존의 원칙

앞으로 펼쳐질 인간과 AI의 공존 전략은 네 가지 핵심 원칙을 바탕으로 해야 한다.

사람 중심의 원칙은 모든 결정과 변화의 중심에 인간의 경험과 가치를 두어야 한다는 것이다. 아무리 AI가 뛰어난 성능을 보인다 하더라도, 그것이 인간의 감정이나 가치관과 충돌한다면 받아들여서는 안 된다.

증강의 원칙은 AI가 인간을 대체하는 것이 아니라 인간의 한계를 보완하고 능력을 확장하는 역할을 해야 한다는 것이다. 인간이 할 수 없는 일을 AI가 도와주되, 최종적인 판단과 책임은 여전히 인간이 져야 한다.

투명성의 원칙은 AI가 내린 결과나 의사결정 과정을 누구나 이해할 수 있도록 명확하게 설명할 수 있어야 한다는 것이다. 블랙박스처럼 작동하는 AI는 스포츠의 공정성과 신뢰를 해칠 수 있다.

책임성의 원칙은 AI 시스템에 문제가 생겼을 때 누가 어떤 책임을 져야 하는지 미리 명확하게 정해두어야 한다는 것이다. 기술이 아무리 발전해도 그에 따른 책임은 반드시 인간이 져야 한다.

2 2025-2035 메가트렌드와 기술 로드맵

1) 생성형 AI 2.0

지금까지의 AI가 주로 하나의 분야에 특화되어 있었다면, 생성형 AI 2.0은 완전히 다른 차원의 가능성을 열어주고 있다. 멀티모달 AI의 등장으로 이제 AI는 텍스트와 영상, 음성을 동시에 이해하고 생성할 수 있게 되었다. 이는 마치 인간이 여러 감각을 동시에 사용해 세상을 이해하는 것과 비슷한 방식이다.

스포츠 중계와 해설 분야에서 이러한 변화는 이미 현실이 되고 있다. PGA TOUR의 TOURCast 시스템을 보면, 단순히 골프 경기를 중계하는 것을 넘어서 완전히 새로운 관람 경험을 제공하고 있다. 이 시스템은 선수가 칠 때마다 샷의 궤적, 거리, 정확도 등의 데이터를 실시간으로 수집해서 시각적으로 보여준다. 동시에 AI가 이러한 데이터를 분석해서 자연스러운 음성으로 해설을 덧붙이다.

이렇게 되면 관중들은 전문 해설자가 놓칠 수 있는 미세한 기술적 세부사항까지 실시간으로 파악할 수 있다. 예를 들어, 선수의 스윙 각도가 평소보다 2도 높았다거나, 바람의 영향으로 공의 궤적이 어떻게 변했는지까지 즉석에서 분석해서 설명해준다. 이는 기존의 중계에서는 불가능했던 수준의 정보 제공이다.

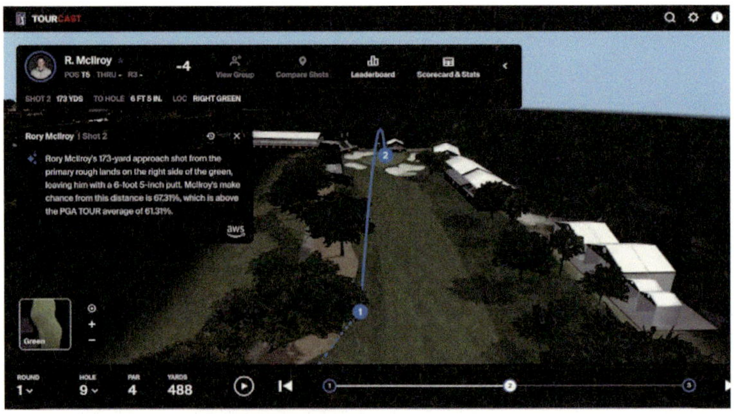

그림 16-1 TOURCast

출처: PGA Tour (본 이미지는 교육적 목적으로 인용되었다.)

2) 온디바이스 AI

기존의 AI 시스템들은 대부분 강력한 서버나 클라우드에 의존해서 작동했다. 하지만 이제는 작은 웨어러블 기기나 스마트 장비에도 AI가 직접 탑재되어 즉시 분석이 가능한 시대가 되었다. 이러한 온디바이스 AI의 가장 큰 장점은 실시간성이다. 데이터를 멀리 있는 서버로 보내고 결과를 기다릴 필요 없이, 현장에서 바로 분석이 이루어진다.

Catapult One 스마트 베스트가 대표적인 예이다. 이 장비는 축구나 럭비 선수들이 착용하는 조끼 형태의 웨어러블 기기인데, 선수의 모든 움직임을 실시간으로 추적한다. 스프린트를 몇 번 했는지, 최고 속도가 얼마나 되는지, 현재 피로도는 어느 정도인지를 즉석에서 분석해서 코치의 태블릿으로 전송한다.

이렇게 되면 코치는 경기 중간에도 선수의 컨디션을 정확히 파악할 수 있다. 만약 특정 선수의 피로도가 위험 수준에 도달하면 즉시 교체를 고려할 수 있고, 반대로 아직 여유가 있는 선수에게는 더 적극적인 플레이를 요구할 수도 있다. 이는 선수의 부상을 예방하고 팀의 전술을 최적화하는 데 큰 도움이 된다.

그림 16-2 Catepult One 스마트 베스트

출처 : Catepult One (본 이미지는 교육적 목적으로 인용되었다.)

3) 현실-가상 융합

물리적 현실과 가상 세계의 경계가 점점 모호해지고 있다. 이제 팬들은 실제 경기장에 가지 않고도 마치 경기장에 있는 것 같은 생생한 경험을 할 수 있게 되었다. 버추얼 경기와 VR 관람은 단순한 기술적 실험을 넘어서 새로운 형태의 스포츠 문화를 만들어가고 있다.

NBA는 메타버스 환경에서 VR 경기 관람 서비스를 적극적으로 실험하고 있다. 팬들은 VR 헤드셋을 쓰고 가상의 경기장에 들어가서, 실제 경기를 다양한 각도에서 관람할 수 있다. 심지어 코트사이드 좌석이나 선수 벤치 뒤에서 보는 것 같은 특별한 시점도 제공한다. 이는 물리적으로는 불가능하거나 매우 비싼 경험을 모든 팬에게 제공할 수 있게 해준다.

더 나아가 일부 구단들은 디지털 휴먼 코치를 도입해서 팬들과 직접 소통하고 있다. 이 디지털 코치는 실제 코치의 모습과 음성을 기반으로 만들어졌지만, 24시간 언제든지 팬들의 질문에 답하고 경기에 대한 분석을 제공할 수 있다. 팬들은 마치 실제 코치와 대화하는 것 같은 느낌으로 전술이나 선수에 대한 궁금증을 해결할 수 있다.

그림 16-3 NBA 메타버스

출처: NBA 메타버스 서비스 'Pixel Arena' (본 이미지는 교육적 목적으로 인용되었다.)

4) 로보틱스와 인프라

AI와 로봇 기술의 결합은 스포츠 현장의 인프라 자체를 근본적으로 바꾸고 있다. 이제 경기장은 단순한 공간이 아니라 지능을 가진 스마트한 환경이 되어가고 있다.

AI 기반 카메라 시스템들은 사람이 조작하지 않아도 스스로 최적의 앵글을 찾아서 경기를 촬영한다. 공의 움직임을 예측해서 미리 카메라를 움직이고, 중요한 순간에는 자동으로 줌인하거나 슬로우 모션으로 전환한다. 이렇게 촬영된 영상은 실시간으로 편집되어 다양한 플랫폼으로 전송된다.

자율 로봇들은 경기장 시설 관리에도 적극 활용되고 있다. 잔디를 자동으로 관리하고, 경기 후에는 청소 작업을 담당하며, 심지어 관중들의 흐름을 모니터링해서 혼잡을 방지하는 역할까지 맡고 있다. 만약 특정 구역에 사람들이 너무 몰린다면, 로봇이 이를 감지해서 경기장 관리진에게 알리거나 직접 안내 방송을 하기도 한다.

이 모든 것이 가능한 이유는 5G와 차세대 6G 통신 기술 때문이다. 초저지연 환경이 구축되면서 AI 시스템들이 실시간으로 소통하고 협력할 수 있게 되었다. 경기장 전체가 하나의 거대한 네트워크로 연결되어 스마트하게 운영되는 것이다.

5) 데이터 패러다임

AI 기술이 발전할수록 데이터의 중요성은 더욱 커지고 있다. 하지만 동시에 개인정보 보호에 대한 관심도 높아지고 있다. 특히 선수들의 생체 데이터나 퍼포먼스 정보는 매우 민감한 개인정보이기 때문에, 이를 어떻게 안전하게 활용할 것인가는 중요한 과제가 되었다.

이러한 문제를 해결하기 위해 프라이버시 보존 학습(Federated Learning)이라는 새로운 방식이 주목받고 있다. 이는 개인의 데이터를 직접 수집하지 않고도 AI 모델을 훈련시킬 수 있는 기술이다. 예를 들어, 각 선수의 웨어러블 기기에서 데이터를 분석한 결과만 공유하고, 원본 데이터는 기기에 그대로 남겨두는 방식이다.

또한 합성 데이터(Synthetic Data)의 활용도 확산되고 있다. 이는 실제 데이터와 비슷한 특성을 가지지만 완전히 인공적으로 생성된 데이터이다. 실제 선수의 데이터를 기반으로 하되, 개인을 특정할 수 없도록 변형된 합성 데이터를 만들어서 AI 모델 훈련에 활용하는 것이다.

이러한 기술들을 통해 AI 모델 개발에 필요한 충분한 데이터를 확보하면서도, 선수들의 프라이버시는 안전하게 보호할 수 있게 되었다. 이는 스포츠 분야에서 AI 기술이 윤리적이고 지속가능하게 발전할 수 있는 토대가 되고 있다.

6) 규제와 사회 수용성

기술의 발전만큼이나 중요한 것이 사회적 규제와 수용성이다. 아무리 뛰어난 기술이라도 사회가 받아들이지 않거나 적절한 규제 체계가 없다면 제대로 활용되기 어렵다.

국제올림픽위원회(IOC)는 이미 AI 윤리 가이드라인 제정을 준비하고 있다. 이는 올림픽을 비롯한 국제 대회에서 AI 기술을 어떻게 공정하고 윤리적으로 활용할 것인지에 대한 기준을 제시할 예정이다. 특히 선수 간의 공정한 경쟁을 보장하고, AI 기술이 특정 선수나 팀에게 불공정한 이익을 주지 않도록 하는 것이 핵심이다.

유럽연합의 EU AI Act도 스포츠 분야에 간접적이지만 중요한 영향을 미치고 있다. 이 법은 AI 시스템을 위험도에 따라 분류하고, 고위험 AI 시스템에 대해서는 엄격한 규제를 적용한다. 스포츠에서 사용되는 AI 시스템 중 일부, 특히 선수의 안전이나 공정성과 직결되는 시스템들은 이러한 규제의 영향을 받을 수 있다.

이러한 규제와 표준화 과정은 단순히 기술 발전을 제약하는 것이 아니다. 오히려 사회가 AI 기술을 신뢰하고 받아들일 수 있는 기반을 만드는 역할을 한다. 명확한 규칙과 기준이 있어야 기술 개발자들도 안심하고 투자할 수 있고, 사용자들도 믿고 활용할 수 있다. 결국 이는 AI 기술이 스포츠 분야에서 건전하고 지속가능하게 확산되는 속도를 좌우하는 중요한 요소가 될 것이다.

3 인간·AI 공존 프레임워크(H-AI Co-Design)

1) 역할 재설계

AI와 인간의 관계를 제대로 정립하기 위해서는 먼저 AI가 무엇인지에 대한 관점을 바꿔야 한다. 많은 사람들이 AI를 인간과 경쟁하는 존재로 생각하지만, 실제로는 인간을 돕는 강력한 조력자로 바라봐야 한다. 이는 단순한 철학적 관점의 차이가 아니라, 실제 스포츠 현장에서 AI를 어떻게 활용할 것인가를 결정하는 핵심적인 원칙이다.

NBA Global Scout 앱을 통해 이러한 협력 관계가 어떻게 작동하는지 살펴볼 수 있다. 이 앱은 선수의 플레이 영상을 AI로 분석해서 기술적 약점을 찾아내는 역할을 한다. 예를 들어, 특정 선수가 왼쪽 코너에서 3점 슛을 쏠 때 성공률이 현저히 떨어진다거나, 수비 시 특정 패턴에서 반응 속도가 느려진다는 것을 데이터로 정확히 짚어준다.

하지만 여기서 중요한 것은 AI의 역할이 분석까지라는 점이다. 이러한 정보를 바탕으로 실제 훈련 계획을 세우고, 선수와 소통하며, 개선 방법을 찾아가는 것은 여전히 인간 코치의 몫이다. AI는 코치가 놓칠 수 있는 세밀한 패턴을 찾아내는 '눈'의 역할을 하지만, 그 정보를 어떻게 해석하고 활용할지는 코치의 경험과 직감, 그리고 선수와의 관계를 바탕으로 한 인간적 판단이 필요한다.

이러한 역할 분담은 단순히 효율성을 높이는 것을 넘어서, 각자의 강점을 최대한 살릴 수 있게 해준다. AI는 방대한 데이터를 빠르고 정확하게 처리하는 능력을, 인간은 창의적 사고와 감정적 소통, 그리고 상황에 맞는 유연한 판단력을 발휘할 수 있다.

2) 투명성과 설명가능성

AI 시스템이 스포츠 현장에서 진정으로 신뢰받기 위해서는 그 결정 과정이 투명해야 한다. 블랙박스처럼 작동해서 결과만 알려주는 AI는 아무리 정확하다 하더라도 사람들의 신뢰를 얻기 어렵다. 특히 스포츠에서는 공정성이 생명이기 때문에, AI가 내린 판정이나 분석 결과에 대해 명확한 설명이 가능해야 한다.

피겨스케이팅에서 도입된 액션 품질 평가(AQA) 모델이 좋은 예이다. 피겨스케이팅의 채점은 매우 복잡하고 주관적인 요소가 많아서 논란이 자주 발생했다. 하지만 AI 기반의 AQA 모델은 각 동작에 대한 점수가 어떤 기준에 의해 산출되었는지를 루브릭을 통해 상세히 설명한다.

예를 들어, 트리플 악셀 점프에서 점수가 깎인 이유를 "착지 시 2.3도 기울어졌고, 회전 부족이 0.15초 감지되었으며, 착지 후 균형 회복에 1.2초가 소요되어 기준치 0.8초를 초과했다"는 식으로 구체적으로 제시한다. 이렇게 되면 선수와 코치는 물론 관중들도 왜 그런 점수가 나왔는지 이해할 수 있고, 향후 개선할 점도 명확해진다.

이러한 설명가능성은 단순히 납득을 돕는 것을 넘어서, AI 시스템 자체의 개선에도 도움이 된다. 사람들이 AI의 판단 과정을 이해할 수 있어야 잘못된 부분을 찾아내고 수정할 수 있기 때문이다. 또한 선수들이 자신의 약점을 정확히 파악해서 훈련에 반영할 수 있게 되므로, 전체적인 경기력 향상에도 기여한다.

3) 공정성과 무결성

AI 시스템이 아무리 정교하고 객관적으로 보인다 하더라도, 그 바탕에 있는 데이터나 알고리즘에 편향이 있다면 오히려 불공정한 결과를 만들어낼 수 있다. 스포츠에서 공정성은 가장 기본적이고 중요한 가치이기 때문에, AI 시스템의 편향성을 지속적으로 점검하고 관리하는 것이 필수적이다.

VAR(비디오 판정 시스템)에서 발생한 다양한 논란들이 이러한 문제를 잘 보여준다. VAR 자체는 기술적으로 매우 정교한 시스템이지만, 실제 운영 과정에서 여러 문제들이

드러났다. 예를 들어, 특정 각도에서만 잘 작동하거나, 특정 유형의 파울에 대해서는 판정 정확도가 떨어지는 경우가 있었다.

더 심각한 것은 이러한 불완전성이 오히려 기존보다 더 큰 불신을 만들어냈다는 점이다. 사람들은 AI 시스템이 완벽할 것이라고 기대하는 경향이 있기 때문에, 실제로 실수를 하면 기존의 인간 심판보다도 더 큰 비판을 받게 된다. 이는 AI 시스템이 도입될 때 단순히 기술적 정확도만 고려해서는 안 되고, 사회적 수용성과 신뢰성까지 함께 고려해야 한다는 것을 보여준다.

따라서 AI 시스템을 도입할 때는 다양한 상황과 조건에서 철저한 테스트를 거쳐야 하고, 특정 집단이나 상황에 불리하게 작용하지 않는지 지속적으로 모니터링해야 한다. 또한 완벽하지 않을 수 있다는 점을 솔직하게 인정하고, 문제가 발생했을 때 빠르게 수정할 수 있는 체계를 갖춰야 한다.

4) 리스크 관리

AI 시스템이 스포츠 현장에서 안전하고 효과적으로 작동하기 위해서는 체계적인 리스크 관리가 필요한다. 이는 단순히 기술적 오류를 방지하는 것을 넘어서, AI 시스템의 전체 생명주기에 걸쳐 발생할 수 있는 다양한 위험요소들을 미리 파악하고 대비하는 것이다.

모델 카드(Model Card)는 이러한 리스크 관리의 핵심 도구 중 하나이다. 이는 AI 모델의 성능, 한계, 편향성, 적절한 사용 방법 등을 상세히 기록한 문서이다. 마치 의약품에 첨부되는 사용설명서처럼, AI 모델을 사용하는 사람들이 알아야 할 모든 정보를 담고 있다. 예를 들어, 특정 스포츠 분석 AI가 실내 경기에서는 95%의 정확도를 보이지만 야외 경기에서는 85%로 떨어진다거나, 특정 연령대 선수들의 데이터가 부족해서 해당 그룹에 대해서는 신뢰도가 낮다는 정보를 제공한다.

데이터 출처 공개도 중요한 리스크 관리 수단이다. AI 모델이 어떤 데이터를 바탕으로 학습되었는지를 투명하게 공개함으로써, 사용자들이 그 결과를 올바르게 해석할 수 있게 도와준다. 만약 서구 선수들의 데이터로만 학습된 모델이라면 아시아 선수들에게 적용할 때 주의가 필요하다는 것을 미리 알릴 수 있다.

실패 모드 분석(FMEA, Failure Mode and Effects Analysis)은 AI 시스템에서 발생

할 수 있는 모든 종류의 실패 상황을 미리 분석하고, 각각의 경우에 어떤 영향이 있을지, 어떻게 대응할지를 계획하는 방법이다. 예를 들어, 경기 중 AI 시스템이 갑자기 작동을 멈춘다면 어떻게 할 것인지, 명백히 잘못된 판정을 내린다면 어떤 절차로 수정할 것인지를 미리 정해둔다.

이러한 리스크 관리 체계는 AI 시스템의 신뢰성을 높일 뿐만 아니라, 문제가 발생했을 때 빠르고 적절하게 대응할 수 있게 해준다. 더 나아가 AI 시스템을 지속적으로 개선하고 발전시킬 수 있는 기반이 된다. 스포츠처럼 실시간성과 공정성이 중요한 분야에서는 이러한 체계적인 리스크 관리가 AI 기술의 성공적인 정착을 위한 필수 조건이라고 할 수 있다.

4 영역별 공존 전략

1) 훈련과 퍼포먼스

선수의 훈련과 퍼포먼스 관리는 AI가 가장 먼저 도입되고 가장 큰 효과를 보이고 있는 분야 중 하나이다. AI의 가장 강력한 장점은 인간이 감지하기 어려운 미세한 변화나 패턴을 찾아내는 능력이다. 특히 선수의 신체 상태와 부상 위험을 예측하는 데 있어서 AI는 혁신적인 도구가 되고 있다.

현재 많은 프로 스포츠 팀에서 사용하고 있는 AI 시스템들은 선수의 생체 데이터를 24시간 모니터링하면서 이상 징후를 찾아낸다. 심박수의 미세한 변화, 움직임 패턴의 변화, 수면의 질 변화 등을 종합적으로 분석해서 부상 위험도를 계산한다. 예를 들어, 특정 선수의 왼쪽 무릎 움직임이 평소보다 0.2초 느려졌고, 해당 부위의 근육 긴장도가 15% 증가했다면, 이는 부상 위험 신호일 수 있다.

하지만 여기서 중요한 것은 AI의 역할이 정보 제공과 위험 경고까지라는 점이다. Catapult 웨어러블 시스템을 보면 이러한 공존 관계가 명확히 드러난다. 이 시스템은 경기 중 선수의 피로도를 실시간으로 측정해서 "현재 이 선수는 부상 위험이 높은 상태이므로 교체를 고려해보라"는 제안을 코치에게 보낸다.

하지만 실제로 선수를 교체할지, 아니면 계속 뛰게 할지의 최종 결정은 여전히 코치와 선수가 내린다. 왜냐하면 중요한 경기의 막판이라면 약간의 위험을 감수하고라도 선수를 계속 출전시킬 수 있고, 반대로 시즌 초반이라면 장기적 관점에서 안전을 우선시할 수 있기 때문이다. 이러한 상황적 판단과 가치 판단은 인간만이 할 수 있는 영역이다.

이런 방식으로 AI와 인간이 협력하면 단순히 부상을 예방하는 것을 넘어서, 선수의 커리어 전체를 더 효과적으로 관리할 수 있게 된다. AI가 제공하는 객관적 데이터와 인간의 경험적 판단이 결합될 때 최적의 결과를 만들어낼 수 있다.

2) 경기 운영과 심판

심판 업무는 AI 기술의 도입이 가장 활발하면서도 동시에 가장 민감한 논란을 불러일으키는 분야이다. 스포츠에서 심판의 판정은 경기 결과를 직접적으로 좌우하기 때문에, AI의 역할과 한계를 명확히 설정하는 것이 매우 중요하다.

SAOT(Semi-Automated Offside Technology)는 이러한 인간-AI 공존 모델의 성공적인 사례로 평가받고 있다. 프리미어리그에 도입된 이 시스템은 축구에서 가장 논란이 많았던 오프사이드 판정을 혁신적으로 개선했다. 기존에는 부심이 눈으로 판단해야 했기 때문에 미세한 오프사이드를 놓치거나 잘못 판정하는 경우가 많았고, VAR을 통한 재검토에도 몇 분씩 걸렸다.

SAOT 시스템은 12개의 특수 카메라를 사용해서 선수들의 신체 29개 부위를 초당 50회 추적한다. 공이 다른 선수에게 전달되는 순간 오프사이드 라인을 자동으로 그어서 판정을 내린다. 이 과정은 단 몇 초 만에 완료되며, 기존 방식보다 30초 이상 시간을 단축했다.

하지만 여기서 핵심은 SAOT가 '반자동(Semi-Automated)' 시스템이라는 점이다. AI가 오프사이드 여부를 판단하고 시각적 정보를 제공하지만, 최종 판정권은 여전히 인간 심판이 가지고 있다. 예를 들어, 공을 터치한 선수가 누구인지 애매한 상황이거나, 수비수가 의도적으로 공을 건드린 경우처럼 복잡한 상황에서는 AI의 분석을 참고하되 심판이 최종 결정을 내린다.

이러한 방식은 AI의 객관적이고 정확한 데이터 분석 능력과 인간 심판의 상황 판단 능력을 결합한 것이다. 결과적으로 판정의 정확도는 높아지고 시간은 단축되었지만, 심판의 권위와 역할은 여전히 유지되고 있다. 이는 기술 도입이 인간을 대체하는 것이 아니라 보완하는 방향으로 나아가야 한다는 공존 철학을 잘 보여주는 사례이다.

3) 전술과 분석

현대 스포츠에서 전술과 데이터 분석의 중요성은 점점 커지고 있다. AI 기반 시뮬레이션 시스템은 수천, 수만 가지의 전략적 시나리오를 짧은 시간 안에 테스트할 수 있어서 코치들에게 강력한 도구가 되고 있다. 하지만 이러한 기술의 확산은 새로운 종류의 불공정성을 만들어낼 수도 있다.

AI 전술 분석 시스템은 상대팀의 과거 경기 데이터를 모두 분석해서 패턴을 찾아낸다. 예를 들어, 특정 상황에서 상대 팀이 어떤 전술을 주로 사용하는지, 특정 선수가 어떤 위치에서 실수를 많이 하는지, 어떤 조건에서 팀의 수비력이 약해지는지 등을 정확히 파악한다. 이 정보를 바탕으로 최적의 대응 전략을 세울 수 있다.

문제는 이러한 고도의 AI 분석 도구에 접근할 수 있는 팀과 그렇지 못한 팀 사이에 정보 격차가 벌어질 수 있다는 점이다. 자금이 풍부한 팀들은 최신 AI 시스템을 도입해서 상대를 완전히 분석할 수 있지만, 그렇지 못한 팀들은 상대적으로 불리한 위치에 놓이게 된다. 이는 스포츠의 공정성이라는 근본적 가치를 위협할 수 있다.

따라서 많은 리그들이 데이터 공유와 보안 레벨을 관리하는 새로운 규칙들을 만들어가고 있다. 예를 들어, 기본적인 경기 데이터는 모든 팀이 공평하게 접근할 수 있도록 하되, 고도의 분석 도구나 독점적 데이터에 대해서는 사용 범위를 제한하는 방식이다. 또한 AI 분석 결과를 어느 수준까지 활용할 수 있는지에 대한 가이드라인도 필요한다.

이러한 균형점을 찾는 것은 쉽지 않은 과제이다. 기술 발전을 저해하지 않으면서도 공정한 경쟁 환경을 유지해야 하기 때문이다. 하지만 이는 스포츠가 단순한 기술 경쟁이 아니라 인간의 노력과 재능을 겨루는 장이라는 본질을 지키기 위해 반드시 해결해야 할 문제이다.

4) 팬 경험과 콘텐츠

팬들의 스포츠 관람 경험은 AI 기술에 의해 근본적으로 변화하고 있다. 과거에는 모든 관중이 같은 화면을 보고 같은 해설을 들어야 했지만, 이제는 개인의 취향과 관심사에 맞춘 완전히 개인화된 콘텐츠를 제공할 수 있게 되었다.

PlaySight SmartCourt는 이러한 변화를 주도하는 대표적인 시스템이다. 테니스와 농구 경기장에 설치된 이 시스템은 여러 대의 AI 카메라가 경기를 다각도에서 자동으로 촬영하고 분석한다. 각 관중은 자신이 좋아하는 선수나 관심 있는 플레이 유형에 따라 맞춤형 하이라이트를 실시간으로 받아볼 수 있다.

예를 들어, 테니스에서 강력한 서브에만 관심이 있는 팬이라면 시속 200km 이상의 서브만 모아서 편집된 영상을 받을 수 있고, 전술적 플레이를 선호하는 팬이라면 복잡한 랠리나 전략적 드롭샷 장면들을 중심으로 한 콘텐츠를 받을 수 있다. 농구에서도 3점 슛, 덩크, 블록 등 개인의 취향에 따라 다른 하이라이트를 제공할 수 있다.

이러한 개인화는 팬들의 만족도를 크게 높이고 있다. 똑같은 경기를 보더라도 각자 원하는 방식으로 즐길 수 있기 때문이다. 또한 AI가 자동으로 편집해주기 때문에 팬들은 긴 경기 전체를 시청하지 않고도 자신에게 중요한 순간들만 효율적으로 볼 수 있다.

하지만 이러한 기술의 발전과 함께 새로운 위험도 등장하고 있다. 딥페이크 기술의 발달로 가짜 영상을 만드는 것이 점점 쉬워지고 있기 때문이다. 실제로 일어나지 않은 골이나 반칙을 마치 실제처럼 보이게 만든 영상이 소셜미디어에 퍼진다면, 팬들을 혼란에 빠뜨리고 스포츠의 신뢰성을 해칠 수 있다.

따라서 콘텐츠의 진정성을 보장하기 위한 기술적 대책들이 함께 개발되고 있다. 워터마킹 기술을 통해 원본 영상임을 증명하고, 출처 인증 시스템을 통해 공식적으로 인정된 소스에서 나온 콘텐츠임을 확인할 수 있게 하는 것이다. 이렇게 해야만 팬들이 AI가 만든 개인화 콘텐츠를 안심하고 즐길 수 있다.

5) 경기장 운영

현대의 대형 경기장은 수만 명의 관중이 모이는 복잡한 공간이다. 이러한 환경에서 안전을 보장하고 효율적으로 운영하기 위해서는 AI의 도움이 필수적이 되었다. 스마트 경기장은 단순히 경기를 치르는 공간을 넘어서, AI가 모든 것을 모니터링하고

일본 도쿄돔에 도입된 군중 분석 시스템은 이러한 스마트 경기장의 좋은 예이다. 이 시스템은 경기장 곳곳에 설치된 카메라와 센서를 통해 관중들의 움직임을 실시간으로 분석한다. 어느 구역에 사람들이 몰리고 있는지, 출입구에 대기줄이 얼마나 길어지고 있는

지, 화장실이나 매점 주변의 혼잡도는 어떤지를 정확히 파악한다.

이 정보를 바탕으로 AI는 잠재적인 위험 상황을 미리 예측할 수 있다. 예를 들어, 특정 출구에 사람들이 너무 많이 몰리고 있다면 다른 출구로 우회하도록 안내 방송을 하거나, 매점 앞에 긴 줄이 서기 시작하면 근처의 다른 매점을 추천하는 메시지를 팬들의 스마트폰으로 보낸다.

에너지 관리 분야에서도 AI는 큰 역할을 하고 있다. 경기장의 조명, 공조, 음향 시스템 등은 막대한 전력을 소모하는데, AI가 관중 수, 날씨, 경기 일정 등을 종합적으로 분석해서 최적의 에너지 사용 계획을 세운다. 관중이 적은 구역의 조명은 자동으로 줄이고, 날씨가 좋은 날에는 공조 시스템을 효율적으로 조절한다.

긴급 상황 대응에서도 AI의 역할은 중요한다. 화재나 의료 응급상황이 발생했을 때, AI는 가장 빠른 대피 경로를 계산하고 관중들을 안전한 곳으로 안내한다. 또한 응급 차량이 경기장에 접근할 수 있는 최적의 경로를 실시간으로 제공한다.

하지만 이 모든 AI 시스템들이 완전히 자동으로 작동하는 것은 아니다. 최종적인 판단과 결정은 여전히 경기장 운영진이 내린다. AI는 상황을 분석하고 옵션을 제시하지만, 실제 대응 방식은 인간의 경험과 판단에 따라 결정된다. 이렇게 해야만 예상치 못한 상황에서도 유연하고 적절하게 대응할 수 있다.

5 조직 전환과 경제모델

1) AI 리터러시와 교육

AI 기술이 스포츠 현장에 깊숙이 들어오면서, 이를 제대로 활용하기 위한 새로운 종류의 지식과 역량이 필요해지고 있다. 이는 단순히 기술적인 사용법을 아는 것을 넘어서, AI가 무엇이고 어떤 한계가 있으며, 언제 믿고 언제 의심해야 하는지를 아는 종합적인 이해력을 의미한다.

선수와 코치들에게는 AI 도구들이 제공하는 정보를 올바르게 해석할 수 있는 능력이 필수가 되었다. 예를 들어, AI가 "이 선수의 부상 위험도가 75%"라고 알려줬을 때, 이것이 정확히 무엇을 의미하는지, 어떤 요소들이 고려된 것인지, 그리고 이 정보를 바탕으로 어떤 결정을 내려야 하는지를 판단할 수 있어야 한다.

마찬가지로 AI가 전술 분석을 통해 "상대팀은 왼쪽 수비에서 약점을 보인다"고 제시했을 때, 이것이 어떤 데이터를 근거로 한 것인지, 현재 상황에도 여전히 유효한지, 그리고 이를 어떻게 실제 게임 플랜에 반영할지를 결정하는 것도 인간의 몫이다. 이러한 판단력은 AI에 대한 기본적인 이해 없이는 불가능하다.

프런트 오피스 직원들에게는 더욱 체계적인 데이터 기반 의사결정 능력이 요구된다. 선수 영입, 마케팅 전략, 티켓 가격 책정, 팬 서비스 개발 등 모든 영역에서 AI가 분석한 데이터를 활용해야 하기 때문이다. 하지만 이때도 데이터가 모든 것을 결정하는 것이 아니라, 인간의 직관과 경험, 그리고 조직의 가치관과 결합되어야 한다.

따라서 스포츠 조직들은 체계적인 AI 교육 프로그램을 도입해야 한다. 기술적인 세부사항을 모두 알 필요는 없지만, AI의 작동 원리와 한계, 그리고 인간과의 협력 방식에 대한 이해는 필수적이다. 이러한 교육을 통해 AI를 맹신하지도 않고 무시하지도 않는, 균형 잡힌 관점을 가질 수 있게 된다.

2) 투자와 ROI

AI 기술 도입은 상당한 투자를 필요로 한다. 데이터를 수집하고 저장할 인프라부터 시작해서, AI 시스템 구축, 직원 교육, 지속적인 유지보수까지 많은 비용이 들어간다. 스포츠 구단들은 이러한 투자가 과연 효과가 있을지, 투자한 만큼의 가치를 돌려받을 수 있을지를 신중하게 계산해야 한다.

하지만 스포츠에서 AI 투자의 수익을 측정하는 것은 일반 기업보다 복잡한다. 단순히 매출 증가나 비용 절감으로만 계산할 수 없기 때문이다. 예를 들어, AI를 활용한 부상 예방 시스템을 도입했을 때의 효과는 어떻게 측정해야 할까요? 주전 선수의 부상이 줄어들면 팀 성적이 좋아지고, 이는 티켓 판매 증가, 스폰서십 가치 상승, 방송권료 인상 등으로 이어질 수 있다. 하지만 이런 효과들은 즉시 나타나지 않고, 다른 여러 요인들과 섞여 있어서 정확한 수치화가 어렵다.

AI 기반 팬 서비스의 경우도 마찬가지이다. 개인화된 콘텐츠나 맞춤형 상품 추천을 통해 팬들의 만족도가 높아지고 충성도가 증가할 수 있지만, 이것이 직접적인 수익으로 연결되기까지는 시간이 걸린다. 또한 팬 만족도나 브랜드 가치 같은 무형의 자산은 돈으로 환산하기 어려운 면이 있다.

따라서 스포츠 구단들은 전통적인 ROI 계산 방식을 넘어서는 새로운 평가 체계를 개발해야 한다. 단기적 수익뿐만 아니라 장기적 가치, 정량적 지표뿐만 아니라 정성적 효과까지 종합적으로 고려하는 접근법이 필요한다. 예를 들어, 선수 부상 감소율, 팬 참여도 증가, 브랜드 인지도 상승, 미디어 노출 확대 등을 모두 포함한 통합적 평가 모델을 만들어야 한다.

무엇보다 중요한 것은 AI 투자를 단순한 비용이 아니라 미래 경쟁력을 위한 필수적인 인프라 구축으로 바라보는 관점이다. 지금 AI 기술에 투자하지 않는다면, 몇 년 후에는 AI를 적극 활용하는 다른 팀들과의 격차가 크게 벌어질 수 있다.

3) 파트너십 생태계

AI 기술의 복잡성과 전문성을 고려할 때, 대부분의 스포츠 조직들은 혼자서 모든 것을 해결하기 어렵다. 따라서 기술 기업들과의 전략적 파트너십이 매우 중요한 역할을 하고 있다. 이러한 파트너십은 단순한 기술 공급 관계를 넘어서, 스포츠 산업 전체의 디지털 전환을 이끄는 핵심 동력이 되고 있다.

프리미어리그와 Microsoft의 5년 파트너십이 대표적인 성공 사례이다. 이 협력은 단순히 Microsoft의 기술을 프리미어리그에 적용하는 수준을 넘어서, 완전히 새로운 형태의 스포츠 플랫폼을 만들어가는 프로젝트이다. Microsoft의 클라우드 컴퓨팅, AI, 데이터 분석 기술과 프리미어리그의 축구 전문성 및 글로벌 팬베이스가 결합되어 혁신적인 서비스들이 탄생하고 있다.

이 파트너십을 통해 개발된 시스템들은 리그 전체의 데이터 활용도를 획기적으로 높였다. 과거에는 각 클럽이 개별적으로 데이터를 수집하고 분석했지만, 이제는 리그 차원에서 표준화된 데이터 플랫폼을 통해 더 정확하고 일관된 정보를 얻을 수 있게 되었다. 동시에 팬들에게는 실시간 통계, 개인화된 콘텐츠, 인터랙티브 경험 등 완전히 새로운 차원의 서비스를 제공하고 있다.

이러한 파트너십의 성공 요인 중 하나는 상호 보완적인 관계라는 점이다. Microsoft

는 기술력과 글로벌 인프라를 제공하고, 프리미어리그는 스포츠 도메인 지식과 팬들과의 관계를 제공한다. 어느 한쪽이 일방적으로 주도하는 것이 아니라, 각자의 강점을 살려서 함께 새로운 가치를 창출하는 구조이다.

또한 이런 파트너십은 스포츠 산업 전체에 파급효과를 만들어낸다. 프리미어리그에서 검증된 기술과 모델들은 다른 리그나 스포츠로 확산되어, 전체 산업의 디지털 전환을 가속화한다. 동시에 기술 기업들도 스포츠라는 특수한 영역에서의 경험을 쌓아가면서, 더 나은 솔루션을 개발할 수 있게 된다.

4) 유소년·지역 확산

AI 기술이 스포츠에 가져다주는 혜택이 프로 스포츠나 대도시의 대형 클럽에만 집중된다면, 이는 새로운 형태의 불평등을 만들어낼 수 있다. 진정한 의미에서 스포츠의 발전을 위해서는 AI 기술이 유소년 선수들과 지역 아마추어 스포츠에까지 확산되어야 한다.

현재 많은 프로 팀들이 사용하고 있는 고가의 AI 분석 장비나 시스템들을 유소년 팀이나 지역 클럽이 도입하기는 현실적으로 어렵다. 하지만 기술의 발전과 함께 비용은 지속적으로 낮아지고 있고, 클라우드 기반 서비스의 확산으로 초기 투자 부담도 줄어들고 있다.

더 중요한 것은 AI 기술이 유소년 스포츠에 적용될 때의 철학적 접근이다. 프로 스포츠에서는 경쟁력 향상과 성과 최적화가 주요 목표이지만, 유소년 스포츠에서는 건전한 성장과 스포츠의 즐거움, 그리고 부상 예방이 더 중요한다. 따라서 AI 시스템도 이러한 가치에 맞게 설계되어야 한다.

예를 들어, 유소년 축구에서 AI 시스템은 개별 선수의 순위를 매기거나 경쟁을 부추기는 방향보다는, 각 선수가 자신의 페이스에 맞춰 발전할 수 있도록 돕는 역할에 초점을 맞춰야 한다. 과도한 훈련으로 인한 부상을 예방하고, 각 선수의 성장 단계에 맞는 적절한 운동량을 제안하며, 스포츠의 재미를 느낄 수 있는 다양한 경험을 제공하는 것이 더 중요한다.

디지털 격차를 해소하기 위해서는 정부, 스포츠 단체, 기술 기업들이 함께 노력해야 한다. 공공 체육시설에 기본적인 AI 분석 도구를 보급하거나, 지역 코치들을 위한 교육 프로그램을 확대하거나, 저비용 버전의 AI 서비스를 개발하는 등의 방법이 있을 수 있다. 이렇게 해야만 AI 기술이 스포츠 불평등을 심화시키는 것이 아니라, 오히려 더 많은 사람들에게 스포츠의 혜택을 제공하는 도구가 될 수 있다.

6 시나리오 플래닝 & 실행 로드맵

1) 2030-2035 시나리오

앞으로 10년 후 스포츠 세계는 어떤 모습일까요? AI 기술의 발전 속도와 사회적 수용도에 따라 세 가지 다른 시나리오를 그려볼 수 있다. 각각의 시나리오는 서로 다른 선택과 접근 방식의 결과이며, 우리가 지금 어떤 결정을 내리느냐에 따라 어느 쪽으로 향할지가 결정될 것이다.

낙관 시나리오에서는 AI가 스포츠의 안전성과 공정성을 획기적으로 높여서 스포츠의 새로운 황금기를 열어준다. 이 시나리오에서 AI는 완벽한 보조자 역할을 하게 된다. 선수들의 부상은 거의 예방 수준으로 줄어들고, 심판 판정은 99% 이상의 정확도를 보이며, 팬들은 개인 맞춤형 서비스를 통해 전에 없던 몰입감을 경험한다.

동시에 AI 기술이 널리 보급되어서 유소년 선수들도 프로 수준의 분석과 지도를 받을 수 있게 된다. 지역 간, 국가 간 스포츠 격차는 줄어들고, 전 세계적으로 스포츠 수준이 향상된다. 무엇보다 AI가 인간의 역할을 대체하는 것이 아니라 보완하는 방향으로 발전해서, 스포츠의 인간적 가치는 그대로 유지되면서 기술적 혜택만 극대화된다.

기준 시나리오에서는 AI가 현재의 연장선상에서 점진적으로 발전한다. AI 기술은 계속 도입되지만 보조적인 역할에 머무르며, 인간 중심의 운영 방식이 기본적으로 유지된다. 일부 영역에서는 눈에 띄는 개선이 있지만, 혁신적인 변화보다는 기존 시스템의 점진적 향상이 주를 이룬다.

이 시나리오에서는 기술적 진보와 사회적 우려 사이의 균형이 중요한 이슈가 된다. AI 도입에 대한 저항이나 규제로 인해 기술 발전이 제약받기도 하지만, 동시에 충분한 검증과 안전 장치를 통해 안정적인 발전이 이루어진다. 급진적인 변화보다는 신중하고 지속가능한 발전이 특징이다.

경고 시나리오에서는 AI가 과도하게 개입해서 스포츠의 인간성이 사라지고 흥행이 약화된다. 모든 것이 데이터와 알고리즘으로 결정되면서, 스포츠가 가진 예측불가능성과 드라마가 사라진다. 팬들은 기계적이고 재미없어진 경기에 실망하고, 선수들은 AI의 지시에 따라 움직이는 로봇 같은 존재가 된다.

이 시나리오에서는 AI에 대한 과도한 의존으로 인해 인간의 직감과 창의성이 설 자리를 잃게 된다. 판정은 완벽해질지 몰라도 그로 인해 흥미진진한 논란이 사라지고, 전술은 최적화될지 몰라도 깜짝 놀랄 만한 창의적 플레이는 줄어든다. 결국 스포츠는 기술적으로는 완벽하지만 감정적으로는 메마른 것이 되어버린다.

2) 실행 로드맵

이러한 시나리오들을 고려할 때, 낙관 시나리오를 향해 나아가기 위해서는 체계적이고 단계적인 접근이 필요한다. 성급한 도입이나 무계획적인 확산은 오히려 경고 시나리오로 이어질 수 있기 때문이다.

100일 계획에서는 기반 구축에 집중해야 한다. 가장 우선적으로 데이터 거버넌스 체계를 구축해야 한다. 어떤 데이터를 수집할 것인지, 어떻게 보관하고 관리할 것인지, 누가 접근할 수 있는지, 개인정보는 어떻게 보호할 것인지에 대한 명확한 규칙과 절차를 만들어야 한다.

동시에 AI 윤리 가이드라인을 수립해야 한다. AI 시스템이 공정하고 투명하게 작동하도록 하는 원칙들을 정하고, 문제가 발생했을 때의 대응 절차를 마련해야 한다. 이 단계에서는 기술적 구현보다는 철학과 원칙, 그리고 거버넌스 구조를 확립하는 것이 중요한다.

1년 계획에서는 실제적인 도입을 시작한다. 하지만 전면적인 확산보다는 일부 시범 종목이나 제한된 영역에서 먼저 AI 시스템을 도입해서 효과와 문제점을 검증한다. 동시에 선수, 코치, 관련 직원들을 대상으로 한 교육을 강화해서 AI 리터러시를 높이다.

이 과정에서는 기술적 성과뿐만 아니라 사용자들의 수용성과 만족도를 주의 깊게 모니터링해야 한다. AI 시스템이 아무리 정확하고 효율적이라 하더라도, 실제 사용자들이 불편해하거나 거부감을 느낀다면 성공적인 도입이 어렵기 때문이다.

3년 계획에서는 검증된 시스템들을 리그나 조직 차원에서 표준화하고 확산시킨다. 개별 팀이나 종목 차원을 넘어서서 전체적으로 일관된 AI 활용 체계를 구축한다. 또한 팬 서비스 영역에서 AI를 전면적으로 확대해서 개인화되고 인터랙티브한 새로운 경험을 제공한다.

이 단계에서는 기술적 완성도를 높이는 것과 함께, 지속가능한 운영 모델을 확립하는 것이 중요한다. AI 시스템의 유지보수, 업데이트, 개선을 위한 체계를 만들고, 장기적인 투자와 운영 계획을 수립해야 한다.

3) 결론

스포츠의 미래는 인간과 AI가 서로 경쟁하거나 대립하는 것이 아니라, 진정한 의미에서 공존하고 협력할 때 비로소 완성될 것이다. AI가 제공하는 놀라운 효율성과 정확성, 그리고 인간이 가진 고유한 감정과 창의성이 서로 결합될 때, 스포츠는 지금보다 훨씬 더 공정하고 안전하며 흥미로운 형태로 발전할 수 있다.

이러한 미래를 실현하기 위해서는 기술적 발전만큼이나 철학적 성찰이 중요한다. AI를 도입할 때마다 "이것이 과연 스포츠의 본질적 가치를 향상시키는가?"라는 질문을 던져야 한다. 단순히 더 정확하고 빠르다고 해서 무조건 좋은 것은 아니다. 스포츠가 인간에게 주는 감동과 의미, 그리고 사회적 가치를 보존하고 발전시키는 방향으로 AI가 활용되어야 한다.

또한 AI 기술의 혜택이 소수에게만 집중되지 않도록 주의해야 한다. 프로 스포츠에서 검증된 기술들이 유소년 스포츠와 지역 사회로 확산되어, 모든 사람이 더 나은 스포츠 환경을 누릴 수 있어야 한다. 이것이야말로 진정한 의미에서 AI가 스포츠를 발전시키는 길이다.

결국 인간과 AI의 공존 전략은 기술적 이슈를 넘어서 우리가 어떤 스포츠 세계를 원하는가라는 가치의 문제이다. 효율성과 인간성, 혁신과 전통, 개별화와 공동체가 조화를 이루는 스포츠 환경을 만들어가는 것이 우리 모두의 과제이다. 그리고 이 과제를 잘 해결해낸다면, 스포츠는 인류에게 더 큰 즐거움과 의미를 선사하는 영역으로 발전할 수 있을 것이다.

학습 요약

스포츠는 본질적으로 인간의 땀과 열정, 그리고 그 과정에서 탄생하는 서사와 감정의 공유를 통해 존재해왔다. 그러나 이제 우리는 AI라는 새로운 동반자와 함께 스포츠의 미래를 설계해야 하는 전환점에 서 있다.

AI는 심판 판정의 공정성을 강화하고, 선수의 훈련 최적화와 부상 예방을 지원하며, 팬에게 개인화된 몰입 경험을 제공하는 등 스포츠 생태계의 지평을 근본적으로 확장하고 있다. 동시에 기술 의존성, 데이터 편향성, 그리고 스포츠 고유의 인간적 가치 훼손이라는 위험 요소도 내재하고 있다.

따라서 미래 스포츠는 인간과 AI가 대립하는 구도가 아니라, 각자의 고유한 강점을 발휘하며 상호 보완하는 공생 구조를 정립해야 한다. 인간은 창의성과 직관, 감정적 깊이를 담당하고, AI는 데이터 기반의 정밀성과 분석적 통찰력을 제공하면서, 스포츠의 핵심 가치인 공정성·안전성·흥행성·지속가능성을 통합적으로 구현해야 한다.

2030년대 스포츠의 모습은 오늘 우리가 내리는 전략적 선택에 의해 결정될 것이다. 공존 프레임워크를 체계적으로 구축하지 못한다면, 스포츠는 기술 종속성의 부작용으로 본질적 매력을 잃을 위험이 있다. 반면, 인간 중심의 증강적 AI 활용 모델을 성공적으로 정착시킨다면, 스포츠는 더욱 투명하고 안전하며, 전 세계 모든 이들이 더 깊이 있게 참여할 수 있는 새로운 패러다임을 열어갈 것이다.

이 주제가 전달하고자 하는 핵심 메시지는 분명한다. AI는 스포츠의 경쟁자가 아니라, 스포츠를 더욱 인간다우면서도 탁월하게 만드는 전략적 조력자가 될 수 있다. 앞으로 스포츠 현장은 기술과 인간이 서로의 한계를 보완하며 함께 진화하는 협력의 무대로 발전해야 한다. 이것이야말로 스포츠의 본질적 가치를 보존하면서도 혁신적 미래를 개척하는 가장 지혜로운 경로이다.

참고문헌

김필수, 이상현. (2024). 국내 스포츠 애널리틱스 연구의 현재와 미래: 경기데이터 활용 분석에 대한 체계적 문헌 검토. 한국스포츠산업경영학회지, 29(1), 63-81.

강승애. (2019). 스포츠콘텐츠의 빅데이터 분석 활용과 전망. 융합보안논문지, 19(1), 121-126.

박재현, 윤지운, 윤효준, 전민수, 이지용. (2023). 스포츠분석을 위한 인공지능 딥러닝 입문. 레인보우북스.

신승호, 신승아. (2024). AI와 스포츠. 커뮤니케이션북스.

황규인. (2021). 친절한 R with 스포츠 데이터. 영진닷컴.

장영재, 김혜영. (2019). 동계스포츠 빅데이터 분석을 통한 경기력향상 모델개발 및 모니터링 시스템 구축 연구보고서 (TRKO202000000086). 한국과학기술원, 한국연구재단.

정용각, 양승용. (2019). 스포츠콘텐츠의 빅데이터 분석 활용과 전망. 융합보안논문지, 19(1), 121-126.

천제민. (2023). 인공지능과 빅데이터로 읽는 미래 스포츠 이야기. 부크크(Bookk).

최승담. (2017). 스포츠 애널리틱스 - 산업공학의 새로운 기회. IE 매거진, 24(1), 12-19.

최태훈. (2007). 스포츠 데이터분석: 한글 SPSSWIN의 적용. 광림북하우스.

김영철. (2018). 스포츠 사회학. 서울대학교출판문화원.

박영석. (2020). 스포츠 심리학. 교문사.

이병훈. (2019). 스포츠 경영학. 박영사.

정재헌. (2021). 스포츠 교육학. 학지사.

조성현. (2017). 스포츠 윤리학. 도서출판 문화사.

최진영. (2022). 스포츠 커뮤니케이션. 학지사.

한상훈. (2020). 스포츠 철학. 교문사.

김지훈. (2023). 인공지능 원론. 한빛미디어.

박성수. (2022). 인공지능과 사회: 윤리, 경제, 정책. 커뮤니케이션북스.

이재민. (2021). 인공지능의 이해: 머신러닝부터 딥러닝까지. 한빛미디어.

최재봉. (2023). 인공지능과 빅데이터: 이론과 실습. 한빛미디어.

홍성준. (2022). 인공지능과 스포츠: 데이터 분석과 응용. 에듀컨텐츠휴피아.

한상훈. (2024). 인공지능과 사회 윤리. 교문사.

황규인. (2023). 인공지능 입문: R과 파이썬으로 배우는 머신러닝. 영진닷컴.

Arkatechture. (2016, October 31). Covering all the bases: How MLB StatCast is changing the game with data.

Artera. (2023, April 16). Big data characteristics (3V, 5V, 10V, 14V).

Business Insider. (2019, July 11). Disney execs on ESPN's streaming recommendation engine algorithms.

Business Process Incubator. (2023, January 18). The 5 V's of big data.

CBC Sports. (2019, November 10). As Raptors face Kawhi Leonard for 1st time since Finals, a look at the burden of 'load management'.

CBS Sports. (2019, April 27). NBA Playoffs 2019: Raptors' 'load management' plan for Kawhi Leonard pays dividends in Game 1 win over 76ers.

Coakley, J. (1998). Sport in society: Issues and controversies (6th ed.). McGraw-Hill.

Coursera. (2025, August 11). What are the 5 Vs of big data?

DataCamp. (2023, May 24). The data-information-knowledge-wisdom pyramid.

DAZN Group. (2024). DAZN: Revolutionizing sports broadcasting with innovation and excellence. Global Networker.

Demchenko, Y., de Laat, C., & Membrey, P. (2014). Defining architecture components of the Big Data ecosystem. In Proceedings of the 2014 International Conference on Collaboration Technologies and Systems (CTS) (pp. 104-112). IEEE.

ESPN. (2016, June 8). Visualizing the coaching tricks that unleash Curry and LeBron.

Formula 1. (n.d.). Follow F1 pit wall live data and historic races | F1 TV.

GeeksforGeeks. (2023, July 30). DIKW pyramid: Data, information, knowledge and wisdom.

Google Cloud. (2020, October 22). How MLB is using data analytics on Google Cloud. Google Cloud Blog.

Google Cloud. (2021, March 3). Warriors use on-court data for competitive edge. Google Cloud Blog.

IBM. (2024). What is big data? IBM Think Topics.

James, B. (1977). The 1977 Bill James Baseball Abstract: Featuring 18 categories of statistical information that you just can't find anywhere else [Self-published].

James, B. (1982-1988). The Bill James Baseball Abstract. Ballantine Books.

James, B. (1985). The Bill James historical baseball abstract. Villard Books.

Laney, D. (2001). 3D data management: Controlling data volume, velocity, and variety (META Group Research Note, File 949). META Group Inc.

Loy, J. W., McPherson, B. D., & Kenyon, G. (1978). Sport and social systems. Addison-Wesley.

Luhnow, J. (2018, March 24). Building a championship team through analytics [Keynote address]. M&T Summit, Jerome Fisher Program in Management & Technology, University of Pennsylvania, Philadelphia, PA.

Lüschen, G., & Sage, G. H. (1981). Handbook of social science of sport. Stipes Publishing.

Major League Baseball Advanced Media. (n.d.). Baseball Savant: Statcast, trending MLB players and visualizations.

McKinsey & Company. (2018). How the Houston Astros are winning through advanced analytics. McKinsey Quarterly.

McPherson, B. D., Curtis, J. E., & Loy, J. W. (1989). The social significance of sport: An introduction to the sociology of sport. Human Kinetics Books.

Merrimack College. (2024, May 27). Two in a row: Astros, Cubs prove power of data analytics in baseball.

NBA Advanced Stats. (n.d.). Player tracking. NBA.com.

NBAstuffer. (2023, July 12). Second Spectrum.

Ontotext. (2025, June 19). What is the data, information, knowledge, wisdom (DIKW) pyramid?

Playbook Sports. (2025, July 29). Top 5 AI strategies for dynamic ticket pricing.

Plusdrie. (2025). DAZN: Enhancing sports engagement with personalized content.

Pricing Solutions. (2017, July 18). Optimal pricing strategies: A lesson from the SF Giants.

Qcue. (2009). Dynamic pricing solutions for live entertainment.

ReelMind. (2025, September 4). ESPN Plus: The future of sports streaming powered by AI insights.

ReelMind. (2025, September 4). NFL ticket: AI optimizing sports event access.

Second Spectrum. (2017). Optical tracking and AI-powered sports analytics for the NBA.

Singer, R. N., Milledge, M., Murphy, M., & Tennant, L. K. (Eds.). (1976). Physical education: An interdisciplinary approach. Macmillan.

Society for American Baseball Research. (2010). Henry Chadwick Award: Bill James. Baseball Research Journal, 39(1).

Sports Business Journal. (2018, October 21). Warriors, Sportradar, ShotTracker discuss the state of basketball analytics.

Sportsnet. (2019, April 8). What is load management and why do the Raptors use it with Kawhi Leonard?

STATS LLC. (2013). SportVU player tracking technology.

TechTarget. (2023, November 16). What are the 5 V's of big data?

Thorn, J., & Palmer, P. (2015). The hidden game of baseball: A revolutionary approach to baseball and its statistics (Enlarged ed.). University of Chicago Press.

Ticket News. (2009, June). San Francisco Giants, Qcue enjoying the successes of dynamic pricing.